미래예측 사주·명리학

십간 월별 용신법

미래예측 사주·명리학

십간 월별 용신법

김계림 편저

| 저자 서문 |

인간은 우주에 속해서 살아가면서도 우주에 대해서 잘 모르고 살아가는 것이 현실이다. 우리가 속한 은하를 태양계가 한 바퀴를 도는 데 걸리는 시간은 360년이 걸린다. 태양계가 유영(遊泳)하면서 氣적인 환경에 의해 역사가 되어 360년 주기로 비슷한 사건들이 일어난다고 선현들로부터 전해오고 있다.

또한 은하계를 방위로 구분하여 명명을 하였는데 東은 동승신주(東勝身洲)로 명명하고, 南은 남섬부주(南贍部洲)로, 西는 서우화주(西牛貨洲)로, 北은 북구로주(北俱盧洲)로 명명하였다. 東南은 양둔기(陽遁期)로, 西北은 음둔기(陰遁期)로 180년씩을 배속을 하였다.

양둔기(陽遁期)에 상원갑자(上元甲子) 60년이 배속되고, 중원갑자(中元甲子) 60년이 배속되며, 하원갑자(下元甲子) 60년을 배속했으며,

음둔기(陰遁期)에 상원갑자(上元甲子) 60년이 배속되고, 중원갑자(中元甲子) 60년이 배속되며, 하원갑자(下元甲子) 60년씩을 배속을 하였다.

六十甲子년이 정해지는 기준점에는 태양계 행성이 일직선으로 나열이 되는 해를 甲子年이라 명명했다.

태양계의 행성들이 태양을 중심으로 공전주기가 각각 다르지만 반복이 되는 것이며 一年에 사계절이 있고 十二개월이 있으며 하루에도 낮과 밤으로 十二時의 변화가 이루어지며 음양·오행이 변화한다.

이러한 우주의 순환하는 법칙이 음양오행(陰陽五行)의 변화에서 역사가 되어 가고 있는 것이다. 이 같은 변화는 인간에게 길흉화복(吉凶禍福)이란 변화를 주는데 이것을 운명이라 하며, 자연의 섭리이자 진리인 것이다.

우주에서 생명을 가진 만물은 냉하면 얼어 죽고, 뜨거우면 말라죽게 된다. 조후(調候)의 중화(中和)를 잃어버리면 생존할 수가 없는 것이다. 한난조습(寒暖燥濕)의 조후 속에서 하늘과 땅이 서로 공조하면서 만물을 생장시킨다.

하루에도 주야의 법칙에서 살아가지만 영고성쇠(榮枯盛衰)는 각자가 다르고 직업의 종류와 관습까지도 각자가 다르며 성격 또한 각기 다르게 태어난다.

인간이 시차를 두고 탄생해 길흉화복이 다르게 태어나는 원인은 행성들의 자기장(磁氣場)의 에너지가 인간에게 투영(透映)되기 때문인데 이를 사주라고 한다. 인간에 투영된 사주와 행성들이 계속해서 공전하여 위치가 변하면서 전해져 오는 氣와 관계에서 일어나는 현상을 역학계에서는 運이라고 이름한다.

다시 말해서 해와 달 그리고 수성·금성·토성·화성·목성의 행성들의 자기장의 氣가 인간에게 투영되어 고정된 五行과 行星이 공전하면서 발생하는 오행의 기운이 생(生)과 극(剋), 상생(相生)과 상극(相剋), 상제(相制)와 상화(相化)가 발생을 하면서 변화되는 것을 성현들이 발견한 것이며 현대 오행철학의 근거가 된 것이다.

행성(行星)의 기운을 木·火·土·金·水라는 글자로 가차(假借)하여 오행의 부호로 변화시켜 쓰는 것이 오늘날 오행철학이다.

우주에 이유 없이 존재하는 행성은 없을 것이다. 지구 주위를 달이 공전하지 않고 정지한다고 가정해 본다면 밀물과 썰물이 없어질 것이고 흐름이 약해질 것이고 물이 썩어 생물이 살 수 없는 환경으로 변하여 모두 죽고 말 것이다.

만물의 영장이라는 인간이 길흉화복(吉凶禍福)의 갈림길에서 길한 것은 취하고 흉한 것은 피하는 것이 인간의 소망일 것이다. 길을 찾아 개척하고 노력하는 것을 우리는 지혜 있는 사람이라 말한다.

우주에 태어난 인간과 생명들이 존귀함을 일찍이 깨달은 각자·성인·현인이 자연과 더불어 살아가는 진리의 덕목을 이기학(理氣學)으로 설명하는 학문을 음양오행 철학이라 이름한다.

인간은 누구나 태어날 때 연年·월月·일日·시時로 사주가 형성되는데, 사주를 음양오행에 의거하여 해석하는 방법을 추명법이라고 하는 것이다.

吉凶運을 해석하는 運命學에는 점술에는 六爻나 六壬이 점성학이 있으나 목적에 따라 점을 치는 수단으로 사용되는 것이 대부분이다.

점은 육효와 육임으로 많이 보고, 종합적인 운명판단은 사주로 보는데 최초로 사주보는 법을 창안하신 분이 이허중 선생인데 연주(年柱)를 기준으로 분석하는 방법을 창안하여 사용해 왔으며, 그 이후에 계속 연구되고 발전해오고 있다.

사주로 운명을 해석하는 방법이 그리 쉬운 것이 아니다. 학설이 여러 가지가 있어 어느 학설이 잘 맞는지 초급자에게는 난해한 부분이 많다. 각각 학설이 나오게 된 배경과 학자를 소개하면 다음과 같다.

> 이허중 선생이 연주를 중심으로 보는 사주학을, 오늘 날에 사주·명리학으로 체계화 된 것은 서자평 선생의 업적이다. 서자평 선생은 日主중심으로 보는 사주법을 창안 하게 되었는데, 이 신법 사주·명리학 이론을 창안한 배경에는 육임학에서 출발하였다.

서자평 선생이 저술한 『옥조신응진경주玉照神應眞經註』 내용을 보면 육임학의 용어가 등장하는데, 육임은 日柱의 천간天干을 중심으로 판단하는 학문으로 그 영향을 받아 日主(日干) 위주의 사주학 이론을 펴는 데 영향을 주었다고 볼 수 있는 대목이다.

日干을 기준으로 월령月令에 강약법을 발견하여 『연해자평』을 저술하였는데, 이 저서가 현대의 사주학 근간根幹이 되었다. 『연해자평淵海子平』을 저술하기 이전의 저서로는 『낙녹자삼명소식부주珞綠子三命消息賦註』 『옥조신응진경주玉照神應眞經註』 『명통부明通賦』가 있다.

『옥조신응진경주』에는 천간과 지지에서 음양오행이 생生·극剋·제制·화化하는 이론과 오행별 질병을 아는 방법이 이때 등장한다.

『낙녹자삼명소식부주』의 격국(格局)은 사주 전체 세력을 보아 격국을 정하고 용신은 일간의 강약을 따져서 중화를 이룰 수 있는 오행으로 정해야 한다고 보고, 일간 강약은 得時(月令에 根을 말함)로 보는 것이 중요하다고 보았으며, 지장간(地藏干)의 이론과 월율분야(月律分野)의 사령(司令)을 중요하게 강조를 하면서 억부용신(抑扶用神)의 이론을 주장했다.

『옥조신응진경주』에는 천간(天干)과 지지(地支)의 음양오행을 정하고 각 오행별 관계에서 생生·극剋·제制·화化하는 기준으로 사주의 품격과 길흉을 판단하며, 용신강약을 길흉판단의 기준으로 쓰며, 십이운성(十二運星)으로 양생음사(陽生陰死), 음생양사(陰生陽死)를 적용한다.

『명통부』에 다룬 내용 가운데에서 월령(月令)을 중요하게 보는 것은 격국을 정하는 중요한 작용하는 곳이기 때문이며, 격국의 고저(高低)에 따라 부귀와 빈천을 알 수 있는 곳이기 때문이다. 이 이론이 격국의 기본 틀로 구성되어 성격(成格)과 파격(破格) 기준이 이때 완성이 되었고, 그 이후 저술되는 서적에 많은 영향을 주었다고 볼 수 있다.

일간과 십신의 강약을 가리고, 용신과 흉신의 강약에 따라서 길흉을 정한 다음 대운·세운을 대입하여 용신이 왕旺·상相·휴休·수囚·사死가 달라짐을 밝혔다. 그때 이미 억부용신을 채택하여 용신의 오행이 왕·상·휴·수·사 강약에 따라 길흉이 달라짐을 정했다.

『연해자평』은 사주의 격국과 용신 판단법의 기준점이라 해도 과언이 아니며 또한 십신의 설명이 체계적으로 되어 있어 사주에서 심리를 파악하는 기법으로 활용되기도 한다.

격국에 종격(從格)을 처음으로 적용하였고 격용신(格用神)이 생사를 좌우한다는 이론을 세웠다. 공망(空亡)과 합合·형刑·충冲·파破·해害 같은 신살(神殺) 및 십이운성(十二運星)이 격국용신에 영향을 준다고 본다.

용신법에서 일간 강약의 기준으로 억부용신 이론과 십신의 길흉을 보는 법과 사주구조에 따라서 다르게 용신을 정한다.

현대 사주학은 음양오행의 생生·극剋·제制·화化와 격국의 고저를 판단하고 용신에 강약과 대운과 세운에서 길흉을 판단하는데, 구체적 사건은 세운에서 합合·형刑·충冲·파破·해害에 의해서 운명이 바뀌는 법을 판단하는 것이다.

> 신봉 장남 선생의 『명리정종命理正宗』은 『연해자평淵海子平』과 일치한 부분이 많으나 용신법에 십신十神의 동정動靜과 개두蓋頭와 병약론病藥論 등 새로운 논법을 주장했다.

동정(動靜)은 십신(十神)이 육친(六親)으로 채워질 때 동하고 육친으로 채워지지 않으면 정(靜)하다고 보는 것이다. 운과 사주와 관계에서 운의 천간은 사주의 지지를 극할 수 없고 운의 지지가 사주의 천간을 극할 수 없다는 논리이다.

개두론(蓋頭論)에서는 천간은 움직이는 것이고, 지지는 움직이지 않는 것이며, 천간(天干)은 드러난 것이고, 지지(地支)는 보이지 않는 것이니 모든 길흉은 천간이 지지보다 중요하다고 본다.

병약이론(病藥理論)에서는 사주에 病이 있으면 치료하는 藥이 있어야 하는데 이와 같이 병신(病神)과 약신(藥神)이 사주원국에 있으면 귀하다는 이론이다.

훌륭하게 성공한 사람은 고난을 극복하고 성공하는 경우가 많다. 사주에 병신(病神)만 왕성하게 있고 약신(藥神)이 없으면 빈천하게 된다는 이론이다.

심효첨 선생의 『자평진전子平眞詮』은 격국에서 사길신四吉神과 사흉신四凶神으로 분류하고 격국과 용신을 정하는 이론이다. 격용신格用神은 신강함을 바탕으로 한다.

사길신격(四吉神格)에는 정관격(正官格), 재격(財格), 정인격(正印格), 식신격(食神格)으로 구성되는데 순용(順用)하는 원리가 핵심이며,

사흉신격(四凶神格)은 편관격(偏官格), 식상격(食傷格), 양인격(陽刃格), 편인격(偏印格)으로 구성되는데 역용(逆用)하는 원리가 핵심이다.

이와 같은 용신법을 격용신(格用神)이라 하는데, 格으로 用神을 정하는 방법을 가장 체계적으로 정리한 책이다.

格의 구성은 ①월지의 월율분야 본기로 정하는 것을 원칙으로 하고, ②월지의 월율분야가 투출된 것으로 격格을 정하고, ③지지地支 삼합三合이나 방합方合을 국局으로 정하는 법칙法則으로 쓰고 있다.

격국순용(格局順用)이란 사길신격(四吉神格)으로 성격(成格)되어서 格이 弱하면 생조(生助)해주고, 旺하면 설기(泄氣)하는 오행으로 용신을 쓰는 것이다.

격국역용(格局逆用)이란 사흉신격(四凶神格)으로 성격(成格)되면 剋하거나 泄氣하거나 合去하는 오행으로 용신하는 것을 말한다.

『자평진전』에 用神은 格局에 종속된다. 順用할 것은 順用하고 逆用할 것은 逆用하는 것이다. 格의 成格과 破格을 엄격히 따져 格用神을 써야 하는 법칙이 적용되어야 한다.

유백온 선생의 『적천수滴天髓』는 잡격雜格을 배격하고 억부용신抑扶用神만을 중시한다. 육친六親은 육효六爻의 이론을 수용하고, 오로지 오행의 생生·극剋·제制·화化만 적용할 뿐, 합合·형刑·충冲·파破·해害와 신살神殺을 배척한다.

삼합三合으로 인한 세력의 변화와 투간透干과 근根을 인정치 않으므로 실전에서 안 맞는 경우가 많으므로 다른 학설인 연해자평, 명리정종, 궁통보감窮通寶鑑, 자평진전과 접목을 하여서 종합적인 사주감명을 하여야 묘리가 있게 되므로 적천수를 공부하는 학인들은 명심하기 바란다.

> 저자 미상의 『궁통보감窮通寶鑑』은 원제가 『난강망』인데 청나라 말기에 서춘대라는 학자가 간행하여 그 가치를 평가받게 되었다고 한다.

『궁통보감』의 특징으로 통변의 핵심이 되는 십간(十干)의 성정(性情)과 이기(理氣)의 진퇴를 밝힌 점이다.

또한 십간(十干)을 12개 월령에 배당시켜서 강약의 차이와 계절에 따른 조후 적용법이 상세하게 설명이 되어 있다. 또한 용신·희신·기신·한신을 밝혀두어 사주학의 이치와 핵심을 쉽게 터득할 수 있도록 설명하였으며, 간지를 종합한 격국으로 부귀빈천을 밝혔다.

이와 같이 학설이 다양해 해석하는 방식이 각각 다르므로 초심자는 공부하기 어려움이 따른다. 저자가 초심자일 때 스승께서 역학계 5대 서적으로 추천해 주셨는데 공부를 하다가 보니 각각 이론을 하나로 통합해서 써야만 적중률이 높다는 생각이 들어 스승께 말씀을 드렸더니 통합논법을 전수하여 주셨다. 역학계 발전을 위해 정리하여 출판을 결심하게 되었음을 밝힌다.

壬寅년 하절(夏節) 서실에서

松彦 柱字 **金 系 林** 識
송언 주자 김 계 림 지

目次
|목 차|

目次

目次
|목 차|

桂字

桂林叢叢毅然柱
玉書彬彬湛然字

계수나무 우뚝 무성하니 의연한 기둥이요

소중한 진리에서 빛나니 담연한 글자로다

戊子芳春之节 而然 沈載东

第一章
甲木日主論
갑 목 일 주 론

【甲木의 특징】

꿋꿋한 기(氣)가 있고 우두머리 격이며 대장이 되려고 한다. 점잖고 의젓하며 말수가 적으면서 용기가 있고 남에게 아쉬운 소리는 안 한다. 丙·丁火가 있으면 남을 잘 도와주려는 배려의 마음이 있다. 地支에 水가 있으면 이해타산이 빠르다.

己土가 있어 甲己合이 되면 중심이 잡혀 있고 완고한 기질이 있다. 甲木은 나무를 연상하여 암기해라. 습토(濕土 : 辰·丑)가 있으면 재복이 있고 사는 데 지장이 없고, 조토(燥土 : 未·戌)를 보면 외화내빈이다. 甲午日柱(甲己合－午中己土)는 자기중심이 잡혀 흔들림이 없다. 甲戌日柱는 고독하고, 甲子日柱는 욕지(浴地)라 애정풍파가 많다.

1 寅卯辰月 甲木 | 인묘진월 갑목

寅卯辰月의 甲木은 봄철 나무로 생기를 얻어 왕성하게 성장하는데, 계절적으로 하지까지 성장하는 시기다. 寅月에 庚辛金이 투간되어 甲木日主가 剋을 당하면 망한 집안에 태어난다. 여자 사주에서 寅月 甲木 日主는 庚辛金이 남편인데 깡패 같은 사람을 만나게 되고 남편이 出世를 해도 성격은 포악하다. 이때 丙丁火가 있어서 火剋金을 해주면 면한다.

> 寅月에 庚·辛은 서리나 우박으로 작용하니 '한때 집안이 망했었다' 라고 보아라. 地支에 巳午未 중 한 자라도 있으면 마음은 편하다. 癸水가 많으면 수다목부(水多木腐)되니 신장병이나 자궁병이 있게 된다.

2 巳午未月 甲木 | 사오미월 갑목

巳午未月의 甲木은 열기가 旺하니 癸水(調候)와 丙火가 있어야 되는데 癸水와 丙火는 떨어져 있어야 좋다. 甲·癸·丙 순으로 이루어지면 癸水가 태양을 가려서 일관성이 없고 변덕이 죽 끓듯 한다. 癸·甲·丙 순으로 이루어 중화를 이루고 上格에 해당되면 판사·검사·변호사·교수 등이 많고, 中格은 의사·약사가 많다.

甲木日主가 地支에 어떤 오행이 튼튼한가에 따라서 직업과 적성을 보라. 현침살(懸針殺)이 있으면 의사, 土가 많으면 건축업, 水가 많으면 학자,

재살(災殺)이 있어 희신이면 교도관으로 보라. 格이란 품격인데 직급의 高下를 구분한다.

癸水가 있으면 하늘에서 내리는 비라 편하고, 壬水는 강물이 되어 길어다 써야 하니 고생이 많다. 여름철 癸水는 저절로 내리는 비라 좋으나 壬申·癸酉가 많으면 장맛비에 뿌리가 썩어 자식이 안 된다.

金水가 많으면 삼복생한(三伏生寒 : 한여름에도 춥다)이니 이럴 때는 戊土로 水를 제방함을 기뻐한다. 戊申·戊子는 안 좋고, 戊午·戊寅·戊戌이 좋다.

己土로 물을 막으면 水多土流로 떠내려가니 고생이 따른다. 남자 사주에 戊己土가 함께 투출되면 바람피우기 쉽다. 사주구조에 따라서는 다소의 차이는 있다. 水가 많으면 여자는 자궁병, 남자는 신경통이 있게 된다.

癸水가 있으면 큰 것을 얻는데, 壬水가 있으면 소득이 적으며 그러므로 바쁘고 비용만 들고 가산이 줄어든다. 水가 많고 地支에 卯·未가 있으면 화농성 임질이나 갑상선·암·자궁·허리에 병이 많다.

3 申酉戌月 甲木 | 신유술월 갑목

申酉戌月의 甲木은 이미 열매가 여물어 결실의 계절로 보며, 庚金·丁火가 天干에 투간(透干)되어야 부귀하다.

가을의 甲木은 도끼로 쪼개어서 材木으로 만들고, 丁火는 큰 나무를 불로 지져서 무늬를 새겨 장신구가 된다. 丁火로 庚金을 단련하여 甲木을 베어 큰 기둥으로 쓰게 되니 동량지목(棟樑之木)이라 한다.

丙火가 투간하고 庚金이 없으면 富는 있으나 貴가 없고, 庚金은 있으나 丙火가 없으면 貴는 있는데 富는 없다. 가을에 甲木은 과일이 잘 익는 시기이기 때문에 庚金이 열매가 되므로 돈을 번다.

庚金은 官이라 貴가 되고, 丙火는 食神이라 태양이 되어 財星을 生하기 때문에 富이다. 또한 丙(태양)·乙(새)·癸水(구름)·己土(하늘 길)가 있으면 역마로 본다. 十干 中에서 丙·乙·癸·己만 하늘의 역마살로 분주하다.

4 亥子丑月 甲木 | 해자축월 갑목

亥子丑月의 甲木은 가지만 앙상하게 남아 있으니 동량지목(棟梁之材)으로 쓰임이 마땅하고 地支火局을 이루면 傷官局이라 자신을 희생하여 남에게 베풀어주는 활인지명으로 역술·종교·의사·약사·교사로 보면 된다. 戊·庚·丁을 보면 부귀하다. 癸水가 투간이 되면 눈보라가 휘날리니 춥고 배고프게 되며 항상 돈 때문에 쩔쩔맨다.

丙火用神일 경우 南方火運이면 좋고, 사주에 寅·卯·辰 中 한 자라도 있을 때 寅卯辰運이 오면 부자가 되고, 사주에 한 자라도 없을 때 寅卯運으로 오면 망한다. 戊·庚·丙을 보면 富貴한데 만일 癸水가 투간하면 한때 가난했다고 본다. 여명에 金水가 많으면서 金水運이 오면 춥고 배고프다.

5 寅月 甲木 | 인월 갑목

寅月 甲木은 寅月 초는 庚·辛金을 두려워하며 조후(調候)가 중요하다. 절기(節氣)를 둘로 나누어서 보아라. 입춘에서 우수까지, 우수에서 경칩 전까지로 나누어 보는데, 입춘부터 우수까지는 한기가 남아 있으니 丙火가 있어 조후(調候)를 해야 꽃이 피니 좋다.

우수부터 경칩 전까지는 甲木이 旺해 丙火가 있어서 확장되어야 좋고 부귀하며, 火가 있고 金이 있으면 가지치기를 해주니 귀격(貴格)이며, 火·土·金이 있으면 大貴格이다.

癸水는 地支에 辰·丑에서 나와야 좋다. 이와 같이 구성되면 부귀하고 火·土·金이 함께 있으면 大格이 된다. 水局인데 癸水가 투간되면 나무가 부목(腐木)이 되어 썩으니 나쁘다. 藥神이나 調候用神은 刑沖해도 쓴다. 그만큼 병신(病神)을 제거해야 하는 것이 급하고, 또한 조후가 중요하다.

寅月에 申金이 있어 寅申沖하면 뿌리가 잘리니 부모가 걱정을 많이 한다. 부모가 부자면 도피성 유학을 보내고, 우수 이후에 태어나 火가 있고 金이 있으면 재목으로 장성하므로 貴格이다. 土는 木이 着根하는 의미가 있다. 水多하여 印綬가 많으면 食傷이 剋傷되니 자식을 키우기 어렵고, 水가 많을 때 남편이 술 마시면 주정하고, 사업하면 망한다.

食神用食神格 【格用神과 抑扶用神, 調候用神이 일치된 사주다】
丙火用神, 燥木喜神, 水忌神, 金仇神, 燥土藥神

甲戌	甲申	丙寅	甲辰	坤命
71	61	51	41	31	21	11	1	大運

| 戊午 | 己未 | 庚申 | 辛酉 | 壬戌 | 癸亥 | 甲子 | 乙丑 | 大運 |

寅月 甲木日主가 木旺계절에 출생을 하였으나 丑土司令으로 한기가 심하여 유목(幼木 : 어린 나무)이라 키워야 할 어린 나무이니 신약하다. 신강한 사주로 보면 안 된다. 丑月 여기 寒土 司令으로 丙火로 언 땅을 비춰 녹여야 甲木이 자랄 수 있는 환경이 된다.

> 寅中丙火가 月干에 투출되어 食神格이 성격되었고, 食神이 用神이 되고 寅戌火局에 根하니 食神用食神格이다. 격용신과 조후용신, 억부용신이 함께 이루어지면 貴格이 成格되니 인물이 귀태가 나고 인품이 좋다.

原局에 寅申冲은 寅戌火局과 申辰水局으로 冲中逢合으로 貴格이 되었다. 사주 原局은 좋은데 초년부터 水運으로 흘러 가정환경이 나빠 부모덕이 없고 학운마저 없으니 대학 진학을 못하고 癸水大運부터 財剋印을 해야 하니 돈벌이를 해야 한다. 이때 형제들이 群劫爭財하니 부모형제를 먹여 살려야 하는 고달픈 운이다. 女命이 食神用神일 때 자식을 출산하면 운이 좋아진다. 女命 사주에 官星과 배우자 자리가 기신이면 남편 덕이 없다.

> 火用神이라도 대운과 세운에서 三合으로 火運이 오면 잘 살펴야 한다. 戊土大運 壬午年에 寅午戌火局이 될 때 丙火가 투출되어 있어 염상(炎上)으로 목분비회(木焚飛灰)가 되고 제살태과(制殺太過)로 흉하게 변한다.

이때 火剋金으로 대장수술을 하고 남편과 생이사별하게 된다. 辛酉大運에는 用神丙火가 合으로 묶이게 되고 用神의 死宮인데 戊子년에 申子辰水局을 이루어 水旺할 때 丙辛合은 태양이 빛을 잃어 사주가 얼게 되니 혈액순환이 안 되고 몸이 아프고 만사가 풀리지 않는다.

庚金大運에 劈甲生火(庚金이 甲木을 쪼개 生火)하니 좋아진다. 申大運에 庚子年은 申子辰水局을 이루었으나 天干에 水가 없어 넘치지는 않고 寅木이 있어 넘어간다. 己未·戊午大運부터 운이 좋아 편한 여생을 보낼 수 있다.

食神格
丙火用神, 燥木喜神, 濕木忌神, 水病神, 金仇神, 土藥神

癸酉	甲申	丙寅	己卯	乾命
74	64	54	44	34	24	14	4	
戊午	己未	庚申	辛酉	壬戌	癸亥	甲子	乙丑	大運

寅月 甲木日主가 木旺계절에 출생, 寅中丙火가 月干에 투출되어 食神格이다. 木旺계절이 되었으나 우수 전이라 약한데, 寅申冲과 卯酉冲으로 日支가 冲되어 가정이 깨졌다. 地支를 가정으로 본다. 甲己合으로 正財와 合은 했으나 처궁에 忌神이니 가정이 아름답지 못하다. 日支와 時干에 官과 印綬가 있으면 자식이 공부 잘한다.

甲木日主가 月干 丙火가 투출되어 木火通明이면 두뇌총명하다 했는데, 甲己合하면 癸水안개가 丙火태양을 가려 木火通明이 안 되는 현상이라 두뇌가 명석하지 못하다. 己土가 合去가 안 되면 土剋水하니 木火通明이 되어 총명하다. 申酉金으로 돌밭이고, 日支忌神이라 결혼해서 실패했다.

己土는 正財라 본처이다. 年干에 투간되어 있으니 밤낮으로 돌아다닌다. 己卯는 日支와 卯申 귀문관살(鬼門關殺)이라 정신이상이나 신기로 본다. 그러므로 처가 무속인에게 점 보러 잘 다닌다. 日支가 忌神이고 卯申이 鬼門이라 처가 귀신같이 보이고 처만 보면 머리가 아프고 처갓집만 보면 두통이 난다. 처는 이혼 후 바로 재가했다.

卯木이 꽃인데 卯木 위에 己土가 앉아서 있고 甲木日主가 己土를 보면 처가 키는 작고 통통하다. 癸水는 밤이고 丙火는 根이 약하니 조명이다. 食神은 서비스고 財까지 이어져 재물욕심이 많다.

다른 역술인들이 이 사주를 선생님 사주라고 말한다. 그러나 이 사주의 주인공은 밤에 돈 번다. 젊었을 때 웨이터를 했고 그곳에서 처를 만났다. 자식은 공부를 잘해서 좋은 대학에 가고 時柱에 官印이 있으면 자식이 총명하다.

봄철에 甲木日主가 日時에 申酉金을 보면 배우자 궁이 기신이니 말썽이 생기는데 이혼을 하고 재혼을 하려고 하면 여자 쪽에서 싫다고 하므로 지금까지 혼자 살고 있다.

현재는 역학공부해서 역술업으로 돈을 많이 벌고 있다. 사주에 귀문관살이 있어 가끔가다 엉뚱한 짓을 잘하며 행동거지가 이상하다. 印綬 귀문관살은 상상력이 풍부하여 공상을 많이 하고 과대망상 끼도 있다.

比劫이 많으면 처가 예쁘다. 처의 입장에서는 官殺이 많은 것으로 예쁘다. 남자 사주에 比劫이 많은 사람은 자존심이 강해 처를 예쁘다고 말 안한다.

食神格
火忌神, 木仇神, 辰土用神, 金喜神, 水調候用神

甲戌	甲午	丙寅	甲辰	坤命
78	68	58	48	38	28	18	8

戊午	己未	庚申	辛酉	壬戌	癸亥	甲子	乙丑	大運

寅月 甲木日主가 木旺계절에 출생, 甲木司令하여 신왕으로 출발하나 地支에 寅午戌火局에 丙火가 투출해 傷官이 太旺하므로 신약하다.

목분비회(木焚飛灰)가 되기 직전으로 조열해 辰土로 旺한 火氣를 泄氣시키고 辰中癸水로 진정시킨다.

조열해 辰土用神이요 또한 辰中癸水가 조후용신이다. 寅中丙火가 투간(透干)되어 食神格이 되었다. 比劫이 많을 때 반드시 三合을 잘 보아야 한다. 辰土가 왕성한 火氣를 설기시켜주니 用神으로 쓰는데, 戌土는 못 쓴다. 甲午日柱는 日支에 傷官으로 전생에 상궁이고 日支 忌神이라 남편덕이 없다. 日支 傷官에 장성이라 고집이 있고 자기주장이 강하다.

食傷이 旺하면 남에게 친절하지만 정작 자신은 외로운 사주다. 辰土用神이라 집안의 대들보감이다. 火가 사주의 病이고, 辰中癸水가 藥神이다. 年柱에 用神이 있어 조상덕이 있으니 조상제사를 잘 받들면 덕을 본다.

春木에는 火用神으로 쓰는데 火가 많거나 火局을 이루고 투출까지 되면 金水가 用神이 된다. 木火通明이라 두뇌가 총명하여 공부를 잘했다. 運이 좋으니 시집을 잘 간다.

傷官局을 이룬 여자의 사주는 마음에 드는 남자가 없으니 배필을 정해주어야 한다. 子水大運에 기신(忌神)을 沖할 때 결혼을 하거나 세운에서 官星이나 도화(桃花) 운에 결혼한다. 세운에서 日柱와 合을 하거나, 官이 日柱와 合하여 들어오거나 日干과 合運일 때 결혼시기로 보아라.

傷官이 많아 공부가 짧으면 일찍 시집가고, 공부를 많이 했으면 시집가는 시기를 놓친다. 남편감은 직장 다니는 사람이 좋고, 사업하게 되면 집을 담보로 융자받아 망하여 집을 날리고 이혼하게 된다.

기자·언론인·의사·회계사·군인·경찰 등 직업 가진 남편을 만나야 백년해 로한다. 戌土大運이 오면 辰土用神이 깨져 집안 대들보인 남편이 죽는다. 用神을 沖하면 본인이 죽는데 壬戌로 水가 同柱하고 오니 남편만 죽는다. 본인은 己未大運에 旺神入墓라 나쁜데 戌未刑까지 하니 그때 죽는다.

목분비회(木焚飛灰)에 燥土는 현기증, 소화불량이 잘 걸린다. 寅午湯火라 불조심해야 하며 칼에 손을 잘 다치고, 못질하면 손을 잘 다친다. 火가 많아서 성격이 급하고 日支傷官은 속으로 남을 무시하는 기질이 있으며 忌神이라 노래방에 가면 노래를 못하고 官이 없으면 관객이 없다.

食神格	【用神이 약하고 대운과 세운이 함께 나쁘면 사망한다】

火用神, 木喜神, 水病神, 金仇神, 土藥神

丙寅	甲申	壬寅	壬子	坤命
76	66	56	46	36	26	16	6
甲午	乙未	丙申	丁酉	戊戌	己亥	庚子	辛丑	大運

寅月 甲木日主가 木旺계절에 출생, 甲木司令하여 신왕하다. 우수 이후에 태어났으나 申子 水局에 壬水 투출되어 한습해 丙火用神이고 木喜神에 旺水가 병신(病神)이라 土가 약신(藥神)

이다. 寅中丙火가 투출되어 食神格이고 사주가 한습해 조후가 시급하다.

寅申寅沖은 不沖인데 大運에서 申金이 오면 用神의 死運에 寅申寅申雙沖으로 大沖이 되어 사망으로 보게 되고, 세운에서 沖은 小沖이라 역마가 되고 교통사고인데 죽지는 않으니 小沖으로 보아야 한다. 그러나 대운과 세운이 동시에 沖하면 가중되니 사망으로 본다.

50세 酉金大運에 用神의 死運에 辛丑년은 丙辛合으로 묶여서 위험하고, 丙火用神이 쇠약하여 寅木에게 생조를 받고 있는데 寅申寅沖은 不沖이나 申대운에 짝이 맞아 沖해 用神의 뿌리를 자르면 丙火는 꺼지니 위험하다.

印綬가 많아 공부를 못해서 지방 전문대학에 들어갔는데 月干에 印綬가

寅木 역마에 앉아 유학 가고 싶어 한다. 己土大運에 甲木은 뿌리를 내리려고 하는데 이때 유학 간다. 己土가 천상역마라 그렇다. 유학 가면 戊土大運에 오래 있을 수 있다. 나무는 땅에 뿌리를 내리기 때문이다.

己土大運에 월간에 壬水가 탁수가 되므로 부모가 쓰러져 가세가 기운다. 甲己合으로 남자를 만나는데 수다토류(水多土流)가 되어 떠내려가 오래 못 간다. 亥水大運에 木氣가 旺해지니 官이 필요해 남자와 바람피운다.

자식은 印綬가 水剋火하여 도식(倒食)되니 자식이 없다. 戊土大運에 착한 남자와 결혼한다. 이때 자식을 낳으면 食神生財되어 길하다. 食神生財에 財剋印되어 식상이 살아나니 자식을 출산한다. 酉金大運에는 丙火用神이 死宮大運이라 사망한다. 用神 강약에 따라서 죽는 시기가 달라진다.

食神格【이 사주는 用神이 강하다. 用神의 根이 있고 喜神이 있기 때문이다】

火用神, 木喜神, 水病神, 金仇神, 土藥神

乙亥	甲寅	丙寅	己巳	乾命

74	64	54	44	34	24	14	4	
戊午	己未	庚申	辛酉	壬戌	癸亥	甲子	乙丑	大運

寅月 甲木日主가 木旺계절에 출생, 우수전이라서 한기미진(寒氣未盡 : 한기가 아직은 남아 있음)한데 丙火司令이고 丙火가 月干에 투출되어 巳中丙火에 根하니 조후용신이 튼튼하다.

한기미진에 水가 忌神이고 金이 仇神이다. 用神 丙火가 巳中丙火에 根을 하여 木에 꽃이 만개하니 두뇌가 총명하고, 亥子丑 水運에는 사주원국에 木이 있어서 통관이 되어 넘어간다. 아직 어린 새싹이라 金이 忌神이다.

辛金大運에 丙火와 丙辛合으로 묶였으나 丙火司令이고 巳中丙火에 祿해 丙火가 약하지 않아 살았다.

그러나 庚申大運은 用神의 病運이고, 寅巳申三刑에 金生水에 巳亥冲하니 用神의 根이 절상(折傷)되고 日柱와 干支冲에 月支冲하여 用神의 뿌리가 절상되니 癸亥년 55세에 사망한 옛사람 사주다.

원국에 子水나 辰土가 있었으면 申子水局이나 申辰水局에 寅木이 있으니 통관되어 죽지는 않았을 것이다.

食神格　【이 사주는 丙火가 用神인데 根이 없어 약하다】
火用神, 木喜神, 金忌神, 土仇神

乙丑	甲寅	丙寅	己酉	乾命
74	64	54	44	34	24	14	4
戊午	己未	庚申	辛酉	壬戌	癸亥	甲子	乙丑	大運

寅月 甲木日主가 木旺계절에 출생하여 우수 전이라 한기가 남았는데, 丙火司令에 丙火가 투출하여 寅에 장생하니 好泄精英으로 食神格에 木火通明이 되니 두뇌가 총명하다.

火用神에 木喜神이고 金忌神에 土仇神이다. 사주원국에 酉丑金局이 있어 연약한 나무가 대운에서 辛酉를 만나 잘리어 죽었다. 丙火用神이 약한데 死運에 喜神마저 잘리니 사망한다.

앞의 사주와 비슷하나 앞 사주는 원국에 金이 없어 辛酉大運은 살았지만 이 사주는 원국에 酉丑金局이 있어 金運에 忌神이 강화되고 用神 死運에 들어 방어능력이 약해 사망한 옛사람의 사주다. 喜神·忌神의 힘의 비례가 어느 쪽이 강한가에 따라서 오래 살기도 하고 일찍 죽기도 한다.

食神制殺格, 食神用食神格　【天干 水는 病神, 地支는 水가 필요함】
天干:金忌神, 土仇神, 火用神, 木喜神, 地支:水喜神

庚午	甲寅	丙寅	甲子	乾命
80	70	60	50	40	30	20	10
甲戌	癸酉	壬申	辛未	庚午	己巳	戊辰	丁卯	大運

寅月 甲木日主가 木旺계절에 출생해 戊土(丑月寒土)司令이다. 甲木이 아직 한기가 남았는데 丙火의 조후가 필요하다. 입춘 절기의 어린 나무가 時上庚金이 病이고 丙火用神이며 午火

에 根을 하고 寅木에 長生하여 식신제살(食神制殺)하니 똑똑하고 총명하다. 불의를 보면 지나치지 못한다. 戊辰大運에 土生金하여 七殺은 커지는데 丙火用神이 설기되어 힘에 버겁다.

입묘대운(入墓大運) : 辰土大運에 집안에 초상나고, 日干이 강해 본인은 죽지 않으나 丙火가 힘이 빠지고 子水喜神이 입묘되어 부모가 사망한다.

辰土는 약한 水에게는 뿌리가 되어주고 강한 水를 입묘하는 작용을 하는데 어찌 辰土大運에 子水를 입묘시켰다고 하는지 의문이 생길 것이다. 입춘일에 태어나 아직은 한기가 旺한 상태이므로 水氣가 旺한 것이기 때문에 水를 入墓시킨 것이다.
陽木에 寅午火局에 丙火가 투출하니 地支에선 子水가 필요해 喜神이다.

卯木大運에 양인합살(羊刃合殺)로 목에 힘주는 것인데 고등학교를 다닐 때 학생회장 정도는 했을 것이고 20세 전까지 잘 산다. 卯木羊刃 運이 들어오면 힘이 강해지는 것이다. 이때 酉金세운이 오게 되면 卯酉冲하여 칼이 부러져 庚金에게 얻어맞으니 질병에 걸리는 수도 있다.

巳火大運에는 길흉이 반반이나 결국 庚金의 長生이 되므로 운이 나쁘다. 庚金大運은 甲木을 벽갑생화(劈甲生火)해 좋아진다. 午火大運에 寅午火局 되어도 子水가 조절하니 나쁘지 않다.

여자 사주라면 庚午大運에 남편하고 원수지간이 되는데 浴地 위에 庚金이 앉아 있으니 술을 마시면 옷을 벗어젖히고 고성방가(高聲放歌) 한다.

辛未大運에 用神이 丙辛合과 午未合되고 癸丑년은 水剋火까지 하게 되니 七殺庚金을 制殺하지 못해 甲庚冲이 되니 죽었다. 사주에 官이 약할 때 財가 있어 生官해 주어야 하고, 官이 旺할 때 食神制殺이 되어야 大格이 된다. 官殺이 忌神이면 관직생활을 못하고 직장생활하기를 싫어한다.

⑥ 卯月 甲木 | 묘월 갑목

卯月의 甲木은 木氣가 旺하니 卯中乙木이 투출하면 庚辛金을 두려워하지 않으니 官殺을 보면 좋다. 羊刃格이 되어 偏官을 좋아하는데 羊刃合殺格이 되면 貴格인데 이때 丁火傷官이 뜨면 파격이라 싫어한다. 丙火食神은 괜찮다.

만약에 官金이 없으면 火가 필요하다. 木이 旺한데 火가 많아서 泄氣가 많이 심하면 水를 필요로 한다. 木만 많은데 土가 없으면 곡직격(曲直格)으로 보아라. 水·木·火運은 다 좋고 土·金은 나쁘다.

食神生財格
木忌神, 火用神, 土喜神, 水病神, 土藥神, 金閒神

戊辰	甲午	乙卯	癸卯	坤命
78 68	58 48	38 28	18 8	
癸亥 壬戌	辛酉 庚申	己未 戊午	丁巳 丙辰	大運

卯月 甲木日主가 木旺계절에 출생하여 乙卯木과 癸水까지 합세하니 신왕하다.
羊刃이 旺하여 庚金을 기뻐하는데 庚金이 없으니 午火傷官으로 旺木 泄氣하여 生財하는 用神으로 쓴다. 食神生財格인데 比劫이 중중하여 군겁쟁재(群劫爭財)하는 구조에서 庚申·辛酉大運에 官이 질서를 잡아주니 크게 발복이 된다.

癸水는 旺木에 흡수가 되었으니 乙木으로 보아라. 金大運에 木이 많아서 金이 부러질까 봐 남자가 왔다가 도망간다. 木이 旺해 감당을 못한다.

> 大小格 : 午火가 旺木을 泄氣하니 用神인데 地支에 있어 大格이 못 된다. 用神은 天干에 투간이 되어 있고 뿌리가 있어야 大格이 될 수 있다.
>
> 日干이 신왕하고 日支에 午火로 旺木을 泄氣시켜 食神生財하여 돈 벌어 남편을 먹여 살린다. 無官 사주에 日支가 用神이라 남편에게 잘한다.

초년에 運이 좋아 똑똑하여 공부도 잘하고 傷官이 用神이라 글재주 또한 좋고, 성격이 싹싹하여 붙임성 있고 매너가 좋다.

日支에 傷官이 있는데 天干 癸水가 印綬라 밖에 나가서는 얌전하고 집에 들어와서는 활달하다.

庚申大運에 아파트분양에 당첨된다. 官大運에 상가나 아파트 분양을 받을 수 있는 것은 劫財인 경쟁자를 제거하기 때문에 경쟁력이 생긴 것이다.

壬水大運에 木氣가 旺해지고 用神인 火를 剋하여 도식(倒食)이 되고 목다화식(木多火熄)운에 壬子년에 도식이 가중되어 죽는다. 초년에 忌神운은 넘어갈 수 있으나 늙어서 忌神운은 못 넘긴다. 壬大運 壬子年에 죽었다.

사주에 현침살(懸針殺)이 많고 羊刃格은 金을 찾으니 남편이 치과의사다. 時가 卯時나 辰時이면 중풍으로 사망한다.

絕處逢生格【癸水는 沖되어 用神으로 못 쓰고 申中壬水를 用神으로 쓴다】
金忌神, 水通關用神, 土病神, 木藥神 兼 喜神.

己巳	甲申	癸卯	丁酉	乾命
72	62	52	42	32	22	12	2	
乙未	丙申	丁酉	戊戌	己亥	庚子	辛丑	壬寅	大運

卯月 甲木日主가 木旺계절에 출생하여 신강으로 출발하나 食財官이 많아 신약하다.

甲木日主가 羊刃卯木에 뿌리를 내리고 日支偏官과 양인합살격(羊刃合殺格)으로 成格이 될 것

같으나 卯酉沖하니 羊刃合殺格이 파격(破格)이 되어 못 쓴다. 偏官 申金의 암장에 壬水를 用神으로 쓸 때는 절처봉생(絕處逢生)이라 한다. 甲己合은 원앙부부인데 地支에 巳申刑이 되면 곤랑도화(昆郞桃花)로 원수로 변한다.

天干合에 地支刑은 곤랑도화(昆郞桃花)인데 성병으로 기형아를 출산하기 쉽다. 亥·子·丑 大運까지는 좋다. 戊戌大運에 물길을 막아 좋지 않은데 사업하다 망하게 되고, 用神이 막혀 이산가족이 되는데 처가 가출하였다.

申中壬水가 속으로 甲木을 生하니 속옷 장사를 했었다. 印綬가 用神이면 학교 다닐 때 선생님을 짝사랑하게 되거나 배우자로 교육자를 좋아한다.

戊辰年에 申辰合으로 先生을 부인으로 맞이하여 기형아를 임신해서 유산시켰다. 己巳年에 유산시킨 것은 傷官이 偏官을 刑하여 기형아를 임신해 유산시킬 수밖에 없었다. 戊戌大運에 역술공부를 시작하였다. 日時支가 刑沖이면 부부 궁이 아름답지 못하여 집안 환경이 깨진다.

羊刃格 【女命에 正官이 用神이고 食傷과 官이 합하면 일직 결혼한다】
木忌神, 金用神, 土喜神, 火病神, 水藥神

癸酉	甲戌	辛卯	丙辰	坤命
76	66	56	46	36	26	16	6	
癸未	甲申	乙酉	丙戌	丁亥	戊子	己丑	庚寅	大運

卯月 甲木日主가 木旺계절에 출생하여 辰土와 癸水가 도와 신강하다.

辛金 正官을 用神으로 쓰려고 하는데 丙辛合으로 기반(羈絆)되어 나쁘다. 羊刃이 刑沖되면

몸에 흉터가 많다. 여명 사주에 官用神이면서 食傷과 합되면 일찍 연애를 한다. 年干 食神이 月干 正官과 합되어 처녀 때 연애하면 혼전임신하게

된다. 羊刃의 比劫 위에 辛金 官은 유부남인데 모르고 연애 결혼하여 아이를 낳고 살다가 유부남인 것을 나중에 알게 되어 헤어졌다.

正官과 食神이 합을 하면 생활비를 안 주는 무책임한 남편을 만나게 되고 바람피우고 劫財와 도망간다. 官이 食神과 합하니 직업이 학원에서 영어강사다. 日·時柱에 印綬가 있으면 안방에 서적이 많고 만학(晩學)을 한다.

丑土大運에 결혼하고 地支에 卯酉冲·辰戌冲으로 冲이 많은데 大運에서 刑하거나, 冲하면 사고 나기 쉽다. 자가용을 운전하고 가다가 교통사고를 당해 하반신이 마비가 되었다.

> 羊刃에 사주·대운·세운에서 三合으로 冲剋하면 반드시 재앙이라 했는데, 辛巳年에 丑大運과 時支 酉金과 巳酉丑金局으로 金剋木을 하면 卯木이 절상(折傷)된다. 卯木은 신경과 팔다리에 해당되어 교통사고를 당하면 신경이나 팔다리에 부상을 당한다.

戌土 傷官庫 華蓋가 冲되면 月殺작용을 하는데 달 보고 우는 상궁이라고 하여 고독하다. 日支에 戌土는 傷官火庫라 남편이 견디지 못해 나간다.

羊刃合殺格 【天干의 辛金은 丙辛合되어 못 쓰고 地支 申金이 用神이다】
木忌神, 金用神, 土喜神, 火病神, 水藥神

乙亥	甲午	辛卯	丙申	乾命

78	68	58	48	38	28	18	8	
己亥	戊戌	丁酉	丙申	乙未	甲午	癸巳	壬辰	大運

卯月 甲木日主가 木旺계절에 출생하여 乙木과 亥水가 합세하니 신왕하다. 金用神을 쓰려하는데 丙辛合으로 묶이므로 기반 되었고 地支에서 卯申이 羊刃合殺되면 下格으로 격조가 떨어진다. 癸未年에 사업하려고 성패에 대해서 물어온 사람의 사주다.

> 사주에 金用神이고 土喜神이 없으니 건축·건설·부동산 사업은 길하고, 丙戌年에는 丙辛合이 풀려 比劫을 제거하고 食傷生財하여 돈을 번다.

未土大運에는 木庫라서 지체되고 잘 안 된다. 申金이 用神인데 喜神인 土가 없어 토목건축이 잘 맞는다. 丙申大運에 水의 장생인 申金을 좌하고

正官辛金과 丙辛合이 되면서 水가 만들어져 官印相生이 되어 관청에서 허가를 받아 사업을 해야 하는데 無財사주가 사업하려 하면 자기가 돈이 없으니 동업하려 한다. 甲申年은 比肩이 七殺에 앉아서 사기당하기 쉽다.

아래 사주는 干支 用神, 喜神, 藥神을 다르게 쓰이는 경우에 해당되는 사주다.

時上一貴格, 天干: 金用神, 土喜神, 火病神, 木仇神, 水藥神
地支: 木忌神, 水仇神, 火喜神

辛	甲	丁	己	坤
未	寅	卯	亥	命

71	61	51	41	31	21	11	1	
乙	甲	癸	壬	辛	庚	己	戊	大
亥	戌	酉	申	未	午	巳	辰	運

卯月 甲木日主가 木旺계절에 출생해 甲寅日柱가 亥卯未木局이라 신왕하다.

日干 甲木이 寅에 祿을 하고 陰局인 亥卯未木局과 比劫이 많아서 신왕하니 旺木忌神으로

辛金 官用神에 土喜神이며 火病神에 木仇神이고 水藥神이다. 地支는 火가 喜神이 된다.

五行 중 陽은 생도 잘하고 설기도 잘하는데, 陰은 生도 못하고 泄氣도 못하며 剋은 잘한다. 甲木이 己土 財星과 合을 하려하나 己土가 약한데 卯木이 剋해 合을 못하는데 辛金이 卯木을 쳐주니 甲木이 己土와 合이 될 수 있으나 木旺하여 土로 변하지 않고 유정(有情)하기만 한 것이다.

傷官이 투간되어 官을 剋하고 辛金官星이 화개(華蓋)의 財星을 달고 오니 출가한 스님 사주다. 사주에 木이 중첩되면 절 입구가 잡초가 무성한데 제거하지 않으면 신도가 안 온다.

절 입구에 잡초를 제거해야 土生金하여 자가용이 드나들 수 있어 신도가 많이 오게 된다. 申酉大運에 절을 창건할 수 있다.

甲申年에 주변을 정리하게 되고 역마라 이사를 할 수가 있고, 比肩운이라 돈이 부족하고 冲이라 수리해서 이사한다. 申中壬水가 관청의 문서이니 은행에서 대출을 받는다. 官이 用神이면 관청에서 협조적이다.

7 辰月 甲木 | 진월 갑목

辰月의 甲木은 봄이지만 土旺節이다. ①청명 초에는 木氣가 旺하고 한기가 남아 있으니 청명~곡우까지는 火로서 보호해야 귀격이 된다.

②곡우 이후에는 火旺하게 되니 癸水를 먼저 쓰게 된다. 火가 많고 水가 부족하면 성장이 둔화되고 꽃과 잎이 마르니 영화가 없어 흉하다.

③土旺한 사주에 壬水가 투간되어 있으면 甲木을 生助하니 이때는 吉神이 된다. ④庚金이 있으면 丁火로 제련해야 길하고, ⑤만약 庚金은 있고 丁火가 없을 때는 壬水가 있으면 殺印相生되어 약한 日主를 돕게 되어 吉하다. ⑥辰月에 甲木은 庚金이 없고 土多할 때 甲木과 壬水가 吉神이 되는 것이니 甲木으로 土를 조절하고 壬水가 甲木을 生해주기 때문이다.

假傷官格
火用神, 木喜神, 水病神, 土藥神

丙寅	甲子	戊辰	甲寅	乾命
80	70	60	50	40	30	20	10
丙子	乙亥	甲戌	癸酉	壬申	辛未	庚午	己巳	大運

辰月 甲木日主가 木旺계절에 출생, 청명 절기에 태어나 乙木司令하여 大林으로 득세하니 丙火로 泄氣시켜야 된다.

가상관격(假傷官格)에는 傷官이 用神이다. 초년대운이 좋으니 집안이 좋고 공부도 잘한다. 가상관격은 인사성 밝고 윗사람한테 잘한다.

> 사주원국에 傷官이 있다고 다 나쁘게 보면 안 된다. 用神이면 길하다. 女命의 사주라면 가상관격(假傷官格)은 官을 剋하면서 사랑한다. 그러니 애교가 있고 아부나 아첨을 잘한다.

辛金大運에 丙火와 丙辛合으로 用神이 묶이는데 원국에서 子辰水局으로 水旺할 때 丙辛合하면 水로 변하여 水剋火되고, 丙辛合하면 용신이 묶이므로 눈물을 흘리는 운이고 食神生財를 못하니 군겁쟁재(群劫爭財) 당하여 처가 죽었다. 未土大運에 未中己土와 甲己合이고 天乙貴人이니 재혼한다.

壬申대운과 癸酉大運은 나쁘다. 丙火用神이 酉金大運에 病死대운이라서 건강이 나빠진다. 水運이 올 때는 불이 꺼질까 봐 戊土 財가 막아야 하니 이때 재혼하면 팔을 걷어붙이고 일하는 직업여성을 만나야 한다.

인물로 고르지 말아야 한다. 살림만 하는 여자를 만나면 또 이혼을 한다. 地支에 辰土는 水局을 만들고, 天干 戊土는 제습하기 때문이다.

초년에 대운이 좋고 중년·말년에 운이 없다. 여자의 인품을 보고 결혼을 해야 하며, 못생겨도 食神生財하니 부인을 사랑한다. 배우자를 사랑하는 것은 食神으로 生財하기 때문이다.

직장 운이 없는 것은 ① 無官사주이고, ② 운이 나빠서 직장생활을 못하는 것이다. 부인과 사별이나 이혼하는 것은 群劫爭財되었고 日支忌神이 있고 日時가 격각(隔脚)이라 그러하다.

印綬格,　　　　　　　　　**【化氣格이 안 되는 사주이다】**
木用神, 水喜神, 土忌神, 火仇神, 支木藥神, 干火藥神

辰月 甲木日主가 木旺계절에 출생하여 辰土에 착근을 하나 설기가 많으니 신약하다.
甲己合化土格이 파격되었는데 이유는 未辰辰中 乙木에 뿌리를 내리고 辰中癸水가 年上에 透出되어 日干을 生助하고 있으니 甲己合化土格으로 化하지 않는다.

> 木旺계절이라고는 하나 신약하여 比肩이 用神이고 印星이 喜神이며, 土剋水하니 土病神에 火仇神이며, 木이 藥神이다.

乙卯 甲寅大運에 부모덕이 있고 財가 많으면 경제학과인데 옛날 사람이니 상업대학을 졸업하여 癸水大運에 취직한다.

승승장구하다가 壬大運에 과장이 되었고, 巳中庚金 官星이 地支에 있으니 生水를 못하여 공무원이나 대기업으로는 진출하지 못한다.

중소기업으로 들어가서 만년부장이다. 그러나 大運이 좋으니 돈을 벌어서 土 속에 用神이니 부동산에 투자하여 부자가 되어 임대업을 하는 사주다.

8 巳月 甲木 | 사월 갑목

巳月의 甲木은 열기가 점차 왕성할 때니 癸水로 조후함이 필요한데 국세가 윤습하고 庚金이 있을 때는 丁火가 있어서 庚金을 제련하고 水旺하면 水氣를 戊土로서 제습해야 귀명이 된다.

庚金이 天干에 투간되고 地支에 水가 있으면 三伏生寒하니 국세가 한습하고 申子辰水局이나 金水가 地支에 많으면 土로 제습해야 貴命이 된다.

土多하면 甲木으로 소토(疎土)가 필요하고 木의 힘이 약하면 水生木으로 도와야 한다. 巳月의 甲木은 金水氣運들이 어떻게 배치되어 있는가를 잘 살펴보아야 하는데 무조건 巳月은 조열하다고 보면 안 된다.

傷官用傷官格, 假傷官格
丁火用神, 燥木喜神, 濕木忌神, 水病神, 燥土藥神

巳月 甲木日主가 火旺계절에 출생해 丙火司令으로 失令하니 신약하게 출발하였으나 寅卯木 乙木과 亥中甲木이 있어 신왕하다. 신왕하면 官用神을 써야 하는데 官이 없어 丁火用神을 쓴다. 傷官用傷官格으로 火用神이니 濕木은 忌神이고 燥木이 喜神이다.

原局에 燥木이 있어서 辰癸卯壬대운에 흉하지는 않지만 대길하지도 않고, 寅大運에 좋다. 庚金大運에 旺木을 조절하니 좋다. 이 사주 핵심은 天干으로 水運이 오면 나쁘고, 地支로 水運이 오면 통관이 되므로 괜찮다.

亥水가 丁火를 剋하지 못하는 것은 木이 중중하여 水生木 木生火로 통관되어 나쁘지 않다. 地支 燥土운에 亥水를 剋하면 寅巳刑이 되어 木根이 잘려 나쁘고, 또한 比劫이 많은 無財 사주가 財運에 群劫爭財로 나쁘다.

大運이 壬申 癸酉운이면 金生水되어 나쁘게 작용을 하고, 癸卯 壬寅운은 水生木으로 泄氣되어 나쁘지 않다. 大運에서 用神을 旺하게 설기시키면 나쁘다. 戊戌大運에는 用神이 입묘(入墓)되니 절명(絶命)이다.

운세를 볼 때 포인트는 丁火用神의 水運에 壬寅 癸卯와 같이 木을 동주

(同柱)를 하고 올 때만 괜찮고, 壬申 癸酉나 壬子 癸亥로 오면 나쁘다.

傷官用印綬格, 水用神, 金喜神, 火忌神, 土病神, 木藥神

丙寅	甲子	癸巳	丙午	乾命
74 64	54 44	34 24	14 4	
辛丑 庚子	己亥 戊戌	丁酉 丙申	乙未 甲午	大運

巳月 甲木日主가 火旺계절에 출생해 丙火司令하여 年時上에 丙火투출하고 寅午火局에 설기가 심해 신약하다. 火가 太旺해 水用神이니 傷官用印綬格이다. 癸水用神에 火旺하여 적수오건 (滴水熬乾) 일보직전인데 子水에 뿌리를 내려 적수오건은 면했다. 用神이 약하면 본인의 의지가 약하고, 喜神이 약해 집에서 밀어주지 못한다.

木이 눈이고 火가 시력인데, 사주원국에 火旺하고 午火大運에 寅午火局으로 火가 더욱더 旺해지면 子午冲되어 子水가 상하면 癸水가 증발해 火가 조절이 안 되어 木이 타게 되면 실명한다. 水가 水生木을 해야 木이 타지 않는다. 申金大運에 역술인을 만나 역학을 배웠는데 이름을 날린다.

食神生財格, 火用神, 木喜神, 水病神, 土藥神

丙寅	甲子	己巳	甲午	乾命
80	70	60	50	40	30	20	10	
丁丑	丙子	乙亥	甲戌	癸酉	壬申	辛未	庚午	大運

巳月 甲木日主가 火旺계절에 출생하나 戊土司令이라 辰月의 濕土에 甲木이 뿌리를 내리고 寅木과 子水에 뿌리를 내리니 신왕하다. 食神이 투간되어서 旺하나 印綬로 用神을 못 쓰고 食傷으로 食神生財格으로 쓴다. 年干의 甲木은 死木으로 불타는 木이다.

月上 己土가 午火에 根을 하여 약하지 않고, 火는 子水가 剋하니 약하다. 子水는 조절해야 한다. 比劫이 忌神이라 金運에 조절되어 길하다. 壬申 癸酉대운에 원국에 天干으로 木이 있고, 地支로 水가 있어 통관이 되어 넘어간다. 평생을 잘 살다가 亥大運에 用神의 절지(絶地)운이라 죽는다.

이 사주는 辰土司令이라 신왕하니 比劫을 用神으로 보면 안 되는 사주다.

殺印相生格,
羊刃合殺, 火忌神, 水用神, 金喜神, 土病神, 木藥神

庚午	甲申	乙巳	壬子	乾命
79	69	59	49	39	29	19	9	
癸丑	壬子	辛亥	庚戌	己酉	戊申	丁未	丙午	大運

巳月 甲木日主가 火旺계절에 출생, 戊土司令이나 신약하다. 巳中庚金이 투간하고 巳申이 만나면 巳는 庚金의 長生支로 金이 旺해지니 七殺이 旺해져 巳申合이 水가 아니라 旺金이

되어 日主가 더욱 신약하다. 殺旺한데 乙庚合으로 羊刃合殺이 되고 午火가 食神制殺하여 조절하니 貴命이다. 甲木이 신약하므로 壬水를 用神으로 쓸 수밖에 없다. 申金은 火剋金으로 조절되어 喜神으로 쓸 수 있다. 그러나 旺火大運에는 제살태과(制殺太過)가 되어 균형이 깨지므로 나쁘다.

申月이라면 金旺계절에 火剋金하면 金生水가 잘되고 巳申合은 水가 된다. 用神 壬子는 年柱에 있어 멀어 不生이나 다행히 申子三合으로 끌어당겨 殺印相生이 된다. 甲木이 巳月에 성장을 멈추고 꽃 피는 시기이므로 旺한 것이 아니고 약한 것이다. 다음 표 내용은 寅申巳亥의 長生支 설명이다.

- 亥寅은 木旺하고 ⇒ 亥는 木의 장생지(長生支)다.
- 寅巳는 火旺하고 ⇒ 寅은 火土의 長生支다.
- 巳申은 金旺하고 ⇒ 巳는 金의 長生支다.
- 申亥는 水旺하고 ⇒ 申은 水의 長生支다.

巳月은 火旺계절이 되는데 巳中庚金이 투출하여 申金에 祿을 깔았으니 金旺하다. 초년부터 旺火·土大運으로 33세까지 가정이 어려워 고생하고 印綬用神이므로 申金大運부터 殺印相生하니 吉하다.

사주에 寅午火局이 있었다면 申子水局이 이뤄지지 않아 印綬를 끌어오지 못하니 살인상생이 안 되어 사주가 천격으로 변한다. 水가 멀리 있어도 合하면 끌어와 쓸 수 있고 가까이 있어도 沖하면 무정하여 쓸 수가 없다.

羊刃合殺은 목에 힘주고 앉아 있으면 남이 알아준다. 乙木이 庚金을 합을 안 했으면 庚金이 甲木을 剋하여 머리를 다치거나 편두통과 신경통으로 고생한다. 乙庚合으로 甲木을 剋하지 않게 보호가 되었다.

巳月이라 물이 마르니 官星이 喜神이다. 印綬 用神인데 약하면 官星 運에 大發한다. 申酉大運에는 공직에 입신하여 庚金大運일 때 原局에 壬水가 있어 통관되어서 高官이 되었다. 戌大運에 午戌火局으로 食傷으로 변하는 運이니 官을 剋하여 퇴직한다.

辛亥大運 좋다가 壬子大運에 시지의 午火로 制殺하고 있는데 子午冲하면 庚金이 발동하여 甲木을 剋하니 신경통이 발생한다. 月·日·時에 官殺이 있으면 내 몸 가까이서 공격하는 것으로 日支에 殺이 살아나므로 처가 구박한다. 자식이 3명인데 4명 낳으면 1명은 죽는다. 官星이 절지에 앉아 자식이 꼭 하나 죽는다(金에게는 地支에서 火剋金하면 絶地와 같은 것).

巳中庚金은 녹았고 天干에 庚金은 乙庚合되고 傷官에 좌하여서 밖으로 나가면 구실을 못한다. 申金은 申子水局으로 喜神작용을 하므로 두 번째가 효자다. 초년이 財運으로 운이 나빠 고학했으며 부잣집 자식이라면 공부를 안 하고 여자문제로 속 썩인다. 印綬가 年에 멀리 있으므로 지방대학에 들어가게 된다. 집안이 가난하면 공부에 한이 맺힌다.

초년에 食傷大運이 오면 예능계열로 음악 또는 미술이나 체육으로 간다. 배우자는 喜神과 用神이 日支와 三合되는 辰생이나 甲日의 祿인 寅生을 만나면 좋다. 배우자는 午火가 日支를 조절하므로 착한 여자를 만나는데 日支 申金이 巳午火가 가까이서 剋하므로 열기에 달구어져서 다혈질에 신경이 예민하고 자기주장이 강하다. 印綬用神자는 결혼을 늦게 한다.

傷官格
火忌神, 木仇神, 水用神, 金喜神

丙寅	甲午	丁巳	癸丑	乾命
72	62	52	42	32	22	12	2
己酉	庚戌	辛亥	壬子	癸丑	甲寅	乙卯	丙辰	大運

巳月 甲木日主가 火旺계절에 출생하여 火가 많아 신약하다. 寅午火局에 丙丁火가 투출되어 조열하다.

다행히 年干癸水가 巳丑金局의 생조를 받아 조후로 水가 用神이다. 年柱에 用神이 있으면 조상덕이 있으나 甲寅大運까지는 크게 덕을 못 본다. 比劫大運에 여자를 만나면 다 헤어진다. 年月日支 암장에 財星이 중중하여 혼잡하니 이성풍파가 따르고, 午火桃花에 比劫이 오면 火旺

하여 午中己土가 더욱 조열하게 되니 여자가 도망간다. 印綬用神이 甲寅 大運에 어려운데 부모가 생활비를 보태주지만 형편이 어렵다. 甲木日主에 火가 많으면 명랑하다.

> 日支傷官이 있으면 오기로 작용하는데 도화가 임하니 관재를 조심해야 한다. 傷官도화가 있는 사람은 유부녀와 연애하면 감옥에 간다.

印綬가 用神이면 사람이 점잖다. 官이 투출되지 않아서 공직에는 못 가고 일반회사에 간다. 火多하므로 목분비회(木焚飛灰)가 되면 시력이 감퇴되니 어려서부터 안경을 쓴다.

癸丑大運부터 운세가 좋아지니 이때 결혼을 하여 환경이 좋아진다. 무관 사주에 食神 傷官이 旺한데 官運이 오면 화가 미치게 되어 퇴직을 하게 되는데 이를 傷官見官이면 위화백단(爲禍百段)이라 불행이 많이 닥친다.

> 여자 사주라면 대운에서 正官이 偏官보다 먼저 오니 이혼한다. 만약에 偏官운이 먼저 오고 正官운이 나중에 오게 되면 부부싸움은 해도 이혼은 안 한다. 傷官이 旺한 여자는 무조건 官運에 이혼한다고 말하면 안 된다.

己土大運에 用神을 剋하니 당뇨로 고생하다가 生을 마감하게 된다.

9 午月 甲木 ┃ 오월 갑목

午月의 甲木은 한열(旱熱)한 가운데 강산이 고갈되니 癸水가 있어서 해열(解熱) 조후함이 필요하고, 만약에 癸水가 없고 壬水가 있으면 대용으로 쓴다. 地支에 金이 있으면 水가 고갈되지 않으니 부귀하다.

金水가 없고 대운에서도 만나지 못하면 下格이다. 木旺하면 金을 써야 하고 庚金이 旺하면 丁火를 써야 한다. 앉은 자리에 辰土가 있으면 大貴하다.

丑土는 다음으로 吉하다. 丑土는 辰土보다는 못하다. 辰土 丑土는 旺火를 泄氣시키니 좋다. 여름철에 木은 水가 있어야 貴格이며 火土가 중중한데 또 火土運을 만나면 빈곤하고 질병이 많이 따른다.

貴祿格
火忌神, 抑扶木用神, 水喜神, 調候金水用神,

				乾命
丙寅	甲午	庚午	甲午	

80	70	60	50	40	30	20	10	大運
戊寅	丁丑	丙子	乙亥	甲戌	癸酉	壬申	辛未	

午月 甲木日主가 火旺계절에 출생하여 丙火司令이면 巳月의 기운이라 뜨겁거나 춥지 않아 泄氣가 극심하지는 않다.

時支 寅木에 根을 하고 年干에 甲木이 있으니 陽干은 地支에 比劫이나 印綬가 하나만 있어도 從을 안 한다. 귀록격(貴祿格)이 되었다.

조열해 조후가 시급하여 大運이 金水로 습하게 흐르는 것이 좋다. 比劫이 억부용신(抑扶用神)이고 水喜神이며, 조후(調候)로는 金水를 用神으로 쓴다.

辛未大運 13세~14세 丙午年과 丁未年에 부모 두 분이 사망하였다. 그래서 백부에게 위탁되어 자랐다. **用神이 초년에 入墓가 되면 부모가 사망하고 중년에 입묘하면 배우자가 사망하고 말년에 입묘하면 본인이 사망한다.**

壬申·癸酉大運에 자수성가했고 戌土大運에 旺火가 入墓되어도 불길하다. 그런대로 넘어가면 子水大運에 旺火를 子午冲하면 왕자충발(旺者衝發)에 노발지화(怒發之禍)하니 위험하다. 승용차나 비행기를 타지 말아야 한다.

火氣가 있는 석유·가스·페인트 도장은 나쁘고, 어물·수산물은 좋다. 철강이나 물에 관련된 직업으로 가면 된다. 火와 燥土가 旺하고 金이 약하면 피부병에 잘 걸린다.

正財格 | 火忌神, 水用神, 金喜神, 土病神, 木藥神

				乾命
乙亥	甲寅	庚午	己未	

78	68	58	48	38	28	18	8	大運
壬戌	癸亥	甲子	乙丑	丙寅	丁卯	戊辰	己巳	

午月 甲木日主가 火旺계절에 출생해 신약하다. 寅午火局이니 신약으로 출발하여 亥未木局에 乙木이 있어 太弱은 아니다.
乙庚合으로 양인합살(羊刃合殺)되었으니 길하다.

이와 같은 사주는 평생 대성공은 없다. 천성이 어질고 착하다. 총명다재하고 원국이 순수하며 辰土大運에 金도 生하고 日干도 生하니 초등학교

임용고시에 합격하여 선생으로 지내다 정년퇴임한 사람이다.

> 火土가 旺할 때 亥水가 있어서 윤토생금(潤土生金)이 되기 때문에 신왕에 殺旺하게 되었다. 用神과 日柱가 六合이면 자기 주관이 약한 사람이다.

甲木이 時支 亥水에 長生이 되니 亥水가 이 사주에 절대적으로 필요하다. 庚金은 午火에 녹아 辛金으로 보석이 되었으니 亥水印星이 辛金보석을 닦아서 빛나게 해주고 日干도 또한 생조(生助)해주니 좋다.

時柱에 用神이 있으면 말년에 妻家덕이 있고 亥가 있으므로 처와 자식덕이 후하다. 戌大運이 오면 寅午戌火局이 火剋金에 土剋水하니 나쁘다.

傷官用印綬格
火忌神, 水用神, 金喜神, 土病神, 木藥神

甲	甲	丙	丁	乾
子	戌	午	亥	命

76	66	56	46	36	26	16	6	
戊	己	庚	辛	壬	癸	甲	乙	大
戌	亥	子	丑	寅	卯	辰	巳	運

午月 甲木日主가 火旺계절에 출생하여 午戌火局인데 火가 투출되어 泄氣가 심하니 신약하다.
사주가 조열하여 조후가 급선무라 水用神을 쓰는데 亥水는 丙丁午火에 둘러싸여 적수오건(滴水熬乾: 작은 물방울이 말라)되어 쓸 수가 없고 時支에 子水를 用神으로 쓰므로 조상덕은 없고 처가(妻家)덕은 있다.

子와 戌은 공협으로 亥水를 불러오기 때문에 用神으로 쓸 만하다. 초년은 가정이 어려웠으나 辰土大運부터 壬水大運까지 좋다.

卯木大運에 나쁘지 않은 것은 癸水에 젖어 있고, 濕木으로 生火가 안 되니 나쁘지 않으며 亥卯木局으로 藥神으로 변하니 길하다.

원국에 午戌火局에 丙丁火가 투간이 되어 있는데 寅木大運에 寅午戌火局으로 흉하여 부인과 이혼하였다.

日支가 忌神이면 運勢가 나쁠 때 배우자가 집에서 나간다. 辛丑大運부터 己亥大運까지 吉하다. 戊戌大運에 旺神入墓하니 불길하고 사망하게 된다.

從兒格
火用神, 木喜神, 水病神, 金仇神, 土藥神

丙寅	甲午	戊午	癸巳	乾命
72	62	52	42	32	22	12	2	
庚戌	辛亥	壬子	癸丑	甲寅	乙卯	丙辰	丁巳	大運

午月 甲木日主가 火旺계절에 출생하여 寅午火局에 丙火가 투출되고 癸水 印綬는 戊癸合하여 火氣로 변했고 寅木比肩은 寅午火局으로 傷官으로 변했으니 종아격(從兒格)이 成格되어 火用神에 木喜神이고 水病神에 金仇神이고 燥土藥神이다.

초년 火大運에 用神運이니 유복한 가정에서 태어나 총명하여 귀여움을 한 몸에 받고 자랐으며 辰大運은 財運이나 丙火에 의해서 건조되어 오고 사주가 조열하니 습으로 오는 운은 나쁘지 않다.

학업 성적이 떨어지니 부모가 부유하여 고액 과외를 시켜 대학에 무난히 들어간다. 가난한 집안에서 태어났다면 좋은 대학교에 못 들어간다.

食神有氣면 勝財官이라고 하여 높은 직위에 오르는 사주이다.

乙卯大運은 濕木이라 生火가 잘 안 되어 고생을 하는데 육군사관학교를 들어가서 고생하고 甲寅大運에 승승장구하였으나 癸丑大運에 예편하여 印綬운이니 父母의 유산으로 임대업을 시작하여 먹고사는데 水火相戰이 되니 몸이 아프다.

---

10 未月 甲木 | 미월 갑목

未月 甲木은 대서(大暑) 전에는 午月 甲木과 흡사하다. 그러므로 癸水를 기뻐하고 大暑 후에는 己土가 사령이니 木으로 木剋土해주고 水生木하면 길하다.

亥水가 있고 地支에 木局을 이루고 甲木이 투출하면 庚金을 쓰고, 巳午未方局에 丙丁火가 투출이 되면 火多하여 金水를 병용한다.

만일 국세가 너무 조열할 때 金水가 부족하면 몸에 흠이 있다. 大暑 말에 生하여 金水가 太旺하면 삼복생한(三伏生寒)으로 木根이 부패가 되는 고로 丙火로서 金을 제복하고 燥土로서 온난하게 하면 사주가 길해진다.

雜氣財格, 正財用財格
水忌神, 金仇神, 土用神, 火喜神

甲子	甲子	癸未	庚辰	乾命
76	66	56	46	36	26	16	6	
辛卯	庚寅	己丑	戊子	丁亥	丙戌	乙酉	甲申	大運

未月 甲木日主가 火旺계절에 출생해 己土司令이다. 金水가 旺해 삼복생한(三伏生寒)에 제습격(除濕格)으로 燥土 用神이다. 甲申·乙酉大運에 忌神이 旺한 大運으로 초년부터 金이 旺하니 뿌리가 상한다. 뿌리가 부모인데 가세가 기울었고, 年에서 金生水 水生木하니 겉모습은 좋다.

丙火大運에 아버지가 가지고 계시던 땅이 도시계획에 들어 고속도로가 나면서 땅값이 올라간다. 丙火가 庚金을 견제하고 土를 生해 좋다. 月支 未土가 天乙貴人이면서 用神이라 아버지 덕을 본다.

호의호식(好衣好食)하다가 丁火大運까지 좋은데, 亥水大運에 나쁘고 戊土大運에 사업하여 좋다가 子水大運에 까먹고 己丑大運부터는 집에서 쉰다.

丙戌·丁·戊·大運만 빼놓고는 백수건달이다. 삼복생한(三伏生寒)에 燥土가 用神이다. 부동산을 많이 보유하고 있으면 연명할 수 있다.

雜氣財格
濕木用神, 濕土用神, 燥土·火·水·金이 忌神이다.

丙寅	甲申	乙未	辛巳	乾命
79	69	59	49	39	29	19	9	
丁亥	戊子	己丑	庚寅	辛卯	壬辰	癸巳	甲午	大運

未月 甲木日主가 火旺계절에 출생하여 巳未火局되어 火旺에 未土가 木庫이니 신약하다. 申中壬水가 있어 절처봉생으로 가려는데 寅申冲하니 兩敗俱傷(양패구상 : 함께 상해 둘 모두 패함)이라 하여 申中壬水가 마르고 寅中甲木 뿌리가 상한다.

原局에 水가 없는데 水大運이 오면 시원할 것 같으나 水火相戰이 된다. 炎上格에 水를 보면 水火相戰이 되면 재액이 생기는데 癸水大運에 발생한다. 火運에도 나쁘고 水運에도 나쁘니 濕木大運이나 濕土大運이 좋다.

①火運에 목분비회(木焚飛灰)가 되어 재액이 발생한다. ②庚金大運에 原局이 水가 없어 甲木을 劈甲生火하니 재액이 발생한다. ③卯木大運은 濕木이라 좋고 ④辰土大運에 濕土가 申辰水局이니 寅申冲이 풀려 丙辰年에 결혼했는데 調候가 해결되었기 때문이다. ⑤癸大運에 적수오건(滴水熬乾)되어 습도가 높아지니 더위가 더 심하게 온다. ⑥巳大運에는 不寒不熱로 巳申合돼 冲이 풀려 좋다(寅申이 멀리 떨어져 있다면 巳火대운에 寅巳申三刑이 된다).

壬水大運에 강변에 피서를 가면 시원하듯이 運이 좋아 사업에 성공하고, 寅木大運에 火를 生하여 正官은 剋당하여 조열해지니 대패하고 丁丑年에 사망했다. 寅木大運만 넘기면 己丑大運에 좋고 戊子大運도 濕土로 변하여 좋아지게 되는데 아쉽다.

傷官格
火忌神, 木仇神, 濕土와 水用神, 金喜神

乙丑	甲申	丁未	丁未	乾命
78	68	58	48	38	28	18	8

| 己亥 | 庚子 | 辛丑 | 壬寅 | 癸卯 | 甲辰 | 乙巳 | 丙午 | 大運 |

未月 甲木日主가 火旺계절에 출생하여 신약하다.
己土司令에 대서 이후 태어났고 燥土에다 쌍으로 丁未가 있어 甲木이 목마른데 申中壬水와 丑中癸水가 식혀 주니 日時에 用神이 있어 처덕과 자식 덕이 있다. 丑土 탕화살에 丑中癸水는 검정색이 되어 부인 몸에 점이 많거나 기미가 많아서 화장을 두텁게 한다. 丑土로 조후가 잘되어 좋다.

초년 丙午大運에 조열해지니 화재로 집안이 망했고, 乙木大運에는 甲木이 신약한데 동지가 생겼으나 등라계갑(藤蘿繫甲)이 되어 좋지 않다.

巳火大運에는 巳中庚金이 長生하고 巳酉丑金局이 되어 금전적으로 좋고, 甲木大運에는 손재가 많고 辰大運에 申辰水局에 濕土라 큰돈을 벌었다.

辰土大運에는 분주하게 된다. 土가 많아지니 이쪽에 뿌리를 내릴까 저쪽에 뿌리를 내릴까 동분서주한다. 癸水大運에 적수오건(滴水熬乾)되어 나쁘고, 卯木大運은 濕木이라 괜찮나. 壬水大運에는 吉하고, 寅木大運에 寅中刑冲하니 병원에 입원하게 된다.

辛丑 庚金大運까지 여유가 있고 丑土가 天乙貴人이 되니 土地로 여유가 있고 申金 喜神에 역마살이라 호텔·여관업으로 돈을 버니 남들이 부러워했다. 子水大運에 未土가 反冲하니 처가 죽고, 자기도 질병으로 죽었다.

丑土가 天乙貴人인데 丑中辛金이 있어 고철통이라 집안에 골동품이 많다. 물건이 창고에 들어가니 물건을 아낀다.

이 사람은 아껴 써서 부자가 된 사주다. 正財가 중중하면 돈 쓰는 법을 모르는데 財生官하니 자식에게 돈이 모두 들어간다. 甲申日柱는 日支가 官殺이라 돈을 많이 쓰면 죽는 줄 안다. 부인에게 생활비만 준다.

> 丑土대운은 丑未冲 丑未冲 雙冲으로 濕土가 冲으로 깨지면 열기가 심해지니 부인이 먼저 아프게 되고, 다음에 자신도 아프다. 부인이 건강하면 자신도 장수하게 된다는 것을 알 수 있다. 여명 사주는 官冲하면 남편이 먼저 아프고, 나중에 자신의 몸이 아프다.

化氣格, 甲己合化土格
土用神, 火喜神, 木病神, 水仇神, 金藥神

己巳	甲戌	丁未	丁未	坤命
80	70	60	50	40	30	20	10	
乙卯	甲寅	癸丑	壬子	辛亥	庚戌	己酉	戊申	大運

未月 甲木日主가 火旺계절에 출생하여 신약하다.
食傷이 중중하고 火土重濁으로 스님팔자라 외롭게 살게 된다. 결혼을 해도 생이사별(生離死別)하게 된다. 酉金大運에 결혼하여 庚金大運 甲庚冲하면 化氣格이 파격이 되어 나쁘고, 또한 傷官見官이 되어 31세 丙子年에 사별하고 37세 甲申年 현재까지 독수공방으로 혼자 살고 있다. 地支로 오는 金은 旺土를 설기하니 나쁘지 않다.

> 甲己合化土格으로 化氣格 貴格이다. 미래예측 사주·명리학 化氣格을 참고하라.

火土를 用하나 土세력이 강하니 土가 用神이고 火喜神이다. 木이 病神, 金藥神이며 水는 仇神이다. 酉金大運에 未中乙木 病神을 제거하니 좋다. 완전 化氣格으로 연세대학교를 졸업하고 庚金大運에는 甲己合하고 있는

甲木日干을 甲庚沖해 合이 깨져 化氣格 파격이 되어 財多身弱으로 변해 外華內貧으로 고생하게 되며 火土重濁으로 스님이 된다.

> 用神을 천간과 지지에서 각각 다르게 쓸 때가 있다. 이 사주에서 地支에 金運은 旺土를 泄氣시켜 괜찮으나, 天干으로 오는 金대운은 合을 깨니 化氣格이 파격이라 이때는 귀격이 천격으로 변하기 때문에 매우 나쁘다.

庚金大運 31세 丙子年에 제살태과가 되어 화재로 남편이 사망했다. 戌中 辛金이 火庫 속 남편인데 庚金大運이라 劈甲生火하니 더욱더 官이 약하다. 戌土大運에 戌中辛金은 무능한 사람이 붙으니 결혼을 기피해 혼자 산다.

財運이라 돈을 벌어야 하기에 무엇을 해 볼까 고민한다. 직장을 다니다가 집을 사서 어렵게 살아야 한다. 財多身弱은 가난하기 때문에 짜다. 戌土 大運은 傷官庫라 자유롭게 살고 싶어진다.

化氣格이지만 조열하니 완전 貴格은 못 된다. 化氣格이라도 조후가 맞아야 貴格이 되는 것이다. 水大運에는 木이 旺해지니 化氣格이 파격이 되므로 財多身弱으로 바뀌게 되니 흉하다.

辛金大運에 傷官見官 爲禍百段이라 또 한 번 남편과 生離死別이다. 財多身弱에 印綬인 亥水大運에 亥未木局이 되어 財를 외면하니 財로 化氣格이던 甲木日主가 동료를 만나 化氣格을 거부하니 木土相戰이니 財物이 부도가 나므로 거지가 된다.

壬子大運에 水火相戰하니 목숨이 위험하다(옛날에는 죽기 쉽다). 요즘은 병원에서 치료를 받으니 쉽게 죽지 않는다.

雜氣財格, 木忌神, 水仇神, 金用神, 土喜神

乙亥	甲寅	癸未	庚寅	坤命

76	66	56	46	36	26	16	6	
乙亥	丙子	丁丑	戊寅	己卯	庚辰	辛巳	壬午	大運

未月의 甲木日主가 火旺계절에 출생해 신약으로 출발하였으나 水木이 중중하여 신왕하다.
甲寅日柱는 干與支同에 고란살(孤鸞殺)로 언젠가는 독수공방하게 된다. 比劫으로 신왕하니 金用神이다. 庚金이 있는데 절지에 앉아 능력이 없다. 아재생부(我財生夫 :

나의 재물로 남편을 생조)해야 하는 사주로 내가 벌어서 財生官하기 위해서 본인이 평생 직업을 가지고 일해야 하며, 부부가 맞벌이를 해야 한다.

신혼 때 잘 살다 卯木大運에 群劫爭財되어 돈을 다 까먹고 이혼하려다가 안 하고 戊土大運에 戊癸合으로 印星을 막아주고 用神을 생조하여 돈을 많이 벌었다. 官星이 약하니 官을 찾아다니며 바람피운다.

比肩劫이 많으면 도둑이 많은 格이니 자기를 지키기 위해서 경찰관이나 권력기관의 사람을 사귀게 된다. 자신의 팔자가 그런 줄도 모르고 남편이 능력 없다고 원망만 한다. 여자 사주에 比劫이 강하고 官이 약하면 남편이 폭력을 쓴다.

時上 乙木桃花라 딸이 인물이 좋은데 亥水 印綬가 忌神이라 딸이 백혈병으로 고생을 하고 있다. 印綬가 用神이면 時에 있어도 괜찮은데 忌神이면 자식이 안 된다. 딸이 리틀엔젤스 단원으로 얼굴이 예쁘다.

> 丑土大運에 用神이 入墓되니 몸이 아프다. 癸未의 未는 濕土로 보아라.
> 癸水가 적셔 주었기 때문이다. 癸水는 안개이고 寅木은 湯火라 얼굴에 기미가 낀다.

> 여자는 比劫이 時에 있으면 자식이나 남편 때문에 돈이 많이 나간다.
> 남자는 比劫이나 傷官이 時에 있으면 자식 때문에 돈이 많이 나간다.

甲己合化土金格 【乙木司令이라면 木用神이고 金病神이 된다】
木忌神, 水仇神, 土用神, 火喜神, 木病神, 金藥神

己巳	甲辰	乙未	辛酉	坤命

75	65	55	45	35	25	15	5	
癸卯	壬寅	辛丑	庚子	己亥	戊戌	丁酉	丙申	大運

未月 甲木日主가 火旺계절에 출생하여 신약하다.
己土司令인데 時上에 己土가 투출하여 日干과 合하니 甲己 合化土金格에 乙木과 辰中乙木 未中乙木이 있어서 假從格으로

木忌神에 水仇神이며, 土用神에, 火喜神이며, 木病神에, 金藥神이다.

甲己合化土格으로 化氣格이 되었는데 원국에 金이 있으니 土生金을 하고 辰酉合金에 巳酉金局으로 金旺하여 甲己合化土金格이 된다. 金이 旺하여 從하려 하는데 辰中乙木과 未中乙木이 있고 月干에 乙木이 투간되어서 방해하여 病이 되니 辛金이 藥神이 된다.

甲辰日柱는 辰土가 印綬 庫라 공부에 관심이 있어 열심히 하려고 하나 土가 財星으로 학마(學魔)가 되니 공부가 안 된다. 진로 선택을 잘못하여 진로를 수정하게 된다. 丁火大運에도 從財格이라 土를 生하니 괜찮다.

酉金大運에 忌神을 제거하니 길하고, 亥水大運에 亥未木局으로 가려 하나 金이 있어 合木으로 가지 않는다. 年柱에 辛酉가 藥神역할을 하니 病神을 제거하려고 남자를 빨리 만나는데 桃花官星이라 잘생겼으며 藥神이라 괜찮은 남자다.

火旺계절에 己土가 투간되었고 未·辰·巳에 根하여 財가 旺하니 공부를 열심히 하는데 丙丁대운에 藥神을 剋해서 공부가 안 된다. 壬午年에 進路변경을 하려고 하는데 癸未년에 시험을 보면 좋다. 土가 用神에 木이 病神이고 金이 藥神이라 火運이 나쁜 것이다.

乙木 比劫이 있어 가종재격(假從財格)이 되었는데 土旺하다보니 호설정영(好泄精英)으로 金을 쓴다. 火·土·金이 길신이 된다. 壬午年부터 뜻을 다른 쪽에 두고 있다. 편입과 전과를 하려고 한다. 癸未年에 운이 괜찮아 합격될 가능성이 크다. 친구를 사귀어도 자기하고 뜻이 맞는 친구만 사귄다.

正官이 투출되어 책임감이 강하고 酉가 喜神작용한다. 만남을 약속하면 시간을 잘 지키고 매너가 있는 남자다. 年柱에 酉金도화 官이라 남자를 일찍 사귀게 되는데 官旺해 남자가 성실한 편이고 멋을 부리지는 않는다.

月에 乙木이 忌神이라 假從格으로 되는 원인이 되니 주변사람으로 인해 고통을 받을 수 있다. 月柱가 忌神이면 집을 떠나 혼자서 독립하여 사는 것이 좋다. 月柱가 친정이라 친정에서 떠나 사는 것이 좋다.

正官이 투간되고 根을 하여 있으니 정치나 외교를 지망하나 甲己合이라 학과 변경이다. 학과를 변경하여 공부를 다시 시작한다. 검소해 주위사람에게 귀여움 받을 행동을 잘하고 많이 돌아다니지 않는다. 庚金大運까지는 괜찮고 子水大運은 나쁘다.

⑪ 申月 甲木 | 신월 갑목

申月에 甲木은 노쇠하기 시작하는 시기로 초가을에 고목나무를 전정한다. 원목으로 배양할 것인가! 아니면 목재로 쓸 것인가는 生木과 死木으로 구분해 결정한다.

天干에 丙丁火가 있고 지지암장에 水氣가 있어서 地氣가 윤택·윤습하고 天氣가 온화하면 木氣가 生木이 되어 부귀(富貴)를 겸전하게 된다.

가을의 木은 天干에 庚金이 투출하고 丁火가 있어 庚金을 제련하면 貴格이다. 庚金이 많고 丁火가 없이 癸水만 있으면 살인상생격(殺印相生格)인데 원국이 한랭(寒冷)하여 재물이 부족해 고상한 학자로 뜻을 못 편다.

丁火로 庚金을 제련해 조절하는 용도로 쓸 경우 이때 가장 꺼리는 것은 戊己土이니 土가 火氣를 泄氣시켜 회광(晦光)되는 것이며 土生金에 金이 강해지니 불길하며, 癸水를 쓰는 경우에 土剋水를 하므로 빈한(貧寒)하지 않으면 요절(夭折)한다.

偏印格, 殺印相生格 公務員				【辰戌冲에 申金이 解神】
水用神, 金喜神, 土病神, 火仇神, 木藥神.				

甲戌	甲辰	壬申	甲申	乾命
80	70	60	50	40	30	20	10	
庚辰	己卯	戊寅	丁丑	丙子	乙亥	甲戌	癸酉	大運

申月 甲木日主가 金旺계절에 출생하여 戊土司令에 土金이 旺하여 신약하다.
申辰水局에 壬水가 투출하여 殺印相生이 되었다.
申辰三合과 申戌方合되어 金旺

계절이라 土氣가 泄氣되어 힘이 없으니 辰戌冲이 안 된다.

> 辰戌冲은 土生金으로 泄氣되어 冲이 안 된다. 싸움도 힘이 강할 때 하는 것이지 쇠약할 때는 안 한다. 冲이 되면 財星이 깨지므로 스님이 된다. 原局에서 冲이 있는데 冲運이 오면 이때는 충산(衝散)이 되어 흩어진다.

財物은 申辰合하면 부인이 알아서 처리한다. 사업으로 과수원이 적격이나 장사는 안 된다. 친구와 동업하면 반드시 실패하고 친구 사이가 깨진다.

부동산경매를 하려고 하지만 안 된다. 무슨 사업을 하던 간에 동업하면 실패한다. 申辰水局이니 강화도서 과수원을 하면 좋다. 살인상생(殺印相生)이 되므로 공무원으로 간다. 水用神이라 上水道를 관리하는 공무원으로 일한다.

殺印相生格, 傷官用印綬格
火忌神, 水用神, 金喜神, 土病神, 木藥神

己巳	甲辰	丙申	丙午	乾命

77	67	57	47	37	27	17	7	
甲辰	癸卯	壬寅	辛丑	庚子	己亥	戊戌	丁酉	大運

申月 甲木日主가 金旺계절에 출생하여 壬水司令이다.
老木이 되어 가는데 쌍 丙火가 甲木을 설기시키니 허약하다.
辰中癸水가 生하고 申辰水局이 되어 日干을 生助하니 中和가 되어 있다. 偏官이 申辰水局하니 살인상생격(殺印相生格)으로 貴命이다.

傷官用印綬格으로 水用神이다. 丁酉大運에 집안이 좋았고, 사주원국에 辰土가 있어 戊土大運은 괜찮은데 이유는 火가 金을 剋하는 것을 火生土 土生金하여 통관이 되기 때문이다.

甲木이 申月에 殺印相生하면 공무원이 많이 되고 天干에 食傷이 있으면 고위직은 못 오른다. 공무원인데 제살태과(制殺太過)면 벼슬이 낮다. 천간으로 印綬운에 진급을 할 수가 있는데 늦은 나이에 오니 아쉽다. 甲木이 火가 있으니 木火相生으로 똑똑해 아는 척하면 윗사람 귀에 거슬린다.

戊土大運은 辰戌沖으로 합이 풀리므로 印綬작용이 안 되어 丙寅年에 寅申沖하니 모친이 사망했다. 己亥大運에 면서기로 말단직 공무원이 되었다. 壬寅大運에 寅午火局에 火剋金하고 寅申沖하니 水가 말라 나쁘다.

신약하니 寅木大運에 좋다고 생각하면 안 된다. 살인상생격(殺印相生格)에 寅申沖으로 喜神을 沖去가 되면 水源池가 없어지고 寅午火局으로 傷官이 旺해져 火剋金으로 官喜神을 剋하니 퇴직하고 재물에 손해가 많았다.

癸水大運에 조금 복구할 만하니 卯大運이 와서 申辰水局에 卯가 死宮이 되어 말년에 死宮이 오면 사망하는 수가 있다.

첫 번째 여자를 놓치지 마라, 두 번째 여자는 申辰水局 忌神을 만든다.

貴祿格,　　　　　　　　　　【判事, 國會議員】
水忌神, 金仇神, 火用神, 木喜神, 水病神, 土藥神

丙寅	甲辰	壬申	己未	乾命
74	64	54	44	34	24	14	4
甲子	乙丑	丙寅	丁卯	戊辰	己巳	庚午	辛未	大運

申月 甲木日主가 金旺계절에 출생해 土金이 많아 신약으로 출발하나 辰中癸水 申中壬水가 月干에 투출되었고 申辰水局과 寅木이 있어 약변위강(弱變爲强)한 사주가 되었다.

時支에 록을 하니 귀록격이 되었고 사주가 冷하여 丙火가 조후용신이다. 申辰水局에 壬水가 투출되어 水旺하여 土는 水多土流가 되어 떠내려가고 辰土는 濕土가 되어 갯벌이 되었고, 水多木浮가 되려는데 寅에 祿을 하여 부목(浮木)은 아니다. 또한 水旺하니 사주가 한습하여 조후가 시급하다.

金으로 잔가지를 전정해주고 동량지목(棟樑之木)은 뿌리를 내려야 하며, 火로서 조후하면 땅은 윤기가 있고 天氣는 청명한 格이 되어 上格이다. 24세 己土大運에 사법고시에 합격해 巳火大運에 판사가 되었다. 辰土大運에 좌천되어 사표내고 丁卯大運에 국회의원이 되어 丙寅大運에 이름 날린다. 木火通明으로 똑똑하고 時에 用神과 喜神이 있어 妻家 덕이 있다.

偏官格
水忌神, 土用神, 火喜神, 木病神, 金藥神

甲子	甲戌	丙申	辛亥	乾命
73	63	53	43	33	23	13	3
戊子	己丑	庚寅	辛卯	壬辰	癸巳	甲午	乙未	大運

申月 甲木日主가 金旺계절에 출생, 木火通明이니 총명하다. 申子水局과 亥水가 生助하여 甲木 根이 썩기 일보 직전인데 戌中戊土로 제방하여 戊土가 用神이다.

丙火를 用神을 써야 하나 丙辛合으로 기반되어 못 쓰게 된다. 생산 공장도 안 맞고, 말하는 직업이 되면 영구성이 없다. 부동산 중개업이 잘 맞는다. 방송 펀드매니저로 활동하고 있는데 그만두고 부동산 중개업을 해야 成功

한다. 用神이 약할 때는 火生土하려고 喜神의 직업을 선택하게 되니 방송 펀드매니저 활동을 한다. 丙辛合이라 진급이 안 되고 丙火가 合으로 기반(羈絆)되어 마음이 답답하다. 그래서 부동산 중개업을 해야 길하다.

12 酉月 甲木 | 유월 갑목

酉月의 甲木은 金氣가 강할 때이니 木의 세력이 극약하다. 그러므로 강(金)을 制할 丁火가 최고 吉하다. 丙火는 다음으로 吉하다. 丁火는 金을 제련과 조절하는 용도이고 丙火는 조후하는 용도이다.

만약 甲木日主가 丁火와 庚金이 함께 있으면 富貴格이다. 丁火에 제련된 庚金이 甲木을 다듬을 수 있어서 좋다. 이때 癸水가 天干에 투출이 되면 丁火가 剋되어 不利하며, 丙火와 己土가 투간되고 地支에 水가 암장(暗藏) 되면 富는 하나 貴는 없다.

正官格. 【亥子丑大運은 얼었고, 寅卯辰大運은 녹았다】
土忌神, 水用神, 金喜神, 土病神, 木藥神

戊辰	甲辰	己酉	壬辰	乾命
80	70	60	50	40	30	20	10	
丁巳	丙辰	乙卯	甲寅	癸丑	壬子	辛亥	庚戌	大運

酉月 甲木日主가 金旺계절에 출생해 土金이 많아 신약하다. 3개 辰土암장에 乙木이 3개가 있으면 木 하나가 있는 것으로 보아 뿌리가 있으니 甲己合에 土가 많아도 甲木은 從하지 않는다. 壬水가 있어 用神이다. 너무 멀면서 중간에 己土가 방해하고 있어 生木이 잘 안 된다. 壬水를 生하는 金이 喜神이다.

庚金大運은 좋고 戊土大運은 辰戌冲으로 水가 약해지니 나는 괜찮은데 부모가 힘들다. 辛亥大運에 가정이 융성한다. 亥水大運에 결혼 적령기에 用神의 녹운을 만나면 결혼한다. 癸丑大運도 좋고, 甲寅大運에 甲木이 戊土忌神을 제거하니 좋아졌다. 子水大運에 用神운이지만 얼어서 두뇌가 회전이 안 되니 취직하면 말단직이다. 木運은 따뜻하니 두뇌회전이 된다.

친구의 도움을 받아 건축업으로 집을 지어 팔아서 돈을 벌었다. 甲木에는 丙火가 있어야 꽃이 피고 열매가 맺는데 丙火가 없어 귀함이 없다.

正官格 【旺金에 亥子水가 旺하여 寒濕하니 火가 필요해 조후용신】
水忌神, 金仇神, 火用神, 木喜神, 水病神, 土藥神

乙亥	甲子	辛酉	戊午	坤命
72	62	52	42	32	22	12	2

癸丑	甲寅	乙卯	丙辰	丁巳	戊午	己未	庚申	大運

酉月 甲木日主가 金旺계절에 출생해 辛金이 투출하니 신약으로 출발하나 乙木과 亥水와 子水가 있고 辛酉金 官이 官印相生되어 신강으로 변했다.

사주에 조후가 약한 木日主가 습한 경우는 질병에 잘 걸린다. 조후가 약해 사주가 한랭하다. 子午沖을 하면 파도가 치는데 水가 범람하는 상황이 된다. 己未大運부터 運이 좋아지고 戊午·丁巳·丙辰大運은 남편이 잘나간다.

卯木大運에 卯酉沖하면 正官의 뿌리가 깨지니 나쁘다. 午火 傷官大運에 나쁘다고 말하게 되면 틀린다. 傷官이 조후용신이기 때문에 오히려 傷官大運에 남편한테 잘한다. 正官格에 조후용신이다.

官殺格
金忌神, 水用神, 土病神, 木藥神

庚午	甲午	乙酉	庚申	乾命
77	67	57	47	37	27	17	7

癸巳	壬辰	辛卯	庚寅	己丑	戊子	丁亥	丙戌	大運

酉月의 甲木日主가 金旺계절에 출생, 生助가 약하고 剋泄만 많아 신약사주에 申中壬水가 用神으로 연상의 여자를 만난다. 직장생활은 못한다. 상관견관(傷官見官)이면 장사해야 한다.

조명과 옷 장사가 맞는다. 官殺이 많아 체격은 좋은데 지구력이 떨어진다. 사주가 극설교집(剋泄交集)이 되어 나이 들어서는 나이가 어린 여자와 결혼하려 한다. 水運이 들어와 運은 좋아서 잘사는데 명예는 없다.

官殺태과로 감당을 못한다. 戊土와 己土大運에 처가 부동산에 투자한다. 午傷官이 불평불만인데 印綬가 用神이라 점잖게 행동하며 성격이 좋다.

丁火大運에는 공부를 안 하고 戊土大運에는 印綬를 剋하니 공부를 안 하면 죽는 줄 알고 공부를 늦게 시작하여 열심히 한다. 水와 木運이 좋다.

13 戌月 甲木 | 술월 갑목

戌月의 甲木은 金旺계절이면서 단풍계절이니 木氣가 무력하게 되는 계절로 약하다. 土가 旺해 木으로 소토해야 길하고 癸水가 있으면 부하고, 木氣가 왕성하면 庚金을 써야 하는데 丁火까지 있으면 귀하다.

木이 旺하면 丁火로 庚金을 제련(製鍊)하여 甲木을 전정해주면 大格으로 공직계열로 부귀해진다. 庚金이 없으면 빈곤하고 庚金이 地支에 있으면 小格이고, 丁火와 壬水나 癸水가 있으면 中格으로 평생 안락하게 산다.

食神制殺格
金忌神, 火用神, 木喜神, 水病神, 土藥神

丙寅	甲戌	庚戌	壬戌	乾命

72	62	52	42	32	22	12	2	
戊午	丁巳	丙辰	乙卯	甲寅	癸丑	壬子	辛亥	大運

戌月 甲木日主가 金旺계절에 출생하여 신약하다. 寅木에 根해 壬水로 殺印相生하려 하나 印綬가 뿌리가 없고 수원지가 약해 土에 흡수되어 약하다. 食神 制殺하는 용도로 用神을 쓴다. 食神生財하니 장모가 사업하는 사람이다. 초년에 水運으로 춥고 배고팠다. 甲寅·乙卯大運에 연기 나니 눈물 흘리며 돈 번다.

甲寅大運은 앞 大運이 辛亥·壬子·癸丑으로 지나 왔으니 물오른 濕木으로 보아라. 만약 大運이 역행으로 木運이 먼저 오고 水運이 나중이면 運이 좋다고 본다.

丙火大運에 큰돈을 벌어 기반을 잡는다. 辰土大運에 火氣를 빼고 土生金하니 운이 나빠져 사주 보러 다닌다. 財沖하니 손재가 많아지고 丁巳大運에는 庚金을 制殺하니 다시 좋아진다. 戊午大運에 寅午戌火局에 목분비회(木焚飛灰)로 나무가 모두 타버려 사망한다.

金旺계절에 庚金이 旺해 殺旺하니 制殺하기 위해 火用神을 썼는데, 午火大運은 寅午戌火局에 丙火가 투출되어 制殺太過에 목분비회(木焚飛灰)되어 오히려 본인이 사망한다. 사주 原局 天干에 比肩이 있었더라면 형제가 대신 당하므로 괜찮은데, 比肩이 없어서 본인이 사망하게 된다.

制殺太過格
火忌神, 木仇神, 金用神, 土喜神, 水藥神

丙寅	甲寅	庚戌	丁未	乾命
77	67	57	47	37	27	17	7
壬寅	癸卯	甲辰	乙巳	丙午	丁未	戊申	己酉	大運

戌月 甲木日主가 金旺계절에 출생해 쇠약하나 專祿·貴祿이 되어 록하고 있어 신왕하다.

庚金이 戊土司令에 土生金하여 명관과마격(明官跨馬格)이 되어 貴格이 될 듯하나 寅午戌火局

에 火가 투출되니 제살태과격(制殺太跨格)이다. 戌月은 금왕당절이라 生金이 가능하다. 제살태과격에 조후용신(調候用神)이다.

초년 申酉大運에 '금이야 옥이야' 하면서 자랐다. 金으로 오니 똑똑하고 부모덕이 좋았으나 丁未大運에 결혼했는데 丙午大運은 제살태과가 되어 상처하였다. 乙巳·甲木大運에 빈한하게 된다. 辰土大運에는 寅午戌火局을 辰戌冲하면 화산폭발하니 패망한다.

火土로 조열한 사주에 수격처(水擊處)가 오면 必滅이다.

傷官制殺格, 偏官格
金忌神, 火用神, 木喜神, 水病神, 土藥神

戊辰	甲申	庚戌	丁丑	坤命
75	65	55	45	35	25	15	5
戊午	丁巳	丙辰	乙卯	甲寅	癸丑	壬子	辛亥	大運

戌月 甲木日主가 金旺계절에 출생해 戊土司令에 신약하다.

年干 丁火가 用神이다. 만약에 丁火 대신 丙火가 있다면 고생하는데 丙火는 조후로만 쓰고 용금(鎔金)을 못한다. 용광에서 庚金을 丁火가 녹인다. 丁火에 庚金이 녹아 辛金寶石으로 변한다.

초년에 水運으로 고생하였고 중년부터 木·火運으로 흐른다. 재산은 있다. 甲木이 戌月에는 다 자란 나무이고 庚金이 있으니 튼튼한 棟樑之木으로 배짱이 있고, 성격이 경우에 밝고 자존심이 강하면서 여장부기질이 있다.

日支空亡이라 독수공방에 술로 달랜다. 제3자가 보면 항상 웃는 얼굴이라 명랑해 보인다. 한기가 있을 때 丁火를 보면 손발이 트도록 자식을 위해 일한다. 丁火는 언어로 영어, 외국어에 능통하고 달변가로 융통성 있고 목소리에 힘이 있다.

丁丑傷官이 백호대살이라 자식이 큰소리친다. 호랑이가 刑되어 고양이로 변한다. 丑 財星 天乙貴人이 官星을 生하면 자부(子婦)가 똑똑하고 귀태가 난다. 많은 사람이 우러러본다. 月柱에 庚戌 官이 丑戌刑이라 며느리가 귀가 얇아 남의 말에 잘 넘어가니 꼬임에 빠져 투자하면 사기를 당한다. 며느리가 자식을 망쳤다.

卯木大運에 열심히 살고 辰土大運에 레스토랑을 정리하고 어려워 빚을 진다. 財官이 旺한데 사업하면 빚을 지고 집 날리고 전세방 신세가 된다. 巳火大運에 어느 정도는 풀리나 巳申刑으로 건강이 나빠진다. 생명에도 위험이 올 수 있는데 丑土가 있어 巳丑金局이 되고 巳申刑되어도 관재는 안 생긴다. 왜냐하면 丁火를 달고 와서 그렇다.

초년 水運에 戊土가 모두 다 막아주니 괜찮다. 戊土가 없었다면 자식에게 안 좋다. 丑戌刑과 辰戌冲은 위장병이다. 甲申日柱가 申辰水局을 이루면 신장병(腎臟病)이 있고 土는 당뇨병·두통·신경통으로 고생을 한다. 財가 많은 사주는 자금관리가 되는데 格調가 좋으면 경제·경영학을 전공하고 戊土 속에 丁火는 컴퓨터를 가지고 연구하는 곳에서 근무한다.

14 亥月 甲木 | 해월 갑목

亥月 甲木은 寒冷해 비록 長生支이나 엽탈지약(葉脫枝弱)이라 하는데 낙엽이 지고 나뭇가지가 앙상하니 다음 봄날을 기다린다. 長生이라 물을 충분히 빨아들여 저축했다가 여름이 되면 乙木 꽃잎으로 피어나니 그래서 여름에 乙木은 長生이 되는 것이다.

亥月은 동절 초가 되니 火가 있어 얼지 않을 정도로 보온역할을 해주어야 한다. 그래야 봄철을 기약할 수가 있다. 丙火의 조후가 시급하고 戊土로서 旺水를 막아줌이 좋다.

甲木日主가 旺하고 庚金이 있으면 丁火로 제련하면 좋다. 丁火가 庚金을 제련하여 辛金으로 변하니 옷맵시가 깔끔하다. 水旺에 戊土가 투출해도 金이 있어야 귀명이 된다. 己土는 약해도 地支에 午未戌이 있어 온화한

기운을 도우면 中格은 된다.

亥月에 辰土나 丑土가 있으면 寒土가 되어 오히려 甲木이 싫어한다. 우선 丙火가 필요하고 다음으로 戊土가 필요하다. 木多하면 庚金이 필요하고, 庚金이 있으면 丁火가 있어야 길하다.

時上食神格
水忌神, 金仇神, 火用神, 木喜神, 水病神, 土藥神

丙寅	甲辰	乙亥	己亥	乾命
78	58	38	18	
68	48	28	8	
丁卯	戊辰	己巳	庚午	辛未	壬申	癸酉	甲戌	大運

亥月 甲木日主가 水旺계절에 출생하여 壬水司令에 年月支 亥水長生이고 時支에 貴祿이 되어 신왕하다.

時上에 丙火가 조후를 해주어 좋고 旺木을 설기하니 좋다.

甲戌大運에 17세까지는 부모덕으로 잘살다가 18세부터 대운이 나빠서 고생을 많이 했다. 己土가 旺水를 제습을 못하니 처를 구박한다. 己土가 未土를 만나면 旺水를 막는다.

未土가 천역성(天驛星)으로 역마가 되니 부인이 말하기를 서울로 상경해 살아 보자고 말한다. 부인이 무엇이던 하면 될 것 같아 야간열차를 타고 상경한다. 여기서 야간열차라고 말하는 것은 亥水가 밤중에 해당 역마라 그렇게 말하는 것이고, 도시생활을 한다고 하는 것은 丙火가 있어서다. 丁火가 시주에 있으면 호롱불이라 시골에서 살게 된다.

年干에 己土 財가 천간 역마이니 운 좋으면 여행 가고 운 나쁘면 돈벌러 간다. 大運에서 巳午未로 가면 丙火用神이 旺해지니 직장에서 감투를 쓴다. 庚金大運에 乙庚合은 劫財를 묶어 주어 좋다. 戊辰大運에 用神이 泄氣되고 濕運으로 가니 체온·기력이 떨어져 죽었다. 71세 己酉年에 사망한 것은 大運과 歲運이 辰酉合해 金으로 변하고 丙火用神이 死運이라 그렇다.

이 사주는 농어촌에서 살았다면 큰 부자는 못 된다. 丙火가 투출되어서 도시에서 살면 大富이다. 日時가 말년이 되고 年月이 초년인데, 用神이 年柱에 있고 大運에서 말년에 吉運으로 들어오면 두 배로 들어온다.

> 신왕에 食傷이 있는 사주가 官을 用神을 쓰고자 할 때는 뿌리가 있어야
> 하고, 뿌리가 없을 때는 대체로 食傷이 用神이다. 즉 食傷이 있고 官이
> 있어 官을 用神을 쓰려고 할 때 官은 根을 해야 用神으로 쓸 수 있다.

偏印格
水忌神, 金仇神, 丁火用神, 木喜神, 水病神, 土藥神

甲戌	甲寅	辛亥	丁卯	乾命
73	63	53	43	33	23	13	3	

癸卯	甲辰	乙巳	丙午	丁未	戊申	己酉	庚戌	大運

亥月 甲木日主가 水旺계절에 출생하여 甲木司令이다.
時上甲木이 日支寅木에 根이 있고 亥卯木局이 日干을 방조(幇助)하니 太旺하다.
正官이 뿌리가 약하면 用神을 다양하게 보아야 한다. 寅戌火局에 丁火가 투간되어 用神이다. 초년 庚戌
己酉 戊申大運에 火用神이 泄氣 당해 힘들고, 중년에 巳午未로 가니 좋다.

用神이 年柱에 있어 조상 땅을 물려받아 사는데 丁火는 촛불이라 지방에
서 산다. 큰돈도 없고 부귀가 없다. 동네에서 부자는 되어도 발전이 적다.
丙火가 있으면 잘살지만 丁火는 用神이 작아 크게 못 된다.

반드시 살고 있는 지역과 환경을 참고하라. 이 사람이 서울에 상경해서
산다면 포장마차를 한다. 촛불 켜고 돈 벌어야 하기 때문이다. 옷 장사를
한다면 동대문이나 남대문이다.

15 子月 甲木 | 자월 갑목

子月의 甲木은 冬至 이전에는 천한·지동(天寒·地凍)하기 때문에 지극히
한랭(寒冷)하여 丙火로 조후가 필요하고 戊土로 제습하면 貴格이다.

丙火와 戊土는 투출하지 않고 地支에 寅巳午未戌 등이 있으면 中格이며
水多하고 火土가 약하면 평인에 불과하다. 동지부터 一陽이 시생하는 바
火土가 함께 왕성해지면 富貴格이 되고, 庚金이 투출하고 天干에 丁火와
甲木이 있으면 劈甲生火가 되므로 大貴格이 된다.

正印格
火用神, 木喜神, 水病神, 金仇神, 土藥神

乙亥	甲戌	丙子	甲寅	乾命

78	68	58	48	38	28	18	8
甲申	癸未	壬午	辛巳	庚辰	己卯	戊寅	丁丑	大運

子月 甲木日主가 水旺계절에 출생해 水木이 많아 신왕하다. 대설 이후 동지 전에 출생하여 寒氣가 극심한데 亥時에 출생하여 더욱 춥다.

丙火가 寅에 장생을 하고 있어 조상과 父母덕으로 유복한 가정에서 태어나 공부를 잘하여 좋은 대학을 졸업하여 대운이 좋게 진행되므로 잘산다.

동절 旺木을 丙火로 조후와 泄氣해야 하니 火가 用神이 된다. 木火大運에 발복하면서 처자와 유복한 가정을 꾸려나가는 사주다. 평생 부귀겸전에 신수가 훤하고 자식도 많이 낳아 유복하게 살 것이다.

병신(病神)인 子水를 戌土가 막아주므로 처덕이 있으며 木火通明이 되어 두뇌가 총명한데 官은 戌土 속에 있어 벼슬 운은 없어도 부모·처덕으로 잘산다. 복이 많은 사주에 木旺하므로 땅이 필요하니 부동산이 많다.

> 甲木日主가 亥를 만나면 육갑추건격(六甲趨乾格)이 되는데 亥는 天門이라 도덕군자 팔자다.
>
> 官殺이 있으면 破格이 되어 천격(賤格)이 된다. 또한 巳火가 있어 冲해 파격(破格)이면 도덕성이 없다.
>
> 亥水方位가 乾宮方位이니 亥水 자체가 乾宮이 金宮으로 金官이 또 있으면 官殺혼잡과 같아 건달이 된다.
>
> 女命사주에 官이 많고 官殺이 혼잡이면 明暗夫集이라 하는데 내 남자는 없고, 남의 남자가 많으니 남자 바꾸기 바쁘다.

甲木日主만 亥水가 있을 때 육갑추건격(六甲趨乾格)이고, 다른 日主에는 해당이 없다. 亥는 甲의 長生이다. 行運에서 巳가 들어와 冲해도 破格이 되어 흉하다.

印綬格
水忌神, 戊土用神, 火喜神, 木病神, 金藥神

乙亥	甲辰	戊子	庚寅	乾命
71	61	51	41	31	21	11	1
丙申	乙未	甲午	癸巳	壬辰	辛卯	庚寅	己丑	大運

子月 甲木日主가 水旺계절에 출생, 동지 후 일양이 시생하고 年支 寅에 根하고 時支 亥에 長生하여 旺하고 乙木羊刃이 있으면 七殺이 있어야 하는데 庚金七殺이 年干에 투간되어

乙木 羊刃과 羊刃合殺이 되니 貴한 팔자다. 丙火가 투출되어 조후되어야 좋은데 없고 寅中丙火가 투출하지 못했으니 貴가 부실하여 약하다.

조후가 약한데 운에서 木火로 왔으나 壬癸가 개두(蓋頭)되어오니 발달이 잘 안 되는데 戊土財星이 제습하고 財生官으로 妻의 내조는 있다. 만약 에 丙寅時에 태어났다면 大格이다.
寅中丙火가 투간이 안 되어 외화내빈으로 사장은 사장인데 바지사장이 된다. 丙寅時면 木火通明되어 똑똑하고 마음이 포근한 大貴格이다.

庚金이 가지를 전정하는 것은 좋은데 해동(解凍)을 못 시키니 戊土로 제습(除濕)해야 하므로 부인이 고생한다. 庚金이 있어서 허우대는 멀쩡하다. 羊刃合殺이면 貴命이라 귀태는 난다.

16 丑月 甲木 │ 축월 갑목

丑月의 甲木은 寒氣가 왕성하니 凍土다. 寒氣가 심한 때다. 子月부터 一陽이 시생하고 丑月은 二陽으로 나아가는 때이니 甲木의 뿌리가 견고해지고, 庚金이 있으면 丁火가 있어 金을 조절하면 富貴格이 된다.

土旺하면 甲木으로 소토(疎土)해야 하고 춘하추동 四季(辰戌丑未) 중에 丑土가 가장 단단하기 때문에 甲木이 아니면 소토가 불가능하다. 丁火만 있고 庚金이 없으면 貴格은 안 되는 것이다. 庚金이 있고 丁火가 없으면 貴는 할 수 있어도 富는 없다.

正財格, 傷官制殺格【酉金大運 壬寅年 一家族 交通事故 沒殺】
水忌神, 金仇神, 火用神, 木喜神, 水病神, 土藥神

丁卯	甲申	己丑	庚申	坤命
75	65	55	45	35	25	15	5
辛巳	壬午	癸未	甲申	乙酉	丙戌	丁亥	戊子	大運

丑月 甲木日主가 水旺계절에 출생하여 한기가 매우 심하다. 丑土에서 己土 財가 투출하여 土가 단단하고 申金 중중한데 庚金이 투출하니 신약한 중에 時上에 丁火가 卯木의 木生火

받아 조후도 되고 庚金을 제살하니 길하다.

時上에 丁火가 있어 영어를 잘한다. 丁火가 用神이니 卯木은 喜神이다. 신약한데 卯木이 도움이 되고 초년에 집안이 좋다. 水生木 木生火되어서 다. 丙火大運에 결혼하고 乙木大運까지 잘나간다.

酉金大運에 丁火用神이 일락서산(日落西山)에 死運이며 酉丑金局되어 金剋木하고 壬寅年에 寅申冲과 丁壬合되니 庚金이 金剋木으로 日干 甲木을 剋한다. 用神이 合이 되고 역마충(驛馬冲)이 되어서 일가족이 여행을 가다 교통사고로 몰살했다.

雜氣財官印綬格, 財多身弱
土忌神, 火仇神, 甲木用神, 水喜神

甲戌	甲戌	乙丑	戊辰	乾命
72	62	52	42	32	22	12	2
癸酉	壬申	辛未	庚午	己巳	戊辰	丁卯	丙寅	大運

丑月 甲木日主가 水旺계절에 출생하여 5개 旺土가 있어서 재다신약이다. 甲木用神인데 丑月 土는 단단하게 얼어서 소토하기 힘들다. 比肩 用神에 초년이 比劫大運

으로 가니 형님 덕으로 학교를 다녔다.

戊土大運에 사업하다 실패하고, 時干에 비견으로 길신이 있으면 부인이 돈을 번다. 甲木用神이 巳午未大運으로 기신이니 남 밑에 있어야 한다. 水木을 用神으로 쓰는데 水運에 눈물 흘리며 돈을 번다. 조후가 안 되어 힘들다. 비견이 用神이니 친구와 어울려 부동산 중개업을 하게 된다.

第二章

乙木日主論

을 목 일 주 론

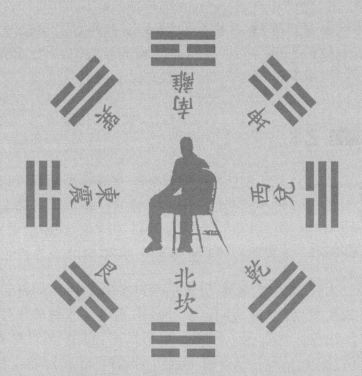

乙木의 특징

乙木은 꽃나무라 화초, 덩굴나무에 비유되며, 풍이라 바람을 상징하니 이성구설이 따르게 되고 이별을 암시한다. 실·붓·새·털·손이라 乙卯 字는 붓이고 손재주다.

火가 많으면 활인지명으로 식상이 왕하니 희생봉사로 작용하여 사회복지사 종교인 교육자 역술인 등에 많다. 물상으로 머리카락도 되고 미용실이나 직물이나 옷 장사를 하게 되는 경우가 많다.

乙木日主는 화초에 비유하니 외모가 아름다워 인기 있으며 순수하고 두뇌회전이 좋고 마음씨는 부드럽고 화려한 뜻을 가지고 있다. 봄소식을 전하는 꽃으로 소식을 의미한다. 바람을 상징하니 바람 부는 곳으로 흔들리는 기상이 있어 유리한 쪽으로 움직이기 쉽다. 꽃은 벌, 나비가 모이니 이성의 유혹이 따르기 쉽다.

환경에 적응력이 강하며 끈질긴 면이 있다. 미숙한 상태를 의미하므로 신경이 예민하고 관찰력이 뛰어나다.

乙木이 丙火를 보면 태양을 보기 위해 밖으로 잘 나가 유랑, 여행, 오락을 즐긴다. 乙木日主는 다른 日主에 비해서 배우자 십신과 자식 십신이 약한 편이다.

1 寅卯辰月 乙木 | 인묘진월 을목

寅卯辰月 乙木은 진달래·개나리꽃을 연상하면 된다. 상큼하고 깔끔한 외모의 꽃에 비유한다. 산과 들에 핀 꽃이라 아름다운 꽃이 되어 어려서는 미인으로 인기가 좋으나, 중년 이후에는 꽃이 시들어서 과실이 없는 나무이니 노후에는 어려운 생활을 하게 되니 노후준비를 해야 한다.

단, 甲木이나 寅木이 함께 있으면 등라계갑(藤蘿繫甲)하므로 과일이 있게 되니 노후가 다복하게 된다. 꼭 주위를 살펴서 통변하라. 乙木은 地支에 癸水가 있어야 하고, 天干에 癸水가 있으면 丙火를 가리기 때문에 조후가 안 되어 몸이 아프다. 天干에 辛金이 투간이 되면 남편이 바람을 피우게 된다. 보석이 꽃밭에 있는 격이기 때문이다.

年干에 辛金이 있으면 외국인과 인연이 있거나, 아니면 교포로 보아라. 남편이 여자관계가 복잡하다.

乙酉日主 여자는 화초에 과일이 열려 무거워 乙木이 굽어 남편 때문에 등골이 휘었다고 남편을 원망한다. 土가 있어 財生官하면 시모가 남편을 生助하니 더욱 무겁게 했다고 시모까지 싫어해 부부갈등이 많다.

남편과 동거를 하게 되면 절지라서 시든 꽃이 되어 남편보다 빨리 늙고 머리는 백발이 된다. 乙亥日柱면 꽃병에 꽃인데 死運이라 病든 꽃으로 질병이 많다. 丁火가 있으면 인공 火라 아랫목이 따뜻하니 밖으로 나가지 않고 집에서 살림만 하며 貴하게 산다.

乙木이 亥가 있고 戊土를 보면 산속의 약초로 작용하니 한의사와 인연이 많고, 乙木이 己土가 있으면 길바닥에 떨어진 꽃이라 먼지가 묻어 촌스런 꽃이 되어 운이 없으면 포장마차나 길에서 장사하는 상업이 좋다. 길거리에 핀 꽃이라 누가 알아주지 않는다.

甲木이 있으면 타고 올라가는데 年干이나 月干에 甲木이 있으면 후처가 되고, 時干에 甲木이 있으면 첩 꼴을 본다. 比肩 比劫이 있으면 부인이 있는 남자와 인연이 된다.

대운에서 乙을 보면 산만하고 엉킨다. 지점 확장은 用神일 때 작용한다. 乙木은 옆으로 뻗어가면서 얽히게 되어 형제와 갈등과 이별을 암시한다.

寅月 乙木이 庚金을 보면 乙庚合하나 봄에 서리로 작용하니 깡패 기질이 있는 남자를 만나니 이때는 火가 있어야 한다. 木氣가 아직 어린데 庚金은 서리가 되고 우박이 되니 木을 무참하게 짓밟는 폭력으로 작용한다.

한기가 남았을 때는 꽃이 피기도 전에 乙木을 짓밟으니 일찍 사망한다. 火가 있어 한기를 녹여야 오래 살게 된다. 그래서 조후가 필요하다.

庚金은 正官이라 사람은 착하고 정직하다. 卯木에 뿌리를 내리고 丁火가 있으면 밤은 좋아하고 낮은 싫어한다. 디스코 춤이나 노래방을 좋아한다. 丙火가 있으면 밤을 싫어하고 낮을 좋아한다.

> 사주 지지에 辰土가 있으면 돈은 있다고 보아라. 丙火와 辰土가 있으면 잘살고 戊戌土가 있으면 편안하게 잘산다. 寅卯辰月의 乙木은 진달래·개나리 꽃나무다. 巳午未月의 乙木은 장미꽃이다.

② 巳午未月 乙木 | 사오미월 을목

巳午未月의 乙木은 장미꽃에 비유되니 아름다우나 가시가 있는 것이 흠이다. 수분이 마르기 쉬운 계절이니 甲木이 옆에 있으면 甲木의 그늘에서 수분이 마르지 않아 길하다. 乙木은 습목(濕木)이므로 여름철인데도 丙火로 用神을 쓴다. 癸水가 天干에 투간되면 丙火 태양을 가리기 때문에 싫어한다. 乙木은 水氣가 조금만 많아도 뿌리가 상한다.

여름에 水가 없고 戊己가 나타나면 조토(燥土)가 되어서 나무가 잘 자랄 수가 없으므로 거지나 막노동꾼으로 전락하게 된다. 地支에 습토(濕土)인 辰土나 丑土가 있으면 윤토(潤土)와 습토(濕土)로 충분한 수분이 공급되고 있으니 乙木이 잘 자라게 된다.

여름철 乙木은 丙火가 있고 地支에 습기(濕氣)가 있으면 장수하고 부귀영화를 누린다. 말을 잘하고 싹싹하고 솔직 담백하다. 水가 약할 때는 金이 있어서 生水해야 한다. 辛金이 있으면 남편이 안 풀리고 庚金이 있으면 남편이 잘된다. 午火가 있으면 남편의 성격이 나쁘다. 壬癸가 투출하면 戊土가 좋은데 금융계나 부동산 중개업이다. 戊土의 용도는 바람막이와 제습이니 시어머니가 좋다. 辛金은 病死가 되고 庚金은 生地·浴地가 된다.

戊土와 辛金이 함께 있으면 남편이 마마보이다. 이럴 때 甲木이 소토해야 좋으며 甲木이 없으면 매금(埋金)이 되어 마마보이가 된다. 이런 사람은 직장생활하면 말뚝 박아라. 매금(埋金)이 되어 능력이 없으니 퇴직하면 할 일이 없게 된다.

③ 申酉戌月 乙木 | 신유술월 을목

申酉戌月 乙木은 丙火를 보면 영리하고 미모가 뛰어나고 코스모스, 해바라기, 국화꽃에 비유하니 향기는 있으나 벌과 나비는 모이지 않고, 잠자리나 풍뎅이가 들끓어 여자 사주라면 남자를 만나도 쓸모없는 불량한 깡패나 건달을 만나기 쉽다. 남자에게 의존할 수 없어 독신녀로 살거나 현지처나 후처로서 생활하는 자가 많다. 가을까지 자라난 화초는 튼실해 탐스런 꽃이 된다. 남녀 모두 배우자와 관계가 아름답지 못하다.

가을에 乙木은 추워지는 계절이라 丁火가 투간해도 나쁘지 않다. 戊土가 투간하면 재물이 많아서 부자이다. 山속에 핀 꽃이라 외롭고 청초한 면과 고결한 면이 있다. 乙木日主에 己土 편재가 있으면 야생화로 어느 계절에 출생해도 천한 삶을 살기 쉽다. 가을철에 乙木은 가지에 열매가 열린다.

水가 없으면 마른 건초가 되니 남편은 보잘것없는 남자가 걸린다. 官殺이 많고 水가 없으면 시집을 늦게 가야 하나 늦게 가도 좋은 남자를 못 만난다. 철이 지나서 시기를 놓치면 큰일이 난다. 가을에는 벌과 나비가 없어 대신 풀벌레나 잠자리만 걸린다.

戊土가 투간하면 군계일학(群鷄一鶴)이라 골라서 시집간다. 官은 청중인데 많은 것이다. 戊土 丙丁火는 문학가, 의사, 교사다. 戊土가 있으면 돈은 있으나 山이라 쓸쓸하다. 己土가 있으면 들에 피운 국화라 기생이 되기 쉽다. 己土는 길이라 여행이 많다.

4 亥子丑月 乙木 | 해자축월 을목

亥子丑月 乙木은 동백꽃이나 매화에 비유하니 겨울은 벌이나 나비가 없으니 인기가 없다. 乙木이 地支에 火氣가 충분하고 甲木을 보면 등라계갑(藤蘿繫甲)되어 길하나 乙木을 보면 잡목이 많은 격이니 흉하다.

乙木日主가 丙火가 투간되면 화초가 태양을 바라보고 피어 있는 격이니 평생 동안 가난하고 고생하며 자식궁도 허약하다. 戊土가 있으면 제습이 되어 귀격(貴格)을 이루기도 한다.

丁火가 투간되면 온실 속의 화초라 보온이 잘되어 꽃을 피우게 되므로 비싸게 팔리게 되고 戊土와 같이 있으면 부귀하다. 동절에 乙木 日主는 인삼과 더덕인데 성품이 소박하다. 丙火가 투간되면 태양을 보려고 밖에 잘 나간다. 집안에 있으면 답답하고 나가면 고생한다.

북풍이 몰아치는 동절에 태어나서 戊土가 있으면 바람막이를 하고 제습을 하니 길하다. 戊土가 투간되면 산사에 가서 기도해라 감응이 따른다. 亥子丑月 乙木은 戊土와 丁火가 있으면 난로와 난방이 되므로 丙火보다 팔자가 좋다. 그러나 밖에 돌아다니는 것을 싫어하는 성격으로 답답하다.

5 寅月 乙木 | 인월 을목

寅月의 乙木은 입춘(立春)부터 경칩(驚蟄) 이전까지를 말한다. 우수 전 乙木은 한기가 심할 때니 丙火로 해동(解冬)하고 보온을 해야 귀명이고 地支에 癸水(辰中癸水)가 있으면 윤근(潤根 : 뿌리가 윤택)하여 길하다.

癸水가 투간되면 丙火를 가리므로 흉하다. 寅月의 乙木은 火를 기뻐하고 水가 많으면 나무뿌리가 썩듯 머리가 혼탁해지고 병이 많다. 水가 旺하면 土가 있어 제방해야 좋고 丑土는 갯벌이라 나쁘고 戊戌土가 대길하다. 丑·未土는 天干에 土가 투간되어야 제방을 쌓을 수 있다. 丑土는 天干에 土가 투출이 안 되면 흘러 내려가는 흙으로 벌흙이다.

寅中丙火가 있어 寅午戌火局을 이루면 財官의 권귀(權貴)가 따른다. 火가 많아서 조열(燥熱)하면 습토나 水가 들어와야 좋다. 이와 같으면 머리가 맑아 공부를 잘하고 효자다.

食神格
水忌神, 丙火用神, 木喜神, 水病神, 燥土藥神

丙子	乙丑	丙寅	甲子	乾命

76	66	56	46	36	26	16	6	
甲戌	癸酉	壬申	辛未	庚午	己巳	戊辰	丁卯	大運

寅月 乙木日主가 木旺계절에 출생해 丙火司令인데 우수 전이라서 한기가 남아 있다. 水氣가 중중하여 乙木이 얼게 생겼으니 조후가 시급하므로 丙火가 用神이다.

목화통명(木火通明)으로 똑똑하고 用神이 寅木에 장생(長生)해 뿌리가 되어 좋다. 상관(傷官)도 喜神으로 쓰일 때는 食神이라 칭한다. 건방지게 보이나 자선심(慈善心)이 많고 봉사정신이 강하다.

丙火食神이 丑土財星을 生하면 좋은 명이 되는데 반드시 食傷은 財星의 유무를 살펴야 한다. 초년에 用神을 生助하니 집안이 화목하고 좋았다. 戊土大運에 食神生財하고 燥土가 水를 제습하니 좋은 대학교에 진학한다.

辰土大運에 子辰水局이 旺水를 이뤄 입묘(入墓)되니 부모께서 어려움을 당했다. 巳大運에 공무원으로 행정관이 되었는데 丙火用神의 녹운을 만나 좋았으며, 庚金大運에 劈甲生火하니 진급하고 午火大運까지 잘나갔다.

辛金大運에 用神을 合하여 기반(羈絆)이 된 것 같으나 用神이 하나 더 있어 잘 넘어갔다. 用神이 하나만 있었으면 辛金大運에 나쁘게 된다.

庚金大運에 좋은 이유는 甲木을 庚金으로 쪼개어 生火하여 用神을 도와 좋으나 甲木이 없으면 상관견관 위화백단(傷官見官 爲禍百段)으로 하극상이 되니 직장인은 권고사직을 당하고, 자식에게 나쁜 일이 생긴다. 甲木이 아니고 乙木이면 乙庚合으로 답답해진다.

未大運에 월령 旺木이 입묘되면 부모가 돌아가신다. 월령은 부모궁으로 본다. 월령 입묘 운이 오면 세운에서 冲이나 三刑殺을 빨리 찾아보아라. 未土大運에서 월령을 입묘시키고 세운 월운에서 午운이 오면 子水印綬를 子午冲을 하면 부모나 배우자가 사망한다. 印綬 運이 오면 어려선 공부하는 運이고 나이 들어선 문서를 계약할 일이 생긴다.

女命 사주라면 傷官 運이 오면 젊어선 자식을 낳고, 나이 들어선 자식이 속을 썩이거나, 나가 살던 자식이 집으로 들어온다.

탁한 사주는 財運에 대학입시에 떨어지나, 사주가 청하고 財가 用神이면 서울대학 입시도 합격한다.

從强格, 曲直格
木用神, 水喜神, 金病神, 土仇神, 火藥神

己 卯	乙 酉	甲 寅	戊 辰	乾 命

77	67	57	47	37	27	17	7	
壬 戌	辛 酉	庚 申	己 未	戊 午	丁 巳	丙 辰	乙 卯	大 運

寅月 乙木日主가 木旺계절에 출생해 木氣가 旺하여 身旺한 사주가 되었다.

丙火司令인데 寅卯辰 方局에 木이 투출되어 辰土가 木으로 변하여 甲木이 旺하고, 乙木도 卯木과 辰中乙木에 根하여 旺하다. 乙木이 약할 때만 등라계갑(藤蘿繫甲)하여 甲木에게 의지한다. 木이 旺하여 木剋土하면 土의 구실을 못한다.

이 사주가 甲辰月에 태어나 土生金을 하면 酉金을 用神으로 쓰게 된다.

寅木에 根을 한 甲木에게 戊土가 얻어맞아 甲木에게 從하여 從強格으로 曲直格이다. 金이 病이 되는데 寅月이라 酉金이 약하다. 酉金이 약해서 卯酉冲하면 酉金이 제거된다.

이 命의 핵심은 木이 用神이고 金이 병신(病神)이며 火가 약신(藥神)되어 초년 乙卯·丙火大運까지는 좋고, 辰土大運은 酉金과 合하여 병신(病神)이 힘을 얻어 가산이 흩어져 학교를 못 간다. 말년은 자식관계를 잘 보아라. 말년에 기신(忌神)운으로 오면 본인이 죽거나 나쁘다.

丁巳大運에 戊己土는 도로의 財로 포장마차라 장사를 한다. 巳火大運에 巳酉金局인데 丁火가 있어 득실이 반반이다. 戊土大運에 군겁쟁재를 하니 마음고생이 심하다. 午火大運에 酉金 病을 제거하여 재물이 복구가 된다.

未土大運에 旺木이 입묘(入墓)되면 흉하다. 庚金大運은 나쁘고 申大運은 申辰水局으로 金生水 水生木으로 相生되어 넘어가나, 辛酉大運은 旺支를 冲하고 用神의 절지(絶地)와 약신(藥神)의 사지(死地)라 죽는다.

己未大運은 日支 酉金을 生해 부인에게 돈 문제가 생기거나 본인이 바람 피우면 여자가 문제를 만든다. 群劫爭財되면 바람을 안 피운다. 사주에 病이 있을 때 病을 제거하면 크게 발복하는데 제거하지 못하면 실패한다.

食傷制殺格   【調候 兼 食神制殺格】
寅中丙火用神, 木喜神, 金忌神, 水病神, 燥土藥神

庚辰	乙巳	甲寅	癸酉	乾命
72	62	52	42	32	22	12	2

丙午	丁未	戊申	己酉	庚戌	辛亥	壬子	癸丑	大運

寅月 乙木日主가 木旺계절에 출생, 戊土司令에 우수 전이니 한기가 있는데 癸水와 庚金이 있으면 서리가 내려 몹시 춥다. 巳酉金局에 寅木이 剋을 받아 상처를 입으니 金이 忌神으로 서리인데 火가 조후(調候) 用神이다. 寅中丙火는 水運에 剋당하지 않는다.

초년에 水운이 와도 寅木에 매달려 형님 밑에서 학교를 다닌다. 巳火는 水가 와서 꺼버리니 寅中丙火를 用神으로 쓴다. 그래서 寅木에게 의지를 하며 산다. 食神制殺에 寅巳刑이라서 수술하는 외과의사 사주이다.

戊土大運에 水를 제거해 살 만하니 배가 나온다. 乙木은 신약해야 생활력이 강해진다. 正官이 있으면 甲乙木은 의리가 있고 印綬가 있으면 사람이 점잖다. 傷官制殺하면 검찰·검사·의사·군인·퇴마사 사주에서 많이 본다.

이 사주가 女命이라면 時에 正官이 있고 타주에 偏官이 있어서 日支와 合하니 남편과 사이가 나빠지면 다른 남자를 불러들여 사랑을 나눈다.

傷官用傷官格, 調候用神
火用神, 木喜神, 水病神, 金仇神, 土藥神

癸未	乙酉	丙寅	甲寅	坤命

73	63	53	43	33	23	13	3	
戊午	己未	庚申	辛酉	壬戌	癸亥	甲子	乙丑	大運

寅月 乙木日主가 木旺계절에 출생하였으나, 우수 전에 출생하여 한기가 남아 있어 丙火로 조후함이 시급하다.
金은 어린 나무에 우박이 되니 나쁘다. 대운이 역행으로 진행되어 水運부터 시작이 되어도 사주원국에 木이 있어 水生木 木生火하여 丙火를 剋하지 못하나 水運은 나쁘다.

사주볼 때 통변요령 : 寅中丙火가 月干에 투출되어 傷官格에 傷官用神이 되었다. 格局이 用神이면 직업이 되는데 水運이 오면 火가 능력발휘를 못하니 답답하다. 그때 인물이 좋으면 결혼을 빨리하게 되고, 인물이 별로라서 받쳐주지 못하면 결혼을 늦게 한다.

癸水大運에 결혼하면 用神과 상반된 運에는 나이 많은 사람과 결혼한다. 잘사는 남편을 만나도 운세가 나빠 벌어놓은 돈을 다 까먹는다. 남편도 별 볼일 없는 남자를 만나게 되므로 이혼하게 된다.

통변요령 : 日支와 時柱에 偏財가 있고 偏官이 있으면 꼭 사업한다. 水運에 水를 막으려고 戊土를 찾는데 正財라서 소규모로 개인 사업을 한다. 乙酉日柱가 자좌살지(自坐殺地)에 앉아 망할까 봐 두려워 동업을 한다.

寅月에 木日主가 丙火 用神인데 用神이 약하면 喜神직업을 가지게 된다. 그래서 의류사업을 하는데 甲木을 끌어들여 등라계갑하려고 동업을 한다.

壬癸大運에 丙火는 별빛이라 동대문에서 밤에 옷 장사하여 戌土大運에 제습하여 형편이 좋아진다. 辛金大運에 用神과 합해 묶이게 되니 망한다.

옷 장사해서 망하면 食傷은 음식이라 음식 장사를 하게 된다. 壬午 年에 가게를 내는데 印綬는 문서이고 癸未는 문서와 돈이라 문서를 계약하면 돈이 생기는 것이라 판단해라. 運이 좋을 때는 사업을 확장을 하고 運이 나쁠 때는 사업을 축소한다.

正財格
土忌神, 火仇神, 水用神, 金喜神, 土病神, 木藥神

丁亥	乙巳	戊寅	乙巳	坤命
75	65	55	45	35	25	15	5	

丙戌	乙酉	甲申	癸未	壬午	辛巳	庚辰	己卯	大運

寅月 乙木日主가 木旺계절에 우수가 지나서 출생했으므로 木氣가 旺한데 丁火가 투출해 寅中丙火 巳中丙火에 통근을 하므로 木火通明이라 두뇌가 총명하다.

火勢가 旺하여 목분비회(木焚飛灰 : 나무가 타서 재가 되는 것임)라 水가 必要한데 巳亥冲으로 印綬 冲되니 학력이 짧다. 巳火에 長生하는 庚金이 남편인데 巳火大運에 巳亥冲하여 印綬가 깨져 남편이 실패해 집문서를 날린다.

> 巳火大運에 이혼하고, 壬水大運에 돈 벌어 남자를 사귀어 壬水가 木을 生하니 用神의 祿인 亥水나 子水가 필요한데, 돼지띠는 巳火와 冲되어 안 맞아 壬子生 운전사를 만나 재혼하여 산다. 亥水에서 日支에 巳火는 역마라 운전사다. ※(用神에서 신살을 발생시킨 것이다.)

전남편의 자식이 둘인데 운전사가 다 먹여 살린다. 官弱하고 時에 印綬가 있으면 食傷을 剋하니 딸이 많다.

午火大運에 寅午火局으로 亥水가 적수오건(滴水熬乾 : 물방울이 증발)되었고, 또한 火剋金도 되어 庚金 官星이 녹아서 헤어질 준비를 한다.

헤어지지 않으면 남자가 병이 발생하게 되니 병수발하게 된다. 壬午年에 남편에게 교통사고가 많이 난다.

6 卯月 乙木 | 묘월 을목

卯月의 乙木은 양기가 점차적으로 커지는 때니 日主가 太旺하여 丙火를 만나야 꽃을 피워 영화가 따르므로 고위급이 된다. 地支암장에 癸水가 있으면 더욱 귀명이다.

乙木이 卯月에 火는 없고 癸水만 있는데 庚金이 투출되면 木은 강하고 金은 약하여 절상되니 여자라면 남편이 다리를 절거나 별 볼일이 없는 남자를 만난다. 金이 土生金을 받지 못하면 재앙이 발생하니 地支에 濕土가 있으면 木도 生하고 金도 生하니 좋다. 乙木은 습토가 있어야 잘 자란다. 土가 없는 金은 부러지기 때문에 생리사별하지 않으면 병객이 된다.

金이 없으면 火가 있어야 하고 火가 用神인데 조후용신이면 火가 남편이 된다. 봄철의 乙木은 난초와 같으니 火·土·水가 吉神이 된다. 卯月 乙木 日主가 財官이 튼튼하고 火·土 大運이면 貴命으로 자수성가한다.

子에서 一陽이 始生하여 점점 강해지는데 辰에서 쉬었다 가는 곳이다. 丙火가 辰中癸水에게 水剋火당하여 잠시 주춤하게 된다. 그래서 지망살이라 한다. 癸水는 戌土運에 잠시 주춤하다가 다시 亥水의 블랙홀에 빠진다. 이때 宗敎에 의지를 하므로 戌土와 亥水가 있으면 절에 다닌다.

寒氣旺 ← → 木氣旺					
陽丙 子	丑	寅	卯	辰	巳
1양	2양	3양	4양	5양	6양

熱氣旺 ← → 金氣旺					
陰癸 午	未	申	酉	戌	亥
1음	2음	3음	4음	5음	6음

建祿格, 年時上正官格.
木忌神, 金用神, 土喜神, 火病神, 水藥神

丁丑	乙卯	己卯	庚寅	乾命
72	62	52	42	32	22	12	2
丁亥	丙戌	乙酉	甲申	癸未	壬午	辛巳	庚辰	大運

卯月 乙木日主가 木旺계절에 출생하여 신왕하다.

乙木이 月令에 뿌리하고 寅卯木이 가세하여 旺한데 月令에 比劫으로 格이 불성하여 外格으로 年時上正官格이 成格되니

곧 木忌神이며 正官이 用神이고 財星이 喜神이며 火病神에 水藥神이다.

日主가 太旺한 사주는 泄하는 五行을 用神으로 쓰는 것이 길한데 丁火가 用神인 것 같으나 丑土에 설기가 심해 불빛은 있으나 열이 없으므로 木을 태우지 못하고(丑土가 空亡이라 丁火도 空亡이다. 地支가 空亡이면 天干도 空亡이다), 木多火熄이 되어 불이 꺼지니 도끼로 木을 쳐줘야 되는데 年上庚金으로 잘라 生火를 시켜야 하므로 丁火를 생해 주어야 이 사주가 잘 풀린다.

> 이 사주 핵심 : 庚金이 절지에 앉아 己丑 財星이 官星을 生해 주어야 하니 부인을 고생시킨다. 庚金用神에 丁火가 病神이다. 庚辰·辛巳大運 초년에 길하고 부모덕이 있고 正官이 用神이니 점잖다.

比劫이 많아 群劫爭財되면 절약정신이 강하여 짠돌이 소리를 듣는다. 알뜰하게 산다. 正官用神이면 사람이 정직하고 성실하며 年에 用神이 있어서 조상덕을 본다. 正官이 있는 사주는 정직하기 때문에 사업하면 망한다. 乙木이 뿌리가 있으니 진실하다. 만약 羊刃이 있으면 독한 면이 있다.

자기중심적인 성격이며, 고전적인 성격은 年에 正官用神이 있어서이다. 조상제사를 잘 지내야 복을 받는다. 고지식해 남에게 안 주고 안 받는다. 이기적인 면이 많다. 時柱에 用神이 있으면 신세대와 잘 통한다.

壬水大運까지는 좋으나 午火大運에 丁火가 뿌리를 내려 忌神이 旺해지니 用神이 無力하여 고생을 많이 한다. 火剋金하여 지키는 경찰이 없어 군겁쟁재가 되니 부인이 죽거나 손재가 심하다.

癸水大運에 丁火를 剋하니 재혼하거나, 未大運에 丑未冲하여 喜神의 뿌리 丑土가 부실하고, 年月의 旺木이 入墓되어 부모가 죽고, 甲申大運에 甲己合해 官이 약해져 나쁘지만 庚金이 申에 根해 그냥 넘어간다. 乙木大運에 乙庚合하니 用神이 묶이므로 질서가 깨져 群劫爭財되어 손재수가 있다.

酉金大運은 卯酉冲하더라도 庚金用神이 旺支라 괜찮다. 丙大運에 用神을 剋傷하고, 歲運 甲午年에 寅午戌火局에 用神이 상하므로 본인이 죽었다. 比劫이 많으면 부인이 인물이 좋다. 財星이 투출하면 부인이 경제활동을 하며, 남자 사주 時柱에 病神이 있으면 자식에게 교육비가 많이 들어간다.

火運에 망하는데 午火大運에 나쁘다. 用神運 볼 때 十二運星으로 보는데 양포태법으로 大運에 적용시켜 보아라. 用神의 운세 적용법의 핵심이다.

建祿格, 食神生財格
木忌神, 水仇神, 丙火用神, 水病神, 燥土藥神

丙子	乙卯	乙卯	戊寅	坤命
76	66	56	46	36	26	16	6
丁未	戊申	己酉	庚戌	辛亥	壬子	癸丑	甲寅	大運

卯月 乙木日主가 木旺계절에 출생하여 태왕하다.
건록격에 金이 없어 火를 用神으로 쓴다. 丙火는 주작(朱雀)이라 언변이 좋다.
곡직격은 정직하여 고지식한 면이 있다. 丙火는 寅木에 장생하고 설기를 하는데 地支에 子水가 있어 습목이라 丙火를 生火를 못하니 旺木이 설기가 잘 안 된다.

木火通明이라 똑똑하다. 솔직하고 말을 잘하고 乙木이 丙火를 보니 꽃이 활짝 피어 얼굴이 예쁘다. 木이 많으면 바람기가 많다.

戊土로 제습(除濕)이 필요하므로 食神生財한다. 比劫이 많고 財가 약하여 군겁쟁재로 형제들이 뜯어가고 말썽을 피운다. 재물은 항상 쓸 곳이 많으므로 모자란다. 子卯刑 작용은 신경질과 짜증이 나고 몸이 아프다.

甲寅大運 초년 15세까지 그럭저럭 잘 지내다가 癸丑大運부터 운이 없다. 火用神인데 동절인 水運으로 흘러 土가 필요하니 돈 벌기 시작한다.

戊土가 남자 대용이라 壬水대운이 오면 戊土로 막기 위해서 남자와 결혼한다. 꽃 장사를 하라고 말했는데 과일 장사를 시작했다. 水가 水剋火를 하므로 火生土를 못해 戊土 남편이 재물을 다 까먹는다.

이 사주의 통변 핵심은 辛金大運에 丙火用神이 합되면 통관이 안 되므로 土가 생조를 못 받으니 木剋土되어 깨진다. 이때 이혼하게 된다. 丙辛合될 때 歲運에서 火를 만나면 무사히 넘어가나 水運을 만나면 낭패 본다. 亥水大運에 丙火가 亥中甲木이 있어 亥卯木局에 寅亥合木하니 살아난다.

庚金大運에 比劫과 합하고 가을이 오니 木이 말라 生火가 되어 알뜰히 돈이 모인다. 戊土大運에 寅午戌火局되어 用神이 旺해져 돈을 번다. 결혼 전에는 土가 剋을 당하여 위장병이 생기고, 결혼 이후는 子卯刑하여 신장·방광·자궁에 이상이 생기고 눈까지 나빠진다.

時柱에 喜神이 있으면 자식이 효자이고 잘된다. 나이 들어서 午火大運이

와서 子午沖하면 나무는 물을 먹고 사는데 말라죽는다. 官이 없으니 고독하고, 木이 많고 시주에 도화가 있으니 애인이 있게 된다. 목이 많으면 바람 잘 날 없어 이성구설이 많이 따른다.

시주에 급각살이 있으니 몸이 아픈데 다리에 신경통·관절염이 있고 酉金大運에 卯는 다리와 신경인데 卯酉沖하니 다리가 아파 침 맞으러 다닌다.

丙火는 乙木에 상관이라 노래를 잘하고 丙火用神이니 밖에 잘 돌아다닌다. 사주에 無官이라 가벼운 사람으로, 비겁이 많고 官이 없으면 천방지축에 안하무인이다.

> 丙火 입장에서 보면 木이 인수가 되는데 旺木인 비겁이 태왕하니 인성이 태과한 것이 되어 자식이 공부하지 않아 기술을 배워야 한다.

時上一貴格, 建祿格
木忌神, 金用神, 土喜神, 火病神, 水藥神

庚辰	乙巳	乙卯	戊戌	坤命
78	58	38	18	
	68	48	28	8
丁未	戊申	己酉	庚戌	大運
	辛亥	壬子	癸丑	甲寅

卯月 乙木日主가 木旺계절에 출생, 卯木과 辰土에 뿌리를 내리니 신강하다.
乙巳 辛巳 癸巳日柱에 官殺이 투간되어 있는 자는 명암부집으로 바람피워 도주한다.

乙木日主가 時上에 正官이 있으면 남편이 깐죽거린다. 辰中乙木이 암장에 있으니 남편이 바람피운다.

亥水大運에 巳亥沖하니 남편과 헤어지고 싶어 한다. 癸未年에는 애인을 사귀는데 유부남이라 처와 정리하고 오라고 했다. 乙酉年에 卯酉沖으로 이혼을 하고 온다. 卯木을 치면 干에 乙木은 함께 스러진다.

신왕한 사주가 巳戌귀문이면 두뇌가 총명하다. 일지상관인데 庚金大運에 金水運으로 가니 잠자리가 추워지므로 외로워진다. 천간에 比肩이 있고 時上正官이 있으면 천간으로 正官대운이 들어올 때 불길하다.

庚金大運이 用神이나 天干으로 올 때는 乙庚合, 乙庚合으로 2:2가 되면 乙庚合으로 묶이니 나쁘다. 地支에 申酉大運으로 오면 용신을 받쳐주는 운이라 좋다. 辰巳지망살이니 절에 잘 다니고, 귀문관살이 있어 무속인에게 잘 가고, 比劫이 공망으로 형제들이 잘 안 풀려서 어렵다.

官星이 用神인데 官弱한 여자는 財生官하려고 남자를 사귀면 용돈을 잘 준다. 연주에 財星이 있으면 지갑에 돈을 가득 넣고 흔든다. 官이 투출해 根이 없어 약하기 때문이다. 귀문관살이 있어 그 방식이 정당한 줄 안다.

7 辰月 乙木 | 진월 을목

辰月의 乙木은 청명절이라 꽃을 피우려면 丙火를 봐야 하며 癸水는 지지암장에 숨어 있어야 좋다. 子水가 있어서 子辰水局을 이루면 木은 뿌리가 썩기 때문에 水를 꺼린다. 이것을 목불습애(木不濕愛)라 한다.

丙火가 투간되면 乙木은 올라가는 기질이 있어서 기고만장하여 남편을 무시한다. 물이 많으면 戊土가 제습해야 길하고, 己土는 나쁘다. 戊土를 보면 묘격(妙格)이 되어 길하다.

곡우(穀雨) 이후는 戊土司令이라 戊土가 旺해 물이 막힌다. 丙火用神이고 庚金은 乙木을 剋하지 않고 金生水하여 辰中癸水가 투간이 되면 水剋火하여 用神인 丙火를 가린다.

> 丙火는 조후용도로 얼음을 녹이고 어두운 곳을 비추어주는 역할만 하고, 丁火는 地支에 根이 있어야 金을 녹이는 역할을 한다. 無根이면 빛이다.

財用財格, 木病神, 水仇神, 土用神, 火喜神

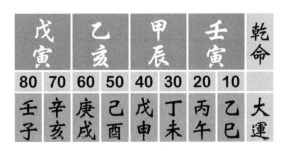

戊寅	乙亥	甲辰	壬寅	乾命
80	70	60	50	40	30	20	10
壬子	辛亥	庚戌	己酉	戊申	丁未	丙午	乙巳	大運

辰月 乙木日主가 木旺계절에 출생하여 신왕하다.
辰中乙木司令이나 戊土가 투간되어 正財格이다. 戊土가 寅에 長生을 하고 火大運으로 가니 燥土로는 生金을 못하고 無官이라 자식이 없다. 청명절에 출생하여 乙木司令에 水木이 旺해 군겁쟁재하여 財가 약한데 財를 生하는 食傷인 火가 없으니 돈 버는 재주가 없다.

辰中戊土가 時上에 透出되어 財가 用神이다. 군겁쟁재(群劫爭財)가 되니 財福이 없고, 財가 用神이라 금융계 직업이다(증권사 차장). 乙木이 戊土를 보면 과수원으로 작용하게 되니 그래서 과천에서 산다.

大運에서 傷官운으로 흘러 자식이 없고, 辰亥 원진살이라 얼굴에 수심이 가득하여 어둡다. 甲木이 年月에 있고 乙木日主로 태어나면 그늘에 가려 그늘진 인생으로 살아간다. 甲木에 丙火太陽이 가려서 보이지 않아 직장생활하면 신경질이 나고 짜증이 난다.

부인은 木剋土로 44세까지 직장을 다니다가 그만두게 된다. 戊土가 用神인데 丙火와 庚金이 있어 食神生財하여 사업하면 돈을 잘 번다.

申金大運은 用神을 설기하는 운이라 직장을 그만두고 사업하면 申子辰水局으로 戊土가 水多土流하여 돈이 떠내려가는 형국이라 망한다. 己土운에 甲己合으로 묶이게 되어 甲木에 의지를 못한다. 젊을 때 저축하여 말년을 대비해야 한다. 신왕사주에 辰亥가 귀문관살이라 선견지명이 있다.

남자 사주에 比劫이 많으면 부인이 예쁘다. 日時가 寅亥合이라 부부금슬 좋다. 比劫이 많으면서 日支에 亥中甲木 劫財가 있으므로 의처증이 있다. 사주에 戌亥천문성(天門星)이 있으면 종교생활하게 된다.

正財格

金忌神, 土仇神, 甲木用神, 水喜神, 金病神, 火藥神

甲申	乙酉	戊辰	己巳	乾命
72	62	52	42	32	22	12	2	
庚申	辛酉	壬戌	癸亥	甲子	乙丑	丙寅	丁卯	大運

辰月 乙木日主가 木旺계절에 출생해 土金이 많아 신약하다. 甲木이 木旺인데 申金은 申辰水局으로 신강이 될 것 같으나 巳酉金局에 旺土가 土生金하고 자좌절지(自坐絕地)로서 신약한 사주가 되었다.

甲木 用神이고 申辰水局으로 水喜神이 된 사주다. 土金이 많아서 辰土가 없으면 절처봉생(絕處逢生)이 안 된다. 乙木이 甲木보다 똑똑한 척한다. 초년에 火運으로 木火通明운이라 집안 좋고 똑똑하다는 소리를 듣는다.

乙木이 甲木을 의지하니 친구가 많다. 丑土大運에 申酉가 함께 入墓되니 申辰水局이 안 돼 부모가 돌아가신다. 丑土大運만 나쁘고 나머지는 좋다. 日支 偏官은 명예요, 時에 正官은 申辰水局으로 복인데 말년에 복이 있고 개인 사업으로 성공한다.

官이 地支에 있으니 官運이 없다. 官이 땅바닥에 떨어져 있으니 진급이 안 된다. 乙酉日柱는 남을 믿지 않고 의심이 많다. 火가 없으니 명랑성이 없어 성격이 깐깐하고, 水局이 되어 水가 많으면 덤비지를 않는다. 물은 지혜와 생각이라 이리 재고, 저리 재다가 기회를 놓친다.

巳酉丑金局으로 살중신경(殺重身輕)인데 大運이 나쁘면 우울증이 있는데 몸이 약하다고 보약을 먹으면 뚱뚱해진다. 官殺이 중중하면 뚱뚱하다. 그렇지 않으면 고전적인 집안이다.

▌雜氣財官印綬格 : 水忌神, 金仇神, 火用神, 木喜神

丙子	乙未	壬辰	丙寅	乾命
75	65	55	45	35	25	15	5
庚子	己亥	戊戌	丁酉	丙申	乙未	甲午	癸巳	大運

辰月 乙木日主가 木旺계절에 출생해 水木이 많아 신왕하다. 水木이 太旺하여 丙火傷官이 用神이 된다. 壬水가 투출하고 子辰水局하니 습하다.

습한 사주는 건조시키는 火가 用神인데 傷官이 喜神과 用神이면 성실하고 正印이 있어 자중할 줄 안다.

초년부터 火運으로 집안이 좋다. 印綬局을 이루고 食傷으로 호설정영(好泄精英)이 잘되고 食傷用神이면 학교 선생이다. 水局인데 丙火가 투출이 되면 외국에 나갈 일이 있게 되고 丙火는 日本으로 보고, 丙火가 있고 癸水가 뜨면 안개가 되니 영국이 되고 영국연방인 네덜란드·호주·캐나다로 본다. 외국에 나가면 영국연방 국가나 또는 일본으로 나간다.

火가 吉神인데 水가 沖하면 진로 수정이나 변경이다. 寅木이 丙火를 生해 어렸을 때 똑똑하다. 子辰水局에 壬水가 丙火와 沖하면 진로를 변경하게 되는데 丙火가 두뇌회전인데 시험 볼 때 아는 것도 잊어버려 떨어진다.

19세가 되면 年支를 沖하는데 喜·忌를 따져 입시 합격여부를 간명하라. 甲申年 전반은 木生火로 성적이 좋고 후반은 寅申沖해 木生火가 안 되고

壬水가 申에 長生이라 성적이 떨어진다. 水旺하여 忌神이 旺하면 학교를 낮춰서 가야 한다. 대운은 좋으니 대학교를 들어가면 진도에 맞춰간다.

申金大運에 水局을 이루어 忌神이 旺해지고 寅申刑이 되어 관재구설로 나쁘다. 丁火大運에는 세운에서 木火運路는 좋으나 金水運路에 나쁘다. 戊土大運은 좋으나 戊土大運에서 壬戌年은 用神入墓라 죽는다.

관상에 초년이 좋고 말년이 나쁘면 이마는 넓고 턱이 좁다. 乙木日主가 丙火太陽이 투간이 되면 꽃이 만발하여 안색이 좋다. 水가 많아 잔머리가 좋고 印綬 천을귀인인데 귀문관살은 망상이 많은데 누군가가 도와주길 바라고 요행을 바란다. 낭비가 심하고 치장하기에 바쁘다.

태양이 떠서 乙木이 꽃을 피우니 꽃미남이라 여자들이 잘 따른다. 乙木이 丙火를 만나면 傷官이니 과장표현을 잘하는데 印綬로 조절되면 융통성이 없고 고지식하다. 運이 좋으면 부인이 밖에 나가는 것을 싫어하고 運이 나쁘면 밖에 나가는 것을 막지 않는다.

壬辰月 암장 속의 乙木은 물속의 比肩이라 빛이 굴절되어 안 보이니 부인에게 애인이 있게 된다. 물속의 財는 못 건진다. 官이 없어도 印綬가 투간되어 지지에 근이 되면 교육자로 간다. 無官이라 승진이 잘 안 된다.

正財格
金忌神, 濕土仇神, 火用神, 木喜神, 水病神, 燥土藥神

戊寅	乙酉	丙辰	癸卯	坤命
78	68	58	48	38	28	18	8	
甲子	癸亥	壬戌	辛酉	庚申	己未	戊午	丁巳	大運

辰月 乙木日主가 木旺계절에 출생하여 乙木司令에 水木이 旺해 신강하다. 丙火用神이고 木이 喜神이다. 乙木에 丙火가 투간이 되면 꽃이 활짝 피는데 癸水가 투간되어 丙火를 가리므로 눈물이 많다. 얼굴에 화장을 하면 환하고 안 하면 기미가 심하다.

戊土로 癸水를 合去해주기를 바라서 山으로 자주 가는데 戊癸合을 하면 무지개가 형성된 것이니 단청이나 탱화를 보면 좋아한다. 山에 올라가면 절에서 살고 싶어 한다. 癸水가 있으면 태양이 가려서 밖으로 돌아다닐 수가 없는데 戊寅時라서 癸水를 合去하니 태양이 보여서 돌아다닌다.

庚金大運에 丙火가 傷官見官하니 남편이 보기가 싫어진다. 庚金大運에는 남편이 되는 일이 없어 이때 본인이 돈벌이를 한다. 庚金대운에 官殺混雜 운이고 日支에 偏官을 좌하여 이때 애인이 생긴다. 酉金 꽃병에 乙木이 꽂혀 있을 때는 벌, 나비는 안 따르나 乙木이 丙火 꽃을 보려고 밖으로 나돌면 벌, 나비가 따른다.

8 巳月 乙木 | 사월 을목

巳月의 乙木은 月令丙火가 득세할 때이니 癸水로 조후해야 윤택하고 庚金이 있어서 癸水를 생조하면 上格(官印相生)이다. 만약에 丙火와 戊土가 太旺하고 地支火局을 이루면 이때는 壬水로 조후를 해야 길하다. 그렇지 않으면 습기가 증발하여 신상에 결함이 발생하는데 몸이 아프고 정신병자가 되거나 다친다.

巳月 乙木이 金水가 충분히 있으면 이때 丙火를 用神으로 쓴다. 火旺하고 金水가 없으면 빈천하게 되고, 庚金이 있어 水源處가 되어 調候가 되면 貴命이 된다. 壬水가 없고 辛金이 있어 乙木을 冲剋하면 불구가 되거나 短命하게 된다. 水氣는 地支에 암장되어야 길하다.

辛金이 왕하고 水氣가 없으면 화초가 물이 없는 바위에 자라나는 것과 같아서 빨리 늙게 된다. 乙木日主가 辛金이 있는데 남자를 일찍 만나면 빨리 늙고 대접을 못 받고 얻어맞고 산다.

正官格, 官印相生格
水用神, 金喜神, 火忌神, 土病神, 木藥神

癸未	乙未	辛巳	庚申	坤命
76	66	56	46	36	26	16	6
癸酉	甲戌	乙亥	丙子	丁丑	戊寅	己卯	庚辰	大運

巳月 乙木日主가 火旺계절에 출생, 火土金이 旺해 신약하다. 巳午未火가 득세, 癸水로 조후하고 庚金에서 水源處가 되어 官印相生 해주면 上格이 되나, 官殺混雜에 파격으로 下格이다.

庚金하고 연애하지 않고 辛金과 연애하면 巳中丙火의 傷官과 丙辛合이라 연애할 때는 좋으나 결혼하면 나쁘다. 巳火傷官은 반대라 부모가 반대하는 결혼을 하는데 나중에 후회한다. 그러므로 辛金보다 庚金이 더 좋다.

> 庚金만 투간되면 上格이고, 辛金만 투간되면 下格이다. 이 명은 庚辛金
> 둘 다 투간되어 官殺혼잡이니 격탁(格濁)으로 破格이니 下格이 되었다.

巳月의 乙木日主에게 癸水는 빗물이 되어서 좋은데, 壬水는 江이라 물을 길어다 농사지어야 하니 고생이 많다. 地支에 火局이 있고 日主가 火勢에 설기가 심하면 몸에 흠이 있고 질병이 많다. 癸水가 없고 辛金만 있으면 요절(夭折)한다. 여자는 특히 심하다. 모쇠자왕(母衰子旺)에 七殺이 있으면 극설교집(剋洩交集)이 되어 나쁘다.

官殺이 약하고 制殺太過는 대부분 음독자살이나 변고가 많이 일어난다. 制殺太過가 되었는데 運에서 또 傷官大運이면 백 가지 재앙이 일어난다. 여자는 남편과 이혼하고, 남자라면 퇴직하게 된다. 火勢가 강하면 金을 보지 말아야 한다. 암장 속에 있던지 해야 다치지 않는다.

正財用官格
金用神, 土喜神, 木忌神, 火病神, 水藥神

戊寅	乙卯	辛巳	庚寅	坤命
75	65	55	45	35	25	15	5
癸酉	甲戌	乙亥	丙子	丁丑	戊寅	己卯	庚辰	大運

巳月 乙木日主가 火旺계절에 출생해 丙火司令인데 寅卯木에 根하여 신왕하다.
官殺혼잡이면 印綬가 있어야 官印相生되어야 길한데 印綬가 없으면 남편으로부터 사랑을

못 받는다. 日支 桃花가 있고 月支에 傷官이 있어 인물이 좋고 싹싹하고 깔끔하고 세련되었다. 傷官이 旺하게 있고 印綬로 조절이 안 되면 노출이 심한 옷을 잘 입는다.

官殺이 重重하면 인물이 좋고 年月에 官殺이 있어 남자를 일찍 만난다. 乙庚合에 寅巳刑이라 첫사랑에 실패하고, 金이 絶地에 있어 약하고 혼잡으로 破格이 되어 正財格에 官殺이 혼잡이라 천격이 되었다.

亥卯未大運에서 보면 月支 巳火는 역마라 집에서 나온다(運에서도 사주를 대입해서 神殺을 적용하여 본다). 卯木 도화 운에 庚金이 用神이라 동갑이 아니면 庚金의 祿띠인 申生 나이 차이가 많은 사람과 연애해서 己酉年에

집을 나온다(傷官合 또는 日支沖되면 가출한다. 巳酉合, 卯酉沖이라). 이사 할 때 月支合이고 日支沖일 때 月支沖이고 日支合일 때 이사 한다. 戊土大運에 土生金하는데 金生水를 못해 이혼한다. 官弱한데 官旺해지는 운이 오면 남편이 말을 안 듣는다. 庚金이 絕地에 있고 金生水를 못해서 官印相生이 안 되면 남편이 사랑을 해주어도 印綬가 없으면 남편은 사랑했다고 말하고, 본인은 사랑을 받은 바가 없다고 한다.

水運이 와도 木氣가 旺할 뿐 金은 약하다. 官을 필요로 하는 파격 사주가 官弱할 때 官을 찾아 남자가 많이 모이는 술집이나 화류계로 전전한다.

正財格, 【庚金은 劈甲生火하니 吉하고 申金은 申辰水局으로 喜】

濕木忌神, 水仇神, 火用神, 燥木喜神, 水病神, 土藥神

甲申	乙卯	丁巳	戊辰	乾命
78	58	38	18	大運
68	48	28	8	
乙丑	癸亥	辛酉	己未	
甲子	壬戌	庚申	戊午	

巳月 乙木日主가 火旺계절에 출생하여 戊土司令인데 丁火가 투출되어 火生土하니 財旺하여 乙木이 설기가 심해 신약하다. 그러나 甲木과 卯木이 도우며 그리고 申辰水局이 木을 生해 진상관(眞傷官)이 변해서 가상관격(假傷官格)이 되었다.

> 木忌神에 水仇神이며 食神 丁火가 用神이다. 印綬인 水가 病神이고 財星 戊辰이 藥神이라 祖上덕이 있고, 月柱가 用神이라 父母덕이 있다.

주의해서 볼 것은 庚金大運에는 벽갑생화(劈甲生火)하여 길하나 申金大運에 用神의 병운(病運)이고, 申辰水局이 水剋火하므로 가정이 몰락한다.

辛酉大運은 用神의 死대운이니 질병이 생기고 壬大運에 用神이 合去되면 기반이 되므로 나쁘게 작용한다.

> 소만(小滿)을 넘어서 태어났다면 火旺한 계절이 되어 金水大運으로 가면 자수성가로 성공한다(대운수로 절기 심천을 판단하는 기법을 터득해라).

大運에서 吉運이 들어오면 1~2년을 늦추어서 運이 들어온다고 통변해라. 왜냐하면 준비하는 기간이 1~2년이 걸리기 때문이다.

결혼운은 月支를 冲하면 집에서 나가고 日支冲은 결혼하게 된다. 역마를 잘 보아라(신혼여행 운이다). 月支冲이나 日支冲하는 운에 결혼한다.

用神이 묘(墓)에 입묘(入墓)되면 초년에는 부모가 죽고, 중년에는 배우자가 죽고, 말년에는 본인이 죽는다. 대운이 초년에 길운이 들어오면 부모가 잘되고, 중년에 길운이 들어오면 부부가 잘되고, 말년에 길운이 들어오면 자식이 잘된다. 卯申귀문관살이 있으면 신경이 예민해 신경질을 잘 부리고 乙木이 甲木에 등라계갑(藤蘿繫甲)하니 의탁심이 있고 요행을 바란다.

金이 약하니 무게가 없고 官이 약하니 직장생활을 오래 못하고 戊土 財가 있으니 장사를 하려고 하는데 의류 장사가 좋다. 전기나 조명이나 가전제품도 좋다. 역마가 있으니 무역이나 토목건축을 한다고 하면 신경을 많이 써야 한다고 말해라. 왜냐하면 用神을 설기하니 그렇다.

日時에 귀문관살이 있으면 사랑을 할 때도 다른 생각을 한다. 이불을 깔아놓고 엉뚱한 동상이몽에 변태성욕자가 많다. 格局과 十神을 보고 행위에 대한 판단을 하라. 사주가 중화를 이루고 귀문관살이 있으면 천재적 두뇌다.

真傷官用印綬格
水用神, 金喜神, 火忌神, 土病神, 木藥神

辛巳	乙未	癸巳	辛卯	坤命
79	69	59	49	39	29	19	9
辛丑	庚子	己亥	戊戌	丁酉	丙申	乙未	甲午	大運

巳月 乙木日主가 火旺계절에 출생해 火가 旺하여 신약하다. 소만 전에 태어나 戊土司令이니 辰月氣運이 강하다. 丙火大運까지 운이 흉하니 결혼을 하면 건달을 만나게 되고, 申金

大運에 결혼을 하면 좋은 사람을 만난다. 丁火大運에 丁癸冲으로 用神을 冲하여 이혼하면 金生水가 안 되고 火旺하니 목분비회(木焚飛灰)로 나쁘다.

첩으로 구타당하면서 살다가 여승이 된 사주다. 戊大運에 癸水와 합되어 무지개라 단청이나 탱화가 되니 山寺에 비구니가 된다. 현침살은 의사, 침구사, 간호사, 양장점 미싱사인데 刑殺이 없어서 현침을 못 써먹고, 未土는 화개라 꽃방석은 꽃방석인데 현침이 있어 가시방석으로 보므로 화류계로 갈 수가 없으니 戊戌大運에 산에 가는데 乙木이 뿌리가 튼튼하고 官旺하게 있으면 승려가 안 된다.

9 午月 乙木 | 오월 을목

午月의 乙木은 하늘과 땅이 뜨거울 때라 망종 입절에 生하면 癸水로 조후하고, 하지 이후에는 一陰이 시생하여 6월의 소서와 비슷하다. 하절의 乙木은 화곡(禾穀)으로 열매가 미완성이니 天地에 물로 조후해야 복신이 됨을 명심하라. 이것은 하절에는 壬水가 있어야 조후가 되는 이치이다. 하절기인 巳午未月에는 壬癸水가 있어야 청해진다.

특히 염천지절(炎天之節)인 午月에 乙木은 癸水가 있어야 한다. 지지에서 亥水가 있고 천간에 壬水가 투간되면 공부를 싫어하는 이유로는 뿌리가 썩기 때문이다. 수왕하면 건조시키기 위하여 午火를 끌어들이니 食神이라 예술방면으로 간다. 時에 印綬가 또 있으면 학과변경을 하게 된다.

乙木日主가 木이 많으면 金이 있어야 하고, 金이 많으면 丁火는 길하고 丙火이면 흉하다. 火가 많으면 丙火일 때 癸水는 흉하고, 壬水는 길하다. 丁火일 때 癸水는 길하고, 壬水는 合되므로 나쁘다. 水가 많으면 戊土는 길하고, 己土는 흉하다. 土가 많으면 甲木은 길하고, 乙木은 흉하다.

등라계갑(藤蘿繫甲)도 신강할 때와 신약할 때에 다르다. 乙木이 身旺하면 甲木에게 등라계갑을 하지 않고, 身弱하면 등라계갑을 한다.

時上一位貴格 + 明官跨馬格
金用神, 土喜神, 火病神, 木仇神, 水藥神

庚辰	乙丑	丙午	壬子	乾命
72	62	52	42	32	22	12	2
甲寅	癸丑	壬子	辛亥	庚戌	己酉	戊申	丁未	大運

午月 乙木日主가 火旺계절에 출생해 신약하다.
丙火까지 투출되어 火旺하여 신약한데 丑辰 습토가 乙木을 키운다. 六合과 三合이 동시에 되면 三合을 먼저 보아라.

子辰水局이 되어 子午冲이 풀린다. 子辰水局이라 신약하지 않다. 火旺하여 水가 필요함에도 약하니 水를 생조하는 金이 필요한데 時上에 庚金이 地支에서 생조를 받고 있어 쓸 만하다.

時上一位貴格으로 정해진다. 庚金 官用神에 습토희신이며 火가 病神이고,

木仇神이며 水가 藥神이다.

正官用神이니 관직으로 가야 성공한다. 財生官하여 명관과마(明官跨馬)로 벼슬이 높게 된다. 官星이 干에 있고 財星이 支에서 생조하면 명관과마라 하는데 높은 직위에 오른다. 여자 사주가 이와 같으면 남편이 출세한다.

> 日時에 用神과 喜神이 있으니 처덕과 자식 덕이 있다. 印綬가 冲이 되면 일찍 객지생활을 하게 되며, 年에 印綬가 있으면 해외유학을 가게 된다.

子午冲하여 運 나쁘면 중도에 포기하고 돌아오고, 운 좋을 때는 수료하고 온다. 丙·壬은 태평양이다. 時上에 庚金이 用神인데 酉金大運에 사법고시, 행정고시에 合格하여 庚金大運에 진급하였다. 大運에서 年柱나 月柱가 入墓되면 부모의 불상사가 발생하는데 戊土大運에 상을 당하고 辛金大運에 官殺혼잡되어 나쁜데 丙火가 合하여 넘어가고 甲寅大運에는 나쁘다.

食神格
火忌神, 木仇神, 調候 金用神, 濕土喜神, 火病神, 水藥神

丁丑	乙卯	戊午	癸酉	坤命
76	66	56	46	36	26	16	6

| 丙寅 | 乙丑 | 甲子 | 癸亥 | 壬戌 | 辛酉 | 庚申 | 己未 | 大運 |

午月 乙木日主가 火旺계절에 출생하여 약한 듯하나 日支에 根하고 癸丑이 도우니 신약은 아니다.
丁·午·戊가 조열하니 습(濕)한 金水가 필요하다. 午月에 열기가 강한데 天干에 丁火가 투출되면 뜨거운 것이다.

辛酉大運에 酉丑金局이 天干에 투간되어 오니 결혼하고 남편일이 잘되고, 요즘 같으면 天干에 官이 뜨면 판검사이고 地支에 官이면 의사를 만난다.

壬水大運까지는 좋고, 戊土大運은 午戌火局이 되어 나쁘다. 燥土가 되니 조후가 안 되어 나쁘다. 만약 癸水가 用神이면 戊土大運에 午戌火局으로 증발되어 나쁘다. 그나마 壬戌로 와서 적셔지므로 다행이다.

丙寅大運은 寅午戌火局이 되므로 나쁘다. 여자 사주에 食傷이 忌神이면 자식에게 잘해도 결과가 없다. 水運이 올 때 食傷 忌神을 剋하니 자식이 말을 잘 듣는다. 比劫이 食傷을 生助하는 운이 오면 자식이 속을 썩인다.

傷官用傷官格
丙火用神, 木喜神, 水病神, 金仇神, 燥土藥神

丁 亥	乙 亥	丙 午	壬 子	乾 命
78	68	58	48	38	28	18	8
甲 寅	癸 丑	壬 子	辛 亥	庚 戌	己 酉	戊 申	丁 未	大 運

午月 乙木日主가 火旺계절에 출생하여 비록 火가 旺하지만 사주에 水가 많아 사주 전체가 습하다. 眞傷官格이 변해서 假傷官格이 되었다.

火가 用神이고 木이 喜神이며 水病神에 土가 藥神이다. 用神이 월지에 득령(得令)하여 부모덕이 있다.

戊戌未土가 좋고 己丑辰土는 습해서 못 쓴다. 초년 丁未·戊大運까지 父母덕으로 잘살고, 申金大運에 申子水局으로 旺水가 되어 水剋火하니 교통사고를 당했는데 살아 있는 것은 天干에 藥神 戊土를 달고 와서 살았다.

己酉·庚金大運에 마음고생하고 戊土大運 편안해지고 辛金大運에 丙辛合으로 用神인 丙火가 묶이게 되어 고생하고, 亥水大運에 病神 壬水가 祿을 하여 丙火用神을 剋하여 사망하였다. 假傷官格은 印綬大運에 필멸이다.

사주원국에서 印綬가 있고 年月支에서 冲되었는데 집안이 좋으면 유학을 간다. 年干에 壬水일 때 미국으로 유학을 간다.

食神格, 食神生財格
火忌神, 辰中癸水用神, 濕土喜神, 燥土病神, 木藥神

庚 辰	乙 巳	庚 午	甲 辰	坤 命
78	68	58	48	38	28	18	8
壬 戌	癸 亥	甲 子	乙 丑	丙 寅	丁 卯	戊 辰	己 巳	大 運

午月 乙木日主가 火旺계절에 출생하여, 丁火司令하고 庚金이 2개가 있으므로 극설교집(剋泄交集)되어 신약하다.

乙木은 辰土만 있어도 살 수 있다. 辰土가 비를 몰고 오는 龍이라 부부지간에 눈물을 자주 흘리는 팔자다. 乙木이 辰土에 뿌리를 내려 辰土가 用神이라 금융계 직업인을 좋아한다.

乙木日主가 年支辰土는 멀고 時支辰土는 가까워 時支辰土에 뿌리를 내린다. 巳中丙火는 時上 庚金을 녹이지 못해 조후만 할 뿐이다. 午中丁火는

月干 庚金을 녹인다. 丁火大運에도 庚金을 제련하니 좋다. 丙寅大運에도 寅午火局에 丙火가 투출해 庚金을 녹여 쓰임새가 있는 인물이 되어 좋다.

寅木大運에는 역마라 바쁘고 여명에 食神이 合運이면 연애하고 싶어진다. 食財官이 많아서 신약한 사주인데 寅木大運에 寅午火局으로 傷官이 旺해지면 다니던 직장을 그만두고 직업변경을 하게 된다. 火局에 庚金이 녹아 制殺太過가 되므로 물이 필요하여 음식점 중에서 횟집을 하게 된다.

亥子丑大運에는 좋아진다. 乙木은 巳火가 고란살이다. 乙木日主는 午火가 꽃인데 마음이 산란해 카바레에 간다. 庚金正官이 체면과 명예라서 속으로 냉가슴인데 大運에서 乙木이 오면 쌍쌍이 乙庚合이라 유정해지니 친구가 권하므로 체면이고 뭐고 없어진다. 乙丑大運에는 乙木은 친구인데 丑은 官庫라서 남편과 사별한 친구가 함께 바람을 피운다.

⑩ 未月 乙木 | 미월 을목

未月의 乙木은 역시 炎天이니 癸水가 있어야 뜨거운 土의 조열(燥熱)함을 윤습(潤濕)하게 하고 뿌리를 자양하도록 하니 특히 土가 왕성함을 꺼린다. 이런 경우에 木이 있어 旺土를 조절하면 흉조가 구제되지만 만일 干이나 地支에 金이 있어 木을 剋하게 되면 고독을 면하기 어렵다.

未月에는 소서와 대서가 있는데 대서가 지나면 열기가 점차로 식어갈 때이니 金氣를 生하는 때다. 火가 물러가는 때라서 金水가 많으면 삼복생한(三伏生寒)이 病이 된다. 이때 火가 있어 金을 조절하고 戊土가 제방하면 따뜻하게 된다. 乙木日主에 水가 많으면 부목(浮木)이라 빈천(貧賤)을 면하기 어렵게 되니 천박하게 산다.

時上傷官格, 曲直格	丙火用神, 木喜神, 水病神, 土藥神

丙戌	乙卯	癸未	乙卯	乾命
75	65	55	45	35	25	15	5

乙亥	丙子	丁丑	戊寅	己卯	庚辰	辛巳	壬午	大運

未月 乙木日主가 火旺계절에 출생, 木이 약해 보이는 습한 나무로 乙卯와 卯未木局에 癸水가 日干을 도우니 신왕하다. 대서(大暑) 전에 출생하면 염열하고 地支에 戌·未 燥土인데

丙火가 투출하여 뜨거운 나무가 되니 癸水가 用神이 될 듯하나 金이 없어 癸水 적은 물이 증발하여 못 쓴다. 卯未木局은 濕木이라 신왕하다. 丙火가 用神이요 癸水병신(病神)에 土약신(藥神)이다. 34세까지 길흉이 반반이다.

癸水病神이 투출되어 35세부터 己大運에 藥神이라 運氣 동안 잘나간다. 卯木喜神大運으로 오니 比肩이 財와 卯戌合되어 형제나 친구가 도와서 사업을 한다. 사주에 比肩이 많으면 財物이 많이 들어오면 많이 나간다.

卯木大運에 癸水가 死地(양포태법)가 되어 괜찮으나 丑土大運에는 丑戌未 三刑되어 시비구설이 많다. 부동산 관재다. 丙子大運에 丙火는 넘어가나 子水大運에 癸水 病神의 녹운을 만나 죽는다.

> 木火통명이 되어 똑똑하고 火가 주작이라 말을 잘하고 이해타산에 밝아서 財利에 밝고, 사리가 분명하다. 신왕에 假傷官이 時上에 투출하여 傷官用神이다. 印綬가 病神에 財星이 藥神이다.

유식하여 말을 잘하고 상식이 풍부한 사람이다. 卯戌合하니 다정다감하고 正財가 日支와 합을 해서 부인이 잘해주고, 이 사람도 부인에게 잘한다.

또한 偏財와 합하니 애인에게 잘한다. 正財가 戌未刑이라서 부인이 자주 아프다. 日柱 干支가 같으므로 木剋土하여 더욱 많이 아프다. 현침살이 중중하니 침을 맞으러 한의원에 잘 간다.

사주에 癸水가 증발되어 건성피부, 습진, 아토피성 피부질환이 있게 되며 배가 나오면 당뇨질환이 있다고 보아라. 木이 마르니 肝이 나쁘기 쉬운데 몸이 마르면 간이 나쁘고, 살이 찌면 당뇨다. 水가 있다가 없어지니 신장(腎臟) 방광(膀胱)이 나쁘다. 戌未土가 刑되어 위장병(胃腸病)도 있다.

印綬가 忌神이라 학력이 짧고, 偏印이 증발되니 변덕이 죽 끓듯 한다. 木日主에 丙火가 꽃인데 활짝 피어 벌, 나비가 모여드니 바람피우기 쉽다.

사주가 조열해 술을 좋아하는데 술을 마시면 丙火를 가려 앞과 뒤를 못 가린다. 자식은 時上傷官이라 딸이 많게 되는데 2·7火이니 2명이다. 傷官은 官을 剋하니 아들을 두면 효자다.

戌은 火庫라 물상으로 컴퓨터가 되는데 게임을 하고 만화책을 많이 본다. 時上傷官은 자식을 교육시키는데 고액과외로 공부시킨다.

재생관(財生官)을 해야 하기 때문이다. 남자 사주에 傷官이 중중한데 財星

이 없으면 財生官을 못하므로 아들이 성공하지 못한다. 여자 사주에 傷官用神이면 자식은 괜찮으나 남편에게 문제가 있게 된다.

時上偏官格
木忌神, 水仇神, 金用神, 土喜神

己 酉	乙 未	癸 未	乙 亥	乾 命

73	63	53	43	33	23	13	3	
乙 亥	丙 子	丁 丑	戊 寅	己 卯	庚 辰	辛 巳	壬 午	大 運

未月 乙木日主가 火旺계절에 출생하여 대서 전이라 火土가 강하고 木氣가 약하다. 天干에 癸水가 乙木을 生을 하고 亥未木局으로 약변위강(弱變爲强)한 사주가 되었다.

未中己土가 투간되어 偏財格으로 성격(成格)된 것 같으나 木氣가 왕하고 식상이 없으니 比劫이 己土를 爭財하니 破格되어 酉金偏官이 필요하다.

> 酉金이 用神이고 己土가 喜神이다. 酉金이 時支에 있어 時上偏官格으로 즉 時上一位貴格이다. 時上에 偏財가 있으면 사업을 하게 되는데 동업을 하면 比劫이 忌神이라 도둑이다. 印綬가 仇神이면 공부를 하라고 하면 짜증을 낸다.

財星이 喜神이라 여자를 좋아한다. 時上 편재(偏財)에 편관(偏官)이 있으면 사장이 된다. 己土大運까지 잘나가고 부친 덕으로 사업을 시작한다.

木日主나 木旺한 자는 의류, 의상, 토목, 건축, 건축자재 사업이나 부동산 중개업이 잘 맞는다.

卯木大運에 亥卯未木局에 卯酉冲하여 편관이 쫓겨나 군비쟁재(群比爭財)가 되어 부도난다. 이때 부인이 남편 체면을 살려주어야 한다. 時上偏財에 偏官은 엄처시하(嚴妻侍下)에 살게 된다.

戊土大運에 戊土가 地支에 寅午戌을 달고 오면 조토가 되니 生金이 안 되고, 申子辰을 달고 오면 습토가 되니 生金이 된다. 그러므로 戊寅大運은 生金이 안 되어 재기가 어렵다. 子水大運에 酉金用神의 死宮大運이 오면 사망한다.

11 申月 乙木 | 신월 을목

申月의 乙木은 申中庚金이 있어 木氣가 심히 약한데 丙火가 旺金을 制하는 것이 급선무다(丙火는 調候도 되고, 忌神을 制하기도 한다).

乙木이 약하면 癸水가 있어 乙木을 生해주면 좋으나 丙火와 癸水는 떨어져 있어야 되고, 己·丑·未土로 木의 뿌리를 배양함도 중요하다.

天干 地支에 木旺하면 庚金으로 벌목을 하거나 丙丁火로 설기해야 상격(上格)이다. 天干 癸水가 홀로 있으면 중격(中格)이며, 丙丁火가 없고 癸水도 없거나, 水旺한데 丙火와 戊土가 없으면 하격(下格)에 불과하다.

大運에서 戊大運이면 불교(佛敎)에 입문하여 산사로 들어가 수도하려는 생각만 한다. 戊癸合이 되면 印綬가 合으로 묶이게 되어 공부도 못한다.

印綬格
水忌神, 土用神, 火喜神, 木病神, 金藥神

癸未	乙亥	戊申	壬子	乾命
79	69	59	49	39	29	19	9
丙辰	乙卯	甲寅	癸丑	壬子	辛亥	庚戌	己酉	大運

申月 乙木日主가 金旺계절에 출생하여 신약으로 출발하나 申子水局에 壬癸水가 투출되어 日干을 生助하고 亥未木局이 되니 신왕으로 변했다.
申子水局에 壬癸水가 투출하여

水氣가 旺해 乙木이 浮木이 되려고 하는데 亥未木局에 根을 하여 浮木을 면하고 月干의 戊土가 未土에 根을 하여 제습하니 戊土用神이며 火喜神이 된다. 戊土用神을 剋하는 木이 病神이고 金이 藥神이다.

申月 戊土가 있는 乙木日主는 코스모스나 해바라기 꽃으로 보니 용모가 아름답다. 申月에 乙木이 戊土를 보면 가을 산에 단풍이 들어 겉모습이 근사하다. 地支水局에 天干癸水가 透出되면 비바람이 몰아치는 것에 비유하니 비에 젖은 乙木 단풍이 낙엽으로 떨어지니 청승맞다.

戊土大運에는 用神大運이라 부인은 잘 만났다. 財星이 투출되어 있으면 부인이 직장에 다니며 벌어 먹고산다. 日支에 印綬라 글을 쓰는 시나리오

작가인데 忌神이라 인기 없고 戊土가 旺水를 막으려 부인이 바쁘다. 癸未年에 戊癸合해서 부인이 힘들어 직장을 쉬고 싶어 한다. 土가 用神이니 글 쓰지 말고 부동산이나 해야 한다.

殺印相生格
水用神, 木喜神, 金忌神, 土病神, 火仇神, 木藥神

辛巳	乙丑	壬申	甲戌	乾命

73	63	53	43	33	23	13	3	
庚辰	己卯	戊寅	丁丑	丙子	乙亥	甲戌	癸酉	大運

申月 乙木日主가 金旺계절에 출생하여 巳丑金局과 戊土가 生金하고 辛金 투간되어 金旺하고 신약하다.

天干에 甲木이 돕고 月干에 壬水가 투간되어 官印相生으로 통관되니 印綬가 用神이고 甲木에 등라계갑(藤蘿繫甲)하여 상하지 않는다.

甲木과 壬水가 있어 殺印相生格이 되어 從을 못한다. 火가 天干에 있으면 食神制殺格이 되나 없으니 어쩔 수 없이 印綬를 用神으로 쓴다.

> 직업 : 金生水 水生木으로 살인상생(殺印相生)하니 학자적인 성격으로 교육공무원이 되어 국가의 녹을 먹는다. 신약해도 殺印相生格이 그렇다. 만약 火가 있어 食傷制殺이 되면 검사·의사·약사·군인·경찰이다.

甲木大運까지 잘나가다가 戊土大運에 土剋水하니 대학입시에 떨어지고 재수해서 대학교에 들어간다.

乙木大運에 사회에 진출해 亥水大運에 대학 강사를 하는데 官이 驛馬라 이 대학 저 대학에 시간강사로 뛴다. 印綬 驛馬라 유학 가고 싶은 생각이 있게 된다. 丙火大運에 丙辛合으로 旺한 칠살(七殺)을 묶어 주니 좋다.

丁火大運에 殺旺한 신약사주가 살인상생격(殺印相生格)에 印綬가 用神인데 丁壬合으로 用神이 묶이게 되면 殺印相生이 안 되어 몸이 아프다. 이때는 교육계에 못 있게 된다. 丑土大運에 丁火가 말려오니 土剋水하여 나쁘다.

本命은 國祿을 먹는 사람으로 亥子 印綬大運에 學者가 되어 교수로 재직하고 있는데 戊寅大運에 교수직을 그만두고 사업하려고 한다. 사업하면 재산을 날리게 되고 교수직을 계속하면 부인이 재산을 다 날린다. 이때 부부금슬이 깨진다.

貴祿格, 【食傷이 藥神인데 初年大運에 食傷制殺해주니 齒科醫師가 되었다】

金忌神, 土仇神, 卯木用神, 壬水喜神, 金病神, 火藥神

己卯	乙丑	庚申	戊申	坤命
75	65	55	45	35	25	15	5
壬子	癸丑	甲寅	乙卯	丙辰	丁巳	戊午	己未	大運

申月 乙木日主가 金旺계절에 출생하여 申中庚金이 투출하여 正官格이 成格이 된 것 같으나 신약하여 破格이라 正格으로 格用神을 쓰지 않고, 外格으로 時支에 根을 하여 貴祿格으로

貴格이다. 卯木用神에 申中壬水 喜神, 金病神에 土仇神, 火가 藥神이다.

申中壬水가 있어 殺印相生하니 병약상제(病藥相制)로 官殺이 퇴기(退氣)가 되었고 乙木日主가 木火運으로 가니 꽃이 만발한다. 官殺이 많아 부모가 걱정이 많아 밀어준다.

官殺이 많으면 印綬가 필요하므로 印綬는 문서나 자격증이 되므로 전문 자격증으로 작용하니 전문직이 잘 맞는다. 사주가 현침살이 卯申申이고 傷官制殺이나 食神制殺이 되면 의사가 많은데 초년에 大運에서 火藥神 大運으로 旺金을 食傷制殺하니 치과의사가 되었다.

丙火大運에 傷官見官이라 부부가 싸운다. 辰土大運에 申辰水局으로 득국(得局)하여 喜神이라 근심이 해결되고, 財星이라 만약 이혼하면 위자료를 많이 받아 財가 들어온다(財가 空亡이면 위자료를 받지 못한다). 辰土가 乙木에 뿌리도 되지만 土生金으로 正官이 더욱더 강해지므로 남편 쪽에서 힘이 강해져 위자료를 3분의 1밖에 못 받게 된다.

乙卯用神大運이라 치과병원을 개원한다. 69세까지 돈을 잘 벌고 70세부터 는 丑土大運에 旺金入墓시키고 丑土가 生金하여 卯木을 치니 폐나 간이 나빠진다.

癸丑大運에 丑土탕화에 백호대살이 겹치니 집에 화재나 가스폭발로 부상 당해 죽기 쉽다. 正官이 있으면 착하고 정직하다. 시주를 시가로 보는데

卯木用神이 있어 시가에서 귀여움을 받는다. 官殺중중에 乙木이라 예쁘다.

巳火 傷官대운에 金忌神의 장생지이고 巳申刑에 傷官見官이 되어 남편과 난리 난다. 傷官은 자식인데 자식을 낳으면 성격이 더 안 맞는다. 火가 傷官이 되니 후천수가 2,7에 속하여 아이가 2세나 7세가 되면 이혼한다.

傷官대운에 남편이 화를 더 내고 의처증으로 신경이 예민하다. 時支 卯木 친구가 卯申귀문으로 남자를 꾀어 金生水 해주니 친구한테 소개받게 된다.

水가 부족하여 술을 좋아하고 丑土가 財이며 탕화라 중국음식인데 자장면을 좋아한다. 申中壬水가 필요하니 뚱뚱하면 수영하러 다닌다. 財生官하니 시어머니와 살면 안 맞는다. 忌神인 金을 生해 더욱 힘들게 한다.

12 酉月 乙木 | 유월 을목

酉月의 乙木은 金氣가 太旺하니 乙木은 가을의 단풍과 같다. 백로의 초기 10일까지는 申月의 庚金司令의 영향으로 계수나무 꽃이 피지 않았으니 泄氣가 필요하므로 癸水를 쓰며, 辛金司令인 추분에는 계수나무 꽃이 피어 丙火를 쓴다. 이때는 癸水가 암장에 있으면 더욱 妙格이 된다. 癸水가 없으면 壬水를 쓰는데 壬水는 바람직하지 않다.

> 地支金局에 丙丁火가 투출이 되어 있으면 金은 乙木을 冲剋하지 못한다. 이때 土를 財로 보면 안 된다. 金은 열매로 보기 때문에 金이 재물이다. 金이 冲되면 재물이 없어진다.

火가 用神일 때 火運이 오면 직위가 높게 오르는데 旺金을 조절을 하기 때문이다. 火用神에 金·水運이 오면 자영업을 하게 되는데 官殺 조절이 안 되기 때문이고, 水運이 오면 火가 죽어 열매가 익지 않기 때문이다.

이와 같이 되면 여자는 지능이 떨어지는 아이를 낳는다. 水多하면 戊土로 제습함이 좋고, 火가 많아 조열하면 水로 火를 剋하는 것보다 火를 설기 시키는 습토가 좋다. 乙木이 丑辰에 착근하여 잘 자라나 火가 많으면 富는 있으나 貴는 없다. 地支金局에 庚·辛金이 투출되면 從格으로 보아라.

從殺格
金用神, 土喜神, 木忌神, 火病神, 水藥神

甲申	乙丑	癸酉	己巳	乾命

73	63	53	43	33	23	13	3	
乙丑	丙寅	丁卯	戊辰	己巳	庚午	辛未	壬申	大運

酉月 乙木日主가 金旺계절에 출생하여 庚金司令으로 신약한 사주다. 巳酉丑金局에 申金이 가세해 金旺하다. 甲木에 등라계갑하여 의지하려 하나 甲木의 根이 없고 癸水는 金多水濁으로 녹물이 되니 乙木이 철분을 먹으면 죽는다. 從殺格이 되어 金用神에 財가 喜神이라 자기 사업을 하고 己土가 癸水의 탁한 물을 제거하니 좋다.

火大運에 다성다패(多成多敗)한다. 庚午大運에 庚金이 火剋金되어 망한다. 金用神이니 고철이나 철강업을 하면 좋은데 반드시 종업원이 많이 있어야 더욱 吉하다. 食傷이 종업원인데 食傷이 金局으로 변하니 財星이 종업원으로 작용해 財生官하고 食傷으로부터 공격을 막을 수 있기 때문이다.

> 己土大運에 서서히 발복하고 巳火大運에는 吉凶이 반반인데 歲運은 土金으로 가야 좋고 水木火로 가면 나빠진다. 戊土大運에 돈을 많이 번다. 癸水忌神을 合으로 묶어서 좋다.

丁火大運에 己土가 있어 나쁘지 않다. 卯木大運이 수옥살운인데 用神을 冲하면 관재구설에 말려 나쁘다. 丙火大運에 金을 달구니 얼굴이 붉어지는데 이러면 운이 나쁘다. 종살격(從殺格)에는 比肩이 나쁜데 乙木大運은 乙木은 나뭇가지라서 가지가 흔들려 풍이 와서 죽는다.

乙木이 金이 많으면 끈기가 약하고 의심이 많고, 從殺格의 官殺이 태과한 자는 운이 좋을 때 바람피운다. 日時공망자는 대부분 자식이 없다.

戊辰大運에 외방에 得子하게 된다. 財日이나 日支와 合日에 여자를 만나며, 傷官見官자는 정관수술을 하거나 외방에 자식을 둔다. 木日主 傷官見官자가 傷官이 官局으로 변하면 한낮에 바람을 피운다. 官殺이 많으면 財가 泄氣를 많이 하니 부인이 몸이 약해 자식을 많이 두기 어렵다. 財가 투출해 運나쁘면 부인이 활동한다. 남자가 돈 벌면 財生官하려고 바람피운다.

從殺格 貴格. 木忌神, 金用神, 土喜神, 木病神, 金藥神

乙	乙	乙	乙	乾命
酉	酉	酉	酉	

72	62	52	42	32	22	12	2	
丁丑	戊寅	己卯	庚辰	辛巳	壬午	癸未	甲申	大運

酉月 乙木日主가 金旺계절에 출생하여 天行一氣 地支一氣로 귀격이다. 이와 같은 경우에는 年月時柱를 지우고 日柱만을 가지고 보아라. 金에 從하니 金用神이다.

地支에 火運이 오게 되면 從殺格이 깨진다. 辛巳大運부터 運이 들어온다. 재관무의(財官無依)면 승도지명인데 卯木大運에 用神의 절지 대운이 되어 의지할 곳이 없으니 승려가 되거나, 승려가 되지 않아도 고독하다. 乙酉 日柱는 卯酉冲으로 亥卯未에서 酉는 囚獄殺이라 관재에 걸리게 된다.

> 卯大運에 卯酉冲하니 사고로 몸을 다치게 된다. 用神을 冲하기 때문에 그렇다. 忌神을 冲하면 사고가 아니다. 乙木은 하늘을 날아다니는 새로 비행기로 보며 卯木大運에 卯酉冲이니 비행기를 타면 비행기 추락이다.

從殺格
木忌神, 水仇神, 金用神, 土喜神, 木病神, 金藥神

乙	乙	辛	戊	坤命
酉	丑	酉	辰	

75	65	55	45	35	25	15	5	
癸丑	甲寅	乙卯	丙辰	丁巳	戊午	己未	庚申	大運

酉月 乙木日主가 金旺계절에 출생하여 辛金司令이다.
酉丑金局에 天干辛金과 戊土가 투간되어 從殺格이 되었다.
時上 乙木比肩이 앉은 자리에 殺支라 日干을 도울 수 없다.

그러므로 金에 從하니 金이 用神이며 乙木을 제거해야 하니 藥神도 된다.

> 만약 天干에 土金이 없으면 乙木이 辰土에 着根을 하기 때문에 從殺格이 아니고, 辰中乙木과 辰中癸水가 있어 木用神에 水喜神이 된다.

從殺格 官殺이 많은 사주는 어려서 금지옥엽으로 자라고, 인물이 좋던가 아니면 체격이 좋다. 30세 전까지 잘살고 戊土大運에 결혼하는데 辛金이

酉에 뿌리내려 좋은 남자와 결혼한다. 辛金은 현침이라 의사와 결혼한다.

午火大運부터 傷官이 官을 보니 가정불화가 생기는데 午剋酉와 丑午원진으로 다투게 되어 미워진다. 丁火大運에 用神인 辛金을 丁辛沖하니 이혼한다. 巳火大運에 巳酉丑金局하니 자기 사업을 시작하고 재혼한다.

丙大運에 丙辛合으로 用神이 묶이니 丙火라 불 끄는 물장사하다 망한다. 多官에 印綬가 없으면 직장 다니기가 싫어 무직이다. 辰土大運에 풀리다가 乙卯大運에 天沖地沖으로 用神沖하니 망한다. 이혼하고 질병까지 얻는다.

여명 사주에 財官이 太旺하면 시집살이한다. 火運에는 불 끄려고 술장사 하는데 이때는 못난 놈이 걸리고, 辰大運에 좋은 남자를 만난다. 官이 많은 사주는 자존심을 건드리면 성질낸다.

地支는 靜이라서 고요하니 傷官見官이 되어도 이혼을 안 하고 地支刑沖일 때 動한다. 원국에 刑沖이 있을 때 刑沖運이 오면 이혼한다. 天干은 動이라 움직이니 傷官見官이 되면 쉽게 이혼한다.

偏官格, 殺印相生格
水用神, 金喜神, 土病神, 火仇神, 木藥神

癸 未	乙 巳	癸 酉	己 未	坤 命
72	62	52	42	32	22	12	2	

辛 巳	庚 辰	己 卯	戊 寅	丁 丑	丙 子	乙 亥	甲 戌	大 運

酉月 乙木日主가 金旺계절에 출생해 신약하다. 巳酉金局에 土生金하니 偏官格에 殺旺하며 巳酉金局이 月干癸水를 金生水 水生木하니 殺印相生格이 되어 貴格이다.

偏官 旺하면 권력기관인데 癸水는 印綬라 학문을 한다. 사람이 똑똑하여 공부를 잘하니 엄마가 볼 때 서울대를 들어갈 것이라고 생각한다.

食傷이 旺하면 자존심을 건드리면 기분이 나빠 듣기 싫어한다. 日支傷官이 있는 사람은 직언보다는 추켜세워 주어야 좋아하며 칭찬을 해주고 달래 주어야 좋아한다. 初年운이 좋으니 집안은 넉넉하다. 丁丑年에 대학입학시험을 보는 시기인데 19세 때에 반드시 年支와 沖이 된다.

학교에 일찍 들어가면 한 살 차이가 있게 되니 잘 보아라. 癸水가 用神인데 丁癸沖에 丑은 官庫라 반에서 1·2등을 하던 아이가 대학입시에 떨어져 낮추어 간다. 乙亥대운에 比劫이 旺해지는데 金이 丁丑年에 入墓가 되어 비겁을 쳐주지 못하고 金生水를 못해 印綬가 약한데 冲까지 하니 학업이 약하다. 癸水가 약하니 官을 찾는다.

官은 남자친구인데 巳酉丑金局으로 집에 불러들여 사귄다. 月支에 官이 강하기 때문에 연애하려면 친구소개로 해라. 巳酉金局인데 癸水는 이슬비 내리는 가을철이라 乙木은 처량해 첫사랑에 실패한다. 마음속엔 酉金인데 巳火 속에 庚金이 웬 인연인가! 마음에 들지 않는 사람이다.

巳中庚金이 殺印相生하면 권력기관인데 癸水用神이 약해서 그 계통으로 못 간다. 官이 많은 여자는 남녀공학이면 인기가 좋고, 財가 많은 남자도 남녀공학에 가면 인기가 좋다.

13 戌月 乙木 | 술월 을목

戌月의 乙木은 戌中戊土 司令이면 뿌리가 약하고 나뭇가지가 약하다. 癸水가 있으면 뿌리를 윤택하게 한다. 癸水가 있고 辛金이 있으면 수원처(水源處)라 고관격(高官格)이다. 戌月의 乙木은 辛金과 癸水가 있어야 한다. 癸水만 있고 辛金이 없으면 평인에 불과하고, 辛金만 있고 癸水가 없으면 하격(下格)에 불과하다.

乙木이 寅木이 있고 甲을 보면 등라계갑(藤蘿繫甲)하여 金을 두려워하지 않고 水가 旺해도 浮木이 안 된다. 甲木을 휘감고 올라갔으므로 甲木은 浮木되지 않았으므로 乙木은 무사하다. 辛金이 乙木을 치려 해도 甲木이 보호한다. 부모형제(甲)가 망해도 자신은 끄떡없다.

時上偏財格
水忌神, 土用神, 火喜神, 木病神, 金藥神

己卯	乙亥	壬戌	癸亥	乾命
77	67	57	47	37	27	17	7
甲寅	乙卯	丙辰	丁巳	戊午	己未	庚申	辛酉	大運

戌月 乙木日主가 金旺계절에 출생해 水木이 중중하니 신왕하다.
亥卯木局에 根하여 水旺해도 浮木이 안 된다. 印綬태왕하여 신왕이라 財로 用神으로 쓴다.

干에 투간된 것을 먼저 쓰기 때문에 시상편재격(時上偏財格)이다.

> 貴祿格이 아닌 것은 用神이 아니기 때문이다. 시상편재격(時上偏財格)에 겁재(劫財)의 剋을 받기 때문에 나쁘다. 사주에 劫財가 病神이면 官이 藥神이 되어야 하는데 官이 없어 귀함이 적다.

辛酉·庚申大運에 財官이 강해지니 인기가 있고 재물이 풍족하다. 집안이 좋고 어려서 총기가 있어 공부도 잘하고, 여자도 잘 따르고 偏財가 있으니 재미있게 분위기를 잘 만든다. 운이 계속 좋아 잘산다.

초년에 官藥神인데 金運에 比劫을 制剋하여 크게 발복하였다. 乙卯大運에 土用神을 剋하면 위장과 간이 나빠지는데 풍도 조심해야 한다.

水가 많으면 바다가 되니 해외에 잘 나간다. 地殺 印綬라 유학을 다녀온다. 외국으로 나가면 재극인(財剋印)이 필요하니 여자를 찾고, 印綬가 많아지면 우유부단하고 변덕이 많다.

食傷이 없으니 융통성과 말주변이 없다. 印綬가 많으니 잔머리를 잘 굴리고 時에 偏財가 있으니 여자에게 관심이 많다.

雜氣財官格
金用神, 土喜神, 火病神, 木仇神, 水藥神

丁丑	乙卯	甲戌	己酉	坤命
76	66	56	46	36	26	16	6

壬午	辛巳	庚辰	己卯	戊寅	丁丑	丙子	乙亥	大運

戌月 乙木日主가 金旺계절에 출생하여 戊土司令에 신약한데 日支에 祿을 하여 힘이 있고, 甲木이 옆에서 도우니 日干이 신약은 아니다.

가을 乙木日主가 甲木이 있어 등라계갑(藤蘿繫甲)하면 金을 두려워하지 않는다고 했다. 그러므로 여명에는 官이 중요하므로 官星을 用神으로 삼는다.

가을에 酉丑金局이 되어 官星이 旺하다. 時上 丁火가 酉金을 剋하려 하나 己土가 있어 丁火가 火生土 土生金하니 酉金을 치지 않는다. 남편이 출세하면 丁火가 剋하려 하는데 火生土 土生金되어 남편이 출세한다. 己土가 사주에 없었다면 남편이 능력 없다. 食神生財 財生官하여 相生되어 좋다.

丁火大運에는 官星이 활동하지 못한다. 天干에 食傷뜨면 남자가 마음에 안 든다. 마음에 드는 남자는 도망을 가고, 丑土大運에 酉丑金局을 이뤄 남자가 결혼하자고 한다. 官이 구석에 있어 남편이 답답해 보여 맞벌이 한다. 남편 입장에서 보면 卯酉冲을 하니 부인이 마음에 안 드는 소리를 하고 다른 여자는 甲己合하니 잘해준다.

時支가 空亡이라 자식이 없는데 寅木대운에 寅戌火局이라 자식을 낳는다. 또한 戌中丁火가 있으니 다른 여자 사이에 자식이 생긴다. 日支空亡까지 되니 독수공방이다. 戌中丁火는 庫 속에 자식이라 속 썩인다.

己卯大運에 用神이 절지운이니 패가망신한다. 庚辰大運부터 운이 풀린다. 酉金이 하나라 남편이 바람피우다 반드시 집으로 돌아오는데 用神이라 받아 준다. 卯酉冲을 당해 어깨가 축 처져 들어온다. 寅木大運에 寅午戌 火局 되어 用神을 剋하여 나쁘다.

식신제살격(食神制殺格)은 食神運에 남자에게 잘한다. 原局에 食傷이 官을 剋하면 연애할 때 남자에게 잘하고 애교만점인데 같이 살면 매일 싸운다. 時上에 食神이나 傷官이 있는 女命은 남편이 바람을 피운다.

食傷이 制殺하기 때문에 자식을 낳고 나면 食傷이 동하므로 많이 싸운다. 食傷은 자식이다. 이때 권태기가 오면 남편이 바람피운다.

官이 用神인자 比劫년에 남편이 바람피우고, 食神이 空亡이면 업둥이를 데려오고, 식신제살(食神制殺)하면 남편이 공무원이다.

⑭ 亥月 乙木 | 해월 을목

亥月의 乙木日主는 음습(陰濕)하고 추울 때라 따뜻하게 보온해야 하기 때문에 丙火가 필요하다. 乙木은 丙火를 좋아한다. 傷官이라 애교가 많다. 한목(寒木 : 겨울나무)은 특히 癸水를 꺼린다.

癸水 편인(偏印)이 있어서 食傷의 火를 剋하면 도식(倒食)이 되어 생각은 많은데 행동이 늦어 남들이 답답하게 본다. 겨울철에 乙木日主가 丙火를 보면 丙火太陽을 보기 위해 밖으로 잘 나가 돌아다니게 된다. 印綬가 중 중하면 게으르다. 癸水가 있을 때 戊癸合으로 묶어야 한다.

火土가 많으면 金이 필요하다. 辛金은 나쁘다 丙火를 合하기 때문이다. 戊土와 丙火가 없으면 下格이고, 戊土와 丙火가 있으면 上格이다.

戊土가 있고 丙火가 없으면 中格이며, 丙火가 있고 戊土가 없으면 中下格에 불과하다. 水가 많으면 從旺格, 木이 많으면 從強格이다. 戊土가 필요하면 대륙인 중국에 가고 싶어 하고, 丙火가 필요하면 일본에 가고 싶어 하는데 요즘에는 호주로도 많이 가려고 한다.

印綬格, 時上傷官調候格
水忌神, 金仇神, 火用神, 木喜神, 水病神, 土藥神

丙子	乙未	乙亥	甲申	乾命
74	64	54	44	34	24	14	4
癸未	壬午	辛巳	庚辰	己卯	戊寅	丁丑	丙子	大運

亥月 乙木日主가 水旺계절에 출생하여 壬水司令이다.
亥未木局에 甲乙木이 중중하니 신왕하다.
寒木이라 추워서 떨고 있는데 丙火가 투출하여 조후해주니

印綬格에 丙火가 조후용신이다. 戊土는 燥土라서 제습하니 좋고, 己土는 습토라서 제습을 못하여 나쁘다. 乙木은 인(仁)이라 어질고 선량하다.

丙火 傷官이 用神이라 많은 사람들에게 베풀어 주고, 丙火가 있어 애교가 있다(여름에 丙火가 되면 짜증과 신경질을 잘 부린다).

상관생재(傷官生財)라고 하나 丙火는 根이 없어 조후역할이니 泄氣하지 못하고 火生土로 生財도 못한다. 年月에서 官印相生이라 貴格이 되었다.

초년에 丙子·丁丑大運에 用神운이 들어와 집안이 좋고 넉넉하다. 조상의 제사를 잘 모시게 되고 형제 중에 본인이 제일 잘살게 된다. 日支 偏財는 年干의 甲木의 正財라 남의 여인을 뺏어와 살게 된다.

甲木이 없을 때는 남의 여인을 뺏어오는 것이 아니다. 食神生財는 예체능이나 경제·경영학을 전공한다. 신왕에 食傷用神은 총명하다.

寅木大運에 외국에 나가서 박사학위를 취득하여 오다. 亥水가 印綬역마라 해외에 유학하는 팔자다. 戊寅大運이 결혼하려는 운이라 부인과 함께 외국에 간다. 丙火가 장생하여 火生土하니 그렇다.

戊土大運에 여자를 만나는데 인물이 좋다. 왜냐하면 戊寅으로 劫財에게 坐하고 年月柱에 比肩 比劫이 많아 다듬어져서 오므로 예쁘다.

庚金大運에 벽갑생화(劈甲生火)하니 좋다. 辛金大運에 用神이 丙辛合되면 나쁘나 乙木比肩이 乙辛冲으로 反冲하여 合을 막아주므로 이때 형제와 사이가 좋아진다.

巳大運에 丙戊는 巳에 祿이라 좋은 것이고 巳亥冲하여 忌神을 없애 주는 運이라 좋다. 亥水를 冲해서 없애 주면 丙火가 살아나니 좋다. 壬水大運은 탐생망극(貪生忘剋)이라 괜찮고, 未大運에 旺木을 입묘시켜 심지가 없어져 丙火는 꺼진다. 그래서 旺神이 입묘되는 운에 나쁘다.

> 여자 사주면 年支에 地殺의 官이라 남편이 출장을 자주 간다. 火生土로 食神生財는 돈을 잘 쓰는데 日支에 財를 坐하면 알뜰하여 돈을 안 쓴다. 日支 財에 時上傷官이면 먹고사는 데는 어려움이 없다.

印綬格, 印綬用印綬格
土忌神, 火仇神, 水用神, 金喜神, 土病神, 木藥神

癸未	乙未	己亥	丙戌	坤命
76	66	56	46	36	26	16	6

辛卯	壬辰	癸巳	甲午	乙未	丙申	丁酉	戊戌	大運

亥月 乙木日主가 水旺계절에 출생해 丙火己未戊土에 조후와 제습이 되어 있고 土氣가 旺해 신약하다.
亥未木局에 未中乙木은 뿌리로 본다. 亥中甲木은 천간에 己土 病神을 甲己合으로 묶으니 藥神으로 쓴다.

> 印綬格에 印綬用神이다. 土病神에 木藥神이다. 그런데 水가 약하고 木이 강하니까 金이 필요한데 金喜神이 없어 用神이 약하여 貴가 약하다.

土가 있으니 묵직한 면은 있으나 金이 없어 결단력이 부족하므로 주위 사람들 말에 잘 넘어간다. 모든 사주에 전반적으로 金이 있으면 결단력이 있다. 乙木日主가 金이 없으면 결실이 없는데 金은 가을이다. 申酉大運에 들어오면 과일을 수확하기 시작한다.

己土는 水를 剋하니 忌神이다. 乙木大運에 기신을 剋하니 길하다. 酉金·申金·乙木大運까지는 잘나간다. 身旺 財旺에 운이 좋으면 종업원을 거느린다. 食傷을 冲하면 종업원이 나간다.

未土大運에는 木이 入墓라 망한다. 午火大運에 火土가 旺하여 水가 말라 신장·방광·자궁을 조심하라. 木이 마르면 몸도 마른다. 土가 중중하여 당뇨병도 온다. 화개가 중중하니 절에 잘 가고, 戌亥천문이라 점을 보러 잘 다니고, 未未역마(天驛星:驛馬)라 잘 돌아다닌다.

傷官이 生財를 하니 인심이 좋고 日時柱에 印綬가 있으면 책을 잘 본다. 癸巳大運에 巳亥冲되고, 戊子年에 戊癸合으로 사망한다.

15 子月 乙木 | 자월 을목

子月의 乙木日主는 寒濕이 심하므로 丙火의 조후가 필요하다. 동지를 전후로 잘 보아라, 동지 전은 6陰이 극에 달하고, 동지 후는 一陽이 시생(始生)하니 丙火가 투출이 되면 해동이 되어 이때 물이 흐른다.

戊土가 투출하면 제습하고 한파를 막아주므로 큰 재물이라 부자가 된다. 丙火만 있고 戊土가 없던지 戊土만 있고 丙火가 없으면 중격은 된다.

壬癸水가 투간되면 기신이니 게을러 공부를 안 한다. 丙火와 戊土가 지지에 있으면 小格이고, 火土가 많으면 金水가 필요하다. 木氣가 많으면 庚金이 필요하고, 金이 많으면 丁火가 필요한데 반드시 根을 해야 金을 녹이고, 丙火는 조후만 되지 金을 녹이지 못한다.

乙木이 子水를 보면 변덕이 죽 끓듯 하고 이리 재고 저리 재고 이해타산(利害打算)에 밝다. 乙木이 丙火가 투간되면 태양을 보려고 밖으로 나가는 특성이 있으니 칭찬을 많이 해주고 달래 주어야 한다.

乙巳日柱는 辛亥를 싫어한다. 서로 교차하여 死宮에 해당하고, 陰干으로 여자끼리 冲하고 욕지끼리 冲해서 그렇다. 건강으로 폐·기관지가 약하다. 水火相戰이 되면 녹아나는 것은 庚金이 녹는다.

庚金이 또 있으면 매를 맞고 산다. 말대꾸를 한다고 맞고, 무시를 한다고 맞고, 잘난 척한다고 매를 맞는다. 서비스를 잘해야 한다.

偏印格 【用神의 뿌리가 약하다】
水忌神, 土用神, 火喜神, 木病神, 金藥神

	丁 亥	乙 酉	戊 子	乙 丑	乾 命
	77	67	57	47	37	27	17	7	

庚 辰	辛 巳	壬 午	癸 未	甲 申	乙 酉	丙 戌	丁 亥	大 運

子月 乙木日主가 水旺계절에 출생하여 生氣가 있으나 酉丑 金局과 亥子丑方局으로 水氣가 旺하니 金水가 태왕하다.

時上丁火가 戊土를 生해주고 旺水 忌神을 戊土가 막아주니

戊土가 用神인데 제방하여 한파를 막아주니 더욱 좋다.

土用神에 火喜神인데 丁火가 뿌리가 없어 조후가 안 되어 고생을 많이 한다. 財星이 用神이면 상업이나 사업하게 된다. 용신의 뿌리가 약하다.

火土가 地支에 根을 하고 있으면 고층빌딩 숲속에서 장사하는데 丁火가 根이 없고 역마와 함께 있고 丁亥는 카바이드 불이라서 길거리 장사를 하게 된다.

역마 위에 丁火食神이 生財를 하고 있는 이유다. 호롱불이라 편의점이나 포장마차를 한다. 戊土大運에 財의 根이 되니 결혼한다.

丙戌大運까지 좋은데 酉·甲·癸 大運까지 나쁘다. 월세 부담이 없는 사업을 해야 하므로 포장마차로 돈을 벌어야 한다.

> 癸水大運에 丁火喜神을 冲하고 용신이 약한데 戊癸合으로 用神이 묶여 부인이 죽는다. 丁癸冲과 戊癸合이라 손재하고 부인이 사망했다.
> 原局에 戊土나 未土가 있었으면 죽지는 않는다. 用神合去되면 대들보가 무너진다. 초년에 用神을 合去하면 부모가 죽고, 중년에 用神을 合去하면 배우자가 죽고, 말년에 用神을 合하면 본인과 배우자가 죽는다.

未土大運에 여자를 만나 재혼해 사는데 未土여자 입장에서 官庫를 달고 왔으니 사별한 여자를 만난다.

月支에 印綬가 年支와 合을 하면 어머니가 조상을 모신다. 운에서 亥卯未 木局하는데 酉丑金局이 金剋木하여 자식이 말썽을 부린다.

偏印格【格用神】
土用神, 火喜神, 木病神, 水仇神, 金藥神

癸未	乙酉	丙子	甲寅	乾命

74	64	54	44	34	24	14	4
甲申	癸未	壬午	辛巳	庚辰	己卯	戊寅	丁丑	大運

子月 乙木日主가 水旺계절에 출생하여 신왕하다.
동지 후 일양시생(一陽始生)인데 丙甲이 寅에 장생과 祿을 하여 조후가 잘되어 있어 얼음이 녹아 水가 흐르는 물이 되었다.

寅中丙火가 月上에 투출되었고, 乙木은 甲寅木에 등라계갑(藤蘿繫甲)하여 신왕하면 官을 두려워하지 않는다.

【격용신 설명】子月 癸水가 투출되어 偏印格이므로 사흉격(四凶格)에 속하니 癸水를 剋하는 未土가 用神이고 火喜神에 木病神이고 水仇神이 된다. 金藥神이니 재물에 여유가 있으면 권력을 쥐고 싶어 한다. 酉金이 用神을 지키니 藥神이 된다.

未土財星이 官을 生助하니 좋고, 天干에 丙火로는 地支酉金을 制剋하지 못하고 未土가 癸水에 의해 젖었으나 丙火가 건조시키니 길하다.

己土大運에 癸水를 剋해 좋고, 卯木大運에 卯未木局에 酉金藥神을 卯酉冲하면 군겁쟁재(群劫爭財)되어 직장, 부부금슬에 문제가 생긴다.

사회·국가적 운세가 나빠져서 대세에 의해 피해를 본다. 偏官冲은 전쟁터에 가면 죽거나 부상당한다.

庚辰大運에 승승장구한다. 辛巳大運 6·25전쟁(한국전쟁) 때 장교로 직업군인이 되었다.

壬水大運은 忌神이나 甲木이 있어 크게 나쁘지는 않으나 喜神을 剋하니 한직으로 가면서 진급하여 예편한다.

午火大運에 偏財 未土를 생조하는 喜神大運이라 은행장이 되었다. 月支에 子午冲하면 직장 변동 및 직업 변동이 발생하고 거주지 변동이 생긴다.

癸水大運에 丙火傷官을 가리므로 조후가 깨지므로 도식(倒食)작용이 일어나니 퇴직한다.

印綬太過格 | 水忌神, 金仇神, 木用神, 火調候用神, 未土藥神

甲申	乙未	壬子	壬子	乾命
72	62	52	42	32	22	12	2
庚申	己未	戊午	丁巳	丙辰	乙卯	甲寅	癸丑	大運

子月 乙木日主가 水旺계절에 출생, 水氣가 旺해 한습하다. 申子水局에 壬水가 투출되어 호수가 얼어 있고 나무에 눈이 쌓여 가지가 꺾이기 직전에 乙木은 할 수 없으니 甲木에 등

라계갑(藤蘿繫甲)하니 甲木에 의지하고 未土에 착근(着根)하게 된다. 比劫에게 의존하고, 엄동설한(嚴多雪寒)이라 온토(溫土) 財星인 未土에게 의지를 한다. 子月 甲木은 古木인데 申金에게 折脚되어 힘이 없다. 申子水局은 未土가 중간에서 가로막고 있어 申金이 生水를 못하니 旺水가 줄어든다.

年月에 忌神이라 부모 유산은 없다. 甲木 형은 절지에 좌해 힘들다. 형이 직장에 다니면서 학비를 보태주었다. 寅木大運부터 형 집에서 기거하면서 공부했다. 大運이 좋아 공부도 잘하고 똑똑하여 고려대학교에 들어갔다.

乙卯大運에 比肩으로 卯未木局으로 未土를 剋해 뿌리에 의의가 없으니 어쩔 수 없어 甲木에게 의지할 수밖에 없다. 印綬가 중중하면 전과하여 다른 학과로 바꾼다. 고려대학교를 재학하다가 乙卯大運에 卯未木局으로 合되어 현침살(懸針殺)이 되어 한양대학교 의대로 들어갔다.

丙火大運에 乙木이 꽃을 피운다. 傷官이라 진로문제로 고민한다. 傷官運에는 직장생활을 못하는데 돈이 없으니 월급쟁이 의사로 간다. 병원 개업을 해야 하는데 돈이 없으니 직장에 다닌다. 申子辰水局으로 水多金沈으로 가라앉은 官이라 조그만 병원에 근무한다. 官은 천간에 투출되어야 좋다.

日支와 같은 五行이 운에서 오면 미혼자는 배우자가 생기게 되는데 癸未년에 여자를 만났다. 병원을 차려주는 대신에 여자 명의로 하겠다고 하니 형이 반대하여 갈등이 생긴다. 子未원진이라 형제가 밉게 본다. 乙木이 뿌리가 없을 경우 卯生이 오고 水가 많으면 戊午생을 만난다.

형은 동생 때문에 대학을 포기했다. 財가 弱할 때 財운에 부인과 싸운다. 辰土는 印綬 墓庫라 旺水入墓되면 어머니가 일찍 돌아가신다. 歲運에서 辰이 오면 확실한데 月하고 印綬를 冲하면 돌아가신다.

偏印格
水忌神, 金仇神, 火用神, 木喜神, 水病神, 土藥神

				乾命
乙酉	乙酉	丙子	己亥	

77	67	57	47	37	27	17	7	大運
戊辰	己巳	庚午	辛未	壬申	癸酉	甲戌	乙亥	

子月 乙木日主가 水旺계절에 출생하여 한랭하니 火用神이고 木喜神이다. 동절에는 丙火보다 丁火가 있어야 편안하다.
전자오락실에 가면 따뜻해서 편안해진다. 寒氣가 심할 때에 官殺과 印綬가 많으면 끈기가 약하다. 癸酉大運에는 눈보라가 휘날리니 고생을 한다. 申金大運에 申子水局되어 浮木되니 뿌리가 썩는다.

申大運이 用神의 病支이고 乙木이 日支 殺支에 수옥살이고 水局이 되니 어두워져 깜깜하니 감방에 간다. 未土大運은 亥未木局되어 喜神이 된다. 乙木日主는 從格으로 가야 하는데 태양이 떠서 못 간다. 亥水를 己土가 막아 괜찮다. 처덕으로 산다. 午火大運은 조후로 와서 冲하니 괜찮다.

16 丑月 乙木 | 축월 을목

丑月의 乙木도 한절이니 癸水를 싫어하며 丙火가 조후함을 기뻐하며 戊土로 제습해야 편안한 사주가 된다. 丙火조후가 吉神인데 辛金이 나타나 合이 되거나 癸水가 丙火를 가리는 것을 大忌한다. 己土가 나와 火氣를 泄氣하거나 地支에 온난한 氣가 없으면 천한 명에 불과하다.

丙火가 地支에 寅·巳·午가 있으면 의식은 풍족하다. 金이 많으면 丁火가 좋고, 丙火만 있으면 조후는 잘되어 의식은 있으나 병이 많아 고생한다. 土가 많으면 財多身弱하여 외화내빈으로 빈한하다. 乙木형제가 사업하면 亡한다. 乙木은 소토(疎土)를 못하는데 소토하겠다고 돈을 다 까먹는다.

丑月 乙木은 형제에게 돈을 빌려주면 못 받고 宜가 상한다. 甲木이 있으면 형님이 잘살고 水가 많으면 한파라 등라계갑(藤蘿繫甲)한다. 水가 많으면 金이 忌神이다. 女子는 印綬가 낳으면 수다금침(水多金沈)으로 남편이 바보짓을 하니 모든 문서는 본인이 관리해야 한다. 官星의 입장에서 본다면 金生水로 泄氣가 심해 안 풀리는 팔자인데 남편만 원망하며 훈계한다.

【이해를 돕기 위한 가상 命式】

甲 ○	乙 亥	己 丑	乙 卯	乾命

丑月 乙木日主가 水旺계절에 출생해 水木이 많아 신왕하다. 年柱에 乙卯가 亥卯木局하여

己丑財를 剋하여 사업하면 부도나고 형제간에 우애가 상한다.

甲木이 투간되면 木剋土하여 군겁쟁재(群劫爭財)한다. 亥中甲木이 己土와 합하려고 하면 乙木이 감고 올라가 乙木이 己土를 剋하여 형수가 오는 것을 막아 방해를 한다. 이때 형수가 여자를 본인에게 중매하여 방해를 못하게 장가보내 준다. 水가 많으면 한파라 춥고 배고프니 이때 등라계갑 (藤蘿繫甲)하여 형님에게 의지한다.

○ ○	乙 丑	○ 子	庚 子	坤命

子月 乙木日主가 水旺계절에 출생해 사주가 한습하다. 庚金 남편이 사지에 앉아서 忌神을

生하니 집에 일찍 들어오라고 하면 술 마시고 길거리에 드러누워 잔다. 日支와 合이 되어 들어오다가 대문 밖에서 丑土의 生을 받으려고 길거리에 드러눕는다. 겨울에 술을 마시면 동사하기 쉬우니 주의를 주어라.

偏印格　　　　　　　　【干支 用神을 따로 쓰는 사주이다】

天干	水忌神, 丁火調候用神, 木喜神
地支	金忌神, 水用神 : 金木相戰 通關用神

壬 午	乙 酉	癸 丑	丁 亥	乾命

73	63	53	43	33	23	13	3	
乙巳	丙午	丁未	戊申	己酉	庚戌	辛亥	壬子	大運

丑月 乙木日主가 水旺계절에 출생하여 사주가 한습하다.
壬癸가 투간되어 한풍과 눈보라가 몰아치므로 추워서 떨고 있다.
乙木이 얼었는데 酉金이 酉丑

金局으로 乙木을 剋하면 부러지니 火로 녹여야 산다. 丁火가 午火에 根해 조후용신(調候用神)으로 쓸 만하다.

天干은 火가 水를 녹여주는 조후역할을 하며, 亥中甲木에 根하나 地支에 酉丑金局이 金剋木하여 신약하다. 그러므로 겨울에 水로 金氣를 泄氣하고

金生水 水生木으로 통관시켜 日干을 생조해야 하므로 온수가 필요하다.

출생 이후 壬子 辛亥大運에서 지지의 水運은 길하나 天干의 水運은 불길하다. 殺印相生하니 부모로부터 사랑을 받았고, 庚戌·己酉·戊申·土金大運으로 日主를 약하게 하니 운이 나빠 고생한다. 그 이후에 丁未·丙午·乙대운까지는 좋아진다.

말년에 운이 길하면 자식이 잘된다. 중년대운이 나빠 부부금슬이 나빴다. 時柱와 火金 상전이라 밤낮으로 싸운다. 時에 印綬가 있으니 학문을 좋아하고 官이 日支에 있으니 늙어서 글을 쓰면 이름난다. 이름이 학계에서 유명해진다.

공협으로 천을귀인이 되면 공귀격(控貴格)이라 성격되어 어려울 때 남들이 암암리에 도와주는데, 控貴格인데 천을귀인이 타주에 또 있으면 도와줄 사람이 없다. 천을귀인이 많으면 연예인처럼 모양내고 폼 잡는다.

> 金殺星이 많고 火가 있어 日干을 보호하면 타주에 木이 없을 때 日干을 대용으로 喜神으로 쓴다. 巳火大運에 巳酉丑金局이 되어 金剋木을 하면 죽는다. 乙木은 亥·子·丑·寅月의 우수 전 까지는 弱木이다.

偏財格, 雜氣財格
土忌神, 木用神, 水喜神, 金病神, 火藥神

戊寅	乙酉	己丑	乙未	乾命
79	69	59	49	39	29	19	9
辛巳	壬午	癸未	甲申	乙酉	丙戌	丁亥	戊子	大運

丑月 乙木日主가 水旺계절에 출생하여 戊土와 己土가 투출되었고 年支未土까지 합세하니 재다신약에 酉丑金局이 되므로 殺星까지 가세하여 財와 殺이 태과하다. 그나마 金이 天干에 투출이 안 되어 천만다행이다. 寅木 比劫이 用神이고 水는 喜神이 된다.

酉丑金局이라도 丑月의 金이 入墓되는 月에 약해 乙木은 해가 되지 않다. 단 天干에 金이 투간되어 있으면 불구(不具)가 된다. 印綬가 필요한데 없다.

天干에 財星 忌神이 중중하면 학마로 학력이 낮은데 亥子大運에 열심히 공부하고 재수하여 지방대학에 간다. 사주원국에 水가 없어서 그렇다. 亥

미래예측 사주·명리학

子大運에 집안은 좋은데 공부가 안 된다.

申金大運에 用神을 冲하니 백사불성(百事不成)이다. 癸未大運에는 조금은 나아진다. 乙木日主가 土가 많으면 부동산인데 運이 나쁘면 부동산 중개업이 좋다. 時柱에 用神이 있으면 妻家덕을 보는데 공처가 노릇 한다.

【통 변 공 식】

食傷·財星·官殺을 年運이나 月運에서 刑冲하면 직장 변동이 많고, 사주 원국에 殺旺하고 신약하면 지구력이 약하여 한 직장에 오래 못 다닌다.

印綬를 刑冲하면 공부가 안 되고 食傷이 冲되면 두서가 없고 머뭇거리다 기회를 놓치고 하품을 잘한다.

財星을 冲하면 돈을 모으기 힘들다. 官星을 冲하면 변덕이 죽 끓듯 하고 취직할 때 이 직장으로 갈까 저 직장으로 갈까 망설인다.

財가 투출하여 冲되면 사업에 실패한다. 財官이 많으면 집을 살 때 대출 받아 빚이 많다. 日時에 比劫은 用神이라도 형제 도움은 못 받고 친구나 후배의 도움을 받는다. 年月에 比劫이 用神이면 형제 덕이 있게 된다.

用神冲 중에 寅申冲·巳亥冲은 특히 교통사고를 주의해라. 사망 아니면 1년 이상 병원신세를 진다.

사주에 金이 많으면 뼈 빠지게 일하게 되어도 공이 없고, 土가 많으면 한 우물만 파야 한다. 그래야 성공한다.

日支에 酉가 있으면 자기가 약속시간을 어기면 괜찮으나 남이 어기면 지랄한다. 酉가 喜神이면 약속시간을 잘 지킨다.

時柱가 妻家인데 時柱에 用神이 있으면 처가 덕을 본다. 時柱에 用神이 있으면서 말년에 배우자가 이혼을 해 달라고 말하면 안 해준다.

겨울철 乙木日主는 丙火大運에 객지생활하게 된다. 甲乙日主 丑月생은 丙火大運이 오면 겨울 生이라 太陽을 보기 위해 밖으로 나온다.

第三章

丙火日主論
병화일주론

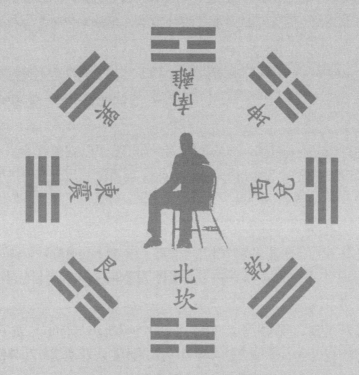

丙火의 특징

丙火의 통변으로는 광명, 문화, 영화, 영광, 번화가, 허세, 사치, 허영, 고층건물을 상징, 지붕, 태양, 주작, 살균작용 등의 역할을 한다.

丙火日主는 예의가 바르며, 말을 잘하고, 명랑하고, 깔끔하며, 성격이 화끈한 편이다. 天干에 官이 투간하면 점잖고, 기품이 있다. 地支에 火가 많으면 성격이 급하고, 작은 일에 신경질을 자주 낸다.

丙火日主 여자는 얼굴이 밝고, 똑똑한 편에 속하고 칭찬에 약하다. 봄·가을 생은 대체적으로 길한 사주가 많고, 여름·겨울 생은 나쁜 사주가 많다.

남자는 金水가 많으면 여자에게 인기가 없고, 丙火日主가 財星이 있으면 직업으로 철강업이 잘 맞고, 丙戌·丙辰일에 印綬가 있으면 목공소 아니면 교사가 적합하다.

丙火日主 여자는 辛年에 강제 결혼한다. 丙辛合水라 직장에서 애인이 생긴다. 결혼하려고 하면 전에 사귀던 애인이 찾아온다. 망신·구설이 따르게 되니 조심해라.

丙火日主가 癸巳時에 태어나면 자식이 속 썩이고, 丙火日主가 癸와 辛이 있으면 시력이 나쁘고 맹인이 많다. 丙火日主가 酉酉 自刑殺이 있으면 아내가 불구이거나 수술하게 되며, 가출을 잘한다.

丙火日主가 戌月생은 火土傷官格이 되는데 예술계나 연예계로 가려고 한다. 辰戌 丑未가 많으면 病이 많고, 女子는 土多하면 자궁외임신이거나 난산하기 쉽다.

丙火日主가 大運이 死·墓·絶로 가면 성질이 난폭하고 냉정하다. 寅午戌이 있거나 午月이면서 戌띠 자식을 낳으면 부부가 이별하는데 水가 증발하기 때문이다.

丙火日主가 戊子時에 태어나면 관재가 따르고 歲運에서 戊子년을 만나면 관재송사나 부부가 정이 없어진다.

丙火의 특징

丙火日主가 신왕하고 巳酉丑金局이면 부자가 많은데, 子年에 子丑合하면 酉金이 火剋金 당하여 망한다. 丙火日主가 巳午未方合되면 가난하지 않으면 단명한다.

丙火日主가 官殺이 하나면 길하다. 丙丙火는 해가 지지 않으니 해외를 잘 나간다.

丙火日主가 甲木을 보면 만물을 생육하는 태양인데 乙木을 보면 생동감이 있다.

丙火日主가 丙火를 또 보면 질투가 심하고, 辛金 財星을 보면 시기·질투가 심하고 얼굴이 추녀이면 구타당하면서 살게 되고 인물이 미녀이면 남편이 의처증이 있다.

丙火日主가 丁火를 보면 봄·여름에는 丙火의 빛이 丁火의 힘을 잃게 하고, 가을· 겨울에는 자신의 힘이 약해져 丁火에게 의탁하는 명으로 부끄러운 명이고, 戊土를 보면 석양이라 게으르고, 戊土를 보면 태양이 入墓되니 자주 졸고 하품을 잘하며, 움직이는 것을 싫어한다.

丙火日主가 己土를 보면 황사 속에 태양이고 구름 속에 태양이 되니 황사현상이라 얼굴이 어둡다. 부지런하기는 하나 돈이 없고 잘 돌아다닌다.

丙火日主가 庚金을 보면 봉사하는 종교인이며, 辛金을 보면 무능한 태양이 된다. 안개 속의 태양이다. 동절이면 合해서 水로 변하기 때문에 능력발휘를 못한다. 壬을 보면 호수에 비친 태양으로 아름답다. 癸水를 보면 무능하고 욕을 얻어먹는다.

1 寅卯辰月 丙火 | 인묘진월 병화

寅卯辰月의 丙火는 만물을 생육하니 壬水가 필요하다. 만약 壬水가 없으면 가난하다. 地支에 丑·辰으로 濕土가 있으면 貴命이다.

봄의 丙火의 의무는 甲木을 大木으로 자라게 土를 자양하는 임무를 부여 받아 충실히 만물을 양육하는 역할로 貴格을 이룬다.

丙火가 壬水와 甲木이 투출된 사주는 富貴한 사주이고, 두 글자 중에서 한 자만 있어도 小富는 된다. 그러나 地支에 辰土나 丑土가 있어야 되고 辰土는 나무를 심을 땅이 있으니 부자다.

丙火는 만물을 기르는 육성의 특성이 있으니 선생이 많으며 天干의 제왕이다. 임무는 木을 잘 기르고, 물을 증발시키나 열기는 없다.

壬水는 大貴, 甲木은 大富, 乙은 小富, 癸水는 변덕쟁이로 안개다. 丙火는 壬水를 보고 壬水는 丙火를 봐야 서로 화려하고 찬란하다. 丙火는 甲木이 꼭 있어야 한다. 丙火日主가 癸水를 보면 결혼기피증이 있으며, 乙木이 있으면 바람둥이가 많다. 己土가 나오면 壬水를 탁수로 만드니 丙火日主가 능력이 떨어진다.

2 巳午未月 丙火 | 사오미월 병화

巳午未月의 丙火는 壬水가 투출하여 있으면 염열한 기운을 식혀 주어 시원한 기운이 조화를 이루어 길하다. 甲木이 있으면 壬水로 대지를 식혀서 왕성하게 甲木을 키워야 결실이 있고 大木으로 키우는 丙火의 임무를 수행하는 格이어서 성실하고 부귀한 格이다.

丙火가 乙木을 보면 화초가 만발한 꽃이어서 화려하고 미모가 받쳐 주니 인기는 있으나 곧 시들어 실속이 없고 허망하게 된다. 天干에 庚辛金이 투출하면 丁火가 天干에 있어 광석을 녹여서 보석으로 만들면 좋고, 地支에 申酉金은 午火가 있어야 한다. 天干은 天干끼리 地支는 地支끼리 해결하는 것이 원칙이다.

여름철 丙火는 辰土가 가장 좋은데 辰土가 없으면 子水라도 있어야 한다. 午가 있어 子午冲하면 申金이 있어야 하는데 申金이 없으면 丑土를 써라 子丑合으로 冲中逢合이 되어 흉을 면한다.

3 申酉戌月 丙火 | 신유술월 병화

申酉戌月의 丙火는 地支에 午火가 있어야 좋다. 天干은 甲木·壬水가 있어야 한다. 地支 午火는 旺金을 녹이고 木氣를 살리기 위함이다. 가을철에 金水가 旺한 계절이라 壬水가 그다지 많이 필요치 않다. 대신

庚金이 나오지를 말아야 한다. 庚金이 투간되면 서리 맞은 것이다. 이때 丁火가 투간되면 金을 녹이니 좋고 丙火는 金을 녹이지 못하니 가만히 앉아서 丁火에게 기대어 먹고사는 부끄러운 사주다.

그러나 자존심이 강하여 굽히기를 싫어해 남이 한 일도 자기가 다 했다고 생색을 낸다. 丁火는 酉에 長生이요, 丙火는 酉에 死이다. 꺼져가는 불이라 丁火에게 의지하면서 살아도 큰소리친다.

甲木이 있으면 富는 하나, 乙木만 있으면 붓이라 서예나 풍류이니 노후에 처량한 신세가 된다. 甲木이 없으면 거둘 농작물이 없는 사주로 丙火는 할 일 없는 백수건달이 되기 쉽다. 가을에 戊土가 있어 甲木을 심게 되면 부자이고 여기에서는 甲木이 재물이고 金은 서리가 된다. 乙木이 나오면 사치가 심하고 사기꾼 기질이 있다.

4 亥子丑月 丙火 | 해자축월 병화

亥 子丑月의 丙火日主는 엄동설한이라 얼어붙어 가난한데 戊土가 제방하고 地支에 寅木이 있고 木氣가 상해를 당하지 않았으면 富하다. 天干에 壬水가 투출하면 할 일이 없는 때이니 인덕이 없어 외롭고 처량하다. 어떤 日干이든지 겨울 출생은 戊土가 있어야 마음이 편하다.

겨울에 丙火는 辛金을 꺼린다. 동절에 丙火는 丁火를 보면 丁火에게 의지하여 먹고사니 치사하고 부끄러운 명이지만 자존심이 강하고 남에게는 굽히기를 싫어하고 공치사를 좋아하고 丁火가 일을 다 하고 나면 공은 자기가 가지려고 한다.

5 寅月 丙火 | 인월 병화

寅 月의 丙火는 庚金과 壬水가 天干에 투간하면 金生水·水生木·木生火·火生土·土生金으로 生이 쉬지 않으니 고귀하다. 寅月에 丙火는 寅中 戊丙甲이 있고 庚金과 壬水가 있으면 五行이 俱全된 까닭에 貴命이 된다는 것이다. 壬水기 丙火를 빛나게 해주고 庚金이 水源處가 되며 벽갑생화하기 때문이다. 우수 이전에 金이 많으면 水旺하여 주색으로 방탕하게 되고 水는 음에 속하고 신체부위에서는 신(腎)에 속하기 때문이다.

寅月의 丙日主가 壬水를 기뻐함은 태양이 동쪽(寅) 바다(壬) 위로 떠오르는 기상이 되므로 그 형상이 아름다울 뿐만 아니라 활기가 양양한 연유이다.

甲木이 투출함을 기뻐하니 소나무 사이로 보이는 태양이 미려함이 있기 때문에 아름답다. 우수 전에는 한기가 남아 있어 壬水가 많으면 불길하다. 壬水는 비바람이라 壬水가 투출하면 戊土가 제방해야 길하여 발복한다.

甲木이 투출하여 印綬가 旺하게 丙火를 생조하고 있는데 庚金이 있으면 재물로 인한 고통이다. 庚·丙·甲이 있고 丁火가 없으면 재로 인한 문제가 발생하는데 부인이 집을 팔아먹는다.

여자라면 시어머니가 용돈을 달라고 하는데 안 주면 분노한다. 土가 많으면 傷官이 많은 格으로 印綬와 官이 약해진다. 그러면 능력 없는 남편으로 답답해 화가 나게 되어 다투므로 이혼하게 된다. 水官이 많으면 多官이 無官이라 결혼을 기피하는 경향이 있어 독신으로 지내는 경우도 있다.

다음 두 개의 사주는 동일한 날짜에 출생하였으나, 男女가 用神적용법이 다른 예가 있으므로 착오가 없기 바란다. 한 예로서 女子는 官을 중요하게 본다. 남자는 傷官用神을 쓴다.

偏印格 | 1974년생
己土用神, 金喜神, 火忌神, 木病神, 金藥神

己亥	丙戌	丙寅	甲寅	乾命

77	67	57	47	37	27	17	7	
甲戌	癸酉	壬申	辛未	庚午	己巳	戊辰	丁卯	大運

寅月 丙火日主가 木旺계절에 출생해 木火가 많아 신왕하다. 丙火司令에 年干 甲木이 투출하여 旺한데 亥水가 생조하니 木旺에 寅午戌火局이라 丙火가 신왕하여 水用神을 써야 하나 土剋水하니 官을 못 쓴다. 己土가 旺火를 설기를 잘하니 用神으로 쓴다.

寅月은 水를 그리워하니 亥는 法이라 法을 공부하나 官이 地支에 떨어진 官이고 土剋水하니 버리고, 傷官用神으로 예술방면이라 영화회사에 취직하여 일을 하는데 傷官이 투출하여 일은 잘하니 인정은 받으나 印星이 官星을 合해 진급이 안 되어 불평불만이 많다.

比肩 丙火가 月干에 투간되어 木의 생조를 받고 있으니 경쟁자가 나보다 힘이 강하여 항상 앞서가니 자신은 뒤처진다. 여자가 그리워 丙辛合으로 食神 戊土 속에 辛金은 찾으나 寅戌火局과 戌中丁火에 녹아 키가 작고 통통한 여자가 배우자로 오게 된다.

戌은 개라 목걸이를 즐겨하고 있는 여자로 한국형 미인이며 남자 사주에 比劫이 많으면 부인이 날씬하나 고(庫) 속에 매금(埋金)된 財星은 움직이지 않아서 체격이 좋다.

偏印格 | 1974년생
亥水用神, 金喜神, 火忌神, 土病神, 木藥神

己亥	丙戌	丙寅	甲寅	坤命
73	63	53	43	33	23	13	3
戊午	己未	庚申	辛酉	壬戌	癸亥	甲子	乙丑	大運

寅月 丙火日主가 木旺계절에 출생해 木火가 많아 신왕하다. 丙火司令에 年干 甲木이 투출하여 신왕한데 寅午戌火局이라 丙火가 신왕하여 亥水 官星을 用神으로 쓴다.

여자의 사주는 用神을 남자하고 다르게 한다. 官이 하나만 있으면 用神으로 쓰고, 金을 喜神으로 쓴다. 己土가 用神의 病이 되고, 印綬가 藥神으로 쓴다. 친정과 가까이 살면 좋고 친정어머니가 돌아가시면 印星이 동하지 않으므로 土剋水되어 官이 剋당해 남편이 무능해진다.

甲木 印綬가 傷官을 조절해 말조심하여 조용하고 정숙하다. 時上傷官에 亥水가 역마·지살 官이 있고 日支 화개가 있으니 외국회사의 비서이다. 女命에서 己土傷官이 用神이고 운이 나쁘게 흐르면 창녀가 되기 쉬운데, 官이 用神이면서 運이 깨끗하게 흘러가야 비서가 되는 것이다.

쌍 丙火가 뜨면 해가 지지 않는 형상이니 세계일주 여행을 하게 되고 火가 旺하면 성급한데 亥水가 있어 억제하니 치밀하고 세심하다. 水가 필요한 사주는 술을 좋아하게 되는데 運에서 水大運으로 오니 술은 안 마신다.

官印相生하니 대접은 받는다. 丙日主에게 甲寅木은 자라나는 木이라 집안이 좋아서 부잣집 딸이다. 官이 傷官 밑에 있어 남자가 눈에 안 차 남자를 깔본다.

| 冲中逢合格 | 申中壬水用神, 金喜神, 土病神, 火仇神, 木藥神 |

戊戌	丙申	庚寅	丙辰	坤命
73	63	53	43	33	23	13	3	
壬午	癸未	甲申	乙酉	丙戌	丁亥	戊子	己丑	大運

寅月 丙火日主가 木旺계절에 출생하여 우수 전이라 아직은 어리다.

年干에 丙火가 합세하고 寅戌 火局이라 丙火가 강하여 설기 시켜야 마땅하나, 土星 食傷을 쓸 것인가 아니면 水星 官으로 쓸 것인가가 문제인데 여자는 신왕이면 官을 用神으로 쓴다. 申中壬水와 申辰水局으로 子水를 끌어오나 약하다.

申中壬水가 用神이다. 水源處 庚金이 투간되니 月上偏財格으로 평생 일복이 많고, 많은 돈은 없어도 먹고사는 데는 어려움이 없고 돈은 안 떨어진다.

寅戌火局과 申辰水局이라 冲中逢合으로 寅申을 冲으로 보지 마라. 冲이 풀려서 구함이 있다. 冲中逢合은 四孟인 寅申巳亥와 四庫인 辰戌丑未만 해당된다.

戊子 己丑大運은 평범하다. 子水대운에 결혼하고, 丁火大運에 돈 벌려고 하나 쟁재가 되어 손해가 많다. 亥水大運에 亥中壬水라 좋고 丙火大運에 군겁쟁재라 돈을 까먹어 손재가 많게 된다. 시어머니가 난리를 친다. 戊土대운에 辰戌冲하니 子水正官이 사라지고 합이 풀리면서 寅申冲이 되어 재앙이 속출하니 상심이 크게 된다.

乙木大運에 偏財와 합이라 돈이 나가고 힘들어 사주를 보러 많이 다닌다. 酉金대운에 돈을 번다. 甲木大運에 무난하고 申金대운에 집을 산다. 用神이 합되면 귀가 엷어진다. 未土大運에 건강을 유의해라. 자궁에 이상이 생겨 수술수가 있게 된다. 癸水대운이 늦게 들어오니 자식이 잘된다.

比劫이 있으면 돈에 애착이 많다. 午火大運에 寅午戌火局으로 염열하니 用神이 증발하고 절지라서 죽는다.

月支와 日支가 寅申冲은 고향을 떠나 살게 되고 두 개의 丙火가 있어 질투심이 강하고 역마로 해외여행을 하게 되고 사주원국에 역마冲은 운전하면 접촉사고가 잦고 교통법규를 위반해 범칙금을 내고, 申戌이 공협으로 酉金 도화를 끌어와 남모르게 바람피운다. 辰中癸水로 고(庫) 속에 官이 있으면 남편이 무능하다. 官庫가 年支에 멀리 있으니 주말부부다.

偏財 地殺이 日支에 있어 집에 있으면 답답하다. 時上 戊土食傷이 있고, 申中壬水 偏官이나 土剋水하니 짝사랑에 그치고 壬午年에 水運이 오면 연애하게 된다. 寅申冲은 부부가 각각 다른 마음으로 애정은 있으나 마음속에 타인을 사랑한다. 日時에 격각살(지지에 한자가 떠 있는 것, 예를 들어서 申戌로 酉가 빠짐)이면 떨어져 살게 되고, 역마 財星은 돌아다니면서 돈을 번다.

丙申日은 日支에 財星으로 丙火의 病宮(十二運星)인데 옆으로 보면 寅申刑되면 자주 다치는 특징이 있는데 운동할 때 조심하고, 자전거·오토바이를 타지 마라. 사고 날까 걱정된다. 가정이 불미하여 배우자가 사망하는 수가 있고 日支 편재인데 편재 암장에 壬水偏官이라 유부남을 만날 수 있다.

이 명조는 치마 속에 財官이 있는 격조이니 치마만 들치면 돈과 남자가 나온다. 사주가 신왕하면 심하고, 신약하면 감당을 못하니 덜하다.

偏財가 天干에 투출하면 더하다. 여자 사주에 丙火가 申金을 보면 病宮이 되어 재취로 가던지 직장에서 남편을 만난다. 丙申日柱 여자는 壬申·壬子 日柱 남자를 만나지 마라. 고생을 하고 몸이 아프다. 丙申日柱가 三刑殺이 있으면 手足에 이상 있다. 財와 殺인 金水가 旺하면 음료수 식품사업을 많이 하고, 水木이 많으면 역술공부를 한다.

丙申日柱 申金은 木의 絶이고 火土의 病, 金의 祿, 水의 長生이요, 역마 지살, 천고성, 현침성, 편재, 차량, 기계이다. 문창(文昌)으로 지혜가 비상하고 문장력이 좋으며 축재(蓄財)능력도 뛰어나다.

명예욕과 출세욕이 많고 사교적이고 활동성이 강하다. 格이 좋으면 무역·외교·관광 업종에 진출하고, 格이 떨어지면 대로변에서 장사한다. 말이 많아 잔소리가 됨을 주의하고 속이 넓은 것 같으면서도 의심이 많아서 좁은 소견의 행동을 하는 경우가 많다.

고향을 떠나서 객지생활하며 해외출입이 있게 되고 신강하면 재물 쪽으로 따라가고, 신약하면 명예 쪽으로 따라간다.

남자는 영웅격(英雄格)으로 이재능력도 탁월하고, 명예욕·출세욕이 강하며 사교적이고 활동성이 뛰어나다. 공직생활을 해도 축재를 하며, 사업은 기계·무역업·운수업 등에 인연이 많다.

吉格에는 교육·의약·장인·교수 등에 진출하게 되고, 上格은 장군이 되는 경우도 있다. 日支 偏財이고 타주에 正財가 있으면 처 외에 첩이 있거나 본처는 독수공방을 겪는다.

여자는 총명하여 재주가 비상하며 사업에 소질이 있으나 실제로 소득은 작다. 上格은 의약·물리학·연구·문인 쪽에 진출하고 下格은 동서남북으로 돌아다니며 장사하거나 대로변에서 장사하는 사람이다. 辰中癸水 正官이 있으면서 申中壬水 偏官이 있으니 장사하면 다른 남자와 연애를 한다.

上格은 남편이 출중하고 평생 안락하다. 下格은 본인이 사회활동을 해서 남편을 먹여 살려야 하고, 관살혼잡(官殺混雜)이면 기둥서방을 두는 경우가 있다. 신강하면 내조도 훌륭하다. 신약하면 내 돈 주고 뺨 맞는다. 財가 旺하면 음식점에 종사한다.

食神格 | 木忌神, 金用神, 土喜神, 火病神, 水藥神

庚寅	丙寅	戊寅	乙丑	乾命
72	62	52	42	32	22	12	2	
庚午	辛未	壬申	癸酉	甲戌	乙亥	丙子	丁丑	大運
×	×	○	○	×	○	○	○	

寅月 丙火日主가 木旺계절에 출생하여 우수 전으로 아직은 한기가 남아 있어 춥다.
火로 조후가 필요한 시기인데 3개 寅木으로 조후된 것으로 보라. 왜냐하면 3개 寅中丙火가 있으면 1개 丙火가 투간된 것과 같이 보아야 한다. 조후가 잘되어 있으므로 제한(除寒)이 되었다.

食神格에 木氣가 木剋土하여 도식(倒食)하니 庚金으로 木을 견제를 해야 하는데 庚金이 用神인데 약하다. 寅中丙火가 火剋金하기 때문에 病神이고, 水로 火를 꺼주어야 庚金이 木을 쳐줄 수 있으니 水가 藥神이다.

초년이 官運 藥神이 오니 명예가 있는 집안이다. 子水官運에 寅木印綬가 역마 지살이니 외국에 나가서 공부하고 印綬가 많아 교육계에 진출하거나 교사가 좋다. 교육자가 되면 승진이 잘된다. 교장까지 승진이 빨리된다.

未土大運에 旺木이 입묘되니 나쁘다. 太旺한 것이 흉신이라도 입묘되면 나쁘다. 호랑이가 3마리가 있어 天下에 두려울 것이 없다.

日支에 印綬가 있어 부인도 배운 사람을 만나 잘 산다. 丙火가 寅木印綬는 선생 위에 선생이니 교장으로 보아라. 寅이 3개가 있어 火傷이나 약물 중독을 조심하라. 年柱에 丑土財庫가 있어 선산이 많다.

偏財가 旺하면 돈을 안다. 印綬가 많아 잔머리를 굴린다. 偏財는 기분파다. 이런 사주의 교사는 호주머니가 넓고 깊은 옷을 입는다. 좁고 작으면 봉투를 넣을 때 불편하기 때문이다.

▌印綬格 │ 金忌神, 火用神, 木喜神, 水病神, 燥土藥神

丁酉	丙寅	庚寅	辛酉	坤命
76	66	56	46	36	26	16	6	
戊戌	丁酉	丙申	乙未	甲午	癸巳	壬辰	辛卯	大運

寅月 丙火日主가 木旺계절에 출생했으나 우수 전이라 한기가 지나가지 않아 木氣가 약하다. 年·月柱에서 金이 木을 치니 조상이나 부모 대에 망해버린 집안이다. 時上에 丁火로 庚金을 막아야 하니 丁火用神에 木이 喜神이다. 壬水大運에 用神이 合去되어 묶이니 비행 청소년이 되었다. 저녁이면 조명불빛을 보려고 술집에 나간다.

丁壬合되니 음란지합이라 속도위반하여 19세에 결혼하려고 하는데 官이 忌神이고 酉金 財가 시모(媤母)인데 寅酉원진이라 사이가 나쁘게 된다. 財星도화에 비겁이 많아 시어머니도 화류계의 기질이 있어 나쁘다.

壬水大運에 丁壬合이 되므로 丁火에게 빼앗길까 봐 시집을 일찍 간다.

辰大運은 官庫라 남편 덕이 없다. 庫 속에 들어가니 이혼하게 되는데 남편에게 몸에 흥이 있거나 병이 있다. 丙火는 지존이고 丁火는 양인(羊刃)이므로 남에게 지고는 못산다. 寅탕화라 담배를 피운다. 생활이 어려워 살기 어려울 때 印綬가 喜神이면 친정으로 들어간다.

巳火大運에 巳酉丑金局으로 변하니 運이 나쁘다. 甲午·乙木大運은 좋다. 原局에 庚辛金이 印綬를 剋하니 공부를 못하고 중학교를 중퇴했다. 印綬

格인데 木이 喜神이라 옷 장사한다.

【통관용신(通關用神) 법칙에서 用神을 정하고 난 다음 喜神을 찾지 말고 病神을 찾아야 되며 그리고 病神을 제거하는 藥神을 찾아야 한다.】

金木相戰格, 金忌神, 水通關用神, 土病神, 火仇神, 木藥神

己亥	丙寅	庚寅	辛酉	坤命
76	66	56	46	36	26	16	6

| 戊戌 | 丁酉 | 丙申 | 乙未 | 甲午 | 癸巳 | 壬辰 | 辛卯 | 大運 |

寅月 丙火日主가 木旺계절에 출생하여 우수 전이라 아직은 어린 木에 한기가 남아 있고 金旺하여 서리가 내려 말라 죽기 일보 직전이다.

火氣로 서리를 녹여야 하는데 온기가 없어 金을 견제를 못해 時支에 亥水로 金生水 水生木으로 통관해야 한다. 水用神에 土病神이며 木藥神이 된다.

한기가 남아 있는데 냉수를 用神으로 쓰니 몸이 냉하다. 己土가 用神 亥水를 土剋水하여 土가 病神이므로 木이 藥神이다. 壬水大運에 고려대학교 영문학과를 전공했다.

辰土大運에 金이 旺해지므로 전공과목을 바꾸려고 한다. 亥水가 用神이라 法律 공부를 하려 한다(亥水 偏官은 法이다). 金剋木으로 갈등이 생긴다.

用神入墓에 忌神을 生助해 뜻을 이루기가 어렵다. 癸巳大運에 巳亥冲하고 寅巳刑하며 巳酉丑金局이 金剋木하니 사고가 나거나 질병으로 죽기 쉽다. 후속대운이 계속 나쁘다. 이 命은 스쿠버다이빙 하는 사람이다.

偏印格 | 木用神, 水喜神, 金病神, 土仇神, 火藥神

辛卯	丙子	戊寅	庚戌	乾命
73	63	53	43	33	23	13	3

| 丙戌 | 乙酉 | 甲申 | 癸未 | 壬午 | 辛巳 | 庚辰 | 己卯 | 大運 |

寅月 丙火日主가 木旺계절에 출생하여 한기가 남아 아직은 어린데 주변에서 설기시키는 것이 문제다.

寅木用神이고 水喜神이며 金이 病神에 土仇神이고, 火가 藥神이다. 寅木用神인데 寅午戌火局으로 忌神인 庚金 財星을 막아주어 比劫이 藥神이라 동업이 좋다. 그래야 財를 감당할 수 있다. 사촌 형님하고 동업하는데 木用神이라 의류업종에서 일하고 印綬라 학교 옆에서 한다. 巳火 大運에 藥神이면서 祿運이라 잘된다.

財運에 공부가 안 되니 학력이 짧다. 辛金大運에 나쁘니 남의집살이하는 데 巳火大運에 이화여대 앞에서 옷 장사를 시작하여(寅巳刑은 꺾어진 골목이다) 돈 벌어서 분점을 하나 더 개설했다.

寅木이 戊土 밑에 있어 동대문 옆 타워빌딩에서 역마印綬라 들고 다니는 가방 장사를 하게 된다. 辛金 財星이 예쁜 여자인데 地支가 子卯刑이 되어 결혼은 못하고 午火大運에 寅午戌火局으로 힘이 있으니 그때 결혼한다.

癸水大運은 나쁘고 未土大運은 亥卯未木局이 되어 濕木이라 불에 타지 않고 연기만 나니 눈물 흘리고, 甲木大運은 좋고 申金大運은 甲木의 뿌리를 잘라 버리고 申子辰水局이 되어 水剋火하니 죽을 수도 있다. 申金大運은 旺財가 되어 돌발사고 등 어려움이 발생하게 된다.

殺印相生格 | 水忌神, 金仇神, 木用神, 火喜神

甲午	丙子	壬寅	丁亥	坤命
73	63	53	43	33	23	13	3

庚戌	己酉	戊申	丁未	丙午	乙巳	甲辰	癸卯	大運

寅月 丙火日主가 木旺계절에 출생하여 甲木司令이나 한기가 미진하고 일간을 돕는 比劫은 子午沖되고 丁火는 丁壬合되어 기반이 되어 못 쓰고, 官殺은 또한 태과하니 신약한 사주가 되었다. 水旺하니 한습하여 官殺을 설기하고 조후를 위해 丙火가 있어야 하는데 없다.

丁火를 쓰려고 하나 丁壬合으로 묶이고 午火는 子午沖하니 할 수 없이 甲木 印綬가 用神이다. 官殺이 중중하여 인물이 좋으며 殺印相生格으로 印綬用神이니 교육자 같은 풍모다.

甲木 用神이 현침이라 남편이 의사다. 官殺혼잡인데 日支에 正官이 있고 羊刃合殺이 되었으며 印綬가 用神이라 체면 때문에 이혼을 안 한다.

좋은 집안에서 태어나 유복하게 자랐다. 말년에 土金大運에는 직업으로 인해서 주말부부로 별거 아닌 별거를 하게 되니 말년이 나쁘다.

偏印格 | 水用神, 金喜神, 土病神, 火仇神, 木藥神

己 亥	丙 戌	丙 寅	甲 寅	坤命
73	63	53	43	33	23	13	3	
戊午	己未	庚申	辛酉	壬戌	癸亥	甲子	乙丑	大運

寅月 丙火日主가 木旺계절에 출생, 丙火司令에 寅戌火局에 木火가 중중해 신왕하다.

火와 木이 旺하여 己土로 泄氣되어야 하는데 甲己合이 되어 설기를 못 시킨다.

亥水 官이 用神이라 명예욕이 강하고 亥는 바다라 해외출입이 많다. 己土가 病이다. 乙丑·甲子大運은 藥神大運이라 괜찮다.

印星이 傷官을 木剋土하니 말수가 적으며 할 말만 한다. 印綬가 많으면 게으르다. 그래도 印綬가 藥神이라 공부는 열심히 하는 편이다.

亥水가 用神으로 외국어대학교에 들어갔는데 金이 없으므로 金의 나라인 불어를 전공한다. 丁火는 영어로 보며, 戊土는 중국어로 본다. 甲木大運에 학운이 그런대로 괜찮아 외국어대학교에 입학하였다. 子水大運에 用神이 들어오니 외국인회사에 취직하여 근무하고 있다.

노래를 잘하느냐고 물어보았더니 못한다고 답변하는 것을 보면 己土는 기신이다. 亥水가 법인데 남편으로 판사나 검사를 만나려고 한다. 地支에 官이라 키가 작거나 얼굴이 작은 사람이거나 이마가 넓은 남자를 만난다.

時에 亥水가 남자라 年下가 따른다. 辰土가 火局을 깨니 丙辰생이 남편감으로 온다. 대운이 좋아서 좋은 가문으로 시집갈 수 있는데 아직 혼자서 살고 있는데 인물이 좋다.

甲申年에는 甲己合으로 己土를 치워주니 물이 흘러 시집간다. 戌大運에 丙火旺神이 入墓되면 부모가 사망한다. 육친이 없으면 궁으로 보아 入墓를 살펴라.

6 卯月 丙火 | 묘월 병화

卯月의 丙火는 따뜻한 봄이라 무럭무럭 잘 자란다. 正印格이라 공부를 잘할 것 같으나 함지와 욕지라 뒤로 바람기가 있다. 그러므로 여자 꽁무니만 따라다닌다.

丙火日主가 신왕하니 壬水가 투간되면 木을 生하나 火를 눌러주어 좋다. 水旺하면 戊土가 투출하면 藥神이 된다.

庚金과 壬水가 없고 地支에 己土의 뿌리가 있으면 生金하니 의식은 족하고, 戊土가 있으면 甲木으로 소토해야 한다(太陽을 가리니 甲木으로 戊土제거). 水가 많으면 戊土로 제방이나 제습해야 한다.

> 金이 많으면서 丁火가 없거나, 水가 많으면서 戊土가 없거나, 戊土가 많으면서 甲木이 없으면 승도지명(僧徒之命)이 되기 쉽다.

印綬格 | 火忌神, 土用神, 木病神, 金藥神
【木多하면 金을 用神으로 쓰는데 金이 약해 金을 生助하는 土가 用神이 된다】

甲午	丙辰	己卯	庚寅	乾命

75	65	55	45	35	25	15	5
丁亥	丙戌	乙酉	甲申	癸未	壬午	辛巳	庚辰	大運

卯月 丙火日主가 木旺계절에 출생하여 寅卯辰方合을 이루고 甲木이 투출되고 寅午火局으로 日干을 도우니 신왕하다.

寅午火局이 방조하고 寅卯辰方局과 甲木이 투출되어 日干을 生助하니 신왕하다.

> 신왕하니 泄氣시키는 己土가 用神인데 이를 호설정영(好泄精英)이라 한다. 신약할 때에 泄氣는 도기(盜氣)로 보아라. 甲木이 己土를 合去하나 甲庚冲으로 合을 못한다. 藥神 庚金이 年에 있어 유산을 받으니 조상 덕이 있다.

午火大運에 己土用神의 祿運이라 취직에 운이 좋다. 未土大運에 旺木이 入墓되니 己卯가 같이 入墓되어서 백수가 된다. 甲木大運에 庚金이 격퇴시켜 처덕으로 살게 되고 申酉大運에는 잘 먹고 잘 산다.

丙火大運에 爭財로 財가 깨지니 손재되어 어렵게 고생한다. 戊土大運에 妻宮을 冲하여 배우자 궁이 불안한데 庚金 財星이 絶地에 앉아 여행 가면 죽는다. 이 운에 부인을 집 밖에 나가지 못하게 막아야 한다.

甲大運에 用神 己土는 합으로 재물에 어려움이 있으나 庚金이 있어서 곧 회복된다. 庚金 藥神이 있어 귀명이다.

時上偏財格 │ 木忌神, 金用神, 土喜神, 火病神, 水藥神

庚寅	丙午	辛卯	丙辰	乾命
79	69	59	49	39	29	19	9

乙亥	戊戌	丁酉	丙申	乙未	甲午	癸巳	壬辰	大運

卯月 丙火日主가 木旺계절에 출생하여 寅卯辰方局에 丙火 투출하고 寅午火局이 日干을 도우니 태왕하다.

時上에 庚金이 투출하여 시상편재격(時上偏財格)은 貴格인데 庚金이 根이 없어 약해 그릇이 작다.

辛金이 있어 財星이 혼잡으로 파격이 될 뻔했는데 丙辛合되어 파격은 면했다. 시상편재격(時上偏財格)은 貴格이다. 外格인데 財星이 혼잡이 되면 안 된다. 지지에 하나는 뿌리가 되어 괜찮으나 두 개 이상은 나쁘다.

壬辰大運과 癸巳大運에 집안이 넉넉하지 않지만 평범한 집안에서 태어나 누이가 시집을 잘 간다. 比肩 丙火가 月令辛金 財가 투출하여 格을 파괴하는 것을 막았다.

누이 丙火가 형제자리 月令 辛金과 合되니 누이가 예쁘고 인기가 있다. 丙火가 辛金과 丙辛合되어 庚金을 火剋金을 막았다. 時上偏財格에 比劫이 중중하면 공무원으로 많이 간다. 比劫이 도둑이 되므로 도둑을 잡으러 관청으로 간다. 官을 찾는 이유로 庚金 財를 지키려고 간다.

甲午·乙未大運에 마음고생을 많이 한다. 土氣가 부족해서 그렇다. 燥土가 生金이 안 된다. 午火가 기신인데 甲午·乙未大運에는 가정이 불안하다. 地支가 가정이 되어 부인이 속을 썩인다.

未土大運에 공무원생활을 그만둔다. 原局에 亥卯未木局이나 卯未木局이 있을 때에 運에서 未土大運이 오면 入墓를 시키지 않지만, 原局에 寅卯나 卯木만 있으면 未土大運으로 가면 卯未木局이 되어도 입묘되니 干支가 함께 庚辛金 用神도 같이 들어간다.

丙火大運은 희신 기신을 막론하고 比劫大運이 오면 독립하려 한다. 이때 돈을 까먹게 된다. 用神의 록인 申金을 달고 오니 넘어간다. 用神庚金의 록이라 재물은 모은다. 丁火大運에 나쁠 듯하나 酉金을 좌하여 넘어간다.

印綬格 | 火忌神, 木仇神, 水用神, 金喜神

甲午	丙子	丁卯	甲午	坤命

75	65	55	45	35	25	15	5	
己未	庚申	辛酉	壬戌	癸亥	甲子	乙丑	丙寅	大運

卯月 丙火日主가 木旺계절에 출생해 木火가 많아 신왕하여 설기를 해야 길한데 子水밖에 없다. 正官 子水에 子卯刑과 子午冲이 있는 사람은 성격이 까다롭다.

子水가 用神인데 子午冲으로 用神을 冲하니 다리를 다쳤다[핵심 : 春月에 子水가 급각살인데 午火 탕화살이 가중충(加重冲)으로 다리를 다친다].

大運이 亥子丑 用神운으로 좋다. 원국에서 年月과 刑冲하면 부모·형제와 떨어져 살게 된다. 운이 좋으니 해외유학을 다녀오고 연세대학을 졸업했다.

丙子日柱가 年月에 比劫이 중중하면 총각과 결혼하지 못한다. 官이 用神이면 남자에게 투자하여 실패를 해도 用神이라 남자를 싫어하지 않는다. 亥水대운에 사업하다가 亥卯未木局으로 忌神으로 변해 사기로 부도를 당해 망했다. 壬水大運에 주식에 투자해서 복구한다.

戌土大運에는 나쁘나 壬水가 적셔주기도 하지만, 원국에 木이 있어 막아주므로 잘 버틴다. 이 여자는 그 남자가 없으면 죽어버리겠다고 한다. 辛酉, 庚申大運에 그런대로 잘살 수는 있으나 己未大運에는 나쁘다.

印綬格 | 火忌神, 水用神, 金喜神, 土病神, 木藥神

己丑	丙子	乙卯	戊午	坤命

73	63	53	43	33	23	13	3	
丁未	戊申	己酉	庚戌	辛亥	壬子	癸丑	甲寅	大運

卯月 丙火日主가 木旺계절에 출생하여 午火羊刃에 根하고 乙卯木의 生을 받아 신왕이다. 女命의 신왕사주에 官이 하나만 있으면 官用神으로 쓴다.

官 옆에 財庫 丑土와 合을 하니 丑土入運에 銀行에 취직해 壬水大運에 남자가 생기는데 子水가 壬水의 양인이고 午火는 丙火의 양인인데 冲去하니 남자가 잘해준다.

엄마는 남자를 子卯刑하여 싫어한다. 月支傷官이 있거나 傷官이 투출되면 집안에서 결혼을 반대한다. 辛金大運에 乙木이 잘려 官印相生이 안 되니 직장에서 퇴직하는데 의식주와 생활하는 데는 지장이 없다. 戌土大運에 火土旺神이 입묘(入墓)가 되면 집안 어른이 사망한다.

印綬格 | 木忌神, 金用神, 土喜神, 火病神, 水藥神

甲午	丙午	己卯	庚子	乾命

76	66	56	46	36	26	16	6	
丁亥	丙戌	乙酉	甲申	癸未	壬午	辛巳	庚辰	大運

卯月 丙火日主가 木旺계절에 출생하여 신왕하다.

印綬格에 火木이 중중하므로 丙火日主가 旺하여 食財官 중에 강한 것으로 用神을 정하는데 庚金이 用神이고 己土가 喜神이며 火病神에 水는 藥神이다. 초년에 用神運이라 잘 산다. 正印格은 인격이 갖추어져 양순하고, 傷官生財하니 요령이 좋고 말을 잘한다.

用神財星이 財生官하고 官이 藥神이라 직장생활을 한다. 子水 官이 年柱에 멀리 있으니 출장을 잘 가고 傷官이 투출하여 生財하니 비즈니스 능력이 뛰어나다. 일이 안 풀리면 불평불만이 많아 스트레스를 많이 받는다.

官이 지지에 있고 傷官이 천간에 투간되면 진급이 안 되고 직장생활을 오래 할 생각이 없다. 傷官과 偏財가 투출하여 傷官生財를 하면 사업을 하려고 한다. 午火大運에 사업한다고 직장을 퇴직하였다가 癸水大運이 접어들어 다시 직장에 취직을 한다.

간여지동(干與支同)에 양인이라 출장을 가서 여자를 구하면 따르지 않는다. 比劫이 많아서 群劫爭財가 되므로 사람이 재미가 없어서 여자들은 싫다 하고, 친구들은 다 좋다고 한다. 천간에 偏財라 돈을 잘 쓸 것 같지만 재성의 뿌리가 없어 안 쓴다. 실속 없는 곳에 돈을 안 쓴다.

庚辰年·辛巳年에 애인이 생겨 그때는 돈을 잘 썼는데 正印格에 偏印은 변덕이라 여자에게 선물을 사준 다음 뽀뽀를 안 해준다고 되돌려 받는 치사한 남자다. 財用神은 손해 보았다고 생각하면 아깝다고 한다.

바람피우다 부인에게 들켜 각방을 쓴다. 간여지동(干與支同) 사주는 바람을 피우면 꼭 들통이 난다. 주작인 火가 많아 비밀을 못 지킨다.

午中己土는 燥土라 生金을 못하니 자기로서는 잘해준다고 하나 상대가 사랑을 받은 바가 없다고 생각한다. 여자와 사귀면 子午冲과 子卯刑이면 관재와 성병이 함께 걸린다. 양인이 중중하면 독수공방이다.

印綬格 成格 | 水用神, 金喜神, 土病神, 木藥神

丙申	丙戌	乙卯	戊申	坤命
74	65	54	44	34	24	14	4

丁未	戊申	己酉	庚戌	辛亥	壬子	癸丑	甲寅	大運

卯月 丙火日主가 木旺계절에 출생, 乙木이 투간되니 印綬格 성격이 되었다.

印綬格은 官을 반기는데 官이 없다. 戊土가 申中壬水를 방해하므로 乙木을 生해 주기에는 구조가 잘못 짜여 있다. 水用神에 財星이 喜神이다. 申中壬水를 戊土가 剋하니 病神이고 戊土를 막아주는 乙卯木을 藥神으로 쓴다.

초보자는 이해하기 힘든 사주인데, 여명의 印綬格에는 官이 用神이다. 여자 사주는 원만하면 官用神을 쓴다. 官이 用神이니 시집을 일찍 갔다.

乙木이 戊土를 疎土하는 힘이 약해 능력이 약하다. 대학교는 의상학과를 전공했다. 申中壬水가 남편인데 멀리 떨어져 있다. 멀리서 돈만 부쳐준다. 運이 좋으면 돈을 잘 보내주고 運이 나쁘면 안 보내준다.

남편 믿고 살다가는 안 되겠다고 생각하여 申金이 역마 財星인데 역마는 외국이고 무역이나 해외취업인데 못 가고 외국인 대상으로 장사를 하는 것으로 대체를 한다.

이태원에서 옷 장사를 하여 壬水大運에 돈을 많이 벌었는데 子水大運에 申子水局에 子卯刑이 되니 스스로 화류계에 뛰어들었다. 申子辰水局으로 남자들이 많이 몰려온다. 몸매가 뚱뚱하니 인기는 없다.

日支에 食神戊土가 月殺이면 독수공방에 외로우니 남자를 찾는데 時柱에 申中壬水 官은 시상의 丙火와 同柱하니 丙火는 일본이라 일본인 남자다.

辛金大運에 印綬를 冲하년 친정에 자주 간다. 친정어머니가 집을 사준다. 冲을 못한 이유는 丙辛合이라 冲하지 못한다. 財 위에 比劫이 있으면 돈을 빌려주면 못 받는데 食傷이 天干에 있어 또 돈을 빌려준다.

戌土는 火庫라 친구들의 집합장소로 보며 화개(華蓋)라서 화류계(花柳界)의 여자가 많이 모인다. 財는 官이 튼튼해야 財物을 지키는데 官이 약하니 못 지키므로 씀씀이가 헤프다.

卯申鬼門關殺이니 약간 정신이 나간 것 같다. 일본인의 현지처이다. 亥水 大運은 좋고, 酉金大運에 卯酉冲이라 格局의 뿌리와 藥神의 뿌리가 동주(同柱)인데 刑冲되면 사망하기 쉽다.

印綬用印綬格 │ 木用神, 水喜神, 金病神, 火藥神

辛卯	丙戌	癸卯	丁未	坤命
75	65	55	45	35	25	15	5	

| 辛亥 | 庚戌 | 己酉 | 戊申 | 丁未 | 丙午 | 乙巳 | 甲辰 | 大運 |

卯月 丙火日主가 木旺계절에 출생해 月支 印綬가 卯未木局으로 印綬局을 이루어 印綬格이다.

印綬格을 성격되면 官을 반기는데 癸水의 根이 약하다.

辛金이 忌神인데 丁火가 처리한다. 正官이 月干에 투출했으니 성실하고, 正財가 있으니 알뜰하고, 印綬가 있으니 정숙하고 체면을 중요시한다.

> 月支 子·午·卯·酉 月은 生助하는 五行이 있을 때 格으로 成格이 된다.

月柱에서 官印相生되면 복록지인(福祿知人)이라 하는데 국가의 녹을 먹게 되니 공무원이 된다. 印綬와 食神이 합이라 교직생활이 잘 맞는다.

> 食傷이 地支에 있고 官이 약해서 초등학교 선생이다. 官이 투출되어서 有根되고 官印相生되고 食傷이 天干에 투출까지 되면 대학교수가 된다.

형제간에 우의가 좋은데 比劫이 藥神이고 年支와 月支가 합되고, 月支와 日支가 합되므로 좋다. 합이 아니면 멀리 있어 형제지간에 떨어져 산다. 부모 사랑을 많이 받고 자랐다. 財가 忌神이라 시어머니와는 안 맞는다.

丙火大運에 교사로 임용되었다. 庚辰년 28세에 결혼하여 남편도 印綬 위에 있으니 같은 교사다. 官이 약하면 남편이 약해 아들을 못 낳는다. 官이 약하고 印綬가 많으면 딸만 낳는다.

癸丑·壬子大運은 어두운 밤이 되어서 丁火가 빛이 나니 건달로 잘나가고 偏印이 旺하니 신비한 것을 좋아하고 궁금증을 못 참아서 꼭 알아내려고 하는 습성이 있어 역학을 배워 잘나간다.

丑土大運 20세부터 역술공부를 시작해 서울 강남에서 한때 이름을 날렸던 사람인데 戌亥天門 大運에는 승려로 포교원을 운영하며 상담을 한다.

庚戌 부친 입장에서 보면 卯木印星이 空亡이라 모친 얼굴을 모르고 자랐다. 年月日이 空亡이라 건달 아니면 스님 팔자다. 庚金 아버지 입장에서 보면 木이 공망이라 여자와 돈은 필요 없다고 말하면서도 돈 욕심이 많고 본인도 財星이 用神인데 根이 없어 약하므로 여자와 돈 욕심이 많다.

> 庚金·己土大運에 좋다. 庚金大運에는 투합(姤合)이라 乙庚合이 풀린다. 그 때 官印相生이 되어 감투를 쓰려고 한다. 華蓋空亡이라 주지감투를 쓰게 된다. 官印相生이라서 孝心은 있다.
> 만약에 亥時라면 亥卯未木局으로 從格인데 印綬用印綬格으로 벼슬한다. 그러면 癸水가 喜神이 된다.
> 乙未年에 卯未木局에 燥木으로 변하고 乙木이 투간되어 旺木이 木生火에 火剋金하는데 戌土大運이라 火가 入墓되고 木多金缺로 급성 패혈증으로 사망했다.

印綬用印綬格
水忌神, 木用神, 火喜神, 土閒神, 金病神, 火藥神

			坤命
己酉	丁酉	癸卯	丁亥

76	66	56	46	36	26	16	6	大運
辛亥	庚戌	己酉	戊申	丁未	丙午	乙巳	甲辰	

卯月 丁火日主가 木旺계절에 출생하여 乙木司令이고 亥卯木局인데 金水가 旺하여 신약하니 酉金이 있어 卯木이 用神이다. 濕하기 때문에 火運에는 좋다. 官印相生하면 남편과 별거해도 남편은 자식의 학비는 대준다. 丁火日主가 食神制殺하면 언변이 뛰어나고 명랑하다. 天干은 사회이고 활동무대이다.

正官이 年에 있어 조상자리 남편이니 늙은 남자와 살게 된다. 卯酉冲은

旺支끼리 충돌이 되니 성질을 못 이겨 부부가 싸우면 亥水가 슴이 깨져 헤어진다. 돈 떨어지면 싸우고 偏財가 忌神인데 災殺이면 남에게 돈을 빌려 쓰면 안 갚는다. 말을 유창하게 잘하고 수단이 좋아 여관업을 하며 남의 돈을 끌어다가 사업하고 안 갚아 경제사범으로 교도소에 드나든다.

己土가 七殺을 막으니 자식에게 의존한다. 그래서 자식 잘되기를 바란다. 己土가 천간역마라 해외유학을 보내려고 한다. 丁己에게 酉는 文昌이라 자식을 공부시키려 한다. 未·戌土大運에 여관·레스토랑 사업으로 돈을 많이 벌었다. 卯酉戌 開金殺 중에 두 자만이라도 있으면 역술인이 많은데, 역술 공부를 안 하면 사주 보러 많이 다닌다. 申金大運에 돈이 살살 빠져나간다.

酉金大運에 用神 卯木을 冲하면 교통사고나 대형사고로 生을 마감한다. 食神이 災殺에 同柱하고 있는 사람은 상냥하고 酉金 財가 卯木 印綬를 冲하면 집을 저당 잡혀 돈 쓴다. 노름도 잘하고 모든 면에 팔방미인이다.

> 개운하는 방법으로 옷은 청·녹색계열과 적색계열 옷을 입는 것이 좋고, 卯木이 用神이므로 작은 나무이니 정원에 나무를 심어야 길하며, 수석은 金에 속해 흉하므로 치워야 하고, 東·南向 집에서 살아야 길하다.

욕조에 물은 채워 놓지 말아야 하며 싱크대는 항상 깨끗하게 해야 한다. 財가 忌神이면 돈 때문에 눈물을 흘리게 되고 이사도 많이 한다. 고부간에 불화가 많고, 財와 印綬가 冲하면 이사를 많이 다닌다.

印綬格, 日貴格
火忌神, 木仇神, 水用神, 金喜神

丙午	丁亥	丁卯	甲午	坤命
79	69	59	49	39	29	19	9
己未	庚申	辛酉	壬戌	癸亥	甲子	乙丑	丙寅	大運

卯月 丁火日主가 木旺계절에 출생해 甲木司令이고 亥卯木局에 丙丁이 투출해 신왕하니 亥中壬水가 用神이다.

原局에 金이 없으니 金生水를 못하여 외로운 官이라 火運이 오면 枯渴이 되니 官이 하루살이 官이다. 官이 무력하면 財에게 생조를 받아야 길명이 되는데 없으니 품격이 떨어지는 사주다. 官 用神은 남편이 착하다. 여자 사주에 官이 있는데 財가 없으면 학력이 짧은 남자와 인연이 된다. 남편직업이 약하거나 능력이 부족해 경비나 주차관리요원이다.

> 여자가 官이 用神인데 약하면 바람난다. 比劫이 많으면 財官이 뚜렷해야 하는데 官弱하니 남편 덕은 없고, 官은 필요하니 子水大運과 亥水大運에 애인을 사귀고 해외에 자주 나간다. 財生官하려고 외국에 자주 드나들며 보따리장사를 한다. 財가 원국에 있었으면 財生官되어 무역업자가 된다.

초년에 大運이 나빠 부모덕이 없고 학교 진학 운이 없어 크게 되지 못한다. 20대 중반부터 大運이 金水대운으로 가니 좋은데 原局의 用神이 약하여 用神大運과 喜神大運이 와도 크게 대발하지는 못한다. 그러므로 用神은 原局에서 튼튼해야 大格이 된다.

印綬格, 日貴格
木忌神, 火仇神, 水用神, 金喜神, 土閒神

甲辰	丁亥	丁卯	甲午	乾命
71	61	51	41	31	21	11	1
乙亥	甲戌	癸酉	壬申	辛未	庚午	己巳	戊辰	大運

卯月 丁火日主가 木旺계절에 출생하여 乙木司令인데 木火가 중중하여 신왕하다.
印綬格은 官을 기뻐하니 亥中 壬水가 用神이며 金喜神이며 木忌神에 火仇神, 土閒神이다.

초년 대운이 나빠서 큰 그릇은 못 되어 官祿을 못 먹는다. 財生官이 안되고 官庫마저 있으니 직장에 들어가면 직장이 망한다.

壬水大運부터 吉한 大運이 되어 경비업체에 들어가 申金大運에 경비반장이 되었다. 辛巳年에 亥水用神을 巳亥冲하니 직장을 그만두었다.

申金大運에 申金이 驛馬 財라서 무역업을 하려고 하나 사주원국에 財가 없어서 안 된다. 中國으로 보따리장사를 하여 돈을 벌었으나 큰돈은 못 번다. 癸酉大運에 다시 직장에 취직하니 酉金大運에 卯酉冲하여 格이 깨지면 丁火가 꺼진다. 이때 몸이 아프다.

7 辰月 丁火 | 진월 정화

辰月의 丁火는 木旺계절이나 土旺하여 상반기에는 水木이 왕성하고, 하반기에는 火土가 旺한 절기이다. 상반기에는 水木이 旺해 濕木과 진흙 濕土가 旺하므로 丁火를 泄氣하니 대체적으로 甲木으로 소토하고 日干을 생조하는 用神을 쓰는데 壬水도 함께 있으면 上格이 된다.

하반기에는 火土가 旺해지는 시기이니 甲木으로 戊土를 제하고 日干을 생조하는 用神을 쓰는데 壬水가 투간되어 甲木을 생조하면 上格이 된다.

木이 왕성하면 庚金으로 조절해야 좋고, 水旺하면 土로써 제습해야 좋다. 일반적으로 申子辰水局이 되면 土로써 제습하는 것이 길하다. 金多하면 財多身弱에 외화내빈인데 丙丁火가 뿌리가 튼튼하면 富貴한 사주가 된다.

傷官格 | 木用神, 水喜神, 金病神, 土仇神, 火藥神

壬寅	丁酉	丙辰	戊申	坤命
72	62	52	42	32	22	12	2
戊申	己酉	庚戌	辛亥	壬子	癸丑	甲寅	乙卯	大運

辰月 丁火日主가 木旺계절에 출생해 乙木司令이나 食財官이 많고 戊土·壬水 극설교집(剋泄交集)으로 신약하고, 申辰水局으로 더욱 신약하다.

月은 계절이고 時는 밤낮이니 사주볼 때 月令과 時를 잘 보아라. 그러므로 格局도 月과 時에서 잡는다.

辰中戊土가 투간되어 傷官格에 寅中甲木 用神에 水喜神이며, 金病神이니 火藥神이다. 月上 丙火가 寅에 長生이 되어 藥神으로 쓴다. 壬水正官이 申辰水局에 뿌리를 내려 旺한데 寅木印綬가 있어서 官印相生한다.

申子辰月에 生해 壬水가 투출하면 월덕귀인이니 남편이 착하다. 월덕귀인은 月支기준으로 三合의 왕세가 양간으로 투간되면 월덕귀인이다.

日支에서 財가 忌神이면 뇌물 먹으면 관재가 발생한다. 증권투자나 투기하면 다 날린다. 金運에 집 담보로 융자받아 투자하면 貪財壞印되니 모두 손해다. 亥水大運은 좋고 庚戌·己酉大運은 아주 나빠 말년이 비참하다.

傷官格 | 木用神, 濕土喜神, 燥土病神, 木藥神

甲辰	丁卯	戊辰	己丑	乾命

71	61	51	41	31	21	11	1	
庚申	辛酉	壬戌	癸亥	甲子	乙丑	丙寅	丁卯	大運

辰月 丁火日主가 木旺계절에 출생하여 乙木司令인데 甲木이 투출하였으나 土氣가 중중하여 신약하다.

辰中戊土가 투출하여 旺한데 食傷 비중이 많이 차지하므로 火土傷官格이다. 傷官이 旺하니 신약하여 甲木으로 소토하고 日干을 생조하니 印綬가 用神이다.

甲木印綬는 어머니·학문·문서·스승에 인연이 있게 되고 순수하게 문서가 만들어진다. 年月에 食傷이 많아 예체능으로 시작하나 초년에 寅卯 印綬 大運으로 食傷을 疎土해주니 예체능을 그만둔다. 부모가 부족함이 없이 다듬어 준다.

天干에서 食傷이 중중하면 헛소리·군소리·잔소리가 많은데, 甲己合하고 乙木司令으로 印星이 食傷을 剋하여 입 다물라고 주의시켜 말조심하여 조신하다. 예체능에 소질은 있으나 인수가 쳐주니 써먹지는 않는다.

大運이 나쁠 때 印綬 작용은 학업으로 방송통신대, 文化센터, 평생교육원 등에서 공부한다. 화토중탁으로 운이 나쁘면 종교나 역술을 공부하게 된다.

丑土大運은 土生金할 수 있으니 불평불만이 많고 湯火殺이라 염세주의로 빠지려 하나, 藥神 乙木이 조절하니 마음속으로는 죽고 싶어도 자제한다.

甲木大運은 집을 사고 부동산을 매입하고 子水大運에 官印相生하니 좋다. 戌土大運에는 忌神이 冲되어 좋은데 丁火가 入墓되어 고생은 되는데 甲木이 있어 힘이 되어 좋다.

官이 原局에 없어 크게 성공하지 못한다. 傷官이 많아 직장을 다니면 불평불만이 많은데 운에서 用神을 冲剋하여 破하면 불평불만이 많아진다.

세운 볼 때 用神은 月運 天干으로 보고, 세운은 十神과 사건을 위주로 보고, 月運에서 用神·喜神·藥神을 보는데 天干의 五行으로 보아라.

傷官格
土忌神, 木用神, 水喜神, 濕土喜神, 燥土病神, 木藥神

壬寅	丁未	戊辰	甲午	乾命
73	63	53	43	33	23	13	3
丙子	乙亥	甲戌	癸酉	壬申	辛未	庚午	己巳	大運

辰月 丁火日主가 木旺계절에 출생하여 戊土司令하여 食傷이 旺하여 신약하다.

辰中戊土가 투출하여 火土傷官格이다. 土가 旺하니 甲木으로 소토해야 吉하니 甲木이 用神이다. 甲木用神이 死宮에 앉아 힘이 없다. 초년 火運에 고생을 많이 한다. 庚金大運은 地支 午火에 剋傷되어 해가 없으나 辛金大運에 약해진 甲木用神을 剋하니 日干이 비실비실하여 여자가 안 오니 결혼 운이 없다.

壬申·癸酉大運에 발복을 하는데, 辰月이 喜神 창고라서 부모에게 유산을 받는다. 갑자기 돈이 많이 들어오면 부모의 유산으로 부동산, 또는 복권 등을 염두에 두고 보아라.

甲戌大運에 甲木大運은 좋으나 戊土大運에는 火局에 辰戌冲하니 깨진다. 寅午火局이 用神인데 子水大運에 子午冲으로 왕자충발(旺者衝發)하면은 나쁘다. 用神이 파괴되면 사망, 질병, 관재가 따른다.

8 巳月 丁火 | 사월 정화

巳月의 丁火는 午月에 비해서 火勢가 약하지만 그래도 火勢가 강한데 甲乙木이 있어 生助하면 庚金으로 制木하여 조절해야 길하다.

水旺하면 甲木으로 用神을 삼아 殺印相生으로 통관시켜 약한 火를 生助해야 길하다. 天干에 癸水가 있고 金이 生水하여 旺해지면 己土食神으로 制殺하여 막아야 하고, 壬水가 金의 生을 받아 旺하면 戊土로 傷官制殺을 해야 한다.

火旺하여 조열하면 地支에서 윤습한 金水로 조후가 되면 대길하다. 신왕하고 壬水와 庚金이 있어 조후가 되면 貴格이 된다.

明官跨馬格 | 火忌神, 木仇神, 水用神, 金喜神

辛丑	丁巳	乙巳	壬寅	坤命

79	69	59	49	39	29	19	9	
丁酉	戊戌	己亥	庚子	辛丑	壬寅	癸卯	甲辰	大運

巳月 丁火日主가 火旺계절에 출생하여 丙火司令이고 木生火를 하니 신왕하다. 소만 이후에 출생하여 火勢가 旺하여 덥다. 壬水가 뿌리가 없어 孤官인데 時柱에서 巳丑金局에 辛金이

투출되어 金生水하여 明官跨馬格이 되므로 身旺財旺하여 富貴한 사주다. 官印相生이 되니 참하고 책임감이 강하고 인품이 좋다. 財星이 투간되어 재산자랑을 한다. 運이 좋을 때 比肩 比劫이 많으면 친구가 많이 찾아온다.

卯木大運에 用神의 사지(死地)이고 喜神辛金은 절지(絕地)이니 직장 다니면 마음고생이 많다. 壬水大運은 좋고 寅木大運은 아주 나쁜 운에 들어가니 喜神인 辛金이 절지 운이 되어 나쁘다. 寅木大運에 丁巳日柱가 寅巳刑이 되어 몸이 아프고 旺火가 더욱더 旺해지니 群劫爭財되고 성격도 나빠진다.

辛丑·庚子·己亥大運은 잘된다. 己土大運은 乙木이 쳐주고 亥水가 있어서 걱정이 없다. 戊戌大運에 土剋水하니 신장·방광이 나빠지고 旺火가 入墓되니 혈압·중풍·당뇨·자궁질환이 발생한다. 戊戌大運에 水를 막으면 木이 말라서 타버리면 중풍으로 죽는다.

時上印綬格 | 水忌神, 木用神, 火喜神, 金病神, 火藥神

癸卯	丁巳	癸巳	辛丑	坤命

74	64	54	44	34	24	14	4	
辛丑	庚子	己亥	戊戌	丁酉	丙申	乙未	甲午	大運

巳月의 丁火日主가 火旺계절에 출생해 丙火司令인데 소만 이후 丁火日主는 덥다. 癸水가 양쪽에 있고 巳丑金局인데 辛金이 투출하여 金生水하니 癸水가 가까이서 剋하여

비바람 앞에 등불로 강변위약이라 水忌神이고 木이 통관용신이며 金病神이고 火藥神이다.

年·月柱가 기신이면 부모덕이 없는데 초년 대운이 藥神운으로 길하면 본인이 노력하여 공부를 잘한다.

酉金大運에 巳酉丑金局으로 金生水하고 卯木用神을 剋하니 부부가 이혼하는 運이다. 忌神을 生하고 用神을 冲하니 이별이다. 재다신약 사주에 戊戌 傷官大運에 卯木用神과 반대 운이라 남자를 만나면 돈을 까먹는다. 官殺이 양옆에 있으면 예쁘장하다.

偏財가 투간되면 잘난 척한다. 평생 일하면서 사는 八字이고, 比劫이 많고 印綬用神이 파괴되면 계획성이 없고 두서도 없어 대책이 없는 사람이다. 알뜰하지 않은 사주다.

官殺이 日干을 剋하는 사주인데 이와 같으면 공주병 환자다. 巳丑金局에 辛金이 투출하여 忌神이니 남의 돈을 꿔 쓰고 못 갚는다. 자기는 잘했고 남편이 돈을 안 준다고 말하는데 실제는 이 여자가 구제불능인 사람이다.

財多身弱格
金忌神, 土仇神, 木用神, 水喜神, 金病神, 火藥神

巳月 丁火日主가 火旺계절에 출생하여 丙火司令이고 乙木이 生助하니 신왕으로 출발하나 巳酉丑金局에 辛金이 투출되어 강변위약으로 신약하다.
戊土司令이거나 庚金司令이면 從財格으로 取用하는데 丙火司令이라 從財格으로 안 간다.

金忌神에 土仇神이며 乙木用神이나 絶地에 坐하여 뿌리가 없어 약하다. 水喜神인데 없고, 金病神에 火藥神이다.

庚辰·己土大運에 忌神을 生助하니 가정환경이 나빠 고생하고 학교진학을 못하고 부모가 사망하여 일찍부터 농사지으며 살아가는데 己土에 乙木을 심으면 金이 많아서 자갈이 많아 고생이 많고 소득이 적다.

卯木大運에 日支忌神을 冲하여 결혼했고 재다신약이라 부인이 맞벌이를 하여 돈을 모아서 숙박업소를 자그마하게 차려 운영하는데 부인을 도우면서 산다. 숙박업이 되는 것은 酉金이 開金인데 開金殺은 남을 즐겁게 하는 것으로 酉金이 巳中丙火와 暗合을 年月日時에서 하는 까닭이다.

> 寅木大運에 火藥神의 長生支요, 用神乙木을 도우니 길하고, 丁火大運은 病神 辛金을 제거하니 제일 길하다.

丑土大運에 巳酉丑金局을 이루고 旺神을 入墓시키니 처가로 인한 손재가 발생한다. 丙火大運에 病神 辛金을 合去하니 길하고, 子水大運은 旺金을 泄氣시키니 평범한 운세이고, 乙木大運은 用神運이라 길하고, 亥水大運은 月支 巳火藥神을 冲하니 불이 꺼져 病神을 막지 못해 辛金이 用神乙木을 剋하니 生命이 위험하다.

年時上偏財格
火忌神, 木仇神, 金用神, 土喜神, 火病神, 水藥神

乙	丁	癸	辛	乾
巳	卯	巳	巳	命

74	64	54	44	34	24	14	4	
乙	丙	丁	戊	己	庚	辛	壬	大
酉	戌	亥	子	丑	寅	卯	辰	運

巳月 丁火日主가 火旺계절에 출생하여 庚金司令인데 木火가 중중하니 신왕하다.
比劫이 많아 신왕하면 官用神으로 되어야 하는데 癸水無根이니 증발되어 약하여 巳中庚金에 뿌리를 하는 辛金이 用神이다.

> 辛金은 木을 制하고 水를 生하니 用神으로 쓸 만하다. 年時上偏財格으로 巳中庚金이 많아 金用神에 土喜神이고 火病神에 木仇神이며 水藥神이다. 사주원국에 喜神이 없어 用神이 보호가 안 되니 格이 떨어져 下格이다. 辛金用神을 癸水偏官으로 보호하니 무리가 따른다.

초년운에 壬辰大運에 藥神과 濕土喜神이 오니 유복한 가정에서 태어나 매우 총명하여 귀여움을 독차지하며 자랐다.

年月에 用神과 藥神이 있어 조상의 유산이 남아 상속을 받아 넉넉하다. 辛金大運에 用神이나 卯木이 絶地라 쇠약하여 평범하게 지나간다. 卯木大運에는 濕木이라 과히 나쁘지 않다.

庚金大運은 길하고, 寅木大運은 木生火하여 火剋金하고 寅巳刑하니 백사

불성이요 질병이나 관재가 따르는 운이므로 매우 나쁘다.

초년에 用神이 剋傷당하면 부모가 돌아가시고, 중년에 用神이 剋傷당하면 본인이나 배우자가 죽고, 말년에 用神이 剋傷당하면 본인이 죽는다.

己丑·戊子大運은 喜神과 用神大運으로 食傷生財하여 驛馬 財星이 있으니 운수업으로 돈을 벌었다.

丁火大運은 用神을 冲하나 亥水에 조절되어서 약하고 癸水가 反冲하니 그냥 넘어가나 乙亥년에는 乙辛冲 巳亥冲으로 많이 나쁘다. 다음 大運이 亥水大運에 亥卯木局에 木生火하고 巳亥冲하니 복합적인 화근이 일어나 어려움이 많이 따른다.

日貴格, 年時上偏官格 【燥土運에 病神노릇하니 甲木藥神 作用,】
火忌神, 木仇神, 水用神, 金喜神, 濕土喜神

甲辰	丁亥	丁巳	癸巳	乾命
80	70	60	50	40	30	20	10	
己酉	庚戌	辛亥	壬子	癸丑	甲寅	乙卯	丙辰	大運

巳月 丁火日主가 火旺계절에 출생하여 丙火司令이고 木火가 많아 신왕하다.
조열한 사주로 火旺하니 年干 癸水가 亥水에 通根하니 用神으로 쓸 만하다.

癸水用神에 金喜神이고, 火忌神에 木仇神이고, 辰土濕土는 喜神이다.

초년 丁巳大運과 丙火大運이 忌神大運이라 농촌에 어려운 가정에서 성장하였고, 月이 忌神이면 집에서 빨리 나온다.

日支의 亥中甲木이 역마 속에 印星이 있어 요즈음 아이들 같으면 유학 보내 달라고 한다. 用神 속에 印綬라 공부를 잘해서 도시로 나와서 공부를 했다.

辰土 濕土大運에 열기를 설기시키니 좋아 중학교부터 객지에서 공부하여 고등학교를 졸업하고 乙卯大運 濕木이라 生火가 안 되니 나쁘지 않았고 歲運이 壬子·癸丑년으로 오니 수협에 취직하였다.

甲寅大運은 仇神이고 癸亥년 歲運은 用神인데 大運은 忌神을 生助하고 歲運 癸亥는 大運 甲寅을 생조하며 月柱를 干支冲하니 동료의 잘못으로 피해를 입었다. 忌神大運일 때 歲運을 잘 살펴보아야 한다.

癸丑大運 壬申年에 比劫을 冲去와 合去를 하니 次長으로 승진하고 丑土大運에 戊寅年은 戊土가 癸水를 合去하려고 하나 時上甲木이 反冲하니 이때는 甲木이 藥神역할을 하여 壬子大運 癸未年에 전무로 승진했다.

時上正財格【多逢比劫에 財가 弱해 群劫爭財格으로 財運이 와도 爭財된다】
火忌神, 木仇神, 金用神, 濕土喜神, 火病神, 水藥神

庚戌	丁未	丁巳	戊戌	乾命

73	63	53	43	33	23	13	3	
乙丑	甲子	癸亥	壬戌	辛酉	庚申	己未	戊午	大運

巳月 丁火日主가 火旺계절에 출생하여 丙火司令인데 午火를 공협으로 불러오니 신왕 조열하다.

木이 없어서 炎上格은 면했다. 건조하니 습이 필요한데 없다.

時上庚金이 巳火가 長生月이고, 戌時에 출생하니 저녁이라 태양은 지고 金旺時間으로 燥土라도 土生金하니 用神으로 쓸 만하다.

火忌神에 木仇神이며 金用神에 濕土喜神이며 火病神에 水가 藥神이다.

초년 戊午·己未大運에 燥土 食傷으로 生金이 안 되니 예체능이 발달한다. 忌神大運이라 남자는 기술이나 운동으로 간다.

比肩으로 신왕사주는 官星으로 조절해야 하는데 官星이 없으면 성격이 안하무인으로 포악해진다. 더구나 食傷으로 대운이 흘러가면 무법천지로 탈법과 불법을 일삼는다. 남자는 건달이고 여자는 서비스계통으로 간다.

사주원국에서 用神 財星이 미약해 군겁쟁재 되었으므로 庚申·辛酉大運이 와도 군겁쟁재는 피할 수 없어 돈이 생기면 나누어 가져야 한다.

比劫이 旺한 財星用神은 用神大運에도 발복이 안 되는 이유는 官이 없고 食傷이 燥土로서 食神生財가 안 되어 爭財가 되었기 때문이다.

年時上正官格
火忌神, 木仇神, 水用神, 金喜神, 濕土喜神

壬寅	丁巳	乙巳	壬辰	乾命
79	69	59	49	39	29	19	9	
癸丑	壬子	辛亥	庚戌	己酉	戊申	丁未	丙午	大運

巳月 丁火日主가 火旺계절에 출생하여 戊土司令으로 辰月의 氣運이 아직 작용한다. 그러나 木火가 많아 신왕하다.
木生火하니 火旺하여 壬水로 用神하는데 時上壬水는 泄氣가 심해 못 쓰고 年上 壬水는 자좌 辰土에 着根하니 用神으로 쓴다.

旺火 忌神이고 木仇神이며, 水用神에 巳中庚金이 喜神이다. 壬水用神이 根이 약하고 喜神마저 약한데, 초년 丙午大運에 用神이 고갈되고 喜神이 녹기 직전이니 매우 나쁘고, 부친이 무능해 가정이 어렵다.

丁未大運에 用神이 두 개라 時上壬水를 合去하니 年上 壬水用神이 순일해지니 좋고 歲運 壬子년에 고등학교를 졸업하고 喜神직업인 금융회사에 입사했다. 用神이 두 개가 있으면 하나를 合去하거나 沖去를 하면 좋다.

未土大運 丙辰 年에 같은 금융회사에 근무하는 여성과 결혼했다. 戊申大運에 戊土大運은 申金에 泄氣되어 힘이 없고 用神이 두 개라 넘어가고 申金大運은 申辰水局으로 生水하니 승진하고 가정이 안정이 되었다.

己土大運에 己土濁壬을 시키려고 하나 月上乙木이 막아 넘어가고 또한 己土가 濕土라 나쁘지 않다.

酉金大運에 辰酉合金이 되고 巳酉金局으로 用神을 生하니 길한데 뒤에 오는 大運이 나쁘면 歲運을 잘 살펴라.

戊寅年에 用神을 剋하고 寅巳刑이 가중되어 명예퇴직하고 庚金大運은 喜神인데 乙庚合으로 仇神을 묶어 주고 用神을 生하니 巳中庚金이 喜神이니 장어구이 장사를 시작했다.

戊土大運은 辰土를 冲하면 댐이 터져 壬水用神이 홍수가 나므로 나쁘다. 寅戌火局으로 巳中庚金이 녹으니 부인의 목숨이 위태롭게 된다.

⑨ 午月 丁火 | 오월 정화

午月의 丁火는 祿地로 火勢가 강열한 계절이라 壬水가 있어야 한다. 癸水가 있어도 좋은데 癸水는 적수오건(滴水熬乾)으로 증발이 되어 못 쓰게 되니 壬水를 쓴다. 天干에 庚金이 있어 수원처(水源處)가 되어 주면 財生官이 되어 貴命이 된다.

地支에 金이 있고 時上에 癸水가 홀로 있고 조화를 이루면 많은 사람 가운데 수장인 우두머리가 될 수 있다.

甲木이 旺하면 庚金을 쓰고, 乙木이 旺하면 辛金을 쓴다. 土多하면 火를 泄氣하고 金을 매금(埋金)을 시키니 甲木으로 疏土해야 좋고, 地支에 金은 水의 根源이 되어 좋다.

甲木은 午月에 死宮이라 水가 필요하다. 물이 부족하면 金이 있어 金生水해야 길하다. 무관이나 전문직 기술자이다. 火旺계절에 丁火日主는 조후가 필요한 시기인데 比劫이나 戊己土가 많아 조열하면 下格이다.

兩干不雜格, 炎上格
火用神, 木喜神, 水病神, 金仇神, 土藥神

丙午	丁亥	丙午	丁卯	坤命
75	65	55	45	35	25	15	5	
甲寅	癸丑	壬子	辛亥	庚戌	己酉	戊申	丁未	大運

午月 丁火日主가 火旺계절에 출생해 丁火司令이고 양간부잡이며 亥水 天乙貴人이 있으니 귀태가 나고 亥水 官은 根源이 없어 亥卯未木局으로 바뀌어 木生火하니 炎上格에 亥水가 病이 된다. 丁未·戊土大運은 金이야 玉이야 귀염 받고 자란다.

炎上格은 총명하고 똑똑하여 공부를 잘하고 申金大運에 외국유학을 다녀오고, 己土大運에 旺者는 好泄精英이라 운이 좋으니 명문집안과 결혼했다.

酉金大運에 남편이 사업하다 까먹고, 시어머니가 친정에 가서 돈 좀 가져오라고 하여 이혼했다. 酉金大運에 卯木을 冲하면 亥水가 불을 끄니 운이 나쁘다. 日支가 忌神이면 運이 나쁠 때 이혼하게 되고 日支가 用神이면

運이 나쁠 때도 이혼하지 않는다.

戌土大運에는 火庫인데 年月柱는 父母宮으로 旺火가 入墓되면 부모가 돌아가신다. 庚金大運과 辛金大運에 群劫爭財라 사업하면 까먹는다. 말년이 나쁘고 財官이 忌神이니 사업은 못한다. 평생 다닐 직장이 좋다.

比劫이 많으면 낭비가 심하다. 남자를 만나지 말고 혼자 살면서 땅을 사서 임대업이나 부동산중개업이나 하고 살아야 한다.

日貴格, 時上一位貴格, 火忌神, 木仇神, 水用神, 金喜神

壬寅	丁亥	丙午	丁卯	坤命
75	65	55	45	35	25	15	5	

甲寅	癸丑	壬子	辛亥	庚戌	己酉	戊申	丁未	大運

午月 丁火日主가 火旺계절에 출생하여 丁火司令으로 比劫이 많아 신왕하다.
壬水 正官이 根이 있어 比劫을 제압하니 질서가 잡힌다.
年月柱에 忌神이 많고 초년에 忌神운이라 고생한다. 戊土傷官이 官을 剋하니 官 찾아 서울로 상경하여 직장에 취직하여 다니는데 申金大運에는 卯申鬼門關殺이 되니 동성동본 남자와 연애한다. 官星이 用神이니 남자 없이는 못 산다.

己土大運에 己土濁壬이 되므로 헤어질 수 있다. 28세에 결혼하여 남편이 2年 동안 백수였는데 酉金大運에 남편이 잘나간다. 酉金大運에 잘나가는 것은 金生水되어 잘되는 것도 있지만 그것보다 木을 剋하여 水의 泄氣를 막았기 때문이다.

庚金大運은 金生水하는 喜神運이라 좋고, 戌土大運에 寅午戌火局에 旺火入墓하고 亥水를 剋하니 傷官見官되어 남편의 직장에 문제가 생기거나 명예훼손이 되어 나쁘다.

傷官見官이 되어도 이혼하지 않는 것은 官이 用神이기 때문이다. 亥子丑大運은 좋다. 辛亥大運에 寅은 비행기나 배로 본다. 外國여행 가서 남자와 寅亥合으로 손목 잡고 여행한다. 癸丑年 庚申月부터 잘 풀린다. 甲寅·乙卯·丙辰·丁巳·戊午·己未月까지는 나쁘다. 戊癸之年은 月運이 干支가 같은 오행으로 간다.

年時上官格, 明官跨馬格
火忌神, 木仇神, 水用神, 金喜神

庚子	丁卯	丙午	壬申	乾命
71	61	51	41	31	21	11	1
甲寅	癸丑	壬子	辛亥	庚戌	己酉	戊申	丁未	大運

午月 丁火日主가 火旺계절에 출생하여 丁火司令이고 丙火가 투출되어 火旺하여 조열하다. 年時上官格으로 年干의 壬水가 子水羊刃을 두어 강하다. 丁未·戊土 大運에 고생하다가 申金大運부터 열심히 공부하여 좋은 대학에 들어가고 己土大運에 갈등하다 酉金大運에 행정고시에 합격하고, 庚金大運에는 壬水用神이 子水羊刃이 있어 사법고시까지 양 시에 합격했다.

戊土大運에 어려움이 많았으나 土生金·金生水로 相生되니 큰 피해 없이 넘어갔다. 45세까지 자식이 없다가 亥水大運에 자식을 본다.

사주원국에 丙壬冲 子午冲으로 官冲이 되어 있어 자식을 늦게 둔다. 辛亥 大運에 偏財가 들어오니 애인을 사귀는데 첩에게 자식을 본다. 時上偏官 格이라면 자식을 늦게 둔다. 본처에게 자식이 없다.

炎上格
火用神, 木喜神, 水病神, 金仇神, 土藥神

壬寅	丁巳	丙午	丁酉	乾命
73	63	53	43	33	23	13	3
戊戌	己亥	庚子	辛丑	壬寅	癸卯	甲辰	乙巳	大運

午月 丁火日主가 火旺계절에 출생, 丁火司令인데 丙丁火가 투출되고 寅午火局에 壬水는 根이 없고 丁壬合으로 木生火 하니 炎上格이다. 巳酉金局이 될 것 같으나 중간에서 午火가 金局을 방해한다. 寅午火局에 火勢가 강하여 金이 녹아 金局은 안 된다.

炎上格으로 火用神에 木喜神이며 水病神에 金仇神이다. 燥土가 藥神이 된다. 濕土는 열기를 식혀주므로 忌神으로 작용한다.

乙巳·甲木大運까지 좋았으나 辰大運과 癸水大運은 나쁘다.

卯木大運은 忌神酉金을 沖을 해주니 좋고 壬水大運은 年干에 丁火가 있어 丁壬合으로 吉凶이 반반인데 地支에 寅木이 있어 무사히 넘어간다.

寅木大運은 寅午火局이 되니 좋고, 辛丑大運부터 나쁘다. 丙辛合에 地支는 巳酉丑金局으로 金生水로 忌神을 生해주니 나쁘다. 부인과 자식들이 속을 썩이고 사업하면 실패한다.

庚子大運에는 午火를 子水가 子午沖하면 왕신충발(旺神衝發)하여 큰 禍를 면하기 어렵다.

🔟 未月 丁火 │ 미월 정화

未月의 丁火는 炎夏의 무더운 시기라서 모든 오행이 조후가 필요하고 다음으로 격조(格調)의 조화를 보는 것이 원칙이다. 염상격(炎上格)과 가색격(稼穡格)은 예외이나 그런 경우는 드물다.

午月의 丁火와 비슷한데, 未月의 丁火도 火旺하여 壬水와 庚金이 있어야 귀격이고, 신약하면 甲木으로 화살생신(化殺生身:殺印相生)해야 貴格이다. 土가 많으면 甲木으로 疏土하고 水의 생조를 받아야 길명이 된다. 庚金은 濕하게 만드는 역할이 있다.

> 木火가 寅午戌火局이 되면 炎上格으로 從格이 된다. 대체적으로 여름에 火日主는 從格을 제외한 모든 格이 水火가 균등하게 조화를 이루어져야 貴格이 된다.

庚金이 있어 수원처(水源處)가 되어 주어야 貴命이 되는데 壬水가 투간되어 있어도 土의 剋을 받지 않아야 吉하며, 地支에 申辰丑 등이 調候가 되면 의식주는 넉넉하다. 官星이 있는데 官星이 깨지면 화토중탁(火土重濁)에 승도지명(僧徒之命)이 되기 쉽다.

머리가 총명하면 빨리 다른 쪽으로 醫大·藥大나 기술계로 가야 한다. 그쪽으로 안 가면 평생 고달프다. 癸·乙·己·丙 등이 많으면 貴格으로 성격되기 어렵다. 財沖된 자는 옆길로 빠진다.

食神格
土忌神, 木用神, 水喜神, 金病神, 火藥神

辛亥	丁巳	己未	癸丑	乾命

74	64	54	44	34	24	14	4	
辛亥	壬子	癸丑	甲寅	乙卯	丙辰	丁巳	戊午	大運

未月 丁火日主가 火旺계절에 출생하여 己土司令이고 己土가 투출하여 土旺한데 丑未冲에 巳亥冲하여 파격이 된 것 같으나 亥未와 巳丑으로 冲中逢合되어 冲으로 보지 않는다.

극설교집(剋泄交集)이면 印綬가 用神이다. 泄氣하는 것은 剋하고 官殺은 殺印相生시켜야 하기 때문에 木用神이고 金病神이며 火가 藥神이다. 초년에 病神을 제거시켜 무해무덕하다. 乙卯大運 좋고 甲寅大運에 대발한다.

亥未合, 巳丑合이라 冲中逢合으로 冲이 해소되었다. 辛金 財가 忌神이라 출장 가면 처갓집 담보로 융자 받아 날려먹게 되니 인감도장은 가지고 다녀야 한다. 辛金 偏財가 亥水浴支에 앉아 사치가 심해 헤프다.

地支가 亥未巳丑으로 순서로 연결되면 冲작용이 적게 작용하나 亥巳未丑으로 순서로 연결되면 冲中逢合이라도 冲작용은 한다.

月日이 巳未격각이라 부모, 형제와 떨어져 산다. 日干이 약해서 공협으로 午火를 불러오니 형제간에 의가 좋다. 만약 年干 癸水가 아니고 丁火라면 忌神이 되니 형제간에 의가 없다. 日干이 아주 약하고 하나면 형제끼리 단합을 하지만, 丁火가 투간되면 형제에게 모든 일을 미룬다. 干與支同에 財가 泄氣되고 剋당하면 부인의 몸매가 날씬하다. 癸丑大運부터 불길하다.

時上正財格 ┃ 火忌神, 木仇神, 金用神, 土喜神

庚戌	丁巳	丁未	丁卯	乾命

75	65	55	45	35	25	15	5	
己亥	庚子	辛丑	壬寅	癸卯	甲辰	乙巳	丙午	大運

未月 丁火日主가 火旺계절에 출생하여 己土司令이나 丁火가 투간하고 卯未木局이 丁火를 生하니 열기가 심하다.
炎上格으로 볼 것인가 아니면 신왕으로 볼 것인가? 未月에 庚金이 時上에 투출하여 庚金의 冠帶月이며 巳火에 長生이 되어 着根을

하여 庚金이 用神이다. 火旺하여 用神 金이 녹으니 주위사람들이 볼 때 답답한 사람인데 본인은 모른다.

木火大運으로 중년까지 이어져 群比爭財로 장가도 못 가고 평생 떠돌이 신세를 못 면한다. 사는 것이 힘들다.

> 辛丑大運은 用神運으로 運이 나쁘다가 갑자기 用神이 오면 편안해지지만 살 만하면 죽는 경우가 있는데, 주린 배에 음식을 많이 먹으면 죽는 것과 같다. 세상에서 가장 편안한 것은 죽음이 가장 편안하다.

炎上格　【男子 사주라면 초년부터 土金운이라 從格으로 안 간다】
火用神, 木喜神, 水病神, 土藥神　【종격이면 체구가 크다】

甲辰	丁巳	丁未	壬戌	坤命
79	69	59	49	39	29	19	9	
己亥	庚子	辛丑	壬寅	癸卯	甲辰	乙巳	丙午	大運

未月 丁火日主가 火旺계절에 출생, 己土司令인데 공협으로 午火를 불러오니 신왕하다.
辰戌冲하여 辰中癸水는 증발이 되었고, 壬水가 丁壬合去되어 기반(羈絆)되니 炎上格이 된다.

炎上格으로 格이 淸高하다. 초년에 木火大運으로 시작하니 집안이 좋아 父母가 수백억대 부자다.

연세대학교를 졸업하였는데 인물 좋고 종격이 되어 키가 크다. 만약에 종격이 아니라면 키가 작을 것이다. 火土傷官은 예체능인데 음악을 한다. 종격에 丁巳日柱라 체구가 늘씬하게 크다.

男子사주면 初年부터 土金운이라 從格으로 안 간다. 초년운이 길한가 물어라!

壬水 官이 地支에 戌未刑하니 의대생이 많이 따른다. 火土傷官이라 인심이 좋고, 水運이 오면 남편과 사이가 나빠진다. 壬癸大運에 이혼할 수 있다. 부모를 잘 만나 寅木大運까지는 잘산다.

> 火土傷官이 조열하여 炎上格이 되었는데, 壬水대운 官이 忌神이라 水運이 오면 남편과 이혼 등 반드시 관재가 따르게 된다.

11 申月 丁火 | 신월 정화

申月의 丁火日主는 壬水의 長生月인데 金旺계절에 진입하여 丁火가 쇠약해지는 시기이나 甲木이 투간되고 庚金으로 劈甲生火하면 妙格이 된다. 丁火는 신약하여 甲木이 있어야 하고, 다 자란 나무라 庚金으로 劈甲生火해야 한다. 金旺계절이라 乙木만 있어도 고초인정(枯草引丁)으로 木生火가 되니 中格은 된다. 甲木·乙木이 없으면 발달할 수가 없다.

水가 많으면 戊土가 用神이고 金이 많으면 丙丁火가 根이 있어야 제압이 되나 根이 없으면 잡격으로 변한다. 印綬, 比劫간에 金旺계절이니 서로 협조되어야 사주가 맑아진다. 秋月에 火는 身旺해야 청격(淸格)이 될 수 있는데 신약하면 잡격(雜格)이다.

正財格 破格
水忌神, 金仇神, 木用神, 火喜神, 金病神, 火土藥神

癸卯	丁亥	庚申	癸丑	乾命

74	64	54	44	34	24	14	4
壬子	癸丑	甲寅	乙卯	丙辰	丁巳	戊午	己未	大運

申月 丁火日主가 金旺계절에 출생하여 壬水司令이고 財官이 투출되어 신약하다.
財星 申中庚金이 月上에 투출하니 강하고 金水가 太旺한데 신약하므로 財格 破格이다.

丁火가 약해 甲木을 찾으니 亥中甲木 亥卯木局이 있어도 癸水에 젖어 濕木이라 生火가 안 되고 연기만 나니 부모 도움이 약하다.

水를 泄氣시키기 위해 卯木을 用神으로 쓴다. 己未·戊午大運은 藥神大運으로 환경이 좋고 공부는 중간이다. 未大運은 亥卯未木局되어 印綬局이 未土가 있으면 燥木으로 변하므로 공부한다.

戊土大運에 戊癸合으로 官殺을 묶어주니 吉한데, 대학입시에 재수를 하는 사주로 午火大運에 大學에 들어간다. 재수를 안 하면 삼류대학에 들어간다.

火運이라 卯木이 말라서 잘 탄다. 亥水가 法인데 正·偏官 혼잡으로 格이 탁해져 法大는 안 된다. 卯申이 懸針殺이라 韓醫大學으로 간다.

辰土大運에 申辰水局으로 財가 殺로 변하니 부인이 부동산에 투자하여 손해가 많아 이별할 運이다. 土生金하니 財가 旺해진다. 이혼을 안 하고 살면 乙卯大運에 사이가 좋아진다. 印綬가 時柱에 있으면 늦은 공부인데 나이 먹을수록 공부한다. 印綬가 공망이면 더욱더 열심히 공부한다.

正官格
金忌神, 木用神, 水喜神, 金病神, 火藥神

辛亥	丁未	壬申	己卯	乾命
80	70	60	50	40	30	20	10	
甲子	乙丑	丙寅	丁卯	戊辰	己巳	庚午	辛未	大運

申月 丁火日主가 金旺계절에 출생하여 庚金司令으로 金水가 많아 신약하다.

申中壬水가 투간되어 正官格이 되었다. 天干에서 剋泄交集이 되니 바람 앞의 촛불이다.

亥卯未木局되어 火를 生하려고 하는데 辛金이 金剋木하려고 하나 壬水가 있어 貪生忘剋으로 金生水에 水生木하니 壬水가 貴가 된다. 日·時·年에서 亥卯未木局으로 用神이 연결되어 있으니 처덕과 자식 덕이 있다.

正官格이 되니 고지식하고 정직하다. 처덕이 있는 것은 日時에 印綬用神이 있기 때문이다. 평생 고생을 안 하고 평범하고 편안하게 잘산다. 財가 忌神이고 印綬가 用神이면 돈은 많지는 않다. 己土濁壬으로 직장생활을 하지 못하고 조상이 물려준 유산으로 먹고산다. 시골동네 조합장이나 이장노릇 밖에 못한다. 사주가 冷濕하고 현침이 많아 몸이 쑤시고 아프다.

正官用官格
火忌神, 木仇神, 水用神, 金喜神

丙午	丁卯	丙申	辛亥	坤命
79	69	59	49	39	29	19	9	
甲辰	癸卯	壬寅	辛丑	庚子	己亥	戊戌	丁酉	大運

申月 丁火日主가 金旺계절에 출생, 戊土司令이라 열기미진(熱氣未盡)인데 丙火가 투간이 되었고 亥卯木局이 木生火해 신왕하다.

亥中壬水 用神으로 正官用神이 되면 印綬나 財星으로 官星을 보호해야 한다. 偏財 辛金은 丙辛合이 되어 자기 역할을 못한다. 壬水 官이 用神이면 명예욕이 강해 성품이 착하다.

女子사주에 官이 用神인 자는 일찍 결혼한다. 25세 乙亥年에 日支 卯木 도화에 合되어 결혼했다. 세운이나 대운에서 도화에 合되는 운을 본다.

官用神에 傷官운에는 내가 벌어서 남편을 먹여 살려야 한다. 결혼해서 傷官運이 오면 官을 치면 남편이 백수가 되니 자기가 돈을 벌어야 한다. 官이 공망이라 남자를 사귀려고 해도 남자가 안 온다.

丁火日主가 火가 많으니 쉽게 열을 받는다. 남자가 와서 눌러줘야 하는데 年·日支가 공망이라 독수공방살이다. 戊戌傷官大運에 디자인공부를 한다.

己土大運에는 己土濁壬이라 나쁘다. 大運에서 己未大運이면 이혼을 안 하는데 己亥大運이라 亥水 官이 또 오니 이혼하게 된다.

己未大運이라면 土剋水해서 없어질까 봐 이혼은 안 한다. 己亥大運이라 이혼했고 亥水大運에 남자를 다시 만났다.

官이 하나이고 比劫이 많으면 異女同夫라 유부남을 만난다. 運이 좋아 경제적 능력이 있는 사람은 나이 불문하고 만난다.

亥水官星이 三合으로 未土를 불러오니 남자가 결혼에 실패한 자식 딸린 남자를 만났다.

12 酉月 丁火 | 유월 정화

酉月의 丁火는 申月의 丁火와 用神 취용법이 비슷하나 庚金과 甲木이 있으면 貴格의 조건이다. 가을철 乙木은 건초(乾草)가 되는 계절이 되므로 取用하여 쓰면 묘격(妙格)을 이룰 수 있다.

乙木을 쓸 때는 七月보다 八月이 습기가 없어서 불이 잘 지펴지니 더욱 좋다. 枯草引丁(마른 풀이 丁火를 生助하는 것을 말한다)이 되는 것이다. 甲·乙·庚이 없고 水土가 旺하면 丙火가 조후용신이다.

金多하면 丁火로 녹여야 되니 지지에 根이 있어야 되고 木으로 木生火를 해야 妙格이 된다. 金水가 많아 從財가 되거나 從殺이 되면 貴命이 된다. 木이 많으면 庚金으로 旺木을 劈甲生火해야 좋다.

偏財格, 破格, 歲祿格
金忌神, 火用神, 木喜神, 水病神, 土藥神

辛亥	丁亥	辛酉	戊午	乾命

71	61	51	41	31	21	11	1	
己巳	戊辰	丁卯	丙寅	乙丑	甲子	癸亥	壬戌	大運

酉月 丁火日主가 金旺계절에 출생하여 辛金司令하여 辛金이 투출되고 財官이 많아 泄氣가 태심하여 年支에서 祿根하여 세록격(歲祿格)이다.

午火用神이고 亥中甲木이 喜神이다. 用神이 약해 인생살이가 어려움이 많다. 초년이 忌神이니 가정형편이 어려워 학력이 짧다. 甲木 대운에 약간 좋아진다. 亥中甲木이 학문인데 결혼해서 처가 공부시킨다.

子水大運에 用神을 冲하여 질병으로 어머니가 사망했다. 用神을 冲하면 되는 일이 없고 질병이나 사망인데 초년은 父母 사망이고, 중년은 가산탕진에 배우자 사망이고, 말년은 본인이 사망한다.

乙丑大運은 겨울에 갈초라 잘 타니 자수성가한다. 辛金이 反冲을 하므로 큰 복은 없다. 丑大運에 酉丑金局으로 忌神으로 변해 남 밑에서 일한다.

丙寅大運에 財가 旺해도 財를 이길 수 있어 독립해 상업으로 많은 돈을 번다. 火가 약하면 의류업으로, 火가 旺하면 금은세공·고철 장사 등으로 잘살게 되어 말년까지 아주 좋다. 辰土大運에는 旺水入墓되고 辰酉合이라 病으로 고생한다. 왕신입묘(旺神入墓) 대운에는 어떠한 병고이든 있게 된다.

偏財格, 從財格
金用神, 土喜神, 火病神, 水藥神

辛丑	丁丑	乙酉	乙巳	坤命

71	61	51	41	31	21	11	1	
癸巳	壬辰	辛卯	庚寅	己丑	戊子	丁亥	丙戌	大運

酉月 丁火日主가 金旺계절에 출생하여 辛金司令이고 巳酉丑金局인데 辛金이 時上에 투출되어 時上偏財格이다. 財星이 太旺하여 신약이다.

酉月 金旺계절에 巳火는 金局으로 변해 丁火가 巳火에 根을 못한다. 年支 巳火는 巳酉丑金局으로 허화

(虛火)로 변했으니 쓸 수가 없다(巳火가 月支나 時支에 있을 때 根이 된다).

> 乙木이 根이 없고 辛金이 剋하여 從財格이 되었다. 金用神에 土喜神이고 火病神에 水藥神이다.
>
> 大運에서 주의할 것은 丑土大運에는 用神을 生助하니 좋다고 보지 마라. 用神의 墓라 用神이 중년에 入墓되면 家長이 죽고, 歲運에서 用神入墓는 부도나고 질병으로 고생하거나 해당 六親이 사망하기도 하며, 六親에게 어려움이 발생한다.

歲運에서 天干은 五行·十神·六親으로 보고 地支는 合·刑·冲·破·害를 중심으로 사건을 본다. 寅木大運에 用神이 絶地라 나쁘고 재물이 약해진다.

兩干不雜格, 偏財格 | 格用神 土金
抑扶用神 | 天干 : 火用神, 木喜神 地支 : 通關 水用神

辛丑	丁卯	丁酉	辛卯	坤命
75	65	55	45	35	25	15	5
乙巳	甲辰	癸卯	壬寅	辛丑	庚子	己亥	戊戌	大運

酉月 丁火日主가 金旺계절에 출생하여 辛金司令인데 辛金이 투출하여 財旺하니 신약하다. 兩干不雜格으로 貴格인데 酉月 辛金이 투출되어 偏財格으로 성격되었다.

> 冲 중에 不冲이 있으니 卯酉卯는 不冲(命理正宗에 云하되 二字不冲)이다.
>
> 酉丑金局으로 冲中逢合이라 不冲이나, 合이 아니라면 酉金이 得令하니 힘이 강해 冲한다. 만약에 卯月에 卯酉卯는 酉金이 약하니 不冲이다.

財旺하니 天干은 火用神이요 地支는 金木相戰이라 이것을 말리는 水를 通關用神으로 잡는다. 여자가 총명하여 두뇌회전이 빠르며 주변사람들의 호평이 자자하다. 偏財格은 正格으로 格을 生助하는 丑土가 있으니 上格이 되었다. 上格은 格중심으로 운세를 보아야 한다.

서울대학교 法大를 졸업하고 庚金大運에 27세에 사법고시에 합격하여 검사로 있다가 子水大運에 辛金이 十二運星으로 死宮이니 사표내고, 官印相

生으로 교편생활을 하다 그만두고 辛金大運에 남편과 함께 사업을 크게
하다가 丑土大運에 남편이 교통사고로 사망했다. 格이 入墓되면 대들보가
무너져 남편이 사망한다. 格이 무너지면 억부용신으로 살아야 한다.

壬水大運에 새로운 남자를 만나 사업하다가 사기를 당해 망했다. 이 사주
는 地支에서 水가 들어오는 것은 좋은데 天干에 水는 나쁘다. 왜냐하면
木이 없어 官을 못 막아 나쁘다. 다른 남자와 정에 이끌려 동업하다 寅木
大運에 호주로 도망갔다.

偏財가 天干에 투간되면 한 번은 사업을 하는데 地支에서 偏財의 뿌리를
卯酉冲이 되어 있으면 실패한다. 時上에 偏財는 영웅호걸의 기질이 있다.
日支에 將星이 붙었으니 내가 대장노릇을 한다. 格이 수옥살이 되니 관청
의 밥을 먹어본다. 官이 사주에 없어 직장생활을 오래하지 못한다.

> 滴天髓에 말하기를 ;
> 　　　地支에서 싸우면 天干에서 구경만 하고,
> 　　　天干에서 싸우면 地支에서 담장 너머로 넘겨다본다.

禄이 空亡이고 合禄이 空亡이면 종교인이나 역술인이 되는 것은 길하다.

財格　　【亥卯木局과 巳酉金局은 旺支가 있어 冲中逢合이 아니다】
金忌神, 木用神, 水喜神, 金病神, 火藥神

癸卯	丁亥	乙酉	乙巳	坤命
73	63	53	43	33	23	13	3
癸巳	壬辰	辛卯	庚寅	己丑	戊子	丁亥	丙戌	大運

酉月의 丁火日主가 金旺계절에
출생하여 辛金司令이고 巳酉金
局에 時上에 癸水가 亥水에 뿌
리를 내려 신약하나 亥卯木局
이고 年·月干 乙木이 투출하여
약간 신약하다.

木用神에 水喜神으로 여자는 官을 중요하게 보니 亥子大運에 그런대로
좋으나 亥水驛馬 官이라 외국인 남자를 좋아하는데 巳中戊土가 傷官으로
巳亥冲이 있는 사람은 임신을 잘하는데 셋을 유산하였다.

戊土大運에 傷官이라 아르바이트를 한다. 己丑大運에서 傷官見官이 되어서 남자와 헤어지고 직장을 그만두고 허송세월을 보낸다.

庚金大運에 財多身弱으로 변하니 比劫이 도와준다. 巳中丙火 오빠가 돕는다. 사주에 水가 喜神이면서 亥酉가 있으면 술(酒)을 잘 마신다.

> 중화된 사주는 大運에서 무슨 大運이 오는가를 보아서 통변해야 한다.
> 金運이면 財多身弱이 되니 比劫을 찾고, 比劫大運이 오면 官을 찾으며,
> 印綬運이 오면 財星을 찾고, 官運이 오면 食傷이나 印星을 찾는다.

庚金大運에 財星혼잡으로 고생하는 것으로 보고, 辛卯大運에 乙木用神을 乙辛冲해서 나쁠 것 같으나 乙木이 두 개가 있어 하나를 제거해도 하나는 산다. 그래도 약간의 손실은 있다.

卯木大運은 亥卯未木局이 되어도 원국에 卯와 未가 空亡이라 木이 비어 있고 濕木이니 연기만 난다. 旺支가 와서 三合이 되면 탈공이 된다.

偏官이 옆에서 剋해 남자라면 지긋지긋해 한다. 필리핀 남자와 연애했다. 연애하면 어머니가 반대한다. 傷官大運에 연애하면 꼭 집에서 반대한다.

13 戌月 丁火 | 술월 정화

戌月 丁火日主는 가을에 土旺하니 甲木이 투출하여 旺土를 소토(疎土)시키고 약한 丁火를 生助를 하면 貴格이요, 甲木과 庚金이 있으면 벽갑생화(劈甲生火)하여 淸하여 貴格이 된다.

戌月의 乙木은 地支에 뿌리가 없으면 疎土를 못하니 남 좋은 일을 해주고 욕먹는 사람이다. 土旺하고 印星인 木이 없을 때 水가 많으면 傷官見官이 되므로 꺼린다. 女子 사주에 傷官格에 印綬 用神이 아닐 때 官이 들어오면 傷官見官이 되어 부부싸움이 된다.

가을에 丁火는 약할 때이니 甲乙木의 生火가 되지 못하면 大格이 되지 못하고 金水가 旺하면 수고로움만 있고 소득이 없다.

傷官格, 火土傷官格
土忌神, 木用神, 水喜神, 金病神, 火藥神

甲辰	丁卯	戊戌	辛酉	乾命
77	67	57	47	37	27	17	7

庚寅	辛卯	壬辰	癸巳	甲午	乙未	丙申	丁酉	大運

戌月 丁火日主가 金旺계절에 출생하여 戊土司令인데 戊土가 투출하였고 辛金도 투출되어 土金에 泄氣가 되어 신약하다. 甲木이 戊土를 소토하고 日干 丁火를 生助하니 用神이 된다.

甲木이 卯木과 辰土에 根하니 用神이 약하지 않다. 土가 忌神이 되고, 甲木이 用神에 水喜神이고, 金이 病神이며, 火가 藥神이다.

【중요함】傷官格에 甲木印綬가 用神일 때 官 水運이 들어오면 좋으나, 甲木印綬가 없을 때는 官運이 들어오면 傷官見官이 되어 부부이별이다.

초년의 申酉大運이 病神大運으로 나쁘나 丙丁火가 눌러주면서 오니 극한 상황까지 안 가고 어려운 환경에서 자랐다.

乙未大運과 甲午大運은 用神과 藥神大運으로 환경이 좋아졌다. 癸水大運은 喜神이라 길하고 巳火大運은 藥神 같지만 巳酉金局으로 病神으로 변해 나쁘다.

雙葉從兒格, 傷官用傷官格
土用神, 火喜神, 木病神, 金藥神

丁未	丁未	戊戌	辛未	乾命
73	63	53	43	33	23	13	3

庚寅	辛卯	壬辰	癸巳	甲午	乙未	丙申	丁酉	大運

戌月 丁火日主가 金旺계절에 출생하여 丁火司令인데 戊土가 투출하여 泄氣가 심하고 生助해주는 五行이 없고 소토해줄 甲木이 없어 土에 從하는 從兒格으로 간다.

時上 丁火와 함께 從하는 格을 쌍엽종아격(雙葉從兒格)이라고 이름한다. 동업하면 동지애가 있어서 사이가 좋고 吉하다. 乙木大運에 木剋土하고 木生火하니 從兒格이 破格이 되면서 집안사정이 어렵게 된다. 未土大運은

좋고, 甲木大運에 格을 剋하니 破格이 되므로 나쁘고, 癸水大運은 戊癸合으로 用神이 묶이니 쉬어야 하고, 壬辰大運은 傷官見官하니 나쁘다.

운로에서 甲乙木이 들어오면 日干을 生助하고 格을 剋하면 형제 사이에 원수가 된다. 사주에 未土가 천역성(天驛星)인데 戌未刑하면 이향천리(異鄉千里)인데 運이 나쁠 때 가출한다.

比劫扶身格, 火土傷官格
金忌神, 火用神, 木喜神, 水病神, 土藥神

戊申	丁丑	庚戌	壬寅	乾命
76	66	56	46	36	26	16	6	

戊午	丁巳	丙辰	乙卯	甲寅	癸丑	壬子	辛亥	大運

戌月의 丁火日主가 金旺계절에 출생해 戊土司令하여 戊土가 투출하니 泄氣가 심하고 生助하는 五行이 부족해 신약한데 寅戌火局으로 午火를 불러들여 午火가 用神이다. 戌月에 상강이 지나 출생해 사주원국에 金水가 있으니 金水가 기신이다. 金忌神인데 火用神에 木喜神이며 水病神에 土藥神이다.

초년 水대운에 집안이 어려워 공부를 하지 못해 官運에 고생한다. 火土傷官이 강하여 반발심과 반항심이 강하다. 그나마 寅木이 있어 殺印相生이 되어 괜찮다. 大運이 나빠서 결혼을 늦게 해야 한다. 甲寅大運에 결혼을 하고 이때부터 학원사업이나 임대사업을 하면 잘된다.

年月에서 用神이 있으면 조상의 유산이 있게 되는데 물려받은 땅이 도시계획에 들어가므로 땅값이 뛴다. 말년에 운이 좋고 印綬大運이라 부동산으로 돈을 많이 번다.

辰土大運에 辰戌冲되어 合이 깨져 어려움이 많다. 丁巳大運에 조금 회복된다. 말년에 자식이 효도한다. 丑戌刑은 위장병으로 고생하게 되고, 丑土金庫는 돈이 많으면 숨겨 놓은 여자가 항상 있다. 丁丑日柱는 백호대살로 財庫가 忌神이면서 부인과 사이가 나쁘면 부인이 빨리 죽기 바란다.

時에 驛馬 財가 있으니 먼 곳에 나이 어린 여자를 애인으로 둔다. 未年에 丑未冲되면 開庫되니 들통난다. 辛金과 庚金이 싸워 유리컵이 깨진다.

⑭ 亥月 丁火 | 해월 정화

亥月의 丁火日主는 冬月 초는 寒氣가 심하지는 않으나 점점 旺해지는 때이니 丙火로 調候하고 亥中甲木이 透出되어 官印相生되면 貴格이 된다. 丁火는 冬節에 弱火이니 甲乙木이 많이 나오면 木多火熄이 되므로 싫어한다. 이때 庚金으로 劈甲引火해야 한다.

亥中甲木은 嫩木(눈목 : 어린 나무)이라 小春이라고 한다. 丙火는 지존이라 癸水만 빼놓고 원국에 水가 아무리 많아도 괜찮다. 丙火가 있고 甲木이 투간되면 殺印相生하여 貴格이 된다. 水旺하면 丙火 劫財로 돕고 戊土로 除濕해야 길한 것이며 제습만 해도 의식은 넉넉하다. 이때 丙火調候보다 戊土除濕이 더욱 길하다.

己土로 除濕하려면 地支에 寅午戌火局이 있거나 巳未 등이 있어 火旺해야 가능하다. 天干에 壬癸水가 있으면 戊土가 있어야 하고 丙火로써 戊土를 生助함이 더욱 吉하다. 木多하면 金이 있어서 劈甲生火해야 吉한데 酉金보다는 申金이 좋고, 庚金이 있으면 大富다.

亥月에 甲木은 財物이 된다. 用神이 財物이고 명예가 된다. 印綬가 財가 되니 부동산에 묶어둬라. 水旺할 때 木이 없으면 從으로 간다.

食神制殺格
水忌神, 己土用神, 丙火喜神, 木病神, 金藥神

癸卯	丁丑	己亥	丙申	坤命
76	66	56	46	36	26	16	6
辛卯	壬辰	癸巳	甲午	乙未	丙申	丁酉	戊戌	大運

亥月 丁火日主가 水旺계절에 출생하여 壬水司令인데 癸水가 투간되어 殺을 申金이 金生水하니 殺이 太旺하다.
偏官이 天干에 있고 正官이 地支에 있으면 나쁘고, 正官은 天干에 있고 偏官이 地支에 있으면 좋다. 官殺혼잡에 癸水가 病이다.

己土食神이 用神이라 식신제살격(食神制殺格)이라 한다. 己土가 없으면 印綬가 用神이다. 己土用神이 약하다. 戊戌·丁火大運까지 運이 좋다. 丙丁日生은 설득력이 있어 영업직이 좋다. 食神制殺格은 말솜씨가 좋다.

신약하면 말을 더 잘한다. 酉金大運은 酉丑金局을 이루어 七殺을 生하니 나쁘고 丙火大運에는 시집을 잘 가는데 申金大運에 金生水하니 남편이 힘들게 한다. 酉金大運에 卯木 忌神을 剋해 돈은 들어온다.

財라서 돈이 들어오는 것이 아니고 근심거리를 제거해주니 어려움 속에서도 길하다. 甲木大運까지 고생하고 午火大運에 좋고 癸水大運에 나쁘고 巳火大運에 巳亥冲에 巳申刑으로 죽었다.

假印綬格
水忌神, 亥中甲木用神, 金病神, 濕土仇神, 火藥神

丙午	丁未	丁亥	庚子	乾命
73	63	53	43	33	23	13	3	
乙未	甲午	癸巳	壬辰	辛卯	庚寅	己丑	戊子	大運

亥月 丁火日主가 水旺계절에 출생하여 壬水司令이고 金水가 旺하여 身旺官旺으로 신약한데 亥未木局에 官印相生을 하므로 假 印綬格이다.

月支에 亥水가 天乙貴人인데 亥中甲木이 用神으로 부모님이 100억대 부자다.

年干에 庚金이 부친인데 丙丁火가 剋을 하니 돈을 안 준다. 卯木大運에 亥卯未木局으로 運이 좋은 것 같으나 寅卯가 空亡이라 컴퓨터 박사인데 교수는 못 되고 학원 강사다.

丁未日柱가 年干에 庚金이 처인데 日支와 子未怨嗔이라 헤어지고 未土는 우합(偶合)으로 申金이 따라오니 두 번째 부인이다. 부친과 뜻이 안 맞는 것은 財가 病神이라 그렇다.

巳火大運에 月支를 巳亥冲하면 旺支를 冲하여 亥未木局이 깨지니 질병에 걸리거나 교통사고를 당해 돈이 많이 나간다. 사주에 木이 없어 丙火가 약하여 불빛만 있고 불꽃은 없다.

> 만약 原局에 眞木이 있었으면 불꽃이 일어나 火旺하여 水가 用神이 되니 官이 튼튼하여 교수활동을 하게 된다.

印綬格, 印綬用印綬格
水忌神, 木用神, 金病神, 火藥神

辛亥	丁丑	乙亥	甲辰	乾命
75	65	55	45	35	25	15	5	
癸未	壬午	辛巳	庚辰	己卯	戊寅	丁丑	丙子	大運

亥月 丁火日主가 水旺계절에 출생하여 壬水司令인데 金水가 旺해 신약하다.

乙木濕木으로 木生火가 안 되니 甲木이 用神이다. 辛金이 病神이며 火藥神인데 原局에 없고 火運이 와야 藥神으로 작용하니 이때 대발한다.

丙子·丁丑大運에 불우한 가정에서 태어나 丁丑日柱가 丁丑大運을 만나면 복음으로 하는 일마다 되는 일이 없어 戊寅大運에 출가한다. 이유는 年柱 甲木이 辰土華蓋를 좌하고 있어 종교공부를 하는 명조이다.

日支華蓋에 財官이 忌神이면 승도지명이다. 亥水天門이면서 天乙貴人이면 인격을 갖춘 사람으로 亥水는 法이라 진리탐구에도 여념이 없고 틈틈이 역술공부도 한다.

丁火日主가 亥時에 출생하니 어둠을 밝히는 촛불이 되므로 종교계 지도자로 인기가 좋아서 신도가 많게 된다. 大運이 寅卯辰 巳午未로 用神과 藥神大運으로 가니 크게 발전하는 사주다.

15 子月 丁火 | 자월 정화

子月의 丁火日主는 甲木이 있어야 길하다. 庚金으로 甲木을 벽갑생화(劈甲生火)하는데 필요하며 甲木이 없으면 庚金은 필요 없다. 水旺한 겨울에 丁火는 丙丁火가 돕고 戊土로 제습(除濕)과 제한(除寒)이 필요하다.

子月生은 官職에 가면 스트레스를 받고 불안하고 초조하다. 殺印相生시키기 위해서라도 甲木이 있어야 좋다. 乙木은 濕木이 되어 地支에 조열한 것이 없으면 生火가 안 된다. 木多하면 木多火熄이 되니 庚金이 있어야 格이 깨끗해진다.

官印相生格
水忌神, 木用神, 火喜神, 金病神, 火藥神, 土 抑扶用神

庚戌	丁亥	壬子	壬寅	乾命

77	67	57	47	37	27	17	7
庚申	己未	戊午	丁巳	丙辰	乙卯	甲寅	癸丑	大運

子月 丁火日主가 水旺계절에 출생하여 壬水司令하고 壬水가 투출되어 신약하다.
木火가 用神이다. 用神·喜神이 멀리 있으면 무정하고 가까이 있으면 유정하다.

水가 忌神에 寅木이 用神이다. 庚金이 病神에 火가 藥神이다. 戌土로는 제습(除濕)과 제한(除寒)하는 用神이다.

干에 正官이 투출되었으니 품행이 단정하고 官殺이 根을 하니 뼈대가 있는 집안이다. 신약하니 끈기가 약하다. 초년 운에 甲寅大運부터 길하여 집안이 좋아져 잘산다. 끈기는 부족해도 그런대로 공부는 했다.

官殺이나 印綬가 많거나 刑·沖·破·害가 많아도 대학입시에서 재수한다. 요즘 같으면 用神 木運으로 오니 부모가 金이야 玉이야 하며 잘 먹이니 몸이 튼튼하다. 1960년대에는 못 먹이니 엄마가 가슴 아파 하는데 그러면 몸이 마른다. 官殺이 많으면 체격이 좋고 운동신경이 좋다.

官殺태과 사주는 얼굴이 귀태가 난다. 年月에 壬癸가 많으면 외국출입이 많고, 午나 未가 年月에 있어도 외국출입이 많으며, 사주에 水가 많아도 외국출입이 많다. 時上 偏財가 있으면 재수하거나 지방에 대학교를 간다.

甲寅大運에 외국에 나가 공부한다. 丙火大運도 괜찮다. 辰大運에 年月의 旺水가 入墓가 되면 부모, 형제가 사망한다. 丁火大運에 壬水와 合하려고 하나 丁火와 두 개의 壬水와 2 : 1合은 不合이다. 그래서 合을 못한다. 運은 왔는데 뜻을 펴지 못하니 성패가 다단하다. 巳火大運은 亥水와 충돌하나 丁火의 뿌리가 되니 그다지 害는 없다.

丁巳大運에 庚金 正財를 火剋金하고 日支를 巳亥沖하면 배우자 자리가 깨지니 이혼한다. 丁火가 뿌리가 없으면 빛이 되어 庚金을 비추니 거울이 된다. 官殺이 중중하면 巳火大運에 외방에 得子를 한다. 土運에 잘살게 되고, 庚申大運에 用神을 剋하면 사망한다.

이 사주가 여자라면 운이 거꾸로 가는데 운이 나빠 역술인이나 무속인이 되기 쉽다. 官殺이 혼잡인데 印綬가 있으면 官마다 官印相生하기 때문에 남자를 여럿 바꾼다. 印星이 없으면 日干을 剋해 남자를 바꾸지 않는다. 丁壬合은 음란지합이지만 印星이 없어 剋合이 되니 사랑하면 고민한다.

官印相生에 官殺이 많으면 여러 남자에게 도움을 받는다. 나이 많은 사람이 더욱 잘해준다. 水가 官殺이니 외국남자이거나 섬에서 태어난 사람이다. 女命이 官殺혼잡이고 인물이 좋으면 남자를 고른다.

官印相生格
木用神, 火喜神, 申金病神, 庚金吉神(劈甲生火用), 支 火藥神

庚子	丁丑	甲子	戊申	乾命
71	61	51	41	31	21	11	1

| 壬申 | 辛未 | 庚午 | 己巳 | 戊辰 | 丁卯 | 丙寅 | 乙丑 | 大運 |

子月 丁火日主가 水旺계절에 출생해 癸水司令하고 地支에서 水局을 이루어 신약이다. 甲木을 庚金으로 劈甲生火해야 하는데 木이 젖어 劈甲生火가 잘 안 된다.

甲木은 庚金 아버지가 劈甲生火하면 공부를 하는데 아버지가 출장가면 여자를 사귀게 된다. 庚金 財가 여자라서 金으로 劈甲生火를 위해서 여자를 사귄다. 학교는 남녀공학이 좋다.

丙寅·丁卯大運에 甲木이 말라서 도끼로 나무를 쪼개면 잘 말라서 生火가 잘되어 좋다.

辰土大運에 水局으로 나무가 젖고 庚金이 녹이 슬어 나쁘고, 己土大運은 甲己合으로 用神이 묶여 庚金이 필요가 없으므로 그래서 이별이다.

庚金大運에 劈甲生火하니 길한데, 甲庚冲하니 머리를 다치거나, 머리가 아프다. 午火大運에는 用神의 死宮이라 나쁘고 庚金의 욕지가 되니 건강이 나빠진다.

통나무가 있어도 도끼로 쪼개야 생화가 되니 도끼가 財라서 사업을 한다. 申金이 부인인데 申子辰水局이 되어 忌神으로 변하니 싫어진다.

다른 여자를 찾는데 庚子時이니 자체 傷官을 달고 있는 여자이니 서비스나, 예술을 하는 여자와 연애한다. 己土·辰土大運에는 나쁘다.

殺印相生格 | 水忌神, 木用神, 火土喜神, 金病神, 火藥神

己酉	丁未	甲子	癸巳	乾命

75	65	55	45	35	25	15	5	
丙辰	丁巳	戊午	己未	庚申	辛酉	壬戌	癸亥	大運

子月 丁火日主가 水旺계절에 출생하여 癸水司令하고 癸水가 투출되어 偏官格으로 극설교집(剋泄交集)하니 신약사주이다.

月上 甲木이 日支 未土에 착근하여 殺印相生하니 甲木用神이 된다. 水忌神에 金仇神이고 木用神에 火土喜神이며 金病神에 火藥神이다.

癸亥·壬大運에 가정형편이 나빠 어려웠으나 原局에 甲木과 己土가 있어 무난히 넘어간다. 戌土大運은 忌神인 水를 막고 藥神인 火를 보호하니 길하여 은행에 입사했다. 辛金大運 己未年에 결혼했는데 庚申年부터 고생이 심했고, 時上에 食神이 있어 아들을 낳기 어렵고 딸만 낳는다.

庚金大運은 用神甲木이 甲己合으로 기반이 되어 있으나 甲庚冲으로 합이 풀리므로 劈甲生火하니 이때는 病神이 아니기 때문에 劈甲引火하여 승진하고 은행 융자를 받아 아파트를 마련하였다.

地支 申金大運은 申子辰水局으로 忌神을 生助하니 고생하고, 己未大運에 二字不合으로 묶이지 않고 忌神癸水를 剋해 길하고 未土大運에 癸未年은 用神入墓하니 명예퇴직하고 부동산업계에 뛰어들어 돈을 많이 벌었다. 앞으로 火運에 藥神大運이라 甲木이 안전하니 부동산임대업을 하면 길하다.

原局에 用神 庫가 있으면 用神 墓運이 와도 用神을 入墓시키지 못하며, 用神 庫가 刑冲이 되어 있으면 用神 墓대운에 入墓된다.

從殺格 | 【水用神이나 丙火運은 調候로 얼음이 녹아서 흐르니 길하다】
水用神, 金喜神, 土病神, 木藥神, 丙火調候用神

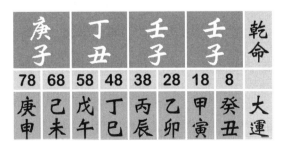

庚子	丁丑	壬子	壬子	乾命

78	68	58	48	38	28	18	8	
庚申	己未	戊午	丁巳	丙辰	乙卯	甲寅	癸丑	大運

子月의 丁火日主가 水旺계절에 출생하여 壬水司令인데 金水가 太旺하고 日干을 돕는 五行이 없어 從殺格이 되었다.

水는 用神이라 吉하고 金은 官殺을 生하여 吉하며, 土는 用神을 剋하여 흉하고 木은 旺水를 泄氣하고 土病神을 剋해 藥神이 된다.

> 사주에 丑土病神이 있으니 行運에서 木運이 오면 藥神 運이 된다.

초년에 水運과 木運은 大吉한 運이라 좋은 가정에서 태어나 吉하고, 丙火 大運은 調候가 되어 물이 녹아 흐르니 흉하지는 않다.

丁巳, 戊午, 己未, 대운은 나쁘다. 丙火 운만 調候用神이 된다. 辰土大運은 用神을 入墓시키니 매우 흉하여 부모가 사망하고 丁巳大運부터 水火가 相戰하는 대운이라 고생을 많이 한다.

偏官格, 殺印相生格
水忌神, 金仇神, 木用神, 火土喜神, 金病神, 火藥神

癸卯	丁未	庚子	丙午	坤命
72	62	52	42	32	22	12	2

壬辰	癸巳	甲午	乙未	丙申	丁酉	戊戌	己亥	大運

子月 丁火日主가 水旺계절에 출생하여 壬水司令이고 癸水가 투출하여 偏官이 旺한데 正財 庚金이 偏官을 生助하니 殺旺하여 신약하다.

水忌神에 金仇神이고, 丁火가 午火에 根하고 卯未木局하여 殺印相生되어 吉하니 木用神이요, 金病神에 火藥神이다. 燥土는 藥神을 보호하고 忌神 癸水를 剋하니 喜神이 된다.

己亥大運에 己土는 癸水를 剋하여 흉하지 않으나 亥大運은 亥卯未木局에 歲運으로 乙卯年에 10세에 오히려 木多火熄이 되고 子卯刑되니 모친이 사망하였다. 原局에 子午冲이 있고 세운에서 乙卯가 오면 子卯刑이 가중되어 나쁘게 작용된다.

> 用神이 大運과 歲運에서 三合으로 이루어지고 天干에 투간되어서 오면 五行의 균형이 깨져서 吉凶이 역전이 되는데, 我軍이 敵軍으로도 되고 敵軍이 我軍으로 되어 길흉이 변화되어 작용하니 유의해 看命해야 한다.

戊戌大運은 藥神을 보호하고 午戌火局을 이루어 길하며 丁火大運까지는 吉하여 선문대학교 신학대학을 졸업하고 통일교 선교활동을 하고 다닌다.

日支 華蓋가 있으면 종교에 관심이 많은데 年月에서 官冲이 있으면 祖上

祭祀에 관심이 없는 사람이니 기독교인이 되기 쉽다.

酉金大運은 用神을 冲하니 殺印相生이 안 되므로 七殺이 日干을 剋하여 몸이 아파서 고생한다. 丙火大運에 藥神이라 길하나 申金大運은 用神의 絶地라서 고전하며 살게 된다.

乙未大運과 甲午大運에는 길하여 잘 풀리나 癸巳大運은 忌神과 病神의 長生支가 되니 질병으로 고생한다.

辰戌丑未 화개가 年支나 日支에 있으면 전통종교이니 불교나 천주교가 된다. 화개가 冲으로 깨지면 전통종교이긴 한데 조상제사에 관심이 없는 종교이니 천주교인이 된다. 화개가 印綬이거나 日支와 합되면 불교인이 되거나 유교인이 되는 경우가 많다.

16 丑月 丁火 | 축월 정화

丑月의 丁火日主는 水旺계절이니 濕土로서 寒氣가 旺한 때이나 二陽이니 甲木이 투출하여 生火하면 上格이며, 甲庚이 함께 투간되어 있으면 청격(淸格)이요, 戊己土가 旺하면 잡격(雜格)이 된다.

甲木이 없을 때 丑月의 乙木은 건초라 取用할 수 있다. 丁火가 신약하면 丙火의 도움이 필요하지만 太陽이 있으면 촛불의 존재가치가 무색하게 되므로 두각을 나타내지 못한다.

金水가 旺한데 甲木이 투간되어 地支에 根하면 살인상생으로 大格이다. 金財가 많으면 재다신약에 財生殺하니 빈곤하다.

木이 많으면 印綬태과로 게으르며, 水가 많으면 甲·乙木이 있어야 火가 빛을 발산하니 영광은 있다. 土가 많으면 甲木으로 소토하고 日干을 生해 주어야 吉하다.

丑月의 丁火는 약하므로 甲木을 떠나서 빛을 발할 수가 없으며 甲庚이 있어야 더욱 빛날 것이다. 신왕하면 庚金만 있어도 부는 따른다. 土金만 旺盛하고 木生火를 못하면 분주하기만 하지 功이 없어 고달픈 人生이다.

偏財格 破格
水忌神, 金病神, 濕土仇神, 木用神, 火와 燥土喜神, 火藥神

辛亥	丁未	辛丑	辛未	乾命

79	69	59	49	39	29	19	9	
癸巳	甲午	乙未	丙申	丁酉	戊戌	己亥	庚子	大運

丑月 丁火日主가 水旺계절에 출생하여 己土司令이고 한기가 旺하여 從하려 하나 亥未木局이 日干을 生해 從을 안 한다. 亥未木局으로 印綬가 用神인데 財가 투간되어 있으면 장가를 늦게 간다. 財剋印하기 때문이다.

冬節이라 水忌神이고, 金과 濕土는 水氣를 도우니 仇神이고, 身弱하니 木用神에 燥土와 火喜神이고, 金病神이니 火藥神이다.

초년 운이 忌神운이니 집안이 어렵다. 戊戌大運은 좋다. 말년에 運이 들어오면 먹고사는 데 지장은 없으나 명예는 없다. 결혼을 늦게 해서 자식을 늦게 두게 된다. 亥未木局이라 卯木이 결하여 채소나 과일 장사를 하게 되는데 財가 투출되어 忌神이니 연애나 도박을 하면 집을 날린다.

丁火大運에 돈을 벌고 酉金大運에 酉丑金局으로 用神을 剋해 돈을 다 까먹고 丙火大運에 다시 복구하고 申金大運에 손해보고 乙未·甲午大運에 부자로 살게 된다. 큰 부자는 못 된다. 天干에 用神이 투간되지 않았기 때문이다.

殺印相生格
水忌神, 木用神, 火喜神, 水病神, 燥土藥神

壬寅	丁卯	癸丑	壬辰	乾命

76	66	56	46	36	26	16	6	
辛酉	庚申	己未	戊午	丁巳	丙辰	乙卯	甲寅	大運

丑月의 丁火日主가 水旺계절에 출생하여 己土司令이고 官殺이 태과하여 신약하다. 殺旺하여 木印星이 用神이니 殺印相生格이다. 壬癸 七殺이 투출되어 눈보라인데 用神이 寅卯木으로 약하지 않아 좋고 運도 좋아 먹고사는 데 걱정

이 없으며 초년이 좋아 집안도 괜찮다. 壬癸 官殺이 많아 끈기가 부족하고 印綬가 日時에 있어 만학하게 되고 사람이 후덕하고 자상한 면이 있다.

> 木은 仁이라 인자한 마음이 항상 있다. 官殺이 忌神이라 공무원 직업은 싫어한다. 학문으로 크고 싶은 마음이 항상 있다.
>
> 만약 天干에 甲木이 투간되어 있었으면 官印相生으로 공무원으로 간다. 그러면 사회활동에도 좋고 윗사람으로부터 인정을 받는다.

地支에 用神이 있으면 집안은 화목하여 좋다. 天干에 忌神이 있는 사람은 사회에 나가면 바보 취급을 받고 사회활동에 취약하다. 用神은 天干에 투간되어야 좋고 地支에 있으면 貴함이 적다. 天干에 忌神만 있으면 국회의원을 한다면 전국구로 나가야 한다. 官이 忌神이니 경선(競選)에는 어렵다.

殺印相生格
水忌神, 木用神, 燥土喜神, 金病神, 濕土仇神, 火藥神

甲辰	丁巳	癸丑	壬子	坤命
76	66	56	46	36	26	16	6	

| 乙巳 | 丙午 | 丁未 | 戊申 | 己酉 | 庚戌 | 辛亥 | 壬子 | 大運 |

丑月 丁火日主가 水旺계절에 출생, 己土司令이고 正·偏官이 透干하여 신약하다.
壬癸水 눈보라가 휘날려 풍전등화와 같이 丁火가 가물가물하여 잘 안 보인다.

巳丑金局으로 泄氣하고 壬癸水가 子水에 根을 하니 水旺한데, 水剋火로 身弱하니 水忌神에 木用神이고 金病神이며 火藥神이다.

> 엄동설한에 壬癸水가 투간되어 매우 한습한데 巳丑金局으로 金生水하니 더욱 신약하여, 시주 甲木으로 殺印相生하는 용도로 쓸 만하고 天干에 用神 甲木이 있어 초년에 官殺運으로 가도 통관이 잘되어 殺印相生하여 大運이 나빠도 大學은 졸업한다.
>
> 巳中丙火가 있으므로 劈甲이 안 돼도 生火는 된다. 辛金大運은 탐재괴인으로 좋은 학교를 못 다니고, 時에 印綬라 만학을 하게 된다.

亥水大運에 外國에서 공부하고 年干에 壬水官이 백두노랑(白頭老郎)이라 관인상생(官印相生)되면 늙은 교수와 사랑한다.

교수와 결혼하려고 하나 庚金大運에 庚金이 金生水하여 忌神을 生하고 있고 辛巳년에 예식장까지 예약해 놓았는데 본부인이 나타나 결혼식을 못 올리고 파혼해 망신만 당한다.

月과 日에 공협으로 巳丑이면 酉띠가 따른다. 運이 없어 평생 고생하고 산다. 己酉생의 다른 남자는 癸水에 己土가 오면 탁수다. 日時刑은 반드시 유산한다. 만약에 喜神이 官이고 官이 많으면 바람피운다.

戊土日主論

무 토 일 주 론

【戊土의 특징】

戊土는 건토(乾土)이며 陽土로 丙火와 함께 生死를 같이 한다. 丙火와 같이 根을 하면은 草木을 키우는 자양분이 되기 때문이다. 甲木이 없으면 乙木과 丙火라도 있어야 하며 地支에는 辰土가 있어야 한다. 辰土가 없으면 子水라도 있어야 기름 진 땅에 草木이 잘 자란다.

戊土가 많아 旺하면 水의 자양분을 剋하니 이때 甲木은 戊土比劫의 쟁재를 막아 재물을 지키는 복이 되어 그래서 甲木이 돈이 된다.

戊土는 신용을 위주로 하여 根本이 바르게 살려고 하는 기질이 있으므로 信用을 지키다가 기회를 놓치거나 너무 정직하게 살려고 하다가 기회를 놓치거나 수많은 사람에게 따돌림을 받을 수가 있다.

신강하고 正格으로 구성되면 항상 사람이 과묵하고 고집이 세며, 자신을 성찰하여 만인에 본보기가 될 수가 있으나 신약하여 파격되고 格局이 편고 되면 자기주장을 굽히지 않으려고 하며 이해력이 부족하고 물질에 집착이 너무 지나쳐 천해 보여서 남에게 배척당하는 경우가 있어 외롭게 사는 인물이 되기 쉽다.

戊土가 旺하면 자기 소신이 뚜렷해 남의 조언은 들어주지만 행동으로 움직일 때 자기 소신대로 진행하는 기질이 강하다. 직업으로는 흙과 물에 관계되는 일에 인연 많고 자체적으로 개발하는 업무보다는 현실과 조화하고 보존하는 업무가 적합하다.

戊土는 한풍을 막으니 열풍으로 비유하기도 하며, 손바닥과 주먹, 방비, 공격성, 山, 바람막이, 우산, 높은 산, 무지개, 안개를 뜻한다. 戊土는 많은 것을 수용하니 동식물을 받아들인다. 戊土가 用神이면 무게가 있고 점잖다.

戊己土가 甲木을 보면 과일나무를 심은 山이니 貴命이 된다. 戊土가 乙木을 보면 꽃피는 동산으로 화려하니 청춘사업은 잘한다. 그러나 오래가지 못하고 시들어서 결국은 눈물 흘린다. 사치와 낭비에 바람둥이로 미인들이 많다.

【戊土의 특징】

戊土가 丙火를 보면 甲木을 키우기 위한 온기가 되고 地支에 습기가 있다면 모든 생명을 자양하는 본분을 갖추고 있는 것이니 산사의 스님·선비·교사·학자·한학자가 많으며 교육자로 적성이 맞다.

戊土가 丁火를 보면 불난 산에 재만 남으니 스님이다. 여명은 산에서 촛불을 켜는 보살이 된다. 몸이 몹시 아프거나 배우자 덕이 없다. 집을 크게 일으키지 못한다.

戊土가 戊土를 보면 첩첩산중 가난한 서생원으로 산골에서 살거나 큰 산을 넘어야 하니 고단하다. 戊土가 己土를 보면 민둥산에 길이 있어 하늘에 길이니 여행으로 해외에 나간다. 丑土가 중중하면 폐나 기관지가 나쁘다. 金이 땅속에서 녹이 슬어 그렇다. 戊土가 庚金을 보면 돌산이라 女命은 배우자나 자식에게 불리하다.

戊土가 辛金을 보면 자갈밭으로 埋金시켜 답답하니 맹꽁이 짓을 잘한다. 戊土가 壬水를 보면 호반의 山이 되고, 돈에 근심이 따르고 일은 많으나 소득이 적다.

戊土가 癸水를 보면 戊癸合으로 산에 무지개로 비유하는데 무지개 색으로 탱화나 단청, 무당, 비 내리는 추풍령, 고독하고 빈곤하며 집안에 우환이 중중하다.

戊土는 모든 五行을 포용하고 중계하니 金 木 水 火가 모두 戊土에서 일어난다. 丙火·甲木·癸水가 같이 있으면 貴格이다. 丙·甲·癸 순으로 있어야 길하다.

甲木이 많으면 金으로 벌목하고, 甲木이 약하면 水로 生하고, 火가 많으면 金水로 식혀주어야 기름진 땅이 된다. 水가 약하면 金이 生해 주어야 하며, 土가 많으면 甲木으로 소토해야 좋고, 水가 많으면 戊土로 제방해야 길하다. 戊土가 用神이면 중재 역할로 화해를 잘 시킨다.

戊土는 地支에 刑沖이 있으면 지진이 난 것으로 생각을 하고 보아라. 항상 걱정이 많고 불안하고 매사에 되는 일이 적다.

【戊土의 특징】

丙·甲·癸 중 한 자만 있어도 小富는 된다. 丙火는 人德, 甲木은 貴, 癸水는 富이니 甲木이 없으면 인덕이 없다. 癸水가 있으면 山에 물이 있으니 富가 따른다. 戊土日主는 사계절을 망라해 丙·甲·癸가 있는가를 잘 보고 用神이 되는가를 살펴라.

戊日主에 木은 있는데 金이 있으면 남녀 모두 배우자와 자손에게 불리하다. 金이 많으면 木을 자르니 용두사미가 된다. 土日主는 大地로서 草木을 키우는 임무가 가장 우선이고 草木을 키우기 위해서는 조후가 가장 필요한 五行이다.

1 寅卯辰月 戊土 | 인묘진월 무토

寅卯辰月 戊土는 봄철에 木氣가 많으니 동물, 생물이 많아진다. 봄이 되면서 태양 빛이 따뜻해지므로 모든 草木이 싹이 트고 자라나는데 戊土가 약하면 草木을 키울 수가 없다. 戊土는 흙을 의미하므로 戊土가 약하다는 것은 흙이 단단하지 않은 것이다. 土가 약하면 나무가 쓰러지기 때문에 거목(居木)으로 키울 수가 없다.

戊土는 寅月부터 단단해지기 시작하는데 巳月이 되어서야 완전히 굳어져 草木을 마음껏 키울 수 있는 힘이 생기게 된다. 寅卯辰月에 甲木은 木氣는 旺하나 가지는 약하니 부러질 수가 있다. 이때는 庚金을 보지 말아야 한다. 봄철의 庚金은 우박 또는 서리가 되니 甲木이 피해를 보게 된다.

山은 고정되어 있는 상태인데 辰戌冲이 있으면 戊土의 뿌리가 흔들리는 현상이니 지진이 일어난 것이므로 꺼린다. 甲乙木이 없으면 민둥산이라 먹을 것이 넉넉하지 않다. 즉 戊土에게 甲木은 官으로 직업이기 때문에 木이 없으면 직업이 없는 것으로 먹고사는 것이 어렵다.

寅卯辰月생은 희망의 산이고, 甲丙이 있으면 吉한데 어려서부터 잠에서 일찍 깨어나니 귀여움을 받고 자란다. 戊土日主에 己土는 甲木을 뺏어가니 흉하고, 甲乙木이 없으면 庚辛金이 있어야 먹고사는 데 지장이 없다. 戊土에 金이 있으면 광산이 되어 貴하고 먹을 것이 있는데 큰 부자는 못 된다. 사람이 게으른데 자기가 부지런하면 배우자가 게으르다.

2 巳午未月 戊土 ┃ 사오미월 무토

巳午未月 戊土는 旺한 시기이다. 巳午未月 戊土는 여름 山으로 水를 쓰되 甲木이 있고 丙火가 함께 있으면 꽃이 활짝 피었으니 인기가 좋다. 木이 있고 丙火가 있으면 인기는 있는데 地支에 水가 없으면 인덕 없고 財物이 안 따른다.

壬水가 투출되면 물을 길러다 써야 하니 고생이 많다. 그러므로 노력만 많고 소득이 적어 남 좋은 일만 하고 남는 것이 없다.

여름에 戊土日主가 태양(丙火)과 물(壬水)이 균등하게 조절되어야 생명인 草木을 잘 키울 수 있다. 戊土가 여름에 丁火를 보고 水가 없으면 불난 산에 재만 남으니 스님팔자다.

여름철에 甲木과 丙火를 봐야 하고 地支에 水가 있어야 貴格이다. 巳午未 月에 戊土가 亥水를 보면 기름·씨앗·바닷물이라 안 된다. 그러면 인덕도 없다. 산에서 수영복 입고 다니는 격이다.

3 申酉戌月 戊土 ┃ 신유술월 무토

申酉戌月 戊土는 벌목(伐木)하기 전에는 戊土가 할 일이 있는데 벌목 하고 나면 할 일이 없어진다. 申酉戌月의 戊土日主는 金旺계절이니 수확기로 성장을 멈추고 있는 시기로 키우는 시기가 아니기 때문에 이때 는 벌목하고 물을 가두어 내년에 농사를 준비하는 때이다.

生木으로 키워야 할 나무라면 추워지는 시기이니 乙木은 필요 없고, 甲木 이 있으면 丙火로 보온해야 한다. 乙木은 시들어 빠진 장미다.

申酉戌月에 甲木이 旺하면 庚金이 투간되어 있으면 좋다. 女命 申酉戌月 戊土는 傷官이 旺한데 寅木이나 卯木이 있으면 폭력을 당한다. 寅卯辰이 뿌리가 상해서 빈곤해진다. 午火가 있어 따뜻하게 덮어 주면 좋다.

丁火가 있어 金을 녹여 주면 보석이 된다. 戌月은 추운 겨울을 지나기 위 해 보온하는 土이니 戊土가 할 일이 별로 없어 기운을 旺하게 보충하는 시기로 亥子丑月을 준비하고 있는 중이다.

4 亥子丑月 戊土 | 해자축월 무토

亥子丑月 戊土는 휴수(休囚)의 시기인데 壬水가 투간되어 지지에 根을 하면 추위에 물을 막아야 하므로 고생한다.

壬水만 있으면 눈 덮인 설산이요 癸水가 투간되면 눈보라가 몰아치는 엄동설한이니 땅이 얼어 노력해도 고생이 많고 水旺에 투간되면 항상 몸이 아프고 돈 걱정하며 산다.

庚辛金이 많으면 가난하나 다복하다. 가을과 겨울에는 甲乙 木이 투출한 것 보다 庚辛金이 투출한 것이 좋다.

金이 없고 甲木이 투간되면 丙火가 있어야 한다. 乙木이 투간하면 미모는 있으나 바람둥이가 많고 辰이 있어도 동일하다.

5 寅月 戊土 | 인월 무토

寅月의 戊土는 丑月에 위축이 되었다가 丑中己土가 戊土 陽土로 변해가는 시기이다. 寅月 戊土는 寒氣가 아직 남아 있으니 丙火로 따뜻하게 보온해야 하며 甲木이 있어서 火를 生해 주고 癸水가 있어 甲木을 生해 주면 더욱 貴格이다.

天干에 丙·甲·癸가 투출이 되면 一品의 貴가 된다. 甲木과 丙火가 있고 癸水가 없으면 승도의 명이 되기 쉽다. 또한 寅午戌火局에 水가 없으면 寅木 官이 印星으로 변하여 無官 無財가 되니 승도지명이다.

寅月 戊土가 나무를 키울 수 있도록 단단한 戊土가 되려면 먼저 丙火로 生助해야 하고 그런 조건이 갖추어진 가운데 甲木이 있어야 貴함이 있다. 甲木과 丙火가 있고 辛金이 있으면 다른 길로 명예를 찾는다.

申金이 있고 寅木이 있으면 火의 근원과 水의 근원이 다 깨지니 부부 사이가 아주 나쁘다. 일찍 고향 떠나 객지에서 하늘 보며 눈물 흘린다.

偏印格
水忌神, 金仇神, 火用神, 木喜神, 水病神, 土藥神

壬子	戊申	丙寅	己酉	坤命

76	66	56	46	36	26	16	6	
甲戌	癸酉	壬申	辛未	庚午	己巳	戊辰	丁卯	大運

寅月의 戊土日主가 木旺계절에 출생하여 丙火司令이고 丙火가 투출이 되었어도 신약하다.

우수가 지나지 않았고, 日時에 申子水局으로 壬水가 日時에서 근을 하고 투출되어 한습한데 寅中丙火가 월간에 투출하여 조후가 되어 기쁘다.

申子水局에 食神生財로 壬水가 투출되면 기억이 좋은 편인데 얼어 있어 흐르지 않으면 기억력이 약해진다. 木火대운에 얼음이 녹아 흐르게 되면 기억력이 좋아진다. 申子水局으로 寅申冲은 안 되므로 水生木한다.

丙火用神에 寅木喜神이다. 壬水가 丙火를 끄면 病神인데 己土가 壬水를 剋하니 己土가 藥神이다.

己土大運까지는 그런대로 먹고는 사는데 甲·丙·癸가 투간되어야 좋은데 丙火는 투간되고 甲木과 癸水가 투간되지 못하고 壬水만 투간되어 조후가 맞지 않아 집안환경이 좋지 않다.

巳火大運에 집안이 좋아져 처녀는 결혼한다. 庚金大運에 나쁠 것 같은데 午火에 剋당하여 힘이 없고 丙火用神이 반충(反冲)하니 길흉이 반반이다.

午火大運에 寅午戌火局되어 대발하여 집안이 부흥하니 좋다. 辛金大運에 丙辛合으로 用神이 묶이니 운기가 약해져서 나쁘나 未土大運에 아직까지 火氣가 있어 55세까지 먹고 사는 것은 지장이 없다.

壬水大運에 사업을 시작해서 申金大運에 망한다. 申大運에 寅木을 寅申冲하면 丙火가 꺼지니 남편이 죽었다. 用神이 약할 때 喜神을 冲하면 用神이 무력해지고 기둥뿌리가 무너지니 가장이 죽는다.

時에 偏財가 있으면 偏財運에 사업한다. 運이 나쁘거나 좋거나 상관없이 시작한다.

傷官用傷官格
火忌神, 木仇神, 金用神, 土喜神, 火病神, 水藥神

辛 酉	戊 戌	丙 寅	己 巳	乾 命
74	64	54	44	34	24	14	4
戊 午	己 未	庚 申	辛 酉	壬 戌	癸 亥	甲 子	乙 丑	大 運

寅月 戊土日主가 木旺계절에 출생하여 丙火司令인데 寅戌火局에 巳火가 생조하고 己土 戊土가 방조(幇助)하여 신왕하다. 寅中丙火가 月上에 투출되어 偏印格으로 成格된 것 같으나 時上傷官과 合去되어 기반이 되므로 파격이다. 辛金은 酉金에 根을 하여 튼튼하고 巳酉金局이까지 되어 旺하면 合去가 안 된다.

時上 辛酉金이 正格이 아닌 外格으로 보아 時上傷官으로 傷官用傷官格이 되었다. 신왕하면 官星이나 食傷 중 用神을 찾아서 써야 되는데 天干에 투출된 오행을 먼저 쓴다. 辛이 酉에 根을 하여 투출되고 巳酉金局으로 用神이 강하다.

寅月에 木이 旺하다고 木을 用神으로 잡으면 金剋木이 되어서 힘이 약해 못 쓴다. 土金傷官에 가상관격(假傷官格)이라 두뇌가 총명하다.

사주에 水가 없어 傷官이 無財로 열심히 일해도 月給이 약하다. 寅木은 寅戌火局으로 변하니 用神으로 못 쓴다. 火局이 되어 金을 剋하니 나쁘다. 財月이 오면 돈 벌고, 印綬月에 돈을 못 번다. 손재주가 좋고 아이디어 좋으나 丙辛合으로 묶이게 되고 傷官이 있는데 財가 없으니 기술자다.

子水大運부터 壬癸大運까지 잘살았다. 戌土大運에 사주원국에 財가 없어 빼앗기지 않는다. 원국에 財星이 있었다면 比劫大運에 사기를 당하는데 이유는 群劫爭財되어 그렇다. 時에 傷官이 있어 자식이 과외 공부하는데 財星이 필요해 돈이 많이 들어간다. 傷官이 用神이 되면 속은 안 썩인다.

無財사주에 財運이면 마누라가 돈을 벌러 다니게 된다. 간여지동(干與支同)이라도 주변상황을 잘 보아라. 比劫이 日支에 있으면 부인이 돈을 벌어 와도 고마움을 모른다. 큰소리치고 財星이 필요하니 남의 여자를 좋아하고 맥주와 막걸리를 잘 마신다. 戊午·戊戌 口杜는 사주에 水가 없으면 물을 마시러 술집에 잘 간다.

偏官格
水忌神, 土用神, 火喜神, 木病神

乙卯	戊子	壬寅	壬寅	坤命

75	65	55	45	35	25	15	5	
甲午	乙未	丙申	丁酉	戊戌	己亥	庚子	辛丑	大運

寅月 戊土日主가 木旺계절에 출생하여 甲木司令이고 財官이 旺해 신약하다.

戊土가 寅中丙火에 長生하여 寅中丙火를 用神으로 쓰려고 하는데 寅月 壬水는 忌神이니 寅中戊土로 水를 막고 丙火로 生助하니 戊土가 用神에 丙火가 喜神이다. 陽干이 長生월이면 不從이다. 초년 大運이 나쁘니 집안 형편이 안 좋다.

財·官殺이 旺할 때 比劫運에 꼭 시집가고 比肩運에는 안 간다. 己土大運에 결혼하여 행복하였으나 亥水大運에 어렵게 된다. 水가 많으면 음식점인데 젊은 나이에 음식점은 할 수 없고 子水大運에 유흥업에 나갔었다.

乙祿在卯라 남자가 착실하다. 子卯刑이라 성격이 안 맞는다. 戊土는 乙木보다 寅中丙火가 喜神이니 寅中甲木과 바람피운다.

戊土日主가 木官이 많으면 배짱이 있다. 木이 간담에 해당하니 木旺하면 간이 크니 조심성이 없다. 財星·官殺이 많으면 빚이 많다. 남자들에게 돈을 빌려서 사업하니 짐이다. 戊土 比肩大運으로 오니 남의 남자 돈으로 잘 먹고 잘 쓰고 고급 승용차를 타고 다녀 남편이 속 뒤집어진다.

辛巳년 辛金은 戊土의 자식인데 乙木을 沖하니 자식이 속을 썩인다. 正官이 체면인데 체면을 구긴다. 辛巳가 驛馬이니 자식이 가출한다. 戊土日主는 신약해도 고집이 강하여 말을 안 듣는다. 戊土大運은 寅午戌火局이 되어 午火를 불러와 日支에 子水와 沖을 하니 시어머니와 안 맞는다. 분가를 하려고 하는데 자식이 가출하였다. 자식과 떨어져 살아야 한다. 火運에 좋고 金運에 망한다.

남편은 착실하고 집밖에 모르는데 이 여자는 역마중중(驛馬重重)에 寅에 長生을 하니 많이 돌아다닌다. 남자를 찾아 돌아다닌다. 酉金大運에 正官을 沖하니 傷官見官이 되어 다툼으로 이혼하게 된다. 辛巳年에는 傷官見官에 寅巳刑이라 官災에 걸리게 되어서 나쁘다. 빚이 百億원이 넘는다. 다단계 판매업체 오너였다.

弱變爲强格
土忌神, 木用神, 水喜神, 金病神, 火藥神

乙卯	戊午	壬寅	丁酉	乾命
74	64	54	44	34	24	14	4
甲午	乙未	丙申	丁酉	戊戌	己亥	庚子	辛丑	大運

寅月에 戊土日主가 木旺계절에 출생해 丙火司令으로 長生인데 寅月이라 失令하여 신약으로 출발하나 寅午戌火局이 火生土하니 약변위강한 사주가 되어 乙木正官이 用神에 水喜神이며

土忌神에 金病神에 火藥神이다. 丁火大運에 乙木用神을 泄氣시켜 日干을 生하니 나쁠 것 같으나 原局에 丁壬合이 풀려 水生木하니 무해무덕하다.

癸未年에 사업을 하다가 어려움이 발생하는데 사업체를 다른 사람에게 넘겨야 살길이다. 酉金大運에는 卯酉冲으로 用神의 뿌리를 치니 자식에게 나쁘고, 자신도 직업적으로 안 풀려 나쁘다.

甲申年은 偏官에 寅申刑이라 法院에 드나들게 생겼다. 申金이 寅月을 冲하니 乙木用神이 흔들린다. 부인이 돈벌이를 해야 하는데 나가서 돈벌이를 하면 부인이 바람난다.

偏印格 【水火相戰 通關用神, 巫俗人 사주】
水忌神, 木用神, 金病神, 火藥神

壬子	戊辰	庚寅	丙戌	坤命
76	66	56	46	36	26	16	6
壬午	癸未	甲申	乙酉	丙戌	丁亥	戊子	己丑	大運

寅月 戊土日主가 木旺계절에 출생해 甲木司令이고 극설교집(剋泄交集)으로 신약하나, 오행 구전격(五行俱全格)이다.
寅戌火局에 丙火가 透出하여 日干을 生하나 寅月에 庚金과

子辰水局에 壬水가 투출하여 신약하다. 남편집안은 좋았는데 寅中甲木이 남편으로 寅戌火局에 丙火가 투출하여 寅木을 태운다.

寅木이 탕화살(湯火殺)이고 戊辰백호대살(白虎大殺)이 배우자 궁에 있으며, 봄철에 壬庚은 우박(雨雹)인데 運에서 壬庚을 冲하는 丙火운이 오면 우박이 떨어지니 寅木 남편을 金剋木으로 剋傷하니 남편이 다쳐 수술했다.

천라지망(天羅地網)과 華蓋가 많아 자신은 神받고 乙木大運에 남편 머리를 깎여서 스님 생활한다. 남편이 수술 이후에 재발 위험도 있고 신경을 많이 쓰면 안 되기 때문이다. 자기 절이 없어서 남의 절에 왔다 갔다 한다.

丙火大運에 왜 다쳤는가 보면 壬水와 庚金을 건드리면 庚金과 壬水가 우박이 되어서 金剋木하니 寅木이 傷한다. 酉金大運에 丙火가 死宮이라 나쁘고 甲木大運에 남편이 활동한다.

庚金이 病神이고 丙火가 藥神이다. 庚金 食神 자식이 역마에 좌하고 있어 미국에서 산다. 庚金食神 자식과 寅辰으로 격각이라 자식과 떨어져 산다. 庚金은 후천수로 9인데 절지에 앉아 자식수가 4이나 丙火가 剋해 반으로 줄어드니 2명이다. 食神 좌하에 湯火라 수술해서 아이를 못 낳게 했다.

身旺 財旺이라 財를 감당할 수 있으니 손님이 많다. 辰戌冲이 華蓋인데 年支와 日支가 冲하면 고허살이라 승도지명(僧徒之命)이다. 丙火藥神이 戌土天門을 좌하고 日支 지망살이 화개가 되어 종교와 역술을 공부한다.

偏官格
戌土用神，火喜神，木病神，水仇神，金藥神

癸亥	戊戌	甲寅	癸卯	乾命
77	67	57	47	37	27	17	7
丙午	丁未	戊申	己酉	庚戌	辛亥	壬子	癸丑	大運

寅月 戊土日主가 木旺계절에 출생, 甲木司令하고 財와 殺이 旺하여 신약이다.
戌土用神에 寅戌火局으로 喜神으로 用神을 生하여 다행이다.
正官과 偏官혼잡에 亥卯未木局으로 官殺이 旺하고 財도 旺하여 신약하니 파격이다.

木이 태왕하여 忌神이고 水가 忌神을 生助하니 仇神이며 土가 用神이고 火喜神인데 木病神이고 金藥神이다. 天干에서 官殺혼잡이면 밖에서 시끄럽고, 地支에서 官殺혼잡이 되면 집안이 시끄럽다. 偏官이 旺하면 制殺해야 하는데 사주에 食神 金이 없어 신약하므로 偏官이 七殺로 작용한다.

偏官이 忌神이라 武官으로 못 간다. 寅午戌火局으로 午火羊刃을 三合으로 불러오니 喜神이니 의과대학을 나왔다. 의대에 다닐 때 학비를 보조해준 여자와 결혼을 했는데 庚金大運에 食神制殺하니 겁이 없어져 간호사와 연애했다. 時上에 財가 있는 사주가 食神대운이 들어오면 자기가 부리는 사람이나 아랫사람하고 연애한다. 財星이 忌神이면 조강지처를 버린다.

본부인이 키워 놓으니 본인이 바람피워 부인이 화가 난다. 戊土大運에 신강해지니 財를 감당해 자영업을 하게 되므로 병원을 개업하게 된다.

간호사는 남편과 이혼하고 이 의사와 재혼하려고 하는데 병원개업하려면 두 사람은 돈이 없고 본처는 돈이 많은데, 본처와 이혼하면 난감하다.

> 월급 생활은 죽어도 하기 싫어하는 사람인데 해결방법을 알려 달라고 말한다. 어떻게 말을 해주어야 속이 시원할까! 이때에 역술인은 냉정하게 말해야 한다. 간호사와 헤어지고 부인에게 들어가야 살길이다. 年干의 癸水와 戊癸合에 卯戌合이 되니 끊을 수 없는 정이다.

戊大運이나 己土大運은 比劫이 用神이니 동업해 개원한다. 酉金大運에 甲木의 가지인 卯中乙木을 쳐주니 괜찮은데 申金大運에 偏官格에 格의 뿌리를 剋하면 관재난다. 財·官·印이 忌神일 때 혼잡이 되는 것을 꺼린다.

6 卯月 戊土 | 묘월 무토

卯月의 戊土日主는 正月과 근소한 차이가 있으나 봄이 깊어지니 木旺하므로 身旺해야 한다. 木旺하면 殺印相生으로 丙火用神으로 쓰고 조열하면 癸水로 用神으로 쓴다.

> 戊午日柱가 타주에 印星이 없고 官殺이 旺하면 午中丁火 用神이다. 殺印相生이 필요한 것이다. 甲木偏官이 있을 때 午中己土가 羊刃合殺이 되면 貴하다. 이때 午中己土를 用神으로 쓰는데 子水大運에 子午冲하면 예측할 수 없는 화액(禍厄)을 당한다.

戊午日柱에게는 午火가 羊刃이기 때문에 冲하면 대흉하다는 뜻이다. 午火 속에 丁火와 己土가 있다. 天干이 戊土이고 火生土로 생조해 午中己土가 더 旺하여 己土를 쓰는 것이다. 戊子日柱는 子卯刑되어 부부싸움을 하게 되고, 水多하거나 財官이 많으면 보증을 서주다가 집 팔아먹는다.

金이 많으면 卯木을 상하니 인기가 없다. 꽃이 시들어 버리면 기술자다. 예체능이나 기술 계통으로 가면 좋은데 그 계통으로 못 가면 종교계통에 도를 닦는다고 산으로 간다. 불교·대순진리회 등으로 들어간다.

正官用官格 　　　　　　　　　　【옛사람 사주】
木用神, 水喜神, 金病神, 火藥神

己未	戊辰	己卯	庚戌	坤命
77	67	57	47	37	27	17	7

辛未	壬申	癸酉	甲戌	乙亥	丙子	丁丑	戊寅	大運

卯月　戊土日主가　木旺계절에 출생, 乙木司令인데　土가 많아 신왕하니　官이 用神이다.
卯木으로　소토하기　어려운데 卯未木局으로 소토하는 用神이고 水가 喜神이다.

卯木으로 旺土를 소토하기 어려운데 卯未木局으로 三合局을 이루면 소토할 수 있어 用神이 되고 水가 喜神이다. 庚金은 用神을 剋하여 病神이고 火가 藥神이다. 天干에 食神이 있어 밖에서는 큰소리치고 地支에 官이 있어 집에서는 얌전하다. 天干은 밖이고 地支는 집안이다.

寅木大運에는 소토하니 영리하고 총명하다. 丁火大運에 庚金을 쳐 주므로 卯辰方局, 卯戌合, 卯未木局이 살아서 득세해 19세부터 연애를 많이 했다.

丑大運에 丑戌未三刑되어 丑中辛金이 卯木을 剋해 몸이 아프고, 丙火大運에 庚金을 剋하니 편안히 잘살고 乙木大運에 乙庚合으로 묶어 卯木이 움직일 수 있어 좋고 社會生活을 시작하게 된다. 木用神은 집에 있으면 답답하여 사회활동을 하는데 正官格은 준법정신이 강하다.

亥水大運에 亥卯未木局이라 좋고 甲木大運에도 좋다. 戊土大運에 辰戌冲되어 財庫가 열려 群劫爭財가 되어 난리가 난다. 日支冲은 부부갈등이다. 卯未木局은 正官의 祿根이라 水木운에 좋으나 酉金大運에 用神을 冲하니 나쁜데 癸丑年에 巳酉丑 金局되어 用神이 剋傷당해서 세상을 떠났다.

正官格 破格
火用神, 燥木喜神, 濕木忌神, 水病神, 土藥神

丁巳	戊子	乙卯	癸亥	坤命

77	67	57	47	37	27	17	7	
癸亥	壬戌	辛酉	庚申	己未	戊午	丁巳	丙辰	大運

卯月 戊土日主가 木旺계절에 출생하여 甲木司令인데 乙木이 투출되고 亥卯未木局으로 日干 戊土를 剋하고 癸水와 子水가 生木하여 木의 세력이 旺하니 신약하다.

正官格도 너무 강하면 殺로 作用하니 殺印相生으로 丁火가 巳中丙火에 根하여 用神이다. 燥木은 喜神이 되며, 濕木은 忌神이다. 癸水가 病神에 巳中戊土가 藥神이다.

卯中乙木이 투출되니 正官格이다. 乙卯濕木이라 丁火를 濕木으로 生하니 연기가 나므로 남편 때문에 눈물을 흘린다.

초년에 火運으로 오니 濕木이 말라서 生火하니 공부를 잘하고 戊土大運에 戊癸合되어 습이 제거되니 좋은 남자를 만나 결혼한다.

午火大運에 子水를 冲하여 좋고, 丁火印綬가 록을 하니 좋다. 時에 印綬가 用神인 자 어머니가 뒷바라지를 잘한다.

庚金大運에 金生水하고 乙庚合으로 묶이니 生火를 안 해주므로 나쁘다. 申金大運에 金生水하고 子水가 旺해지니 子卯刑하여 이혼을 하게 된다.

己未大運에는 土剋水하니 좋고 子未상천과 원진이고 官이 入墓되고 乙卯는 바람이라 남편이 바람피운다. 辛酉大運에 傷官見官하여 이혼한다.

壬水大運에는 丁火用神을 合去하니 旺木이 泄氣가 안 되어 木剋土하여 외롭다. 戊土大運에는 用神이 入墓되니 죽게 된다. 火用神이니 언변이 좋고 외국어에 능통하고 자식이 잘된다.

印綬가 時에 있으면 딸이 있게 되고 時에 역마라 유학을 가서 결혼하게 되는데 유학생이나 교포와 결혼하기 쉽다. 金水大運에 財가 旺해지니 빚을 지게 된다.

正官格破格, 食傷制殺格　　　　天干：火吉
木忌神, 水仇神, 金用神, 土喜神　　地支：火凶

甲寅	戊子	乙卯	戊申	坤命
75	65	55	45	35	25	15	5	
丁未	戊申	己酉	庚戌	辛亥	壬子	癸丑	甲寅	大運

卯月 戊土日主가 木旺계절에 출생해 乙木司令하고 申子水局이 되어 水木이 旺하여 正官에 종할 것 같으나 관살혼잡으로 파격이 되었고 食傷制殺하면 吉하다. 正官格에 官殺혼잡은 偏官을 制해야 正官이 산다. 正官格은 품위가 있고 官이 많아 남자가 잘 따른다. 食神이 있으면 예능인데 地支에 卯木이 있어 피아노를 전공했다.

丑土大運 22세에 남자를 만나 대학재학 중 결혼해 23세에 아이를 낳고 살다 壬水大運에 官殺을 旺하게 生해주니 이별이다. 忌神大運에 財官이 旺하면 유흥업소에서 돈을 버는 팔자라 피아노 치면서 노래를 부른다.

戊土日主는 나이가 비슷한 사람과 결혼해서 살다가 깨지면 나중에는 백두노랑을 만나 동거한다. 돈벌이가 힘들면 백두노랑과 만나는데 辛卯生을 만났다. 낮엔 피아노학원을 하고, 밤엔 유흥업소에 나가 음악연주를 한다.

亥水大運에 다시 이혼한다. 正官格이라 남을 속이지는 않는다. 다만 官殺혼잡이니 제정신이 아니다. 木이 많으니 간이 크다. 食神制殺하니 경우는 밝다. 食神制殺하면 나이를 불문하고 내 마음을 편하게 해주고 자식을 잘 돌봐주면 불구자라도 좋다고 한다.

從官格 | 水用神, 金喜神, 土病神, 木藥神

乙卯	戊子	癸卯	丁未	乾命
76	66	56	46	36	26	16	6	
乙未	丙申	丁酉	戊戌	己亥	庚子	辛丑	壬寅	大運

卯月 戊土日主가 木旺계절에 출생해 乙木司令인데 乙木이 투출되고 卯未木局에 水生木을 하니 종관격(從官格)이 된다.

丁火印綬가 戊土를 생조하니 忌神이라 水用神에 金喜神이고 土가 病神이며 木이 藥神이다. 품위가 있고 財用神이라 처가가 부자다.

丁火는 癸水에게 冲되어 제거되었다. 卯未木局으로 木이 旺하다. 현침살이 중중하고 子卯刑이라 외과의사다. 財用神이라 부부 사이는 괜찮다.

처가에서 병원을 차려 준다. 未土는 천역성이라 도로인데 卯未木局에 子卯刑이니 변두리에 꺾어진 도로 옆에 교통사고가 잘 나는 곳 옆에다 병원을 하려고 한다.

병원 뒤의 山에 나무가 있고 앞에는 물이 흐른다. 병원을 그런 곳에 차린 사람이다.

己土大運에는 土剋水하여 휴업이다. 戊戌大運에 병원을 넘기고, 남의 병원 院長이나 해야 한다. 보건소 의사를 하면 좋은데 교통사고 전문병원을 하려고 한다. 정신이 바른 사람은 아니다.

殺印相生格
火用神, 土喜神, 木忌神, 水病神, 土藥神

壬戌	戊申	丁卯	甲寅	坤命

71	61	51	41	31	21	11	1	
己未	庚申	辛酉	壬戌	癸亥	甲子	乙丑	丙寅	大運

卯月 戊土日主가 木旺계절에 출생하여 甲木司令인데 甲木이 투출하여 신약하다.
女命에서는 官殺혼잡을 가장 꺼리는데 戊土日主가 신약한 가운데 殺旺하다.

戌土는 地支에 있고 丁火는 天干에 있으니 殺印相生으로 火가 用神이다. 丁火印綬는 부모와 학문인데 이화여대 영문학과를 졸업했고 丁火는 꼬부라져서 영어이다. 집안이 좋다.

子水大運에 壬水 財가 申金에 長生하고 申子辰水局하여 교사임용시험에 떨어져 갈 만한 곳이 없다. 학원 강사로 나가도 運이 나빠 오래 못 다닌다. 印綬가 用神이라 조기 영어유치원 선생을 한다.

접속 大運이 癸亥로 오면 불이 꺼지는데 子水大運 癸未年에는 丁癸冲에 旺木이 未土에 入墓되어 丁火가 없어지니 봄에 교통사고로 죽었다.

癸亥 忌神入運이 오기 진에 子水大運말 접속 대운에서 癸未年 忌神運에 위험하고 나쁘다. 癸未年에 身數는 天干에 癸는 1~6월까지이고 地支에 未

는 7~12월까지 각각 해당되고 五行과 六親은 부수적인 것에 해당한다.

印綬가 桃花를 달고 있으니 엄마가 공주병이 있다. 大運에서 申子水局되어 忌神운으로 위험하니 해수욕장에서 익사사고나 교통사고가 날 수 있기 때문에 자가용도 팔아야 하며, 조심해야 한다고 주의를 주었는데 엄마가 말을 듣지 않았다.

이 여자가 교통사고가 나서 병원에서 죽기 전에 엄마가 달려와 살려달라고 매달려보나 소용이 없는 일이고, 예방이 제일 좋은 방법이다.

7 辰月 戊土 | 진월 무토

辰月은 木旺계절이나 辰中戊土가 있어 土旺季節이라 이름할 수 있고 辰月에 木과 土가 旺衰를 가늠하기 어려울 때 곡우 전에는 木氣가 旺한 것으로 보고, 곡우 후부터 입하까지 土氣가 旺한 것으로 보아라.

辰月에 戊土日主는 辰中戊土에 根을 하니 신왕하다. 土旺하니 甲木으로 소토함이 필요하며, 木旺하면 丙火를 生助하여 꽃을 피우고 泄氣시키며 癸水가 있어서 甲木을 生助하면 貴格이 된다.

> 癸·甲·丙이 함께 天干에 투출되면 더욱 貴格이 되며, 丙·甲·癸는 없고 대신해서 乙·丁·壬이 있다면 난잡하여 하격이 된다.
>
> 甲木과 丙火가 있고 癸水가 없으면 財物 복은 있으나 명예가 없다.
> 甲木과 癸水가 있고 丙火가 없으면 명예는 있으나 財物 복이 없다.

火旺하여 신왕하면 燥土가 되니 이때는 壬癸水가 喜神이나 金이 있어야 土生金, 金生水가 되어야 財物과 처로 인한 풍파가 적다.

辰土는 戊土의 뿌리가 되면서 財의 庫藏이라 戊土가 와서 冲을 하면 群劫爭財가 되어 처에게 불미함이 있게 되어 가정이 어지럽다.

時上偏官格
火用神, 水病神, 土藥神

甲寅	戊辰	壬辰	丙寅	乾命
79	69	59	49	39	29	19	9	

庚子	己亥	戊戌	丁酉	丙申	乙未	甲午	癸巳	大運

辰月 戊土日主가 木旺계절에 출생하여 곡우 이전에 태어나 乙木司令인데 木氣가 旺하여 신약하다.

시상편관격(時上偏官格)에 壬水가 甲木을 生해 편관이 太旺하다.

戊土日干이 辰月에 乙木司令이라 木旺하여 辰土는 木으로 휩쓸려 간다.

旺木 옆에 弱土가 木剋土되어 土가 깨진 것이다. 丙火가 用神인데 壬水가 丙火를 가로막고 日干과 너무 멀어 무정하다. 이렇게 되면 틀림없이 고생하며 살아간다고 생각해라.

초년이 좋으면 잘 먹고 잘 산다. 甲木大運에 木生火하니 집안이 좋았다. 印綬가 멀고 財星은 공부에 마장인데 壬水는 수원·평택·원주이고 年에 印綬는 지방대학이나 그렇지 않으면 도피성 유학이다.

午火大運에 寅午火局이라 마음에 드는 여자를 만나 결혼하여 43세까지 그런대로 잘나가고, 申金大運에 申辰水局되어 用神을 剋하고 丙火用神이 申운에 病운이라 손재나 관재 또는 역마라 교통사고를 당하기 쉽다.

殺印相生되어 官이 투간되어 직장생활을 꼭 하는데 공직계통이다. 요즘은 印綬驛馬에 공부가 약하니 무역계통 직업이다. 외국인회사나 공무원이면 지방공무원이다.

> 곡우 전에는 辰辰寅寅이 있으면 辰이 木으로 바뀐다.
> 龍虎이니 時上偏官格으로 큰 짐승에게는 큰 山이 있어야 한다.

그릇이 크고 통이 크다. 위엄이 있고 무게가 있다. 戊子日柱라면 그릇이 작다. 큰 짐승인가 작은 짐승인가 봐라. 戊土는 가장 좋은 것이 庚申時로 食福은 있다.

正財格　【原局에 食神이 없어 格調가 떨어지고 爭財가 된다】
土忌神, 水用神, 金喜神, 土病神, 火仇神, 木藥神

癸亥	戊辰	丙辰	戊子	乾命
78	68	58	48	38	28	18	8
甲子	癸亥	壬戌	辛酉	庚申	己未	戊午	丁巳	大運

辰月의 戊土日主가 木旺계절에 출생하여 乙木司令인데 木이 없고 丙火가 生助하고 戊土가 방조하니 신왕하다.
辰中癸水가 時上에 透出하니 正財格인데 身旺財旺에 水用神 金喜神이다. 土病神에 火仇神이며 木藥神이다. 巳午未大運까지는 집안의 형편이 어려워 공부를 못하고 시골에서 농사를 지으며 고생하며 살았고 庚申·辛酉大運부터 喜神大運이라 잘 풀리므로 부농(富農)으로 살 만하다.

원국에 庚申金이 있었으면 食神生財하여 사업가로 성공했을 것인데, 원국에 食神 喜神이 없어 하격이니 농부로 평생을 살게 되는 명이다.

壬水大運에 群劫爭財되어 어려움이 있게 되고, 戌大運은 辰戌冲하니 둑이 무너져 재물손실이 많게 되고 癸亥大運에 복구하려고 하나 나이가 들어 어려움이 많고 甲子大運에 比劫을 제거하니 자식이 잘되어 복구가 된다. 30~40대에 癸亥大運으로 왔다면 본인이 잘되어 복구가 된다.

正官格, 正官用官格
土忌神, 火仇神, 木用神, 水喜神

乙卯	戊午	丙辰	戊申	坤命
74	64	54	44	34	24	14	4
戊申	己酉	庚戌	辛亥	壬子	癸丑	甲寅	乙卯	大運

辰月에 戊土日主가 木旺계절에 출생하여 戊土司令인데 時上에 乙木이 곡우 이전으로 약하지 않으나 火土가 生助하여 신왕 사주가 되었다.
土가 忌神이고 火는 仇神이며 木이 用神이 되고 申辰水局이 水生木하니 喜神이다. 乙卯木 正官이 陰木이나 강하여 用神으로 쓴다.

戊土司令인데 戊土가 투출이 되었고, 丙火와 午火가 日干을 도우니 土가 忌神이요 火가 仇神이며, 木用神이고 水가 喜神이다. 초년부터 用神으로 출발하니 유복한 가정에서 태어나 귀염을 받고 자랐다.

女命 사주가 官이 用神이면 결혼을 일찍 하고 食傷이 年月에 있고 官星이 日時에 있으면 혼전임신이다.

寅木大運에 日支와 合으로 결혼하여 寅木官이 寅午火局이 되니 仇神으로 변하고 자식을 낳으니 申金이 움직여 大運과 寅申冲으로 이혼하였다.

癸水大運에 官을 生助하니 甲戌年에 偏官이 比肩을 좌하므로 사업하는 유부남을 만나 남자도움으로 동대문 상가에서 옷 장사를 시작했다. 丑土大運에는 濕土로 火氣를 泄氣하여 좋으나 土를 도우니 반길 반흉하다.

壬子大運에 吉하고 辛亥大運에 仇神 丙火를 合去하니 吉하고 亥水大運은 亥卯木局하니 吉하다. 庚戌大運은 乙庚合으로 用神이 묶이고 辰戌冲하면 申辰水局이 깨지므로 水生木이 안 되어 丙午年에 乙木이 말라 죽게 되어 이때 사망한다.

雜氣財格
土忌神, 火仇神, 水用神, 金喜神, 土病神, 木藥神

癸亥	戊辰	壬辰	丙申	坤命
79	69	59	49	39	29	19	9
甲申	乙酉	丙戌	丁亥	戊子	己丑	庚寅	辛卯	大運

辰月 戊土日主가 木旺계절에 출생하여 戊土司令으로 火土가 旺하여 신왕하다.
申辰水局에 壬癸水가 투출하여 身旺財旺한 사주가 土忌神에 火仇神이며 壬水가 用神이고 申金이 喜神이다. 辰中戊土가 病神이고 木藥神이 된다.

초년에 辛卯大運~庚寅大運은 天干은 喜神이요, 地支는 藥神으로 운로가 길하게 작용하니 유복한 집안에서 태어났다.

寅木大運에 財星과 合해 寅亥合木되어 藥神으로 官星이 되니 결혼하여 자식을 낳아 잘살고, 己丑大運에 群劫爭財가 되니 손재가 따르고 만사가 不成이니 고생을 많이 한다. 戊土大運도 比肩이라 群劫爭財가 연장된다.

子水大運에 用神大運이라 만사가 여의하니 커피숍을 운영하여 돈을 많이 벌었고, 財星혼잡인데 丁亥大運에 丁癸冲으로 冲去하니 財星이 淸해져서 吉하고, 亥水大運에도 吉하니 잘되어 부자가 된다.

丙戌大運은 丙火는 比劫을 生助하니 나쁘고, 戌土는 旺土를 入墓시키니 죽게 된다.

偏官格, 格用神上格　【中年에 傷官大運으로 判檢事를 못했다】
土忌神, 火仇神, 木用神, 水喜神

甲寅	戊辰	甲辰	丁未	乾命
80	70	60	50	40	30	20	10
丙申	丁酉	戊戌	己亥	庚子	辛丑	壬寅	癸卯	大運

辰月 戊土日主가 木旺계절에 출생, 戊土司令이 되어 火土가 旺하여 신왕하다.
土가 旺하니 甲木으로 소토를 해야 하니 甲木이 用神이다.
甲木이 寅木에 根하고 辰土에 착근하니 身旺官旺하다. 辰中癸水가 喜神이며, 土忌神이며 火仇神이다.

초년 대운이 喜神과 用神으로 오니 부유한 집안에서 태어났다. 格用이 淸하고 用神도 겸했으니 초지일관하는 정신으로 한 우물을 판다.

대학은 법대를 졸업하고 壬水大運에 仇神인 丁火를 合去하고 用神甲木을 生助하니 공부를 잘했다. 寅木大運 사법시험에 합격하여 법무부에서 근무한다.

판사나 검사로 가지 않은 것은 辛丑大運과 庚金大運까지 傷官見官하여 나쁘기 때문이다. 그래도 무사히 넘어간 것은 丁火가 金을 反剋했기 때문이다. 子水大運부터 亥水大運까지 길하다. 戊戌大運은 比肩運이라 나쁘고 戊土大運은 旺土가 寅戌火局이 비겁을 도우고 辰戌沖니 나쁜 것이다.

8 巳月 戊土 | 사월 무토

巳月의 戊土는 建祿月令이며, 춥지도 덥지도 않은 계절인데 地支에 濕氣인 庚金이 暗藏되어 있으니 天干에 甲·丙이 투출하면 貴格이 된다. 戊土日主는 甲乙木이 투간되어 조림이 되어야 똑똑하다.

戊土가 旺하면 甲木을 먼저 쓴다. 火旺계절이고 土旺하면서 甲木이 없으면 金·水를 먼저 쓴다. 甲乙木이 旺하거나 金·水가 많으면 火·土를 쓴다.

金·水가 많으면 丙火를 쓰고, 火·土가 많으면 조후로 癸水를 쓰고 甲木을 쓴다. 丙火와 甲木이 있고 조후가 없으면 꿈만 크고 현실성이 없는 사람이다. 地支에 寅中甲木과 子中癸水가 있으면 작은 부자는 된다. 土旺하니 庚辛金이 있어 財인 水를 生하면 의식은 풍족하다.

時上食神格
金用神, 濕土喜神, 火病神, 水藥神

庚申	戊寅	己巳	己未	乾命
77	67	57	47	37	27	17	7	
辛酉	壬戌	癸亥	甲子	乙丑	丙寅	丁卯	戊辰	大運

巳月 戊土日主가 火旺계절에 출생, 丙火司令인데 寅中丙火 未中丁火가 가세하여 열기는 있지만 天干에 火가 없으므로 불꽃이 없다.

旺神은 泄하는 것으로 用神을 쓰는데 天干에 투간된 것을 먼저 정해야 한다.

寅中甲木은 투출이 안 되어 쓸 수가 없고 庚金이 투출되어 巳에 長生이 되고 좌하에 祿을 하여 庚金이 用神이 된다. 火가 天干에 투출되지 않아 뜨겁기는 하지만 녹지는 않는다. 寅巳申三刑에 부부궁에 寅申冲으로 처와 잘 싸운다. 戊辰大運까지 집안이 좋다.

丁卯大運부터 조열하여 가세가 기울기 시작하는데 丙寅大運에는 用神을 干支冲하여 原局에 冲이 있는데 運에서 冲運이 오니 가중冲運이 되어서 죽었다. 이런 사람하고 같이 놀러 다니지 마라. 교통사고 위험이 따른다. 丙寅大運만 넘겼으면 천수를 누렸을 텐데 아쉬운 사주다.

從旺格
火用神, 木喜神, 土藥神, 金水忌神

戊午	戊午	丁巳	戊午	坤命
72	62	52	42	32	22	12	2	
己酉	庚戌	辛亥	壬子	癸丑	甲寅	乙卯	丙辰	大運

巳月 戊土日主가 火旺계절에 출생하여 戊土司令인데 印綬가 旺하여 종왕격(從旺格)이다.

丁火가 用神이고 木喜神이다. 土는 旺火를 泄氣하니 喜神이 된다.

印綬가 太旺하면 종인격(從印格) 또는 종왕격(從旺格)이라 한다. 丙辰大運에 金이야 玉이야 하며 귀여움을 독차지하고 자라고, 乙卯大運에도 학교에 잘 다니고 공부도 잘했으며, 甲寅大運에 合運이라 결혼했다.

癸丑大運에 丁火用神을 丁癸冲하여 남편이 죽었다. 丑大運도 巳丑金局이 되어 金生水가 되고, 用神이 12운성으로 病死이고 다음 大運이 나빠지니 癸水大運에 남편이 사망했다. 만약 癸未大運이면 사망하지 않는다.

火土가 조열하면 旺水大運에 흉하다. 壬水大運에 丁壬合해도 戊土가 있어 그런대로 괜찮다. 子水大運에 子午冲되어 旺神을 冲하면 본인이 죽는다. 木運은 타면서 오기 때문에 괜찮다. 印綬가 많을 때 官運에는 괜찮다.

化氣格, 戊癸合火化氣格 【戊戌大運에 破格이 되므로 나쁘다】
火用神, 木喜神, 水病神, 金仇神

丁巳	戊午	癸巳	丙戌	乾命
73	63	53	43	33	23	13	3	
辛丑	庚子	己亥	戊戌	丁酉	丙申	乙未	甲午	大運

巳月 戊土日主가 火旺계절에 출생, 丙火司令이고 사주전국이 火土로 이뤄지고 戊癸合으로 天干 合해 무계합화화기격(戊癸合火化氣格)이 成格되었다.

正印·偏印이 혼잡해 化氣格이 濁해져 格調가 떨어졌다. 地支에서 寅午戌火局으로 이루어지고 丙火만 투출되어야 淸하여 貴格이 된다. 戊大運에 破格되어 크게 나쁜 운이다.

초년에 木火大運으로 흐르니 부유한 가정에서 태어나 총명하여 공부를 잘하게 될 것이다. 丙火大運까지 吉하나 申大運부터 用神이 病死大運으로 가니 나쁜데, 다음 大運이 나빠지는 운이니 고생을 하게 된다.

申金은 火剋金을 하면 金生水를 하는데 水火相戰되면 흉하여 질병으로 고생하거나 사망까지 가게 될 수도 있다. 초년에 잘살던 사람이 갑자기 가세가 기울면 적응을 못하고 죽는 경우가 많다. 戊土大運에도 火用神의 墓庫 大運으로 크게 나쁜 운이다.

時上偏財格
土忌神, 火仇神, 水用神, 金喜神, 土病神, 木藥神

壬子	戊辰	己巳	甲午	乾命
78	68	58	48	38	28	18	8
丁丑	丙子	乙亥	甲戌	癸酉	壬申	辛未	庚午	大運

巳月 戊土日主가 火旺계절에 출생하여 戊土司令인데 火土가 旺하여 신왕하다.
比劫이 旺하면 官으로 用神을 쓰고, 印星이 旺하면 財星으로 用神을 써야 한다.

火旺계절에 印星이 旺하니 財星으로 子辰水局에 壬水가 투출되어 印星과 견줄 만하니 水用神이며 金喜神이다. 土忌神인데 火仇神이며 水用神인데 土가 用神을 剋하니 土病神에 木藥神이다.

초년 午未大運이 운세가 나빠서 부모가 고생을 많이 했다. 壬申大運부터 대발하여 잘살게 된다. 甲木大運은 藥神운이라 좋고 戊土大運에 辰戌冲에 群劫爭財하니 부인이 아프거나 재물손실이 많이 따르게 된다.

이때 부인이 똑똑하여 직장생활하면 바람을 피우고 이혼하게 되고, 미련하면 이혼은 안 하게 된다. 다시 亥子丑大運에 복구한다.

9 午月 戊土 | 오월 무토

午月의 戊土는 炎火가 있어서 조열하여 燥土가 되니 壬水로 潤土하여 조후함이 시급하다. 戊土日主가 旺하니 甲木으로 疎土를 해야 하기 때문에 壬水와 甲木이 있어야 하며 辛金이 根이 있어서 生水하년 일품의

貴格이 된다. 甲木이 있을 때는 庚金은 冲이 되니 안 쓰고 辛金을 쓴다. 庚金을 쓰지 않는 또 다른 이유는 劈甲生火하기 때문에 나쁘다. 癸水는 戊癸合이 되어 못 쓴다.

火土가 많고 水가 없으면 위장과 눈에 질병이 있게 되고, 金水가 많으면 삼복생한(三伏生寒)과 財多身弱이니 印綬로 生助해야 吉하고, 火旺계절에 土가 丙火가 없으면 윤택해질 수가 없고, 초목도 성장이 잘 안 된다.

甲木이 많으면 庚金으로 제거해야 좋고, 庚金이 없을 때는 아무것도 못하는 불구가 많다.

印綬格, 時上食神格
火忌神, 木仇神, 金用神, 濕土喜神, 火病神, 水藥神

庚申	戊戌	丙午	丁未	坤命

77	67	57	47	37	27	17	7
甲寅	癸丑	壬子	辛亥	庚戌	己酉	戊申	丁未

(우측: 大運)

午月 戊土日主가 火旺계절에 출생해 丁火司令인데 丙丁火가 투출하였고 午戌火局으로 조열하니 庚金으로 땅을 식혀 주고 金生水하여 윤택하게 해 주니 用神이다.

다행히 木이 없으니 청결하나 물이 없어 금수강산이 못 된다. 물을 찾아 분주하다. 食傷이 있으니 자기주장이 강렬하다.

未土官庫에 있는 남자는 낮에는 더워서 술을 마시고 밤에는 고스톱을 친다. 낮에 나오면 타죽고 저녁에 나오면 金剋木 당하니 설 자리가 없다.

庚申食神이 用神이라 자식밖에 모른다. 庚戌大運에 旺火入墓되면 나쁘다. 그나마 天干에 庚金이 있어 무해무덕하게 지나간다. 比劫이 많고 財星이 없고 食傷이 있으면 밥은 사줘도 돈은 안 꿔준다.

사주에 印綬가 많으면 의심이 많다. 地支火局이고 天干에 丙丁火가 투출이 되어 用神을 剋하니 의심이 많아 조심성이 있다.

羊刃은 午中己土 劫財가 있으니 손을 벌리는 사람이 많다. 자기가 벌어서 먹고사는 사주팔자이다. 옛날 사람이라 남편 때문에 속 씩고 살고 현대인 같으면 이혼한다. 食傷이 用神이라 자식 때문에 열심히 산다.

시주가 用神이라 자식이 훌륭하다. 4·9金이라 자식수가 옛날에는 9명이고 현대사회는 4명인데 火剋金으로 2명이면 둘은 유산한다.

> 甲寅大運에 寅午戌火局으로 庚申用神이 약해지는데, 또한 甲庚冲과 寅申冲하여 用神을 干支로 冲하니 用神이 絶支운이라 무력해져 사망한다.

손자 결혼식에 참석하러 가다가 교통사고로 사망했다. 印星이 忌神인데 손자가 印星인데 大運마저 印星을 生助하는 甲寅大運이라 寅午戌火局에 火剋金으로 用神을 冲剋하고 역마라 교통사고로 사망했다.

羊刃合殺格	1899년생
天干 : 土忌神, 木用神, 水喜神, 金病神, 火藥神	
地支 : 火忌神, 木仇神, 水用神, 金喜神	

甲寅	戊午	庚午	己亥	坤命
76	66	56	46	36	26	16	6
戊寅	丁丑	丙子	乙亥	甲戌	癸酉	壬申	辛未	大運

午月 戊土日主가 火旺계절에 출생하여 丁火司令하고 己土와 寅午火局으로 日干을 도우니 신왕하다.

午火가 있고 己土가 투출되어 甲己合으로 묶였으니 午火는 印星으로 보아라. 甲木이 없고 己土가 투간되면 이때 羊刃으로 본다.

用神을 쓸 때에 泄氣하는 것을 쓸 것인가 아니면 剋하는 것으로 쓸 것인가를 놓고 고민하는 경우가 있는데 庚金은 녹아서 못 쓰니 甲木用神이다.

羊刃合殺과 소토하는 用神으로 쓴다. 水가 喜神이며, 金이 病神이고 火가 藥神이다. 여름 戊土는 물이 필요한데 年支에 水가 있어 조상덕은 있다.

己土羊刃을 甲木七殺이 羊刃合殺하니 남편은 순박한 사람을 만나게 된다. 壬水大運에 用神을 生助하니 吉하고 申金大運은 寅申冲하여 나쁠 것으로 생각을 하지만 亥水가 있어 金生水 水生木으로 통관도 되고 火剋金으로 反冲하니 무해무덕하게 넘어간다.

壬申大運과 癸酉大運은 天干에 水를 金生水로 泄氣되어 오니 힘이 약해져 病神작용이 덜하다. 甲木大運에 남편이 목에 힘주고 활동하는데 戊土

大運에는 甲木에 剋당해 오니 忌神大運이라도 손해는 있으나 많지 않다. 月支와 合하여 印綬局을 이루니 午中己土가 比劫이라 형제 부모도 함께 運이 없어진다. 丙火大運에 用神의 病인 庚金을 剋하고 子大運은 寅木을 生해도 子午沖은 한다.

羊刃合殺格	1899년생
天干：土忌神, 木用神, 水喜神, 金病神, 火藥神	
地支：火忌神, 木仇神, 水用神, 金喜神	

甲寅	戊午	庚午	己亥	乾命
74	64	54	44	34	24	14	4
壬戌	癸亥	甲子	乙丑	丙寅	丁卯	戊辰	己巳	大運

午月 戊土日主가 火旺계절에 출생, 丁火司令인데 午中己土까지 투출되어 羊刃이 旺하여 신왕하다.

水는 없고 庚金은 녹아 못 쓰고 甲木이 用神이다. 羊刃合殺과 疎土하는 용도로 쓴다. 水喜神이며, 金이 病神이고 火가 藥神이다. 물이 필요한데 年支에 水가 있어 조상덕은 있다. 官이 투간되어 고관이다.

丁火大運에 행정고시에 합격했다. 官用神이면 術士들이 財星을 찾는데 그 것은 잘못된 생각이다. 病이 있으면 病부터 제거하는 藥神이 우선이다.

丁火大運에 행정고시에 합격해 진급이 잘되었다. 도청 국장까지 올라가고 국영기업 사장까지 역임을 했다. 丑土大運에 金이 旺해져 조금 나빠지고 戌運에 寅午戌火局이 되어 木焚飛灰로 用神이 타버려 사망하게 되었다.

여기서 의심을 가질 만한 것이 있으니, 丁火大運에는 행정고시에 합격하고 火局이 되는 戌土大運에는 왜 죽었냐고 물을 것이다.

정답은 사주원국에 天干에 庚金은 用神의 病이 있어 丁火로 病을 제거해 좋으나, 戌土는 火土의 庫라서 旺神入墓가 되고, 寅午戌火局으로 用神이 타버려 그래서 사망하는 것이다.

印綬格 【地支 濕土는 喜神이 된다】

土忌神, 火仇神, 水用神, 金喜神, 干土病神, 木藥神

戊午	戊寅	戊午	癸丑	乾命
72	62	52	42	32	22	12	2	
庚戌	辛亥	壬子	癸丑	甲寅	乙卯	丙辰	丁巳	大運

午月 戊土日主가 火旺계절에 출생해 丙火司令이고 火土가 중중하여 신왕하다.
寅午火局과 戊土가 투간되고 午中己土가 투간되지 않으면 午火는 印綬로 본다.

午火 하나에 己土가 투간이 되었을 때 완벽한 羊刃으로 본다.
印綬가 많으면 偏印으로 작용하는데 偏印의 통변성은 기술과 예능이다.
年干 癸水가 丑中癸水에 뿌리를 내려 用神으로 쓸 만하다.

丁巳·丙火大運에 집안이 어려웠고 辰大運에 집안 형편이 나아지고 乙卯 大運·甲木大運은 戊土病神을 제거하여 좋다. 음악대학을 나와 卯木大運에 결혼했다. 月에 印綬가 있고 官이 있으면 교편을 잡는다.

癸水를 用神으로 쓸 수 있는 것은 습한 丑土가 있기 때문에 쓴다. 원국 天干에 甲木이 있었으면 교수가 되었을 것인데 없고 寅木만 있으니 寅木 官이 寅午戌火局 仇神으로 변하고 官弱하여 교수가 못 되고 강사 생활을 한다. 癸水 財가 用神인데 부인자리에는 寅木이 있어 寅午戌火局이 되니 부인덕의 유무를 어떻게 볼 것인가에 대해서 생각을 해봐야 한다.

원국에서 丑土가 午火의 열기를 흡수하고 大運에서 濕木이나 濕土나 水 運이 오면 寅中甲木은 藥神이 되는데 燥木大運과 燥土·火 大運은 나쁘게 작용되어 부인이 사고 쳐서 손해를 끼친다.

乙卯大運은 生火를 못하고 木剋土하니 결혼을 하고, 딸을 낳은 것은 官星 이 약한 이유다. 딸을 낳고 직장에 다닌다. 육친으로 財星이 用神이라 처 가 잘한다. 甲木大運에 戊土를 剋하여 좋으나 寅木大運은 寅午火局으로 戊土를 剋하지 못하고 忌神으로 나쁘게 작용한다.

甲寅大運에 대학교에서 교수 임용 건이 있다고 연락이 왔는데 5억 원을 요구했다. 집안 형편이 어렵기 때문에 그만한 돈을 마련하기가 어렵다.

부인에게 대학교의 요구사항을 이야기했는데 그래서 부인이 돈을 마련해 보려고 집 담보로 융자를 받아 다단계 판매 사업에 투자했다가 그나마 집이 경매로 넘어가고 신용불량자까지 되어 강사 자리도 못하게 되었다. 癸丑大運부터 길하니 학원을 차려서 운영하게 되면 잘된다.

> 처덕 유무는 처궁에 忌神이 있고 財가 用神이면 처는 착한데 처덕은 없다. 처궁이 用神이고 財星이 忌神이면 처덕은 있고 여복이 없다.

羊刃合殺格
己土用神, 火喜神, 木病神, 金藥神

甲寅	戊寅	庚午	己亥	坤命
74	64	54	44	34	24	14	4	
戊寅	丁丑	丙子	乙亥	甲戌	癸酉	壬申	辛未	大運

午月 戊土日主가 火旺계절에 출생해 丁火司令하고 寅午火局인데 己土가 투출하여 身旺한 사주이다.
甲木七殺이 앉은 자리에 뿌리가 있고 亥水가 寅亥合으로 生木하니 七殺도 旺하여 身旺殺旺하다.

> 午火 하나만 있고 己土가 투출되었을 때 羊刃으로 보아라. 甲木七殺을 午中己土가 투출되어 合殺하니 羊刃合殺格으로 貴格이다. 庚金이 투간되어 食神制殺하고 食神生財하면 재능이 뛰어나다.

午火가 寅午火局이 되어 火剋金하면 食神이 도식되어 총기가 흐려진다. 기억력은 약해도 庚金의 食神은 재주가 있다. 食神制殺하니 기술이 좋다. 庚金이 旺火를 만나면 제련이 되어 辛金으로 변한다.

金을 불에 달궈서 甲木을 지지고 자르고 하는 미용실 원장이다. 미용실 체인점을 운영하는 능력자다. 食傷이 종업원인데 偏官이 印星을 生하여 官印相生이 되므로 印星이 旺해 食傷을 剋하여 도식이 되므로 미련하다. 30대 중반부터 종업원의 도움을 못 받는다.

甲木大運에 木多金缺되어 나쁘고, 戊土大運은 寅午戌火局에 旺神入墓시켜

운세가 많이 나쁘다. 乙木大運에 食神이 合去되니 일하기 싫어진다. 자식궁에 偏官이 時에 根을 하고 水生木하니 자식들이 고려대학 법대생이다.

庚辰·辛巳년에 집을 사고 체인점을 정리하려고 하는데 액수가 백억 원이나 되어 인수할 사람이 없다. 남편은 순박하고 사업에는 관여를 안 한다.

旺木은 庚金이 剋하면 착하고, 약木을 庚金이 剋하면 이마가 깨져 있으니 이 같은 경우가 되면 포악하다. 남편이 간섭을 안 하고 관심을 안 둔다.

기본재산이 있는 사람이다. 머리가 나빠 공부가 안 되니 엄마가 기술을 배우라고 하여 미용을 배웠다고 한다.

印綬用印綬格
火用神, 木喜神, 水病神, 土藥神

癸亥	戊辰	丙午	壬子	坤命

71	61	51	41	31	21	11	1	
戊戌	己亥	庚子	辛丑	壬寅	癸卯	甲辰	乙巳	大運

午月 戊土日主가 火旺계절에 출생해 丙火司令이라 신강으로 출발하나 장마철 子辰水局과 壬子·癸亥가 투출하여 신약으로 변했다.
土가 없어 日干이 감당을 해야 한다. 火가 用神이고 水가 病神이니 日干을 藥神으로 예외적으로 쓴다.

木火大運은 좋으나 辰·癸 大運에는 나쁘고 卯木大運에 濕木이라 연기가 나니 결혼을 하려고 예식장을 잡아놓고 자기가 파혼하였다.

干與支同 日支 比肩에 귀문관살이 있으면 동성연애 기질이 있다. 日支에 比劫이 子辰水局으로 財가 되었고 暗合이 있다. 印綬가 喜神이라 사업은 木運으로 가니 옷 장사를 한다. 財多身弱은 빚을 진다. 의류 장사를 하다가 濕木大運인데 原局이 子午冲해 財剋印하니 한 번은 까먹는데 癸卯와 壬水大運에 까먹는다.

寅木大運에 잠깐 좋고, 辛丑·庚子大運은 나쁘다. 앞으로 運이 없어 土가 藥神이니 산으로 올라가기가 쉽다. 戊癸合에 辰亥鬼門이니 運이 나쁠 때 神氣가 발동하여 神내림을 받으려고 한다. 신약하니 이상한 생각을 한다. 正法이 아닌 비상식적인 생각으로 스님이 되려고 할 것이다.

⑩ 未月 戊土 | 미월 무토

未月의 戊土日主는 火炎 중에 조후되면 潤土가 되므로 길하고 壬水와 甲木이 있고 地支에 癸水가 암장하면 귀명이다. 土多하면 甲木으로 소토해야 좋고 壬癸水가 生助하면 貴命인데 壬水는 癸水만 못하다. 壬水는 강물이라 길어다 써야하니 고생이 많고, 癸水는 하늘에서 내리는 비로 고생이 적다. 여름에 조후로는 癸水가 길하고 壬水는 다음으로 취용한다.

水약하면 庚辛金이 生助해 주어야 中格은 된다. 水가 많으면 土가 너무 濕하고 木이 많으면 土가 무너지니 이때는 丙火로 殺印相生해야 吉命이 된다. 여름 戊土는 신왕하고 金水가 많으면 金은 시원하고, 水는 潤土로 만들어 주니 과실수가 잘 자라는 좋은 토양이 되어 학생의 사주가 이와 같으면 서울대학교에 진학을 한다.

去官留殺格, 假傷官格　【官殺混雜 去官留殺 用度의 用神】
金用神, 土喜神, 火病神, 木仇神, 水藥神, 支水忌神

未月 戊土日主가 火旺계절에 출생, 대서가 지나 己土司令에 입추가 가까워서 더위가 한풀 꺾인다.
燥土로서 신약은 아닌데 官殺혼잡하여 辛金이 去官留殺하니

가상관격(假傷官格)으로 金이 用神에 土喜神이고 火病神이며 水藥神이다.

초년 大運에 忌神 운이 오면 집안이 어려워 먹을 것이 없고, 月과 日이 戊未刑까지 되어 집을 떠나 객지로 나간다. 午火大運으로 印綬大運이나 用神을 剋하는 病神大運이니 학교도 제대로 못 다닌다.

傷官用神이라 기술을 배웠다. 金用神이고 火局을 이루면 철을 절단하는 기술이다. 巳火大運에 戊土祿地에 巳酉金局을 하니 조그만 가게를 하게 된다. 壬水大運에 火勢를 누르니 돈은 벌지만 群劫爭財하니 돈 뜯어 가는 놈이 많으니 단 하루도 편하지 못하다.

壬 財運이 들어오니 결혼하고, 辰大運에 辰酉合에 辰戌冲으로 寅戌火局을

깨주니 친구가 도와주어 辛酉金이 마음 놓고 乙木을 친다.

辛金大運에 돈을 벌고 卯木大運에 卯酉冲하는데 도화대운이라 여자나 도박으로 손재가 많다. 庚金大運에는 복구하고 寅木大運에 힘들고, 己丑·戊土大運에 土生金되어 좋고, 子水大運에는 用神이 死宮에 들어가니 생명이 위험하다.

戌未刑이라 위장과 간과 장이 나쁘다. 戌未刑은 몸에 흉터가 많이 생기고, 官殺이 忌神이라 자식이 속을 썩인다. 이 사주는 밖에 나가면 남에게 잘하고 집에 들어오면 변덕이 죽 끓듯이 한다.

財滋弱殺格
土忌神, 火仇神, 木用神, 水喜神

戊午	戊辰	己未	戊寅	乾命
71	61	51	41	31	21	11	1
丁卯	丙寅	乙丑	甲子	癸亥	壬戌	辛酉	庚申	大運

未月 戊土日主가 火旺계절에 출생하여 己土司令인데 比劫이 重重하여 신왕하다.

燥한 시기에 태어나 土旺하여 從强格인 것 같으나 未中乙木에 辰中乙木과 辰中癸水가 있어 木이 약하지 않으니 寅中甲木이 用神이다. 초년에 庚申·辛酉大運에 木을 剋해 고생하나 申辰水局에 辰酉合金이 되어 金生水하니 潤土로 만들어 사서 고생한 것에 비유되나 먼 훗날에 영광이 오는 밑거름이 된다.

癸亥大運에 재자약살격(財滋弱殺格)이 되어 부잣집 여자를 만나 호강한다. 초년 운이 없어 교육을 받지 못해 자수성가한다. 比劫이 忌神이고 財星이 用喜神이면 친구 말은 믿지 말고 부인 말을 잘 들으면 돈을 많이 번다.

水木大運에 개인 사업을 해서 잘되었다. 水木이 用神이라 土建業이 아니면 의약업이다. 財庫가 喜神이라 제약회사(卯戌개금에 寅未는 漢藥이다)를 창업하여 잘되었다.

甲大運에 比肩·劫財들이 제압되니 친구들이 전부 부하가 된다. 丙寅·丁卯大運까지는 좋으나 戊辰大運은 比劫이 오니 나쁘다.

假傷官格
土忌神, 金用神, 火病神, 木仇神, 水藥神

辛酉	戊戌	丁未	丁酉	坤命

75	65	55	45	35	25	15	5	大運
乙卯	甲寅	癸丑	壬子	辛亥	庚戌	己酉	戊申	

未月 戊土日主가 火旺계절에 출생하여 己土司令이고 丁火가 투간되어 신강하다.

熱氣가 가득한데, 물이 없으니 土는 갈라지고 申·子·辰·丑 중 한 자만 있어도 沃土가 될 텐데 그렇지 못한 것이 아쉽다. 濕한 쪽으로 써야 하니 假傷官格이다. 매너가 좋고 싹싹하고 친절하다.

土忌神에 金用神이고 火病神에 木仇神이며 水藥神이다. 未中乙木 正官이 있으나 官庫에 들어 있어 능력이 없다.

戌未刑이니 남편이 포악하여 지랄 같은 성격인데 日支에 戌土忌神이라 똥개 같은 놈이다.

남편이 일을 도우면 사고가 난다. 부부가 떨어져 사는 것이 좋다. 傷官이 用神이면 남자 종업원과 같이 일해도 나쁘다. 여자 종업원이 길하다.

官庫 속에 남편의 능력은 경비·부동산·골동품·고물상 등을 하는 사람인데 남편이 털어먹었다. 辛金大運부터 運이 좋아지니 빚을 다 갚았다.

※자식이 효자인 것을 보면 傷官이 用神이라는 것을 확인할 수 있다. 官庫가 있는 사람은 남편을 中國에 보내지 마라. 행방불명이 된다. 남편이 中國에서 기공수련을 하는 것 같다고 한다.

水運에 財星은 음식인데 水는 검정색이니 김밥 장사를 하는데 아들 둘이 배달하고 식구끼리 함께 장사해 수입이 짭짤하다. 戌未刑이라 결혼생활이 깨진 것이다. 재혼할 생각은 없다고 한다.

癸水大運은 食傷用神에 丁火가 病神인데 제거해 주어 괜찮고. 丑土大運에 丑戌未三刑인데 土는 부동산이 되므로 부동산에 문제가 생기거나, 몸이 아프다.

稼穡格
土用神, 火喜神, 木病神, 水仇神, 金藥神

丁 巳	戊 戌	己 未	戊 申	坤命
77	67	57	47	37	27	17	7
辛 亥	壬 子	癸 丑	甲 寅	乙 卯	丙 辰	丁 巳	戊 午	大運

未月 戊土日主가 火旺계절에 출생해 己土司令인데 印綬比劫으로 土旺에 申金은 매금(埋金)되어 가색격(稼穡格)이다.

土用神에 火喜神이며 木病神에 水仇神이며 金藥神이다. 印綬·

比劫·食傷大運에 좋다. 未中乙木 正官 남편은 술꾼이다.

사주가 조열하여 물이 없어 물을 찾는다. 결혼 초에는 丁巳·丙辰大運은 좋아 남편이 사업을 하는데 그런대로 잘 꾸려나간다.

신왕 사주에 官弱이면 딸을 낳기 쉽다. 딸만 둘이다. 乙卯大運에 이혼할 가능성이 있다. 從旺格은 財官이 들어오면 나쁘다.

⑪ 申月 戊土 | 신월 무토

申月의 戊土는 立秋에서 처서(處暑) 전에는 火氣가 旺하여 癸水가 필요하고, 처서가 지나고 나면 金氣가 旺하여 寒氣가 점진하니 丙火가 吉神이며 癸水와 甲木이 함께 투간되어 있으면 더욱 길하다.

癸水와 甲木이 있고 丙火가 없으면 中格이고, 甲과 丙이 있고 癸水가 없어도 中格이고, 甲木 丙火 癸水가 다 함께 天干에 있으면 一品 貴格이다.

火土가 조열하면 스님 팔자다. 金旺계절에 木이 혼잡이면 정신이 흐리다. 木은 신경이기 때문에 木이 약하면 신경이 예민하다는 뜻도 포함된다.

그러므로 사리 분별력이 떨어진다. 金이 많으면 食傷이 旺하니 기술자다. 土日主 申酉戌月生이 신왕에 金이 많으면 두뇌가 총명하다.

食神生財格, 食神格
火用神, 木喜神, 水病神, 金仇神, 土藥神

丁巳	戊子	戊申	丁卯	乾命

76	66	56	46	36	26	16	6	
庚子	辛丑	壬寅	癸卯	甲辰	乙巳	丙午	丁未	大運

申月 戊土日主가 金旺계절에 출생하여 庚金司令으로 설기가 되어 신약하다.

天干 丁火가 生助하고 巳火는 印綬와 녹지(祿支)도 되어 주니 신약하지 않으나 庚金司令에 申子水局을 이루어 신약하다. 戊土日主가 丁火用神이라 열심히 공부한다. 正印이라 바른 공부다. 印綬가 天干에 투출되고 日支나 時支에 根을 하고 官이 生助하면 공부를 잘한다. 丁火用神이 申月에 약해지니 木의 生을 받지 않으면 안 된다.

> 印綬가 用神이면 官의 有無를 잘 살펴라. 申酉戌月의 乙木은 건초라 잘 탄다. 초년大運에 丁未·丙午 用神운이라 부모에게 사랑받으면서 자란다.

乙巳大運에 행정고시에 합격하고 甲辰大運 45세까지 좋고, 辰大運에 地支에 水局이 되어도 木이 있으니 水生木으로 통관되어 괜찮다.

天干 癸水大運에 用神을 冲하려 하나 用神이 2개가 있어서 하나가 冲을 받아도 또 하나가 있고, 月干에 比肩과 戊癸合으로 위기에서 벗어난다. 卯木大運에 승진하고 壬水大運에 丁壬合되나 戊土가 막아 잘 넘어간다.

正官이 喜神인데 寅木大運 偏官運에 官殺혼잡이 되어 직장을 그만둔다. 日支 財星 도화라 부인이 미인이다. 食神生財가 되니 부인도 대학원까지 졸업하고 두뇌가 총명하다.

年柱 丁火가 卯木을 보면 정신이 되는데 子卯刑하여 고부간에 갈등이다. 印綬가 用神인 남자의 사주는 財가 忌神이라 처가 말을 안 듣는다. 처는 申子辰水局을 이루어 자기가 들어와서 잘산다고 생각한다. 日支에 장성이라 자기가 대장이다.

이 같은 사람은 해수욕이나 수영장에 가지 말아야 한다. 쌍 촛대(丁火)가 꺼진다. 수영장이나 해수욕장의 물깊이가 배꼽 이상 깊으면 안 된다. 이 사람은 申子水局이라 목욕탕은 안 가려고 한다.

正官과 正印이 用神인 사람은 부부간에 대화가 적고 신문이나 텔레비전 뉴스만 보는 정 없는 부부로 무늬만 부부다.

癸水大運에 바람을 피우는데 말년에 가서 쓸쓸하다. 子水正財가 忌神이면 바람피운다. 亥水偏財는 亥卯木局이라 吉하다고 생각한다.

歲祿格 【用神이 미약하다】
巳火用神, 木喜神, 水病神, 土藥神

癸亥	戊子	丙申	辛巳	乾命
80	70	60	50	40	30	20	10	
戊子	己丑	庚寅	辛卯	壬辰	癸巳	甲午	乙未	大運

申月 戊土日主가 金旺계절에 출생하여 庚金司令인데 申子水局인데 癸亥가 합세하여 바다를 이루고 있어 신약하다.
丙辛合水되어 水旺하여 戊土가 섬으로 보는데 그리되면 섬과

바닷가서 태어나기 쉽다. 丙火는 丙辛合으로 기반(羈絆)되어 문제가 있고 戊土가 巳에 祿하여 세록격(歲祿格)으로 巳가 用神인데 木이 없어 약하다.

초년 乙未·甲午大運에 집안이 좋았고, 年支에 祿하니 祖上을 잘 섬기고 유업을 이어받았다.

巳火大運에 충남 아산만에 초등학교 분교로 교사발령을 받아 재직하기 시작했다. 亥中甲木이 있어 부인과 자식은 객지에서 떨어져 산다.

印綬 巳火가 用神이라 붓글씨를 잘 쓰는데 入賞은 못했다. 官이 없으면 출품해도 入賞을 못한다. 나중에 돈을 주고 賞을 샀다.

印綬用神이라 寅卯辰大運까지 교직생활을 한다. 壬辰·辛金大運까지 인생의 회의를 느낀다.

戊日主는 고집이 강하다. 신약에 건록(建祿)이 用神이니 공무원이 좋다. 고지식하고 융통성이 없다. 배우자는 丙戌생이 길하다.

官이 喜神인데 時支 暗藏에 있으니 키가 작은 애들하고 잘 놀아야 하니 先生으로 아이들을 가르치며 농사나 지으며 살아야 한다.

食傷混雜格　【土用神이 미약하니 부동산업이 대길한 업종이다】
金忌神, 土用神, 火喜神, 木病神, 水忌神

壬戌	戊申	丙申	辛卯	乾命

79	69	59	49	39	29	19	9	
戊子	己丑	庚寅	辛卯	壬辰	癸巳	甲午	乙未	大運

申月 戊土日主가 金旺계절에 출생하여 庚金司令인데 金水가 旺하여 신약하다.

金旺하여 丙火 用神을 쓰려고 하나 기반(羈絆)되어 쓸 수가 없어 運에 따라 일간을 生하기도 하고 안 하기도 한다. 戊土比肩이 用神이고 火喜神이며 木病神이다.

> 比肩이 用神이면 食·財·官이 忌神이다. 陽干은 뿌리가 있으면 不從하는 원칙에 의하여 從을 안 한다.

時上偏財가 뜨면 喜神이든 忌神이든 사업하게 되는데 壬辰大運에 忌神운이라 사업하여 실패하였다. 戊土用神이 약하고 喜神이 기반되어 하격인데 年上傷官은 심부름하는 종업원이고 日支 地殺이라 운전을 하는 사람이다.

묘신귀문관살(卯申鬼門關殺)이 공상·망상(空想·妄想)이고 戊土 用神이요 땅이므로 머리를 써서 공상·망상으로 땅따먹기 하면서 돈을 벌어야 하니 기원에서 내기바둑을 두어서 따려고 하는데 財星이 忌神이라 큰돈을 못 번다.

辛金大運에 丙火와 투합이라 합이 풀리니 丙火가 日干을 生해 주니 돈은 조금 벌고 辛金大運이 지나고 나면 도로 나빠진다. 卯木大運은 卯申이 쌍으로 귀문관살(鬼門關殺)이라 더욱 미친 짓을 한다.

寅木大運에 月支나 日支에 旺神을 冲하면 부부 불화나 교통사고가 난다. 寅戌火局이라 用神을 도와서 개인택시를 운영하고 日과 時에 用神이 있으면 妻子가 열심히 산다. 어려워도 헤어지지는 않는다.

食傷이 旺하고 比肩이 生하니 손재주가 좋으나 官이 깨져 남이 알아주지 않는다. 화투로 도박을 안 하는 것은 年에 正官이 있기 때문이며 傷官이 많아 행동은 불미스러워도 정신은 바르다.

食神格, 弱變爲强格, 明官跨馬格
乙木用神, 水喜神, 金病神, 土仇神, 火藥神

丙辰	戊申	甲申	乙未	坤命
78	68	58	48	38	28	18	8	
壬辰	辛卯	庚寅	己丑	戊子	丁亥	丙戌	乙酉	大運

申月 戊土日主가 金旺계절에 출생해 戊土司令으로 약한 것 같으나 丙火가 있고 양쪽으로 土가 있으면 배토(培土)라 하며 배토가 되면 신강으로 보아라. 입추절기로 쳐서 전이라 火氣가 未盡이니 女子 사주는 이 정도면 신강사주로 본다. 申辰水局에 財生官을 이루니 명관과마(明官跨馬)가 되어 남편이 출세한다.

> 甲木은 절상되어 못 쓰니 乙木이 用神이고 水喜神이며, 金病神에 土仇神이며, 火가 藥神이다. 官用神일 때 財局을 이루면 명관과마(明官跨馬)다. 남편이 경찰관인데 戊子大運에 申子辰水局이 財生官을 하므로, 무궁화 3개인 경정으로 진급이 되었다.

官殺이 혼잡인데 庚辰年에 乙庚合이 되면 偏官만 홀로 남아 남편 대타로 애인이 생긴다.

사주원국에 食神과 官星이 日支와 합되면 혼전임신이 되는데, 즉 食神 申中庚金과 乙木正官이 乙庚合되면 혼전섹스를 하게 된다.

戊申日柱가 月柱에 甲申을 만나면 申申同合이다. 庚辰年에 申子辰水局이 되니 水多金沈으로 물속에 잠긴다. 그러므로 애인의 아이를 낙태하였다.

辛巳年에 丙辛合을 하니 殺印相生이 안 되어 甲木이 殺로 변하여 日干을 剋한다. 애인에게 얻어맞아서 이가 부러졌다.

壬午年에 壬水는 偏財라 목돈이 움직이나 午는 空亡이라 도움을 못 준다. 壬水는 甲木을 生하니 돈을 甲木이 가져간다.

壬午年에 甲木은 午火가 死宮이라 결국은 남편에게 들켜서 감옥에 갔다. 乙木도 未土를 낄아 맞바람을 피운다. 남편은 癸巳생이다.

偏財格
土用神, 火喜神, 木病神, 水仇神, 金藥神

癸丑	戊申	壬申	甲辰	坤命
77	67	57	47	37	27	17	7	

甲子	乙丑	丙寅	丁卯	戊辰	己巳	庚午	辛未	大運

申月　戊土日主가　金旺계절에 출생하여　庚金司令　申辰水局에 壬癸水가　투출하여　신약하다. 財旺하여　신약한　사주는　比劫 이　用神이다.

보석　감정사의　사주이다. 지살 이　중중하니　외국에　드나들면서　보석을　사서　국내에　되팔아　己土大運에 甲己合으로　羊刃合殺하니　수입이　많다.

戊土日主가　年干에　甲木이　있으니　나이가　많은　남자인데　申子辰水局에 壬水가　투출하니　현해탄이고　백두노랑이라　나이　많은　일본인과　연애한다. 辰中乙木이　있으니　애인이고　辰中戊土가　있으니　유부남이다.

運이　身旺한　운으로　가니　돈은　번다. 巳大運에　戊土가　祿하여　힘이　생겨 財를　감당할　것　같아　장사를　시작했는데　申中庚金이　巳大運에　長生이고 巳丑金局에　泄氣하니　망했다.

戊土大運에　종로에서　금은방을　하였다. 申子辰水局이라　무역으로　申金은 보석원석인데　원석을　수입하여　가공을　해서　장사한다. 보석　장사는　배경 이　있어야　하기　때문에　많은　사람을　만나　로비활동을　하면서　접대방식으 로　바람을　많이　피운다. 戊申日柱는　고란살이라　남편　덕이　없다.

沖中逢合格, 食神格
金用神, 濕土喜神, 火病神, 水藥神, 燥土忌神

丙辰	戊寅	丙申	丙戌	乾命
73	63	53	43	33	23	13	3	

甲辰	癸卯	壬寅	辛丑	庚子	己亥	戊戌	丁酉	大運

申月　戊土日主가　金旺계절에 출생하여　庚金司令해　신약으로 출발하나　火印綬가　生助하고 比肩이　방조(幇助)해　신왕하다. 申金이　用神이고, 丙火가　病神 이며　水藥神이나. 沖中逢合格 으로　귀격으로　변했다. 초년에　戊戌大運은　忌神運이라　고등학교를　졸업하

고 대학 진학을 못했고, 己土大運은 신왕한데 比劫大運이 오면 더욱더 신왕해지니 泄氣를 위해 대형 조선소에서 직장생활을 하였다.

亥水大運부터 직장을 다니면서 법학을 공부하게 되었고 庚子大運에 사법고시에 합격하여 지방법원에서 판사를 하다가 인권변호사로 활동했다.

壬寅大運에 정계에 진출하여 후반부에 癸未年에 대권을 잡고 집권후반부 歲運에서 癸未年은 넘어가고 甲申年에 日柱와 干支沖하고 甲木이 忌神을 木生火하니 국회로부터 탄핵소추를 당하나 甲木이 절각되어 힘이 없으니 헌법재판소에서 기각되어 넘어갔다.

丙戌年에는 어려움이 많았으나 忌神이 入墓되어 넘어가지만 癸卯大運에 用神의 胎支가 되고 戊子年 봄에 喜神 癸水가 戊癸合으로 묶이니 임기를 마치고 낙향을 하였다. 卯大運은 用神의 胎支에 己丑年에는 用神入墓되어 매우 나쁘다.

12 酉月 戊土 ㅣ 유월 무토

酉月 戊土는 중추절이라 열기는 하강하고 金이 太旺하여 戊土가 쇠약한 시기이니 火로 生助해줌을 기뻐한다.

신왕하면 甲木이 吉神인데 癸水가 甲木을 生하고 丙火가 과실을 익히면 上格으로 좋다. 甲木이 있고 癸水가 없거나, 甲木이 있고 丙火가 없으면 분주다사하나 所得이 없다. 金旺계절에 戊土는 虛弱함을 싫어하니 金이 많음을 매우 꺼린다.

壬癸水가 많아도 불길하다. 丙火와 癸水가 함께 투출하고 甲木이 없으면 귀함은 없어도 의식은 족하다. 丙火와 癸水가 없고 甲木만 있으면 인격은 있으나 가정이 빈궁할 것이다.

甲木이 있어 조화가 되면 인격을 보고, 丙火가 있어 조후가 되면 財物은 있다. 丙·甲·癸가 함께 있어 相生되면 上格이 된다. 金旺계절에 土日主는 金이 旺해 病이 되면 丙火보다는 丁火로 金을 조절하는 것이 더 좋다.

傷官生財格, 【寒濕格으로 燥한 五行으로 用神을 쓴다】
濕忌神, 金仇神, 丙火用神, 木喜神, 水病神, 土藥神

丙辰	戊辰	癸酉	己巳	乾命
76	66	56	46	36	26	16	6	

| 乙丑 | 丙寅 | 丁卯 | 戊辰 | 己巳 | 庚午 | 辛未 | 壬申 | 大運 |

酉月 戊土日主가 金旺계절에 출생, 辛金司令인데 巳酉金局에 辰酉合金과 癸水가 투출되어 사주가 한습해 水忌神, 金仇神, 丙火가 조후용신에 木喜神이다. 水病神에 土藥神이다.

土日主가 金局을 이루면 두뇌가 총명하다. 地支가 한습해서 나무뿌리가 썩게 되니 丙火의 조후가 필요하다. 초년에 壬申·辛大運에 힘들었고 未土 大運에 객지 타향에 나가 자수성가했고, 庚午大運에 庚金이 泄氣시키는데 地支에 午火가 있어 넘어간다.

丁卯大運에는 卯酉冲이라 나쁠 것 같으나 木生火하니 무해무덕하게 넘어 가고, 초년만 제해 놓고 중년부터 좋아 이름을 날리고 살았다. 丑大運에 巳酉丑金局으로 金生水하니 한습한 기가 旺해지니 사망하였다.

比劫이 많거나 적거나 습하니 조후가 필요하다. 食神生財格 같으나 조후 로 火土가 用神이다. 庚金大運에는 食傷이라 직업적으로 갈등이 생긴다.

傷官格 │ 金忌神, 火用神, 水病神, 土藥神

庚申	戊子	己酉	丁酉	乾命
76	66	56	46	36	26	16	6	

| 辛丑 | 壬寅 | 癸卯 | 甲辰 | 乙巳 | 丙午 | 丁未 | 戊申 | 大運 |

酉月 戊土日主가 金旺계절에 출생하여 辛金司令인데 庚金이 酉金羊刃에 뿌리내려 강하게 泄氣하니 신약하다.
戊土는 己土比劫과 丁火印綬가 있어서 從을 안 한다. 印綬가

傷官을 조절하면 傷官 역할을 안 한다. 印綬用神이라 점잖다. 火土大運에 군자다운 모습이다. 다행히 原局에 木이 없고, 火土大運으로 흘러 공부는 우수한 성적으로 좋은 학교에 다닌다.

丙午大運에 운이 좋으니 좋은 여사를 만나 결혼한다. 운이 나쁘면 나쁜 여자를 만난다. 좋은 배우자를 만나는 길운을 볼 때 다음 대운을 보고 감

정하라. 乙木大運에 乙庚合으로 忌神을 묶어 주니 좋고, 巳火大運은 巳酉金局이라 흉하지만 다음 대운이 좋아 길흉이 반반이다.

甲木大運에 劈甲生火하니 吉하고, 辰土大運에 申子辰水局으로 三合局이 되었다. 三合은 활동성이라 부인이 활동을 시작하는데 忌神으로 변하니 나쁜 일을 저지른다. 大運에 日支와 合되어 忌神 財星이 되면 돈 날린다.

木大運에 傷官見官이 되어 화가 나면 경찰서에 가서도 욕한다. 癸卯大運에 旺한 酉金을 冲하여 旺者는 더욱 기승을 부리니 충발(衝發)되어 죽었다.

傷官이 많거나 傷官이 用神인 자 인체 중에 어딘가 돌출된 부분이 있게 되는데 이마나 광대뼈, 치아 또는 코뼈가 돌출이 된다.

> 歲運에서 사주원국을 冲하는 順序로 天干은 年·時·月·日 순이고, 地支는 月·日·年·時 순으로 온다고 참고하기 바란다.

財多身弱格, 傷官格
水忌神, 金仇神, 土用神, 火喜神, 木病神.

癸亥	戊戌	辛酉	癸亥	乾命
74	64	54	44	34	24	14	4

癸丑	甲寅	乙卯	丙辰	丁巳	戊午	己未	庚申	大運

酉月 戊土日主가 金旺계절에 출생하여 辛金司令인데 水旺하여 財多身弱이다.
戊土日干이 日支에 뿌리내리고 있는데 물이 많아 섬이다.
財多身弱은 외화내빈이 되어도 食傷이 있으면서 財多身弱 사주는 재미있게 산다. 水忌神에 金仇神이며 日支比劫 戊土가 用神이고 火喜神이며 木病神이다.

> 比劫이 用神이라도 똑똑한 형제나, 똑똑한 친구와 동업을 하면 망한다. 만만한 사람과 동업하면 괜찮으나, 그렇지 않으면 사기를 당하거나 망한다. 내가 부릴 수 있는 사람과 동업을 해야 하는데 손아래 동서나 동생이나 부인과 함께하라. 나보다 한 수 아랫사람과 같이하면 성공한다.

壬申大運에 忌神運이라 가정 형편이 매우 어렵고, 역마대운이라 이사를 자주 다닌다.

未土大運에 19세부터 23세까지 比劫大運이라 좋을 것 같은데 戌未刑에 亥卯未木局이 木剋土하므로 관재가 빈번하다. 比劫이 財星과 합을 하고 日支用神을 刑하면 믿었던 친구가 나의 돈을 가지고 도망간다.

庚金大運에 고생하다가 午火大運에 午戌火局으로 결혼하여 잘살게 된다. 己巳大運에 戊土가 祿運이 되어 좋고, 辰土大運에 辰戌冲하여 배우자 궁과 用神을 冲하니 손재가 많게 된다.

辰大運에 산전수전 겪어가며 살다가 乙卯대운 말에 亥卯未木局이 木剋土하고 甲子세운에는 戊甲冲으로 죽는다. 부부가 함께 사망할 수도 있다.

從財格
水用神, 金喜神, 土病神, 火仇神, 木藥神

癸丑	戊子	乙酉	庚申	乾命
79	69	59	49	39	29	19	9	
癸巳	壬辰	辛卯	庚寅	己丑	戊子	丁亥	丙戌	大運

酉月 戊土日主가 金旺계절에 출생하여 庚金司令인데 庚金이 투출하여 申金에 根하여 신약하다.

泄氣가 심해 약한데 生助하는 五行과 방조(幇助)하는 오행이 없다. 乙木正官이 庚金과 合金으로 化하니 金水로 從하게 된다.

傷官이 혼잡되어 生財하고 印綬와 官星이 없으니 천방지축으로 날뛴다.

초년 丙戌·丁火大運에 집안이 어려워 고등학교를 졸업하여 가구공장에 취직하였다. 傷官局이라 재주는 좋다. 財가 用神자는 결혼을 빨리 하는데 丁火大運에 불을 끄려고 일찍 결혼하였다. 이 남자가 22세 때 여자 나이 17세에 연애결혼을 하였다.

신약에 乙木正官이 허약한데 合이 되면 척추와 신장이 약하다. 亥水大運 壬午年에 日柱干支를 冲하고 用神의 뿌리를 冲하니 자식을 낳고 이혼해 집안이 깨졌다. 亥水大運에 木이 長生되니 乙木이 살아나 백수건달이다.

病神이 살아나면 안 된다. 乙木 正官이 살아나면 從財로 안 가려고 한다 (寅申巳亥 大運은 長生으로 작용함).

⑬ 戌月 戊土 ┃ 술월 무토

戌月의 戊土는 金旺계절이나 天地는 한랭해지고 土氣는 旺한 것으로 보아라. 그러므로 甲木이 소토하는 吉神이 되는데 癸水가 암장되어 있어서 土가 윤택해지고 甲木을 生助하면 귀명이다. 丙甲癸가 투간되어 균형이 이루어지면 大貴格이 된다.

丙火는 가을철에 조후하여 吉하나 火土가 旺하면 甲木과 癸水가 있으면 貴格이고 木根이 旺해야 더욱 吉하다.

甲木이 있고 丙火와 癸水가 없으면 甲木은 官이라 貴해도 재물이 없으니 가정이 곤궁하고 甲木이 없고 丙火와 癸水가 있으면 富하여 의식은 족해 가정은 편안하나 貴함이 없어 졸부라고 한다.

甲木과 丙火가 있고 癸水가 없으면 貴는 있으나 가난은 못 면한다. 甲木 과 癸水가 없고 丙火만 있으면 머리가 흰머리 될 때까지 공부만 하다가 빛을 한번 못 보고 끝나는 선비에 불과하다.

乙木은 戊土에 正官인데 가을에 乙木은 서리 맞아서 힘도 없으면서 괜히 戊土를 소토한다고 설치면 흉하니 乙木은 天干에 투간되지 말아야 한다. 乙木이 用神이 되면 地支에 亥卯未 木局을 이루어야 한다. 그러나 甲木에 비교하면 급수가 떨어진다.

乙癸丙이 地支에 亥卯未木局을 이루고 유정하면 다른 길로 성공을 할 수 있고 土旺하여 金水로 相生이 잘되면 의식은 넉넉하다.

> 金이 있을 때 甲木이 있으면 파격이고, 甲木이 있을 때에 金이 있으면 파격이니 서로 방해되지 않아야 한다. 戌月 戊土日主에 丙火가 없으면 윤토가 아니고 火氣가 쇠약하면 엷은 土가 된다. 戊日主가 旺한데 庚辛· 申酉金局을 만나면 尊貴한 命이다(命理正宗 五言讀譜에 나온다).

日刃格 | 土忌神, 火仇神, 木用神, 水喜神, 干金病神, 支金喜神

戊午	戊午	甲戌	甲申	乾命
76	56	36	16	
66	46	26	6	
壬午	庚辰	戊寅	丙子	大運
辛巳	己卯	丁丑	乙亥	

戌月 戊土日主가 金旺계절에 출생해 戊土司令인데 인수가 중중하여 신강하다. 甲木과 甲木은 숲을 이루고 申中壬水가 水生木하니 절처봉생(絶處逢生)이니 동량지목(棟樑之木)이다.

午戌火局이 火剋金으로 申中庚金이 힘이 없다. 甲木이 用神에 水喜神이고 午戌火局 있어 살인상생(殺印相生)이 잘되어 국록을 먹는 공무원이다.

> 辰月生이면 申子辰水局과 水火相戰되어 殺印相生이 안 된다. 殺印相生이 되어도 파격되면 申辰水局에 食神生財가 되어 사업한다.

火土가 건조하면 濕한 곳을 찾아가니 지하에 있는 단란주점에 잘 간다. 甲木이 있어 체면치레를 한다. 財가 부족하니 돈 욕심은 많다. 남이 알게 하든 모르게 하든지 돈 먹는 데는 도사다. 돈 나올 곳은 귀신같이 안다.

天干에 甲木이 있어 남들은 '그럴 사람이 아니다'라고 믿는다. 戊午·己未·己巳日柱는 술과 여자와 돈을 따른다. 조후가 필요하기 때문이다.

> 申金은 火剋金해야 金生水가 잘된다. 申金을 火剋金하여 쥐어짜면 壬水가 나오는데 金이 많으면 水가 탁하게 되어 이때 火가 있으면 청수가 되고, 기토탁임(己土濁壬)되면 木이 있어서 걸러 주니 정수가 된다. 水旺하면 水多木浮가 되는데 燥土가 있으면 浮木이 안 된다.

食神用食神格 | 土忌神, 金用神, 火病神, 木仇神, 水藥神

辛酉	戊戌	丙戌	庚子	坤命
80	60	40	20	
70	50	30	10	
戊寅	庚辰	壬午	甲申	大運
己卯	辛巳	癸未	乙酉	

戌月 戊土日主가 金旺계절에 출생하여 戊土司令으로 火土가 旺하여 신왕하다.
旺者가 泄하니 두뇌가 총명하다. 食傷이 혼잡하여 用神이 되면 주관이 뚜렷하지 못하다.

丙火가 丙辛合하고 庚金이 남으니 食神生財까지 相生이 잘되어 泄氣가 잘된다. 庚金이 酉金에 根하여 泄氣를 잘 시키니 庚金이 用神이다. 官이 사주에 없는 것이 천만다행이다. 金이 운에서 오는데 甲乙木이 申酉金에 절각(折脚)되어 해가 없다. 집안이 윤택하고 공부도 잘하고 壬水大運까지 잘살았다.

午火大運에 子午冲하니 午火가 酉金을 剋해 손재가 많으며, 부부금슬이 나빠진다. 남편이 한직으로 밀렸다가 辛巳大運에 재기하여 진급이 되고, 庚金大運은 높은 벼슬에 오르게 된다.

> 본명은 영문학과를 졸업하고 잠깐 교직생활을 하다가, 결혼 후 전업주부로 남편을 내조하고, 辛巳大運부터 빛을 발하는 사주다. 丙火는 빛이 되어 辛金을 비추어 주니 좋다.
> 女命의 無官四柱에 傷官이 투출돼 用神일 때 나쁘다고 말하면 안 된다.

庚金이 없었다면 辛金은 丙辛合이 되어 기반이 되어 능력이 없기 때문에 좋은 남편을 못 만나게 되는데, 庚金이 있어서 좋은 남편을 만난 것이다. 壬午大運에는 午火가 忌神인데 壬水가 午火를 剋하여서 크게 나쁘지는 않다. 만약 甲午로 왔으면 甲庚冲·子午冲하여 크게 나쁘게 된다. 그래서 干支를 잘 봐야 한다.

時上一位貴格
木用神, 水喜神, 金病神, 火藥神

甲寅	戊辰	戊戌	丙申	坤命
77	67	57	47	37	27	17	7

庚寅	辛卯	壬辰	癸巳	甲午	乙未	丙申	丁酉	大運

戌月 戊土日主가 金旺계절에 출생해 戊土司令이고 年月干에 丙戊가 透出되고 辰戌冲하여도 寅戌合과 申辰合으로 冲中逢合이라 신왕하다.

時上에 甲木 偏官이 用神이다.

時上一位貴格이라 공주병이 있다. 食居先 殺居後라 申金은 金剋木하는데 火가 火剋金 하니 약하다. 身旺財旺(申辰水局)하니 財福은 있다.

乙木大運에 결혼하여 깨가 쏟아지고, 甲木大運에 첩첩산중에 나무가 빽빽하여 官이 많아지니 바람피운다. 官星역마라 외국남자와 결혼하여 성이 개방된 나라에서 살다 보면 官이 혼잡 대운으로 흐르면 바람피운다.

> 午火大運에 寅午戌火局에 甲木用神이 午火를 보아 死宮이면 힘이 없고, 比劫을 生해 土는 旺해진다. 比劫이 많아 甲木으로 억제가 안 되니 이혼했다.

火多木焚되어 燥土가 되면 火土重濁이 되니 神 받아 무당이 되어 손님을 받으니 역마 官이면 손님이 운전기사 남자들이 많이 온다. 사주에 財가 있어 財生官을 했으면 능력이 있는 남자를 만날 수 있는데 사주원국에 財가 없어 財生官이 안 되어 못 배운 남자를 만난다.

甲寅木이 時에 있으니 연하남자인데 12살 연하와 연애한다. 甲寅은 山神 호랑이니 山神을 받은 박수무당을 만나서 재혼하여 잘 산다. 체구가 좋고 잘생기고 귀태가 난다. 午火大運에 寅午戌三合이 될 때 만났다. 神 받은 지 1년 만에 2억 원을 벌었다.

比劫이 많아서 이녀동부격(異女同夫格)이라 남자가 바람을 많이 피운다. 癸未年에 甲木이 庫에 들어가고, 甲己暗合에 寅未가 귀문관살에 바람이 나니 이 여자 머리가 돌기 직전이다. 官이 未土에 入墓되어 財를 지키지 못해 群劫爭財되어 남자가 돈을 가지고 다른 여자에게 가 버렸다. 戌未刑이라 난리를 피웠다. 癸水大運 癸未年에 사건이 터진다.

官星은 比劫이 旺할 때 財物을 지키는 역할인데 用神인 官星이 入墓가 되면 정신이 없어 눈뜨고 당한다. 財가 比肩과 합이 되어 들어오면 돈을 빼앗기니 나쁘다. 巳火大運에 巳中丙火의 官印相生은 戊戌에게 좋아지지 戊辰에게는 나중이라 손해를 본다. 즉, 다른 여자에게 좋은 일이 생긴다.

가을의 甲木에 丙火는 꽃과 단풍이 되어 잘생긴 사람이다. 寅戌火局으로 印綬라 손자뻘이라 나이 어린 연하남자와 뽀뽀하니 좋아 죽는다.

申辰水局이라 江인데 辰戌冲하여 山이 깎이니 절벽으로 낙화암(落花岩)이 되므로 고향이 충청도 이란다. 연하남자를 어떻게든 데려오려고 히는데 역마 官은 잡지 마라. 잡아도 떠난다.

食神格 │ 金忌神, 火用神, 木喜神, 水病神, 土藥神

庚申	戊午	庚戌	丁酉	坤命
79	69	59	49	39	29	19	9	大運
戊午	丁巳	丙辰	乙卯	甲寅	癸丑	壬子	辛亥	

戌月 戊土日主가 金旺계절에 출생해 辛金司令인데 午戌火局이 되고 丁火가 투간되어 土가 왕한 것 같으나 火生土·土生金으로 金旺하다.

食傷혼잡되어 들떠 있는 마음인데 原局에 食神만 있으면 일관되게 움직이나 그렇지 못하니 불안하다. 年月柱에 用神 藥神이 있으니 집안이 좋다. 초년 水運이 오면 질병으로 고생하고 성격이 날카롭다. 午戌火局에 丁火印綬가 투출되어 食傷을 조절하면 착하고 현모양처이다. 印星이 食傷을 剋하면 남편이 불임수술한다.

壬水大運에 丁火印綬와 丁壬合으로 用神이 묶이니 食傷이 살아나 예체능으로 대학을 다니게 된다. 子水大運에 子午冲하여 用神의 뿌리가 傷하여 몸이 아프고 庚金은 子大運에 死運이라 자식도 병약하다.

癸丑大運에 旺金이 入墓되니 몸이 아프다. 甲木大運에 庚金이 있어 劈甲生火하여 用神을 生하고 세운에서 乙亥·丙子·丁丑年까지 직업을 가지고 돈을 모으고 열심히 돈을 벌게 되고 남편 또한 돈을 잘 벌게 된다. 戊寅年에 寅午戌火局으로 食神이 도식(倒食)되니 쉽게 돈을 벌려고 구상한다.

寅木大運에 세운에서 庚辰·辛巳年에 머리를 써서 돈을 벌려고 투자를 하나 사주에 丁火가 透干되었는데 대운과 세운에서 寅午戌火局으로 목분비회(木焚飛灰)에 食神이 도식되니 재물손실이 많아 고통이 따르고 남편의 직업변동이 따른다. 甲申년은 역마살에 甲木이 戊土를 剋하면 움직이게 되어 이사하게 된다. 甲庚冲은 자식과 남편 때문에 신경 쓸 일이 생기고 대운과 세운이 冲하여 寅午戌火局을 막아 도식이 멈추니 재물이 모인다.

> 乙卯大運에 木生火하니 食傷을 조절이 잘되어 자식과 남편이 잘 풀린다. 甲木大運은 劈甲生火하여 食傷 조절이 잘되어 돈이 모이나, 寅木大運은 寅午戌火局으로 食傷을 너무 강하게 치니 도식이 되어 재물이 나간다.

卯木大運에 卯申暗合이 되어 자식이 결혼한다. 丙火大運에 자식이 관직에 오른다. 食傷이 旺한데 官運에 傷官見官 될 때 印星이 있으면 피해 간다.

食神生財格
金用神, 土喜神, 火病神, 水藥神

癸丑	戊午	壬戌	癸巳	乾命

79	69	59	49	39	29	19	9	
甲寅	乙卯	丙辰	丁巳	戊午	己未	庚申	辛酉	大運

戌月의 戊土日主가 金旺계절에 출생, 戊土司令인데 巳丑金局이 되어 가을이라 신왕 金旺하다. 이 사주는 사업하면 안 된다. 財星이 뿌리가 없이 투간되면 財를 지키기 어렵다.

巳丑金局을 이루니 수단과 순발력이 있고, 財星이 투간되어 계산적이고, 印綬局을 이루니 잔머리가 잘 돌아가고 약다. 혼자 약긴 약았는데 돈하고 연결시켜 약은 것이 못 된다.

財根이 없고 天干에 투간만 되어 있는 사주가 사업하면 亡한다. 土氣가 많으면 신앙심이 강한데 華蓋에 根을 하니 승도이다.

甲木이 없어 지키는 복이 없으니 신도가 없고, 金이 없어 돈 버는 재주가 없으니 절도 없다. 金이 부처님인데 없으니 부처님이 없는 것이다.

> 壬子時라면 午戌合으로 子午沖이 안 되고, 財星에 根이 있어 건축업자가 되나, 癸丑 時라 水가 無根이라 증발하니 외화내빈이다.

天干에 財星이 투간되어 있으니 세상 사람들이 알게 되는 여자가 있어 부인이 있는 대처승이다. 日·時 丑午鬼門과 원진이면 엉뚱한 짓을 잘하니 부인과 사이가 안 좋다. 戊癸合이라 이혼은 안 한다.

甲申年은 이사할 일 있고(寅午戌에 申이 驛馬), 甲은 직업인데 申이 역마이니 직업을 바꾸려고 한다. 日支午火가 말이라 역마로 길거리 포장마차에서 술장사하면 吉하다.

戊癸合이 되고 癸水는 丑土를 보면 갯벌이라 해산물이니, 골뱅이와 소주 장사를 해야 좋다. 레스토랑은 원국에 나타난 金이 없으니 월세가 나가면 감당이 안 되므로 월세 주고 나면 남는 게 없으니 하지 않는 것이 좋다.

印綬格 【金이 閒神이나 金運에는 病神으로 作用한다】
土忌神, 火仇神, 木用神, 水喜神, 金閒神

壬子	戊午	甲戌	甲午	坤命
77	67	57	47	37	27	17	7	
丙寅	丁卯	戊辰	己巳	庚午	辛未	壬申	癸酉	大運

戌月 戊土日主가 金旺계절에 출생하여 戊土司令에 午戌火局으로 신왕하다.

戌月 戊土는 甲木으로 疎土해야 길한데 火가 旺하여 甲木이 타니 壬水가 喜神이다.

대학을 졸업하고 인물이 좋아 시집도 잘 갔다. 남편이 은행지점장으로 재직하다가 午火大運 IMF 때 명예 퇴직하였다.

庚金大運에 주식투자해 집을 날려 먹고 18세 연하 壬子生 남자와 사귄다. 정신 나간 짓을 하는 것은 日柱가 喜神을 冲하여 그렇다.

> 日時冲은 자식과 떨어져서 살게 되는데 자식이 술집에 나간다.
> 午火 湯火殺이 冲되면 마약을 투여한다.
> 壬子生 남자를 만나는 것은 甲木을 살려야 하기 때문이다.

癸未年 未月에 用神入墓되니 300평이나 되는 레스토랑을 운영하다 문을 닫고 도망을 다닌다. 癸未年에 用神이 入墓되어 몸이 아프고 사업하다가 망하니 나쁘다. 年月柱에 用神·喜神이 있고 초년운이 좋아 집안이 좋다.

時上食神格
土忌神, 金用神, 火病神, 木仇神, 水藥神

庚申	戊戌	甲戌	甲午	坤命
70	60	50	40	30	20	10	0	
丙寅	丁卯	戊辰	己巳	庚午	辛未	壬申	癸酉	大運

戌月 戊土日主가 金旺계절에 출생하여 戊土司令인데 印綬와 比劫이 많아 신왕하다.

역술인 妻사주인데 官印相生이 잘되었으나 조열하여 草木이 자랄 수가 없다.

年·月·日柱가 조열하여 水財가 증발하니 財物이 없다. 초년에 金水運으로 가니 金이야 玉이야 하면서 귀여움을 받고 자랐다.

> 신왕 사주는 食財官 중에 강한 것으로 用神을 쓰는데, 비슷하게 강하면
> 뿌리가 있는 것으로 用神한다. 그러므로 食神이 用神이다.

寅午戌에 申이 역마인데 庚金用神이니 항공사에 근무하면서 辛金大運에
연애하다가 깨지고 未土大運에 戌未刑하여 다른 사람과 연애하다가 결혼
하여 사는데 戌亥가 天門이고 天門위에 官이 있어 승려나 역술인 또는
한의사 직업을 가진 사람과 결혼해야 하는데 이 여자는 역술인과 결혼해
살고 있다.

己土大運에 劫財와 正官이 甲己合으로 남편이 본인과 멀리하면서 다른
여자와 바람이 난다. 바람나면 巳戌원진이라 부부가 불화하게 되고 巳火
大運서 보면 年支에 午火가 도화이고 時柱食神과 巳申合이고 甲木偏官이
도화를 달고 있으니 다른 남자가 잘생겨 멋있어 보여 자신도 바람피운다.
火가 忌神이라 더욱 힘들어 이혼하고 戊土大運에 고생한다.

時柱에 食傷이 있고 官이 있으면 반드시 이혼한다. 庚金이 甲木을 剋하면
甲木이 戊土를 더욱더 강하게 때린다. 얻어맞는 쪽이 성질낸다. 辰大運은
申辰水局으로 財生官하니 조금 낫다(戊辰日柱라면 申辰水局으로 食神生財해서
財生官하니 자기가 벌어서 남편을 뒷바라지한다).

14 亥月 戊土 │ 해월 무토

亥月 戊土日主는 甲木이 있어야 영특하여 지혜롭다. 亥中甲木은 小春
이라 丙火가 아니면 따뜻하게 조후가 될 수가 없으니 甲木과 丙火
가 동시에 투간되고 地支에 木火가 있어 온기로 생조하면 신왕하니 동절
에 巨木으로 자라고 있는 格이니 大貴格으로 富貴雙全한다.

甲木과 丙火가 같이 투간하여 있는데 癸水가 丙火를 剋하지 않아야 하고
身旺해야 한다. 만약 甲丙癸로 순서가 되면 癸水가 丙火를 剋하여 나쁘지
만, 丙甲癸로 순서가 이루어지면 相生이 되어 吉하다.

만일 庚金이 투간되어 甲木을 剋하면 불길한데 이때 丁火가 있어 庚金을
제련하면 나무를 다룰 수 있는 도구가 되어 복이 된다. 庚辛壬癸가 많고

甲丙이 없으면 천격이다. 壬癸水가 많을 때는 눈과 서리가 내리는 산이므로 겨울 산에는 열매가 없으니 재물이 없다. 甲木이 없으면 財多身弱이 되어 허름한 옷을 입고 다니는 천명이 된다. 甲丙이 地支에 암장되어 있으면 의식주는 풍족하다.

癸水와 丙火만 투간되면 평범한 사람에 불과하고, 金이 많고 火가 없으면 예술인이 많은데 가난하게 산다. 火는 있고 甲木이 없으면 인기는 있으나 소득이 없는 외화내빈 사주가 된다.

地支에 온기가 없어 土가 얼어 草木을 키우지 못하는 格局이라면 천격이며 약한 土에 水木이 많아 日主가 심하게 剋당하면 관재 송사가 따르고 가정이 적막강산이 되므로 떠돌이로 유랑하는 자가 많다. 寅木이 日支에 있으면 배우자 덕이 있고, 時支에 寅木이 있으면 자식 덕이 있다.

去官留殺格, 偏官格
水忌神, 土用神, 火喜神, 木病神, 金藥神

癸亥	戊戌	乙亥	甲申	坤命

78	68	58	48	38	28	18	8	
丁卯	戊辰	己巳	庚午	辛未	壬申	癸酉	甲戌	大運

亥月 戊土日主가 水旺계절에 출생해 壬水司令인데 食財官이 많아 신약하다.
亥中甲木이 투출되어서 좋으나 乙木까지 투간이 되니 官殺이 혼잡으로 나쁜데 水가 旺하고 食財官이 많아 신약한 사주로 比肩이 用神인데 印星이 없어 인덕이 없다.

寒水가 忌神이고 戊土 比肩이 用神이며 火喜神이다. 木病神에 金이 藥神이다. 혼잡인 木官을 申中庚金이 乙庚合으로 去官留殺格이니 조절된다.

戊土는 토목건축인데 토목업종은 官殺이 剋해서 싫고, 戊土가 印綬庫인데 戊土의 용도가 財星을 막는 것으로 쓰니 금융계에 진출해 재정계열이다.

未土大運에 亥未木局될 때 나쁘다가 庚金大運에 用神의 病을 제거하니 좋아진다. 中年에 火土運으로 길한 운인데 장사는 눈치가 없어 안 되고 평생 동안 직장 생활하는 것이 좋다. 辰大運에 辰戌冲하니 몸이 아프다.

丁卯大運은 亥卯木局이 木剋土하니 죽는다. 乙보다 丙火가 투간되었으면 꽃을 피우게 되니 甲木이 확장되어 旺하니 丙火가 官印相生으로 亥水를 녹여주고 옥토를 이루면 대귀할 수 있으나 丙火가 없으니 귀함이 없다.

貴祿格, 時祿格
水忌神, 火用神, 木喜神, 水病神, 金仇神, 土藥神

亥月 戊土日主가 水旺계절에 출생해 戊土司令인데 年月干에 癸水가 투출되고 年支酉金이 時支巳火와 巳酉金局하여 신약하다.

戊土日主가 時支에 祿을 하여 貴祿格 또는 時祿格인데 日支 寅木에 長生을 하나 신약하다.

戊癸合은 2:1투합(姑合)이라 合이 안 된다. 寒濕한데 눈보라가 휘날리고 얼어 있으니 丁火로 用神을 써서 巳酉金局을 丁火로 조절해야 한다.

火가 用神에 木喜神이고, 水病神에 金仇神이며 燥土가 藥神이다. 印綬가 用神인데 財星이 病神인 사람은 결혼이 늦다.

己土大運에 藥神이라 잘나간다. 己土는 하늘의 역마살이라 외국에 있던 형이 중매를 해서 결혼한다.

己土大運에 喜神이긴 하지만 己土가 旺水를 못 막는다. 財多身弱 사주는 比劫運에 바람피운다.

財星을 감당할 수 있기 때문에 戊午大運에 戊癸合이 되니 바람피우다가 原局에 巳亥가 천라지망(天羅地網)인데 범법을 하면 관재구설에 걸린다.

比劫運에 돈도 잘 쓴다. 신약하고 官弱할 때 時에 印綬는 官泄이 되므로 딸을 낳는다. 丁火는 주작이라 언어인데 혀가 꼬부라져 영어를 잘한다.

자식을 외국에 보낸다. 辰土大運에는 旺水가 入墓되면 흉이 된다. 신장·방광이 나빠진다. 늙어서 入墓되면 질병으로 사망한다.

官殺混雜格
木忌神, 水仇神, 土用神, 火喜神, 木病神, 金藥神

甲寅	戊寅	乙亥	己卯	乾命

80	70	60	50	40	30	20	10	
丁卯	戊辰	己巳	庚午	辛未	壬申	癸酉	甲戌	大運

亥月 戊土日主가 水旺계절에 출생하여 壬水司令인데 水木이 旺하여 신약하다. 甲乙木이 투출되고 亥卯木局에 寅木까지 합세하니 官殺혼잡에 신약한데 寅中丙火에 長生하고 比劫이 도우면 陽干은 從하지 않는다.

木忌神에 水仇神이고, 己土가 用神이고, 寅中丙火가 喜神이며, 木病神에 金藥神이다. 乙木은 用神을 剋하여 病神이다.

官殺혼잡에 丙火가 없으므로 인덕이 없다. 大運에서 金運이 올 때 木을 제거해주니 좋고, 己土에 의지하고 戊土가 寅中丙火에 長生해 공부해서 교사생활을 하게 된다.

대운에 진입하기 전까지 1세부터 9세까지는 月柱 乙亥로 大運을 본다. 官殺혼잡에 亥水까지 있으니 부모 곁을 떠나 역마·지살이라 양자로 나갔다가 10세 이후 다시 본집으로 돌아왔다.

甲木大運 庚寅年에 6·25사변으로 죽을 고비를 넘겼다. 戊土大運에 寅戌火局이 되어 살 만하니 좋을 줄 알았는데 歲運에서 癸巳, 甲午, 乙未로 오니 겨우 죽을 고비를 넘긴 것이다.

戊土大運에 아버지의 유산을 받았으나 癸水大運에 돈을 까먹고 酉金大運에 약간 복구하여 壬水大運에 破財하였다.

申金大運에 寅申刑과 卯申귀문관살인데 해신해살(亥申害殺)까지 작용하니 관재가 많았다. 水木大運이 오면 나쁘고 火土金運은 좋다.

未土大運에는 旺木이 入墓되어서 부인과 사별하고 庚午大運에 발전하여 부동산으로 부자가 되었다. 자식이 忌神이니 힘들게 하여 고통이 따른다.

官殺이 났으면 몸이 많이 아프고 자식 덕이 없다. 戊寅이 用神이라 기도하라고 하면 잘하는데, 기도를 하고 나면 일이 잘 풀려 좋다.

偏財格, 官殺混雜格
土用神, 火喜神, 木病神, 水仇神, 金藥神

壬子	戊寅	乙亥	甲申	坤命

71	61	51	41	31	21	11	1	
丁卯	戊辰	己巳	庚午	辛未	壬申	癸酉	甲戌	大運

亥月 戊土日主가 水旺계절에 출생, 戊土司令이고 寅中戊土에 長生하고 寅中丙火가 생조를 하고 日時에서 공협(控挾)으로 丑土가 있어 從을 못한다.

신왕하고 偏財가 투출이 되고 根하면 부자가 되나, 신약하고 財官이 旺하면 빚지고 산다. 초년운 申酉大運에 藥神운이니 잘살았다.

辛未大運에 乙木正官을 剋하여 부부 사이가 나빠진다. 偏官을 조절해야 좋은 것인데 正官을 剋했기 때문이다. 甲木 偏官만 남으니 比肩이 用神일 때 偏官이 病神이라 도둑이요 원수다.

甲乙木은 戊土 없이는 못 살기 때문에 戊土에 기생해 산다. 戊土가 水를 막아 두면 木이 빨아먹으니 재물을 남편이 다 빼먹는다.

申金은 木多金缺인데 申金大運에 食傷이 旺해져서 官을 조절하니 좋았다. 未土大運에 亥未木局으로 官殺로 변하므로 남편이 동업으로 사업한다고 시작했는데 亥未木局이 入墓되면 亥水 財星도 함께 入墓된다. 그러므로 남편이 사업을 벌려 놓고 뒷수습을 못하니 본인이 뒷수습을 하게 된다.

庚金大運에 甲木을 제거하고 乙木을 묶어 돈을 많이 벌었고. 庚金大運에 여유가 있는데 午火大運에 子午冲해서 있는 돈을 모두 다 까먹는다.

官殺이 旺하면 남편이 바람피우고, 본인은 남자는 많이 붙으나 겁이 많아 바람을 못 피우는데 남편이 무능하고 속 썩이면 그때 바람피운다.

> 入墓 大運이 와도 사주원국에 子午卯酉가 있거나, 墓가 四柱原局에 있고 辰戌丑未의 墓庫가 있어서 三合을 이루고 있거나, 사주원국에서 墓運을 反冲하는 오행이 있으면 入墓되지 않는다. 조심해서 판단해야 한다.

財用官格
土忌神, 火仇神, 木用神, 水喜神, 金病神

丁巳	戊辰	丁亥	乙卯	坤命
72	62	52	42	32	22	12	2
乙未	甲午	癸巳	壬辰	辛卯	庚寅	己丑	戊子	大運

亥月 戊土日主가 水旺계절에 출생하여 壬水司令인데 印綬와 比劫으로 중중하여 신왕하다.

比劫으로 신왕하면 官用神인데 正官이 멀리 있어서 무정한데 亥卯合으로 월주까지 끌어당겨

오므로 가까워지니 유정으로 변하였다. 초년운에는 평범하였고 庚金大運에 乙庚合으로 用神이 묶이니 직장생활을 못하여 마음고생을 한다.

寅木大運에 壬子生과 결혼해 자식을 낳아 살고 있다. 남편은 겨울철새로 항공사 승무원이라 해외로 자주 나간다.

辛金大運에 傷官見官이나 부부 사이가 나빠 이별수가 있을 수 있으므로 마음수양을 많이 해야 한다. 丁火印綬가 있으므로 傷官見官을 막아주니 무사히 넘어갈 수 있다. 歲運에서 壬癸水가 와서 丁火를 끄면 金이 木을 剋하므로 이혼수가 있게 된다.

辰土大運에 亥水를 入墓하니 官이 멀어서 독수공방하게 되고, 巳火大運에 木用神이 病地라 남편에게 안 좋다.

【참 고】

戊午日柱는 戊는 방패요, 午는 羊刃이라 칼인데 관운장이라 한다. 戊午는 황색마인데 고집이 세고 후퇴가 없다. 황량한 벌판을 달리는 말이라 武人으로 군·경·무술인이 많고, 메마른 야산으로 본다.

관운장 사주 ············	戊午年 戊午月 戊午日 戊午時
육군참모총장 ············	戊午年 戊午月 戊午日 癸亥時
해병대 준장 ············	戊午年 戊午月 戊午日 壬戌時

財用財格
土忌神, 火仇神, 水用神, 金喜神, 土病神, 木藥神

戊午	戊戌	癸亥	戊午	坤命
78	68	58	48	38	28	18	8	

乙卯	丙辰	丁巳	戊午	己未	庚申	辛酉	壬戌	大運

亥月 戊土日主가 水旺계절에 출생하여 壬水司令인데 印比가 많아 신왕하다.

신왕하고 月支 財星이 있으면 부자로 돈이 많다.

癸水를 年干에 戊土가 戊癸合으로 남이 뺏어가니 은행원이다. 초년이 金運으로 가면 IMF와 무관해 잘 넘어간다. 亥中甲木이 財 속에 偏官이 되니 上官인데 지점장과 연애한다. 傷官大運이라 남자가 애인이라고 소개를 못하고 몰래 사랑한다. 比劫이 모두들 官이 필요하니 이녀동부격(異女同夫格)으로 유부남과 사귄다.

傷官大運에 남자를 만나면 못생긴 남자를 만나고, 부모가 반대하는 남자를 만난다. 己未大運에 比劫大運이 와서 群劫爭財하니 질서를 잡기 위해 官을 찾으니 결혼한다.

戊亥天門이 있어 무당이나 역술인에게 사주를 보러 많이 다닌다. 중년부터 火土大運으로 흐르니 불교 승려로 가기 쉽다. 未土大運에 戌未刑이라 헤어지고 또 유부남이 따른다. 평생 총각하고 인연이 없다.

---

15 子月 戊土 | 자월 무토

子月의 戊土日主는 丙火로 조후가 시급하다. 甲·丙이 같이 있고 신왕하면 부귀영화를 누린다. 丙火는 榮華이고 富이다. 甲木은 貴이다. 甲木이 丙火를 보아 꽃이 피었는데 겨울이라 동백꽃이라 본다.

甲木이 있고 丙火가 없으면 貴는 있는데 富가 없고, 丙火가 있고 甲木이 없으면 富는 따르는데 貴가 없다.

甲·丙이 地支에 있으면 衣食은 따른다, 그나마 없으면 빈천하다. 子月은 한기가 극심한 때이니 地支에 寅·午·戌·巳·未가 있으면 온기가 있으니 衣食 걱정이 없고 水·木·金이 같이 있으면 雜格이 되어 고난이 많다.

❶用神은 貴賤을 보고 ❷調候는 衣食을 보고 ❸格은 社會的 職位를 본다.

日刃格, 財多身弱格
水忌神, 金仇神, 火用神, 木喜神, 水病神, 土藥神

庚申	戊午	壬子	壬申	坤命
75	65	55	45	35	25	15	5	

| 甲辰 | 乙巳 | 丙午 | 丁未 | 戊申 | 己酉 | 庚戌 | 辛亥 | 大運 |

子月 戊土日主가 水旺계절에 출생하여 癸水司令인데 年干 月干 壬水가 투출하고 申子水局에 庚申金이 있어 매우 신약하다.

신약한 陽日干이 日支에 午火 印綬가 있으면 전쟁터에서 싸우다 죽는 한이 있더라도 항복을 안 한다. 초년에 집안이 빈한하다.

신약 사주에 用印綬格이라 午火는 火가 많으면 火가 되고, 土가 많으면 土가 된다. 冲中逢合이니 子午冲에 申子합이라 冲이 안 되는 것이다.

戊土大運에 결혼하게 된다. 옛날 같으면 못 살면 식구를 덜려고 시집을 일찍 보내고, 요즈음 같으면 못 살면 시집을 못 간다. 여성이 사회활동하면 결혼이 늦다. 시대적인 상황을 잘 보아야 한다.

辛亥 庚金大運에 집안이 어렵다. 申金大運에 金水가 旺해지니 午火用神을 水剋火하니 천재지변(天災地變)이 된다. 火를 冲하면 높은 데서 떨어지는데 남편이 높은 데서 떨어져 간병하느라 고생을 많이 했고, 丁未大運부터 서서히 좋아져서 丙午·乙巳·甲木大運까지 좋으니 자식이 효도한다.

日支 羊刃用神이 있어 결혼 이후 양인 칼을 차니 일을 한다. 運이 나쁘면 일을 하고, 운이 좋으면 집에서 쉰다. 日支羊刃이 用神이라 남편이 좋은 사람인데 밖에서는 순한 羊이고 집에서 큰소리친다.

이 사주는 선탁후청격(先濁後淸格)으로 처음은 탁하여 어렵지만 나중에 운이 좋아 청해지는 사주이다. 자식은 굳세고 단단하니 잘나간다.

사주에서 五行이 두 가지나, 네 가지만 있으면 고생을 한다.
사주에서 五行이 1·3·5가지로 있으면서 相生이 되어야 좋은 것이다.

財多身弱格 【戊土大運은 抑扶用神도 되고, 除濕하는 調候用神도 된다】
水忌神, 金仇神, 木調候用神, 金病神, 火藥神

辛酉	戊子	甲子	戊辰	乾命

78	68	58	48	38	28	18	8	
壬申	辛未	庚午	己巳	戊辰	丁卯	丙寅	乙丑	大運

子月 戊土日主가 水旺계절에 출생하여 壬水司令인데 金水가 많아 신약하다.

한절에 출생하여 金에 泄氣가 심하고 辰土가 水로 변해 水가 病인데 年에 戊土는 甲木이 剋

하고 있어 用神으로 못 잡고 甲木이 온기가 있으니 調候用神으로 쓴다. 水多로 추우니 따뜻해야 좋다. 運이 木火大運으로 흐르니 좋다.

丙寅大運에 軍에 들어가 丁卯大運에 잘나가고 戊土大運까지는 좋다. 辰土大運에 예편해 돈을 벌려고 하는데 엄동설한에 水局이 되니 손재가 많다. 己巳大運부터 살림살이가 좋아지다가 壬申大運에 잠이 많아진다. 겨울이 오니 졸음이 많이 온다. 申金大運에 甲木用神이 절지대운이라 사망했다.

用神인 木火 따뜻한 運을 만나니 평생 다복하고 마음이 후덕하고 인심이 좋고 인덕도 좋다. 庚辛大運에 午未가 있어 가볍게 넘어가나 傷官見官이 되므로 구설이 오고가니 욕을 먹는다. 傷官이 偏官을 보면 입바른 소리를 잘하고 허풍이 약간 있다.

財滋弱殺格
水忌神, 金仇神, 木調候用神, 金病神, 火藥神

癸亥	戊子	庚子	辛亥	坤命

75	65	55	45	35	25	15	5	
戊申	丁未	丙午	乙巳	甲辰	癸卯	壬寅	辛丑	大運

子月 戊土日主가 水旺계절에 출생해 癸水司令이고 다섯 개 水가 있고 庚辛金이 합세하니 이 정도 되면 극신약하여 陽干 日主라도 從을 한다.

土生金 金生水 水生木이 되어

종점이 亥中甲木이다. 一官이나 一殺이면 貴格이다. 재자약살격(財滋弱殺格)으로 七殺이 약하다. 從財로 갈 것 같지만 亥中甲木이 調候用神이다.

財多身弱은 타가기식(他家寄食)이라 하는데 어려서 고향을 떠나 남의 집에 있다가 寅木大運에 寅亥合으로 식구를 줄이려고 부잣집의 아들과 결혼해 들어가 사는데 꾸준히 발복하여 火運에 남편이 출세하고 재산이 많다.

【편(偏)된 五行 用神法】

旺者는 극하지 말고 泄하는 것이 좋고, 보통 旺者는 剋하는 것이 좋다.
調候가 안 될 때는 더울 때는 덥게, 추울 때는 춥게 用神을 쓴다.

---

16 丑月 戊土 | 축월 무토

丑月의 戊土는 천한지동(天寒地凍)하여 소한(小寒) 이후에는 二陽地라고 하지만 아직은 草木을 키울 수 있을 만큼 따뜻하지 못하다. 丙火로 따뜻하게 조후(調候)하는 것이 급선무요, 그다음은 甲木으로 旺土를 소토(疏土)하고 生火하면 부귀격(富貴格)이다. 丑月은 寒氣가 많아서 丙火가 투간되어야 귀명이요, 戊日主가 丑月에 旺한데 甲木으로 소토하고 丙火가 투간되어 조후되면 부귀가 겸전한다.

甲木이 있고 丙火가 없으면 上格은 못 되나 貴하다. 丙火는 있고 甲木이 없으면 上格은 못 되고 富는 있다. 甲木과 丙火가 없으면 빈천하다.
냉한 丑月은 어떤 日干이건 종격을 제외하고 丙火가 없으면 부귀영화를 누릴 수 없다. 乙·壬·癸·庚·辛 등이 天干에 투간되면 평인에 불과하다.

稼穡格, 從强格
土用神, 火喜神, 木病神, 水仇神, 金藥神

癸丑	戊辰	乙丑	戊午	乾命
77	67	57	47	37	27	17	7
癸酉	壬申	辛未	庚午	己巳	戊辰	丁卯	丙寅	大運

丑月 戊土日主가 水旺계절에 출생하여 辛金司令인데 火土가 旺하여 신왕하다.
火土가 旺해 從强格이 되었다. 乙木으로 소토를 못해 病이다.
土旺하니 가색격(稼穡格)이다.

卯木大運에 乙木의 힘을 받쳐주므로 운이 나빠 죽을 고비가 있고, 이후

辛未운까지 잘나간다. 壬申·癸酉大運에 나쁘고 甲木大運에 사망을 한다. 화토중탁 사주는 정에 약하고 종교 활동을 많이 한다. 正格에서는 比劫이 많으면 의심이 많은데 比劫 用神이라 남의 꼬임에 잘 넘어간다. 比肩과 比劫이 혼잡하니 이복형제가 있고 官이 忌神이니 자식이 속 썩인다.

가색격(稼穡格)은 중심이 잡혀 있으므로 명예 쪽으로 진출하려고 한다. 가색격(稼穡格)이 地支에서 刑·冲·破·害되면 땅을 갈아엎어 부지런하다.

丑月 戊土日主가 癸水가 있고 大運이 金水로 가면 겨울 산에 눈보라가 휘날리니 농사를 못 짓는 구조라 실업자가 많고, PC방에서 오락게임이나 고스톱을 즐긴다.

大運이 木火大運으로 좋게 오니 잘 먹고 잘 산다. 종격 사주는 食傷으로 泄해야 길하니 부하가 있는 직업이 잘 맞는다.

가색격(稼穡格)은 심을 가(稼), 거둘 색(穡)이니 농사지어야 하는 運命인데, 겨울에 농사가 잘 안 되므로 부부가 함께 벌어먹는 맞벌이 팔자다.

雜氣財格 : 調候用神 : 水忌神, 金仇神, 火用神, 木喜神, 抑扶用神 : 土忌神, 金用神, 火病神,

戊午	戊申	癸丑	壬戌	坤命
79	69	59	49	39	29	19	9

乙巳	丙午	丁未	戊申	己酉	庚戌	辛亥	壬子	大運

丑月 戊土日主가 水旺계절에 출생하여 己土司令으로 土氣가 旺하니 신왕하다.
比肩이 旺하고 無官이라 申金 食神이 用神인데 土金傷官이라 똑똑하다.

午戌火局이 따뜻하게 해주어 申金 食神이 부드럽게 泄氣하므로 사람이 부드럽다. 마음씨가 따뜻하고 食神이 자식이니 자식복이 있고 배우자 궁이 用神이니 남편 덕이 있고 食神이 用神이고 無官이면 貴命이다.

比劫多逢에 천간 財는 노출된 財라 돈 빌려주면 못 받고, 돈 받으러 가면 욕먹는다. 丙火大運은 壬癸水가 있어서 反冲하니 나쁘지 않고 午火大運에 가장 나쁘다. 丑戌刑이라 위장이 약하고, 형제끼리 壬癸水 財를 群劫爭財해 나쁘다. 자식을 낳으면 효자다. 日支傷官이 用神이면 아랫배가 나온다.

從財格 │ 水用神, 金喜神, 土病神, 火仇神, 木藥神

庚申	戊辰	癸丑	壬子	坤命
79	69	59	49	39	29	19	9

| 乙巳 | 丙午 | 丁未 | 戊申 | 己酉 | 庚戌 | 辛亥 | 壬子 | 大運 |

丑月 戊土日主가 水旺계절에 출생해 己土司令이니 신강으로 出發하나 申子辰水局에 壬癸水가 투출되고 庚金이 투출되어 金生水하니 신약하다.

戊土日柱가 庚申 時라 合으로 巳火를 불러들여 祿을 하니 合祿格이다. 從財格도 된다. 傷官이 無官이고 조절이 잘되면 요조숙녀다. 食神生財하니 반말을 잘하고 남자에게 직언을 잘하고, 돈 때문에 고통을 받으면 이혼한다.

庚金大運에 癸未年은 月支를 冲하여 이사나 직업변동이다. 甲申年에 넓은 곳으로 이사를 가는데 丙寅月이나 丁卯月에 이사한다.

戊土大運은 辰戌冲과 丑戌刑으로 財庫가 破庫되어 나쁘고, 土運은 土剋水하니 나쁘다. 申金大運은 申子辰水局하니 길하다.

> 三合과 月令이 강하니 잘 살펴 月중심으로 格局 用神을 많이 살펴라.

傷官用財格 │ 火病神, 木仇神, 水用神, 金喜神

辛酉	戊午	己丑	庚子	乾命
74	64	54	44	34	24	14	4

| 丁酉 | 丙申 | 乙未 | 甲午 | 癸巳 | 壬辰 | 辛卯 | 庚寅 | 大運 |

丑月 戊土日主가 水旺계절에 출생해 己土司令으로 土旺하니 신강사주인 것 같으나 日支에 午火가 丑月에 墓宮이고 겨울이라 子午冲되어 힘이 없다. 丑中辛金이 투출되고 庚辛金과 酉丑金局이 되어 旺하니 傷官用財格에 水用神에 金喜神이다.

> 만약에 寅木이 있어서 寅午戌火局이 되면 신왕으로, 그때는 官用神을 쓰게 된다. 그러나 이 사주는 木이 없어 火가 힘이 없다.

癸大運에 검찰청 계장으로 돈을 많이 벌었다. 巳火大運에는 用神의 絶地

라 퇴직하여 법무사를 시작하였다. 比劫의 祿支가 되어 爭財되니 빚보증을 서주었다가 8억 원을 날렸다.

甲木大運에 傷官見官이 되니 공문서위조로 걸려 법무사도 못하게 되므로 산으로 들어간다. 午火大運에 用神의 胎地가 되는데 子午沖으로 用神을 沖하니 나쁘다. 日支가 忌神이고 日支에서 財沖하면 妻덕과 財福이 없다.

> 사주원국에서 십이운성을 陰·陽 포태법을 쓰고, 大運에는 用神기준으로 陽 포태법만 쓰고, 세운은 陰·陽 포태법을 다 쓴다.

稼穡格   【火土重濁 僧徒之命】
天干 : 土用神, 火喜神,   地支 : 金用神

丙辰	戊辰	丁丑	己丑	乾命

79	69	59	49	39	29	19	9	
己巳	庚午	辛未	壬申	癸酉	甲戌	乙亥	丙子	大運

丑月 戊土日主가 水旺계절에 출생하여 己土司令으로 火土가 旺하니 가색격이다.

가색격은 농사를 짓는 뜻이나 財官無依에 火土重濁이면 승려 사주인데 土用神에 火喜神이다.

金은 地支로 올 때 用神으로 쓴다.

天干에 金이 오면 丙丁火와 沖되니 나쁘다. 食傷이 없어서 융통성이 없는 답답한 사람이다. 돈을 버는 재주가 부족한데 丑中辛金은 土多埋金되어 암장에 있으니 답답하다.

火印綬가 있으므로 계획성은 좋으나 실천능력이 없다. 印綬가 喜神이니 체면치레를 하는데 돈을 많이 못 번다. 干與支同에 화개가 중중하니 승려가 되었다.

頌 柱字 金桂林 先生

桂字

桂林叢叢毅然柱
玉畫彬彬湛然字

계수나무 수풀 무성하나 의연한 기둥이요

소중한 진리서가 빛나니 잠연한 글자로다

戊子芳春之節 而然 沈載東

第六章

己土日主論

기 토 일 주 론

【己土의 특징】

己土는 인장, 기록, 법전, 중개자, 새 출발, 구름, 먼지, 발자국, 발자취를 남겨서 흔적과 역사가 된다.

己土는 丙火가 따뜻하게 비추어 주어야 土氣가 견고하며 그리되면 貴할 것이며, 丙火가 없어 햇볕이 들지 않는 농토이면 농사짓기가 어렵다.

甲木과 丙火가 있고 癸水가 地支에 암장하면 평생 부귀하다. 乙木과 丙火가 투간하면 화초에 꽃이 활짝 피었으니 젊어서 화려하나 늙어서는 결실이 없어서 처량한 신세가 된다.

己土는 평지이고 전답이라 辰戌冲 丑未冲이 됨을 기뻐한다. 밭은 갈아 줘야 하기 때문이다. 己土는 타협을 잘하므로 사람들에게 인기가 있으며 길이 되므로, 많은 사람들이 지나다녀 직업에 변화가 많고, 이성관계도 많고 아부근성도 많다.

壬水가 투간되면 己土가 己土濁壬을 시키니 나쁘다. 甲木이 있으면 좋은데 甲木을 合하니 떨어져 있어야 하는데 年干에 있는 것이 좋다. 己土가 甲木을 만나면 많은 곡식을 키우는 농토이니 부귀한 팔자이다.

己土는 乙木을 만나면 꽃밭이라 열매가 없으니 먹을 것이 없고, 꽃나무만 길러서 청춘은 화려하나, 사주가 나쁘면 화류계로 가기 쉽고, 늙어서는 실속이 없고 허무하며 고생할 것이다. 丙火가 투간되면 貴格으로 형성될 수 있다. 己土가 丙火를 보면 農土에 곡식을 키우기 위해서는 태양빛이 필요하니 역시 貴한 八字이다.

己土가 丁火를 보면 丁火는 庚辛金이 나타나 농사를 망치려고 할 때는 녹여주는 격으로 길하게 작용한다. 곡식을 키우는 봄이나 수확기인 가을에 庚辛金이 서리가 되어 작물을 망치려 할 때, 丁火가 이를 녹여 病을 제거하는 藥神으로 사용할 때 길하나 庚辛金이 없을 때는 오히려 농작물에 화상을 입히니 자라지 못하게 하는 격조가 되면 흉하다.

【己土의 특징】

己土日主에 戊土가 투간되어 根이 없으면 청산에 먼지로 보며, 사주가 寒濕하면 조절하는 작용을 하여 길하나 그렇지 않으면 고산에 농지로 고생이 많이 따른다.

己土日主에 己土가 투간되어 根이 없으면 들에 먼지로 보며, 根이 있으면 농토가 많은 것에 해당하니, 木이 없으면 작물이 적은 것이 되어 서로 나누어 먹어야 하니 소득이 적다.

己土가 庚金을 보면 큰 바위와 같으니, 농토에 돌밭이 되어 척박한 환경이라 작물이 자랄 수가 없고, 수확기에 우박이나 서리가 내려 흉하다. 地支 暗藏에 庚金이 있는 것은 괜찮다.

己土가 辛金을 보면 자갈밭이나 모래밭으로 보는데, 작물의 성장과 결실이 어렵고, 丙火와 合되어 기반(羈絆)이 되므로 丙火의 역할을 못하게 하니, 햇빛이 부족하여 농작물이 결실이 적어 흉하다.

己土가 壬水를 만나면 홍수에 밭이 유실되므로 작물이 물에 떠내려가므로 흉하며 농토가 못 쓰게 되는 것이 되니 우선 戊土로 물을 막아야 한다.

己土가 癸水를 보면 丙火를 가리게 되니 작물이 잘 자랄 수 없고, 癸水가 많으면 장맛비가 되어 흉하다. 甲木과 丙火와 함께 癸水는 地支에 있으면 저절로 내리는 비라서 편안하게 농사를 지을 수 있으니 吉하다.

己土日主가 辛·乙·己가 있으면 이발사나 미용사가 많다. 乙木은 머리카락, 辛金은 가위, 己土는 기술이다.

年月에 庚辛金이 있으면 父母 대에서 망한 집안이고, 時에 庚辛金이 있으면 子息 대에서 망하는 집이다. 地支에 申酉가 있으면 돌밭이라 돌을 캐내야 하기 때문에 남보다 노력을 많이 해야 한다.

1 寅卯辰月 己土 | 인묘진월 기토

寅卯辰月의 己土는 사랑을 많이 받는다. 아직은 날씨가 서늘하므로 丙火가 투간되어 땅을 온난하게 하고 辰土가 있으면 옥토라 한다. 이때 甲木과 丙火가 用神이 되어 좋다.

甲木은 己土의 正官이 되고, 丙火는 印綬가 되는데, 땅에 나무를 심으니 보기 좋고 태양이 뜨니 꽃이 핀다. 그래서 남 보기에 좋다.

辰土는 水의 墓庫라서 저수지나 호수인데 冲되어도 관계없다. 己土日主는 地支에 辰戌丑未가 冲이 있어도 괜찮다. 겨울과 봄에 濕土인 己土日主에 乙木이 투간되어 地支에 根을 하여 旺하면 정신이상이 되는 수가 있다.

正印格
濕土忌神, 火用神, 木喜神, 金病神, 濕土仇神, 火藥神

丙寅	己丑	戊寅	庚辰	乾命
76	66	56	46	36	26	16	6

| 丙戌 | 乙酉 | 甲申 | 癸未 | 壬午 | 辛巳 | 庚辰 | 己卯 | 大運 |

寅月 己土日主가 木旺계절에 출생하여 甲木司令이라 신약으로 출발하여 4개의 土와 丙火가 있어 신강하다.

우수 전이라 한기미진(寒氣未盡)에 年干의 庚金은 우박이 되어 寅中甲木이 자랄 수 없으니 丙火로 庚金을 제거하니 用神이 된다. 年干에 庚金이 농사를 망치니 조부 대에서 망해먹은 집안이다.

부친이 객지로 나간 것은 月柱에 寅木이 역마라 객지생활이다. 북쪽에서 남쪽으로 내려갔다고 볼 수 있다. 초년에 고생을 심하게 했다.

己土日主가 傷官이 年干에 투간되어 기술로 가야 하는데 기술계로 가지 않은 것은 庚金이 忌神이라 기술을 싫어한다.

丙火印綬가 用神이라 역사학자다. 庚金이 寅中甲木을 자르니 丙火로 제거하여 甲木을 보호하는 데 목적이 있다. 印綬가 藥神과 用神이라서 점잖고 불평불만이 없고, 官印相生이 되이 교수인데 己土는 記에서 나온 글자이니 기록이라 역사학자가 되었다. 運이 46세부터 80세까지 여름에서 가을로 이어지니 大運이 갈수록 복을 많이 받는다. 그 이유는 寅中甲木은 봄철에 열매를 못 맺어 초년에 고생이나 巳午未와 申酉戌大運으로 갈수록 열매를 맺어 가을에 수확한다.

이 사주는 金運 未申酉運에 크게 부자가 되고 여유가 있고 가정이 편안하다. 논리상 金이 忌神인데 金運에 忌神이 祿하여 旺해져서 '나빠져야 하지 않는가?' 라고 의심을 하는 사람도 있을 것이다.
그러나 이 사주에 大運이 봄, 여름, 가을로 흐르니 寅中甲木이 무럭무럭 자라서 가을로 갈수록 열매가 익어 걷어 들인다(궁통보감의 원리다).

己土는 밭이라 나무를 키우는 데 목적이 있으니 물이 필요하나 辰土로도 충분하다. 寅月 己土日主가 丙·戊·己·壬·癸가 있는 사주는 나무를 기르는 사주다. 원국에 寅辰이 있고, 申酉戌 亥子丑 대운으로 흐르면 부자다.

2 巳午未月 己土 ┃ 사오미월 기토

巳午未月의 己土는 濕土라도 기온이 염열할 때는 丙丁火가 투간이 되어 있는 구조라면 戊土로 바뀌니 초목을 키울 수 있다.

金水가 太旺한 구조라면 물을 가두어 저수지를 만들어야 하는데 比劫인 戊土가 도와주어야 길하고, 天干에 戊土를 보면 기뻐하며 흉보다 길함이 많이 따른다. 巳午未月 己土日主는 庚辛金이 투간이 되면 남자는 처자가 온전하지 못하고, 여자는 자식과 남편을 거느리지 못하고 전전(輾轉)한다.

여름철 己土日主가 庚辛金을 보면 서리나 돌밭으로 보아 농사가 안 되는 밭이다. 癸水가 있으면 하늘에서 비가 저절로 내려주므로 힘들이지 않고 농사지을 수 있으니 길하다. 壬水는 홍수가 되어서 못 쓰거나 길어다 써야 하기 때문에 몸살이 나니 몸이 아프고 고생이 많다.

午月 己土日主는 祿을 하니 陰土이지만 旺한 것이다. 庚金과 壬水가 투출되면 길거리에 앉아 고생하는 격이니 노점상이나 남 좋은 일만 하는 등 헛수고만 한다. 庚金이 없고 丁火만 있으면 불난 밭이라 가난하다.

남자 사주에 丙火가 없이 甲木만 나왔으면 자식이 병들고 가난하게 산다.

여자 사주에 甲木만 있고 丙火가 없으면 남편이 病이 든다. 甲木은 태양을 봐야 꽃이 피고 열매가 열린다. 時에 壬水가 있으면 자식이 발전이 없다. 탁한 물이 되니 그렇다. 年에 壬水가 있으면 홍수가 나서 조상 대에 망한 집안이고, 月에 壬水가 있으면 부모 대에 망한 집안이다.

己土日主는 地支에 亥水가 있으면 財官이 도둑으로 망하는데 壬水마저 天干에 투간되면 집안이 망한다. 이때 甲丙이 있어도 소용없고 도둑이 끊이지 않는다.

巳午未月에 己土日主는 임무가 막중해서 가는 곳마다 환영 받고 甲丙이 있으면 더 인기가 많다. 사주 地支에 辰土가 있으면 매우 좋다.

印綬格
土忌神, 金用神, 火病神, 地木仇神, 水藥神

				乾命
壬申	己丑	庚午	甲辰	

79	69	59	49	39	29	19	9	
戊寅	丁丑	丙子	乙亥	甲戌	癸酉	壬申	辛未	大運

午月 己土日主가 火旺계절에 출생하여 丙火司令이고 比劫이 중중하니 신왕하다.
甲木 중심으로 보면 父母대에 망하는데 庚金傷官이 用神이라 호설정영(好泄精英)하니 부모가 어려워도 日主 자신은 초지일관으로 간다.

傷官이 用神이면 甲木은 忌神이라도 正官이라 富와 貴로 본다. 왜냐하면 추수해서 수확하니 좋아한다. 祿空亡 合祿空亡이니 異路功名이라 다른 길로 성공한다. 傷官用神이라 전문직 기술이나 예능·운동 쪽으로 간다.

庚午·辛未大運에 火剋金되어 用神이 약하니 부모 대에 어려워 壬申·癸酉 大運에 자수성가한다. 午火가 空亡이면 庚金도 空亡이니 가수다. 가수가 인기 있다고 모두 땅 사고 집 사는 것은 아니다. 인기만 얻는 것이다.

用神운이 온다고 다 좋아지는 것은 아니다. 逆用으로 用神이 되면 富貴를 함께 못 쥔다. 29세 癸水大運에 가랑비가 솔솔 내려서 甲木이 잘 자라니 이때 스스로 돈을 번다. 甲木이 旺해지면 富는 따르나 예능은 없어진다.

예능이 없이 움직이니 매니저나 학원을 하면서 돈을 번다. 만약에 천간의 金運에 用神運이나 노력해도 甲이 무너져 재산이 없고, 水大運에 甲木이 旺해지는 運이라 돈은 번다(己土日主는 甲木이 財産을 지킨다).

❸ 申酉戌月 己土 ┃ 신유술월 기토

申酉戌月의 己土日主는 甲丙을 用神한다. 가을은 金旺계절이 되므로 己土가 金에 洩氣가 되므로 氣運이 쇠약하다. 己土日主는 언제나 甲丙이 있어야 貴格이 되는 것인데 丙火는 傷官을 조절하여 甲木을 지켜 유실수로 열매가 익어 재물이 되기 때문인데, 다른 표현으로 丙火는 印星이니 학문이 되어 배우는 것이고 甲木은 官星으로 직장이 되기 때문이다.

地支에 寅卯辰 중에 한 자라도 있으면서 庚金이 투간하면 가을에 서리가 되어 수확기에 숙성된 작물이 상하기 때문에 午火가 있어 눌러 주어야 한다. 남자 사주에 金을 조절해 주어야 자식이 잘되고, 여자 사주에 金을 조절해 주어야 남편이 잘된다.

申酉戌月 己土日主는 地支에 午火가 있어 金을 조절해야 甲木이 살아야 가정이 순탄하다. 巳는 火인데 金의 長生이라 안 좋다. 申酉戌月은 丁·辛 日主만 빼고 나머지는 丙火가 있어야 한다.

> 午中丁火가 천간에 투출되면 밭에 불이 나는 형상이라 흉하나 庚辛金이 나타나 서리가 되면 녹이는 작용을 하니 藥神이 되어 吉하다.
> 己土日主는 癸水가 투간되면 괜찮은데 壬水가 투간되면 절대 안 되며, 戊土日主는 癸水가 나오면 안 되며 壬水가 나오면 괜찮다.

❹ 亥子丑月 己土 ┃ 해자축월 기토

亥子丑月의 겨울에 농사를 지을 때가 아니고 싹이 나오는 때도 아니므로 천지는 냉하고 눈보라가 휘날리니 쉬는 상태이다. 己土日主는 습토이므로 자신이 냉습한 土가 되니 스스로 忌神이 되는 것을 싫어하고 따뜻한 것을 반기니 웃어른과 모친을 반기고 戊土인 劫財도 제습(除濕)해 주니 반긴다. 己土는 甲丙이 투간되어야 할 일이 생긴다.

丁火가 나오면 甲木을 태우게 되므로 과부팔자가 되기 쉽다. 地支에 午火는 좋다. 申酉戌月 亥子丑月은 地支에 午火가 있는 것은 좋은데 日干이 쇠약한 시기인데 祿地가 되기 때문이다.

天干은 밖이 되고 己土는 길거리가 되므로 天干에 丁火가 투간되면 불을 쪼이려 밖으로 나가야 하니 풀빵, 어묵, 떡볶이 장사나 군고구마 장사다.

天干은 사회로 밖이 되고, 地支는 집안이 되어 午火가 있으면 난로가 집에 있는 것으로 편안하게 살게 되고, 丁火는 밖에서 떨고 있는 형국이다.

5 寅月 己土 | 인월 기토

寅月의 己土는 봄추위가 아직은 끝나지 않아 丙火가 吉神이며 甲木도 길신이다. 봄추위가 아직 끝나지 않아 木을 키울 수가 없으니 丙火로서 대지를 온난케 하는 것이 급선무이다.

己土는 濕土이기 때문에 丙火가 福神이 된다. 丙火가 투간이 되고 甲木이 투간되면 貴格이 되나 甲己合이 되면 볼품이 없는 사람이니 甲木이 日主하고 멀리 떨어져 있어야 吉하다.

己土日主가 己·丙·甲이 日·月·年순으로 구성되면 吉하나, 己·甲·丙순으로 구성되면 나쁘다. 한기미진(寒氣未盡)에 壬癸水가 忌神인데 戊土가 있어 壬水를 조절하면 부인이나 돈 때문에 속 썩을 일은 절대 없다.

戊土가 除濕하니 藥神이다. 木旺계절에 木이 많으면 庚金으로 조절함이 吉하고, 旺木을 丙丁火로 泄氣시키고 日干을 生助케 해 殺印相生하면 좋다. 丁火는 藥神이니 地支에 寅·巳·午 중 한 자만 있어도 用神으로 쓴다.

火土가 많아 旺하면 자양분으로 癸水를 반긴다. 寅月에 己土日主는 남편감이 선생이 많다. 申金이 있어서 寅巳申三刑이면 남편이 병객이 되거나 마약으로 고생한다. 申中壬水가 病神이다.

正官格 破格
火用神, 土喜神, 木病神, 水仇神, 庚金藥神, 申金忌神

丙寅	己卯	甲寅	戊寅	乾命

76	66	56	46	36	26	16	6	
壬戌	辛酉	庚申	己未	戊午	丁巳	丙辰	乙卯	大運

寅月 己土日主가 木旺계절에 출생하여 甲木司令인데 甲木이 투출되어 正官格이 되었으나 관살혼잡(官殺混雜)에 신약으로 파격이 되었다. 官殺태과하니 신약하다.

己土日主가 木旺하면 濕해야 인기가 있는데 水가 없어 인기가 없다. 사주 구조가 丙·己·甲순으로 되어 甲木이 日干과 가까이 있어 甲己合에 官殺 혼잡으로 格이 떨어지니 고위직급으로 진급하기는 포기해야 한다.

> 寅月 己土日主가 한기미진(寒氣未盡)한데 殺旺身弱이라 木이 病이고 丙火 用神이다. 殺印相生하니 법률 공부하여 검찰청에 근무하는 공무원이다.

신약에 官殺混雜인데 습기마저 없고 건조하여 탁하니 큰 그릇은 못 되어 法官은 못하고 法院에서 근무하는데 己未大運에 未土는 官이 入墓되니 진급이 안 된다.

> 庚金大運에 甲庚冲으로 劈甲生火하니 이때 진급되고 돈을 많이 벌고, 申金大運은 官의 뿌리를 冲하니 관복을 벗게 되었다.

木多火熄이 되었으니 과대망상증이다. 木官은 水財를 먹고 살아야 하는데 火大運에 말라버리니 진급이 안 된다. 天干으로 火運이 오는 것은 吉하나 地支로 火運이 오면 나쁘다. 地支로 水가 오는 것은 괜찮은데 天干으로 水가 오면 나쁘다.

> 사주에 無財라 이 사주는 用神이 자식이고 用神을 生하는 時支 寅木이 부인이다. 己卯日柱는 官殺태과라 능력이 부족하니 부인이 정리한다.

나무는 많은데 기름진 땅이 못 되니 중심적인 역할은 못한다. 己卯日柱는 꿈꾸면 꿈이 잘 맞고, 현기증이 있게 된다. 官殺 많은데 혼잡이 되면 과

대망상이 있게 된다.

> 戊辰日柱라면 辰土는 습기가 있으므로 나무가 뿌리 내리기가 좋으므로 사회에서 중심적인 역할을 하게 되어 형제나 친구 덕이 있다.

正官格, 官印相生格
水忌神, 金仇神, 火用神, 木喜神

乙丑	己卯	丙寅	甲辰	乾命
77	67	57	47	37	27	17	7

| 甲戌 | 癸酉 | 壬申 | 辛未 | 庚午 | 己巳 | 戊辰 | 丁卯 | 大運 |

寅月 己土日主가 木旺계절에 출생하여 丙火司令이나 아직 우수가 지나지 않아서 한기가 아직은 남아 있다.

寅卯辰方局인데 甲乙木이 투출하여 官殺旺한데 丙火가 寅에 長生하여 殺印相生하니 從을 안 한다. 日干에 丑土 辰土까지 합세하므로 從은 안 된다. 丙火가 用神이다. 초년이 좋아 집안이 좋다. 체격도 좋고 官殺이 旺하면 뚱뚱하다. 가난한 나라에서는 갈비씨다. 부국에서 태어난 사람이 官殺태과하면 뚱뚱하다.

官殺이 많아 끈기와 결단력이 약하다. 官殺혼잡이면 직장이 자주 바뀐다. 한 번에 대학을 못 들어간다. 한 번에 들어가면 비인기 학과에 들어간다.

> 官印相生格인데 大運이 좋게 흐르면 공무원으로 들어가야 한다. 印綬가 用神이니 사업하면 망한다. 교직이나, 기술자격증이나 국가자격증을 가지고 토목건축 쪽으로 움직이는 것이 좋다.

己巳·庚午大運에 이사를 많이 다니게 된다. 己土는 하늘에 길이다. 己土日主가 土가 많아질 때 이사를 많이 한다. 印綬운에 문서가 이동한다. 運이 좋으면 늘려 가고 運이 나쁘면 줄여 간다.

食神運에 진로를 변경하려 한다. 辛未大運에 丙辛合하여 用神이 묶이게 되니 나쁜데 未大運에 甲木喜神이 入墓되면 죽는다.

正官格, 官空亡, 【正官 寅木이 空亡이나 亥水가 生해 脫空이다】
寅中丙火用神, 木喜神, 金忌神, 水病神, 燥土藥神

癸酉	己丑	庚寅	辛亥	坤命
71 戊戌	61 丁酉	51 丙申	41 乙未	31 甲午	21 癸巳	11 壬辰	1 辛卯	大運

寅月 己土日主가 木旺계절에 출생하여 甲木司令인데 食傷·財星·官星이 많아 신약하다. 正官格이라 성품이 온순하고 부지런하다. 己丑은 부지런히 일해야 한다. 庚辛傷官이 酉丑 金局에 뿌리를 내리므로 旺하여 官이 剋傷당하여 약해져 직장과 남편이 약해졌기 때문에 고생이 많다. 亥中甲木과 외국에서 결혼하면 길하다.

신약한데 日支에 丑土 比肩이라 어려울 때 남편이 외조를 잘하나 傷官이 누르고 있으니 출세를 못한다. 서로에게 도움을 주기는 하지만 남편이 백수가 되다시피 한다. 寅中甲木이 官인데 傷官이 干支에 旺해 그렇다.

이 사주가 寅中丙火 印綬가 필요하니 끌어들여 학원선생이다. 食傷旺하니 예체능이고 金木相戰이라 피아노학원 선생이다. 남편도 학원 선생인데 남편이 더 안 된다. 학원운영이 잘 안 되어 印綬가 用神이라 엄마가 생활비를 보태준다.

甲午大運에 庚金과 傷官見官이 되나 地支에 午火印綬를 달고 오니 官을 못 친다. 부모가 돈을 보태주어 학원을 옮기려고 하는데 장소를 어디로 정할 것인가가 고민이다. 압구정동에 돈 많은 사람을 상대로 고액과외를 하는 것이 좋다. 巳火大運에 巳酉丑金局이라 남편과 자주 싸운다. 남편이 능력이 없어 싫어지고 밉다. 申金大運에 남편이 위험하다.

6 卯月 己土 | 묘월 기토

卯月 木旺계절에 태어난 己土는 쇠약한 土이니 이때는 火가 生助함이 吉하고 甲木이 투간되면 官印相生되어 貴格이 된다. 만약 甲木과 가까이 있어 合되면 吉하지 않은데 甲己合이 되면 生火를 못한다. 즉, 己·甲·丙순으로 될 때 相生이 잘 안 된다. 순서가 己·丙·甲순으로 되면

相生이 된다. 火土가 많으면 己土가 燥土로 변하여 萬物을 대항하는 힘이 적으니 癸水가 있어야 한다. 壬水는 탁수가 되고, 물을 길어다 써야 하니 고생이 많다.

木火가 많을 때는 癸水가 火를 제압하고 土를 윤택하게 한다면 큰 材木으로 키울 수가 있다. 庚辛金이나 壬癸水가 많으면 병객이 많고, 火土가 많으면 고독하여 승도지명으로 종교인이 되기 쉽고, 여자는 후처지명이 많다. 水木이 많으면 정신이상이 되거나 불구자가 되기 쉽다.

> 土가 많고 金이 투출하여 설기가 잘되면 이로공명(異路功名)이라 다른 길로 예능이나 기술 쪽으로 가서 직업을 가지면 크게 성공할 수 있다.

正官格, 官印相生格 【未大運에 丑未冲보다 卯未木局으로 간다】
水忌神, 金仇神, 火用神, 木喜神

己巳	己丑	丁卯	甲午	乾命

71	61	51	41	31	21	11	1	
乙亥	甲戌	癸酉	壬申	辛未	庚午	己巳	戊辰	大運

卯月 己土日主가 木旺계절에 출생하여 乙木司令인데 甲木이 투출하여 正官格에 신약이다. 丁火를 官印相生으로 用神을 쓰려고 하는데 庚金으로 벽갑생화(劈甲生火) 해주어야 하는데 庚金이 없어 丁火가 木多火熄이 될까봐 걱정되나 午火가 있어 태워주니 官印相生이 된다. 꺼리는 것은 官殺混雜에 時上己土가 투간되어 경쟁자가 있어 불리하니 높은 자리에 못 올라간다.

官이 比肩과 멀어서 合이 안 될 것 같으나 巳午未합으로 끌어당겨 가니 주사직급 공무원으로 끝난다. 巳丑金局으로 기운이 습한 편이다.

辰·巳·午·未대운에는 그런대로 좋고, 庚金대운에 官으로 진출하고 午火대운에 진급되고, 辛金대운에 나쁜 듯하나 丁火가 反冲하니 괜찮다.

未土大運에는 閑神이라도 木庫라서 木이 入墓될 것 같은데 원국에 丑土가 있어서 反冲이 되어서 入墓시키지 못하고 卯未木局을 이루어 그런대로 殺印相生이 잘되니 괜찮다.

壬水大運에 丁壬合으로 用神이 묶이게 되므로 퇴직해 사업을 시작하나 壬申 癸酉大運에 運이 없어 과수원을 운영하여 간신히 먹고산다.

己土는 巳火를 보면 여행을 좋아하고 이사를 자주 한다. 己土가 巳酉丑金局되면 낚시를 좋아하고 바둑을 좋아하는데 官印相生이 잘되므로 점잖고 의젓하고 품위가 단정하며, 己土가 두 개가 투간되면 의심이 많다.

원국에 財가 없기 때문에 큰돈은 못 번다. 戌土대운에 旺神이 入墓되면 사고가 난다.

正官格, 官印相生格
水忌神, 金仇神, 火用神, 木喜神

己 巳	己 丑	丁 卯	甲 午	坤命
80	70	60	50	40	30	20	10
己 未	庚 申	辛 酉	壬 戌	癸 亥	甲 子	乙 丑	丙 寅	大運

卯月 己土日主가 木旺계절에 출생하여 乙木司令이고 日時가 巳丑金局에 官殺까지 旺하니 신약하다.
火用神이니 초년에 그런대로 괜찮은데 여자라 甲木大運에 직장에 들어가 나이 많은 남자를 만난다. 집안 형편이 어려우면 남편 덕을 보려고 나이 많은 남자를 만난다. 子水大運에 用神의 뿌리를 冲하니 헤어지고 偏財大運이니 사업을 시작했다.

印綬가 用神인 사주는 사업하면 안 된다. 亥水大運 己卯年에 亥卯木局에 濕木으로 木多火熄이 되고 巳亥冲으로 食傷 巳丑金局이 깨지니 망한다.

日時에서 巳丑金局으로 食傷局을 이루면 엉덩이가 처지고 아랫배가 처지는데 運이 나빠 남자가 안 따르고 복이 없어 폐지를 주워 팔아서 먹고살아야 하니 몸 관리를 잘하여 미모를 유지해야 그나마 남자 덕으로 연명한다.

日時가 傷官이면 예술인데 巳火 망신살이 傷官局으로 변하니 발바닥을 비비는 예술이 되니 사교춤이다. 남쪽으로 외국에 나가면 좋다.

日本에 건너가서 서비스업종에서 종사하여 논을 벌어야 하고 선물이나 한 채 사놓고 임대업으로 살아가면 그나마 좋을 것이다.

偏官格　　【年柱에 用神이 있으면 고향 떠나 살면 안 좋다】
木忌神, 午火用神, 水病神, 金仇神, 土藥神

癸酉	己卯	辛卯	丙午	坤命
76	66	56	46	36	26	16	6
癸未	甲申	乙酉	丙戌	丁亥	戊子	己丑	庚寅	大運

卯月의 己土日主가 木旺계절에 출생하여 乙木司令이고 卯木이 月·日支에 官殺이 旺하니 火가 用神인데 丙火는 丙辛合하여 기반이 되어서 못 쓰고 年支에 午火가 用神이다.

殺이 많으면 比劫이 喜神이며 癸水는 病神이고 金仇神에 土가 藥神이다. 오행 배열이 잘못되었다. 초년에 어렵고 신약하니 戊土大運에 결혼했다. 子水大運에 午火를 치니 별거하고 不法으로 카드깡을 하는데 日支에서 보면 酉金이 재살(災殺)이 되는데 子卯刑이라 官災로 감옥에 간다.

연애를 잘하는 여자로 卯木桃花가 중중하면 이성이 많이 따르게 되어서 연애한다. 키는 조그맣고 인상은 쌀쌀맞게 생겼는데 남자에게는 잘한다. 丁火大運에 丁癸冲을 해도 用神이라 카드깡해서 그런대로 돈은 벌었다.

亥水大運에 官殺이 旺해져서 木多火熄이 되어 불이 꺼지면 건강이 나빠진다. 卯酉冲은 허리를 치니 디스크나 골다공증이나 신경통으로 고생하게 된다. 전반적으로 運이 없다. 印綬用神이라 문서를 가지고 하는 사업은 카드이고 不法으로 하는 것은 卯酉冲(傷官見官)이라서 그렇다. 丙戌大運에는 조금 좋고, 그 외에는 운이 없다. 比劫중중에 制殺태과면 빚지고 죽는다.

偏官格, 制殺太過格,　　【사주에 一位偏官이면 살려야 한다】
金忌神, 土仇神, 木用神, 水喜神, 金病神, 丙火藥神

戊辰	己酉	辛卯	辛丑	乾命
74	64	54	44	34	24	14	4
癸未	甲申	乙酉	丙戌	丁亥	戊子	己丑	庚寅	大運

卯月 己土日主가 木旺계절에 출생하여 乙木司令이고 偏官과 食傷이 태과하므로 신약하다. 偏官格인데 食神制殺이 태과한 것이다. 食傷이 많아 불평불만이 많고 남 밑에서 못 있어 자

기 일을 해야 한다. 食神도 많으면 傷官작용하므로 傷官은 언어인데 年柱

에 있으면 표현력이 좋다. 상황판단이 예리하고 섬세해 官을 치니 비리를 척결하는 능력이 강하다. 자기에게 불이익이 있을 때는 맞서 싸우니 잘린다.

> 剋泄交集으로 剋하고 泄하니 마음에 갈등인데 사주에서 金木相戰하면은 水가 있어야 한다. 제살태과는 官을 살펴서 살려야 한다.

초년에 집안이 어려워 고등학교를 중퇴했다. 이런 경우 기술을 가져야 하는데 플라스틱 기술을 가지고 있다. 子水大運에 돈을 벌고, 丁火大運에 卯木偏官이 살아야 하는데 比劫에 泄氣되므로 돈을 까먹는다.

> 偏官格은 偏官이 하나만 있으면 살려야 한다(命理定宗의 理論). 이때 신강 신약을 따지지 말아야 한다.

亥水大運에 亥卯木局으로 집을 마련했다. 月支가 用神이면 형제덕은 있게 된다. 兄이 도와줘 집을 샀다. 丙火大運에는 食傷에 合運이라 괜찮다. 日時에 辰酉合이라 부인도 다정다감하다. 酉金大運에는 卯酉沖하니 끝난다.

偏官格 【앞 사주와 宮合：寒濕하여 火土가 用神이다. 用神이 미약하다】
土用神, 火喜神, 木病神, 水仇神, 金藥神

乙丑	己酉	癸卯	壬子	坤命
75	65	55	45	35	25	15	5
乙未	丙申	丁酉	戊戌	己亥	庚子	辛丑	壬寅	大運

卯月 己土日主가 木旺계절에 출생하여 乙木司令인데 乙木이 투출되고 食神과 財星이 많아 신약하다.

사주가 한습하여 火土가 用神이다. 木이 病神에 金藥神이다.

대학을 나와 한복 만드는 일을 배운다. 日支가 내 마음인데 食神이 官沖하면 남자가 마음에 안 든다. 時에 丑土가 酉丑金局으로 合되니 貪合忘沖으로 官沖을 안 한다.

月日沖은 시집갈 때 충돌한다. 卯酉沖은 목탁과 목탁 채라 매를 때린다. 月日沖은 부모와 불화하게 된다. 子水大運에 여자가 土가 약하니 癸未年에 運이 들어와 卯木 官과 卯未 三合하는데 亥水가 빠져 있으니 亥月에 결혼하게 된다. 食神이 殺을 剋하면 남편한테 불만이 많다.

己土日主가 食傷이 日時에 있는데 地支에 있으니 나이 들면 엉덩이부터 뚱뚱해진다. 食神傷官이 年月干에 있으면 얼굴부터 살이 찐다.

> 사주에 偏官이 있으면 군경이 아니면 사업하게 된다. 남에게 간섭 받기 싫어한다. 年月에 正財 偏財는 타가기식(他家寄食)에 외화내빈이다.

官殺太過格 【木多火熄되어 用神미약하다. 혼자 사는 것이 좋다】

火用神, 燥土喜神, 濕木忌神, 水病神, 申金仇神, 庚金喜神

丁卯	己卯	丁卯	甲辰	坤命
79	69	59	49	39	29	19	9

| 己未 | 庚申 | 辛酉 | 壬戌 | 癸亥 | 甲子 | 乙丑 | 丙寅 | 大運 |

卯月 己土日主가 木旺계절에 출생하여 乙木司令이고 天干에 甲木과 3개 卯木으로 구성되어 日干을 剋傷하니 신약하다.
2개의 丁火가 生하고 甲木이 辰土에 뿌리를 내려 官印相生하므로 從을 안 한다.

> 木多火熄이 되어 印綬가 약하다. 丁火用神이 寅巳午 중에 한 자라도 있었으면 官印相生이 되는데 없으므로 木多火熄이 되었다. 庚金은 劈甲生火하니 喜神이고, 申金은 申辰水局이 되어 仇神이 된다.

日主가 약할 때 강한 세력에 따라 간다. 旺한 것이 甲木인데 어려서 연애하면 甲木이 卯木羊刃이 있어 칼을 들이대고 뽀뽀하자고 덤빈다. 아니면 남자가 많다.

丑土大運에 풀리는데 乙卯年에 官殺혼잡되면서 甲木驛馬가 華蓋와 동주하면 운전기사 남자를 만난다. 辰이 申子辰三合에 해당해 甲木을 地支化시키면 寅木이기 때문에 역마로 甲辰은 역마 밑에 화개이고 乙丑大運에 甲木은 劫殺에 해당하니 택시 운전기사에게 강간당한다. 時柱에 있으면 늙어서 당한다.

乙丑大運의 丑土는 벌흙이라 변두리인데 丑中辛金이 있어 모면을 했으나

殺旺에 正官역마라 외국인으로 일본인이고 殺旺하면 첩실이다.

火用神에 水運이라 돈이 없다. 살중신경(殺重身輕)은 친정집에 가서 자주 운다. 친정에 가서 울면 신약하기 때문에 엄마가 도와주게 된다.

水運에 木官이 旺해지고 印綬가 꺼지니 친정에 가서 운다. 多官이 되면 無官이라 했는데 평생 남편 복이 없으니 혼자 사는 것이 편하다.

食神制殺格
木忌神, 水仇神, 金用神, 土喜神

甲戌	己未	辛卯	辛亥	坤命
71	61	51	41	31	21	11	1

| 己亥 | 戊戌 | 丁酉 | 丙申 | 乙未 | 甲午 | 癸巳 | 壬辰 | 大運 |

卯月 己土日主가 木旺계절에 출생하여 乙木司令인데 亥卯未 木局이고 甲木 투출되어 신약하다.
官殺태과로 신약하니 印星으로 殺印相生으로 用神을 取用해야 하는데 사주엔 印星이 없고 食傷이 있으니 식신제살격(食神制殺格)이라 辛金이 用神이다. 경우에 밝고 똑똑하다. 거슬리는 말을 들으면 열 받는다.

食神制殺格인데 午火大運은 火剋金해서 현기증이 생기고 手術을 하거나 머리가 아프고 소화불량으로 고생하고 발목에 흉터가 많고 자주 넘어지고 쓰러지는 것은 日支와 時支에서 戌未刑이라서 그렇다.

남편과 甲己合이라 정은 있는데 戌未刑으로 성격이 안 맞는다. 남편이 속 썩이는 짓을 잘한다. 制殺태과한 사주는 보증을 서주면 망한다.

乙未大運에 運이 나쁘니 결국은 이혼한다. 官殺混雜이 되는 大運에 위험하다. 官旺하던 약하던 官殺混雜되는 大運이 오면 나쁘다.

교육보험 설계사인데 현침살이 있어도 殺이 旺하여 食神制殺이 약하면 의사는 못 된다. 未土大運에 남편이 설계사무실에 다니다 그만두고 40대가 되면서 장사하게 되는데 戌未刑이라 다 까먹는다.

食神制殺하니 모발이 많이 빠져 가발을 쓰고 다닌다. 병원에서 치료비로 돈을 많이 썼다. 運이 없어서 사망까지 하게 된다.

偏官格, 制殺太過格
木用神, 水喜神, 金病神, 火藥神

辛未	己酉	辛卯	辛酉	坤命
71	61	51	41	31	21	11	1	

己亥	戊戌	丁酉	丙申	乙未	甲午	癸巳	壬辰	大運

卯月 己土日主가 木旺계절에 출생해 乙木司令이며 剋泄交集이 되어 신약하다.

酉卯酉로 二字不冲에 卯未木局이라 偏官格이다. 偏官이 一位이면 살려야 한다.

偏官格은 制하는 것이 좋은데 지나치게 制하면 制殺太過라 한다. 運에서 金運이 와서 制殺太過되면 법으로 억압하는 것과 같으므로 백성을 너무 힘들게 하면 백성이 등을 돌리니 집권자는 평민으로 돌아가는 것과 같다.

制殺太過인 사주는 경쟁력이 떨어지므로 고등학교에서 일등을 하더라도 대학입시에 떨어져서 재수하게 된다. 壬辰·癸水大運에 卯木偏官을 生하니 공부를 잘한다.

巳火大運에 巳酉金局이 金剋木하니 공부가 안 되어 대학입시에 떨어졌다. 壬午년에 숙명여자대학에 합격을 했는데 건축 인테리어 디자인과에 입학했다. 사주원국에 현침이 있어 어머니는 의대에 보내려고 한다.

> 二字不冲은 用神으로 쓸 수 있는가 못 쓰는가를 보기 위함이지 運에서나 십신의 육친끼리는 실질적으로는 부딪친다. 月日이 冲하면 宮으로 보면 모친과 본인의 관계는 나쁘다.

7 辰月 己土 | 진월 기토

辰月의 己土日主는 습한 土로 丙火가 있으면 溫土가 되게 하고 辰中 癸水는 윤택하게 하니 草木을 키울 수 있기 때문에 언제나 丙火를 반기게 된다. 丙火가 有根하고 甲木이 時上에 투간하면 高官格이 되고, 丙火와 癸水가 있고 甲木이 없으면 小格에 불과하나 먹고사는 것은 넉넉하다. 辰月은 丙火의 十二運星으로 冠帶 月이며, 癸·甲·丙이 모두 약하지 않을 때다. 癸·甲·丙이 다 있으면 귀격이요, 모두 없으면 천격이다. 水가 많아(申子辰水局) 從財格이 되거나, 金이 많아서 從兒格이 되면 잘사는데, 辰月에 木方合局에 從殺格이 되어도 관살혼잡(官殺混雜)으로 천격이다.

己土日主가 辰月에 태어나 癸·甲·丙 중에 한 자만 있어도 천격은 면한다. 從財格은 졸부가 되고, 從兒格은 富는 있는데 貴가 없다. 辰月은 土라서 己土日主의 뿌리가 되기 때문에 약하지 않다.

食神制殺格
木忌神, 金用神, 土喜神, 火病神, 水藥神

乙丑	己酉	甲辰	壬午	乾命
74	64	54	44	34	24	14	4	
壬子	辛亥	庚戌	己酉	戊申	丁未	丙午	乙巳	大運

辰月 己土日主가 木旺계절에 출생하여 戊土司令으로 약하지 않으나 辰中水木이 투간되어 旺해서 殺旺하므로 약하다.
午火에 祿하니 신약은 아니다. 甲乙木이 투출하여 관살혼잡이 되어 탁하므로 官 하나를 제거해야 청해진다.

> 食神制殺格으로 金用神이라 배짱이 좋다. 火大運에 고생을 많이 했다.
> 未土大運에 金을 生하지 못하고, 己土의 뿌리는 된다.

戊申大運에 결혼했다. 초년에 印綬大運이 忌神運이라 학력이 짧고, 官殺 혼잡이라 직장이동을 잘한다. 食神制殺格이라 기술전문직이다. 土가 喜神 이니 토목건축업(土木建築業)이다. 평생 건축업으로 살아 왔다.

官殺혼잡인 사람은 체격이 좋다. 食神이 있는 사람은 배가 나온다. 酉字 가 있는 사람은 시간약속을 잘 지킨다. 酉金이 食神制殺格은 자기는 시간 을 어겨도 괜찮고 남이 어기는 것은 못 봐준다.

食傷이 旺하면 말에 과장이 심하고 펀치가 세다. 辰土財庫가 있어 甲木을 키우니 이런 사람에게는 돈을 꿔주면 받기 어려운데 끝까지 쫓아다니면 준다. 無官사주가 傷官이 많으년 財生官할 필요가 없으니 돈을 잘 준다.

時上一位貴格, 偏官格
木用神, 水喜神, 金病神, 火藥神

乙亥	己酉	戊辰	己未	坤命
78	68	58	48	38	28	18	8	大運
丙子	乙亥	甲戌	癸酉	壬申	辛未	庚午	己巳	

辰月 己土日主가 木旺계절에 출생해 乙木司令이나 土多하니 신왕하다.

酉金은 埋金되어 好泄精英으로 설기가 안 된다. 食神制殺은 남편에겐 잘 못해도 애인한텐 잘한다. ①時上一位貴格이 社長인데 ②약하게 時干에 있으면 대리점 사장이고, ③地支에 있으면 뒷골목이라 구멍가게다.

時가 앉는 자리인데 앉는 자리가 貴하니 社長이다. 身旺에 官아 用이면 명예가 있고, 신약에 財와 殺이 많으면 사망할 때 빚지고 죽는다.

比劫 土旺에 乙木이 투간되고 亥未木局이니 用神이 된다. 酉金이 있으면 亥未木局이 안 되는데, 辰土가 있어 辰酉合으로 묶여 있고 埋金되어 亥未木局이 된다. 만약에 未土가 없으면 木이 약해 乙木은 金에 상해 못 쓴다. 그러면 金으로 用을 쓰는데, 亥未木局이 되어 木으로 用神을 썼다.

時上一位貴格이다. 이 사주는 水木大運이 좋다. 37세까지 어렵게 살다가 38세 壬水大運에 부모가 물려준 초가와 토지에 뜻밖의 고속도로가 생기면서 보상금을 받아 부자가 되었다.

酉金이 食神이라 노래를 잘하고 놀기를 좋아한다. 亥水가 천문이라 역학에 관심이 많고 사주를 보러 잘 다닌다.

酉金大運에 酉酉自刑할 때 몸이 아프고 酉金은 忌神이라 불평불만이 많다. 남을 무시하고, 마음에 드는 사람에게 잘 베푼다.

乙木 偏官이 用神이라 法院에서 경매로 땅에 투기하여 돈을 번다. 戊土大運에 土剋水하면 乙木이 말라버리니 나쁘다.

甲木大運에는 年干에 己土가 있어서 甲己合으로 무사히 넘어간다. 年에 己土가 없으면 甲木大運에 官殺혼잡으로 관재가 일어난다. 丙火大運에는 위험하다.

官殺混雜格
木忌神, 水仇神, 戊土用神, 火喜神

乙亥	己亥	戊辰	甲寅	坤命

78	68	58	48	38	28	18	8	
庚申	辛酉	壬戌	癸亥	甲子	乙丑	丙寅	丁卯	大運

辰月 己土日主가 木旺계절에 출생하여 戊土司令이고 戊土가 투출되어 木氣旺하니 극신약은 아니나 보통 신약한 것이다. 木旺계절인데 木氣가 旺하고 官殺혼잡이라 천격이다.

水가 水生木으로 官殺이 旺하니 忌神이고, 水仇神이며, 日主가 신약한데 辰月에서 戊土가 투출되어 比劫이 日干을 도우니, 戊土가 用神이며 火가 喜神이 된다.

官殺이 중중하니 남의 잔소리를 듣기 싫어하고, 官殺을 대적하려면 食傷이 필요한데 없어 찾게 된다. 辰土는 잔디밭이다. 기술이나 예능인데 골프를 배워 남을 가르쳤다. 官이 忌神이라 직업은 오래가지 못한다.

己日主는 戊土가 用神이니 귀가 얇아 남의 꼬임에 잘 빠진다. 財·官殺이 旺하니 다단계 사업을 해서 카드빚을 많이 졌다. 본인의 능력으로는 갚을 능력이 없다. 남자를 만나면 해결해주는데 나이 많은 남자다.

喜神이 寅中丙火이니 일본사람이고 年柱에 甲寅木이라 백두노랑(白頭老郞)이다. 그래서 丙午生을 만나 도움을 받았다.

時에 乙木이 또 있어 年下남자를 만나 누구를 선택할 것인가 고민이다. 亥亥는 바다인데 寅中丙火가 일본이라 그래서 일본인 포주가 빚을 갚아주는 조건으로 몸 파는 일을 하게 된다.

丑土大運에는 比肩의 도움으로 내가 旺해지면 독립이니 남자와 헤어진다. 甲木大運에 또 망가진다.

官殺혼잡인 사주에 日支 偏官과 時柱 偏官은 100% 이혼이다. 年柱에 正官이 붙으면 소꿉친구이거나 교포 아니면 유학생 혹은 백두노랑이다.

假傷官格
金用神, 土忌神, 火仇神, 木藥神

辛未	己酉	戊辰	己未	坤命
78	68	58	48	38	28	18	8	

丙子	乙亥	甲戌	癸酉	壬申	辛未	庚午	己巳	大運

辰月 己土日主가 木旺계절에 출생하여 乙木司令인데 比劫이 많아 신왕하다.

六土에 二金으로 假傷官格에 金用神이 된다. 土金傷官格이 호설정영(好泄精英)으로 설기가 잘되면 총명해 박사학위 취득인데, 戊土가 있어 辛金이 埋金되면 泄氣가 미약하니 두뇌가 둔해지고 박사학위도 어림없고 빈한한 삶을 살게 된다.

> 土旺할 때 戊土가 천간에 투출이 되면 甲木으로 소토(疎土)해야 吉하다. 戊土는 있는데 甲木이 없어 辛金이 埋金되니 빈한하게 되고, 총명하지도 못하니 博士학위 취득도 어려운 것이다.

庚金이라면 埋金이 안 된다. 어려서 공부를 썩 잘한 편은 아니다. 埋金이 되고 甲木이 없으니 답답하다.

巳·庚大運에 서비스업종에 진출하는데 총명한 사람이 아니라 비서직은 못한다. 비서는 똑똑해야 한다.

비서·항공승무원·간호사가 적업인데 天干에 己土 두 개는 하늘의 길이니 비행기 승무원으로 들어간다.

午火大運에 火剋金하니 윗사람에게 야단맞아 그만두려고 하는데 辛金·未土가 함께 현침이라 개인병원의 서무로 가려고 하나 27세까지 어느 직장으로 가도 마음고생을 한다. 午火大運에는 고민이 많고 가장 나쁘다.

辛金大運에 다시 運이 좋아진다. 辰中乙木이 남자인데 乙辛冲으로 남자가 오래가지 못한다. 辰酉合이라 辰은 동료이고 酉는 서비스 도화라 사무장이 몸을 요구하는데 거부하니 지랄한다.

그 이후 辛金大運에 결혼하고 甲木大運까지 좋다. 甲木大運은 疎土하니 좋은 것이고, 戊土大運에 埋金되어 나쁘다.

8 巳月 己土 | 사월 기토

巳月의 己土는 巳中庚金이 있어도 태양이 왕한 火旺계절이니 기운이 건조하다. 巳月은 입하로 火氣가 점점 旺해져 土가 건조해지므로 癸水가 있어 마른 土를 윤습하게 하는 것이 복신(福神)이며 다음 甲木이 있고 丙火로 자양분을 주면 吉神으로 작용하니 天干에 丙·甲·癸로 이와 같은 구조로 서로 相生하면서 유정하면 大貴格이다.

여름에 초목을 키우는 土는 태양이 없으면 만물이 성장할 수 없고 金이 있어 癸水를 生해주어 조후가 되면 大格이 된다. 丙火가 없으면 조후가 잘되어 있어도 大格은 못 된다. 壬水는 호수의 물이라 길어다가 써야하니 고생하고, 癸水와 庚金이 있어 조후가 잘되면 의식(衣食)은 족함이 있다.

金水가 부족하면 암증(暗蒸)·신장·방광·호흡기 계통으로 질병이 발생하기 쉽다. 巳月 己土는 金水가 있어야 하고 丙火는 生育하는 氣運이 있다.

假傷官 變 真傷官格
火用神, 木喜神, 金忌神, 水病神, 土藥神

癸酉	己巳	癸巳	辛酉	乾命
80	70	60	50	40	30	20	10	
乙酉	丙戌	丁亥	戊子	己丑	庚寅	辛卯	壬辰	大運

巳月 己土日主가 火旺계절에 출생해 丙火司令으로 신강에서 巳酉金局이 중복되어 신약으로 변했다.

巳月에 己土日主라 癸水가 필요하나 巳酉金局되어 金水가

旺하여 가상관격(假傷官格)이 진상관격(眞傷官格)으로 변한 것이다.

> 사상관격(假傷官格)은 傷官이 用神이 되나, 진상관격(眞傷官格)은 印綬가 用神이다. 巳中丙火가 用神이고 木喜神이다. 傷官이 忌神이라 印綬運이 오면 발전하나 傷官運이 오면 必滅이다.

초년에 운이 없어 집안이 어려웠고 年月忌神이니 부모덕이 없다. 傷官이 旺해 부모님께 반발한다. 眞傷官格에 壬水大運에 財運이라 印綬를 剋하니 나쁘다. 辛金大運에 傷官運이 되어 나쁘고 卯木大運에 官이 印綬를 生해주니 조금 낫다. 庚金大運에는 傷官大運이라 나쁘고 寅木大運에는 官이 印綬를 生助하니 조금은 낫다. 寅木大運에 寅中丙火가 있으니 이때 빨리 결혼해야 한다. 기회를 놓치면 장가를 못 간다.

이 사람은 연애결혼하게 되는데 똑똑한 여자는 안 따른다. 食傷이 旺하면 財星을 生助가 너무 강해 공부를 못했던 여자니 도움이 안 되는 여자다. 이유로는 財忌神이라 그렇다. 여자가 순정은 있어서 자기 없인 못 살아 한다. 己土 옆에 癸水가 있고 地支에서 合이 되어서다.

己土大運에 무엇인가 해야 하는데 巳中戊土가 있어 친구와 함께하는데 巳酉金局이 되어 문서가 나간다. 노름을 좋아하여 돈을 모으지 못하므로 부인이 돈벌이하러 나간다. 巳月 癸水라 부인이 인기는 있다. 丑土大運에 巳酉丑金局이 되므로 忌神運이라 나쁘고 戊土大運은 좋으나 子水大運에 빚지고 망해 버린다. 이때 또 부인이 돈 벌러 나간다.

日支에 用神이 있으니 부인 말을 잘 들어야 잘살게 된다. 재주는 많으나 써먹지 못한다. 傷官이 많으면 놀기를 좋아한다. 印綬가 用神인 자는 통이 작다. 財剋印하니 돈을 쓰는 데 인색하다. 食傷 金이 旺하니 철강 공업에 종사하는데 忌神이라 오래 못 간다. 초년에 많이 배우면 학원 강사·경찰·선생이다. 財가 忌神이면서 財剋印 할 때는 월급쟁이다.

印綬格
火忌神, 水用神, 金喜神, 土病神

己 巳	己 巳	癸 巳	辛 巳	乾命

75	65	55	45	35	25	15	5	
乙 酉	丙 戌	丁 亥	戊 子	己 丑	庚 寅	辛 卯	壬 辰	大運

巳月 己土日主가 火旺계절에 출생하여 丙火司令이며 巳火가 중중하여 신왕하다.

火局을 이루어 조열하여 癸水가 필요한데 약해서 적수오건(滴水熬乾)되어 못 쓰는데 金이 巳月에 長生이 되어 生해주니 癸水를 用神으로 쓴다.

癸水用神이 뿌리가 없고 너무 약하니 능력이 없다. 地支에 뿌리가 있으면 출세할 텐데 없다. 年月에 用神·喜神이 있으면 부모의 유업을 받는다.

평생 농사로 먹고산다.

서울에서 태어나고 巳가 4개면 길거리 장사인데 종로에서 장사하게 된다. 서울 변두리에서 태어나 옛날에 농사지어 먹고살던 부모라면 이 사람은 농토를 물려받아 농사꾼으로 살다가 己·戊土大運에 나쁘고 亥子丑大運에 도시개발이 되면서 땅 팔아 잘살게 된다.

> 만약 地支에 子水가 하나만 있어도 공부를 잘하고 돈을 잘 쓰고 하는데, 用神이 약해 나쁘다. 印綬국을 이루면 기술로 열심히 일해서 먹고산다.

印綬格
火用神, 木喜神, 水病神, 土藥神

乙亥	己亥	癸巳	丙申	坤命

79	69	59	49	39	29	19	9	
乙酉	丙戌	丁亥	戊子	己丑	庚寅	辛卯	壬辰	大運

巳月 己土日主가 火旺계절에 출생하여 丙火司令인데 金水가 旺해 강변위약(强變爲弱) 사주로 印綬가 用神이다.
丙火用神인데 癸水가 丙火를 가리고 巳申刑과 巳亥冲으로 丙火의 뿌리가 상하니 己土가 의지할 곳이 없다.

巳亥冲하면 甲木이 나오면 통관이 되어 길한데 申中庚金이 巳火에 長生하여 旺하니 亥中甲木이 못 나온다. 時上 乙木이 乙庚合하니 이때 甲木이 나온다. 그러므로 의젓한 남자를 만난다. 甲木이 亥水가 長生과 학당귀인(學堂貴人)이라 두뇌총명으로 남편은 똑똑하다.

> 甲木 남편 입장에서 羊刃合殺하고 甲木이 長生하여 똑똑한 남자를 만난다. 그런데 巳亥冲은 남편의 집안이 어렵다(偏官이 있으면 日柱와 合이 되나 안 되는가를 잘 보아라).

寅木大運에는 寅巳申二刑하니 부모가 반대하는 결혼을 하게 된다. 甲木이 喜神작용할 때는 水運에 남편이 크게 발복한다.

日支의 亥中甲木은 巳亥冲하여 사귀다가 헤어진 남자이고, 時에 亥中甲木은 다치지 않은 남자이니 같이 살 수 있다. 다른 時라면 못 쓰는 사주다.

甲己合化土格, 化氣格
土用神, 火喜神, 木病神, 金藥神

己巳	己巳	己巳	甲午	坤命
72	62	52	42	32	22	12	2	
辛酉	壬戌	癸亥	甲子	乙丑	丙寅	丁卯	戊辰	大運

巳月 己土日主가 火旺계절에 출생하여 戊土司令으로 火土가 중중하여 旺하고 年干 甲木은 月干 己土와 合하여 甲己合化 土格으로 化氣格이 되었다.

화기격도 辰字나 丑字가 있으면 貴格인데 없으니 조열하여 小格이다.

초년에 戊辰·丁火大運까지는 좋은데 卯木大運에 나빠 고등학교를 중퇴하였다.

丙火大運에 직장 다니고 寅木大運에 寅午火局으로 결혼하고 運이 좋았다.

乙木大運에 甲己合을 방해하니 남자가 멀리 떠나 가끔 집에 와서 이혼해 달라고 하니 열 받아 안 해준다.

> 사주에 습기가 있어야 하는데 바짝 말라 인기가 없다.
> 乙丑大運에 빚더미에 앉는다. 月·日·時가 공망이라 생과부 소리 듣는다.

己土와 巳中戊土가 많아 疎土가 필요하니 애인이 있다. 甲木大運에 포장마차에서 남자를 만나 연애한다.

火土가 旺한데 水運이 오면 水火相戰이니 수격처필멸(水擊處必滅)이라 나쁘다.

子水大運에 壬午年은 화산폭발이니 필리핀으로 돈을 벌러 갔는데 한국인이 운영하는 음식점이다. 사주가 너무 조열한데 조후가 안 되어서 재물에는 인연이 없다. 癸亥大運에 사망한다.

印綬格   【재산이 100억대 부자 사주】
火忌神, 金用神, 土喜神, 火病神, 水藥神

乙丑	己酉	乙巳	丁酉	坤命

70	60	50	40	30	20	10	0	
甲寅	癸丑	壬子	辛亥	庚戌	己酉	戊申	丁未	大運

巳月의 己土日主가 火旺계절에 출생하여 丙火司令이고 丁火가 투출이 되어 日干을 생조하고 乙木은 뿌리가 없으니 日干을 剋하지 못하고 火를 생조하니 신강하다.

망종이 辰時에 들어오는데 출생은 丑時에 태어나서 午月의 기운이 다가오고 酉丑金局으로 洩氣해야 좋으니 金用神이다. 年支에 酉金은 녹아서 못 쓰고 日支·時支에서 酉丑金局이 用神이다. 食神이 用神이라 싹싹하고 말을 잘하고, 자존심이 강하고 時上偏官이니 졸병은 항상 데리고 다니는데 속마음은 상대를 무시하고 모든 것이 자기중심적으로 움직인다.

己土는 해외여행을 많이 다니고 日時가 合이 되고 用神이라 부부와 자식 간에 사이가 좋다. 酉丑으로 土生金이라 토지로 졸부가 되었다. 사주에 水가 있으면 水生木하니 偏官이 旺해지면 남자가 난폭한 성격이 되는데, 水가 없고 乙木이 巳火 욕지와 酉金 살지에 앉아 얌전하다. 時柱에 傷官이라 통통하고 배가 나오고 엉덩이는 처진다.

만약 時가 乙亥면 水生木해 殺이 旺해지니 남편과 못 산다. 酉丑金局에 乙木이 弱하니 남편이 순해서 괜찮다. 傷官이 用神이면 편관을 쳐버려야 좋다. 正官이 用神일 때 傷官이 오면 이혼이나 또는 부도로 망하고 남편에게 나쁘다. 사주에 財가 있었다면 가난하게 살게 된다. 그렇게 되면 財生官해서 官用神을 잡게 되는데 食傷이 약해져서 힘이 없기 때문이다.

辛金大運에서 亥水大運으로 넘어갈 때 巳亥冲하면 巳中戊土가 土剋水로 比劫에 剋傷을 받아 시어머니가 돌아가신다. 亥水大運에 乙木이 生받아 남편이 바람피운다. 子大運에 用神의 死宮이라 건강이 나빠지나 藥神大運이라 재물은 문제없다. 傷官用神은 두뇌가 총명하다. 傷官用神이면 官星이 忌神이다. 官이 무력하게 될 때 발복한다. 즉 合이나 冲하면 발복한다.

9 午月 己土 | 오월 기토

午月의 己土日主는 巳月보다 火土가 더욱 조열한 때라 癸水의 조후가 급선무이고, 金이 있어 수원처가 넉넉해야 길하다. 癸水는 가랑비가 내리니 天福이 되고, 壬水는 강물이라 퍼다 써야 하니 고생이 많다.

癸는 불로소득이라 노력 없이 버는 돈이다. 여기에 金이 있어서 수원처가 되면 上格이 된다. 巳午未 火旺계절의 土는 조열한데 水源處인 金이 있고 甲木과 丙火가 相生有情하면 大貴格이다.

여름 土가 旺한데 木이 없으면 토양이 나쁘니 평상인에 불과하다. 여름 土는 丙火가 없으면 大格이 되기 어렵고 조후가 안 되면 下格이다.

또한 金水가 太旺하면 三伏生寒으로 戊土가 喜神이고 火가 生해 주어야 한다. 여름 장마에 불이 필요한 이유다.

假傷官格
金用神, 濕土喜神, 火病神, 木仇神, 水藥神

戊辰	己酉	庚午	己巳	乾命
79	69	59	49	39	29	19	9	

壬戌	癸亥	甲子	乙丑	丙寅	丁卯	戊辰	己巳	大運

午月 己土日主가 火旺계절에 출생해 丁火司令으로 신왕이라 甲木이 들어와도 5土를 조절하지 못한다.
旺土를 조절하려면 地支에서 木局이 이루어져 있어야 한다.

木官이 없으니 泄하는 庚金을 用神한다. 傷官格이 無財라 인심이 좋고, 보시정신은 많은데 은근히 자기 자랑하고 생색을 잘 낸다. 庚金은 무쇠라 행동거지가 무게가 있고 庚金이 月上에 뜨면 은근히 깐깐하고 섬세하다.

己巳·戊辰 大運에 운 좋아 부모덕을 많이 보고, 호설정영(好泄精英)이니 어릴 때 총기가 있고 傷官用神이라 재주가 많고, 예능계통인 예술·디자인·마케팅·홍보·서비스가 적성에 잘 맞는다.

午火印綬가 忌神이니 공부에는 관심이 없다. 그러나 초년 土運이 火氣를 泄氣하니 공부를 잘하고 놀기를 좋아하고 사교술이 좋다.

丁卯·丙寅大運에는 運이 없다. 假傷官格에 印綬運이 오니 必滅의 법칙이 적용되는데 살려면 木을 제거해야 하는데 인체의 木인 모발을 삭발해야 하니 승려가 되었다. 木火운이 오면 화토중탁(火土重濁)이 되니 처자식이 모두 떠났다.

丑土大運에 巳酉丑金局으로 조금 좋다가 甲木大運에 傷官見官하여 불길한데 甲己合으로 넘어가고 子水大運에 用神 金이 死運이라 사망했다.

兩干不雜格 | 1918년생
金水調候用神, 水用神, 金喜神, 土病神, 木藥神

己	己	戊	戊	乾
巳	亥	午	午	命

76	66	56	46	36	26	16	6	
丙	乙	甲	癸	壬	辛	庚	己	大
寅	丑	子	亥	戌	酉	申	未	運

午月 己土日主가 火旺계절에 출생하여 丁火司令이고 月令에 祿하고 印比가 많아 신왕하다. 양간부잡격(兩干不雜格)은 貴格으로 귀태가 난다. 巳亥沖으로 흠이 있어 격조가 떨어진다. 太旺한 사주에 설기나 억제가 안 되면 대학진학공부가 안 되므로 어렵다.

사주가 조열하니 金水가 조후用神이다. 土旺한데 泄氣가 안 되므로 두뇌회전이 안 되어 총명하지 않다. 庚申대운부터 吉運이 연속이니 부모나 주변사람의 도움으로 잘 산다.

月令 午火가 印綬도화라 어머니가 현숙하나 성격은 火旺하니 지랄 같다. 印綬가 忌神이니 공부할 때 노력을 많이 해야 한다.

양간부잡격은 戊土를 劫財로 안 본다. 印綬太過로 게으르고 食傷이 없어 표현력이 부족하고 두뇌회전이 느리다. 水用神이 巳亥沖돼 끈기가 부족하니 이런 사주는 혼자서 공부가 안 된다. 엄마가 옆에서 이끌어줘야 한다.

比肩·比劫이 많은 것으로 판단해 독립심이 강하다고 말하면 틀리게 된다. 用神이 약하고 喜神이 없어 출세할 때까지는 뒷바라지를 해 주어야 한다.

대책이 안 서는 사주다. 庚金이 필요한데 없으니 답답한 사수다. 大運이 金水運으로 가니 평생 동안 잘 산다.

從旺格, 稼穡格
土用神, 火喜神, 水仇神, 木病神, 金藥神

丙寅	己丑	戊午	戊午	乾命
79	69	59	49	39	29	19	9	
丙寅	乙丑	甲子	癸亥	壬戌	辛酉	庚申	己未	大運

午月 己土日主가 火旺계절에 출생하여 丙火司令인데 午火에 祿을 하고 寅午火局에 丙火가 투출되고 戊土가 年月干에서 도우고 己土는 陰이라 戊土에 從하기 때문에 從旺格이다.

> 己土는 戊土에 從한다. 土가 많아 가색격도 된다. 寅中甲木은 病神이다. 寅中甲木이 己土보고 자기가 戊土를 소토해 준다고 하는데, 寅午火局을 이루면서 깐죽거리며 이간질하니 자식이 속 썩이는 짓을 골라 한다.

庚申大運에 忌神을 쳐주니 공부를 잘하고 辛酉大運에 잘 풀리나 壬水大運부터 群劫爭財되어 어렵고 癸亥大運부터 運이 완전히 나빠진다.

火土重濁으로 甲子大運에 用神을 剋을 하며 오니 보따리 짊어지고 산속으로 입산하는 팔자이니 속세를 떠난다. 丑寅午湯火殺이 있으면 인생비관(人生悲觀)이라 염세성이다. 劫財가 用神일 때 財·官 운이 오면 망한다.

印綬格
火忌神, 通關 水用神, 金喜神, 土病神, 木藥神

甲子	己丑	庚午	己丑	乾命
77	67	57	47	37	27	17	7	
壬戌	癸亥	甲子	乙丑	丙寅	丁卯	戊辰	己巳	大運

午月 己土日主가 火旺계절에 출생해 丁火司令이며 當令하니 印綬格인데 比肩이 중중하니 신왕사주다. 午月 己土라 신왕한데 甲木이 조절하려 하나 年干에 己土와 甲己合으로 묶이어 능력이 없고, 庚金으로 쓰려고 하는데 자좌욕지(自座浴支)라서 능력이 없으니 사주가 탁하게 되어 억부(抑扶)로서 甲木用神인데 甲木이 약하니 生助하는 水를 用神으로 쓴다. 金木상전이니 水가 통관 用神이다.

丙寅大運에 辛未·壬申年 사이에 친구와 같이 중동에 건설 붐이 일어났을 때 사우디아라비아로 돈 벌러 가기 전에 역술원에서 친구가 돈을 대주며 보라고 하여 사주를 보았던 사람이다. 이 사람은 사주를 전혀 안 믿는다.

食傷이 약해 生財를 못하니 근면하고 성실하며 기술이 좋아서 돈을 많이 벌어 저축을 많이 했다. 역술인이 말하기를 "당신이 중동에 가면 부인이 바람피우게 되는데 연하와 바람피울 것이요"라고 말하니까. "제 집사람은 그런 재주는 없어요!"라고 한다. 比劫이 신왕하면 부인을 꼭 무시한다.

본인이 출국하면 옆집 남자하고 부인이 눈이 맞아 바람피우게 될 터이니 외국에 갔다 돌아와서 부인이 없거든 9·10월쯤 되어서 일산에 가면 우연하게 부인을 찾을 수 있을 것이니 가보라고 했는데 사우디아라비아에서 귀국하여 집으로 돌아와 보니 정말로 부인이 집에 없어 처갓집에 가보니 아이들은 처갓집에 데려다 놓고 부인이 바람나서 달아났다.

역술인이 해주었던 말이 생각나 경기도 일산에 가 막연하게 찾아보는데 찾다가 못 찾아 집으로 돌아가려고 버스를 타고 가는 중에 자기 부인이 지나가는 것을 보고 버스에서 내려 미행하여 두 남녀를 잡았다.

> 신왕하고 財官이 쇠약하면 승도지명이다. 아이들을 어머니한테 맡기고 승려가 되어 포교당을 하고 있다. 金木이 싸울 때 水가 통관을 시킨다.

印綬格
木忌神, 金用神, 濕土喜神, 火病神, 水藥神

丁卯	己卯	庚午	甲寅	坤命
71	61	51	41	31	21	11	1	大運
壬戌	癸亥	甲子	乙丑	丙寅	丁卯	戊辰	己巳	

午月 己土日主가 火旺계절에 출생, 丙火司令이고 寅午火局인데 丁火가 투출되어 日主를 生助하니 신왕하다.
염열하여 논바닥이 갈라졌다. 甲木이 木生火하여 염열하니 濕한 것이 필요하다. 神殺은 寅午戌에 庚金이 역마다. 傷官庚金이 열기에 녹아 힘이 없다. 庚金 역마가 寅午火局의 상승기류를 타고 用神이 하늘을 날아다녀 비행기 승무원이다. 傷官見官이면 부부 사이는 나쁘지만 서비스

가 좋아서 밖에서는 다른 남자들에게 인기가 좋고 애교가 만점이다.

> 丁卯大運에 偏印 丁火가 旺하게 와서 食傷을 剋하니 일하기가 싫어진다.
> 卯木大運에 殺印相生되니 더욱더 일하기 싫어진다.

官印相生되면 대접받고 싶어진다. 여성 승무원들은 대부분 좋은 남자를 못 만난다. 국제선 비행기 승무원은 일주일에 한 번 내지 두 번 만나니 잘해준다. 남자를 만나면 甲寅木이라 寅午火局이 되어 火剋金으로 庚金이 녹으니 직장을 그만두어야 한다.

辛巳年 가을에 결혼하였다. 官殺혼잡이라 남자가 의처증이 있게 된다. 辛巳年에 남편하고 외국에 신혼여행을 다녀오고 본인이 바람피워 壬午年에 火가 旺해지니 이혼하였다. 日時에 도화가 있으니 바람피웠다.

己土에 핀 꽃이니 편야도화(遍野桃花)로 들판에 핀 꽃이다. 天干에 甲木 正官이 있어 점잖은 것 같으나 地支 日時에 도화가 있어 마음과 육체가 따로 반응을 하니 바람이다.

年月에 도화가 있으면 원내도화(圓內桃花)라 국내에서 바람피우나 日時에 도화는 원외도화(圓外桃花)라 외국에 나가면 바람피운다. 乙卯生 남자와 사귀고 있는데 결혼하면 또 이혼이다.

印綬太過格,	【炎上格으로 火에 從하나 濕은 필요하다】
火用神, 木喜神, 調候用神 : 水用神, 金喜神, 濕喜神	

丙寅	己未	丙午	丁巳	坤命
72	62	52	42	32	22	12	2
甲寅	癸丑	壬子	辛亥	庚戌	己酉	戊申	丁未	大運

午月 己土日主가 火旺계절에 출생해 丁火司令이며 火旺하니 조열하여 습이 시급하다.
巳午未方局에 또 寅午火局인데 天干에 丙丁火가 투출되어 불바다로 己土가 조열하여 調候用神으로 습이 필요한데 사주원국에 寅木을 지키는 습이 없어 나쁘다.

사막에 신기루라 환상 속에서 산다. 이 사람의 성격이 지독한 것은 바싹 말라서 그렇다. 火로 印綬태과면 게으르고 머리가 나쁘고 성격은 급하고 공부를 못해 대학에 떨어져 외국에서 공부했다.

꿈이 방송국 아나운서가 되는 것이다. 壬午年에 방송국시험을 보았는데 떨어졌다. 운은 좋은 편이라 먹고사는 것은 괜찮다. 큰 꿈은 못 이루고 살게 된다.

습토가 없어 金이 들어와도 별 도움이 안 된다. 金水가 필요해 외국에 나가서 백인이나, 흑인과 살면 딱 맞는다.

偏印格
土忌神, 火仇神, 水用神, 金喜神, 土病神, 木藥神

癸酉	己未	壬午	庚戌	坤命
71	61 51	41 31	21 11	1

甲戌	乙亥	丙子	丁丑	戊寅	己卯	庚辰	辛巳	大運

午月 己土日主가 火旺계절에 출생해 丙火司令이고 午戌火局으로 조열해 天干에 壬癸水가 투출이 되어 壬水用神이다. 卯木大運에 木剋土하니 金生水 되므로 食傷生財하니 금융계통 직장이나 외국보험회사에 들어가 일하다 戊土大運 壬午年에 그만둔다.

직장생활을 그만두고 결혼하려고 하는데 未中乙木은 庫 속에 남자라 집에서 반대하는 남자이거나 능력이 없는 남자만 걸린다.

甲申年에 결혼하게 된다. 엄마가 마음에 들어 하는 남자는 내가 싫으며, 내가 좋아하는 남자는 엄마가 떼어 놓는다.

취직하려고 하는데 운이 나빠 좋은 회사는 없고 규모가 작은 직장이라도 다니려고 하는데 엄마가 놀면 놀았지 시시한 회사는 다니지 말라고 한다. 시집갈 준비나 하고 여행이나 다니라고 한다.

초년 大運이 喜神대운으로 괜찮아 좋은 집안에서 자란다. 戊土大運에는 用神을 剋해 나쁜데, 年月에 用神과 喜神이 있어 부모의 유산을 받아 써야 된다. 年과 月에 喜神과 用神이 있으니 유산 상속을 받게 된다.

印綬格
土忌神, 地支 火仇神, 木用神, 水喜神, 金病神, 天干 火藥神

己巳	己亥	庚午	甲寅	乾命

73	63	53	43	33	23	13	3	
戊寅	丁丑	丙子	乙亥	甲戌	癸酉	壬申	辛未	大運

午月 己土日主가 火旺계절에 출생하여 丁火司令이며 火土가 중중하고 日主가 月令에 건록이고 己巳時라 신왕하다.
寅午火局으로 땅바닥이 말라서 갈라진다.

사주가 신왕하면 官이 필요한데, 官이 祿하고 庚金은 자좌욕지(自座浴地)에 寅午戌火局에 녹아버리니 힘이 없다. 甲木이 用神이고 亥水는 喜神이다. 財星 亥水가 巳火와 巳亥沖하니 물이 엎어져 절반으로 줄어들었다.

年干에 甲木은 인체에서는 머리이므로 甲庚沖이 되면 머리를 다칠 염려가 있다. 年干에 正官이라 책임감이 강하고 장남이다.

傷官이 正官을 沖하니 장남 역할을 하기 싫어하고, 亥水 財가 沖 맞았으니 돈벌이는 안 되고, 正官이 부러졌으니 진급하기 어렵고, 傷官이 투출하면 불평불만인데 庚金 傷官에서 보면 酉金大運이 오면 羊刃이니 불평불만이 많아져 직장에 사표내고 사업하려고 한다.

27세까지는 재미있게 잘했으나 酉金大運에 직장상사가 바뀌었는데 바뀐 상사에게 불평불만이 많아진다. 성격이 까다로운 사람이라 직장생활하기 싫어진다. 傷官大運 癸未年에 官이 入墓되니 사표를 쓴다.

癸未年에서 亥未木局이 되어 官이 殺이 되어 旺하니 庚金으로 제거해야 하는데 庚金이 寅午戌에 申이 역마이니 庚金이 역마이고 木을 쳐야 하니 자동차 영업사원으로 활동한다.

甲戌大運에 正官이 劫財를 달고 오니 官이 필요하므로 또다시 얌전하게 직장생활을 한다.

乙木大運에 乙庚合으로 좋아진다. 庚金이 原局에 없으면 官殺혼잡이 되어 아랫사람인 巳中庚金이 설친다. 乙木大運에는 正·偏官 혼잡으로 나쁘다.

⑩ 未月 己土 | 미월 기토

未 月의 己土日主는 土氣가 旺해 木으로 소토해야 길하고 소서에서 대서 전에는 癸水가 吉神이요, 대서 이후 입추 전은 丙火가 吉神이다.

대서 말에 金水가 많으면 삼복생한(三伏生寒)으로 草木이 서리를 맞음과 같으니 丙火의 온기가 필요하고 土를 말려주면 천지가 온화해지고 좋은 氣運을 맞게 된다. 水가 天干에 투출하면 戊土로 제거해야 길하고 木氣가 많으면 庚金으로 제거하는 것이 藥神이 될 수 있다.

> 己土日主는 사주가 신강·신약 관계없이 질병이나 물을 조심해야 한다.
> 火土가 조열하면 건성피부나 아토피 피부병 또는 버짐을 주의해야 한다.

食神制殺格, 食神調候格 【抑扶用神과 調候用神을 겸한 사주】
木忌神, 金用神, 土喜神, 火病神, 水藥神

丁卯	己卯	乙未	辛酉	乾命
72	62	52	42	32	22	12	2
丁亥	戊子	己丑	庚寅	辛卯	壬辰	癸巳	甲午	大運

未月 己土日主가 火旺계절에 출생해 丁火司令에 卯未木局이 殺印相生이 되어 신강하다.

火土가 조열한 시기에 출생해 丁火가 투출되어 있고 官殺이 旺하나 月令이 土旺하고 時上

丁火가 투출하여 殺印相生이 되어 눈 하나 깜짝 안 한다.

> 金을 用神으로 쓴다. 食神으로 制殺하고 조후역할을 하는 食神用神이다.
> 초년 火運에 金을 녹이니 몸이 아프던가, 집안 형편이 어려워 고생한다.
> 癸水大運부터 辛金大運까지 濕하니 좋고 巳火大運에 巳酉金局으로 좋다.

卯木大運에 卯酉冲하나 卯木이 濕木이라 돈은 까먹어도 몸은 안 아프다. 火大運에 한 번 아팠기 때문이다. 殺이 旺한 사주가 운이 나쁘면 성격이 포악해지고 운이 좋아지면 성격도 좋다. 寅木大運에 火의 長生支라 다시 몸이 아파 돈을 까먹고, 己丑大運에는 土生金이라 좋고, 子水大運에 金이 死宮이라 죽는다. 말년에 用神이 死宮대운으로 오면 반드시 죽는다.

처가 말을 잘하는데 日支 卯木에서 丁火를 보면 食傷이니 영어를 잘한다. 妻가 수완이 좋은 사람이다. 힘든 일은 처가 해결한다. 명랑한 성품이다. 애석한 것은 자식이 忌神이라 공부를 안 하는 것이다. 時柱가 처가인데 濕木이라 처가는 좋은 편이다. 木이 旺하니 위산과다로 비위가 약하다. 木은 신맛이라 위산(胃酸)으로 본다.

時上一貴格
土忌神, 木用神, 水喜神, 金病神, 火藥神

乙亥	己巳	己未	癸丑	坤命

72	62	52	42	32	22	12	2	
丁卯	丙寅	乙丑	甲子	癸亥	壬戌	辛酉	庚申	大運

未月 己土日主가 火旺계절에 출생해 己土司令하고 투출되어 신왕하니 時上乙木을 用神으로 쓴다.

여자 사주는 食財官 중에 用神을 쓰기가 혼란스러울 때는 官을 用神으로 쓴다. 時上 乙木이 亥中甲木과 亥未木局에 뿌리를 내리니 약하지 않아 用神으로 쓸 만하다. 冲中逢合에는 運 나쁘면 丑未冲 巳亥冲되고 運 좋으면 巳丑合 亥未合이 된다.

초년에 흉운이라 아버지가 사업하다가 실패하였다. 왜 그런가 하면 흉운에는 年月이 丑未冲이라 그렇다. 초년이 흉운이라 공부를 못했다.
時上에 乙木이 없었다면 金大運에 日支·時支가 冲으로 연애도 못한다. 巳亥冲하면 甲木이 나오는데 金大運이라 甲木이 나오지 못하므로 연애를 못한다.

壬戌大運에 연애하는데 原局에서 時와 月이 합이 되어 亥未木局이 되면 연애 결혼한다. 木局이라 군계일학(群鷄一鶴)을 찾는다. 27세에 결혼하여 행복하게 잘살게 된다. 戌土大運에 土剋水해서 그때 남편이 낭패를 본다.

癸亥大運과 甲木大運에는 길하므로 해외여행을 많이 다닌다. 丑土大運에 丑未冲하니 합이 깨져 巳亥冲하여 四冲되면 亥中甲木과 丑中辛金이 튀어나와 甲木이 辛金에게 얻어맞아 남편이 질병으로 아파서 돈을 까먹는다.

丙寅·丁卯大運까지 좋다. 戊辰大運에 죽는다. 초년에만 고생하고 중·말년에는 사장부인으로 상당히 다복하고 행복하게 살았다. 三合局끼리 冲은 안 보이는 冲인데 暗冲은 작은 病이고, 보이는 冲은 큰 病이다.

印綬格
金用神, 濕土喜神, 火病神, 水藥神

庚午	己丑	丁未	丁巳	坤命

73	63	53	43	33	23	13	3	大運
乙卯	甲寅	癸丑	壬子	辛亥	庚戌	己酉	戊申	

未月 己土日主가 火旺계절에 출생, 己土司令이고 未中丁火가 투출하여 조열하고 신왕하다. 수영선수 사주로 未月 己土가 火旺하여 濕이 필요하여 庚金이 用神이다.

> 사주원국에 水가 있었으면 貴格인데 아쉽게 水가 없다. 물이 필요하니 물장사, 목욕탕, 수영선수로 나가야 좋다. 庚金用神이 酉金大運에 用神의 羊刃이 되어 오므로 전국대회에서 金메달을 땄다.

戌土大運에 寅午戌火局이 되어 用神을 죽이고 물이 마르니 직업을 변동한다. 수영코치로 직업전환을 한다. 원국에 金水가 있었으면 세계적으로 이름이 알려질 텐데 없어서 아쉽다. 사주원국이 나빠서 大運이 좋아도 받아먹지 못한다. 子水大運에 日支에 丑土가 있어서 넘어갈 수 있다.

만약 濕土인 丑土가 없고 原局에 火土가 조열하고 子水大運이면 冲되어 도리어 죽을 수 있다.

11 申月 己土 ┃ 신월 기토

申月의 己土는 金이 한랭해 寒金이 司令하는 시기이니 草木이 성장이 멈출 때이고, 단풍으로 변해가니 아름답다.

土氣가 陰土로서 냉하고 음습하다. 초목의 낙엽이 마르고 고목이 되므로 丙火의 온난함이 福神이 되고 甲木이 있어 生助하면 貴格이 되는데 丙火로서 따뜻하게 하면 모든 생명이 잘 자란다.

그러므로 이 시기에는 甲木이 있어야 오곡백과가 견실한 시기로 결실이 있어서 재산을 이룬다. 원국에 甲木이 있어 火를 生助하면 吉神이 된다. 木火가 많으면 金水가 필요하고, 金水가 많으면 戊土가 필요하다.

天干에 甲乙木이 많을 때에는 庚金으로 제거하고, 天干에 庚辛金이 많을 때에는 丁火를 用神으로 써라.

土가 弱해 金多하면 從兒格이고, 水多하면 從財格인데 이 두 가지는 이로 공명(異路功名)한다. 申月에 己土日主는 甲木을 재물로 본다.

假印綬格
金忌神, 土仇神, 巳中丙火 用神, 木喜神

己 巳	己 酉	丙 申	辛 卯	乾 命
80	70	60	50	40	30	20	10	
戊 子	己 丑	庚 寅	辛 卯	壬 辰	癸 巳	甲 午	乙 未	大 運

申月 己土日主가 金旺계절에 출생해 庚金司令이고 辛金이 투간되고 巳酉金局이므로 신약하다.

巳酉金局에 辛金이 투간되어 太弱하여 月上의 丙火印綬로 用神을 쓰려 하나 丙辛合으로 기반되어 못 쓴다. 巳中丙火가 用神이다.

時上己土와 巳中戊土가 있어 從을 안 한다. 가인수격(假印綬格)이라 印綬를 불러 用神으로 쓴다. 印綬와 食神이 合이 되어 머리가 나쁘다.

초년대운이 좋아 부모님이 유덕하여 학원에 다니면서 공부한다. 학원에서 점수가 좋은데 학교에서 점수가 나쁘다. 대학입시에 떨어진다. 29세까지 잘나간다. 火木大運으로 흐르니 좋다.

초년대운이 좋으면 가업을 받는다. 午火大運에는 運이 좋아서 결혼하면 좋은 여자를 만난다. 癸水大運에 하늘을 날던 용이 땅바닥에 떨어진다.

巳火大運에 다시 집안이 좋아 먹고사는 것은 지장이 없으나 본인이 하는 일은 잘 안 되어 답답하다. 조명이나 전자제품을 취급하면 좋다.

巳火大運에 巳酉金으로 傷官이 이뤄 백수가 된다. 직장에 다니면 사주에 官이 깨져 진급이 안 되고 사장이 능력이 없어 회사가 부실하여 나쁘다.

正財格
火用神, 木喜神, 水病神, 金仇神, 土藥神

丙寅	己亥	戊申	壬寅	坤命

77	67	57	47	37	27	17	7	
庚子	辛丑	壬寅	癸卯	甲辰	乙巳	丙午	丁未	大運

申月 己土日主가 金旺계절에 출생하여 庚金司令이며 剋泄이 많아 신약하다.

金旺하니 냉한데 丙火가 투간되고 寅에 長生하여 官印相生되어 있고 日時支에 寅亥合이

되어 있어 부부금슬이 좋다. 丁未·丙午·乙巳·甲 大運까지 좋고 辰大運은 忌神을 入墓시키려 하나 寅木이 木剋土하여 막아주니 괜찮고 癸水大運에 戊土가 막아주어 넘어가고 卯木大運은 괜찮다.

寅申冲은 다정다감하고 人情이 많고, 작은 일에 성급할 때가 있다. 예를 들면 운전할 때 교통경찰관이 없으면 과속한다. 傷官이 旺해서 官冲하면 교통법규 위반을 잘한다.

亥水는 乾宮의 天門이라 법률적인 생각이 되어 亥水가 있으면 이리 재고 저리 재어 뭔가 불리하면 취소한다. 남편을 등에 지고 내가 폼 잡는다.

> 이 사주를 다른 역술인이 말하기를 '年月에서 寅申冲으로 年支에 寅木 官星인 남자와 헤어졌다고 말하는데' 寅申冲을 그렇게만 보면 안 된다. 왜 그런가 하면 官殺혼잡이 아니기 때문이며, 또 正印과 正官이 用神과 喜神이면 체면 때문에 남자를 자주 바꾸지 않는 것을 명심해야 한다.

官印이 있고 月支傷官이면 두뇌회전이 빠르다. 남편이 壬午年·癸未年에 갑갑하다. 甲木을 기르는데 丙火를 가려 열매를 못 맺는다.

甲申年은 甲木이 丙火를 生하는 것은 좋은데 戊土藥神을 剋하니 별로다. 寅申冲으로 喜神을 冲하면 나쁜 곳으로 이동수가 있게 되고 寅이 깨지면 壬水가 丙火를 친다.

年月支 冲이라 寅中丙火가 印星으로 엄마가 일찍 돌아가셨다. 丙火大運에 印綬가 약할 때에 印綬가 들어오면 어머니가 돌아가시고, 官이 약할 때 官運이 오면 이혼한다.

正財格 成格, 傷官生財格
金用神, 水喜神, 土病神, 火仇神, 木藥神

戊辰	己丑	戊申	壬寅	坤命
74	64	54	44	34	24	14	4
庚子	辛丑	壬寅	癸卯	甲辰	乙巳	丙午	丁未	大運

申月의 己土日主가 金旺계절에 출생, 壬水司令이다. 신약으로 출발했으나 4土가 日干을 도와 신왕하다. 申中壬水가 투출되어 正財格이 되었는데 比劫이 旺해 忌神이다. 申金이 旺土를 泄氣하고 財星을 생조하는 用神으로 쓴다. 土가 病神이니 木은 藥神이다.

官이 미약하면 능력부족 남편이다. 남편이 잘나가면 바람피운다. 남편과 헤어지고 싶어 한다. 甲申年에 헤어진다. 傷官이 用神이고 日支 傷官庫가 있어 자식 하나는 골골하니 자식만 위하고 官인 남편이 보기 싫어진다.

傷官用神이라 배가 나오게 된다. 傷官이 官을 冲하여 남편이 무능력하다. 본인은 傷官이 기술인데 申이 현침이라 봉제기술이다. 土가 많아 나무는 얼마든지 심을 수 있으니 남편과 헤어지면 애인이 생긴다. 土旺에 申金이 호설(好泄)하는 用神이다.

正財格 成格, 傷官生財格
土忌神, 火仇神, 水用神, 金喜神, 土病神, 木藥神

甲戌	己丑	戊申	壬子	坤命
77	67	57	47	37	27	17	7
庚子	辛丑	壬寅	癸卯	甲辰	乙巳	丙午	丁未	大運

申月 己土日主가 金旺계절에 출생해 庚金司令이고 食財官에 泄氣되어 신약으로 출발하나 月上에 戊土와 日時에 丑土와 戌土가 도와 신강하다.

比劫이 많아 신약하지 않으면 食財官 중에 강한 것으로 用神을 쓴다. 土忌神에 甲木은 根이 없어 못 쓰고 壬水는 月令에 長生을 하고 申子水局에 뿌리가 튼튼하니 用神으로 쓴다.

戊土가 用神의 病으로 甲木이 戊土를 막아주어야 하는데 甲己合이 되어 못 쓰게 된 것 같으니 戊甲冲으로 合이 아니므로 甲木을 藥神으로 쓴다. 傷官生財格에 水가 用神이고 金이 喜神이며 土病神 火仇神에 木藥神이다.

甲木이 뿌리가 없고 金旺계절에 水가 멀어 己土에 의지해서 살게 된다. 命理正宗에 많이 나온다. 초년 乙巳大運까지 나쁘다.

年月에 用神이라 부모덕은 있고 초년대운이 나쁘니 학교진학 운이 없다. 27세부터 乙木大運에 연애는 하는데 집에서 반대한다. 運이 나쁘니 좋은 남자를 못 만난다. 28세에 결혼하여 살다보니 日時가 干合支刑으로 남들 앞에서는 사이좋은데 집에서는 잘 싸운다. 오히려 冲이 났다. 刑殺은 무조건 싸우기 때문에 冲보다 무서운 것이 刑殺이다.

癸未年에 丑戌未三刑으로 봄에 합의 이혼했다. 이혼하면 甲木이 외로워지는데 그것은 水生木을 못 받기 때문이다. 남자가 잘못했다고 빌면서 합치자고 빌었는데 甲申年이 되어야 合한다. 남편과 이혼을 하면 甲木 正官이 나가는 것이 되어 比劫을 막지 못해 群劫爭財되어 재물이 나간다.

癸未年 戊午月에 교수님 모시고 동창회를 했는데 官印相生되어 교수님과 사귀게 되었다. 丑午鬼門에 육해살과 탕화살로 염세비관이라 걱정이 되어 교수와 사귀라고 했는데, 남자를 사귀어 약물음독을 막기 위해 연애하라고 하였다. 甲木大運에 이혼한다. 官이 약할 때 官運이 오면 헤어진다. 또 다른 사람을 만나도 辰大運에 또 헤어진다.

傷官格 成格
火忌神, 木仇神, 申中壬水用神, 金喜神, 土病神,

庚午	己巳	丙申	丙午	坤命
80	70	60	50	40	30	20	10	
戊子	己丑	庚寅	辛卯	壬辰	癸巳	甲午	乙未	大運

申月 己土日主가 金旺계절에 출생하여 庚金司令인데 五火가 생조하니 身强이 되었다.
申金이 습이라 己土도 습하다. 火가 중중하니 습한 것을 말려 건조되니 申中壬水가 用神이고 金喜神이다. 財用神인데 돈이 들어오면 나간다. 火旺하니 水가 증발되어 수입보다 지출이 많다. 時上庚金은 傷官이니 서비스인데 財가 필요하니 傷官 속에 財物이라 호프집을 한다.

大運이 金水로 가면 大吉한데 木火로 가므로 나쁘다. 巳大運에 巳火는 사주원국에 火가 많으면 火로 변하고, 金이 많으면 金으로 변한다.

원국에 火旺하고 巳火대운에 丙火가 祿을 깔고 旺해져서 水가 고갈되니 장사가 안 된다. 申金이 역마인데 길이다. 巳申刑이면 기울어 언덕이라 언덕길에 가게가 있는데 장사가 안 된다.

巳火大運에 망하고, 壬辰大運은 좋고 庚寅大運에 寅申冲하면 인생살이가 끝난다. 年時가 도화라서 年柱는 연상이고 時柱는 연하인데 연상을 한 번 만나고 나면 그 다음은 꼭 연하를 만난다.

> 年支 午火가 申金을 헨하여 연상의 남자가 방해하고, 時支 午火가 庚金을 녹이니 연하의 남자도 장사를 방해한다. 남자와 살면 재수가 없다.

傷官格 破格
金忌神, 火用神, 木喜神, 水病神, 巳中戊土藥神

丙寅	己巳	壬申	己酉	坤命

76	66	56	46	36	26	16	6	
庚辰	己卯	戊寅	丁丑	丙子	乙亥	甲戌	癸酉	大運

申月 己土日主가 金旺계절에 출생해 庚金司令이며 巳酉金局으로 신약이다.
申月에 壬水가 투출되어 가을 金水라 가을철에 물은 마르지 않는다.

巳酉金局에 申金이 있고 壬水가 투간되어 己土도 한습하다. 金이 忌神에 火用神이며 木喜神이다. 水病神이며 土藥神이다. 己土가 신약은 아니다. 그러나 사주가 한랭하다. 그래서 丙火가 필요하고 壬水가 忌神이다.

正印과 正官이 時에 있으니 자존심과 체면이고 官印相生하니 인격자다. 金은 거울인데 己土는 가루이고 壬水탁수와 섞으면 반죽이다. 傷官格은 기술·예능인데 메이크업을 한다. 丙火투간이 안 되었으면 미용실을 하는데 印綬가 있어 고급으로 메이크업을 한다. 식상에 寅巳申三刑은 기술이다.

官印相生되면 남편의 사랑을 받는데 寅巳刑은 주말부부가 많다. 傷官이 중중하고 忌神이면 아이 낳기 싫어한다. 食傷이 있으면 인정은 있어 보시를 잘한다.

亥水大運에 자기가 단독으로 미용실을 하다가 돈을 까먹는다. 財가 忌神

이면 사업하면 안 되는데 忌神大運에 사업하면 망한다.

그러므로 지금은 남 밑에 있는데 36세가 넘어가면 用神運인 丙火大運에는 자기사업하나 子水大運에 돈을 까먹고, 丁丑 戊寅 己土大運까지 메이크업을 하면 잘된다.

寅木 官은 남편과 직장인데 寅巳刑이라 남편이 집안에 신경을 안 쓰고 무관심하고 그래도 身旺 財旺은 돈은 있다.

土金傷官格 【옛사람 사주】
土忌神, 火仇神, 金用神, 水閒神, 土病神, 木藥神

戊辰	己亥	庚申	戊戌	乾命

76	66	56	46	36	26	16	6	
戊辰	丁卯	丙寅	乙丑	甲子	癸亥	壬戌	辛酉	大運

申月 己土日主가 金旺계절에 출생해 庚金司令이며 庚金투출되어 土金傷官格으로 신약하나 比劫이 많아서 弱變爲强하다. 깊은 산골에 보석이 홀로 썩고 있다. 투출된 庚金이 用神이다.

土忌神에 金用神이고 水는 한신(閒神)으로 用神을 泄氣하니 나쁜데, 木이 와서 소토해주면 좋다. 土金傷官으로 총명하다.

己土日主는 甲木大運에 변화가 된다. 시주공망(時柱空亡)은 여자를 울리고 첫사랑에 실패한다.

申月의 己亥日柱는 용 되면 옛사람을 버린다. 亥水 다음에 子水가 오므로 새로운 여자다. 亥水는 헌 여자이다.

子水大運에 用神이 泄氣되고 用神의 死宮이 되어 나빠진다. 乙木大運에 乙庚合으로 직업을 놓게 된다.

⑫ 酉月 己土 ┃ 유월 기토

酉月의 己土日主는 申月과 用神 取用이 비슷한데 金旺계절에 泄氣가 심하니 丙火가 온난케 하고 丁火로 旺金을 단련(鍛鍊)하면 吉하다.

酉金은 己土를 설기함이 많으니 이때 火가 있어서 설기를 막고 日干을 생조하면서 조절하고 丙辛合으로 강약조절을 하면서 설기를 막아 길함이 있다. 木旺하면 金이 藥神이고 金旺하면 火가 吉神이다. 水多·金多하면 下格이고, 身弱한데 火가 약하면 날품팔이 노동자이다.

火가 旺한데 癸水가 있으면 火土 중간에서 조절해서 좋고 癸水가 없으면 壬水가 있어야 하는데 己土가 탁하게 한다. 己土濁壬되면 이상한 상상을 하게 되어 음란성이 있고 사이코 증세가 있다.

食神格
土忌神, 火仇神, 木用神, 水喜神

甲子	己未	辛酉	戊寅	乾命
75	65	55	45	35	25	15	5
己巳	戊辰	丁卯	丙寅	乙丑	甲子	癸亥	壬戌	大運

酉月 己土日主가 金旺계절에 출생하여 辛金司令이고 辛金이 투출하여 食神格으로 辛酉金은 生도 못하고 泄氣도 못하는데 日支 未土가 있고 戊土가 寅에 長生되어 日干을 방조(幇助)를 하니 日主가 弱變爲强이다. 食神有氣하니 사회출세 쪽으로 지향한다.

甲이 寅에 祿을 하고 日主와 干合하니 有情合이다. 甲木이 뿌리가 있어 旺하므로 甲己合土로 가지 않는다.

戊土가 格을 埋金하니 甲木이 格을 보호하는 用神이고 水喜神이며, 火가 格을 剋하고 戊土를 生助하니 仇神이다.

癸水大運에도 공부를 상당히 잘하고 대학을 무난히 간다. 官이 用神일 때 財運이 오면 대학을 무난히 간다. 財星이 학마라고 공부를 못해 대학을 못 간다고 말하면 안 된다. 甲木大運에 벼슬길에 오른 행정공무원이다.

乙木大運은 甲木이 用神인데 혼잡으로 기분 나쁘나 辛金이 反冲시키니 큰 사고 없이 넘어갔다. 만약에 辛金이 없었으면 戊土의 경쟁자 때문에 곤욕을 치른다. 丑土大運은 酉丑金局이 되어 잘 넘어갔다. 丙丁大運은 戊土가 흡수시키니 잘 넘어가고, 戊辰大運에 土旺해지니 甲木이 부담이 간다. 힘에 버거우니 甲木이 生氣가 부족해 어려움이 따른다.

戊辰大運에는 比劫이 旺盛하니 財官이 약해지므로 고독하고 외로워진다. 주위에 아무도 없다. 왕년에 권세를 가졌던 사람이 갑자기 약해지면 처참하기 때문에 적응이 잘 안 된다. 甲木이 필요해 甲木을 좇아가므로 과천·수원·평택·이천 같은 곳에서 농사짓고 과수원이나 하면서 지내야 한다.

己巳大運에는 巳酉丑金局에 金剋木되고 寅巳刑으로 나무뿌리가 빠지니 甲木이 쓰러진다. 또한 향년 81세 戊戌年에 水喜神을 土剋水해 사망한다.

傷官用財格
土忌神, 火仇神, 木閒神, 水用神, 金喜神

壬申	己丑	己酉	壬午	乾命

72	62	52	42	32	22	12	2	大運
丁巳	丙辰	乙卯	甲寅	癸丑	壬子	辛亥	庚戌	

酉月 己土日主가 金旺계절에 출생하여 辛金司令이나 印綬와 比肩이 많아 약변위강(弱變爲强)하여 신강하다.

酉月의 己土는 약한 계절인데 酉金은 午火가 火剋金하므로 泄氣가 막히고 酉金은 土多埋金되므로 申金쪽으로 설기시켜야 한다.

傷官用財格으로 傷官生財하니 예체능 방면이 아니고 壬水가 用神이라서 경제·경영학과를 공부하게 된다. 食傷혼잡은 진로선택에 갈등을 하며 傷官生財로 운이 좋아 사업한다.

> 食傷이 喜神인 사주는 運이 좋을 때 희생하고 마음이 너그럽고 이해심이 넓고 화목한데, 運이 나쁠 때 따지고 대들고 불평불만이 생긴다.

甲木大運에 閒神이라 운이 나빠져 일이 뜻대로 안 되니 열 받는다. 甲寅·乙卯大運이 나쁘다. 인생살이가 고달프니 생각이 많아진다. 이때 己土가 등사라 귀가 얇아 남에게 속기 쉬운 사주다. 관상은 전반이 좋아 이마가 넓고 후반이 나빠 하관은 뾰족하다. 양간부잡격이고 土生金, 金生水하니 己土濁壬이 아니다. 이 같은 사주는 거지가 되어도 귀태가 난다.

食神格, 土金傷官格
土用神, 火喜神, 木病神, 金藥神

甲子	己未	癸酉	己丑	乾命

76	66	56	46	36	26	16	6	
乙丑	丙寅	丁卯	戊辰	己巳	庚午	辛未	壬申	大運

酉月 己土日主가 金旺계절에 출생해 辛金司令이며 酉丑金局으로 신약하다.

土金傷官이라 두뇌가 총명하다. 年支와 月支에 巳酉丑金局이 되고 甲己合하고 甲木은 根이

없어서 土로 化하기 쉽다. 현대건설에 다니다가 사우디아라비아의 건설현장으로 돈을 벌기 위해 나갔다가 온 사람이다.

己未가 干與支同이면서 未土는 사막이라 사우디아라비아에서 돈을 벌고 집에 오면 집이 비어 있을 것이다. 외국에서 돌아오면 부인이 바람피워 집에 없다. 부인과 이혼하고 길거리에서 포장마차로 장사하게 된다.

未土는 천역성이라 역마이고 역마 옆에 財라서 길에서 돈을 버는 포장마차다. 특히 밤에 돈을 버니 포장마차로 통변한다.

土金傷官格, 傷官用傷官格
木忌神, 金用神, 土喜神, 火病神, 申中壬水藥神

丁卯	己卯	丁酉	丙申	坤命

71	61	51	41	31	21	11	1	
己丑	庚寅	辛卯	壬辰	癸巳	甲午	乙未	丙申	大運

酉月 己土日主가 金旺계절에 출생해 庚金司令이며 土金傷官으로 똑똑하다.

가을 卯木은 枯木이라 生火가 잘되니 卯木官星이 木生火로 印星을 生助해 신강하다.

天干에 印星이 旺하면 財를 用神으로 써야 하는데, 原局에 財星이 없고 火가 根이 없어 약할 것 같으나, 가을의 卯木燥木은 官星이 印星을 生助

하여 火旺해지므로 金이 卯木 燥木을 자르면 火가 조절되니 金이 用神이 된다. 金用神에 濕土喜神이며 火病神이니 申中壬水가 藥神이다.

地支에 食傷이 많은데 印星이 눌러주니 평상시는 얌전하며 자기주관이 뚜렷하다. 절친하지 않으면 아쉬운 소리를 안 하며 고집이 있어 남의 말을 언뜻 안 듣는다. 친한 친구에게는 인심 많고 도량이 넓고 솔직하다.

酉金이 動하면 부지런하고 꼼꼼하여 실수가 없다. 일을 시작하면 생각을 깊이하고 움직인다. 印綬가 傷官을 조절하니 조심성이 많아서 신중하다.

남편이 직장에서 직책이 높으면 잘하고 직책이 낮으면 무시하고 자식들 앞에서 창피를 준다. 食神이 制殺하면 남편이 말을 잘 듣고 얌전하다.

卯申暗合으로 偏官合殺되고 二字不冲이다. 억부용신이라 이 여자는 자기 남편과 자기 가족밖에 모르는 가족 중심적 사주다. 月日支에서 卯酉冲은 허리가 아프기 쉽다. 己卯日柱가 卯申이 귀문관살이면 神氣가 있다. 현실 도피성은 있으나 華蓋가 없어 宗敎에 귀의하기 어렵다.

卯申暗合으로 年干 丙火印綬를 끌어오니 부모유산을 받는다. 申酉空亡은 자식이 부실하여 과잉보호로 키우니 자식이 게으르다. 30년간 시어머니를 모시고 사는데 辛金大運에서 卯木大運으로 넘어갈 때 木生火가 잘되어 火剋金이 하면 申中壬水 財星이 증발되니 시어머니가 사망한다.

食傷이 空亡이라 아들은 출세를 못한다. 食傷이 空亡이면 엄마는 자식이 크게 되기를 바라는데 생각대로 안 된다. 딸은 나은 것 같으나 그래도 안 된다. 印綬혼잡으로 이리 재고 저리 재고 고민을 많이 한다.

남편이 파출소 소장인데 辛金大運에 用神大運이나 잘려 오고 丁火가 反冲하니 옷을 벗는다. 주변이 시끄러운데 남편과 시모가 어렵게 된다.

卯申暗合이 되어 卯酉冲이 안 된다. 아들이 삼수를 하는데 癸未年에 대학 들어가도 甲申年에 다시 다른 곳으로 들어가려고 한다. 申酉가 空亡이라 그렇다. 음식점을 하는 사람이면 食傷이 用神이라 닭꼬치나 치킨 장사를 하면 좋다.

空亡은 生助해야 脫空이 되고, 冲하면 衝散되어 흩어져 더욱 약해진다.

火土金三象格 【無官 사주라 辛金 食神이 用神이다. 辛金이 남편이다】
金用神, 濕土喜神, 火病神, 木仇神, 水藥神

庚午	己丑	辛酉	戊午	坤命
76	66	56	46	36	26	16	6
癸丑	甲寅	乙卯	丙辰	丁巳	戊午	己未	庚申	大運

酉月 己土日主가 金旺계절에 출생하여 辛金司令이며 辛金이 투출되어 火土金 삼상격(三象格)으로 貴格이다.
印星과 比劫이 많아 약변위강 사주가 되었다. 土旺에 金으로 泄氣하니 총기가 있다. 신왕에 月上食神이 有氣해 用神이 되면 아버지가 교육자인데 서울대학교 교수다. 이 여자는 연세대학교 신문방송학과 대학원생이고, 애인은 서울대학교 법학과 대학원생이다. 庚金이 午火에 녹아 辛金으로 변했으므로 食傷혼잡으로 보지 마라.

만약 己未日柱라면 가난하다. 燥土라서 生金을 못하게 되고, 未中乙木이 있어 사주가 格이 떨어지는데, 또한 土生金은 안 되고, 火剋金이 되며, 水가 생기면 未中乙木이 빨아 먹으니 돈이 있으면 남편이 다 써버리기 때문에 가난하게 된다. 食神이 用神이라면 無官이 되어야 좋다.

신왕에 食神 辛金이 酉月에 祿根하고 酉丑金局으로 호설정영(好泄精英)하니 목표는 방송국에 취직하여 아나운서가 되는 것이 꿈이다. 壬午年에 한국방송공사 입사 시험을 보았으나 떨어졌다.

丑中癸水는 有形이 있고 無形이 있는데, 有形은 사람이고 無形은 物質과 財物이다. 財는 시어머니 또는 친정아버지도 되는데 여기서 財가 누군지 가릴 줄 알아야 한다. 食神生財가 되면 할머니가 생한 것이 되어 아버지이고, 財生官이 되면 시어머니가 남편을 생한 것이 되니 시어머니다.

사주에 無官이 되고 食神生財가 되었으니 財가 부친이 된다. 丑中癸水가 있으니 돈이 떨어지면 年月에서 金生水하여 집안에서 대준다. 丑中癸水는 財인데 아버지가 성공을 못한다고 말하면 안 된다. 왜냐하면 父母宮에 辛酉가 用神이 되므로 아버지가 성공한다. 宮星을 함께 보아야 한다.

丙辰大運에는 丙火가 辰土에 설기되어 오기 때문에 用神을 合去 못하고 보온을 해주는 역할이고 辛金에 조명을 비추어 주니 좋다. 火가 설기되면 빛으로 변한다.

乙卯大運에 乙庚合이라 食傷혼잡에서 傷官을 合去 해주니 辛酉 食神만 남아 있게 되어 淸해지니 더욱 좋다. 傷官이 있어도 午火에 죽어 있기는 하나 食傷혼잡이라 변덕이 죽 끓듯 심하던 사람이 傷官이 묶이니 점잖아진다. 甲寅大運에 生火하여 나쁘다.

13 戌月 己土 │ 술월 기토

戌月의 己土는 萬物이 수장되는 시기이며 봄을 반기는 시기로서 甲木 丙火가 있어 온난케 해주면 만물의 氣가 상함이 없게 하니 마음이 따뜻하다. 丙火가 있고 癸水로 윤습(潤濕)하게 하면 貴格이다.

甲乙木이 있게 되면 벌목을 해야 할 시기이고 키우는 시기가 아니므로 貴格이 되지 못한다. 土多하면 막힘이 많으니 甲木이 있어서 동량지목(棟樑之木)이 되고 甲木으로 소토(疎土)하면 藥神으로 취용(取用)하니 길하다.

丙火가 있고 癸水가 없으면 성실성이 없는 사람이고, 癸水가 있고 丙火가 없으면 衣食은 있으나 신용이 없으며 현달할 수 없고 인격이 졸렬하다. 차라리 地支에 四庫가 있으면 가색격으로 부동산이 많아 부자가 된다.

時墓格
土忌神, 火仇神, 木用神, 水喜神

戊辰	己卯	甲戌	己丑	坤命

78	68	58	48	38	28	18	8	大運
壬午	辛巳	庚辰	己卯	戊寅	丁丑	丙子	乙亥	

戌月 己土日主가 金旺계절에 출생해 辛金司令인데 戊己土가 투출되어 土局을 이루어 신왕하다.

比劫이 많아 신왕하니 官星인 甲木이 卯木에 根하고 辰土에 착근(着根)하니 用神으로 잡는데 甲木이 羊刃이 있으면서 年干에 己土와 합으로 기반되어 들어오니 독종이 들어온다. 甲木이 用神이고 水가 喜神

이며, 土忌神에 火仇神이다. 比劫이 많아서 동부이녀격(同夫異女格)으로 많은 여자에게 인기가 있는 남자이다.

여자의 사주에 比劫이 많아서 신왕이 되면 자존심이 강하고 남의 충고를 받아들이지 않고 욕심이 많다. 比劫이 많으면 爭財가 되므로 재물을 모으기 어렵다. 官殺혼잡으로 남편은 다른 여자와 정을 통하고, 자기도 正偏官이 혼잡인데 日支에 偏官이 있어 다른 남자와 재가(再嫁)해 살게 된다.

이 사람 성격도 불같아 항상 짜증을 잘 낸다. 比劫만 많고 食傷이 없고 丑戌刑은 신경질과 짜증으로 작용한다. 성품은 환경에 따라서 달라진다. 의식주는 해결할 수 있으나 저축은 안 된다.

사주에 財가 없어 財生官이 안 되어 官이 학력이 낮으므로 별 볼일 없는 남자가 따른다. 사주원국이 나빠 어떤 운이 들어오더라도 어렵다. 用神이 기반(羈絆)이라 더욱 그렇다.

年時上財格, 時墓格破格	【이미 재성이 있기 때문이다】
水用神, 金喜神, 土病神, 火仇神, 木藥神	

戊辰	己卯	壬戌	戊子	坤命
74	64	54	44	34	24	14	4	
甲寅	乙卯	丙辰	丁巳	戊午	己未	庚申	辛酉	大運

戌月 己土日主가 金旺계절에 출생하여 戊土司令이며 比劫이 많아 신왕하다.
한기가 점차 심해지는 시기라 丙火가 필요한데 없고, 比劫이 旺하여 甲木으로 소토(疎土)를

해야 하나 甲木이 없고 卯木이 약해 소토를 못한다.

신강하면 食財官 중에서 강한 자로 用神으로 써야 하는데, 子辰水局에 壬水가 투출되어 자동적으로 壬水가 用神이다.

食傷이 없어 노력을 해도 부자가 못 된다. 金이 없어서 군겁쟁재(群劫爭財)에 泄氣되지 않아 相生이 안 되어 융통성이 없고, 고집이 세고 자만심이 강하다. 木剋土도 못해주는 官이라 백수를 만나 官弱인데 己未人運에는 卯未木局으로 음국(陰局)이 되어 偏官으로 변하니 결국은 이혼한다.

官弱한 사주는 남편이 고분고분하다가 官運이 오면 조금 힘이 생겼다고 목에 힘주고 부인 말을 안 들어 싸우게 되어 이혼을 하게 된다. 比劫運이 들어오면 군겁쟁재(群劫爭財)하니 돈이 없어 생활전선에 뛰어든다.

午火大運에 午戌火局이 되니 가을철 나무가 타게 되니 능력 없는 남자를 만나서 재혼하여 살다가 巳火大運에 이혼한다. 巳中庚金이 卯木을 剋하기 때문이다. 丙火大運에는 조후로 오니 입에 풀칠은 한다.

丙火大運에 乙木이 꽃이 피니 다시 삼혼을 한다. 旺土는 泄氣하는 金運이 더 좋다. 늙어서 乙卯 甲寅 官運이 오면 병들어 죽는다. 水를 빨아들여 水가 고갈되니 병원비용으로 다 쓰고 죽는다.

傷官格, 傷官用財格
水用神, 金喜神, 土病神, 火仇神, 木藥神

壬申	己卯	戊戌	辛丑	坤命
79	69	59	49	39	29	19	9	

丙午	乙巳	甲辰	癸卯	壬寅	辛丑	庚子	己亥	大運

戌月 己土日主가 金旺계절에 출생해 辛金司令이나 比劫중중하니 신왕하다.
辛金이 투출하고 申金에 뿌리 내려 좋으나 戊土에 매금(埋金)되어 답답한 인생이다.

比劫으로 신왕하니 食財官 중에 강한 것으로 用神을 써야 하는데, 金旺 계절이라 金이 왕할 것 같으나, 투출된 辛金은 月支에 根을 한 戊土에 매금(埋金)되어 쓸 수가 없어, 時上에 正財인 壬水가 앉은 자리에 長生을 하니 用神이 되고 金이 喜神이다. 土病神에 火仇神이며 木藥神이다.

年干에 食神이 있으나 戊土가 埋金시키니 언변이 안 좋고, 두뇌회전이 잘 안 되고 食神이나 傷官이 뿌리를 내려 투출되면 솔직하다. 食傷이 殺을 제압하는데 地支는 가정이라 집안에서 제압하지 밖에서는 아니다.

戊土에 辛金이 매금되므로 밖에 나가서는 표현력이 약해 생각은 많은데 행동으로 옮기지 못하니 알아주는 사람이 있다.

미술대학 조소과(彫塑科)에 들어갔다. 運은 金水運이 초년에 들어 집안은 좋아 대학은 다녔다. 壬水大運에 결혼하려고 한다. 官이 있는데 죽어서 오면 남편이 건달기가 있다. 卯戌合이라 쫓아다닌다.

壬水가 寅木을 生해주니 官이 강하게 찾아온다. 卯가 수옥살이라 전과자 남자다. 남자가 구타하고 돈을 빌려가서 안 갚는다. 卯申鬼門이라 남자로 인해 정신질환 치료를 받았다. 寅木大運에 寅申冲으로 鬼門이 풀리므로 정신이 맑아진다. 남자 때문에 위장 결혼해 남자를 떼어 내려고 한다.

이 사주가 개를 키우면 丑戌刑이라 개다리가 부러진다. 집에 다리 부러진 개도 있다고 한다. 食神生財는 음식점이라 찻집을 냈는데 戊戌빌딩 때문에 가로막혀 골목길을 돌아서 잘 보이지 않는 곳에 가게를 낸다. 卯木이라 꽃나무로 실내장식을 많이 했다.

寅木大運에 寅戌三合에 寅中戊土가 있어 유부남이 따른다. 집을 증축하려하는데 寅戌火局에 火生土하니 군겁쟁재(群劫爭財)로 돈이 모자란다.

癸水大運에 戊土忌神을 合으로 묶어 버리면 좋아진다. 卯木大運에 나쁘고甲辰大運에 좋아진다. 卯木은 손가락이라 손재주가 있고 食神生財라 손으로 먹고사는 직업을 가져라. 日時에 卯申이 귀문관살로 아이디어가 좋다.

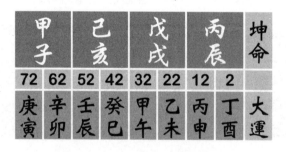

財格				【原局에서 辰戌冲하면 土가 약하다】
土用神, 火喜神, 木病神, 水仇神, 金藥神				

甲子	己亥	戊戌	丙辰	坤命
72	62	52	42	32	22	12	2
庚寅	辛卯	壬辰	癸巳	甲午	乙未	丙申	丁酉	大運

戌月 己土日主가 金旺계절에 출생해 辛金司令인데 戊土가 투출하여 신강으로 출발하나 辰戌冲으로 제방이 무너진다. 축대가 무너져 다시 높게 쌓는다. 균열이 간 축대는 運에서

다시 辰戌冲하면 가중충(加重冲)되어 무너진다. 原局에서 辰戌冲되어 土가 약해지고, 子辰水局에 亥水까지 가세하니, 제방하기 위해서 戊土가 用神이고 丙火가 喜神이다. 丙火 印綬가 戊戌 산이 높고 초년이 金大運으로 흘러서 일락서산(日落西山)이 되니 졸음이 많다. 子時에 丙火 印綬는 약해 공부를 많이 못 한 걸로 통변한다.

乙木大運에 戊土를 못 치고 丙火를 생해주니 길로 변해 옷 장사를 했다.

辛巳년에 辛金이 乙木을 치고 丙辛合을 하니 안절부절못한다. 巳亥冲으로 日支冲하여 이사나 가게를 옮기려 한다. 壬午·癸未년은 다음 大運이 나빠 2년 쉬고 직장에 다녀라. 좋은 직장은 못 다닌다.

옷 장사를 했으니 판매원으로 가던지 몸으로 하는 일을 택해라. 배움이 없으니 좋은 직장은 두뇌를 안 쓰고 일하는 판매원이다. 甲申·乙酉년은 쉬고 丙戌년에 가게를 시작하면 좋고, 未土大運에 벽돌과 시멘트로 섞여 굳어진다. 亥未木局과 戌未刑되어 형제자매의 잘못으로 손재가 따른다.

甲木大運에 새 남자가 생기는데 忌神運이라 나쁘다. 콧대가 높은 여자는 연하남자를 만난다. 자기가 데리고 놀아야 하니 못생긴 여자라도 연하남자가 따른다. 나이 많은 남자를 만나면 능력 있는 남자다.

時柱에 甲木이 있는데 대운에서 甲木이 오면 연하를 만나게 된다. 子水가 도화이고 甲己合이라 애정은 좋은데, 자기가 직업을 가져야 한다. 甲木은 子에 浴地라 한량이다. 바람둥이가 돈 벌 일은 없다.

午火大運은 그런대로 대운이 좋고 巳火大運에는 丙火의 祿地라 좋은데 巳亥冲이라 부부풍파는 생긴다. 壬辰大運에 辰戌冲되어 나쁘다.

14 亥月 己土 | 해월 기토

亥月의 己土는 天氣가 한랭하니 濕土인 己土는 丙火가 조후 해줌을 반긴다. 陰土인 己土는 丙火가 있어야 生氣를 얻고 甲木이 있어서 火를 도와주면 貴格이 된다.

亥月 旺한 水氣를 甲木과 丙火가 함께 있어 水生木하여 甲木으로 旺水를 泄氣시키고 木生火하여 丙火를 生助하여 丙火로 調候하게 하면 大吉하다.

甲木이 없고 丙火만 있으면 의식은 있으나 貴가 부족하고 甲木이 있고 丙火가 없으면 명예는 있으나 財物이 없다. 金水가 많으면 기술·상업으로 성공하고, 火土가 많으면 병치레를 많이 한다.

亥卯는 濕木이고 卯未는 燥木이다. 그래서 亥卯未木局은 燥木으로 본다. 天干 甲木은 없고 未土가 있고 卯木이 있으면 卯木은 濕木인데 燥木이 되어 殺印相生하니 格은 떨어져도 명예는 있다. 未土가 없으면 濕木으로

生火가 안 되어 나쁘다. 신약한 己土日主에 金旺하면 한기를 생해 흉하며, 水旺하고 木이 많으면 剋身이 심하니 하격(下格)이다.

亥月의 己土日主가 庚辛金이 많으면 日主를 설기하고 천기가 한랭한데 더욱 냉하게 하는 五行이므로 日主에 나쁘게 작용하니 이적행위가 된다. 庚辛金은 日主에게 害를 주고 적에게는 이로움을 주는 것과 같다.

己土日主에 庚辛金은 食傷이니 육친통변으로는 자식이나 행동 또는 언어 때문에 손해가 많다는 의미이다.

水多木浮除濕格 【여명에 木用神이 浮木되어 남편이 선원이다】
天干:木用神, 水喜神, 金病神, 火藥神. 地支:水忌神, 木用神

甲子	己丑	己亥	辛酉	坤命
75	65	55	45	35	25	15	5

| 丁未 | 丙午 | 乙巳 | 甲辰 | 癸卯 | 壬寅 | 辛丑 | 庚子 | 大運 |

亥月 己土日主가 水旺계절에 출생해 壬水司令이며 水旺하여 水多木浮에 제습격인데 조후로 甲木을 用神으로 쓴다.
亥子丑方局인데 酉丑金局으로 金生水하여서 水旺하니 正官인 甲木이 浮木이 되고 己土는 한습하다. 比劫이 用神이냐 甲木正官이 用神이냐 할 때 조후(調候)로 甲木正官으로 보는 것이 원칙이다.

辛金이 甲木을 치려하나 己土와 甲己合을 하니 못 친다. 庚子·辛丑大運에 어렵고 壬水大運에 水生木하니 결혼했다. 亥子丑水局 위에 甲木인 用神이 浮木되어 있어서 남편이 선원이다. 己丑日柱라 독수공방이다. 酉丑金局을 이루어 金剋木하니 남편이 집에 들어오기 싫으니 선원생활이 잘 맞는다.

寅卯辰大運에 돈을 벌어 여객선을 사서 사업을 시작하고, 己巳·丙午大運에 따뜻하니 돈벌이가 좋아지니 추가로 여러 척을 사서 운영하여 돈을 많이 벌었다. 자식이 忌神이라 외국으로 보냈다. 火大運이 들어와 火剋金으로 조절하니 자식들이 착하게 잘된다.

만약 原局에 土가 없으면 火大運에 火剋金으로 도식이 되므로 자식에게 화(禍)가 닥친다. 辰土大運에 水가 入墓되니 물이 없어지므로 배가 뜨지 못하여 선장을 그만두고 이때 선주가 된다.

殺印相生格, 時上偏印格, 財格　　【調候用神 及 抑扶用神】
火用神, 木喜神, 水病神, 金仇神, 土藥神

丁卯	己亥	癸亥	癸酉	乾命

77	67	57	47	37	27	17	7
乙卯	丙辰	丁巳	戊午	己未	庚申	辛酉	壬戌	大運

亥月　己土日主가　水旺계절에 출생하여 壬水司令인데 亥月에 癸水가 투출하니 水가 旺하여 신약하다.

年月에 공협으로 戊土를 불러 오니 從을 안 한다. 엄동설한

에 눈보라가 휘날리니 몹시 춥다. 財多身弱에 印綬가 조후 用神이다.

年月에 공협으로 戊土 겁재가 있으니 從格으로 안 가고, 水旺에 한습하니 조후로 用神인데 殺印相生格과 時上偏印格도 된다.

초년 金水大運에 고생을 많이 하고, 庚申大運까지 결혼을 못하고 있다가 己未大運에 결혼했다. 己未大運부터 運이 좋아지는데 부모가 물려준 土地가 갑자기 땅값이 올라 부자가 되어 잘산다.

比肩運으로 와서 土剋水하여 丁火가 문서인데 문서가 살아나 좋다. 己未·戊午·丁火大運까지 좋다. 巳火大運에는 日支冲하고 巳酉金局하여 卯木을 치니 부인이 죽는다.

木火土대운이 들어오니 말년까지 좋았다. 조후로 用神이 잡히면 남자는 用神이 자식이 되고 喜神이 부인이다. 여자는 用神이 남편이 되고 喜神이 시어머니이다.

正財用財格　　【金을 보충하기 위해 鐘路에서 金銀房을 한다】
水用神, 金喜神, 土病神, 火仇神, 木藥神

丙寅	己未	丁亥	庚戌	坤命

79	69	59	49	39	29	19	9
己卯	庚辰	辛巳	壬午	癸未	甲申	乙酉	丙戌	大運

亥月　己土日主가　水旺계절에 출생, 壬水司令하여 火土가 많아 신강하다. 寅戌火局에 丙丁火가 투출되어 인수가 많아 신왕하니 재성을 用神으로 쓴다.

亥水가 있고 金生水하니 身旺

財旺하여 亥水가 用神이다. 金은 生水를 해주는데 丙丁火가 剋해 약하다.

正財用財格으로 水旺계절이지만 寅戌火局과 亥未木局으로 木生火하여서 丙丁火를 도와 火세가 태왕하다. 亥水는 寅亥合木과 亥未木局으로 泄氣가 되고 土剋水 당하니 약해 庚金이 土生金·金生水로 통관시키니 喜神이다.

用神이 약할 때는 喜神이 직업이 된다. 亥未木局이 되어 丙丁火를 生하니 旺火가 金을 녹이므로 金을 지명으로 보충하기 위해 종로에서 금은방을 한다. 甲木大運은 劈甲生火되어 木生火·火剋金하여 돈벌이는 별로다.

亥未木局이라 주변에 남자는 많으나 傷官이 喜神인데 官을 剋하니 눈에 드는 사람이 없다. 未는 官庫라 남자가 마음에 안 든다. 戌亥가 天門이라 역학공부를 했다. 이 사주는 평생 혼자 사는 것이 좋다. 日支에 官庫가 있는 女子는 庫 속에 男子라 평생 별 볼일 없는 남자만 걸린다.

時柱 子息宮에 印星이 있으므로 食傷을 火剋金하니 자식이 없다. 申酉戌 大運은 부모 복으로 살고 부모가 돈을 대줘 유학까지 다녀왔다.

巳午未大運은 忌神 運으로 喜神이 剋받으면 財物을 손재한다. 여러 사람에게 속으며 印綬가 忌神이니, 소득 없는 공부와 쓸데없는 공부를 한다.

15 子月 己土 ┃ 자월 기토

子月의 己土는 한기가 태심하니 대지가 얼어버리는 때라 丙火로 조후하고 戊土로 제습함이 좋다. 丙火가 地支에 根하고 조후하면 中格이요, 丙火와 甲木이 함께 있어 生助하면 貴格으로 上格이 된다. 水旺하면 戊土로 水를 막아야 수복을 누리는데, 이때 庚辛金이 있으면 도리어 戊土藥神을 泄氣하여 무력하게 하고 忌神인 水를 생조하니 감복이 된다.

육친의 통변은 日主와 육친관계를 보아서 통변하면 되는데 水가 많으면 財多身弱하니 他家寄食(職場生活)이라 종업원으로 남 밑에서 일하며 산다.

金多로 傷官이 많으면 관재구설이 따르고, 比劫이 많으면 마음이 착한데 신경이 예민하며 고집이 세다. 官星인 木이 혼잡하면 몸이 허약해지고, 여자는 이성풍파가 따르나 미모가 좋다. 官들이 뿌리내리려고 잘해준다.

寒濕無制格, 財多身弱格
土用神, 火喜神, 木病神, 金藥神

乙亥	己未	戊子	乙亥	乾命

71	61	51	41	31	21	11	1	
庚辰	辛巳	壬午	癸未	甲申	乙酉	丙戌	丁亥	大運

子月 己土日主가 水旺계절에 출생하여 壬水司令이며 水木이 중중하여 신약하다.

大雪 절입일이 되어 陰이 극심할 때 태어나 한기가 심하다. 日主는 쇠약하고 己土는 얼어붙어 만물을 수용할 수 없다. 天干에 丁火가 있었으면 교수 감이다.

다행히 己土는 戊土와 未土가 있어서 日干은 약하지 않으나, 亥未木局에 乙木이 투출되어 戊土를 剋하여 제습할 힘이 없으니 한습무제격(寒濕無除格)으로 제습을 못하는 사주이다.

丁亥·丙戌大運까지는 잘 먹고 잘 산다. 乙木大運부터 춥고 배고프고 구설 관재로 마음고생을 많이 한다. 酉金大運부터 木을 제거하니 戊土가 제습을 한다. 그러나 金運이라 설기가 되니 돈은 벌지 못했으나 마음은 편하다. 甲木大運에 고생이 더 심하다.

申金大運은 좋아 여유가 있고 집안을 일으킨다. 癸水大運에 水生木하고 戊土用神이 癸水와 合하여 묶이게 되니 己土가 꽁꽁 얼어 더욱더 고생이 심하다. 戊土用神이니 巳午未大運은 土를 生해 地支大運은 괜찮아 먹고는 살았다. 어떻게 먹고 살았는가 하면 사주에 印綬가 없어 배움이 없으니 기술로 먹고살았다.

酉金 傷官大運에 대부분 기술을 배운다. 만약 이 사주에 丁火가 있다면 殺印相生이 되어 대학교수 정도는 되었을 것이다. 比劫이 用神이면 맞벌이한다. 日支에 조토가 있어서 부인이 마음씨가 따뜻하다. 未中丁火가 있어 부인이 배운 사람이다.

자식은 時에 忌神이라 자식이 속 썩인다. 亥未木局이라 공처가이고 時支에 財星은 처남인데 속을 썩인다. 日柱가 干與支同일 때 부인은 깻묵으로 보이고 남의 부인은 예쁘게 보인다.

偏財用財格 水用神, 金喜神, 土病神, 木藥神

己 巳	己 未	庚 子	丙 戌	坤 命
71	61 51	41 31	21 11	1
壬 辰	癸 甲 巳 午	乙 丙 未 申	丁 戊 酉 戌	己 亥	大 運

子月 己土日主가 水旺계절에 출생해 壬水司令이나 土多하고 丙火도 生助하므로 신강하고 조후와 제습이 되어 있다.
水用神에 金이 喜神이다. 偏財 用財格이다.

> 月支에 用神이 있으면 초년은 좋고 말년에 고생을 한다. 戊戌大運에는 土剋水해서 없어질까 봐 어렵게 살아도 金이냐 玉이냐 하면서 자란다.

丁火大運에 火剋金하여 부모자리에 庚金이 녹아 金生水를 못하니 부친상을 당했다. 酉金大運에 巳酉金局이 金生水하여 用神을 生하는 喜神運이라 이때 남자를 만나면 집안 좋고 학벌 좋은 사람을 만난다.

丙火大運에는 햇볕을 쪼여주면 金生水가 잘된다. 여름이라면 庚金이 녹아 金生水를 못한다. 겨울철에 庚金이 얼어 金生水를 못할 때 丙火가 조후를 해주면 金生水가 잘되어 좋다. 丁火와 丙火의 용도가 다르다.

申金大運에는 잘살았고 乙木大運에는 一喜一悲다. 木剋土는 좋고 乙庚合은 나쁘다. 未土大運에 原局에 子未相穿殺이 있는데 運에서 다시 만나니 남편일이 잘 안 되고 남편과 사이가 멀어진다. 만약 이 사람이 젊은 사람 같으면 이혼한다.

相穿殺 加重 運에 사건이 터진다. 未土大運부터 부부금슬이 깨지면서 甲午·癸巳大運이 안 좋은데 癸水大運에 癸己冲으로 時上에 己土가 反冲하면 즉 사주에서 用神大運을 冲하면 用神역할을 못한다. 이때 사기 당한다. 巳火大運에 庚金의 長生支라 자식이 잘되어 잘산다.

> 巳火大運에 주의할 점은 辛巳, 癸巳, 己巳 運은 金의 작용이 크고 乙巳, 丁巳 運은 火로 작용한다. 더욱 중요한 것은 巳火가 사주원국에 金水가 많으면 巳火가 金으로 작용하고, 木火가 많으면 火로 작용한다.

壬水大運에 형편이 좀 풀릴 만하니 辰土大運에 子水가 入墓되어 들어간다. 辰土大運에는 用神이 入墓되니 죽는다.

財多身弱格
水忌神, 土用神, 火喜神, 木病神, 金藥神

乙丑	己卯	壬子	壬子	坤命
72	62	52	42	32	22	12	2
甲辰	乙巳	丙午	丁未	戊申	己酉	庚戌	辛亥	大運

子月 己土日主가 水旺계절에 출생해 壬水司令인데 壬子水가 중중하여 물바다를 이루었다. 癸水가 되면 눈보라인데 壬水가 있으니 바다이다. 亥卯未의 壬水가 地殺인데 중중하면 驛馬殺이 되어 바다이다. 財殺이 중중하면 比劫運이 좋다.

己土大運은 하늘의 길이라 바다를 건너게 되니 22세에 항공사 승무원이 되었고, 28세 酉金大運에 卯酉冲으로 官冲하면 직장변동이 생긴다.

> 己土대운에 항공사 승무원이 되고, 酉金대운에 食神制殺하니 간호사가 됨.

卯가 病神이라 食神制殺은 病神을 제거하니 간호사가 되었다. 食神도화는 서비스인데 病神인 卯木을 卯酉冲하면 의·약 서비스 등으로 간다.

> 己土는 丑土에 根을 하므로 丑土가 用神이고 火喜神이다. 壬水가 旺할 때 濁壬시키고 壬水가 子月에 次旺(比劫으로 根하면 比肩에 根보다 弱하다)하니 從을 안 한다.
> 亥月이라면 壬水의 建祿이 되므로 녹왕(祿旺)하여 온전하게 旺하니 從을 한다. 丑土가 없으면 木으로 從을 한다.
> 만약 子月에 戊土日主라면 癸水가 있어 子水에 祿을 하면 戊土日主라도 從을 한다. 그러니 천간에 투간되면 五行이 祿이 있는가를 잘 살펴라.

酉大運에 官殺을 卯酉冲해서 좋은데, 酉丑金局으로 金生水가 되어서 더욱 나빠진다. 戊土大運에 다시 다른 항공사(외국회사) 승무원으로 취직하게 된다.

申金大運은 물이 무서워 다시 그만둔다. 丁未大運은 좋은데, 丙午大運은 子午冲하니 돈 때문에 문제가 생긴다. 만약 사주원국에 寅木이 있었다면 午火대운에 통관이 되어 운이 좋게 된다.

柱字精解

偏財格 　　　　　　　　　　　　【抑扶用神 及 調候用神 兼用】

水忌神, 金仇神, 火用神, 木喜神, 水病神, 土藥神

庚午	己酉	戊子	乙卯	坤命
73	63	53	43	33	23	13	3	

丙申	乙未	甲午	癸巳	壬辰	辛卯	庚寅	己丑	大運

子月 己土日主가 水旺계절에 출생해 癸水司令인데 金水木이 많으며 투간되어 地支에 根해 剋泄交集으로 신약하다.

戊가 日干을 돕고 午에 貴祿을 하니 극신약(極身弱)은 아니다.

金水가 많아 한습하니 水가 忌神이고 金이 仇神이며, 時支에서 午火가 조후용신이고 木이 喜神이며, 水가 病神이며 金仇神이고 土가 藥神이다.

午火가 조후를 하고 戊土가 제습하니 좋아 보이나 時上庚金傷官이 日支 酉金에 根을 하고 制殺을 하니 나쁘다. 官이 空亡이라 직장과 남편 덕이 없다. 年柱空亡이면 고향을 일찍 떠나서 산다.

地支에 子午卯酉로 俱全하니 서비스업으로 성공을 추구해야 한다. 印綬가 用神이니 임대사업이나 학원사업이 적격이다.

⒃ 丑月 己土 | 축월 기토

丑月의 己土는 水旺계절이나 土가 旺하다. 土氣가 얼어서 단단하여 강하다. 엄동설한으로 하늘과 땅이 얼어 있어 丙火로 조후를 해야 하고 甲木으로 소토해야 부귀겸전(富貴兼全)이다.

甲木이 없으며 丙火만 있으면 上格이 못 되고, 丙火가 없고 甲木만 있으면 上格이 못 된다. 甲木과 丙火가 地支에 있으면 中格은 되고, 없으면 下格이다.

동절에는 어떤 五行이던 從格을 제외하고는 丙火가 없으면 영광이 없다. 그러므로 乙·癸·庚·辛·壬 등이 있으면 평민에 불과하다. 丑月에는 소한과 대한이 있는데 소한은 水氣가 旺해 戊土로 제습하고 丙火가 土를 生해주어야 좋고, 대한 이후는 己土司令이라 丙火로 조후하고 甲木으로 疎土해야 좋다. 그래야 집 앞에 문전성시를 이룬다.

財格
火用神, 木喜神, 水病神, 金仇神, 土藥神

丁卯	己亥	乙丑	癸丑	坤命
72	62	52	42	32	22	12	2	
癸酉	壬申	辛未	庚午	己巳	戊辰	丁卯	丙寅	大運

丑月 己土日主가 水旺계절에 출생해 己土司令이고 丑土중중한데 丁火가 生하니 신강하게 보이나 亥子丑方局에 癸水가 투간되어 강변위약하다. 공협으로 子水가 있어 亥子丑으로 본다. 냉습한데 癸水가 투출되어 눈보라가 휘날린다.

> 丁火가 調候用神이고 亥卯木局에 乙木이 투출되어 喜神이 되며, 癸水는 病神이고 金仇神이며 土藥神이다.

초년 丙寅·丁卯 大運에 用神·喜神으로 좋아 공부를 잘하고 집안이 좋았고 두뇌가 총명하다. 日時에 殺이 중중하니 인물이 좋으며, 동절에 印綬가 用神이니 얼어 죽을까 봐 엄마가 과잉보호해서 키운다.

辰土大運은 습하기는 해도 忌神인 癸水를 入墓시키니 고민은 해도 먹고 사는 것은 지장이 없다. 官殺이 세 개 이상이면 남자가 많이 좋아온다. 실상은 偏官이라도 애인이 없다. 조심성이 있어서 남자를 함부로 사귀지 않는다. 天干과 地支에 官殺이 局을 이뤄도 집안이 좋고 똑똑하면 남자와 함부로 사귀지 않는다. 남자를 고르기 때문이다.

운이 없을 때는 남자와 교제를 하게 되고 運이 좋을 때는 함부로 사귀지 않는다. 집안이 좋을 때는 언제 남자가 많은가 하면 선 볼 때 많이 온다. 運이 좋을 때는 남편이 殺印相生되니 잘해준다.

운이 좋을 때 官이 투간되어 있는데 財가 生하면 승승장구에 출세를 한다. 壬水大運에 丁火用神을 合해 용신기반(用神羈絆)되어 통관을 못하니 己土가 乙木에게 剋당해 남편이 속을 썩인다.

乙木이 바람이라 남편이 중풍으로 고생한다. 土가 위장인데 木剋土하면 이때 속상하니 위장병이 생기는데 木은 위산으로 보기 때문에 위산과다로 속이 쓰리고 간도 나빠진다. 巳火大運에는 巳亥冲은 癸水기 忌神이라 冲해도 괜찮다.

時上印綬格
火用神, 木喜神, 水病神, 土藥神

丁卯	己卯	癸丑	壬申	乾命
78	68	58	48	38	28	18	8	

| 辛酉 | 庚申 | 己未 | 戊午 | 丁巳 | 丙辰 | 乙卯 | 甲寅 | 大運 |

丑月 己土日主가 水旺계절에 출생해 癸水司令이고 壬癸水가 투출하여 水旺한데 年支申金이 金生水하니 냉하고 신약하다. 丑月에 卯木은 갈초이니 마른 풀인데 天干에 壬癸 水가 있어 濕木이 되어 生火가 안 된다.

癸水눈보라가 휘날리니 신약에 겨울이라 丁火用神으로 쓰는데 두 개의 卯木官星이 濕木이니 木多火熄으로 불이 꺼지니 27세까지는 運이 없다.

丙火大運에 공직계로 들어가서 운세가 28세부터 좋아졌다. 辰土大運에는 凶神을 入墓시켜 木生火가 되어 문제없이 넘어가고, 丙火大運에 결혼하여 巳午未大運에 잘나가는데 크게 발전이 없는 것은 用神 丁火가 地支에 뿌리가 없어서 그렇다.

지방에서는 이름이 알려지나 사회적으로 크게 알려지지는 않는다. 학자는 학자인데 木多火熄이라 학자로서 유명세는 없다. 학문은 좋아하는데 뜻대로 이루어지지 않는다.

공무원이면서 서예가로 유명한 사람인데 그것은 丁火가 印綬이고 卯木이 붓이다. 天干에 財가 뜨면 부부가 맞벌이한다. 卯申鬼門關殺은 잔머리로 아이디어가 좋다. 印綬用神이라 생각을 많이 한다.

第七章

庚金日主論
경 금 일 주 론

【庚金의 특징】

庚金은 五行 중 가장 강한 뜻을 가지고 있다. 그래서 파워의 결정체로 권력이나 명예, 살성, 숙살, 억제 등의 뜻을 가지고 있다. 완숙한 과실로 보기도 한다.

庚金은 유행과 색상의 감각과 윤택한 기의 뜻이 있으니 시대의 선두주자의 뜻을 내재하고 있고 의식의 보고로서 인생의 삶에 아름다움을 연구하고, 개척하며, 개발하는 뜻도 숨어 있다.

庚金日主로 태어난 사람은 성격이 강하고 의로운 뜻이 있어 格이 成格되어 바르게 되면 대의명분이 떳떳하고 신망이 두터운 자이지만, 파격되거나 편고되면 의리를 저버리고 사회의 편법으로 이권에 개입하면서 살아가는 자도 있다.

庚金은 과실과 견고한 무쇠로 표현을 한다. 庚金은 丁火를 만나면 용금성기(鎔金成器)하는데 완성된 제품을 壬水에 담금질하고 닦아 주어야 한다.

庚金日主가 丁火가 있고 뿌리가 있으면 辛金으로 변한다. 완성된 기물을 씻어주고 광택을 내는 데는 壬水가 최고다. 庚金은 丁火가 있어야 용금성기(鎔金成器)하므로 吉格을 이룰 수 있는 것이다. 군인, 정치인, 스포츠, 고집, 광석, 우둔함, 殺星으로 작용한다. 庚金은 丁火가 地支에 根이 있어 녹여주고 壬水로 닦아 주어야 길하다.

庚金은 天上의 달(月)이다. 丁火는 별이라 반짝이니 인물이 좋다. 庚金은 미완성의 金인데 丁火로 녹이면 庚金이 辛金으로 변하나 두뇌회전이 안 되므로 火가 根이 있어야 한다. 봄에 庚金은 서리가 되므로 火로 녹이면 흐르므로 두뇌회전이 된다. 食傷 水가 있으면 단단하며 얼음처럼 차가운 쇠로 본다. 金水傷官은 냉하여 얼면 설기가 안 되니 머리가 나쁘다.

가을의 庚金은 단단해지는 기운이다. 또한 金旺계절에 火가 火剋金을 하면 물을 만드는 金이니 金生水가 잘된다. 午月에 壬水가 있으면 庚金이 生水를 잘한다.

庚金日主는 丁火와 甲木이 함께 있어야 사람 구실한다. 甲木과 丁火가 함께 있으면 富하다. 乙木이 있으면 사치하기 쉽다. 庚金은 癸水가 있으면 녹슨다.

【庚金의 特徵】

木火가 많으면 화가(畵家)나 의약계통에 종사하고, 午月에 辰土를 보면 술집을 하고, 辛巳時에 태어나면 丙辛暗合으로 남자를 남에게 뺏기고 자기는 식모 생활한다.

丑이 많으면 단명하거나 金이 녹슬어서 수술할 데가 많다. 巳酉丑 金局을 이루면 부부가 生離死別하기 쉽다. 亥子丑月生은 술을 잘 마시는데 두주불사(斗酒不辭)다.

申酉戌月生은 火가 많으면(官殺重重) 가난하지 않으면 요절하는 명이 된다. 火가 하나면 貴命이다.

1 寅卯辰月 庚金 | 인묘진월 경금

寅卯辰月의 庚金은 유약하고 한랭하므로 丙火로 배양하고 戊土로서 生金해 보호해야 좋다. 戊土는 한파를 막는다. 첫째 用神은 丙火요, 둘째 用神은 戊土로 用神한다. 만일 丙火가 없으면 丁火로 쓴다. 辰月의 庚金은 土가 旺하여 甲木으로 用神을 쓴다. 甲木이 없을 때에는 丁火가 用神이다.

丁火가 있고 甲木 또한 함께 있으면 더욱더 좋다. 辰戌冲이 되면 生金이 안 된다. 丁火와 甲木이 있으면 庚金이 미약하니 덜 자랐다. 寅卯月에는 丁火와 甲木은 안 좋고, 辰月에 庚金도 덜 자라 아직도 어리다고 보아라.

辰月에는 丁火와 甲木이 떠도 괜찮다. 辰月에는 母旺子旺하니 어머니가 극성이다. 强金이라 丁火로 녹여야 그릇이 되니 甲木과 丁火로 用神한다. 庚金이 根이 있고 比劫으로 金이 많으면 스스로 멸망한다. 이유는 戊丙甲이 모두가 약해 맥을 못 춘다.

庚金日主가 허약할 때는 金으로 방조나 土로 생조함이 좋지만 木旺계절이라 土가 약한 때이니 생조가 잘되지 않는다. 丙丁火가 조후하고 戊己土가 있어 殺印相生하면 길한 命이 된다.

偏官格
金忌神, 土仇神, 火用神, 木喜神

辛巳	庚辰	丙寅	己丑	坤命

75	65	55	45	35	25	15	5	
甲戌	癸酉	壬申	辛未	庚午	己巳	戊辰	丁卯	大運

寅月 庚金日主가 木旺계절에 출생하여 甲木司令으로 신약한 사주로 출발하나 印星과 比劫이 많아 약변위강의 사주다.

寅中丙火가 투간되니 偏官格이 되었다. 丙火는 木을 잘 크게 한다. 庚金日主가 辛巳時라 결혼하면 남편을 빼앗긴다. 辰土華蓋가 되어 자기 팔자려니 생각하고 산다. 역술을 하고, 대부업도 하면서 산다.

재산은 100億대가 된다. 丙火는 나무를 잘 자라게 하는데 과실을 키워서 따먹는다. 印星혼잡에 比劫혼잡이라 이복형제가 있다. 辰土가 華蓋라서 불교계에서 종사하면서 마음을 비워 남편을 포기하고 산다. 미스코리아 경기도 진 출신으로 미인이다.

辰巳가 지망살(地網殺)이라 남편이 경찰관이다. 남편이 바람피워 이혼하고 위자료를 받아서 산다. 庚辰이 괴강살이라 성격이 강하다. 辰土가 偏印이라 역술공부를 했다.

② 巳午未月 庚金 | 사오미월 경금

巳午未月의 庚金은 여름 火氣에 剋을 받아 약할 것 같으나 長生月이 되어 庚金이 자라기 시작하여 열매가 견실해지게 되니 과일의 맛이 들기 전인데 나뭇가지에 전정이 필요한 시기니 할 일이 많다.

午月의 庚金은 날씨가 너무나 더우니 午中己土가 庚金을 生하기는 하나 움직이기가 힘이 들고 지쳐 있는 때이니 체면유지만 하고 있는 시기다.

未月 庚金은 대서절기 이전에는 午月의 열기가 강하게 남아 있어 壬水와 甲木이 있으면 좋고, 대서절기 이후는 申月 金氣가 다가오니 열기가 식어 丁火와 甲木이 있어 金을 鎔金成器(쇠를 녹여서 기물을 만듦)를 해야 좋다.

未月에 甲木을 왜 쓰는가 하면 土旺節氣이기 때문에 甲木으로 소토하고 木生火하여 丁火로 庚金을 녹이고 壬水로 담금질하면 貴命이다.

辰戌丑未月은 일단 甲木이 疎土시켜야 좋다. 다른 방법으로 표현한다면 火가 투간되면 庚金이 녹아 辛金으로 변형이 되니 壬水로 닦아줘야 좋다. 달궈진 金을 壬水로 담금질하면 철이 강해져서 좋다. 巳午未 月에 壬水가 있으면 덕망이 있다. 壬水는 木을 생육하기 때문에 水는 교육자로 교사나 교수 등으로 간다.

火旺한데 壬水가 없으면 분산하는 氣가 작용하니 단단하지 못하고 흐물 흐물한 金이라 사람이 무르고 착하다. 壬水가 있으면 응축하는 氣가 작용하니 金이 단단하고, 甲木이 있으면 金을 생육할 수 있는 역할을 해준다 (나무에 열매가 열리므로 재물이 생겨 마음이 후덕해진다). 庚金은 물을 생산하는 金으로 地支에 申金이 있어야 길하다.

庚金日主 여자 사주는 남자 없이는 못 살아, 즉 火 없이는 제련을 못하여 그릇이 못 된다. 丙火와 地支에 申金이 있어야 능력 있다. 그래서 庚金이 甲木을 봤을 때 자기가 돈을 써가면서 남자를 사귄다. 地支 火局이 되고 天干에 丁火가 투간되면 庚金이 녹아서 水가 되기 때문에 정신이상이다.

傷官格
水忌神, 金仇神, 火用神, 木喜神, 水病神, 土藥神

癸未	庚子	丁巳	戊申	坤命

78	68	58	48	38	28	18	8	
己酉	庚戌	辛亥	壬子	癸丑	甲寅	乙卯	丙辰	大運

巳月 庚金日主가 火旺계절에 출생해 丙火司令인데 여름철 庚金이 녹아 약하게 출발하고 申子水局에 癸水가 투출되어 水旺하고 戊土도 투출되어서 巳火에 祿하여 旺하고 丁火는 戊土에 泄氣되어 火氣가 약하다.

申子水局에 癸水가 時上에 투출되니 傷官이 旺하다. 癸水가 申子水局에 根이 튼튼하니 세력을 얻었다고 보아라. 이유는 丁癸冲이 되어 三伏生寒으로 丁火가 꺼지려 한다.

財로써 丁火 官을 생조해야 한다. 火가 用神이고 木이 喜神이다. 甲木이 있으면 좋은데 甲木이 없다. 그래서 乙木을 찾아보니 未中乙木이 약하여 官도 약하다. 甲寅大運에 좋은 남자를 만나나 癸水大運에 丁癸冲으로 남편능력이 떨어지니 백수가 된다. 그래서 본인이 돈 벌러 나간다.

日支에 상관은 남편원망을 많이 하는데 癸水大運에 상관견관(傷官見官)이 되니 잦은 부부싸움을 하게 된다. 傷官과 印綬가 戊癸合이라 자식을 낳으면 친정 엄마에게 맡긴다.

癸水가 투출되어 水局을 이루고 뿌리가 旺한데 木이 없어 丁火가 꺼진다. 그래서 官이 약하다. 癸丑大運에 時가 사랑방이라 時支를 冲하면 각방을 쓴다. 壬子大運에는 아들이 있을 때 상관견관(傷官見官)이면 이혼한다. 딸이 있을 때 이혼하지 않는다.

말년이 기신 운이니 받아주는 데가 없기 때문에 혼자 파출부 해서 먹고 살 팔자다. 현재는 눈높이 선생인데 運이 나쁘니 인기가 없다. 친정 엄마한테 도움을 받는다.

❸ 申酉戌月 庚金 | 신유술월 경금

申酉戌月의 庚金은 金氣가 旺하여 다 자란 金이다. 가을철에 庚金은 水로 설기하는 水局을 이루는 것이 上格이 되므로 좋다.
庚金을 녹여서 그릇을 만들려면 丁火가 地支에 根이 있고 甲木이 있어 生助해야 하기 때문에 大格을 이루기가 어렵다.

金旺계절이라 庚金이 旺盛하여 火가 약할 때이니 火가 旺해지기 어렵고 그러므로 녹여서 그릇을 만들기가 어려우니 대격이 나오기가 어렵다.

金旺계절 庚金日主는 火가 있어도 약하면 녹이지 못하고 그을음만 묻게 되므로 볼품이 없다. 이때는 차라리 火의 뿌리가 없어야 빛으로 작용하니 조명 받는 사람이 된다. 金旺계절에 庚金日主는 甲木과 丙丁火가 많으면 좋지만 土가 있으면 旺金을 生하므로 더욱 旺해지니 흉함이 많이 따른다.

丁火가 없고 甲木만 있으면 폭도(暴徒)가 되기 쉽고, 丁火는 있고 甲木이 없으면 빈한한 선비에 불과하며, 丁火와 乙木만 있어도 소부는 된다.

甲木과 丁火는 없고 土金만 있으면 순금(純金)이므로 종혁격(從革格)이라 남자에게는 貴格이 된다. 여자에게 종혁격(從革格) 사주는 과부 명조인데 이유는 官이 없기 때문이고 官이 들어오지 못하기 때문이다.

여자 사주 종혁격은 남편이 바람피운다. 甲木과 丁火가 없고 純金生水하여 金水로 된 사주는 大貴하여 학자나 덕망 있는 사람이 된다. 이때 土運이 오면 나쁘다. 傷官을 剋하기 때문에 그렇다.

從革格, 假傷官格
水用神, 金喜神, 土病神, 火仇神, 木藥神

庚辰	庚申	庚申	戊戌	坤命
76	66	56	46	36	26	16	6
壬子	癸丑	甲寅	乙卯	丙辰	丁巳	戊午	己未	大運

申月 庚金日主가 金旺계절에 출생하여 庚金司令이고 土金이 중중하여 종혁격의 사주인데 申辰水局 假傷官으로 설기하는 水가 用神이다.

金多水濁은 木運이 오면 물이 맑아진다. 다행히 사주에 官이 없으니 좋다. 官이 나타나지 않았을 때는 用神이 남편이다.

傷官을 남편으로 본다. 火運에는 戊土가 旺해져 土剋水하려 하니 그래서 木을 찾는다. 木이 藥神이니 旺土를 조절하려고 그래서 옷 장사를 한다.

丙火大運이 天干으로 오니 그나마 나은 것이다. 金多水濁이라 金이 旺할 때 火가 火剋金을 하면 金生水가 잘되어 水가 맑아진다. 그래서 괜찮다.

만약 金이 약할 때 火剋金하면 金이 金生水를 못하고 傷한다. 辰大運에 좋고 地支火運은 水를 증발시키니 나쁘다.

乙卯大運에는 소강상태로 群劫爭財가 된다. 甲木大運은 소토시켜서 좋고, 寅木大運은 나쁜데 寅申沖하여 三合으로 이루어진 用神을 沖하면 合이 풀리기 때문이다.

4 亥子丑月 庚金 | 해자축월 경금

亥 子丑月의 庚金은 천한지동(天寒地凍)하고 병사묘지로 나가니 약하고 한습하다. 제한(除寒)하고 제습하는 甲·丙·丁·戊가 필요하다. 乙木은 濕木이라 못 쓴다.

甲木과 丙火만 있어도 小富는 되는데, 壬水가 투출이 되면 되는 일이 없다. 처자도 없고 의지할 곳도 없다. 엄동설한에 길가에 버려진 쇳조각에 불과하니 그러므로 살기 위해서는 기술을 배워야 한다.

亥子丑月에 庚金日主는 甲木과 丁火가 필요한데 水多하면 戊土로 제습이 필요하고 丙火는 투간되어도 추우니 태양을 보려고 밖으로 나가서 떨고 있는 격이니 그래서 인공적인 丁火를 보면 난로나 보일러가 되어 반긴다. 이런 사람은 빨리 열대지방인 외국으로 가야 한다.

겨울 庚金은 응축되니 단단해져 丙丁火가 필요하다. 丙丁火가 투간되면 地支에 午·戌·未가 있는가를 살펴라. 온기가 있으면 따뜻하게 산다. 年에 있으면 祖上, 月이면 父母, 日이면 배우자, 時에 있으면 자식이 따뜻하게 해준다. 庚金이 丁火가 있으면 달과 별이 함께 뜬 격이니 예쁘다.

金水傷官格, 明官跨馬格
火用神, 木喜神, 水病神, 燥土藥神

丁亥	庚子	癸丑	丁未	坤命

72	62	52	42	32	22	12	2	
辛酉	庚申	己未	戊午	丁巳	丙辰	乙卯	甲寅	大運

丑月 庚金日主가 水旺계절에 출생해 己土司令인데 엄동설한이라 조후가 시급하다.
亥未木局에 丁火가 투간되어 亥未木局으로 財生官하니 명관과마격(明官跨馬格)이다.

亥子丑方局에 癸水가 투출되어 水氣가 旺하여 金水傷官格에 傷官이 太旺하면 화류계 직업인이 되기 쉽다. 배우자를 만날 때 日主가 根이 없으면 녹띠를 만나기 쉬운데 戊申生을 만난다.

엄동설한에 풍파가 심하다. 그래서 火用神을 써야 하는데, 年柱에 丁未는 月柱에 癸丑과 干支沖으로 깨져서 時上에 丁火가 用神이다.

亥子丑方局에 金水傷官格은 喜官이라 남자를 보면 꼬리 친다. 애교가 넘쳐 남자들이 잘 넘어온다. 亥未木局이 財生官하니 明官跨馬로 남편은 영화롭고 본인은 내조를 잘해 남편이 대부가 된다. 출세하는 남자를 만난다.

옛날에는 기생 출신이 많다. 술집 접대부가 된 이유는 金水傷官이 旺한데 子水가 桃花까지 겸하고 印綬가 冲되어 학벌이 없어서 서비스업이다.

明官跨馬라 고급요정에서 출세한 남자들을 상대로 술장사하다가 사장을 만났고 丙火大運에 돈을 많이 벌었다. 辰土大運에 華蓋印綬라 집에서 쉬며 공부한다.

時上에 丁火官星은 年下男子인데 亥未木局으로 財가 丁火正官을 生하니 아재생부(我財生夫 : 내가 벌어서 남편을 내조)다. 丁大運에 남편과 헤어진다. 약한 丁火가 같은 官運이 오면 癸水에게 얻어맞을까 봐 헤어지자고 한다.

丁火가 뿌리가 없으면 하루살이 인생이다. 丁火가 正官인데 癸水 傷官은 상관견관(傷官見官)이라 남 밑에서는 못 있고 喜神인 木을 찾아 옷 장사를 한다. 巳火大運에 巳中庚金을 만나서 친구에게 속아 사기 당한다. 44세 戊土大運에 戊癸合이 되니 나이가 많은 사람을 만나서 안전하게 산다.

5 寅月 庚金 | 인월 경금

寅月의 庚金日主는 한기가 남아 있어 날씨가 추우니 火의 조후가 필요하다. 火가 있어서 용금(鎔金)하여 큰 그릇을 만들면 貴格이고, 火旺하면 신약하니 土가 있어서 土生金으로 相生하면 貴格이 된다.

초봄에 火로 따뜻하게 조후하고 土로 제습하면 貴格이 된다. 신왕하여도 절지의 金이니 쇠를 녹여 그릇을 만들려면 어려움이 있으므로 大貴格이 없다. 土가 중중하여 매금(埋金)되면 木으로 소토함이 마땅하다.

土旺해도 地支에 金이 있어서 根이 되면 埋金이 안 된다. 食神制殺하는 구조인데 金日主가 火旺하면 水로 制하면 길한데 이때는 身旺해야 좋다.

신약한 사주에 官이 旺한데 傷官으로 制殺하면 水火相戰하니 질병으로 단명할 수 있다. 火旺한데 癸水로 剋하면 火는 旺해지는 시기이니 차츰 水가 증발해 庚金이 生水하려고 기력을 소모하게 되어 건강이 나빠진다.

寒濕調候格
火用神, 木喜神, 水病神, 金仇神, 濕土忌神, 燥土藥神

庚辰	庚子	壬寅	壬午	乾命
76	66	56	46	36	26	16	6	
庚戌	己酉	戊申	丁未	丙午	乙巳	甲辰	癸卯	大運

寅月 庚金日主가 木旺계절에 출생해 甲木司令이고 金水傷官으로 傷官이 旺한데 우수 전은 한기가 아직 남아 있는 상태에 눈이 녹지 않아 춥다.

시주가 庚辰時이니 극신약은 아니다. 신약 사주는 내 몸이 있고 난 이후에 財官을 살필 것이니 시급한 것은 조후가 문제다. 추운 것은 따뜻하게 해주어야 온후해지고 인정도 있고 마음씨가 따뜻해 인정도 생긴다.

한습하니 조후용신으로 午火가 用神이다. 15세 이전 卯木大運은 濕木이 寅中丙火를 생조가 안 되고 연기가 나니 잔병치레를 하고, 甲木大運에는 좋고, 辰土大運은 습해져 火를 설기하고 습해 애로가 있게 된다. 乙巳·丙午·丁未·戊土大運까지는 좋다. 水가 病이니 戊土는 藥神이다.

天干에서 食傷이 忌神이면 불평불만이 많다. 地支에 用神이 있는 사람은 직장을 다녀도 승진이 안 되고 하는 일마다 장애가 생겨 어려움이 많다. 用神 火運에 寒氣를 녹이고 지키는 기운이라 食神生財가 잘되니 자기가 工場을 차려서 사업한다.

寅午戌火局에 戌자가 빠져 丙戌生을 배우자로 맞아들인다. 戌生을 만나면 아들을 낳는데, 다른 띠를 만나면 官이 剋傷 당해 딸을 낳는다. 인성이 있어 식상을 조절하면 아들을 낳는다.

申金大運에 運이 나쁜데, 사주원국에 子午冲되어 있고 申金大運에 水局이 되어 忌神이라 火氣가 傷하므로 불길하다. 寅申冲이라 교통사고가 날 수 있다.

또한 부동산이 경매로 넘어가거나 부도가 나거나 손재하게 되어 있다. 甲申年이 되면 偏財를 得하려고 열심히 일은 하나 소득이 적다.

申金이 申子辰水局을 이루니 午火를 剋하고 申金은 寅木과 冲되고 불이 꺼지니 어려움이 많다. 財冲이라 관청의 도움을 못 받는다.

偏官格, 火旺潤濕格 【壬水로 調候用神을 쓸 때는 合·冲되어도 쓴다】

水用神, 金喜神, 燥土病神, 火仇神, 濕土喜神, 木藥神

丙戌	庚辰	壬寅	丁巳	乾命

71	61	51	41	31	21	11	1	大運
甲午	乙未	丙申	丁酉	戊戌	己亥	庚子	辛丑	

寅月 庚金日主가 木旺계절에 출생하여 戊土司令으로 丑月의 추위가 아직 가시지 아니하여 火로 조후가 필요할 것 같으나 火가 투간이 되어 寅巳戌火局에 합세하니 火가 旺하여 역으로 水가 필요하다. 화왕윤습격(火旺潤濕格)에 月干壬水가 旺火를 조절하는 가습기 역할을 하니 壬水가 用神이다.

初年운이 辛丑·庚子大運으로 집안이 부유하여 부모님 덕으로 귀여움을 받고 공부도 열심히 하여 좋은 학교에 다니고 잘 먹고 잘 산다.

己土大運은 濕土라 열기를 흡수시켜 괜찮고, 戊戌大運은 제습하니 나쁘며 丙火를 회기무광(晦氣無光 : 해가 서산에 지니 빛이 어둡다)시킨다.

> 원국에서 조후 用神으로 볼 때는 辰戌冲하여도 辰土는 日干 庚金을 生助하며 조후가 필요할 때 조후 用神을 合이 되어도 기반으로 보지 않으며, 冲을 해도 용신으로 쓸 수 있다. 그러나 運에서 用神에 合運으로 오면 어쩔 수 없이 運은 막힌다.

이 사주는 丙火가 투간하니 丁壬合은 官殺혼잡을 막아주니 吉하다. 戊戌·丁火大運은 나쁘다.

酉·申大運은 좋고, 丙丁大運은 조금 나쁜데 地支 運이 중요하다. 地支에서 金運으로 가니 어렵지 않게 넘어간다.

이런 사주는 巳午未大運에 건강을 조심해야 한다.

乙未大運에 조열하여 金이 열을 받으면 피부병에 잘 걸리고, 거주하는 곳도 통풍이 잘 안 되는 답답한 집에서 산다.

乙木이 바람인데 未土 木庫를 坐하여 통풍이 잘 안 된다. 申酉大運에 절약하고 돈을 모아야 한다. 그렇지 않으면 거지가 될 수 있다.

偏財格, 殺印相生格
土用神, 火喜神, 木病神, 水仇神, 金藥神

己卯	庚寅	丙寅	甲辰	坤命

72	62	52	42	32	22	12	2	
戊午	己未	庚申	辛酉	壬戌	癸亥	甲子	乙丑	大運

寅月 庚金日主가 木旺계절에 출생하여 戊土司令인데 木火가 중중하고 天干에 財官이 투출하니 신약하다.

甲木이 유약한데 丙火가 조후하여 잘 자라 木氣가 旺하여 木多金缺이 되었고, 丙火가 剋하니 신약하다.

財多身弱한 사주는 빚을 지거나 가난하게 살게 된다. 타가기식(他家寄食 : 職場生活)이면 외화내빈이니 직장에서 고용살이 한다.

> 庚金은 辰土에 生을 받고 寅卯辰方局이라 從財格이 될 것 같으나, 戊土司令에 土가 있어 殺印相生하면 양간은 종을 잘 안 한다. 土에 의존하니 土가 用神이다. 辰土에 도움을 받으려고 한다.

초년운이 亥子丑 忌神大運으로 흘러 무능한 사람을 만나 결혼한다. 用神 밑에 卯木桃花라 본인이 바람피우는데 火가 喜神이라 官印相生시키려고 바람피운다. 土用神에 火가 喜神이라 남자가 많이 붙고 잘 도와준다.

남자는 운이 좋을 때 바람을 피우지만, 여자는 운이 나쁠 때 바람난다. 남편이 무능하여 남편이 미워 연애한다. 봄에 꽃이 피었으니 남편이 미남이다. 丙火는 남편인데 무능하니 丙火는 甲木을 따라간다. 木은 財이니 의류·의상인데 동대문에서 장사한다.

戊土大運에 辰戌冲하면 집문서가 없어지거나 또는 집안이 뒤집어진다. 用神이 파괴되면 남편이 힘들어지고 본인은 질병이 생긴다. 戊土大運에 冲되고 己土를 도우니 길흉이 반반이다. 戊大運이 지나면 운이 나쁘다.

庚金日干이 의지처가 없다. 甲申年에 用神을 甲己合으로 묶고 日柱와 干支冲되니 나쁘다. 財가 空亡인데 木이 空亡이면 속이 비어 부러진다. 辛酉大運에 丙辛合이 되고 甲申년에 甲己合하니 用神과 喜神이 合으로 묶이니 이때 湯火殺로 작용하니 음독하여 죽으려고 한다.

偏財格	天干：木土相戰，通關及調候 火用神，木喜神
	地支：金木相戰，通關 水用神 旺水는 必要없다.

甲申	庚子	戊寅	乙巳	乾命

74	64	54	44	34	24	14	4	
庚午	辛未	壬申	癸酉	甲戌	乙亥	丙子	丁丑	大運

寅月 庚金日主가 木旺계절에 출생해 丙火司令이며 食財官이 많아서 신약한데 甲木도 雨水 전이라 한기 미진하니 추워서 연약한 싹이다.

寅中丙火와 巳中丙火가 月支 寅에 長生하니 地熱은 있으나 日支子水가 申子水局으로 傷官生財格으로 한랭해지니 조후가 필요하다. 月令을 기준으로 세력을 살펴야 된다.

天干에 丙火가 필요하고, 地支에 水가 필요하나 旺水는 필요하지 않다. 天干은 財剋印을 하니 조후도 되고 통관도 되니 火가 用神이고, 地支는 比肩과 財星이 싸우니 통관으로 水가 用神이다.
寅巳申三刑이고 大運이 초년부터 좋으면 三刑은 기술인데 전문기술이니 의대를 졸업하고 의사가 되었고 木을 다듬어 주니 성형외과 의사이다.

壬午年에 진로변경이다. 水가 旺해지니 浮木이 되어 변동이 온다. 傷官이 기술인데 子午冲으로 깨지니 손을 못 쓰게 되어 놀게 된다. 건물 주인이 개축하려고 나가라고 했다고 한다.

偏財格，冲中逢合格
金忌神，濕土仇神，火用神，木喜神，水病神，燥土藥神

庚辰	庚申	戊寅	庚戌	乾命

78	68	58	48	38	28	18	8	
丙戌	乙酉	甲申	癸未	壬午	辛巳	庚辰	己卯	大運

寅月 庚金日主가 木旺계절에 출생하여 戊土司令인데 戊土가 투간되어 生하고 比肩이 중중하므로 신왕하다.
우수 전에 출생해 한기가 아직 남았으니 寅中丙火를 쓰는데

寅戌火局이라 좋다. 寅申冲하여 나쁠 것 같으나 申辰水局 寅戌火局으로 冲中逢合이 되어 위기를 모면하여 괜찮다. 이 사주의 약점은 木이 약하여

木을 살려야 되는데 申辰水局이 生하고 寅戌火局이 조후까지 되어 좋다.

연세대학교 경영학과를 졸업하였고 辛金大運에 劫財大運이라 주식하다가 망하였다. 巳火大運에 寅巳申三刑으로 직장생활을 못하게 되고 水가 필요하니 술집 여자를 만나서 壬午년에 단란주점에서 일을 하는데 이유는 술집 하려고 일을 배운다고 한다.

寅申冲이 日月에 있으면 모친과 宜가 안 맞는다. 午火大運에 寅午戌火局으로 火旺하니 金을 제련하여 자리를 잡는다. 크게 성공을 못하는 이유는 사주原局의 天干에 官이 없어 比肩을 조절 못하는 이유 때문이다. 甲木大運에 군겁쟁재(群劫爭財)되니 부인이 아프거나 돈이 깨지고, 申金大運에 부인과 이혼하고 돈 나가고 건강이 나빠진다.

財格, 偏印格				【조열해서 탁해졌다】
火忌神, 木仇神, 水用神, 金喜神				

戊寅	庚戌	戊寅	乙卯	坤命
71	61	51	41	31	21	11	1

71	61	51	41	31	21	11	1	大運
丙戌	乙酉	甲申	癸未	壬午	辛巳	庚辰	己卯	

寅月 庚金日主가 木旺계절에 출생해 甲木司令하여 寅中丙火와 戌中丁火가 있고 寅戌火局으로 이루어지니 조열하다. 하나의 水도 없고 濕土가 없어 탁하다. 戊土는 너무 건조하여 生金이 안 된다. 大運이 金水로 흘러야 하는데 木火로 나가니 나쁘다.

火局에 食傷이 없어 두뇌회전이 안 되어 부모는 서울대학을 갈 수 있냐고 묻는데 못 간다. 庚辰·辛巳大運에 먹고사는 것은 지장이 없는데 大運이 木火大運으로 흐르니 장래가 불투명하다.

戊土는 공업인데 여자에게 공업은 도자기나 디자인 등이다. 예능 쪽으로는 못 간다. 사주에 水가 필요하여 水原에서 大學을 다니는데 火運이라 스트레스가 심하다.

大運이 나빠 결혼실패에 官이 忌神이라 남자를 자주 바꾼다. 庚金日主가 火가 많으니 인물이 예쁘다. 壬午大運에 寅午戌火局으로 밑에서 뜨거워

물이 증발하니 남자가 들어오면 미친놈 소리를 듣는다. 庚辰·辛金 大運만
좋았고 장래를 보장할 수 없다.

魁罡格, 羊刃合殺格
金用神, 土喜神, 火病神, 木仇神, 水藥神

癸未	庚戌	戊寅	辛酉	乾命
80	70	60	50	40	30	20	10	
庚午	辛未	壬申	癸酉	甲戌	乙亥	丙子	丁丑	大運

寅月 庚金日主가 木旺계절에
출생하여 甲木司令으로 木이
旺한데 寅戌火局이라 七殺이
旺하여 羊刃合殺格으로 貴格이
되었다.
火가 약하면 合殺시킬 필요가
없다. 金用神에 濕土가 喜神으로 작용하고 燥土는 도움이 안 된다.

火病神에 木仇神인데 丙子大運의 庚辰年에 고려대학교 환경공학학과에
수석으로 들어갔다. 甲戌大運만 나쁘다. 印綬가 많고 喜神이면 엄마 닮은
여자를 좋아하고 時上에 食傷이 藥神이니 나이 어린 여자를 좋아한다.

---

6 卯月 庚金 | 묘월 경금

卯月의 庚金은 木旺계절이라 金弱하니 土가 있어 金을 生助하면 貴命
이다. 庚日主가 통근(通根)되어 왕성하면 丁火로 제련하여 용금성기
(鎔金成器)가 되어야 좋고, 丙火는 조후를 하여 吉神이다.

金이 弱하면 용금성기(鎔金成器)할 때가 아니며 生助하여 성숙을 시켜야
할 때이다. 甲木은 만물의 한기를 해동하니 庚金의 좋은 친구로 甲木과
丙火가 투출하면 부귀하다.

甲木과 丁火만 있어도 의식은 족하다. 亥卯未木局은 陰局이 되어 辛金이
필요하고 庚金은 乙庚合해서 못 쓴다. 火勢가 旺하면 濕土도 불가하므로
이때는 水가 필요하다. 庚金日主가 根하고 甲木과 丙火가 있으면 大格이
된다. 土氣가 많아 辰戌丑未가 되면 乙木은 필요 없고 이때는 甲木으로
用神을 쓴다.

金木相戰格, 財格
通關用神 : 水用神, 金喜神, 土病神, 火仇神, 木藥神

丙戌	庚子	辛卯	辛亥	乾命
78	68	58	48	38	28	18	8
癸未	甲申	乙酉	丙戌	丁亥	戊子	己丑	庚寅	大運

卯月 庚金日主가 木旺계절에 출생해 乙木司令인데 亥卯木局으로 水木이 旺하여 신약이다. 그러나 年月에 辛金이 戌土에 착근(着根)하면 金木相戰格이 되어 水가 통관 用神이다.

32세까지는 運이 나빠서 못 배워 丙火 官이 투간되어 있어도 공무원은 못한다. 집안형편이 어려운 데다 金木相戰이 되어 장가를 못 간다.

子水大運부터 吉運이 시작하여 亥水大運까지는 좋은데 丙戌大運에 土剋水하니 用神이 剋傷 당하여 사망한다. 金木相戰이면 골병이고, 水火相戰은 정신적 골병이다. 나쁜 쪽으로 빠진다. 丙戌大運 丁未年 巳月에 사망했다.

合殺留官格
金用神, 土喜神, 火病神, 木仇神, 水藥神

丁亥	庚戌	辛卯	丙寅	乾命
75	65	55	45	35	25	15	5
己亥	戊戌	丁酉	丙申	乙未	甲午	癸巳	壬辰	大運

卯月 庚金日主가 木旺계절에 출생해 乙木司令이고 食財官이 중중하여 庚金이 신약하다. 寅午戌火局에 丙火가 투출하여 丙丁火 官殺혼잡인데 辛金이 羊刃인데 合殺留官하니 丁火만 남아 正官格으로 貴命이다. 辛金이 丙火와 合해 형제 덕은 있다.

戌土는 燥土라 촉촉한 氣運이 있어야 生金한다. 19세까지는 좋다가 巳火大運에 20세부터 군 입대하여 죽을 고비를 넘기고, 49세까지는 나쁘고, 時에 亥水가 있어 처덕은 있다.

申金大運에 외국에 있던 형제가 귀국해서 사업을 권유해 시작했다. 申酉大運까지 잘산다. 申金이 驛馬 比肩이라 먼 곳에 있는 형제가 도와준다. 戌亥가 있어 易學하는 사람인데 土가 喜神이니 풍수지리를 하게 된다.

正財用比格, 魁罡格
木忌神, 水仇神, 金用神, 土喜神

庚辰	庚戌	癸卯	壬子	坤命

75	65	55	45	35	25	15	5	
乙未	丙申	丁酉	戊戌	己亥	庚子	辛丑	壬寅	大運

卯月 庚金日主가 木旺계절에 출생해 乙木司令으로 木旺하고 金弱하여 時上比肩인 庚金이 방조하는데 辰戌土는 冲되어 土生金을 못한다. 地支에 火가 있어서 火生土되면 冲이라도 土生金을 하는데 火가 없으므로 木이 있어도 木生火 火生土를 못하므로 卯木은 濕木이라 生火도 안 되고 子卯刑이라 正財格 파격(破格)이다.

> 辰戌冲·子卯刑에서 子辰合과 卯戌合으로 帝旺支는 冲中逢合과 刑中逢合으로 보면 안 된다. 正財格이 破格이므로 用比格 또는 魁罡格이 되었다. 辰戌冲으로 日主가 흔들리니 업무에 중심을 못 잡아 결정을 잘 못한다.

卯戌合이라 財로 명예를 얻고 시집을 가려고 한다. 환상의 불꽃이라 현실성이 없는 꿈이 된다. 불꽃이 안 일어나니 속이 답답하다. 食傷이 旺하니 예리하고 차갑게 보이는데 土印星이 있고 戌中丁火가 正官이라 마음은 바르고 착하다.

卯木 正財는 時上庚金 比肩이 乙庚合이라 돈 뜯어간다. 戌中丁火 正官은 比劫을 지키는 경찰관인데 도둑을 안 잡고 졸고 있으니 지키지 못한다.

傷官이 年月柱에 많고 官弱하거나 官庫에 있거나 辰戌冲을 하여 官庫가 깨지면 키가 작은 남자만 따른다. 본인은 체격이 좋은 남자를 원하는데 壬午年에 午戌火局으로 키가 큰 사람을 만난다.

子辰水局에 壬癸水가 투간되어 太平洋이고, 卯木은 물에 떠 있는 나무라 선박이 되는데 原局에서 印綬冲은 학력이 낮아 전문대학을 나와 직업이 여행사 가이드다. 金을 水로 닦으니 깔끔하고 옷맵시가 좋다.

子卯刑은 水生木을 못해 食神生財가 안 된다. 財가 刑 맞아 財福이 없다. 比劫運에 그런대로 괜찮다. 大運이 亥子丑大運으로 흐르면 卯木이 젖어 財生官 못하니 시집을 못 간다.

7 辰月 庚金 | 진월 경금

辰月의 庚金은 木旺계절이나 곡우가 지나면 戊土司令이니 養金之土로 金을 키우니 신약하지 않다. 이때는 甲木과 丁火가 있어야 貴格이다. 土多하면 埋金되어 甲木으로 旺土를 소토하고 丁火를 생조를 해야 광석이 제련되니 吉하다.

辰土는 庚金을 生하기 때문에 金이 旺한 것을 丁火가 억제해야 좋은데 丁火로 庚金을 단련(鍛鍊)하면 庚金은 주옥·보석이 된다. 地支에 火氣가 많으면 癸水로서 윤택(潤澤)하게 해주고 金을 닦아주어야 吉하며 天干에 丙丁火로 官殺혼잡되면 壬水로 제거함이 당연하다.

甲木이 없고 丁火만 있거나 丁火가 없고 甲木만 있으면 小格이라 格調가 떨어지나 의식은 족하다. 甲木과 丁火가 둘 다 없게 되면 천격(賤格)으로 하격(下格)이 된다. 丙火는 鎔金을 못하니 쓰지 않는다.

傷官用官格
火用神, 木喜神, 水病神, 燥土藥神

辛巳	庚子	壬辰	丙辰	乾命
71	61	51	41	31	21	11	1	
庚子	己亥	戊戌	丁酉	丙申	乙未	甲午	癸巳	大運

辰月 庚金日主가 木旺계절에 출생해 戊土司令으로 養金之土인데 庚金日主가 年月 辰土와 辛金 劫財가 있고 巳中庚金에 長生하여 신왕하다.

丙辛合과 子辰水局에 壬水가 투출되어 水旺하여 金水傷官格으로 官이 필요하다. 사주가 습해 성격이 우울할 때가 많고 내성적이다.

> 사주가 습한데 子辰水局에 壬水가 투간되어 金水傷官格에 官을 기뻐하니 傷官用官格이라 丙火가 用神이다. 너무 습하니 따뜻한 官을 찾는다.

傷官이 旺하면 이부를 잘하고 처음에 기분이 좋으면 희생 봉사정신이 있고 인사성이 깍듯하고 생색을 잘 내며 예의바른 행동을 한다. 그러나 자

기 비위에 안 맞으면 직위가 낮은 사람은 짓밟고, 높은 사람에게는 아부·
아첨을 잘하고 불리하면 자기 잘못을 남에게 뒤집어씌운다. 官이 用神이
라 官이 깨질까 봐 조심은 한다. 그러나 목에 힘은 준다. 巳午未大運에
운이 좋아 공부를 잘해 성적이 우수했다.

36세에 申金大運부터 壬水忌神이 申中壬水에 長生하니 나쁘고 官이 用神
인데 丙火는 申金이 病地라 財物에 손해도 많고 신고가 많다. 酉金大運에
는 用神의 死宮이라 죽을 고생을 한다. 戊戌大運부터 壬水 忌神을 막고
用神인 丙火를 살리니 한시름 놓았다. 戊土大運에 道人이 된다.

金水傷官格은 청렴결백한 성품으로 군자의 덕성이 강한 것인데 마음을
비워 해탈되니 戊戌·己土大運까지 세상 편하게 살다가 亥·子大運에 운이
없다. 水火相戰은 피부병이고 金이 약해졌을 때 폐·기관지 疾患으로 사망
한다. 사주에 木이 없어 부인에게 타박을 잘한다.

辰中乙木이 부인인데 태양을 보기 위해 밖으로 나돌다 바람피울 수 있다.
부인이 늦게 들어오면 의처증이 발동한다.

金水傷官格이 戊土를 보게 되면 忌神인 근심을 제거해 해탈한다. 辰土는
子辰水局으로 변하므로 나쁘다. 金水傷官에 壬水傷官이 언어로 언변이고
사교성으로 작용하는데 봉사정신이 강하여 남에게 잘해 주는데 忌神으로
작용하면 丙火用神을 剋해 불이 꺼지므로 주변사람들이 추워지니 뒤에서
욕하여 잘해 주고 욕먹는다.

傷官制殺格
火忌神, 木仇神, 水用神, 金喜神

丁丑	庚子	丙辰	癸巳	乾命
79	69	59	49	39	29	19	9	
戊申	己酉	庚戌	辛亥	壬子	癸丑	甲寅	乙卯	大運

辰月 庚金日主가 木旺계절에
출생해 戊土司令인데 子辰水局
으로 水도 旺하고 日干 庚金도
巳中庚金에 長生되고 巳丑金局
으로 旺하다.
丙火가 年支에 祿하고 丁火가

옆에서 剋傷하고 있으니 官殺혼잡에 가까워서 剋하는 것을 接身肩剋이라
한다. 丙丁火가 투간하여 辰月에 進氣가 되어 火가 약하지 않다.

庚金 옆에 붙어서 剋을 하여 官殺혼잡하니 庚金은 어쩔 수 없이 用神을 癸水로 쓴다. 다행히 子水에 根을 하여 丙丁火를 상대할 만하다.

傷官制殺格으로 甲寅·乙卯大運에 生火하니 어렵고 癸水大運부터 傷官이 기술성인데 취업을 해서 癸丑·壬子·辛亥·庚金大運까지 자식들이 대학을 졸업하여 잘산다.

戌土大運부터 子水用神을 剋하고 辰戌冲하여 둑이 무너져 질병이 발생해 죽었다. 傷官格에 無財이면 반드시 밥은 먹고사는데 大富가 되기 어려워 빈한하다고 했다.

身旺官旺格
火忌神, 木仇神, 金用神, 濕土喜神, 火病神, 水藥神

戊寅	庚戌	甲辰	丁未	坤命

77	67	57	47	37	27	17	7	
壬子	辛亥	庚戌	己酉	戊申	丁未	丙午	乙巳	大運

辰月 庚金日主가 木旺계절에 출생하여 癸水司令이나 四土가 도우니 신왕하다.

年干의 丁火가 地支 寅戌火局으로 根하고 甲木이 生助하니 身旺官旺하나 水氣가 약하고 너무 조열하다. 그러므로 丁火가 투출한 것이 病神이다.

父母宮에서 辰戌冲에 木剋土하니 부모덕이 없다. 燥土 印綬가 忌神이니 공부가 안 되고 印綬가 많으면 편한 직업을 가지려 한다.

印綬가 太過하면 공부가 부족하니 기술로 먹고살아야 하는데 식상이 기술 능력인데 없다. 水가 필요하니 傷官이 藥神이고 傷官이 기술이라서 발마사지를 배워서 써먹고 산다. 水庫를 깔고 있어 돈은 조금씩 번다.

辰戌冲이라 뜯어 가는 사람이 많다. 초년 乙巳·丙午 大運에 부모가 이별하였다. 이 사주는 官이 필요 없는데 正官이 떠 있다. 남자를 만나면 자주 깨져 결혼을 기피한다.

午火大運에 寅午戌火局이 되어 辰中癸水가 증발이 되고 金을 剋하니 나쁘다. 未土大運에 日·時支에 印綬가 있어 공부해서 스포츠 마사지학과 교수가 되려 하는데 燥土大運이라 운이 없다.

官이 忌神인데 月支印綬가 있어 官을 찾는데 火旺하니 財가 탄다. 이때 甲木이 疏土를 못하니 埋金되어 버린다. 官이 없으면 보고 싶고 있으면 甲木이 丁에 타니 남자에게 속는다. 애인이 乙巳생이다.

> 未는 天驛星이라 驛馬로 본다. 남자를 만나면 亥卯未에 巳가 驛馬인데 外國 驛馬라 美軍부대에서 운송 업무에 종사하는 남자다. 巳戌 怨嗔이라 만나면 짜증나고 안 보면 보고 싶어진다.

井欄叉格 破格, 時上一位貴格, 傷官用官格
金忌神, 火用神, 木喜神, 水病神, 土藥神

丙子	庚申	庚辰	庚申	乾命
76	66	56	46	36	26	16	6	

| 戊子 | 丁亥 | 丙戌 | 乙酉 | 甲申 | 癸未 | 壬午 | 辛巳 | 大運 |

辰月 庚金日主가 木旺계절에 출생하여 土金으로 이루어져 신왕한 중에 地支에서 申子辰 三合이 구전(俱全)되니 정란차격(井欄叉格)으로 성격된 것 같으나 申金이 또 있어 破格이 되었다. 三庚이 있어 아름답다. 時上에 丙火官星이 있고 申金이 또 있으니 貴格이 전실(塡實)이 되어 감복(減福)이 된다.

> 本命은 時上一位貴格이고 傷官用官格도 되니 火가 用神이고 木이 喜神이 된다. 官이 한 개만 투간(透干)이 되면 官을 보호해야 한다.

초년 巳午未火運에 다복한 가정에서 태어나서 총애를 한 몸에 받고 총명하여 좋은 대학에 입학하여 우수한 성적으로 졸업하고 행정고시에 合格하여 관계(官界)로 진출하는 좋은 사주이다.

大運을 살펴보면 辛金大運은 丙火用神이 合去되어 한습하게 되니 몸이 아파 고생한다. 巳火大運은 丙火用神의 祿地운도 되고, 庚金의 長生地도 되므로 길흉이 반반이다. 그러나 뒤 대운이 길하면 길하게 작용하니 공부를 잘하고 가정이 화목하고 다복하다.

壬水大運은 丙火가 더욱 빛이 나니 공부가 잘되어 좋은 대학에 입학하고, 午火大運에는 丙火用神의 뿌리가 되므로 좋은 성적으로 졸업하고 행정고시(行政考試)에 합격하여 고급공무원이 되었다.

사주原局에서 傷官見官하게 되거나 運에서 傷官見官하게 되면 군 복무를 공익요원으로 대체하게 된다.

癸水 傷官大運에 官星을 剋하므로 軍에 입대할 나이에는 공익요원으로 군 복무를 대신하게 된다.

옛날 같으면 보충역이나 방위병으로 군 복무를 대체하게 된다. 현역으로 근무하고 있을 때 傷官 운이 오면 항명을 하거나 탈영을 하거나 사고를 내게 되어 영창을 가게 된다.

未土大運에 藥神大運이라 발복하게 되고, 甲木大運은 喜神운이라 좋고, 申酉大運은 用神의 病死운이 되어 감복되는 운이다.

丙火大運에는 用神大運이라 고위직에 오르게 되어 영화를 누리게 된다. 戌土大運에는 藥神大運이라 건강도 좋아지고 用神을 보호하므로 직위가 흔들림이 없이 잘나간다.

印綬格
土用神, 火喜神, 木病神, 水仇神, 金藥神

癸未	庚寅	戊辰	甲寅	坤命
75	65	55	45 / 35 / 25 / 15 / 5	

庚申	辛酉	壬戌	癸亥	甲子	乙丑	丙寅	丁卯	大運

辰月 庚金日主가 木旺계절에 출생하여 戊土司令에 공협으로 卯木이 있어서 寅卯辰方局인데 甲木이 투출되어 土를 剋하니 부실하여 신약하다.

土用神이요 火喜神이며 木病神이고 水仇神이며 金藥神이다. 印綬用神이니 공부는 했으나 財星 忌神이 旺하고 초년 大運이 財星 忌神運이라 전문대학을 졸업하여 직장에 들어가나 썩 좋지 않아 직장을 자주 옮긴다.

寅中丙火가 年支暗藏에 있으니 나이 많은 남자와 결혼한다. 未中丁火는 癸水가 꺼버려 寅中丙火가 남자다. 그러므로 丙午생을 만났는데 原局에서

官星이 天干癸水 때문에 뜨지를 못한다. 능력 없는 남자만 따른다. 초년부터 중년까지 운이 없으니 직장생활을 해야 한다. 印綬 用神인데 財星이 旺할 때 사업하면 망한다.

8 巳月 庚金 | 사월 경금

巳月의 庚金은 長生이라도 火土가 旺할 때이니 壬水로 먼지를 닦아내고 丙火로 비추어야 大格이 된다. 癸水는 濕氣와 같아서 庚金을 닦아줄 수 없고 녹이 슬게 되어 오히려 나쁘다.

巳中에 戊庚丙이 있어 巳中戊土가 巳中庚金을 土生金하니 上中格은 된다. 丙火로 연금(鍊金)을 하고 壬水로 담금질하면 貴命된다. 金局에 金旺하면 丁火로 연금해야 하는데 이때 甲木으로 丁火를 生助해 주어야 貴命이다.

戊土가 투간되면 미련하니 甲木으로 소토해야 총명해지고 吉하다. 天干에 壬水가 있고 地支에 申子辰水局이 있으면 덕망이 있는 사람이다. 甲丙이 地支에 暗藏되면 小格에 불과하며, 天干에 壬·丙·丁이 없으면 下格으로 평범한 사람에 불과하다.

傷官制殺格
火忌神, 木仇神, 水用神, 金喜神

丁丑	庚辰	癸巳	丙午	乾命
71	61	51	41	31	21	11	1
辛丑	庚子	己亥	戊戌	丁酉	丙申	乙未	甲午	大運

巳月 庚金日主가 火旺계절에 출생하여 丙火司令이고 火力이 旺하니 庚金은 신약하다.
官殺이 혼잡으로 함께 투출이 되어 太旺하니 火기세를 꺾어야 한다.

傷官癸水가 用神이니 傷官制殺格으로 傷官이 官殺을 制剋을 못하게 되면 巳丑金局이 되어도 녹아서 괴멸된다.

甲午·乙未·丙 大運까지 공부가 안 되어 기술을 배우고 25세 申金大運 이

후부터 기술계로 자영업을 해야 된다. 官殺이 중중하니 직장은 못 다니고, 巳酉丑金局으로 뒷받침이 되니 설비공사로 申金大運에는 돈을 많이 벌었다. 戊戌大運에 旺火가 入墓되고 戊癸合하여 욕심을 부리나 水用神이 묶여서 나쁘다. 己亥·庚子大運에 좋아져 자식이 잘된다.

만약에 傷官이 無財면 노력은 많이 하나 대가가 적다. 남에게 잘해 주고 싶은 소리를 듣고, 傷官이 官을 剋하면 언변이 좋아 설득력이 좋다. 傷官이 있고 官旺하면 과장표현이 많다.

日時 濕土가 있어 妻宮이 괜찮고, 辰中癸水가 투출되어 부인의 힘이 크다. 자식은 官이 자식인데 忌神이면 속을 썩이나 亥子大運이 喜神이라 자식이 효순하다.

官殺太過格, 殺印相生格
火忌神, 木仇神, 辰土 濕土用神, 木病神, 金藥神

己卯	庚午	丁巳	戊辰	乾命
72	62	52	42	32	22	12	2	
乙丑	甲子	癸亥	壬戌	辛酉	庚申	己未	戊午	大運

巳月 庚金日主가 火旺계절에 출생하여 丙火司令이고 木火가 重重하니 신약하다.
丙火司令에 丁火가 透出하여 日支午火에 祿하여 殺旺하다.
地支 卯木이 木生火해 주므로 丁火는 기세가 강하다. 庚金은 巳火에 長生하였으나 丁火의 기세가 더욱 강하여 너무 조열하니 濕土인 辰土가 用神이다.

> 天干에 土는 濕土인 辰土에 윤택하게 뿌리를 내리므로 火勢를 흡수하니 濕土가 用神이다. 戊己土가 辰土를 보면 濕土로 변한다.

己土는 自坐에 殺地라 쓸 수가 없고 辰土는 火氣를 泄氣한다. 己土를 쓰면 학자나 선비다. 辰土는 濕土라 윤택하게 하는데, 庚金日主가 辰土를 用神으로 쓰면 운동장이나 연병장으로 스포츠 선수나 군인이 되기 쉽다.

초년에 가정은 어려워도 印綬가 用神이니 공부는 잘했다. 官印相生이면 공무원이 되기 쉽다. 庚金日主가 火局을 이루면 의사·군인·경찰이 많다.

辰土가 用神이나 戊午·己未大運은 조열한 계절로 가니 발전이 없다.

庚申大運에 陸軍士官學校에 입학하여 임관(任官)하여 46세까지 계급이 오른다. 庚金大運에 木을 제거하고 습한 기운을 받으니 좋아진다.

庚金日主가 신약해 申金大運에 日干이 祿根하니 任官하여 근무한다. 辛酉大運과 壬水大運까지 진급을 잘하여 승승장구하다가 戊土大運에 辰戌冲하니 土生金이 안 되어 예편하여 이것저것 하다가 실패하였다.

印綬가 官印相生해서 계급장은 달고 다닌다. 丁火가 투출되어서다. 甲子大運에는 子午冲하는 大運이나 辰土가 原局에 있으니 子辰合으로 冲을 안 한다. 癸亥子丑 大運부터 부동산으로 재물을 많이 모았는데, 사람이 여유 있고 넉넉하다. 丙寅大運에 82세 이후에 죽는다.

辰土가 없었더라면 子午冲은 화산폭발이라 나쁘다. 時上에서 用神이 印綬이면 妻家에서 잘한다. 己土의 祿은 午火이니 처가의 장인이 賢明한 사람이다. 日支 午火가 妻宮이지 처가 아니고 卯木이 妻이다. 正財는 처이고 日支는 妻宮이고 時柱는 처가이다.

己卯	庚子	辛巳	庚子	坤命
72	62	52	42	32	22	12	2	

| 癸酉 | 甲戌 | 乙亥 | 丙子 | 丁丑 | 戊寅 | 己卯 | 庚辰 | 大運 |

巳月 庚金日主가 火旺계절에 출생해 戊土司令이며 不寒不熱인데 巳月 庚金은 키워야 하는 金으로 日支 子水라 金이 冷해지니 불을 찾는다.
水가 忌神일 때 土가 剋해줘야 하는데 己土가 있어 水를 剋하지만 절지에 앉아 못 쓴다.

寅卯辰大運에는 木運이라 生火하니 좋고 丁火大運까지 좋은데 丑土大運에는 巳丑金局으로 나쁘다. 노처녀 사주인데 巳火 偏官이 空亡이다.

偏官 用偏官格인데 空亡이라 남편이 출세하려 해도 출세를 못한다. 능력이 부족한 남자만 남편감으로 걸린다.

月支가 空亡이라 부모덕이 없고, 巳火用神이면 외국과 인연이 많다. 巳中 丙火가 驛馬 官이라 日本에 친척이 많다.

丁火大運에 돈을 벌어서 형제를 도와주고, 丑土大運에 巳丑金局으로 比劫을 도우니 벌어 놓은 돈을 다 까먹는다.

丁火大運에 결혼하고 싶은데 丑土大運에 自庫운이라 巳丑金局 比劫으로 변해 결혼한다는 소리가 쏙 들어간다. 丁火가 泄氣되어 오니 남자를 많이 만났는데 전부 다 쓸모없는 남자만 걸린다. 丁火는 丑土가 墓가 된다.

丙火大運에 시집갈 맘이 저절로 생긴다. 남자가 총각이거나 사지가 멀쩡하면 직업이 없다. 丙火大運에 시집가면 子水大運에 이혼한다. 이 여자는 평생 혼자서 살아야 한다. 애인은 있는데 결혼할 생각이 없단다.

偏官用官格
火用神, 木喜神, 水病神, 土藥神

癸未	庚子	丁巳	戊申	坤命
78	68	58	48	38	28	18	8	

乙酉	庚戌	辛亥	壬子	癸丑	甲寅	乙卯	丙辰	大運

巳月 庚金日主가 火旺계절에 출생해 丙火司令으로 剋泄交集하니 신약하다.
사주가 濕하여 火用神에 木이 喜神이다. 水病神이며 土藥神이다. 時上傷官이 日支傷官에 根하였고 官이 空亡이라 남편에게 불만이 많다.

癸水 傷官과 丁火正官이 傷官見官이 되어 이혼하게 될 것 같으나 戊癸合으로 戊土印綬가 傷官과 合하니 이혼은 안 한다. 日支에 傷官은 불평불만인데 官이 空亡이라 남편 덕이 없다.

無財사주라 財大運이 오면 시어머니와 함께 살게 되는데 寅巳申三刑이라 스트레스를 받는다. 官이 空亡이면 딸만 낳게 된다.

癸丑大運에는 癸水가 爭合이 될 때 戊癸合이 풀려 丁癸冲되어 이혼한다. 癸未年에 사소한 감정이 불씨가 되어 폭발한다.

戊土가 癸水傷官을 戊癸合하여 친정어머니가 그러지 말라고 말린다. 사주에 財가 없어 남편이 능력이 없다. 日支傷官에 官星空亡이면 잠자리가 적적하다. 亥子丑大運에는 用神의 絶地大運이라 고생하고 빈곤해진다.

밖에 나가서 남에게는 싹싹하나 집에서는 못한다. 未中乙木이 癸水와 子水가 있어 濕木되어 枯木나무가 썩었다. 원국에 財庫는 財庫 運이 들어올 때 財로 보아라.

偏官格, 調候用神
火忌神, 水用神, 金喜神, 土病神, 木藥神

辛巳	庚寅	己巳	己未	坤命
75	65	55	45	35	25	15	5	

| 丁丑 | 丙子 | 乙亥 | 甲戌 | 癸酉 | 壬申 | 辛未 | 庚午 | 大運 |

巳月 庚金日主가 火旺계절에 출생하여 丙火司令이고 己土가 조열하니 土生金이 안 되므로 신약하다.

亥卯未生에게 巳火가 역마이고 역마 위에 印綬가 투출이 되어

외국학문이 되어 유학가려고 한다.

> 巳中丙火가 寅中丙火에 長生을 하고, 庚金이 巳中庚金에 長生하고 있으나 丙火司令으로 官殺이 旺하다.

殺印相生해야 하는데 己土印綬가 地支에 火局으로 건조한 土로 변하니 相生이 안 되어 水로 潤濕하게 해야 하는데 水가 없어서 바다를 건너가면 인기가 올라가니 남자들도 잘 따른다. 日本이나 호주를 가도 괜찮다.

大運이 壬申·癸酉로 오면 濕을 쓰려고 전공을 예체능 계통으로 바꾼다. 사주원국이 조열하여 土生金으로 相生이 되지 않으니 두뇌가 총명하지 못하다. 물이 없어 생각을 하면 증발되기 때문에 디자인이나 예술 분야로 가면 좋다.

日本語를 공부했는데 食傷運으로 가니 예능 쪽으로 가려고 전공을 바꾸는 運이다. 己土가 약해서 전공을 바꾸려고 해도 도움이 안 된다.

寅巳刑은 남지는 붙었다 깨졌다가 반복이다. 庚金을 丙火가 旺하여 열을 가하면 辛金으로 변하는데 壬水로 씻어주면 잘생겨 모델이나 배우로도 괜찮다. 運은 壬申大運부터 좋다.

官殺太過格
金用神, 濕土喜神, 火病神, 水藥神

辛巳	庚午	乙巳	丁巳	坤命

78	68	58	48	38	28	18	8	
癸丑	壬子	辛亥	庚戌	己酉	戊申	丁未	丙午	大運

巳月 庚金日主가 火旺계절에 출생해 戊土司令인데 火旺하니 日主가 녹아 있는데 水가 없어 담금질을 못해 약하다.

戊土司令으로 辰月의 餘氣가 남아 있고 巳中庚金에 長生하니 從殺格으로 안 간다. 마음이 약해서 남자가 물놀이 가자고 말하면 가기 싫다고 거부하다가 결국 따라간다. 따라가면 속도위반하게 된다.

결혼해 아들(壬水)을 낳으면 남편이 좋아하고, 딸(癸水)을 낳으면 남편이 싫어하나 딸을 낳으면 부자가 되는데 乙木을 癸水가 生助하기 때문이다. 아들을 낳으면 丁壬合이 되므로 부자 되는 것은 늦어진다.

官殺이 많아 현모양처로 살려고 한다. 여자 사주에 官殺過多로 몸이 약해 사랑을 받아들이지 않으면 남편이 다른 데 가서 바람피운다.

丁火 正官이 투출되어 점잖고 日支 도화 官이라 남편이 바람기가 있다. 巳中丙火 偏官七殺이 旺해 겁이 많아 연애를 못한다. 官殺 旺者는 職業을 가져야 몸이 튼튼해진다. 직장을 다니면 남편이 떠받들어 준다. 본인이 직장을 다니게 되면 남편을 무시한다. 正偏官이 많아 밖에 남자와 비교를 한다. 官殺이 많은 사람은 자격증·면허증으로 직업 생활하는 것이 좋다.

從殺格
金忌神, 土仇神, 火用神, 木喜神

辛巳	庚午	丁巳	戊午	坤命

75	65	55	45	35	25	15	5	
乙酉	庚戌	辛亥	壬子	癸丑	甲寅	乙卯	丙辰	大運

巳月 庚金日主가 火旺계절에 출생하여 丙火司令인데 巳午·巳午 火에 丁火가 透出해 火旺하여 火에 從을 한다. 火土가 많으면 金은 녹는다.

여자 사주에 三合으로 從殺格이 되면 貴命되는데, 方合으로 從殺格이 되면 官殺혼잡으로 格이 떨어지

고 조후가 없어 격탁(格濁)이다. 습토(濕土)가 있으면 土生金으로 殺印相生
이 잘되므로 火가 泄氣가 잘되니 濕土가 있으면 從殺格이 안 된다.

燥木이 있으면 다시 從殺格이 되는데 火의 從殺格에 木이 없으면 불꽃이
안 일어나니 불꽃이 없으면 남편이 크게 성공하지 못한다. 卯木이 桃花라
卯木大運에 戊寅年 21세 때 치과의사와 결혼했다. 얼굴은 예쁜데 格濁이
되어 머리가 나빠 대학을 다니다 중퇴했다.

> 濕土가 있을 때는 甲木과 함께 있어야 貴格이 된다. 이유는 濕土는 있고
> 甲木이 없으면 生金만 하니 金旺하면 從하지 않는다.
> 濕土는 조후하면서 旺火를 泄氣하고, 木을 生해 주어야 貴格이 된다.
> 巳午·巳午나 亥子·亥子는 驛馬라 해외에서 살게 된다.

癸丑大運에 巳丑金局으로 比劫으로 변하니 적이 나를 죽이는 것이다. 從格
사주가 印綬나 比劫運이 오면 나쁘다. 丑午湯火라 항공사고로 죽을 가능성
많다. 庚午는 뜨는 것이라 비행기 사고다. 從格이라도 調候는 필요하다.

9 午月 庚金 | 오월 경금

午月의 庚金은 火旺계절에 火勢가 旺할 때이니 壬水나 癸水로 火勢를
制하고 弱金을 구해야 한다. 庚金은 뿌리가 있어야 吉하다. 辰土나
丑土가 있으면 열기를 흡수하여 生金하는 역할이니 貴命이 되고, 天干에
壬癸水가 있으면 더욱 창성한다. 水氣도 없고 火氣만 있어 조열하면 대장
이나 폐병이나 치통으로 고생하기 쉽다.

火旺계절에 金水가 많으면 삼복행한(三伏生寒)으로 도리어 火를 필요로 한다.
이때 木運이 와서 木生火 해주면 길하고 金水로 오면 한낱 평인에 불과
하다. 戊己土가 많으면 매금이 되므로 甲木으로 소토를 하되 地支에 寅木
이 있어 木根을 튼튼히 해야 귀명이다.

乙木은 소토의 능력이 없으니 사치에 힘쓰게 되고, 남녀 공히 평지풍파에
뜬구름만 잡으려 하고 공상만 한다. 乙木으로 소토를 할 경우 地支에 亥
卯未木局이나 寅亥合木이 있으면 中格은 된다.

사주에 金이 많으면 丁火가 透出해야 하고 木運으로 오게 되면 기술인데

고급기술이라 의사가 아니면 회계사로 종사한다. 귀명인데 벼슬이 없다.

官殺太過格, 調候印綬格
火忌神, 木仇神, 水用神, 金喜神, 濕土喜神

丙子	庚戌	庚午	己未	乾命

77	67	57	47	37	27	17	7	
壬戌	癸亥	甲子	乙丑	丙寅	丁卯	戊辰	己巳	大運

午月 庚金日主가 火旺계절에 출생해 丁火司令인데 午戌火局으로 丙火 투출하여 官殺太過하다. 火旺하므로 조후가 필요하니 濕으로 用神을 쓴다.

日干 옆에 丙火가 剋하고 己未 土는 燥土로 메말라 生金이 안 된다. 丙火가 日干 옆에 있어 평상시는 얌전한데 술만 마시면 술버릇이 나쁘다.

火勢가 旺하니 燥土는 金을 生할 수가 없고, 戌土 옆에 子水가 있으므로 濕해져 生金한다. 地支에 子水가 있으니 濕土가 되어 殺印相生이 된다. 偏官格이나 官殺太過格 또는 調候印綬格이라 한다.

己巳·戊辰大運까지는 썩 좋은 편은 아니나 濕土가 있어서 평범한 가정에서 잘 자라는데 丁卯·丙寅·乙木 大運까지 큰 발전이 없다. 火旺해 水가 필요하니 기술인데 火旺하여 전기기술이다. 51세까지 발전이 없다가 丑土 大運에 퇴직 후 고물상을 하여 5年 동안 돈을 많이 벌었다.

甲木大運에 火를 生하니 재물을 파한다. 子水大運에 旺火를 冲하면 왕자충발(旺者衝發)이라 화산폭발(火山爆發)로 火剋金하여 나빠지는데 金이 폐·대장으로 건강은 나빠져도 집안은 잘 이끌어 간다.

癸亥大運에 괜찮고 壬水大運까지 잘나가다 戌土大運에 子水를 剋하면 자동적으로 燥土가 된다. 子水가 剋傷을 당하면 火를 견제를 못하니 火가 金을 剋하게 된다. 폐병으로 사망했다. 戌土가 土剋水하면 己土는 燥土가 되어 먼지로 변해 그러므로 폐·기관지가 나빠진다.

未中乙木이 庫 속에 숨어 있으니 부인이 조용히 산다. 원국에 卯나 寅이 있으면 仇神으로 이혼이다. 다행히 없어 백년해로한다. 조후 印綬格으로

濕하면 좋다. 火가 忌神이라 未中乙木이 쥐 죽은 듯이 숨어 있다. 官殺이 중중하면 빚을 지는데 財가 투출되면 큰일 난다. 부인이 돈을 다 날린다.

羊刃合殺格
火忌神, 木仇神, 金用神, 濕土喜神, 火病神, 水藥神

丙戌	庚子	甲午	辛酉	乾命

71	61	51	41	31	21	11	1
丙戌	丁亥	戊子	己丑	庚寅	辛卯	壬辰	癸巳	大運

午月 庚金日主가 火旺계절에 출생해 丙火司令인데 午戌火局으로 丙火가 투출하고 甲木이 木生火하니 火勢가 旺하다.

日支子水는 庚金을 泄氣 시키니 신약한데 한쪽에선 氣運을 빼고 한쪽에선 剋하니 日主가 신약하다.

剋泄交集으로 庚金은 劫財가 있고 酉金 뿌리에 根을 하니 陽干이라 從을 안 한다. 辛金이 丙辛合으로 羊刃合殺을 하니 比劫이 用神이다. 丙火가 合殺되어 庚金을 剋하지 못한다.

癸巳 壬辰大運 天干에 水가 火의 熱氣를 빼주고 辰巳는 통근할 수 있어서 초년에 부모가 집안이 넉넉하여 학교도 辛金大運까지는 우수한 성적으로 잘 다닌다. 辰土大運에 평상시에는 공부를 잘해도 己卯年은 用神을 卯酉沖하니 시험 보면 떨어진다. 재수해서 庚辰年에 喜神이라 合格한다.

卯木大運에 卯酉沖하면 庚金이 의지할 데가 없어진다. 이때 관재구설과 신경과민에 마음고생을 많이 하다가 庚寅大運에 寅午戌火局으로 金을 녹여 나쁘다. 己丑·戊子大運에 철강 사업을 해서 크게 돈을 벌어 성공했다. 金用神이니 철강업이 잘 맞는다.

大運을 볼 때는 양포태법으로 보고, 세운을 볼 때는 양·음 포태로 보며, 天干은 生剋制化로 보아라. 金用神인데 子水大運에 사궁이라 사망했다.

만약에 여자 사주라면 남편이랑 각방을 쓴다. 官沖하여 남편을 침대에서 밀어버린다. 日支傷官에 官沖하고 印星이 官으로 변하여 傷官을 세어하지 못하니 독수공방에 직장생활을 못한다.

從殺格 │ 火用神, 木喜神, 水忌神, 金仇神, 土藥神

丙戌	庚戌	甲午	丙午	坤命

75	65	55	45	35	25	15	5	
丙戌	丁亥	戊子	己丑	庚寅	辛卯	壬辰	癸巳	大運

午月 庚金日主가 火旺계절에 출생해 丁火司令이 午戌火局에 丙火가 투출되고 甲木이 生助하니 天干地支가 불꽃이 일어나니 불바다가 되었다.

庚金은 불에 녹아 火에 從하는 從殺格으로 格은 좋으나 초년運이 나빠 어려서 부모 곁을 떠나서 객지 생활을 하는데 미용실에 취업하여 미용사가 되었다.

官殺이 많아 인물은 좋다. 丙火가 중중하니 집에 갈 때 뒤를 잘 살펴라. 남자가 항상 따른다. 多官이 無官이라 늦게까지 결혼을 못했다. 화토중탁(火土重濁)으로 화개(華蓋)가 日時支에 있어 승도지명이다. 너무나 조열해서 남자가 없다. 한결같이 남자가 마음에 안 든다.

甲木이 머리에 해당하니 미용사나 마사지를 하라고 했더니 미용사라고 했다. 卯木大運에 돈을 벌고 庚金大運에 比肩으로 미용실을 하다가 안 되어 壬午年에 남에게 넘기고 모친하고 같이 산다. 甲木이 午火를 깔고 있는데 庚金이 劈甲生火하면 燥土는 庚金을 生助하지 못하니 濕한 五行이 없어 官印相生이 안 되어 내가 엄마를 보태주어야 한다.

寅木大運에 寅午戌火局이 되어 이때 결혼하면 가장 좋은 운이다. 남자 사주라면 승려·종교인·역술인·의사 직업인이 되기 쉽다.

正官格, 官印相生格 　　　　【無財라 財生官이 아니다】
火忌神, 濕土用神, 木病神, 金藥神

丁丑	庚辰	壬午	庚戌	坤命

78	68	58	48	38	28	18	8	
甲戌	乙亥	丙子	丁丑	戊寅	己卯	庚辰	辛巳	大運

午月 庚金日主가 火旺계절에 출생해 丁火司令이고 丁火가 透出되었고 午戌火局을 이루고 열기가 심한데 壬水가 丁火를 合去하고 辰土·丑土가 火氣를 식혀 시원해져 사주는 좋다.

시원해지니 남편은 착하다. 그러나 官이 합되어 무능하다. 남편의 직업은

丁火 官입장에서 庚金을 申金으로 본다면 寅午戌생은 申金이 역마인데 역마 財라 영업으로 火旺하여 壬水가 증발하니 金生水하려고 달리면서 生하니 현대자동차 영업직원이다. 傷官이 官을 剋하면 영업직이다.

초년에 辛巳·庚辰大運은 평범하게 넘어가고 신약하니 己土大運에 결혼을 했다. 卯木大運에 生火가 안 되고 土를 剋하니 힘이 들고 본인이 벌어야 한다. 이 여자는 직업을 가지고 활동하는 것이 좋다.

庚辰괴강은 남편이 무능하다. 괴강이라 건설업에 취직하여 다니는 사무직으로 취직되었다. 運이 나쁠 때는 직장생활하면서 고생하며 살아라. 그래야만 집안이 안정이 된다. 庚辰 괴강日柱 여자는 남편을 믿고 살다가는 망한다. 傷官庫라 자식이 죽거나 유산하게 된다.

🔟 未月 庚金 │ 미월 경금

未 月의 庚金日主는 대서를 전후로 대서 이전은 火旺하고, 대서 이후에는 金旺함을 참고하라. 소서에는 午月과 같은 기운으로 보아야 하고 그러므로 윤습함을 기뻐한다.

地支에 申·酉·亥·子·辰·丑과 天干에 己·庚·辛·壬·癸水가 좋다. 대서 후에 庚金이 旺해지니 土旺하면 甲木으로 제함이 길하고 地支에 濕한 丑·辰·亥·子가 있고 丁火가 있으면 귀인이다.

甲木이 없고 丁火가 있거나, 丁火가 없고 甲木이 있게 되면 衣食은 있다. 甲木과 丁火 둘 다 없으면 평범하다. 乙木은 소토를 못하고 乙庚合하여 연애하기 바쁘다.

대서 이후는 火氣가 서서히 약해지니 庚金이 生旺해지는 절기다. 未月은 火旺계절이지만 대서가 지나면 己土는 生金을 한다. 대서 이후는 生金이 가능하니 庚金이 왕해진다.

대서 이후에 土旺하면 토다매금(土多埋金)되니 甲木으로 소토해야 길하고, 地支에 濕土가 있거나 水가 있고 天干에 丁火가 있으면 귀명이다.

水局을 이루면 洪水가 발생한 것이다. 亥水보다 子水가 좋다. 子水는 순수한 물이다. 未土는 모래라 물이 흡수가 잘된다. 子水가 스며들면 水剋

火로 未中丁火가 꺼진다.

未土가 丁火를 보호하고 있는 차원이면 子水가 나쁘고, 뜨거우면 시원하게 되는 것이다. 헤어지면 보고 싶고, 만나면 미워지는, 변덕이 죽 끓듯 한다. 헤어지면 후회한다. 亥水는 未土와 亥未木局으로 변한다.

그러므로 亥水보다 子水가 좋다는 것이다. 子未는 子水가 未中丁火를 剋하여 꺼지는 형국이라 未土가 濕土로 변해 生金을 한다.

雜氣印綬格, 印綬用官格				【喜神 木이 없어서 水運에 死亡했다】
火用神, 木喜神, 土忌神, 木藥神				

壬午	庚辰	己未	癸酉	乾命
72	62	52	42	32	22	12	2

| 辛亥 | 壬子 | 癸丑 | 甲寅 | 乙卯 | 丙辰 | 丁巳 | 戊午 | 大運 |

未月 庚金日主가 火旺계절에 출생하여 丁火司令이고 午未가 있으니 火旺하여 신약하다.
辰中癸水와 壬癸水가 투출되어 있으니 여름에 장마라 추우니 이것을 삼복생한이라 한다.

庚金은 뿌리가 있고, 未土·辰土에서 天干에 己土가 生金하니 日干은 튼튼하다. 억부 用神으로 壬癸水는 장마라 못 쓰고 午中丁火가 用神이다. 즉, 午火가 用神이다.

丙火大運까지는 잘 살다가 辰土大運에 濕土가 午火 用神을 泄氣시키니 이때 실패했다. 27세 이전에 결혼하면 辰土大運에 100% 이혼한다. 乙卯大運부터 卯未木局으로 火를 生助하니 그때부터 좋아지기 시작하여 甲寅大運은 더 좋다. 51세까지 집안도 일으키고 부인과 잘 먹고 잘 산다.

癸丑大運과 壬子大運까지 운이 없다. 子水大運에 子午冲으로 用神이 깨져 죽었다. 癸水大運에는 己土가 막아주니 그냥 넘어간다. 子水大運엔 子辰水局에 막아주는 것이 없어 나쁘다.

辰土大運에는 젊어서 왕성하게 뛰는 시기라서 직장인은 그냥 넘어가나 사업을 하년 망한다. 午火가 泄氣되고 日干을 生하니 답답하다. 辰酉合하니 겁재가 旺하여 탈재가 된다. 그러면 이혼하여 재물을 빼앗아간다.

調候食傷格
火忌神, 木仇神, 水用神, 金喜神

丙子	庚午	辛未	甲午	乾命
79	69 59 49	39 29 19	9	
己卯	戊寅 丁丑 丙子	乙亥 甲戌 癸酉	壬申	大運

未月 庚金日主가 火旺계절에 출생해 丁火司令인데 未土옆에 午火가 양쪽으로 있어서 소서나 대서를 막론하고 조열한데 거기에다 태양이 떴으니 金이 녹아버린다.

> 조후가 시급하다. 金水가 潤濕하게 하니 水用神에 金喜神이다.
> 壬申·癸酉大運에 집안이 넉넉하여 학업도 좋고 모든 것이 잘 풀린다.

甲木大運에 火勢가 旺해지니 병들고 戌土大運에 寅午戌火局되어 나쁘다. 原局에 구조가 원만하게 짜이지 않으면 忌神大運에 감당 못해 극복을 못하고 죽게 되는데 戌土大運 旺火가 入墓되어 젊은 나이에 죽었다. 운이 없을 때 돌발 사태가 일어난다.

用神이 天干에 투간되지 않아 日干이 직접 剋받아 나쁘다. 日干이 地支에 뿌리가 있었으면 土生金 金生水해서 戌土大運에 고생해도 넘어가는데 뿌리가 없어 곧바로 土剋水하여 변을 당해 사망했다. 통관을 꼭 살펴라.

雜氣印綬格,
金忌神, 土仇神, 火用神, 木喜神

乙酉	庚辰	辛未	己巳	乾命
71	61 51 41	31 21 11	1	
癸亥	甲子 乙丑 丙寅	丁卯 戊辰 己巳	庚午	大運

未月 庚金日主가 火旺계절에 출생해 丁火司令으로 조열해 燥土인데 辰土濕土가 있으면 조열하지 않아 신왕한 사주니 巳中丙火가 用神이다.
羊刃이 있고 偏官이 用神이라 군인(공수부대 대대장)인데 丁卯대운에 예편해서, 丙寅대운에 대학교 철학과 교수가 되었다. 運이 木火大運으로 대운이 좋아 평생 고생 없이 살았다.

丑土大運에는 巳酉丑金局되어 火가 회광된다. 나이 들어 印綬가 들어오면 문집을 저술하게 되거나 부동산 임대업을 한다. 丑土大運에 金으로 泄氣되어 丑未冲 작용이 약하여 그냥 넘어간다.

未土는 日干을 낳아주지 못하니 이모가 아니면 계모나 서모이다. 군대생활을 공수부대에서 하게 된 것은 羊刃이 있고 偏官이 巳火이기 때문인데 巳火는 비행기로 보기 때문이다.

子水大運에 子辰水局이 이루어지니 위험하다. 甲申年에 申子辰水局으로 죽을 것이다.

雜氣財格
火忌神, 木仇神, 水用神, 金喜神

戊寅	庚寅	癸未	乙亥	坤命
79	69	59	49	39	29	19	9

辛卯	庚寅	己丑	戊子	丁亥	丙戌	乙酉	甲申	大運

未月 庚金日主가 火旺계절에 출생, 丁火司令이고 대서 전에 태어나 조열한데 癸水가 투간되어 조후가 되어 있다.
火忌神이고 癸水用神에 金이 喜神이다.

강릉여고를 졸업하고 교편을 잡았다. 酉金大運에 결혼은 일찍 했는데 남편은 경찰관으로 순경부터 시작해서 경위가 되었다.

亥子大運에 좋고 官이 암장에 있어 고위급이 될 수가 없다. 월급을 타면 반만 가져온다. 癸水는 天干에 있으니 첫 번째 자식이고 亥水는 地支에 있어서 둘째가 된다. 癸水傷官은 적수오건(滴水熬乾)되어 안 좋다.

癸水가 장녀인데 시집을 못 갔다. 癸未가 급각살을 좌하고 적수오건이라 다리 성장이 정지되어 키가 작다. 지체부자유한 병에 걸려 딸을 보면 숨이 막힌다고 한다.

壬水가 없어도 있는 것으로 보고 壬水는 亥水에 록이 되니 괜찮고 亥水는 작은 아이다. 딸 하나에 아들이 둘이다. 癸水는 陰인데 天干에 있기 때문에 큰아들로도 보고, 큰딸로도 본다.

己丑大運에 교통사고가 두 번이나 나서 팔목이 부러지고 허리를 다쳐 죽다 살아났다. 69세 庚金大運에 乙庚合이 풀려 金生水되어 큰자식이 취직하고 작은아들은 진급하고 큰딸은 장애인 혜택보고 庚金大運에 癸未年은 좋다. 癸水를 生해주니 자식들이 취직하고 좋다. 74세 寅木大運부터 나쁘다.

> 이 사주는 신약이라고 억부 用神으로 印綬를 用神으로 잡으면 안 되고, 사주가 건조하니 조후 用神을 우선해서 써야 한다.

戊土가 寅에 長生했고 燥土로 戊癸合되어 마비다. 地支에 亥水는 亥未木局에 寅亥合木으로 변하므로 그래서 地支暗藏은 쓰기 힘들다.

火旺계절에 金이 無根이면 추해진다고 봐라. 根이 없는 金을 用神으로 쓸 수가 없으니 이때는 조후가 시급하여 조후 用神으로 쓴다.

11 申月 庚金 | 신월 경금

申月 庚金은 金旺계절이니 용금성기(鎔金成器)하여 큰 그릇을 만드는 시기이다. 丁火로 연금(鍊金)함이 貴格이 되는데 金旺할 때 丁火가 근을 하고 甲木이 도와야 용금(鎔金)이 잘되어 진실한 귀격이 된다.

庚金을 火로 제련하면 辛金으로 변하니 보석이 되는 것이므로 귀하다. 丁火가 뿌리가 없고 甲木이 없으면 小格에 불과하다.

甲木이 있고 丁火가 없으면 평민에 천격이 되기 쉬우니 丙火라도 있으면 또한 吉하니 丙火는 조후하는 역할이라 日干과 멀리 떨어져 있어야 한다. 金이 旺하면 火로 녹여야 하며 水가 있어 담금질을 하면 큰 그릇이 된다.

甲木이 있고 丙火가 있으면 庚金을 制剋하니 庚金이 甲木을 치지 못하여 살아남아 財生官하니 庚金日主는 丙火에 의해서 살아난 甲木 財星을 다루는 임무가 있게 되므로 어떤 직업이 되던 직장에 다니게 되면 중년에 중책을 맡는다.

財가 사주에 살아 있게 된 사람은 돈을 벌기 위한 임무가 있는 사람이다. 火旺하면 丑土나 辰土가 火氣를 洩氣시키고 金을 보호하면 吉하다. 火旺힌데 濕土가 없으면 종기·종창(腫脹)·부스럼·폐·대상이 약하고 기침·천식이 있게 된다.

食神格, 食神用食神格
水用神, 金喜神, 土病神, 火仇神, 木藥神

丙子	庚戌	戊申	壬申	乾命
79	69	59	49	39	29	19	9
丙辰	乙卯	甲寅	癸丑	壬子	辛亥	庚戌	己酉	大運

申月 庚金日主가 金旺계절에 출생, 戊土司令인데 土가 生助하고 金이 도우니 신왕하다.

旺者는 剋하거나 泄하는 用神으로 쓰는데 丙火는 子時이고 木이 없어서 약하니 조후역할

밖에 못한다.

丙火가 根이 없거나 木으로 生助가 없으면 열이 없는 불빛에 불과하여 壬水를 用神으로 쓴다. 申子水局하니 食神이 유기(有氣)해 길한 사주다.

申子水局이 없었으면 金多水濁인데 申子水局이 있으므로 食神有氣하니 申金이 喜神이 된다.

丙火가 따뜻하게 해주어 마음이 너그럽다. 食神은 베풀려고 하나 戊土가 막아 마음은 있으나 실천은 어렵다.

초년에 庚戌 괴강 日主가 金旺한데 金生水하니 학교는 육군사관학교에 다녔다. 天干으로 庚金大運은 金生水하니 吉하나 辛金大運에 丙辛合이라 앞이 캄캄하니 고생한다.

地支의 申金大運은 申子水局으로 길하나 酉金大運은 子酉破로 金生水가 안 되어 나쁘다.

亥水大運에 用神食神이 록이니 丙火가 살아나 양어깨에 힘이 들어가고 승승장구한다. 比肩인 申金이 壬水를 生하니 친구가 잘 베푼다.

甲木大運에 病神戊土를 제거하니 약진하여 잘나가고, 寅木大運은 丙火와 戊土가 장생하니 나쁘다. 乙木大運에는 戊土를 치지 못하니 입을 다물고 가만히 있게 된다.

時上一貴格
金忌神, 土仇神, 天干 火用神, 木喜神, 地支 水用神

丁 亥	庚 申	甲 申	乙 酉	乾命
79	59	39	19	大運
丙 子	戊 寅	庚 辰	壬 午	
69	49	29	9	
丁 丑	己 卯	辛 巳	癸 未	

申月 庚金日主가 金旺계절에 출생하여 庚金司令이고 비겁이 중중하니 신왕하다.

비겁이 투출되지 않으면 겁재 역할이 약하다. 丁火 用神이 약하나 喜神 甲乙木이 亥水에 장생되어 생조하니 왕하다. 地支에서 旺金을 설기하는 亥水가 用神이다.

喜神 旺木이 丁火를 木生火하니 正官을 用神으로 쓸 만하다. 官이 약해 財星으로 財生官하기 위하여 직업이 장사나 사업을 하게 되는데, 甲木도 根이 약해 亥水에 장생하고, 亥水가 驛馬가 되므로 무역업을 하게 된다.

癸水大運에 甲乙木이 있어 탐생망극(貪生忘剋)하니 丁火를 剋하지 못한다. 火木大運으로 흐르니 좋고, 時柱가 用神이라 자식이 효도한다.

庚辰大運에 比肩과 偏印大運이니 比肩이 강해지므로 경쟁업체가 생겨서 수입이 줄어 사업이 안 되면 부인이 바람난다.

丑土 旺神 入墓大運이 초년이면 부모가 죽고, 중년이면 배우자가 죽고, 말년이면 본인이 죽는다. 丑土大運에 旺神入墓되니 본인이 죽었다.

身旺用官格
金忌神, 土仇神, 火用神, 木喜神

戊 寅	庚 午	庚 申	戊 戌	乾命
71	51	31	11	大運
戊 辰	丙 寅	甲 子	壬 戌	
61	41	21	1	
丁 卯	乙 丑	癸 亥	辛 酉	

申月 庚金日主가 金旺계절에 출생하여 庚金司令이고 土金이 중중하여 신왕하다. 비겁으로 신왕하면 官이 用神이다. 官이 三合局을 이루니 자식과 증손까지 75명이나 되었다.

3土에 3金으로 대단히 강한 사주라 억제를 해야 하는데, 寅午戌火局이 있어 신왕 사주에 財官이 旺하니 대적이 되어 火用神이다.

초년 辛酉·壬水大運에 나쁘고 戌土大運에 用神入墓되니 父母가 사망한다. 癸水大運은 戊癸合으로 무해무덕하게 넘어가고 亥水大運은 寅亥合木이 되어 用神을 생조하니 吉하고, 甲木大運에 庚金이 벽갑생화(劈甲生火)해 좋아지므로 부동산을 샀다.

子水大運에 子午冲으로 用神을 冲하고 수옥살이라 땅 때문에 관재구설이 있다. 乙丑大運까지 운이 나쁘고, 丙寅·丁卯大運에 잘 살다가 戊辰大運에 申辰水局이 되어 水剋火하니 죽었다. 日時에 用神·喜神이 있으니 처덕과 자식 덕이 있다. 年月에 忌神이라 부모형제 덕은 없다.

食神用財格, 食神生財格
木用神, 水喜神, 金病神, 火藥神

乙酉	庚子	庚申	癸卯	坤命
75	65	55	45	35	25	15	5
戊辰	丁卯	丙寅	乙丑	甲子	癸亥	壬戌	辛酉	大運

申月 庚金日主가 金旺계절에 출생해 庚金司令이 月上庚金과 時支酉金이 日干을 도와 신왕하다.
旺者는 泄氣시켜야 하니 天干 癸水와 乙木이 地支에 根하고 있으니 食神生財로 빼야 한다. 財星이 用神으로 食神生財格이라 좋다.

大運이 좋아서 시집을 잘 가고 남편 궁에서 財까지 生하니 금융계 직장을 다니는 남편을 만나 잘산다. 공인회계사 자격증까지 취득하여 사회생활에 지장 없다. 亥水大運에 돈을 많이 벌었다.

甲木大運에 주식 투자하여 손재하고 7月에 甲木이라 주저앉는다. 甲木을 쪼개 놓았는데 火가 없어 불을 지피지 못하면 또다시 庚金이 쪼개어 甲木이 산산조각 흩어지니 집 두 채를 날렸다.

火가 있었으면 劈甲生火한다. 子水大運에 申子辰水局으로 술집을 하게 되는데, 正財桃花에 傷官生財라 그렇다.

比肩이 乙庚合과 申子合이라 친구가 동업하자고 제안해 자기는 투자만 하고 운영은 알아서 하라고 한다. 金水傷官格으로 신왕에 食傷이 旺하면 화려한 것을 좋아한다. 속옷을 화려한 것을 입으면 남자가 잘 따른다.

身旺用官格
火用神, 燥木喜神, 濕木忌神, 水病神, 土藥神

癸未	庚午	庚申	戊子	坤命
72	62	52	42	32	22	12	2	
壬子	癸丑	甲寅	乙卯	丙辰	丁巳	戊午	己未	大運

申月 庚金日主가 金旺계절에 출생하여 戊土司令이고 庚金이 투출하고 土가 生助하니 신왕이다.

申子水局으로 旺神 泄氣되어 좋을 것 같으나 官이 죽어 남편이 빛을 못 본다.

> 火用神이고 燥木이 喜神이며, 濕木은 忌神이며 水가 病이며 未土가 藥神이다. 己未·戊午·丁巳·丙辰大運까지 풍족했다.

丙辰大運에 辰土를 丙火가 말렸다고 봐라. 戊土로 변하여 괜찮다. 대학도 사범대학을 졸업하여 남편도 잘 만나 어려움 없이 잘 살다가 42세 乙卯 濕木 大運에 生火를 못하고 藥神을 剋하니 사업하다 10年 동안 집을 다섯 채나 날렸다.

木剋土해 藥神을 剋傷하고 乙卯濕木이라 연기가 나니 슬픈 일만 생긴다. 卯未木局이 戊土를 剋하니 癸水가 합이 풀려 불을 끄니 午未合도 풀린다. 젖은 나무라 불을 피울 수가 없어 卯木大運에 남편이 죽었다.

甲木大運에 劈甲生火되어 먹고는 산다. 卯木大運에 午火 官이 꺼져 官이 用神이라 관청인 동사무소에서 공공근로로 먹고살고, 노인정에서 삯바느질을 해서 먹고산다.

甲寅大運에 寅午戌火局으로 다른 남자를 만나게 되는데 사는 것은 좋아진다.

12 酉月 庚金 | 유월 경금

酉月의 庚金日主는 金의 뿌리가 旺한데 酉金은 순수한 金이다. 뿌리가 羊刃月令이니 日柱가 旺한 것이다. 丙火로 조후함이 필요하고, 丙火가 필요한 이유는 羊刃合殺되야 貴格이 되기 때문이다.

이 格은 丙丁이 함께 투출했어도 官殺혼잡으로 보지 않는다. 官殺혼잡을 꺼리지 않으니 丁火로 제련하고 丙火가 조후하니 좋고 壬水로 洗光하려면 戊土가 없어야 한다.

丙丁火 두 개가 투간되어 金을 제련하면 권력고관이 된다. 丁火가 투간하고 丙火가 暗藏이면 中格으로 吉하고, 丙火가 투간하고 丁火가 暗藏하면 졸병에 불과하다. 丁火가 투출해 旺金을 녹여야 큰 그릇이 되는데 地支에 있으면 丙火가 羊刃合殺하여 목에 힘주고 사는 사람이라 골목대장이다.

木만 있고 火가 없으면 쓸모없는 사람이 되니 백수다. 火가 없어서 無官이면 부인이 보면 미련하게 보여 속이 답답하다.

羊刃合殺格
金忌神, 火用神, 木喜神, 水病神, 土藥神

戊寅	庚戌	癸酉	甲戌	坤命
79	69	59	49	39	29	19	9

乙丑	丙寅	丁卯	戊辰	己巳	庚午	辛未	壬申	大運

酉月 庚金日主가 金旺계절에 출생하여 辛金司令이고 金氣가 旺한데 土가 生하니 신왕하다. 극왕이라고 할 수 없는 것은 寅戌火局이 火剋金에 甲木이 戊土를 剋하기 때문이다. 寅中 丙火와 酉中辛金과 羊刃合殺이라 貴命이다.

火用神에 木喜神이며 水病神에 土가 藥神이다. 午·己巳大運이 전성기다. 己土大運에는 癸水를 剋해 좋다. 戊辰大運에 辰戌冲하여 寅午戌火局이 깨져 나쁘다. 寅戌酉면 羊刃合殺인데 戌이 없으면 合殺이 아니다. 이때 원진살이 성립된다. 戌이 있으면 원진살이 성립이 안 된다.

戊辰大運에 戊癸合이 2:1로 合이 들어오니 合이 풀러 癸水가 火를 剋하니 合殺이 깨져 貴가 賤이 된다. 이때 건강도 나빠지고 모든 일이 안 된다.

金水傷官格	天干:金忌神, 土仇神, 火用神, 木喜神,
	地支:金忌神, 水用神, 土病神, 木藥神,

庚辰	庚子	己酉	丁丑	坤命

80	70	60	50	40	30	20	10	大運
丁巳	丙辰	乙卯	甲寅	癸丑	壬子	辛亥	庚戌	

酉月 庚金日主가 金旺계절에 출생하여 庚金司令인데 羊刃月이고 庚己酉丑辰으로 구성되어 있어서 신왕이다.
子辰水局을 이루어 金水傷官格이 되었다.

金水傷官格은 火가 필요한데 木이 없어 熱이 없고 반딧불과 같이 빛에 불과하여 약하고, 泄氣시키는 水로 用神을 쓴다. 天干으로 木火운으로 오면 火를 用神으로 쓴다.

比劫이 많으면 官을 吉神으로 보아라. 丙火는 못 쓰고 조후역할만 할 뿐이고, 酉中辛金과 合할 뿐이다. 이 사주는 食·財·官을 用神으로 쓴다.

초년 戌土大運에 辰戌冲은 冷金이 따뜻한 火庫가 오니 무사히 넘어가고 辛金大運부터 허송세월하고 壬水大運에 丁壬合으로 묶였는데 31세 丁未年에 妬合이라 합이 풀려 결혼했다. 합이 풀려 水가 旺해지니 좋아진다.

癸水大運은 자기는 그런대로 괜찮으나 丁火를 冲하니 남편은 運이 없어 진급이 안 되어 사업하려고 한다. 天干의 水는 用神大運이라도 자기가 벌어야 하는 운이다.

日支傷官은 남편에게 폭력을 당하며 사는 사주로 이혼하는 경우가 많다. 남편이 의지처가 없어 이혼을 안 해준다. 이 여인도 이혼하고 나면 官이 필요하니 후회한다.

甲寅·乙卯大運은 木生火하고 土를 쳐주니 좋아진다. 辰大運에는 土生金되고 用神入墓가 되므로 사망했다.

年時上正官格
火用神, 木喜神, 水病神, 金仇神, 土藥神

辛巳	庚申	己酉	丁丑	乾命
75	65	55	45	35	25	15	5
辛丑	壬寅	癸卯	甲辰	乙巳	丙午	丁未	戊申	大運

酉月 庚金日主가 金旺계절에 출생, 辛金司令이고 巳酉丑金局으로 日干을 방조(幫助)로 돕고 申金에 록을 하니 신왕하다.
丁火를 己土가 泄氣시켜 약하고 木이 없으니 더욱 약하나

巳火에 뿌리를 내려 丁火가 用神이다. 年時上正官格으로 貴格이 되므로 火가 用神이고 木이 喜神이며 水가 病神이며 金仇神에 土가 藥神이 된다.

소년에 과시에 장원급제하여 甲木大運까지 좋고 辰大運에 申辰水局으로 水剋火해 여명은 자식이 속 썩이고, 남명은 자식에게 근심이 있게 된다.

金旺하니 사람이 무게가 있고 巳中丙火가 있어 따뜻하고 丁火가 庚金을 녹여 큰 그릇이 된다. 壬癸大運에 己土가 막아주니 넘어간다. 辛丑大運에 疾病으로 투병생활 하다가 丑土大運에 旺神 入墓되니 사망한다.

羊刃用劫格【天干에 丙火가 없어 羊刃合殺格이 아니다. 巳中丙火는 巳酉丑으로 간다】
火忌神, 金用神, 土喜神, 火病神, 木仇神, 水藥神

丁亥	庚午	乙酉	乙巳	乾命
77	67	57	47	37	27	17	7
丁丑	戊寅	己卯	庚辰	辛巳	壬午	癸未	甲申	大運

酉月 庚金日主가 金旺계절에 출생하여 辛金司令인데 木火가 旺하여 強變爲弱하여 比劫이 用神이다.
金用神에 土喜神, 火病神, 水藥神이다. 巳火는 巳酉金局하여

적이 변하여 아군이 된 셈이다. 봄철의 乙木은 濕木이라 木生火가 안 되고 연기만 나지만, 가을철에 乙木은 마른풀이라 生火가 잘된다.

木火가 財官인데 旺하여 신약하니 比劫이 用神이다. 辛巳·庚辰·己土大運까지는 돈을 많이 벌었다. 財多身弱은 돈 관리할 때 처에게 맡겨서 관리해야 한다. 돈 셀 때 부인 앞에서 나누어라. 그래야 손해 보지 않는다. 친구와 같이 하면 나쁘다.

羊刃合殺格, 時上偏財格
木用神, 水喜神, 金病神, 火藥神

戊寅	庚辰	辛酉	戊辰	乾命

75	65	55	45	35	25	15	5	
己巳	戊辰	丁卯	丙寅	乙丑	甲子	癸亥	壬戌	大運

酉月 庚金日主가 金旺계절에 출생하여 辛金司令이고 土金이 중중하니 從格이 될 것 같으나 초년대운이 食傷으로 出發하여 食神生財가 이루어지므로 從을 안 하고 時上偏財格이다.

> 寅中丙火가 丙辛合하여 羊刃合殺하고, 寅中甲木이 辰土에 뿌리를 내리고 辰中乙木이 합세하여 土를 剋하니 從하지 않는다.

寅中丙火와 酉金羊刃과 合으로 羊刃合殺格에 寅中丙火가 약해 生助하는 寅木 財가 用神이다. 月令이 桃花라 어머니가 현숙하고 공주병이 있다.

고등학교에 다닐 때 사주를 보았던 사람이다. 丙戌년에 대학 수능시험이 있는데 合格하나 서울대학교는 不合格한다. 用神이 地支에 있고 약하기 때문이다.

여자 사주에 比劫이 많으면 결혼할 때 어려움이 많이 따른다. 寅酉怨嗔에 성격이 강하여 자주 싸운다.

> 만약 地支에 申金이 있었다면 從格이다. 申金이 있었다면 寅木을 冲으로 없애므로 用神으로 쓸 수 있고, 申金은 全旺으로 從하지만, 酉金은 次旺하여 從이 되지 않는다.

羊刃用官格
金忌神, 火用神, 木喜神, 水病神, 土藥神

丁亥	庚子	辛酉	戊申	坤命
77	67	57	47	37	27	17	7
癸丑	甲寅	乙卯	丙辰	丁巳	戊午	己未	庚申	大運

酉月 庚金日主가 金旺계절에 출생하여 辛金司令이며 土金이 日主를 도우니 신왕하다.

地支子水가 泄氣시키고 天干은 丁火로 庚金을 鎔金해야 하는데 火가 약해 亥中甲木이 생해

주어야 한다. 亥中甲木은 丁火의 심지가 되는데 카바이드 불이나 산소 불 또는 가스 불로 보는데 金을 녹이는 직업이 될 수 있다. 그러므로 치공사(齒工士)나 금은세공(金銀細工)이다. 火用神이라 南大門 쪽에서 한다.

戊午大運에 일거리가 많아지는데 子午冲하니 부부금슬이 나빠지게 된다. 比劫이 重重하면 異女同夫格이라 남편이 바람둥이인데 남편을 의심하게 된다. 남편이 호텔에 근무했는데 그만두게 한다.

丁亥에서 보면 庚子가 桃花에 子酉鬼門關殺로 의부증이다. 남편에게 고기음식점을 차려주면서 운영하게 했다. 庚子日柱는 음식점을 하기 쉽다.

食傷生財格
天干 : 木用神, 水喜神 | 地支 : 火用神, 木喜神

癸未	庚申	癸酉	甲寅	坤命
73	63	53	43	33	23	13	3
乙丑	丙寅	丁卯	戊辰	己巳	庚午	辛未	壬申	大運

酉月 庚金日主가 金旺계절에 출생하여 庚金司令인데 日支에 祿하여 太旺하다. 寅申冲으로 寅中丙火가 약해서 羊刃合殺을 못한다. 羊刃合殺도 급수가 있으니 강약을 잘 보아라.

羊刃 酉月에 庚申日柱가 食傷生財格으로 財用神이다. 金旺에 寅申冲으로 金氣가 木의 뿌리를 상할까 두렵다. 天干은 癸水가 있어 통관이 되는데, 地支는 火가 없어 金을 제어를 못하여 寅木이 상하게 생겼다. 火가 필요하니 火가 用神이다.

巳午未大運에 잘된다. 戊土大運에 土剋水되어 金剋木하니 위기가 있으나 甲木이 戊土를 反沖하니 넘어가고, 辰土大運에는 申辰水局이 되어 통관이 되니 위기를 넘겨 괜찮다. 火大運에 조후되어 金이 부드러워지니 좋다.

丙寅大運에 사주가 따뜻하게 되어 인격을 갖추며 마음이 너그러워진다. 일생 무해무덕하게 넘어간다. 78세 丑土大運에는 庚金은 入墓되고 巳酉丑 金局되어 寅木 用神을 金剋木하니 사망한다.

13 戌月 庚金 | 술월 경금

戌月의 庚金日主는 金旺계절이나 戊土가 當令하니 土가 많으면 金이 埋金이 될 우려가 있으니 甲木으로 疎土함이 吉하다. 壬水가 있어 金을 씻어주면 金이 광채가 나고 甲木을 生助해주면 귀명이 된다. 壬水는 없고 甲木만 있고 火가 없으면 衣食은 있으나 貴가 없다.

土가 있고 火가 없으면 말만 앞세우고 실천력이 없는 허망한 사람이다. 印綬太過에 無官이라 일이 없이 노는 것과 같다. 土는 火가 없으면 아무 쓸모가 없고 말만 앞세우고 실천력이 없으니 불안한 인생에 허황된 사람이다. 土는 火가 많으면 땅이 갈라져 火土重濁이 되니 외로운 사람이다.

火旺하여 燥土가 되면 金이 먼지 구덩이에 빠진 격이다. 그러므로 壬水가 있어야 물로 닦아주면 광채가 나고 또한 生金이 잘된다.

財官印相生格
火忌神, 木仇神, 金用神, 土喜神, 火病神, 水藥神

丙戌	庚申	甲戌	甲午	坤命
77	67	57	47	37	27	17	7	

丙寅	丁卯	戊辰	己巳	庚午	辛未	壬申	癸酉	大運

戌月 庚金日主가 金旺계절에 출생하여 戊土司令이나 燥土는 生金을 못해 신약이다.
午戌火局에 丙火가 투출되어 火土가 조열하니 生金을 못해 신약하여 火忌神에 木仇神이며 申中庚金이 用神이고 濕土喜神이며 火病神에 壬水가 藥神이다.

申中壬水는 長生으로 물은 계속 샘솟아 마르지 않는다. 癸酉·壬申大運에 두뇌가 총명하여 공부를 잘한다. 申金 用神大運에 壬子 藥神년이 오니 일류대학에 입학하였다.

午火大運에 用神申金을 剋해 부부 이별한다. 日支를 剋하는 正官이 忌神이다. 己巳大運은 己土가 濕土이고 甲己合으로 仇神을 묶어 주니 평범했고 巳火大運은 用神申金의 長生支라 무해무덕하다. 戊辰大運에 旺火 泄氣와 申辰水局으로 藥神이 형성되니 吉하다.

丁卯·丙寅大運은 大腸이 나빠진다. 用神인 申金이 日支에 있으므로 복부 부위에 해당하여 이곳을 剋하면 대장염이나 위궤양이 생긴다. 申中壬水가 증발될 가능성이 커 방광염도 걸릴 수 있다.

剋泄交集, 雜氣財官印綬格
水忌神, 土用神, 火喜神, 金閒神

辛巳	庚子	壬戌	癸巳	乾命
73	63	53	43	33	23	13	3	
甲寅	乙卯	丙辰	丁巳	戊午	己未	庚申	辛酉	大運

戌月 庚金日主가 金旺계절에 출생해 丁火司令인데 늦가을로 신왕으로 출발하나 壬癸子水가 泄氣하고 火가 剋하므로 극설교집(剋泄交集)되어 신약이 되었다. 戌土로 水를 막고 火가 戌土를 生助하니 用神으로 쓸 만하다. 이런 사람이 술을 마시면 기관지가 나빠져서 기침을 자주 한다. 호흡기 계통과 식도가 약하다.

辛金은 閒神이지만 日干을 도와준다. 辛酉·庚申大運은 평범하게 살았고, 己土大運에 결혼하였다. 原局에 戊土 用神이 투출되었으면 富는 있지만, 戊土가 暗藏으로 있으니 마을의 유지는 된다.

傷官이 天干에 투출되어 旺해 사회에 대한 불평불만이 많다. 乙卯大運에 戊土를 剋하여 運이 점점 나빠진다. 戊土印綬가 用神이면 官이 필요한데 巳火가 癸水에 꺼져 직장생활을 못하고 食神과 傷官이 旺해 자영업을 해야 한다. 甲寅大運에 用神을 剋하여 病神역할을 하니 사망할 수 있다. 水土相戰이면 신장·방광이 약해진다.

剋泄交集, 雜氣印綬格
金用神, 土喜神, 火病神, 木仇神, 水藥神

丙子	庚申	戊戌	丙午	乾命
74	64	54	44	34	24	14	4	

| 丙午 | 乙巳 | 甲辰 | 癸卯 | 壬寅 | 辛丑 | 庚子 | 己亥 | 大運 |

戌月 庚金日主가 金旺계절에 출생하여 戊土司令인데 戊土가 투출되고 日支 申金에 록하여 신왕하다. 午戌火局에 丙火가 투출되어 火旺한데 申子水局에 剋泄交集이 되었다.

> 剋泄交集으로 水는 투출되지 않고, 丙火七殺만 透出되어 忌神이다. 申金이 用神이고 土가 喜神이고 火가 病神이며 木仇神이고 水가 藥神이다.

子丑이 空亡이라 자기 뜻을 펼칠 수가 없는데 초년에 傷官大運으로 흘러 호텔에 근무했다. 戊土가 있어 子水가 막혀 흐르지 못하는데 甲木이 소토해야 물이 흐를 수 있다.

寅木大運은 偏財로서 소토를 하는 것이 아니라 寅午戌火局으로 財星이 殺로 변하니 사업을 하다가 亡했다. 辰土大運은 申子辰水局으로 藥神으로 변하니 좋을 것 같으나 辰戌冲하면 土剋水되고 火가 火剋金하니 나쁘다.

兩干不雜格, 雜氣格
火忌神, 水用神, 金喜神, 土病神, 木藥神

壬午	庚午	庚戌	壬戌	坤命
72	62	52	42	32	22	12	2	

| 壬寅 | 癸卯 | 甲辰 | 乙巳 | 丙午 | 丁未 | 戊申 | 己酉 | 大運 |

戌月 庚金日主가 金旺계절에 출생하여 辛金司令인데 庚金이 투출되어 신왕하다. 입절일부터 9일까지 旺金은 水가 있고 火가 있으면 큰 그릇이 된다.

戊己大運에 金이 埋金되니 초년에 外國으로 나가야 한다. 兩干不雜格에 사주가 조열하여 官殺이 忌神일 때는 鬼殺로 작용하여 질병인데 食神은 병을 치료하는 의술이다. 가을에 庚金이 火를 만나면 火剋金을 하년 金이 인체부위로는 피부에 해당하는데 피부가 상하니 피부에 관심이 많아지니 피부과 의사가 맞는다.

年月에 用神 喜神이 있으니 집안이 좋은데, 日時地가 조열하여 忌神이 되면 가정적으로 나쁘다. 사주에서 財가 없더라도 食傷이 泄氣하여 좋고 여기서 財가 있게 되면 火를 生하니 나쁘게 작용한다.

> 節氣深淺을 잘 봐야 하는데, 庚金日主가 辛金司令으로 旺金일 때, 官星인 火勢가 강한 사주는 泄氣하는 食傷이 좋다.
> 金旺계절에 金水傷官이면 火가 있어 火剋金하면 金生水가 잘된다.

申酉 金大運에 金이 旺해지면 金生水가 안 되니 머리가 나쁘나 火大運에 金生水가 잘되니 똑똑해진다. 丙火大運에 자리를 잡는다. 만약에 丁火司令이면 午戌火局에 庚金이 녹아서 꼽추가 되기 쉽다. 이 사람이 마약을 취급했던 것은 午火가 湯火殺이라서 그렇다.

金이 旺한데 旺金은 金生水하고 水가 火의 위에 있으면 대낮에 컴컴해지는데 土가 地支에 암장되어 있어 제습하기 때문에 외국에 나가면 좋다.

時上偏官格, 時上一位貴格　　　　　【쌍둥이 사주①】
火用神, 木喜神, 水病神, 金仇神, 土藥神

丙戌	庚申	壬戌	癸巳	坤命
71	61	51	41	31	21	11	1
庚午	己巳	戊辰	丁卯	丙寅	乙丑	甲子	癸亥	大運

戌月 庚金日主가 金旺계절에 출생해 戊土司令인데 土生金이 되고 日支에 祿을 하니 신왕하다. 時上一位貴格으로 丙火가 有力하다. 女命사주에는 官을 用神으로 많이 잡는다.

> 時上一位貴格인데, 水剋火하려고 하면 戌中戊土가 막아주니 문제없다.

이 女命은 잘사는데 남편이 돈을 잘 번다. 또한 이 여자도 역술을 해서 한 달에 4~6백만 원 번다. 年月에 食傷이 투간되어 성격이 시원시원하다. 食神制殺이 가능하다. 남편도 돈을 잘 버니 그랜저를 타고 다닌다. 食傷이 두 개가 떠 있지만 적수오건(滴水熬乾)이라 괜찮다. 몸이 아플 때 두

자매가 똑같이 아프다.

> 쌍둥이 사주가 年·月·時柱에 比劫이 없으면 둘째를 다음 時로 적용한다.

時上正官格, 時上一位貴格　　【쌍둥이 사주②】
火用神, 木喜神, 水病神, 金仇神, 土藥神

丁亥	庚申	壬戌	癸巳	坤命
71	61	51	41	31	21	11	1	

庚午	己巳	戊辰	丁卯	丙寅	乙丑	甲子	癸亥	大運

戌月 庚金日主가 金旺계절에 출생해 戊土司令으로 土生金이 되고 日支에 祿을 하니 신왕하다. 時上一位貴格으로 丁火가 無力하다. 女命사주에는 官을 用神으로 많이 잡는다. 壬水가 亥水에 祿을 하고, 進氣하는 시기에 水剋火를 旺하게 하여 丁火가 감당을 못한다. 亥中甲木으로 財生官하려 하나 촛불의 심지라 잘 타지 않는다. 융통성이 없는 무능한 남편이다.

닭 장사해서 돈을 벌어 단독주택을 산다. 壬癸水 傷官이 亥水에 뿌리가 있으니 남편이 약하다. 남편이 돈을 못 벌어 오토바이를 타고 다닌다. 몸이 아픈데 두 자매가 다 무릎이 아프다.

14 亥月 庚金 | 해월 경금

亥月의 庚金日主는 寒冷하니 丁火가 아니면 제련할 수 없으니 丁火가 뿌리가 있고 寅木이 있어야 그릇이 되고 丙火로 조후하면 貴格이 된다. 亥月 庚金은 官殺혼잡도 무방하다. 地支에 巳火가 있는 것보다도 寅木이 있어야 上格이 된다. 巳火는 亥水와 巳亥冲하여 나쁘고 寅은 寅中丙火가 있어 조후하기 때문에 좋다.

丙火가 있고 丁火가 없으면 공명이 현달하기 어렵다. 丙甲이 있고 丁火가 暗藏이면 武官이다. 亥月 庚金은 金水傷官格이 되는데 물이 얼어 버리기 때문에 丙火로 조후가 안 되면 음란하고 천격이 된다.

金水傷官格은 喜官이라 즉 丙丁甲이 투간되어 있으면 大格이다. 庚金을

丁火로 煉金하기에 亥月이 가장 좋은 이유는 亥中甲木이 있어서 점수를 따고 들어가고 甲木이 있어 亥月에 長生하여 氣가 旺해 丁火를 甲木이 生助를 하면 貴格이 많다.

庚金은 亥中壬水에 洗光되어 깨끗함이 유지가 되어 淸格이 많이 나온다. 金水가 많고 火가 없으면 항상 떠나고 싶은 마음이 있다. 유랑의 심리가 발동하여, 즉 물을 찾아 돌아다닌다.

金水傷官格, 傷官用印格
水忌神, 土用神, 火喜神, 木病神, 金藥神

戊寅	庚子	癸亥	癸亥	乾命
75	65	55	45	35	25	15	5

乙卯	丙辰	丁巳	戊午	己未	庚申	辛酉	壬戌	大運

亥月 庚金日主가 水旺계절에 출생하여 壬水司令으로 泄氣가 심하니 신약이다.
金水傷官格은 喜官인데 겨울에 癸水는 눈보라가 휘날려 엄동설한이니 급한 것이 조후이다.

> 庚金이 泄氣되어 從兒格이 될 것 같으나, 戊土에 의지해 從을 안 한다.
> 陽干은 조금만 生받으면 不從한다. 戊丙은 寅에 長生하니 의존한다.

壬戌·辛酉·庚申大運은 比劫이 붙들어 주나 사주가 濕해 넉넉한 집안은 아니다. 己未·戊午大運은 用神 運으로 부부가 좋아지고, 64세까지는 넉넉하게 살게 되지만, 辰土大運에 水局이 旺神入墓되니 질병이 온다. 火土를 조후로 用神을 잡는다. 寅中丙火가 暗藏으로 있으니 財福이 많다.

> 戊土가 年에 있으면 백두산, 月에 있으면 태백산, 日에 있으면 남산, 時에 있으면 꽃동산이다. 그래서 戊寅은 꽃동산이다.

중년대운 火土大運에 많은 물이 따뜻해지니 마음이 너그러워진다. 초년은 추워 형제간에 칼부림이 날 정도로 냉정해진다. 傷官은 언어인데 언어가 水라 차가우니 씰씰맞다.

金水傷官格　　　　　　　　　【옛사람 사주】
水忌神, 金仇神, 火用神, 木喜神, 水病神, 土藥神

亥月 庚金日主가 水旺계절에 출생해 壬水司令으로 泄氣되나 申金에 祿하고 戊辰土의 生을 받으니 신강 사주이다. 正官 用神인데 丙丁火를 함께 쓴다. 冬節 丁火는 庚金을 그릇으로 만들고 丙火는 조후로 쓴다(官殺 竝用은 金水傷官의 秋冬節에만 해당한다).

> 戊土大運은 사주원국 天干에 水病神이 없어 火用神을 泄氣하니 나쁘고, 地支로 오는 燥土는 사주원국에 水病神이 있기에 藥神이 된다.

子·己丑·庚大運에 가정형편이 어렵다. 寅木大運에 丙丁火를 生해 고위직에 오르고, 辛金大運에 나쁠 것 같으나 丁火가 辛金을 막아 무사히 넘어간다. 大運 地支는 큰 문제없다.

卯木大運에 亥卯木局이 되어 木生火로 진급이 잘된다. 壬水大運에 丁壬合되어도 丙火가 남으니 관살병용(官殺竝用)으로 진급이 될 수 있다. 辰土大運에 火의 氣運을 빨아 들여 이때 퇴직한다.

癸巳大運엔 癸水가 丙丁火를 剋할 것 같으나 戊土가 戊癸合으로 막아주니 무사히 넘어가고 巳火大運은 丙戊의 祿地로 官이 祿地라 큰 벼슬한다.

金水傷官格 | 土忌神, 木用神, 水喜神, 金病神, 火調候用神

亥月 庚金日主가 水旺계절에 출생하여 金水傷官格으로 喜官인데 火가 없어 고생한다.
癸水가 투출되어 설기되는데 申辰水局으로 더욱더 약할 것 같은데 天干에 戊己土가 辰土에 根하여 除水生金하고 座下에 祿이 있어 신왕하다.

木用神인데 水喜神을 土가 막고 있으니 木剋土해야 水生木을 한다. 土가 水를 막고 있으니 水路가 막혔다. 亥中甲木과 亥卯木局이 되어 用神으로 쓰나 투간되지 않아 格이 떨어진다.

印綬太過에 傷官格이라 기술자인데 財用이라 사업으로 나간다. 寅卯大運까지 運좋다. 사주원국에 忌神이 天干에 있는데 用神은 地支로 흘러 큰 발전 못한다.

소규모 사업자로 水가 空亡이라 水道배관 보일러 수리업체 정도다. 초년이 財運으로 흘러 학교 다닐 때 여학생들이 고무줄놀이 하는데 끊고 다닌다. 印綬太過는 공부가 짧다.

戊辰大運부터 안 좋다. 巳火大運에 巳亥冲으로 질병에 걸린다. 사주가 濕한데 巳火大運에 土忌神이 旺해져 用神이 무력해지나, 調候用神이 되어 편안해지면 이때 백수가 된다.

金水傷官格
木忌神, 金用神, 土喜神, 火病神, 水藥神

己 卯	庚 寅	乙 亥	甲 午	乾命
73	63	53	43	33	23	13	3
癸 未	壬 午	辛 巳	庚 辰	己 卯	戊 寅	丁 丑	丙 子	大運

亥月 庚金日主가 水旺계절에 출생하여 壬水司令이고 水木이 많아 신약하다.
金水傷官格이라 喜官인데 수단 좋고 능력 있는데 午中丁火가 空亡이라 직장을 못 다닌다.

사주가 從財格으로 가지 않은 것은 時上印綬 己土가 年支의 午火에 根을 하여 從財로 안 간다.

官은 명예와 체면치레를 하나 財가 官을 生助하면 사업을 한다. 신약에 庚辰 辛金大運은 좋으나 巳火大運에 巳亥冲되면 한 번에 날린다. 甲木은 寅午火局에 木焚飛灰되니 부도로 어렵게 되었다.

乙木은 亥月이 死宮인데 正財라 입에 풀칠은 하게 된다. 寅中甲木이 地殺의 財星이라서 도로변에서 포장마차하면 먹고는 산다.

15 子月 庚金 | 자월 경금

子月의 庚金은 金寒水凍이라 金은 차고 물은 얼었다. 金水傷官格은 喜官이라 丙丁火가 필요하다. 또한 丙火가 있고 甲木이 透出함이 상격인데 丙火가 있어서 水와 金을 따뜻하게 하면 富貴格이 된다.

丙丁이 있는데 다시 甲戊丙丁 중에 한 자라도 더 있으면 用神이 되어 貴는 해도 財가 약하여 부자는 못 된다.

亥子月에는 신약하고 寒濕하니 제습용으로 戊土를 쓰지만 下格에 불과하고 金水傷官格에 火가 없으면 고독하다.

甲木이 있고 丁火가 暗藏하면 武官이 많고 小富는 된다. 甲木은 있는데 丙丁火가 없으면 平人에 불과하고, 寅午戌火局이 地支에 있으면 가정이 안정되어 있는 사람이다.

火가 없고 金水가 많은 여자는 花柳界에서 일을 하게 되거나 독신으로 사는 팔자로 외롭고 고독하다. 火土가 旺하면 水가 막혀서 물이 흐르지 못한다. 이때 木으로 疏土하면 富는 할 수 있다.

子月 庚金日主가 木多하고 土가 적은 사주는 財多身弱으로 고용살이하게 된다. 本人이 재산을 관리하면 안 된다.

金水傷官格 | 火用神, 木喜神, 水病神, 土藥神

丁	庚	戊	乙	乾
亥	午	子	丑	命

72	62	52	42	32	22	12	2	
庚辰	辛巳	壬午	癸未	甲申	乙酉	丙戌	丁亥	大運

子月 庚金日主가 水旺계절에 출생하여 壬水司令이고 한기가 극심한데 亥子丑方合 水局을 이루어 한습하고 신약하다.

다행히 丁火가 午火에 根하여 쓸 만하고 戊土가 있으니 외관

상으로 귀품이 있고 학식 또한 있어 보인다. 丁火가 午火에 根하여 조후하여 주니 子水 亥水가 녹아서 흐른다.

乙木에 꽃이 피어서 좋아 보이나 애석한 것은 子午沖하여 午火가 꺼졌나. 세력이 旺한 水가 이긴다. 丁火조후가 약하여 춥고 배고프다. 丙丁大運

20세까지는 그런대로 산다. 乙木도 엄동설한에 얼어서 木火가 약하다.

사주가 財官이 약한데 丑午湯火와 鬼門關殺이 겸하니 하는 짓이 道 닦는 절에 다니거나 염세비관에 비현실적인 생활을 한다. 기공이나 단전호흡에 관심이 많다. 財官이 약하니 돈이 없다. 직장이 마땅치 않다.

亥子丑月은 바람이 부니 丁火가 꺼지기 쉽다. 직장을 옮기면 안 된다. 상사에게 아부를 잘해야 한다. 그러므로 남 밑에서 月給생활해야 吉하다.

乙木이 바람이라 돈이 바람같이 사라진다. 부인도 춤바람이 난다. 45세 癸未大運에 午未合하니 子丑合한다. 冲中逢合이 되니 金을 녹인다. 따뜻한 계절로 물이 흐르니 물이 맑아진다. 초목도 꽃이 피게 된다.

生木하니 부인도 살 만하다. 未土大運은 의처증이 생긴다. 壬午大運에 壬水는 끓는 물이라 잘 산다. 따뜻한 氣運이 오면 用神이라 좋다.

庚辰大運은 辰土가 寒氣가 있는 것이므로 감기 걸리면 죽는다. 巳火大運은 巳酉丑 金局이 되니 蝴蝶不逢春花(호접불봉춘화)라 나쁘다. 즉, 호랑나비가 봄꽃을 만나지 못한 것이다. 그래서 불길하다.

> 金이 들어올 때 巳字가 熱氣가 있어 넘어가지만, 庚辰年에는 찬 이슬이라 불길하다. 60~70대 老人의 金水傷官格은 잘 보아야 한다.

金水傷官格
火用神, 木喜神, 水病神, 土藥神

辛巳	庚子	庚子	辛卯	乾命
76	66	56	46	36	26	16	6
壬辰	癸巳	甲午	乙未	丙申	丁酉	戊戌	己亥	大運

子月 庚金日主가 水旺계절에 출생해 癸水司令하여 사주가 한습하다. 외국인 사주다.
水가 많아 외국과 인연이 많다. 五行이 쌍으로 있는 것을 양간부잡격이라 한다.

巳中丙火가 用神인데 힘이 미약하다. 卯木이 木生火하려고 하지만 子卯刑이라 生하지 못한다.

財가 刑되어 生火가 안 되고 추워서 얼어 있으니 財星이 자라지 않아 財福이 없다. 印綬가 없는데 傷官이 旺하면 불평불만이 많다.

생계유지를 위해 장사를 하게 된다. 옛날에는 장사라고 하나 현대는 노동판이다. 申金大運까지 고생을 많이 했다. 외국인이거나 내국인이던 運이 나빠서 고생이 심하다.

乙未大運부터 따뜻해지니 물이 녹아서 水生木 木生火 한다. 이때 乙木이 巳火를 生하니 마음도 따뜻해 인심도 좋아진다. 申金大運까지는 인덕이 없다.

乙未·甲午大運까지 20년 동안 가정도 편안해진다. 癸巳大運에 들어오면 따뜻하다가 갑자기 추워지면 건강을 조심해야 한다. 한랭해지면 순환기 장애나 중풍이 올까 두렵다.

金水傷官格은 火가 없으면 얼어 안 흐른다. 따뜻할 때 분발해야 한다. 巳火大運은 괜찮다. 壬辰大運에는 사망한다.

金水傷官格, 從兒格   【金水傷官에 財官이 미약하면 從兒格】
水用神, 金喜神, 土病神, 木藥神

庚辰	庚子	壬子	丁卯	乾命

78	68	58	48	38	28	18	8	
甲辰	乙巳	丙午	丁未	戊申	己酉	庚戌	辛亥	大運

子月 庚金日主가 水旺계절에 출생해 癸水司令인데 子辰水局에 壬水가 투출되어 傷官格에서 從兒格으로 변하였다.
金水傷官格에 丁火가 투간되어 壬水와 丁壬合이 되어 조후를

못하고 卯木은 子卯刑되어 나쁘다. 卯木 입장에서 보면 子水를 싫어한다.

죽은 것으로 보아 從兒格이 成格이 되었다. 金水傷官에 財官이 絶되었을 때는 從兒格으로 보아라.

초년·중년은 金水運이라 좋으나 火土運에 필멸한다. 巳午未大運은 傷官用神에 官殺·印綬運은 필멸하니 싫어한다. 申酉戌大運에는 잘 넘어간다.

金水傷官格
火用神, 木喜神, 水病神, 金仇神, 土藥神

辛巳	庚寅	庚子	辛卯	乾命
73	63	53	43	33	23	13	3	

壬辰	癸巳	甲午	乙未	丙申	丁酉	戊戌	己亥	大運

子月 庚金日主가 水旺계절에 출생, 壬水司令이고 金이 根이 없고 食·財·官이 旺하므로 신약하다.

金水傷官格은 官을 기뻐하는데 官이 투출하지 않았어도 時支 巳中丙火가 있고 조후가 되어 있으므로 傷官이 財를 生할 경우 머리가 좋다. 양간부잡격은 貴格이라 얼굴이 貴相으로 범상이 아니다.

日干이 약해도 天干에 比劫이 중중하고, 地支에 財旺한데 子水가 통관을 잘 시킨다. 天干의 金은 뿌리가 없으니 허상이다.

丙火가 用神이다. 巳中丙火와 寅中丙火가 해동을 시켜주니 따뜻한 보금자리가 되어 妻家 덕이 있다. 처갓집이 300억대 부자다.

토목건축학과를 졸업해 40세까지 직장을 다니다가 그만두고 申金大運에 寅申冲해서 안 좋았다. 43세 乙未大運부터 甲木大運에 크게 일어나 엄청난 부자가 되었다.

처갓집에서 빌려준 100억 원으로 사업을 시작했는데 처갓집보다 더 부자가 되었다.

큰돈을 벌고 나니 마음이 허전하고 너무 허무함을 느낀다고 한다. 처가가 망했는데 망한 것은 木財星이 巳午未 病死墓 大運으로 가기 때문이다.

卯木桃花가 있어도 濕木이라서 丙火를 生하지 못하니 바람을 못 피운다. 즐겁게 노는 것은 좋아하는데 바람은 안 피운다.

比劫이 財를 깔고 앉으면 구두쇠인데 빼앗아갈까 봐 경계를 많이 한다. 겁재가 중중하면 조심성과 의심이 많고 눈치를 잘 본다. 겁재가 눈치다.

金水傷官格
火用神, 木喜神, 水病神, 土藥神

辛巳	庚寅	壬子	壬戌	坤命

79	69	59	49	39	29	19	9	大運
甲辰	乙巳	丙午	丁未	戊申	己酉	庚戌	辛亥	

子月 庚金日主가 水旺계절에 출생하여 癸水司令이고 食神이 투출되어 金水傷官格으로 신약하다.

子月에 壬水가 투출하여 엄동설한이 地支에 寅午戌火局으로 해동이 되었다. 여자 사주라 초년에 辛亥·庚戌 大運으로 가니 조후가 힘들어진다. 지방대학교 민속공예를 전공했다.

巳中丙火·寅中丙火 官이 조후해주니 官을 찾는다. 공무원을 하려고 하나 運이 나빠 못한다. 초년에 만난 남자는 깡패 같은 남자가 걸려 申金大運에 이혼하고 丁火大運에 좋은 남자를 만나 결혼한다.

金水傷官格
火用神, 木喜神, 水病神, 土藥神

辛巳	庚寅	壬子	壬戌	乾命

71	61	51	41	31	21	11	1	大運
庚申	己未	戊午	丁巳	丙辰	乙卯	甲寅	癸丑	

子月 庚金日主가 水旺계절에 출생하여 癸水司令인데 食神이 투출하여 金水傷官格으로 신약하다. 子月 壬水가 투출하여 엄동설한인데 地支에 寅午戌火局으로 해동이 되었다.

> 앞의 사주와 동일한데, 金水傷官格으로 사주가 같더라도, 男子와 女子는 大運이 다르기 때문에 삶도 다르게 살게 된다.

金水傷官이 旺하여 추운데 초년 癸丑大運까지 눈보라가 휘날리니 건강이 나쁘고 11세 甲寅大運부터 木火大運으로 흐르니 건강도 좋아지고 따뜻한 봄이 오므로 두뇌가 총명하여 명문대학 의과대학을 나와 잘살게 된다. 日時支에 用神과 喜神이 있어 처가 덕이 있어 병원을 처가에서 지어 준다. 木火운으로 흐르니 70세까지 좋다.

金水傷官格
水用神, 火調候用神

庚辰	庚辰	庚子	辛丑	坤命

76	66	56	46	36	26	16	6	
戊申	丁未	丙午	乙巳	甲辰	癸卯	壬寅	辛丑	大運

子月 庚金日主가 水旺계절에 출생하여 癸水司令인데 土金이 중중하여 약변위강이다.

金寒水冷에 金水傷官 喜官으로 官이 필요한데 官이 없어 팔자가 冷濕하다.

申子辰水局에 金水傷官으로 금백수청(金白水淸)이라 말은 깨끗한 것 같으나 印綬가 많으면 게을러서 엉덩이가 무겁고 움직이는 것을 싫어한다.

月支가 將星이라 남 부리기 좋아하고, 심부름시키기 좋아하고, 명령조로 말을 한다. 將星이라 그렇다. 格을 잡고, 用神을 잡고 나서 神殺을 응용하여 통변해야 잘 맞는다.

官이 없으니 더욱더 필요함을 느낀다. 36세 이전까지는 濕木이라 生火가 안 되니 金水傷官으로 흐른다.

傷官格은 예능, 서비스(官이 없으면 서비스 정신이 약한데 서비스할 대상이 없기 때문임), 기술 계통인데 丑土印綬 華蓋가 天乙貴人이면서 傷官과 合을 하면 폼 잡는 것이 되는데 자기자랑을 은근히 잘한다.

傷官은 예체능이라 무용이고 年支 丑土 華蓋는 전통인데, 무용과 전통이 合을 하면 전통무용이다. 丑土貴人은 貴한 것이고 옛것이니 무형문화재에 해당하여 전통무용 전수자이다.

印綬가 선생인데(丑) 天乙貴人이라 괜찮은 선생이다. 傷官格이라 남자는 배척하는 심리가 있어 남자를 기피한다. 金水傷官格에 喜官인데 無官이라 그렇다. 金水傷官에 喜官은 명예욕으로 강하게 작용한다. 인간문화재가 되려고 해도 比劫이 많으니 경쟁자가 많다.

申子辰水局은 官을 치니 수원, 목포, 인천 등의 항구도시나 水字가 있는 곳에서 태어난 사람을 항상 조신해라. 그 사람이 방해를 한다. 水原市에 사는 여자가 설치면서 "내가 인간문화재요" 한단다. 月柱 庚子는 傷官을 깔아 水原에서 사는 여자가 잘나간다.

庚辰은 印綬를 좌해 가르치는데 華蓋라서 승무(僧舞)를 잘한다. 日時가 空亡이라 남편이 없다. 金水傷官이 無官이라 춥고 배고프다. 甲木大運에 조금 나아지나 辰土大運에 傷官이 활동무대인데 入墓하니 불러주는 곳이 없어 다방이나 카페에서 아르바이트한다. 이때 시집가려 한다.

傷官局을 이루고 華蓋 印綬가 眞 空亡이라 仁寺洞에서 漢學者를 만나서 결혼했다. 남편은 성균관대학교 博士學位 취득자다. 46세 이후 乙巳大運이나 와야 꽃이 핀다.

> 冬木은 겨울철에 水氣를 흡수하지 못한다. 火運으로 와야 水生木하고 木生火를 하게 되니 좋아진다. 華蓋중중하니 스님을 많이 안다.
> 日時支가 華蓋 空亡이라 僧徒之命으로 이 사주는 獨守空房을 못 면한다.

金水傷官格
水忌神, 金仇神, 火用神, 木喜神, 水病神, 燥土藥神

丁丑	庚辰	庚子	辛丑	坤命
76	66	56	46	36	26	16	6
戊申	丁未	丙午	乙巳	甲辰	癸卯	壬寅	辛丑	大運

子月 庚金日主가 水旺계절에 출생하여 癸水司令인데 土金이 중중하니 신강한 사주다.
앞 사주와 친구로 같이 무용을 배웠는데 무용을 안 하고 취직을 했는데 조계사에 직원으로 취직하여 근무를 하고 있다.

> 丁火 官이 華蓋를 좌해 종교직장을 갖게 되고, 甲木大運에 劈甲生火하여 엄동설한을 녹여, 주변이 따뜻해지고 마음이 너그러워진다.

時上丁火 用神이 旺해지니 결혼했다. 乙木大運은 젖은 나무라 水를 납수 못하니 고생하고 巳·丙午·丁未·戊 大運은 吉하다.

金水傷官格
水忌神, 金仇神, 火用神, 木喜神, 水病神, 燥土藥神

丙子	庚辰	壬子	壬寅	坤命
71	61	51	41	31	21	11	1	
甲辰	乙巳	丙午	丁未	戊申	己酉	庚戌	辛亥	大運

子月 庚金日主가 水旺계절에 출생하여 壬水司令인데 壬水가 투출하여 한랭하다.
다행히 寅中丙火가 투출되어 해동은 되었다. 40세까지 吉凶運이 반반이다.

火用神이고 木喜神이고, 水病神에 金仇神이며, 燥土는 藥神이다.
財官이 있어도 약해서 시집은 중요하게 생각하지 않는다.

水局이라 물장사하는데 학교 앞에서 카페를 했다. 辰土 華蓋가 空亡이라 스님을 많이 알아야 하는데 傷官으로 변하여 祖上을 멀리하는 종교이니 목사를 많이 안다고 한다.

申金大運에 寅申冲해서 寅中丙火 남자를 만났다. 연애하여 목사를 만나 사는데 구타를 많이 당한다.

財가 깨지니 官도 水剋火되어 財官이 俱沒(구몰 : 함께 무너짐)되어 모두 무너졌다.

財官無依면 僧徒之命이라 山에 있는 절에 가서 기도한다. 丁火大運 甲申年에 내려올 것이다.

절에 들어간 것은, 火를 지키려고 지리산으로 간 것은 火土山이라 土剋水하여 丙火를 지키기 위해서다.

설악산은 눈 雪이라 水이니 水剋火하니 안 맞는다. 壬午·癸未年은 山에 있어야 하고 甲申年에 내려온다.

아버지가 3명의 어머니에게 이복형제를 많이 낳는다. 印綬空亡에 水局을 막기 위해 印綬 土가 필요하니 어머니를 많이 본다. 41세 丁火大運부터 甲木大運까지 좋다.

金水傷官格 | 火用神, 木喜神, 水病神, 燥土藥神

丙子	庚辰	甲子	癸丑	乾命
71	61	51	41	31	21	11	1	

丙辰	丁巳	戊午	己未	庚申	辛酉	壬戌	癸亥	大運

子月 庚金日主가 水旺계절에 출생해 壬水司令이며 금한수냉(金寒水冷)하니 官을 기뻐한다. 癸水는 丙火를 가리나 甲木이 종간에 있어서 水生木 木生火 한다. 癸水는 冬木을 生할 수 없다. 丙火가 調候用神이고, 甲木이 喜神이다. 酉金大運이 丙火의 死宮이 되니 직장생활이 힘들어진다. 壬午年에 직장변동 운이라 이직하러 나왔다.

庚金大運에는 벽갑생화(劈甲生火)하니 괜찮고, 申金大運은 酉金大運보다 나쁘다. 大運은 用神의 陰陽을 막론하고 양포태법(陽胞胎法)으로 보아라.

酉金大運에는 丙火의 死宮이라 用神이 약하니 별로 크게 성공은 못한다. 己未·戊午·丁巳大運은 따뜻해지니까 좋은데 사주원국에 用神이 너무나 약해 받아먹지 못한다.

日干도 약하고 用神도 약하고 喜神도 根이 없어서 약하므로 大運이 좋게 오면 생활은 안정이 되나 크게 받아먹지 못한다.

飛天祿馬格 | 水忌神, 金仇神, 火土用神 【옛사람】

庚辰	庚子	戊子	庚子	乾命
76	66	56	46	36	26	16	6	

丙申	乙未	甲午	癸巳	壬辰	辛卯	庚寅	己丑	大運

子月 庚金日主가 水旺계절에 출생하여 癸水司令인데 子水가 중중해 비천록마격(飛天祿馬格)으로 貴格이 된다.

庚子日柱나 壬子日柱에 子水가 많거나 辛亥日柱나 癸亥日柱에 亥水가 많거나, 丁巳日柱에 巳가 많거나, 丙午日柱에 午가 많으면 해당이 되며 官星이 없고, 六合, 地支沖이 없으면 이 格은 成格이 된다.

가령 壬子日柱에 子水가 많으면 午火를 虛沖으로 불러와서 午中己土가 官이 되고 丁火는 財星이 되어 財官이 형성되어 貴格으로 成格이 된다. 그러나 사주원국에 丑土가 있으면 먼저 合을 하고 午火가 있으면 沖으로 바뀌어 파격이 된다(다른 日柱도 동일하다).

⑯ 丑月 庚金 | 축월 경금

丑月의 庚金日主는 한랭한 水旺계절이니 丑月의 己土는 꽁꽁 얼어서 단단하니 콘크리트로 보는데 丑中辛金이 철근처럼 단단하게 한다.

丑月은 凍土이니 丙丁火가 있어야 吉하고 甲木이 있어서 生火하면 貴命이다. 乙木은 庚金과 合하여 情을 주어 유정하니 木生火를 못한다.

봄·여름의 乙木은 濕木이라 生火가 안 되나, 秋冬節의 乙木은 乾草로 변해 木生火가 가능하다. 乙이 乙庚合하면 木生火도 못하고 木剋土도 못한다.

火가 있고 甲木이 없으면 小格이고, 木이 있고 火가 없으면 衣食은 걱정 없으니 中格은 된다. 金水가 많으면 거지신세를 못 면하고, 木火가 많으면 끈기가 없어 질병이 많다. 木火가 없으면 平人에 불과해 下格이다.

金水傷官格 | 官殺竝用, 火用神, 木喜神, 水病神, 土藥神

丙戌	庚子	癸丑	丁亥	坤命
77	67	57	47	37	27	17	7
辛酉	庚申	己未	戊午	丁巳	丙辰	乙卯	甲寅	大運

丑月 庚金日主가 水旺계절에 출생하여 辛金司令이나 癸水가 투간되고 亥子丑方局을 이루고 있어 한기가 심하고 눈보라가 휘날리니 매우 춥다.

丙丁火가 투출하여 調候하여 주면 官殺혼잡으로 보지 마라. 따뜻하여 물이 잘 흐른다. 丁火가 庚金을 단련(鍛鍊)하니 庚金日主는 亥子丑月에 官殺이 혼잡되어도 괜찮다.

사주구조 순서가 丁癸沖으로 丁火를 끄고 丙火를 가린다. 이 사람은 말조심해야 한다. 나쁜 말투로 싸움을 자주 하다가 관재에 걸린다.

초년에 甲寅·乙卯·丙大運 따뜻해지니 좋은 運이다. 이때는 말씨가 애교가 있고 부드럽게 좋아진다. 이 사주는 正官과 偏官을 함께 병용(竝用)한다. 辰土大運에 旺水 入墓하면 나쁜데 天干에 丙火를 달고 오니 잘 넘어간다. 巳午未大運에 바다 건너 외국에 다녀오기도 하는 좋은 運이다.

남편은 어떤가 하면 財가 없기 때문에 돈은 없어도 명예는 있다. 大運이 巳午未大運이 用神 運이라 국가공무원의 부인이다. 官用神인 자는 명예와 체면을 중요시하며, 傷官은 남을 위해 봉사를 한다.

官을 기뻐하니 남편만 보면 좋아 미친다. 그러므로 남편 없이는 못 산다. 애교가 많아 철철 넘친다. 官殺(正偏官)을 병용(竝用)하는데 金水傷官格에만 적용한다. 庚申大運에 질병(疾病)으로 몸이 아프다.

貴格 : 雜氣印綬格 | 金忌神, 土仇神, 火用神, 木喜神

戊寅	庚申	辛丑	丙午	乾命

78	68	58	48	38	28	18	8	
乙酉	戊申	丁未	丙午	乙巳	甲辰	癸卯	壬寅	大運

丑月 庚金日主가 水旺계절에 출생하여 癸水司令에 土金이 日主를 도와서 신왕하니 官이 用神이다.
丙火는 丙辛合으로 기반(羈絆)되어 못 쓰고 年地 午火는 寅午火局으로 조후가 되니 마음씨가 따뜻하다. 초년 壬寅大運에 좋은 집안에 태어났다. 辰大運에는 午火가 泄氣되어 힘이 없어 나쁘다.

申辰水局으로 吉凶이 반반인데 甲木이 함께 왔기 때문이다. 乙巳大運은 金의 長生 大運이고 巳丑金局이라 寅巳申三刑으로 火에 도움이 안 되니 힘이 없다.

丙午大運에 官用神이라 丙火는 丙午旺運을 만나니 겨울에 얼었던 물이 녹아 잘 흐른다. 가정에 여유가 생기고 재물도 생기고 공직에서 계급도 승승장구로 진급이 잘된다. 丁火大運에는 丁火가 辛金을 剋하니 丙辛合이 풀린다. 金은 丙火가 있어야 빛이 난다.

丁火大運에 庚金을 제련하여 보석이 되므로 상품가치가 높아 국회의원이 되었다. 戊申大運에는 太陽인 官을 가리기 시작하니 출마하면 낙마한다. 申金大運에 寅申冲하니 財物이 나가는데 30억 원이 나갔다고 한다.

원국에 寅申冲으로 材木을 쪼개 官을 生하려고 偏財를 희생시켜 명예를 얻는다. 比肩大運에 경쟁자가 있게 되어 어려움을 당한다. 寅申刑冲이니 偏財는 애인이라 여자 때문에 관재구설이니 조심해야 한다. 寅木을 희생시키는데 겨울철의 나무라 잘 탄다. 이 사람은 돈 벌면 명예를 찾는다.

> ※喜神일 때 二字不冲으로 보며, 忌神일 때는 가중충(加重冲)으로 본다. 고무신도 짝이 있는데 짝짝이 들어오면 산란해진다.

傷官用傷官格
火忌神, 木仇神, 水用神, 金喜神

辛巳	庚寅	癸丑	丁巳	坤命

72	62	52	42	32	22	12	2	
辛酉	庚申	己未	戊午	丁巳	丙辰	乙卯	甲寅	大運

丑月 庚金日主가 水旺계절에 출생, 己土司令에 巳丑金局이 辛金이 투출하여 신왕하다.
동절은 조후가 필요한데 잘되어 用神으로 쓰지 않고 旺한 金氣를 泄氣하는 癸水를 쓴다.

癸水傷官이 투간을 했는데 身旺 官旺하면 남자에게 人氣가 있다. 사주가 건조해 가습기가 필요하니 傷官癸水가 用神이고, 金이 喜神이다.

傷官은 예체능인데 官殺은 대중과 청중이라 청중에게 보여주려고 한다. 丙火大運에 열기가 많아 癸水가 말라 적수오건(滴水熬乾)이 되므로 더욱더 傷官이 필요하여 무용을 했다.

原局에 辛金이 있는데 丙辛合으로 묶어 주지 못한 것은 丁火가 妨害하니 合이 안 된다.

학교에서 무용을 전공했는데 運이 없어 미인이라도 학교 졸업하고 놀고 먹는 백수다. 꿈이 방송국 아나운서를 하는 것이다.

辰土大運에 활동하다가 巳午未大運에는 운이 나빠서 水가 필요하니 물장사를 한다. 丙火大運에 水가 마르니 무용을 계속할까, 아니면 무엇을 해볼까 고민한다.

丁火大運에 丁癸冲으로 用神을 冲去하니 그만두게 된다. 官殺이 忌神인 사람은 남편을 보면 스트레스 받고 나중에 이혼하고 물장사한다.

이혼하고 물장사하면 癸水는 戊土를 불러오고, 寅은 午火를 불러오며, 巳丑은 공협으로 酉金을 불러오니 그중에서 戊午生 남자가 따른다. 외국유학을 다녀온 사람이다. 明暗夫集인데 天干과 地支에 正官·偏官 혼잡을 말한다.

배우자 띠는 運 좋을 때는 用神의 祿띠를 만나게 되고, 忌神運에 忌神의 祿띠를 만나거나 用神과 合되는 띠가 배우자다.

第八章

辛金日主論
신 금 일 주 론

【辛金의 특징】

辛金은 寶石으로 여자들이 좋아한다. 바늘, 주사, 가을에 서리, 낫, 칼, 자갈, 조약돌, 액세서리, 정밀기계, 완성된 금은보석과 같이 아름다움이니 美人이 많다.

깨끗하게 닦아야 광채가 난다. 세련되어 예민하고 까다로워 전문가로 응용한다.

辛金이 用神이면 자화자찬을 잘하고 잘난 척을 잘한다. 辛金은 癸水를 보면 녹이 슨다. 辛金은 물로 닦아줘야 광채가 나는데 한랭할 때는 水가 얼어서 닦지 못하니 녹여서 닦아야 하고 조명을 비추어 주기 위해 丙火가 있어야 한다. 丁火는 그을려 모양새가 나쁘고 보석이 찌그러진다. 辛金은 丁火가 그만큼 나쁘다는 것이다.

丙火는 辛金과 떨어져 있어야 한다. 가까이서 合이 되면 무능하다. 그러므로 年에 있는 것이 좋다. 辛金에게 丁火가 있으면 나쁘고 庚金에게만 필요하다.

辛金은 추동 월에는 天上의 서리이고, 地上의 금은보석으로 다이아몬드처럼 완성품이 된다. 그러므로 깨끗이 닦아야 빛나기 때문에 壬水로 닦는 것이 좋다.

辛金日主는 얼굴이 못생겼으면 화장을 잘해야 좋고, 얼굴이 잘생겼으면 양복을 입어라. 그래야 인기가 있고 재수가 좋은 것이다. 꾸미지 않아서 털털하면 보석에 흙 먼지가 묻은 것과 같아서 주가가 떨어진다.

戊土가 투간되면 매금되므로 안 좋다. 무능하니 어디에 나가서 말 한마디 못한다. 子月에만 戊土를 쓴다.

辛金은 丙火와 合될 때는 빛이 덜 난다. 辛金日主가 壬水가 있으면 아래로 흐르기 때문에 바람둥이거나 술과 색을 판다.

辛金日主는 자존심이 강한 편에 까다롭고 깍쟁이 노릇을 잘하는데, 壬水와 丙火가 없으면 사회에 적응과 융화가 부족하다. 돈은 있으나 귀함이 적다.

【辛金의 특징】

辛金이 壬水가 있으면 바람피우기 쉽고, 癸水가 있으면 빗물이 되기 때문에 화류계 팔자가 되기 쉽다. 이때 戊土가 있으면 戊癸合이 되어 화류계로 안 가니 좋다.

辛金이 甲을 보면 보석상자이니 돈은 벌어도 욕을 먹으면서 벌기 때문에 술집이다.

辛金이 乙木을 보면 바늘과 실이라 떨어질 수가 없다. 乙辛沖 卯酉沖이지만 싸우면서 같이 가야 한다. 여자를 만나면 싸우고 잘 우는 여자를 만나게 된다.

辛金日主에 己土가 있으면 땅에 떨어진 보석이니 上格이 못 된다. 己土는 먼지가 많은 길바닥에 떨어진 寶石이니 불길한데, 丁火가 있을 때 己土가 辛金을 보호해 주니 이때는 오히려 吉하게 된다.

辛金이 庚金을 보면 辛金은 컵이고 庚金은 돌이라 유리컵에 돌이 들어 있는 격이라 깨지기 쉬우니 대수술을 하게 된다.

辛金이 辛金을 보면 寶石다발이다. 辛金이 壬水를 보면 닦아주니 값진 보석이다. 辛金이 癸水를 보면 녹슨 보석 가치가 없다. 빈천한 보석이다.

辛金은 먼저 壬水를 取用하고, 다음으로 丙火를 取用하되, 辛金과 떨어져 있어야 한다. 冬節에는 丙火를 먼저 取用한다.

---

1 **寅卯辰月 辛金** ┃ 인묘진월 신금

寅卯辰月의 辛金은 만물을 기르는 시기라서 金을 싹으로 보라. 어린 金이다. 年月에 木이 있으면 부모 속을 썩이고 태어났다. 그러므로 年月柱는 조상·부모궁이 된다. 寅卯辰月 庚辛은 우박과 서리로 보는데 그래서 집안이 한때 망한 것이다. 싹을 망친 격이며 부모를 망친 격이다.

卯月의 辛金은 卯中乙木과 乙辛冲하여 모친 자리를 剋한 격이다. 己土가 있으면 丙火가 있어야 자양분이 되어 준다. 丙火와 己土는 필요한 관계가 된다. 天干의 己土보다 地支에 己土(丑未)가 좋다.

辰月 辛金日主는 甲木과 壬水가 투출해야 한다. 土가 旺하면 매금이 되니 甲木을 쓰고 다음 壬水를 쓴다. 己土가 있으면 甲木이 羈絆되니 거짓말을 잘한다. 甲木을 쓸 때 己土는 못 쓴다. 戊土가 있을 때는 甲木으로 소토 (疎土)하면 좋은데 이때 재물을 얻는다.

辰月에 辛金이 壬水를 보면 貴하고 己土를 보면 밥은 먹고산다. 甲木을 用神으로 쓸 때는 己土를 보지 말아야 한다.

2 ## 巳午未月 辛金 | 사오미월 신금

巳午未月에 辛金日主는 金이 녹으니 壬水로 火를 제거해야 덕망 있는 사람인데 己土와 같이 있으면 탁수가 되니 辛金 얼굴에 흙탕물을 칠한 것과 같아 부끄러운 바가 있어 체면 없는 짓을 잘한다.

이런 여자는 홍등가의 명이요, 천한 사람이 된다. 己土는 地支에 있는 것이 좋다. 癸水가 투출하면 놀고먹는 사람이며 가는 곳마다 욕을 먹는다.

여름에 壬午月은 뜨거운 물, 壬戌月은 土剋水가 된 물이 되므로 나쁘다. 巳午未月 중 壬午月의 辛金이면 끓은 물에 씻으니 미친 사람 소릴 듣는다. 未月에 辛金은 壬水가 투출하고 乙木이 있으면 미인이다. 巳午未月 辛金은 地支에 申金이 있거나 子辰水局이 있으면 좋다.

3 ## 申酉戌月 辛金 | 신유술월 신금

申酉戌月에 辛金日主는 인물이 좋고 형제가 많다. 辛金日主가 丁火를 보면 성질이 포악한데 완성된 보석을 다시 녹이려고 하기 때문이며 또 다른 이유는 壬水가 用神일 때 丁火가 투간되어 있다면 丁壬合으로 合去하여 기반(羈絆)되기 때문에 丁火가 투출되면 사기꾼이 된다.

庚金이 있어 깨진 그릇이 되므로 다시 녹여서 보석을 만들 때는 고통이 따르니 몸에 수술하는 어려움이 따른다. 申酉戌月에 辛金日主는 壬水를 필요로 하고 멀리서 丙火가 비춰 주면 길하다.

4 亥子丑月 辛金 | 해자축월 신금

亥子丑月에 辛金은 壬水와 丙火를 쓴다. 亥月에 辛金은 浴地이므로 오줌과 같아 못 쓴다. 그러므로 따로 壬水를 쓰는데 丙火와 같이 쓴다. **壬水와 丙火는 貴가 되고, 戊丁은 富가 된다.**

癸水가 나오면 길에 얼어붙은 金으로 丙火가 나왔다 해도 태양을 癸水가 가리기 때문에 역시 얼어붙은 것이다. 여자 사주가 이와 같이 되면 천한 사주가 되기 쉽고, 남자는 술만 마시고 실업자로 체면 없는 짓을 잘한다.

丁火와 壬水가 합되면 사기꾼 기질이 있고 성질이 포악하고 무모한 살인 자가 되기 쉽다. 壬水가 用神이면 地支에 午未戌 中 한 자만 있어야 좋다.

5 寅月 辛金 | 인월 신금

寅月의 辛金은 이른 봄에 한기가 남았으니 寅中丙火가 있고 戊土가 있으니 조후하고 生辛하는 힘이 있다. 火가 많으면 녹기 때문에 안 되는데 己土가 있어서 火의 氣運을 泄氣하고 辛金을 生助하면 좋다.

辛金은 陰金으로 허약하여 己土가 生함을 기뻐하고 壬水로 辛金을 닦아 주면 貴格이 된다. 辛金은 旺한 戊土의 生助를 기뻐하지 않는 이유로는 매금이 될까 두렵기 때문인데 이때 甲木으로 疎土하면 吉하다. 木旺하면 庚金으로 벌목(伐木)해야 하는데 戊土가 庚金을 生助해주면 더욱 吉하다.

正財格
土用神, 火喜神, 濕木病神, 金藥神, 燥木喜神

辛卯	辛亥	壬寅	壬戌	乾命
77	67	57	47	37	27	17	7
庚戌	己酉	戊申	丁未	丙午	乙巳	甲辰	癸卯	大運

寅月 辛金日主가 木旺계절에 출생, 丙火司令인데 입춘 절에 生하여 한기미진(寒氣未盡)한데 辛金이 연약하고 亥中壬水가 투간되어 泄氣하니 자동적으로 辛金은 太弱하다.

身太弱하니 믿는 것은 戊土밖에 없다. 戊中戊土와 寅中戊土가 있으므로 身太弱한 中 官印相生하니 辛金이 從하지 않는다. 그러므로 寅戌火局이 되고 寅中戊土가 필요하니 火土가 吉神이 된다. 火土에 따라가야 좋다. 亥中壬水가 투간되어 正月에 비바람 되어 몰아치니 戊土로 막아야 한다.

年月柱에 用神이 있으면 초년부터 運이 좋아서 좋은 집안에서 태어났다. 癸卯·甲辰·乙巳大運은 따뜻한 봄으로 가니 마음에 여유가 있다.

正財格에 財運이 오니 자기 사업을 한다. 中年에 丙午·丁未·戊土 大運은 좋다.

> 申金大運에 寅申冲하면 火局이 깨지고, 亥卯未木局에 木剋土하니 끝이다. 신약하니 比劫運이 오면 좋다고 말하면 안 된다. 사주볼 때 신강·신약만 가지고 따지다 보면 핵심을 놓친다.

巳午未 좋은 大運에 돈 벌었기 때문에 큰 병원에 입원한다. 酉金이 卯酉 冲하면 亥卯未木局이 깨져서 戌中戊土를 剋하는 것을 막으니 吉하나, 申金은 寅申冲으로 寅戌火局인 喜神을 剋하니 흉하다.

正財格 【幼木이라 太陽으로 키워야 한다. 格보호 用神, 調候用神】
火用神, 木喜神, 水病神, 金仇神, 土藥神

己丑	辛酉	甲寅	癸酉	坤命
74	64	54	44	34	24	14	4
壬戌	辛酉	庚申	己未	戊午	丁巳	丙辰	乙卯	大運

寅月 辛金日主가 木旺계절에 출생해 甲木司令이고 甲木이 투출해서 신약으로 출발하나 日支酉金에 祿하고 酉丑金局에 己土가 生助하니 辛金日主는 이만하면 약변위강한 사주다.

比劫이 중중하여 身旺하여 病이 되고 癸水의 눈보라가 몰아치므로 춥다.

寅中丙火로 用神한다. 調候 겸 官星으로 좋고, 초년에 운이 좋아 학교도 좋은 학교에 다니고 공부도 잘했다.

正官이 用神이니 성실하고 正財格이 生官하니 허례허식이 없고, 月支에 寅이 天乙貴人이니 가풍이 좋다.

애석한 것은 用神이 天干에 투출되지 않았다. 用神이 天干에 투출이 되지 앉으면 자수성가해야 한다. 자신이 丙火 太陽을 꺼내야 하는 것과 같다.

丁火大運에 火가 노출이 되니 결혼하고 남편은 성실하기는 하나 旺金을 녹이지 못하니 財生官하기 위해 돈을 벌어야 한다. 부부가 맞벌이한다.

庚金大運에 劈甲生火하니 58세까지 운이 좋으나 申金大運에는 寅申冲해 寅中丙火와 申中壬水와 冲하니 사망하였다. 일찍 사망한 이유는 用神이 너무 약하기 때문이다.

從財格 | 1914년생
木用神, 水喜神, 金病神, 火藥神

辛卯	辛巳	丙寅	甲寅	坤命
76	66	56	46	36	26	16	6
戊午	乙未	庚申	辛酉	壬戌	癸亥	甲子	乙丑	大運

寅月 辛金日主가 木旺계절에 출생해 甲木司令인데 寅中甲木이 透出되고 丙火가 透出되니 火가 旺한데 時上에 辛金하고 丙辛合去되어 熱氣는 있어도 丙火가 金을 剋하지는 못한다.

丙火가 透出되어 正官格인데 丙辛合去되고 財星만 남았으니 從財格이다.

> 從財로 가기 때문에 甲木이 用神이고 水喜神이며, 金病神에 火藥神이다. 從財格이라 水運이 괜찮다.

키가 작고 예쁘장하고 점잖고 야무지다. 金이 火에 달궈서 水運에 담금질하니 단단해진다. 주변에 남자가 많으나 연애 한 번 못 해본다.

남자와 교제를 하면 남자가 다른 여자와 바람피워 마음고생을 많이 한다. 丙火 正官이 時上 辛金하고 合하고 時上比肩 辛金은 卯木 桃花를 깔아 본인보다 예쁘고, 자기는 지지끼리 寅巳刑으로 깨져 이혼하기 쉽다.

亥水大運에 巳亥冲으로 헤어지나 水生木으로 生한 것은 좋다. 40세까지는 괜찮으나 辛酉大運과 庚申大運에는 나쁘다.

從財格에 比劫運이 오면 난리가 난다. 運이 20年이나 나쁠 때 큰 재난이 생긴다. 金木相戰되면 교통사고다.

正財格 | 金用神, 土喜神, 火病神, 木仇神, 水藥神

辛 卯	辛 巳	丙 寅	甲 寅	坤命
72	62	52	42	32	22	12	2	

| 戊 午 | 己 未 | 庚 申 | 辛 酉 | 壬 戌 | 癸 亥 | 甲 子 | 乙 丑 | 大運 |

寅月 辛金日主가 木旺계절에 출생, 戊土司令이지만 木火가 중중하니 신약하다.
丑月의 여기가 남아 寒氣未盡하나 木火가 旺하여 조후되어 있으니 正格으로 판단한다.

신약이라 從해야 하나, 丑月 여기가 넘어와 戊土司令이면 丑土司令으로 작용하는 것이므로, 天干에 辛金이 있고 巳中庚金이 있어 從이 안 된다.
이 사주는 金用神에 土喜神이며, 火病神에 木仇神이며 水藥神이다.

辛金日主가 財官이 旺하면 예쁘다. 辛巳日柱가 丙丁官殺이 많으면 멋쟁이 인데 正官格이라 모델은 못한다. 초년부터 運이 좋아 부모덕이 있고 水가 없어 암기력이 나쁘다. 水는 지혜라서 水가 마르면 지혜가 없다.

初年 大運부터 水·金運으로 흘러가 가정환경이 좋다. 어머니는 寅巳刑이 되므로 호랑이가 刑으로 다쳐 정신적인 치료를 받으러 철학관에 자주 간 다. 아버지는 寅巳刑이라 의사이다.

從財格, 兩干不雜格
火用神, 木喜神, 水病神, 土藥神

辛 卯	辛 卯	壬 寅	壬 寅	坤命
76	66	56	46	36	26	16	6	

| 甲 午 | 乙 未 | 丙 申 | 丁 酉 | 戊 戌 | 己 亥 | 庚 子 | 辛 丑 | 大運 |

寅月 辛金日主가 木旺계절에 출생해 甲木司令이며 兩干不雜 으로 貴格이다.
寅月에 壬水가 투간되어 寒冷하니 寅中丙火가 調候用神이 된다. 丙火는 寅木에 長生이라

좋은데 卯木은 욕지가 되고 濕木은 生火가 안 된다.

子水大運에 결혼을 일찍 하여 忌神대운이라 춥고 배고프고 고생을 많이 했다. 자식을 낳고 사는데 고생을 참다못해 이혼했다.

戊戌大運에 제습하니 마음이 편안해지고 寅戌火局으로 寅中丙火가 살아나니 자수성가하여 돈이 모이니 남자가 생각난다. 壬午年에 키 작은 남자를 만나는데 水剋火하여 불꽃이 안 일어나니 작다.

癸未年에 喜神이 입묘되니 별로다. 戊土大運은 官庫라서 남자가 붙으면 키가 작거나 아니면 50대 남자가 따른다.

財用神인데 食神生財면 식성이 좋아 비만하다. 卯桃花라 가끔 연애한다. 장사하는데 木은 동쪽에 해당하여 동대문시장에서 의류도매상을 한다.

財格 | 水忌神, 土用神, 火喜神, 木病神, 金藥神

己亥	辛亥	戊寅	乙未	乾命

75	65	55	45	35	25	15	5	
庚午	辛未	壬申	癸酉	甲戌	乙亥	丙子	丁丑	大運

寅月 辛金日主가 木旺계절에 출생하여 甲木司令으로 水木이 중중하니 신약하다.
辛金日主가 印綬用神에 官星을 기뻐하는데 官을 찾으니 국회의원에 출마하려 한다.

印綬는 여당으로 작용하고, 傷官은 야당으로 작용한다. 辛金은 보석으로 보는데 아름다우니 남에게 보여주려고 한다.

日支傷官인 亥水가 法인데 自刑이 되니 法으로 골치 아픈 일이 생기고, 地支傷官이 있어 마음속으로 욕하고 天干에 印綬가 뜨니 점잖게 보이고 친구와 만나면 저 개새끼하며 욕하는 성격이다.

傷官이 旺하니 시의원이나 구의원은 당선되나 국회의원은 안 된다. 왜냐하면 官인 寅中丙火가 아직 떠오르지 못하고 여명(黎明)만 보이기 때문에 안 된다. 亥時라 丙火가 절지 시간이라 국회의원은 안 된다.

> 한기미진에 亥水가 중중하여 丙火로 조후가 필요한데 없어, 戊土로 제습해야 하니, 戊土가 用神에, 火가 喜神, 木病神에 水仇神, 金藥神이다.

印綬가 用神이라 야당으로 출마하면 떨어지고 여당으로 출마하면 당선이 된다. 傷官은 정부비판을 한다. 官殺이 중중하여 食傷을 用神으로 쓰면 야당이다. 시의원은 했는데 국회의원은 두 번 떨어졌다.

그릇이 동네 통반장은 된다. 현침살이 있고 천문에 寅字를 보면 부인이 의사, 약사, 간호사가 되기 쉽다. 이런 사람은 부동산에 투자하면 잘된다. 국회의원도 用神에 맞게 출마해야 당선된다.

正財格, 埋金格
土忌神, 木用神, 水喜神, 金病神, 火藥神 兼 調候用神

戊子	辛酉	戊寅	庚戌	坤命
72	62	52	42	32	22	12	2

| 庚午 | 辛未 | 壬申 | 癸酉 | 甲戌 | 乙亥 | 丙子 | 丁丑 | 大運 |

寅月 辛金日主가 木旺계절에 출생해 戊土司令인데 戊土가 투출하여 日主가 埋金이 되니 급한 것은 疎土하는 것이 급선무다.

雨水 전이라 寒氣未盡에 木이 약한 것이 흠인데 庚金이 弱木을 치니 寅中丙火가 조후용신 겸 藥神이 된다.

火用神을 寅戌火局이 방조(幫助)하니 더욱 좋다. 寅木이 아직은 어려서 火가 必要한데 生火를 못한다. 天干에 火가 없어 불꽃이 일어나지 않기 때문에 金을 못 녹이니 水가 喜神이다. 時上傷官은 비서(秘書)다.

大運에 天干은 火가 좋고 地支는 水木火가 좋다. 亥水 驛馬 大運에 외국 기업에 취직했다.

甲木大運에 불을 지피려고 하나 天干에 火가 없으므로 生火가 안 된다. 그래서 소토를 하려 하나 庚金이 反冲하니 기진맥진하여 天干으로 火가 喜神이다.

甲木大運에 결혼을 못하고 戌土大運에 물을 막고 寅戌火局이라 결혼을 할 수 있다. 癸酉大運부터 고생을 사서 한다.

辛未大運에 用神入墓되어 사망한다. 傷官이 있는데 官星이 약하면 財生官하려고 평생 직업을 갖게 된다. 食傷이 있고 官星이 약하면 남편이 자주 아픈데 남편을 살리기 위해서 보약을 먹인다.

正官格, 丑遙巳格破格 | 金忌神, 濕土仇神, 火用神, 木喜神

己丑	辛丑	庚寅	丙辰	坤命

75	65	55	45	35	25	15	5	
壬午	癸未	甲申	乙酉	丙戌	丁亥	戊子	己丑	大運

寅月 辛金日主가 木旺계절에 출생하여 甲木司令인데 土金이 중중하여 신강하다.

日時에 丑土가 있어 丑遙巳格으로 巳火를 불러와 成格될 것 같으나 官이 투출되어 破格이 되었다. 正官格에 火用神이고 木喜神이다. 己丑·戊土大運은 운이 없다.

子水大運은 水生木과 木生火하니 接續相生으로 괜찮다. 寅木이 없으면 子水大運에 나쁘다. 地支가 天干을 견제는 해도 직접 剋하지 못한다.

대학교 들어갈 때 목표는 서울대학교인데 파격으로 格이 떨어지니 서울대학교는 못 들어가고 官用神이라 서울에 있는 남녀공학 대학교를 들어간다. 丁火大運에 官이 들어오니 寅月에는 추우므로 官殺을 함께 쓴다.

日時에서 丑土가 巳火를 불러들여 연하남자를 만나 연애한다. 癸未年에 丙火 官을 剋하니 癸水를 막을 수 있는 己未生 남자를 만났다.

癸水가 丙火 官을 剋하고 未土가 財庫인데 日支에 丑土와 丑未冲하여 돈 깨지고 배우자와 이별했다. 나이가 어릴 때 빨리 결혼하면 亥水大運에 寅亥合하고 세운에서 日支에 冲이나 刑할 때 배우자나 애인이 떨어진다. 丁亥大運에 남자를 만난다면 法大출신이나 변호사를 만나게 된다.

假傷官格 | 水用神, 金喜神, 土病神, 火仇神, 木藥神

戊子	辛巳	戊寅	乙丑	坤命

79	69	59	49	39	29	19	9	
丙戌	乙酉	甲申	癸未	壬午	辛巳	庚辰	己卯	大運

寅月 辛金日主가 木旺계절에 출생해 戊土司令하나 한기미진한데 木火가 중중하여 조후가 되어 있으니 조후는 보지 말고 억부(抑扶)로 가야 한다.

巳丑金局이 되었고 土生金하니 약변위강이 되어 巳中丙火 官을 用神으로 쓰려고 하는데 地支에 丑土와 金局으로 변하므로 쓸 수 없고, 戊土는 辛金을 매금(埋金)시키니 甲木으로 소토시켜야 하는데 甲木은 없고, 乙木은 있으나 戊土를 소토 못한다.

假傷官格이 水用神에 金喜神이고 土가 病神에 火仇神이며 木이 藥神이다.

傷官은 예체능으로 작용하니 운동신경이 발달되어 있다. 이화여대 체육학과 수중발레 국가대표선수로 戊土 印綬가 子水를 가로막아 돈으로 키운다(食傷 水를 막는 土를 木으로 쳐줘야 한다). 寅木이 天乙貴人이고 寅巳刑은 부친이 의사다. 巳火大運에는 假傷官 用神이 絶이 되니 선수생활 끝이다.

| 正官格 | 天干：火用神，木喜神， |
| 地支：金木相戰：通關 水用神，金病神，火藥神 |

丙申	辛酉	戊寅	庚申	坤命
74	64	54	44	34	24	14	4
庚午	辛未	壬申	癸酉	甲戌	乙亥	丙子	丁丑	大運

寅月 辛金日主가 木旺계절에 출생해 甲木司令이고 丙火가 투출되어 신약으로 출발하나 比劫이 중중하여 약변위강으로 신왕하다.

丙火가 用神이다. 丙火가 조후하니 좋은데 한 가지 흠은 地支에 寅申刑冲하는 것이다. 地支에서는 통관시켜주는 水運이 좋다. 天干은 火를 쓰고 地支는 水를 쓴다.

이화여대 경영학과를 졸업하여 외국기업에 취직하여 다닌다. 天干에 甲木大運으로 와도 火를 生해주니 좋다. 癸酉大運에는 태양을 가리니 운이 나빠 외국으로 나가야 丙火를 본다. 金이 木을 剋하는 것이 病이다.

| 兩干不雜格，正財格 | 金用神，土喜神，火病神，水藥神 |

庚寅	辛亥	庚寅	辛巳	乾命
79	69	59	49	39	29	19	9
壬午	癸未	甲申	乙酉	丙戌	丁亥	戊子	己丑	大運

寅月 辛金日主가 木旺계절에 출생하여 甲木司令이고 金이 많아 햇빛이 없어 한기미진에 金日主가 水를 보면 춥고 배고프다.

庚辛金형제는 地支에 財官이라 부자다. 本人이 가난하여 寅亥合이니 뉘에게 의지한다. 傷官은 친절인데 木을 生하니 친구에게 얻어먹고 살아야 한다.

傷官은 재치가 있고 亥水는 지혜를 상징하므로 財力家에게 아이디어를 제공하고 庚金에게 머리를 숙여야 덕을 본다. 보석은 잘난 척하는데 庚金에게 잘난 척을 하면 흠집이 생기니 말조심해라. 친구와 형제가 잘산다.

6 卯月 辛金 | 묘월 신금

卯月에 辛金日主는 木氣가 旺한 季節로 연금(軟金)이니 辛金이 酉金에 根을 하고 壬水로 씻어주고 丙火가 있어서 照光하면 빛이 나니 貴格이다. 辛金은 단련된 보석과 같은 완제품으로 丁火에 상처가 나는 것을 싫어하고 癸水에 녹슬고 土에 먼지 묻는 것도 싫어한다.

丑土에 의해서 벌흙이 묻어 더럽혀지는 것을 싫어한다. 壬水로 닦아주는 것을 좋아하니 성격이 까다롭다는 말을 듣는다. 天干에 壬水가 없고 地支 亥水가 있으면 卯月에 亥卯未木局이 되어 衣食은 있고, 天干에 壬水가 있고 亥水가 있으면 亥·壬·甲이 서로 도와주므로 富貴格이다.

木이 지나치게 태과하면 庚金으로 木을 벌목해주고 辛金은 庚金에 의존해야 吉兆가 된다. 辛金은 酉·丑·申이 있으면 根이 되므로 무조건 신왕으로 보아라. 辛金日主가 庚金과 돌 속에 유리라서 깨진 것이다. 이런 때는 壬水가 있으면 안 되고 火로서 다시 녹여야 한다.

原局에 火가 있고 運이 水運으로 흐르면 貴格이다. 깨진 金을 녹여 담금질을 하니 貴로 흐른다.

偏財格
土忌神, 通關 水用神, 土病神, 木藥神

戊子	辛酉	乙卯	戊辰	坤命
75	65	55	45	35	25	15	5
丁未	戊申	己酉	庚戌	辛亥	壬子	癸丑	甲寅	大運

卯月 辛金日主가 木旺계절에 출생해 乙木司令에 卯酉冲으로 木도 부러지고 金도 傷했다. 木多金缺인데 다행히 辰酉合金되고 戊土가 時에서 生을 해주니 日干은 弱變爲强이 되었다.

辛金日主는 酉金에 根하고 조금만 生받으면 무조건 신왕하다. 偏財格에

水가 通關用神으로 辛亥大運까지 運이 좋다.

偏財格이라 사업가인데 傷官生財면 生産은 안 하고 대리점 형식으로 이윤을 남기는 사업인데 卯木은 채소라 밭떼기로 장사한다.

庚金大運이 오면 辛金이 상처가 나고 깨진다. 丙火가 없기 때문이다. 庚戌大運 乙庚合하고 乙卯년에 通關用神을 子卯刑하니 卯酉冲되어 죽었다.

財格은 比劫을 만나지 말아야 하고, 官이 있어야 하는데 없고, 格이 깨지면 나쁘다.

偏財格
火用神, 燥木喜神, 濕木忌神, 水病神, 土藥神

戊戌	辛巳	癸卯	壬子	乾命
80	70	60	50	40	30	20	10	
辛亥	庚戌	己酉	戊申	丁未	丙午	乙巳	甲辰	大運

卯月 辛金日主가 木旺계절에 출생해 甲木司令인데 水木이 중중하니 辛金은 약하다.
戊戌燥土는 水가 있어 濕土로 바뀌어 辛金은 약하지 않다.
巳中丙火가 用神에 水病神이며

戊土가 藥神이다. 水가 旺하니 甲辰 乙木大運에 木剋土하고 辰戌冲으로 忌神이 발동하니 부모와 사별했다.

正官用神이라 남을 도와주고, 印綬藥神이니 한학에 조예가 깊으며 日時가 用神과 藥神이 있으니 처자도 좋았다.

官星 用神이 地支에 있고 傷官이 투간되니 진급이 안 된다. 면서기 직급으로 산다. 巳火大運에 공무원이 되어 戊土大運까지 잘 다녔다.

사주원국에 食神과 傷官이 旺해 불평불만이 많으나 巳中丙火가 있어서 그러지 말아야지 하는 마음이 있어 성실하게 다닌다.

申金大運에 申子水局이 되어 火를 끄니 퇴직한다. 퇴직 후에 야산을 사서 과수원을 하면서 사는데 酉金大運에 金木相戰으로 수술했으며 戌土大運에 늙어서 火用神과 土藥神이 동시에 入墓되니 죽었다.

從財格
木用神, 水喜神, 金忌神, 土仇神

己 亥	辛 未	乙 卯	癸 卯	乾 命
68	58 48	38 28	18 8	
丁 未	戊 申 己 酉 庚 戌	辛 亥 壬 子	癸 丑 甲 寅	大 運

卯月 辛金日主가 木旺계절에 출생해 乙木司令이고 乙木이 투출하고 亥卯未木局이 己土를 剋하니 土生金을 못해 從財格이다.

辛亥大運에 여성잡지사 기자 겸 동업투자해서 시작했다. 초창기에는 월급을 못 탔다. 壬午年부터 조금씩 나아진다. 亥水大運에 잘나가나 접어야 한다. 다음 大運이 나빠서 그렇다.

亥卯未合木으로 日時와 합하여 財局을 이루니 바람둥이다. 처는 財局이라 여대출신으로 나이 많은 여자를 만난다. 日干이 약해 록띠를 만나는데 丁酉生 年上의 여자다.

여자가 많이 도와주는데 안경 쓴 여자다. 丁酉生을 만나면 乙木이 丁火를 보면 꽃이 피고 丁火는 癸水가 剋하니 안경을 쓴다. 乙卯木은 바람으로 작용하고 財局을 이루고 未土에 財가 入墓되니 여자가 많이 모여든다.

庚戌·己酉大運은 運이 나쁘다. 從財格은 사업수완이 좋고, 돈을 잘 쓰는데 여자에게만 잘 쓴다. 남자에게는 안 쓰는 짠돌이다.

偏財格
金忌神, 土仇神, 木用神, 水喜神, 金病神, 火藥神

乙 未	辛 丑	辛 卯	辛 酉	坤 命
74 64	54 44	34 24	14 4	
己 亥 戊 戌	丁 酉 丙 申	乙 未 甲 午	癸 巳 壬 辰	大 運

卯月 辛金日主가 木旺계절에 출생하여 乙木司令인데 時上에 乙木이 투출하니 偏財格으로 身旺 財旺이다.

겨울이 아니라 조후가 필요치 않다. 偏財格에 겁나는 것이 比劫이다. 卯未合과 酉丑金局으로 충중봉합(沖中逢合)이 된 것 같으나 사주구조가 卯酉沖 丑未沖으로 구성이 잘못되어 충중봉합(沖中逢合)이 약하다.

군비쟁재(群比爭財)하니 좋은 학교를 못 간다. 대학입시를 보나 경쟁률이 높아 떨어진다. 比劫이 乙木을 剋해 乙木이 지랄한다. 火剋金하기 위해 동국대, 경희대, 덕성여대, 동덕여대에 들어간다. 학구열은 있다.

巳火大運에 巳酉丑金局이 되어 比劫이 旺해져 외국에 나가서 공부한다. 財가 用神이니 食傷이 있어야 경제·경영학과인데 식상이 없으니 현침살이 직업으로 바늘과 실이라 의상학 전공을 한다. 甲木大運에 직장에 취직하고 午火大運에 火剋金하니 길하다.

丁酉大運에 卯酉冲하면 매우 나쁘다. 食神 傷官運은 食神生財하니 길하고 官은 比劫을 눌러줘서 좋다.

> 여자 사주에서 지지에서 편관이 하나만 있으면 용신을 남편으로 보아라.
> 현침살이 중중하니 운이 좋아 잘나가면 의사를 만난다.
> 比肩으로 있을 때와 劫財가 혼잡되어 있을 때 다르다. 순수하게 있어야 좋다. 혼잡되어 있으면 인간성이 편협하고 도둑심보가 있게 된다.

7 辰月 辛金 | 진월 신금

辰月 辛金은 土生金되어 통근(通根)한다. 이때 壬水로 닦고 먼지 묻지 않게 甲木으로 戊己土를 소토하면 부귀겸전으로 上格이 된다. 土多하면 甲木으로 소토해야 富命이며 壬水가 씻어주면 貴命의 명조이다.

丙火가 투출하면 辛金과 丙辛合이 되어 효력이 없어지니 年干에 떨어져 투간되어 있어야 길하다.

水旺하고 辛金이 有根하면 잘 닦아주므로 역시 吉神이고 無根이면 水多金沈이다. 申子辰水局을 이루고 從兒格이면 丙丁火가 忌神이다

火가 많으면 壬水로 윤습해야 길하고, 火가 조절이 잘 안 되면 불길하다. 甲木만 있어도 中格은 되고 甲木과 壬水가 함께 없으면 中上格이 된다. 甲·壬·丙이 함께 투간되어 합이 없이 유정하면 大貴格으로 上格이 된다.

雜氣印綬格, 假傷官格
水用神, 金喜神, 土病神, 木藥神

				乾命
己丑	辛丑	丙辰	戊申	

77	67	57	47	37	27	17	7	大運
甲子	癸亥	壬戌	辛酉	庚申	己未	戊午	丁巳	

辰月 辛金日主가 木旺계절에 출생해 癸水司令이나 土金이 많아 신왕하다.

戊土가 투출되어 旺하면 甲木으로 눌러야 하는데 없으므로 丙火를 用神으로 쓰려고 하나 根이 없으며 戊土에 설기되어 약해서 못 쓰고 申辰水局이라 가상관(假傷官)으로 用神을 쓴다. 水用神인데 초년이 火運으로 가니 운이 없다.

초년부터 운이 없으니 학력이 짧고 부모덕이 없다. 신왕에 申辰水局으로 설기가 잘되면 두뇌회전이 잘되어 똑똑하다. 戊土大運에 食傷을 剋하여 泄氣가 안 되면 두뇌회전이 안 되니 공부가 안 된다.

印綬가 많은 자는 기술을 배워야 하는데 게으르고 뜻이 커서 작은 일에 소홀히 한다. 옷차림도 너덜너덜한 것을 입는다. 傷官으로 설기해야 하는데 印綬가 많아 안 풀린다. 학벌이 없어 공장에서 기술을 배워야 한다.

37세 庚申大運부터 좋아지니 친구와 동업으로 사업을 하다가 6·25사변이 터져 친구가 죽어 본인이 운영해 63세까지 잘살고 돈을 많이 벌었다.

戊大運에 辰戌冲하니 申辰水局이 풀려 활동무대가 깨지니 사업을 접었다. 食神을 刑冲하면 속병이 생겨 음식을 못 먹어 죽는다. 辰戌冲과 丑戌刑은 胃腸病인데 胃癌으로 죽었다.

財多身弱格 | 金用神, 土喜神, 火病神, 水藥神

				坤命
庚寅	辛卯	甲辰	丁巳	

76	66	56	46	36	26	16	6	大運
壬子	辛亥	庚戌	己酉	戊申	丁未	丙午	乙巳	

辰月 辛金日主가 木旺계절에 출생, 戊土司令으로 土生金하니 신강으로 출발하나 寅卯辰方局으로 財星이 중중하고 甲木이 투출하여 財多身弱이다.

財忌神이며 比劫이 用神이고 印綬가 喜神이고 火病神에 水藥神이다. 초년에 火大運으로 忌神이라 집안

형편이 나쁘다. 辰土가 旺한 火를 다 막아준다. 엄마가 생존해 계신가 물어 보아라. 살아 계시면 덕을 보고, 돌아가셨으면 運이 나쁘다.

天干으로 火運이 오면 土가 없어 나쁘나 地支로 火運이 오면 土가 있어 큰 피해는 없다. 戊申大運에 日主가 신왕해지니 돈을 많이 벌어 마음이 후해진다.

庚戌大運에 辰戌冲하면 火氣를 흡수하지 못하게 되니 辛金이 녹아 사망한다. 30대에 戌大運이 왔다면 모친이 죽는다. 比劫이 用神이면 자신이 성실하게 일을 하며 사업하면 친구들이 도와주나 수입은 많지가 않다.

食神生財格
金忌神, 土仇神, 木用神, 水喜神, 金病神, 火藥神

庚寅	辛丑	甲辰	壬申	乾命

79	69	59	49	39	29	19	9	
壬子	辛亥	庚戌	己酉	戊申	丁未	丙午	乙巳	大運

辰月 辛金日主가 木旺계절에 출생하여 乙木司令인데 土金이 많아 신왕하다.
戊土가 투간되지 않았으므로 印綬가 太旺한 것은 아니다.
庚金이 申金에 祿을 하고 丑土가 있어 신강하다. 신강하면 食財官 중에서 강한 것으로 用神을 잡아야 한다. 財星과 食傷이 根이 있어 旺하니 用神잡기 어렵다.

比劫이 많아 身旺하여 忌神인데, 木旺한 계절이고 食傷이 水生木하므로 甲木을 用神으로 쓰고 水를 喜神으로 쓴다. 土印綬를 木剋土하여 土生金을 못하게 막아야 한다. 金이 用神을 剋하니 病神이며, 火가 病을 제거하니 藥神이 된다.
결국은 食財官을 喜神으로 다 쓰게 된 것이다.

申辰水局에 壬水가 透出되어 水旺하니 旺水를 泄氣시켜야 하므로 甲木을 用神으로 쓰고 申辰水局에 壬水가 투간되어 甲까지 生해주니 水를 喜神으로 쓴다.

食神生財格은 比劫을 꺼리는데 庚金이 있어 破格이 되어 金病神이 되어

寅中丙火가 藥神이다. 火運이 초년에 오니 좋고 戊土大運에 金을 生하니 仇神大運으로 나쁠 것 같으나 甲木이 反沖해주니 無害無德하게 넘어간다.

앞의 大運 30년이 좋으면 연결되는 나쁜 大運 3년까지는 먹어주니 좋다. 申金大運에 寅申沖이라 이혼하고 어렵게 지내고, 己酉大運에 甲己合으로 用神이 묶이니 나쁘고, 酉金大運은 酉丑金局에 辰酉合金으로 金剋木하니 나쁘다. 戊土大運에 寅戌火局으로 잠깐은 좋으나 뒤 운이 나빠 별로다.

時上·年上에 傷官은 서비스 직업이다. 食神有氣면 대통령이고 運 나쁘면 택배 심부름한다. 여자라면 파출부(가사 도우미)다.

庚辰·辛巳 劫財년에 재혼을 했는데 군겁쟁재(群劫爭財)되어 부인이 재산을 모두 다 날린다.

土多埋金格
土忌神, 火仇神, 木用神, 水喜神, 金閒神

甲午	辛未	丙辰	癸丑	乾命

80	70	60	50	40	30	20	10	
戊申	己酉	庚戌	辛亥	壬子	癸丑	甲寅	乙卯	大運

辰月 辛金日主가 木旺계절에 출생하여 戊土司令인데 火土가 많으면 토다매금(土多埋金)인데 甲木으로 소토해야 길하다.

초년부터 水木으로 운이 가니 좋다. 방송국 PD인데 財用神은 처복이 있다. 甲木財星이 午火 천을귀인과 도화를 좌하여 처가 미인이다.

모델 출신인데 디자이너 활동을 하다가 사장이 된다. 甲木 입장에서 보면 地支에 午火傷官이 土를 생조하니 傷官生財가 되므로 사업을 하게 되는 것이다.

甲木用神이라 用神의 祿띠인 甲寅生을 맞이했다. 運이 잘 흘러가니 좋다. 사주가 탁한 것은 丙火와 癸水가 붙어 있어 格이 떨어진다. 庚金大運에 甲木用神이 甲庚沖이라 병원에 입원하게 된다.

亥子丑大運까지만 좋고 戊土大運은 午戌火局에 甲木이 타고 丑戌未三刑이 되어 생을 마감하게 된다.

金水傷官格 | 水忌神, 金仇神, 土用神, 火喜神, 調候用神

戊子	辛酉	壬辰	辛亥	坤命
80	70	60	50	40	30	20	10
庚子	己亥	戊戌	丁酉	丙申	乙未	甲午	癸巳	大運

辰月 辛金日主가 木旺계절에 출생, 乙木司令이라도 日干이 日支에 祿을 하고 土生金으로 신왕하다.

壬水가 투출하고 子辰水局으로 泄氣태과하고 습하여 燥土가 用神이다. 金水傷官이고 壬水로 닦아주니 멋쟁인데 깐깐하고 까다롭다. 傷官은 예체능이라 피아노를 배웠다.

原局이 습하니 머리가 좋은 편은 아니다. 巳午未大運은 조후로서 좋다. 午火大運 戊土가 힘을 받아 26세에 결혼했는데 남편이 공무원이다. 이 사람은 개인레슨을 한다. 運은 좋으니 밥은 먹고 산다. 만약 金水運으로 흐르면 술집에 나간다.

辰中戊土가 투출되어 戊土用神이다. 丙申·丁酉大運은 天干에서 火剋金하여 나쁠 것 같으나 戊土가 있어 괜찮다. 申金大運은 用神의 病地에 劫財로서 歲運에서 財運이 오면 群劫爭財에 申子辰水局으로 忌神이 旺해지니 돈을 까먹는다.

財滋弱殺格 | 天干:火用神, 木喜神, 劈甲用 庚金喜神
地支:酉金忌神, 火用神, 木喜神, 水病神, 燥土藥神

丁酉	辛酉	甲辰	丁酉	乾命
75	65	55	45	35	25	15	5
丙申	丁酉	戊戌	己亥	庚子	辛丑	壬寅	癸卯	大運

辰月 辛金日主가 木旺계절에 출생하여 戊土司令이고 金과 辰土가 합세하니 신왕하다.

辰月에 甲木은 약하지 않으나 官弱하여 재자약살격(財滋弱殺格)이 되어 火用神이고 木이 喜神이다. 官이 뿌리가 없고 약하면 기술직종이다.

天干 庚金운은 劈甲生火하여 吉하고 地支金運에는 나쁘다. 水運은 用神을 剋하니 나쁘고 초년에 地支木運은 좋은데 天干 癸水가 함께 오니 공부가 안 된다. 地支는 가정이고 天干은 사회이다.

초년 地支大運은 喜神운이라 집에서는 열심히 보태주는데 天干 忌神運이 用神을 剋하니 사회적응을 못해 공부를 못한다.

辛丑·庚金大運에 직장생활을 했는데 기술직종으로 취직하여 재산을 모으다가 丑土大運에 결혼에 실패하고, 子水大運에 두 번째 결혼했는데 두 번째 부인하고 水運이 들어오면 食傷이라 음식점하는 부인의 그늘에서 평생 얻어먹고 살아야 한다.

財滋弱殺格이라서 그렇다. 평생 동안 운이 없다. 형제는 月令에 財官이 用喜神이라 잘된다.

초년운이 좋으니 부모덕은 있다. 時에 用神이 있으면 자식은 잘되는데, 말년에 대운이 나쁘면 보탬이 안 된다.

8 巳月 辛金 | 사월 신금

巳月 辛金은 不寒不熱인데(庚辛壬癸日主만 그렇다) 巳中庚金이 있어서 그렇다. 여름이라 더워지니 壬水가 있어 辛金을 닦아주면 광채가 나고 貴格이 된다. 巳中丙火가 있어 조후가 되고 壬水와 甲木이 함께 있으면 淸貴한 貴格이 된다.

丙火투간하면 濕土가 있어서 旺火를 泄氣하고 生金하면 妙格으로 길하다. 하절에 조후가 필요할 때 조후가 안 되면 평인에 불과하다. 地支에 火局이 있거나 火土가 많으면 질병이 많고 고난이 많이 따른다. 土多는 濕氣가 없으면 불길하다.

官殺混雜格 | 火用神, 木喜神, 水病神, 土藥神

丙申	辛巳	丁巳	癸亥	乾命
71	61	51	41	31	21	11	1
乙酉	庚戌	辛亥	壬子	癸丑	甲寅	乙卯	丙辰	大運

巳月 辛金日主가 火旺계절에 출생, 戊土司令인데 申中庚金의 長生月이니 신왕사주다.
丙丁火가 투출하여 正·偏官이 혼잡이다. 丁癸冲 巳亥冲하니 年月에 五行이 없어지고 丙火

는 丙辛合이 되고 巳中庚金이 申에 祿을 하니 신왕하니 火가 用神이다.

초년 甲寅大運까지 좋고 31세부터 내리막길이다. 壬子大運에 申子辰水局으로 火를 剋하니 투기하여 돈을 날린다.

辛金大運에 合이 풀려 새로 출발한다. 정신 차리고 보니 속 터진다. 時에 用神이니 늙어서 자식들이 용돈을 준다. 亥水大運에 자식과 떨어져 살아야 한다. 자식과 동거가 불가하다. 동거하면 자식도 안 풀린다.

> 寅亥 = 木이 旺하고,   巳申 = 金이 旺하고,   申亥 = 水가 旺하고,
> 寅巳 = 火가 旺하다.

正官格
金用神, 土喜神, 火病神, 木仇神, 水藥神

甲午	辛丑	己巳	甲寅	乾命
77	67	57	47	37	27	17	7

| 丁丑 | 丙子 | 乙亥 | 甲戌 | 癸酉 | 壬申 | 辛未 | 庚午 | 大運 |

巳月 辛金日主가 火旺계절에 출생해 庚金司令으로 입하에서 소만 전에 불한불열(不寒不熱)인데 사주원국에 木火太旺하나 庚金司令에 巳丑金局이 되니 不從이다.

比劫 用神이고 土가 喜神이다. 己土는 甲己合이 되어 못 쓰고 丑土가 生을 해준다.

午未大運은 기반이 너무 열악하여 午火는 比劫을 剋하고 未는 丑未沖이되어 27세까지 運이 없어서 비실비실하다가 壬水 傷官大運에는 原局에 財가 있으면 100% 장사한다. 물이 들어와서 木을 키우니 채소 장사한다.

申金大運이 驛馬라 장사하러 돌아다닌다. 壬申·癸酉大運에 농민을 상대로 사기를 쳐서 수억 원을 벌었다. 甲木大運에 生火하니 내리막길이다.

亥水大運에 巳亥沖해서 合이 풀려 말년에 좋지 못하고 用神이 十二運星으로 子水大運에 死宮에 들어 죽었다.

從殺格
火用神, 木喜神, 水病神, 土藥神

癸 巳	辛 未	乙 巳	丁 巳	坤 命

78	68	58	48	38	28	18	8
癸 丑	壬 子	辛 亥	庚 戌	己 酉	戊 申	丁 未	丙 午	大 運

巳月 辛金日主가 火旺계절에 출생하여 戊土司令이나 財官이 중중하여 신약하다.
타주에 金이 없고 火旺할 때는 巳를 金의 장생지로 보지 말고 火의 녹지(祿地)로 보아야 한다.

타 오행도 같은 방법으로 보아라.

火勢가 왕해 종살격으로 成格되니 火用神이고 木喜神이다. 水病神이며 燥土藥神이다. 癸水는 적수오건(滴水熬乾)되었다. 역마가 중중하여 전국 방방곡곡을 돌아다니고, 丁火는 전자·전기·전파라 한국통신에 근무한다.

丙午·丁未·戊土大運에 좋다. 丁未大運에 종살이라 일찍 결혼했다. 申金大運은 水의 長生支로 水가 있어서 金生水 水生木으로 무해무덕하게 넘어 간다. 己酉大運에 巳酉金局으로 根이 되기 전에 己土가 매금(埋金)시켜서 오니 金局이 되어도 巳午未가 있어서 무난하게 넘어간다. 또한 己土가 있어서 病神인 癸水를 剋하고 오므로 무난하게 넘어간다.

역마가 많아서 외국에 나가 살고 싶어 한다. 火多하여 從殺格이 되더라도 몸에 종기나 여드름이 생기거나 대장이 약하다. 庚金大運은 乙庚合으로 묶어 괜찮고, 辛亥大運에는 巳亥冲으로 화산폭발이라 크게 나쁘다. 旺火 에 물을 끼얹으면 폭발하여 나쁘다.

9 午月 辛金 | 오월 신금

午月의 辛金은 습한 己土로 生助하고 火氣를 泄氣시켜주고 壬水로 닦아주면 좋다. 그렇게 되면 辛金은 주옥과 같아 빛이 난다. 辛金이 有根하고 壬水도 有根하면 局勢가 淸貴해진다. 辛金은 강약도 중요하게 보지만 壬水로 때를 씻어서 洗光을 시켜야 길하다.

사주가 火旺한데 水가 根이 없으면 壬水가 午火에 의해 뜨거운 물이 되어 下格이 된다. 壬水가 辛金을 씻어주어도 壬水가 根이 있어야 깨끗하게 씻어진다. 뿌리가 없는 壬水는 여름에 뜨거운 물이 되어 씻어도 광택이 없다. 壬水가 有根하여 조후가 되면 衣食은 넉넉하다.

壬水가 없으면 癸水라도 있어야 하며 地支에 亥子水가 있어서 根을 해야 調候用神으로 쓴다. 午月의 辛金日主는 火旺하니 地支에 丑辰土나 申金 등의 윤습(潤濕)한 것이 있어 조후가 되어야 천격을 면한다.

偏官格, 官殺混雜格
火忌神, 木仇神, 濕土用神, 金喜神, 火病神, 水藥神

甲午	辛丑	丙午	丁巳	乾命
72	62	52	42	32	22	12	2
戊戌	己亥	庚子	辛丑	壬寅	癸卯	甲辰	乙巳	大運

午月 辛金日主가 火旺계절에 출생, 丙火司令으로 염열(炎熱)하여 신약하다.
火가 旺하여 火氣를 흡수하는 丑土가 用神이다. 정신이 丑土에 있다.

火旺계절에 巳午未火方局으로 巳丑金局은 이뤄지지 않는다. 이유는 巳丑 사이에 月令에 午火가 있으면 金局이 방해되며, 巳火는 왕성한 세력을 따라가는 기질이 있어 巳午未方局으로 火로 따라간다.

年月에 火旺하면 부모님이 早死하는데 乙巳大運에 乙木偏財가 타버리니 아버지가 일찍 돌아가신다. 辰土 濕土大運에 貴人이 도움주어 癸水大運에 장사를 하기 시작한다. 官殺이 너무 旺하니 직장생활은 못하고 구속받는 것을 싫어한다. 장사로 壬水大運까지는 잘된다.

寅木大運에 寅午戌火局이 되니 官殺이 태과해 관재구설과 실패로 힘들게 돌아간다. 초년 大運을 잘 보고 판단하라. 卯木은 濕木이라 生火를 못하니 괜찮으나 寅木大運은 부도에 경매까지 들어온다. 辛丑·庚子大運에 用神이 丑土라서 부농산하는 친구가 도와 57세까지 잘 번다.

子水大運에 旺火를 冲하면 화산폭발(火山爆發)인데 丑이 合으로 묶어 주니 괜찮게 지나간다. 合이 없으면 난리가 나는데 배우자 궁에서 합을 해주니 부인 때문에 좋아진다.

己土大運에 발복하고 戊土大運도 좋고, 戊土大運에 나이가 들어 왕신입묘(旺神入墓)되니 끝난다. 午戌火局에 忌神이 旺하게 작용하니 죽게 된다.

合殺留官格, 貴祿格
金用神, 土喜神, 火病神, 木仇神, 水藥神

丁酉	辛亥	丙午	壬戌	乾命
79	69	59	49	39	29	19	9	

甲寅	癸丑	壬子	辛亥	庚戌	己酉	戊申	丁未	大運

午月 辛金日主가 火旺계절에 출생해 丙火司令인데 官殺혼잡으로 신약하다.
殺旺하여 壬水가 丁火와 合해 合殺留官格이다. 時에 酉金이 있어 뿌리내리니 貴祿格으로 比肩이 用神이다. 金用神이며 濕土가 喜神이고, 火가 病神이며 木仇神이며, 水가 藥神이다.

丁未大運에 18세까지는 運이 없어 껄렁하게 지내다가, 戊申大運은 정신 차려서 사는데, 戊土가 旺火를 泄氣시켜주고, 申金大運에 壬水가 長生이 되어, 火勢를 눌러줄 수 있어 辛金 寶石이 살아나니 잘 산다.

공부를 못한 사람은 장사를 해야 하는데 辛金이 旺해지니 개인 사업하게 된다. 초년에 학업 운이 약하니 기술을 배워 하는데 火旺하여 끈기가 없어 못 배운다.

그래서 자영업을 하게 된다. 계속 잘나가다 戌土大運에 일시적인 실패를 한다. 庚金을 달고 와서 겨우 넘어간다.

辛亥大運에 寶石이 하나 더 있으니 멋있어서 애인이 따른다. 亥中甲木이 하나가 더 오니 밖에서 오는 여자라서 바람피운다.

時가 用神이면 妻家덕이 있다. 日支 傷官 亥水는 冲하면 씽크대·화장실에 하수구가 고장이 잘 난다. 물난리로 수해를 볼 수 있다.

偏官格 | 火用神, 木喜神, 水病神, 燥土藥神

壬辰	辛酉	壬午	乙巳	坤命
71	61	51	41	31	21	11	1
庚寅	己丑	戊子	丁亥	丙戌	乙酉	甲申	癸未	大運

午月 辛金日主가 火旺계절에 출생해 丁火司令이나 辰酉合金으로 壬水가 午火를 눌러주니 巳酉金局이 되어 신강사주다. 金水가 旺해 午火가 用神이다. 乙木이 午火를 木生火해 줘야 하는데 약하다. 운이 약해서 火는 꺼지고 평생 고달픈 생활을 한다.

丙火正官 大運에 결혼하였는데 官이 用神이라 남편이 착하다. 水剋火를 하니 남편이 기를 못 펴고 직장에 다니기 어렵다. 戊土大運에 午火用神이 入墓되니 남편이 능력이 없어 본인이 돈 벌러 나간다. 水 밑에 火用神의 직업은 水가 어두운 곳이 되고, 水 밑에 火는 조명과 전자제품이 되어 PC방, 노래방 도우미를 하거나 오락실에 근무한다.

官星 用神이 入墓되는 運이면 남편이 무능력해지니 100% 다른 남자와 바람난다. 이때는 남자가 차 한 잔 마시자고 해도 따라간다. 午火偏官이 천을귀인이라 업주 사장하고 연애한다. 丁亥大運에 애인이 丁壬合이 되어 보낸다. 남편에게 운이 좋아져서 좋은 환경이 만들어진다.

⑩ 未月 辛金 | 미월 신금

未月의 辛金日主는 土旺해 먼지 끼는 것을 꺼리는데, 火旺계절이고 未土는 燥土이니 庚金이 있어야 열기를 식혀주고 旺土를 설기하고 매금이 되는 것을 막아준다. 庚金은 日干과 떨어져 있어야 길하다.

壬水가 있어서 辛金을 닦아주면 좋고 습기로 조후까지 해준다면 길하다. 甲木이 있어 旺土를 소토해야 길한데 己土가 있어서 甲己合去가 된다면 오히려 천격이 된다. 그러므로 庚金·壬水·甲木이 함께 있으면 貴格이다.

未月의 辛金은 己土가 根하는 시기니 火土가 旺하면 먼지가 묻어 光彩가 없다. 진흙이 말라 먼지가 묻으니 광채가 안 난다. 庚金이 있어 辛金을 보호하고 生水하면 장원급제한다. 이때 戊土가 투출하면 甲木이 있어서 소토하고 이때는 庚金과 己土를 보지 말아야 한다. 未月 辛金은 戊土와 甲木이 없으면 庚金과 壬水가 있어 土를 윤택하게 해야 貴命이 된다.

傷官制殺格 │ 水用神, 金喜神, 土病神, 木藥神

				坤命
甲午	辛亥	癸未	乙亥	

72	62	52	42	32	22	12	2	大運
辛卯	庚寅	己丑	戊子	丁亥	丙戌	乙酉	甲申	

未月 辛金日主가 火旺계절에 출생해 己土司令인데 食財官이 중중하여 신약하다.

亥未木局이 午未火를 生官하여 官殺이 왕성하나 亥水·癸水가 있어 傷官이 旺해 傷官制殺格

이다. 초년에 申酉大運은 金生水해주니 편안한데 丙戌·丁火大運에 火勢가 旺해서 부모형제가 흩어지고 亥水大運부터 좋아진다. 七殺을 눌러주면 형제가 도와준다.

> 財多身弱 사주는 형제 덕 없다가 運이 좋아지면 형제나 친구가 도와준다.
> 比肩 比劫이 필요한 사람은 用神 大運이 오면 형제나 친구가 거들어준다.

貴祿格 破格 │ 金用神, 濕土喜神, 火病神, 水藥神

				乾命
丁酉	辛未	辛未	甲寅	

73	63	53	43	33	23	13	3	大運
乙卯	戊寅	丁丑	丙子	乙亥	甲戌	癸酉	壬申	

未月 辛金日主가 火旺계절에 출생하여 己土司令인데 丁火가 투출되었고 甲寅木이 生助하고 있어 火勢가 旺하여 신약하다. 여름 未土는 먼지가 일어나니 나쁘다. 酉金에 貴祿을 하니

貴祿格인데 旺火를 制伏하는 水가 없다.

먼지 덮인 辛金이 丁火에 녹았다. 刑·冲·破·害가 없고 偏官이 있어 목에 힘주고 다닌다. 돈만 보면 木生火로 타버려 물이 필요하니 술과 여자를 찾는다. 조토(燥土)라서 生金도 못하고 火를 설기도 못해 품격이 떨어지니 공부를 못해서 건달이 된다.

> 이 사주는 바람둥이에 건달이라 빵점짜리 사주이다. 만약에 이 사주에 습토(濕土)가 있었으면 살인상생(殺印相生)이 되어 사주가 좋아진다.

偏印格 │ 土忌神, 木用神, 水喜神, 金病神, 火藥神

辛卯	辛亥	己未	戊子	乾命

75	65	55	45	35	25	15	5	
丁卯	丙寅	乙丑	甲子	癸亥	壬戌	辛酉	庚申	大運

未月 辛金日主가 火旺계절에 출생하여 己土司令인데 己土가 투출되어 신왕하다.

戊己土가 투출되어 매금(埋金) 시키려 하니 木用神에 亥卯未 木局이 燥土라 疏土가 약하다.

운이 좋고 현침(懸針)은 의사다. 壬戌大運부터 甲子大運까지 大運이 좋다. 54세까지 부인이 현모양처다. 甲木大運에 사주 보러 왔을 때 乙木大運에 이혼하게 된다고 예언을 할 때 안 믿었는데 결국은 乙丑大運에 부인에게 문제가 발생되어 이혼했다. 丑未冲되어 집문서가 없어진다.

이때 부인이 돈바람이 난다. 乙木은 바람이고 丑은 길바닥이니 밖에서 바람난 격이다. 다단계 판매회사에 투자했다가 다 날린다. 卯木이 집에 있다가 乙丑으로 집 밖으로 나가니 乙木이 바람이다.

부인이 혼냈다고 집을 나가서 안 들어온다. 己未印綬가 튼튼해서 다 없어지지는 않는다. 여자 입장에서 보면 辛金이 매금될까 봐 그것을 풀어줄려고 그랬단다.

月上偏財格 │ 金忌神, 木用神, 水喜神 通關用神

癸巳	辛卯	乙未	辛酉	坤命

79	69	59	49	39	29	19	9	
癸卯	壬寅	辛丑	庚子	己亥	戊戌	丁酉	丙申	大運

未月 辛金日主가 火旺계절에 출생하여 丁火司令인데 癸水가 투간되어 뜨겁지가 않아 신왕하다. 신왕 財旺으로 金木相戰이다. 木用神에 水喜神 겸 通關用神이다.

초년에 申酉戌大運이 들어오는데 사주天干에 癸水가 있고 또 大運에서 丙丁火 보초가 있고 乙木은 癸水가 水生木하니 무난히 넘어간다. 時柱에 食傷이 있으면 父母가 잘 먹이면 체중이 늘어나 80kg 이상이다.

偏財格이라 공부를 못해 일찍 외국에 나가서 공부했다. 時가 驛馬가 있고 時에 癸水가 通關喜神이 역마를 달고 오므로 그렇다. 비만하면 외국인을 만나야 하고 驛馬官星이라 외국남자를 만나는데 時에 있으니까 연하의 일본인 남자와 사귄다. 偏財格에 食神이 生助하니 사업이다. 食傷이 官殺을 剋하면 직언을 잘하고 官弱하니 남자의 단점만 보인다. 남편이 능력이 부족하다.

戊戌大運에 통관이 안 되니 나쁘다. 己土大運까지는 죽 먹고 살아야 하고, 고생을 죽도록 하여 이때 체중이 빠진다. 戊戌大運에 이혼한다.

亥水大運에 사업해서 서서히 좋아져 잘나간다. 亥卯未木局이 될 때 좋은 사람을 만난다. 水生木되어 살 만하다. 大學은 의상디자인학과를 나왔다. 巳火正官이 酉金 比肩과 合하여 比劫으로 변하니 남편이 친구 같은 사람이다.

偏印格 │ 水用神, 金喜神, 土病神, 火仇神, 木藥神

辛卯	辛卯	辛未	己未	乾命
75	65	55	45	35	25	15	5
癸亥	甲子	乙丑	丙寅	丁卯	戊辰	己巳	庚午	大運

未月 辛金日主가 火旺계절에 출생하여 己土司令으로 辛金이 己土에 생조 받아 신강하다. 亥卯未木局되었고 외관상으로 볼 때는 흠 잡을 데가 없다. 결점은 水가 없어 나쁘다.

겉으로 깨끗한 사주다. 공부를 잘한다고 서울대학교에 지원했는데 떨어지고, 다음 해에 연세대학교에 지원했는데 또 떨어지고, 삼류대학교에 지원하여 전산학과에 들어갔다.

사주가 한쪽으로 치우쳐 나쁘나 格과 局이 좋으니 대학교는 간다. 原局에 水가 없으므로 기억력이 없다.

> 金水가 用神인데 운이 나빠서 사주에 현침이 많고, 辛金은 바늘이요 卯木은 실이니 의류 제조업이지만, 卯木에 辛金과일이 열려 있으니 과일 장사나 또는 卯未木局이라 채소 장사나 해야 할 八字다.

전산학과를 다닌 것은 어려서 오락을 좋아해서 간 것이지 재주는 없다. 나이 먹으면 현침살(懸針殺)이 중중하니 시압이나 침술사가 되기 쉽다.

時上食神格
濕土用神, 金水喜神, 濕木喜神, 火·燥土忌神, 燥木仇神

癸巳	辛未	己未	戊午	坤命

71	61	51	41	31	21	11	1	大運
辛亥	壬子	癸丑	甲寅	乙卯	丙辰	丁巳	戊午	

未月 辛金日主가 火旺계절에 출생해, 丁火司令인데 巳午未 方局으로 火生土하여 土旺하므로 水가 부족하다.

癸水는 증발이 된다. 濕土가 필요하니 辰土大運이 좋으며 乙卯大運은 濕木이라 괜찮다. 火土가 지나치게 조열하면 水大運이 오게 되면 필멸(必滅)이다. 火方局이 되어 印綬가 조열하니 공부가 안 된다.

癸水는 戊土와 合되어 못 쓴다. 동대문 야시장의 의류업체에서 종업원으로 일하고 있다. 財庫를 깔아 재물욕심이 많다. 조열하여 재산증식이 안 된다. 습기가 있어 乙木을 生助해야 재물이 증식이 된다.

> 이 사주는 습이 좋다. 그러므로 이 사주는 調候로만 用神으로 써야 한다.

11 申月 辛金 | 신월 신금

申月의 辛金日主는 金旺하여 火로 剋을 하는 것보다 水로 泄氣시키는 것이 좋다. 그러므로 壬水로 泄氣하여 닦아줌이 필요하며 丙火가 있어서 온난하게 조후해줌과 동시에 멀리서 비추어 주면 빛이 나니 大貴하게 된다. 丙火와 가까이 있으면 合으로 묶이게 되니 싫어하고, 丁火는 辛金을 剋하니 보석이 상처를 입게 되어 싫어한다.

申月 辛金은 신왕한데 土만 있고 水木이 없으면 평인에 불과하여 천격으로 된다. 土多하면 甲木으로 소토함이 길하고, 水가 많으면 水多金沈이 되니 조토(燥土)로 水를 제방하여 日主를 구제해주어야 吉하다. 水旺하면 냉해지니 丙火가 있어 조후가 되어야 吉하다.

가을철 辛金은 壬水가 존귀하니 능히 세금조광(洗金照光)하는 이치이다. 金을 닦고 빛을 비추면 광채(光彩)가 난다. 癸水는 탁수(濁水)라 녹슨다.

傷官格
天干：水用神, 木忌神　│　地支：水用神, 土病神, 木藥神

壬辰	辛亥	丙申	辛未	乾命
74	65	55	45	35	25	15	5	
戊子	己丑	庚寅	辛卯	壬辰	癸巳	甲午	乙未	大運

申月 辛金日主가 金旺계절에 출생하여 庚金司令인데 辛金이 투출되고 土生金을 하니 신왕하다. 설기냐, 억부냐를 정하는 것이 중요한데 丙火는 丙辛合으로 못 쓰게 되었으니 설기를 하는 것으로 用神을 쓴다. 壬水는 亥水에 뿌리하고 申中壬水가 있으므로 假傷官格이다. 土가 水의 泄氣를 막는 것이 病인데 다행으로 亥未木局이 되어서 病을 제거해 藥神이다. 身旺에 傷官生財는 박사득명으로 학자다.

金이 太旺하니 忌神에 傷官格으로 水用神이며, 土가 用神을 剋해 病神에 木藥神이다. 天干의 木運에는 用神을 설기하니 나쁘고, 地支로 오는 木運에는 病神 土를 조절하니 길하다.

사주는 좋고 運 나쁘면 머리가 좋아도 되는 일이 없어 고생한다. 사주가 좋으면 父母가 걱정을 안 한다. 주인공은 모친이 신경을 덜 쓴다. 워낙 똑똑하니까 자기가 알아서 할 것이라고 믿기 때문이다.

癸水大運에 25세부터 괜찮고 巳火大運에는 申金과 合하니 괜찮다. 운이 좋을 때 결혼하면 좋은 여자를 만난다.

辛日의 壬辰時는 假傷官이고 日支처궁이 用神이라 똑똑한 여자를 만난다. 妻가 돈을 잘 번다. 妻宮이 亥未木局이라서 돈을 많이 번다. 亥水는 藥이 아니면 法이라 약사가 아니면 법관인데, 약국하면 약사로 돈을 번다.

본인은 교수인데 水運에 잘나간다. 年月에서 丙辛合으로 官合되어 기반이 되니 총장은 못한다. 寅木大運에 寅中丙火가 살아나 壬水傷官이 傷官見官하니 퇴직하게 된다. 卯大運에는 濕木이 生火를 못하니 괜찮게 넘어간다.

己丑大運에 壬水를 剋해 집에서 논문정리하면서 지낸다. 正官이 있으면 점잖고 傷官은 분석능력이 예리하고 官이 묶여 사회제도에 불만이 많다.

亥未木局에 申金이 가운데 있으니 동생이 돈을 뜯어간다. 처가 돈을 벌어 동생을 도와준다. 金水가 旺하면 쌀쌀맞고 냉정해 보이니 인덕이 없으며, 火가 日이나 時에 있으면 인정이 있다. 年에 있는 火는 인정이 아니다.

傷官格 | 金忌神, 火用神, 木喜神, 水病神, 土藥神

丙申	辛丑	壬申	己卯	乾命
78	68	58	48	38	28	18	8
甲子	乙丑	丙寅	丁卯	戊辰	己巳	庚午	辛未	大運

申月 辛金日主가 金旺계절에 출생하여 庚金司令이고 土金이 중중하여 신왕하다.

申中壬水가 투출하여 傷官格에 己土가 壬水를 剋을 하여 기토탁임(己土濁壬)되어 파격이다.

초년에 巳午未火運으로 좋은 집안이다. 大運의 天干은 忌神이라 사회활동으로 작용하니 머리가 나빠 공부를 못해도 地支운이 좋아 밀어준다.

신왕하면 剋泄 중에 하나를 선택해야 하는데, 앞쪽 사주는 年月이 丙辛合으로 기반(羈絆)되었지만, 이 사주는 日干과 丙辛合하는 것은 化氣格 외에는 合으로 묶이거나 羈絆된 것으로 보지 마라. 比劫이 많아 신왕으로 丙火用神에 卯木이 喜神이다.

戊辰大運에 申子辰水局으로 忌神이다. 그나마 戊土가 오니 많이 나쁘지 않다. 丁卯·丙寅大運이 좋으니 長官까지 오를 수 있다. 丑土大運에는 木財星이 얼어 조후가 안 되어 부인이 죽기 쉽고 子水大運에 申子辰水局으로 본인이 죽게 된다. 金水가 旺하여 폐·대장의 병으로 사망하게 된다.

時墓格 | 金忌神, 土仇神, 火用神, 木喜神

戊戌	辛巳	庚申	戊戌	坤命
78	68	58	48	38	28	18	8
壬子	癸丑	甲寅	乙卯	丙辰	丁巳	戊午	己未	大運

申月 辛金日主가 金旺계절에 출생하여 庚金司令인데 庚金이 투출하고 燥土지만 生金하여 土金이 많아 신왕하다.

旺자는 抑이나 泄이 필요한데 食傷이 없어 융통성이 없다.

巳中丙火가 用神이다. 運에서 官運이 오므로 運은 좋다. 年柱와 時柱에 있는 戊土는 萬里長城이다. 巳中戊土가 투출되어 남편이 중국화교로 국토측량기사다.

比劫이 많아 남편이 바람피운다. 運이 火運부터 오니 좋은 집안에서 성장한다.

官이 하나이고 比劫이 여러 개이면 異女同夫格으로 후처의 명이다. 이 여자가 3번째 부인으로 시집갔는데 전실 자식과 함께 산다.

사주에 喜神이 없고 用神이 地支에 있으니 본인도 잘되지 못하고 남편도 자랑을 할 만한 남편이 못 된다. 大運이 木火大運으로 흐르니 먹고사는 데는 어려움 없이 산다.

辰土大運에 申辰水局이 이루어지니 傷官見官되어 남편이 직장을 그만두고 부부가 카페를 시작했다. 木大運에는 좋고 癸丑大運에 절명한다.

假傷官格 | 金忌神, 水用神, 木喜神, 土病神, 木藥神

丙申	辛未	壬申	己亥	坤命

77	67	57	47	37	27	17	7	大運
庚辰	己卯	戊寅	丁丑	丙子	乙亥	甲戌	癸酉	

申月 辛金日主가 金旺계절에 출생하여 壬水司令인데 土金이 많아 신왕하다.
假傷官格에 壬水가 用神인데 기토탁임(己土濁壬)되어 나쁘나 亥未木局이 己土를 조절하니

물이 맑아진다.

> 乙亥大運에는 乙木이 木剋土하고 亥水는 亥未木局으로 좋고, 丙火大運에 丙火는 태양인데 태양이 둘이 되니 나쁘다.

丙火가 판단착오를 일으켜 病神인 己土를 生하여 用神인 壬水를 剋하게 되어서 남편이 부도난다.

子水大運에 申子水局이니 財가 浮木되어 財物이 떠내려간다. 子水大運에 壬水傷官이 羊刃을 깔고 들어오니 오기로 버티고 있다.

丁火大運에 壬水用神을 合하니 어렵다. 用神이 合이 되고 官이 混雜되니 이혼이다. 未中丁火가 있으니 마음이 따뜻하여 타인을 배신은 못한다. 사업정리를 甲申·乙酉午에 재산정리하면서 사업을 접어야 한다.

⑫ 酉月 辛金 | 유월 신금

酉月의 辛金日主는 旺하여 예리한 金이다. 壬水로 닦아주면 貴命이 되고 한랭(寒冷)해지니 丙火로 조후를 하고 멀리 떨어져서 비추어주면 일품당권(一品當權)으로 고관대작(高官大爵)의 벼슬에 오른다.

戊土가 있으면 甲木으로 소토해야 吉하고, 己土가 있으면 乙木으로 소토해야 되는데 地支에 亥未木局이 되어도 소토가 되는데 통관이 되는 壬水가 없으면 예리한 金에 木이 傷하게 되어 흉하니 조심해서 보아야 한다.

辛金日主가 신왕한데 壬水가 없으면 丙火로 取用하는데 이때 木이 있어 불꽃을 만들면 기발한 명이다. 酉月에 辛金日主는 水가 없는 상태에서 甲·乙木이 있으면 예리한 칼날에 상하게 되니 財物에 어려움이 따른다.

酉月의 辛金日主가 金旺한데 土多하면 忌神으로 작용하니 하는 일마다 고통이 많이 따른다. 金旺계절이라고는 하지만 丁火가 有根하여 日干을 剋하면 단명하거나 예측할 수 없는 화액이 따른다. 완성된 그릇을 다시 녹여 그릇을 만드는 시기가 아니기 때문이며, 이때는 오직 壬水로 먼지를 닦아주어야 貴格이다. 다만 庚金이 있을 때만 丁火가 필요하다.

六陰朝陽格 破格, 假傷官格 | 金忌神, 水用神, 土病神

戊子	辛酉	丁酉	辛丑	乾命
76	66	56	46	36	26	16	6
己丑	庚寅	辛卯	壬辰	癸巳	甲午	乙未	丙申	大運

酉月 辛金日主가 金旺계절에 출생하여 辛金司令이고 辛金과 酉丑에 土生金하니 신왕하다. 辛日主가 戊子時면 육음조양격(六陰朝陽格)으로 국무총리감인데 丁火가 투간하여 破格이다.

時支 子水가 巳火를 불러들여 巳中丙火가 官星貴命인데, 巳中丙火와 戊土가 官印相生으로 작용하게 되는데, 丁火가 있으면 官殺혼잡이라 破格이 된다. 만약 사주가 亥子丑월생이라면 官殺竝用으로 쓰게 되어 괜찮다.

이 사람은 조용히 직장에 붙어 있어야지 사업하면 거지가 된다. 癸巳大運 庚辰年에 이혼하고 자식하고 함께 살고 있다. 壬辰大運에 조금 나아진다.

신왕에 財官에 의지하지 못하면 승려팔자다. 甲申年은 申子辰水局 食傷이라 직장변동이다. 原局에 木이 없는데 木運이 오면 별로다. 여자가 들어오되 떠난다. 木이 原局에 있을 때 運에서 木運이 들어오면 좋다.

여자들이 볼 때 허우대는 멀쩡하여 오기는 하나 속을 자세히 들여다보면 별 볼일 없다. 제비 생활하면 맞는 사주다. 甲申年은 申子水局이라 파도 치면 미역줄기라도 줍게 되니 해변에 놀러 가면 여자가 생긴다.

時上一位貴格
金忌神, 火用神, 木喜神, 水病神, 土藥神

丁酉	辛亥	辛酉	戊戌	坤命
78	68	58	48	38	28	18	8
癸丑	甲寅	乙卯	丙辰	丁巳	戊午	己未	庚申	大運

酉月 辛金日主가 金旺계절에 출생하여 辛金司令이고 辛金이 투출하고 土가 生助하여 신왕하다.

亥中甲木이 丁火를 生助하니 丁火用神에 甲木이 喜神이라 財福은 있다. 大運이 木火運으로 흘러 運이 좋다. 日支傷官은 불평불만이 많다. 比肩이 많아 比肩이 많으므로 고집이 세고 異女同夫다. 日支傷官은 전생에 尙宮이다. 官星이 미약하니 욕구 불만이다.

時上一位貴格으로 丁火가 用神이다. 丁巳大運에 辛亥日柱와 干支冲이면 亥中甲木이 흔들흔들하니 불안하다. 官星이 用神인 사람은 남편 말을 잘 들으면 좋다.

時上一位 官星은 貴格이다. 글을 쓰는 사람인데 丙火大運에 뜬다. 日支에 傷官이라 아동작가다. 丁火남편도 酉金 文昌星을 보고 있으니 문필가로 대학교수다. 여자대학교에서 교수가 되면 좋다.

酉月 辛金日主가 신왕하고 金水가 旺하면 사주가 한랭해지니 正偏官을 竝用한다. 木生火로 財生官해야 冷水가 따뜻해져야 자식이 똑똑해지므로 자식에게 돈이 많이 들어간다.

丙火大運에는 자식이 공부를 잘한다. 巳火大運은 巳亥冲되어 木으로 통관시켜야 하니 돈으로 공부시킨다.

丁火에서 보면 亥가 天乙貴人이고 亥中甲木이 財物이라 뒤에서 조금만 밀어주면 남편이 클 것인데 巳火大運에 巳亥冲이라 현재는 어렵다. 丙火大運에 辛金比肩을 丙辛合으로 묶으니 群劫爭財를 못해 財物이 들어온다.

假傷官格
金忌神, 水用神, 土病神, 火閒神, 木藥神

己亥	辛亥	己酉	壬寅	乾命
75	65	55	45	35	25	15	5
丁巳	丙辰	乙卯	甲寅	癸丑	壬子	辛亥	庚戌	大運

酉月 辛金日主가 金旺계절에 출생하여 辛金司令이고 己土가 生해 신왕하다.
假傷官格으로 壬水가 用神이며 土病神에 木藥神이다.
寅中丙火로 온기는 충분하고 가을이라 그리 춥지 않은 시기다. 그러면 물도 차갑지 않으니 이 사람은 정이 따뜻하다.

庚戌·辛亥大運에 群劫爭財되니 어렵게 산다. 食神生財라 성실하고 사람이 약다. 이 사람은 財에 氣가 몰려 금융계로 가야 한다.

壬子·癸丑大運까지 금융계에서 이름을 날렸다. 지점장까지 잘나간다. 왜냐하면 刑冲이 없으니 사고 없이 잘나간다.

甲寅·乙卯大運까지 사업을 하여 돈을 벌었다. 丙火大運에 傷官見官으로 나쁜 運이나 辰土가 亥水를 달래 잘 넘어간다.

丁巳大運에 丁壬合하여 用神이 묶이고 용신의 뿌리인 亥水를 巳亥冲하고 또한 巳酉金局으로 藥神인 寅木을 剋하니 己土가 壬水를 剋해 사망했다. 말년까지 運이 좋으니 자식들도 잘된다. 木運이라 좋은 것으로 보아라.

이 명은 假傷官格으로 용신이다. 傷官用印綬格으로 보면 안 된다. 辛金은 약간의 힘이 있어도 傷官을 쓸 수 있다. 日主의 특징을 알아야 한다.

專財格 | 金忌神, 土仇神, 火用神, 木喜神

庚寅	辛未	丁酉	辛未	乾命

71	61	51	41	31	21	11	1	
己丑	庚寅	辛卯	壬辰	癸巳	甲午	乙未	丙申	大運

酉月 辛金日主가 金旺계절에 출생하여 庚金司令이고 土金이 합세하니 신왕하다.
財官有氣면 官用神이며 財喜神이다. 세무공무원이다.
癸巳大運에 丁癸冲이 되어도 앞 大運이 좋았고 세운에서 辛丑·壬寅·癸卯·甲辰·乙巳·丙午·丁未년으로 이어지면서 巳火大運 때문에 넘어간다. 巳火는 寅木과 未土가 있으므로 金局으로 안 간다. 巳火는 用神 火의 祿地라서 그렇다.

大運은 陽胞胎法으로 보기 때문이다. 壬大運에 丁壬合으로 用神이 합되어 官이 없어지니 그만두고 일반직장에 다니는데 辰大運에 회사가 망했다.

辛金大運에 比劫運에 친구와 사업을 하려 하나 丁火用神이 힘에 부치니 寅木 妻가 움직인다. 寅이 湯火殺이고 亡身殺이니 그러면 화재보험회사에 다니게 된다.

庚金大運에 劫財운이라 群劫爭財로 財가 奪財되니 재산이 줄어 집을 팔아 이사한다. 財官이 用神인데 나이 들어 比劫運 오면 집 문제가 꼭 생긴다. 印綬가 泄氣되기 때문이다. 丑土大運에 旺神入墓라 죽었다.

時上傷官格 | 水用神, 木喜神, 土病神, 木藥神

壬辰	辛卯	己酉	丁酉	坤命

77	67	57	47	37	27	17	7	
丁巳	丙辰	乙卯	甲寅	癸丑	壬子	辛亥	庚戌	大運

酉月 辛金日主가 金旺계절에 출생하여 庚金司令이고 土金이 많아 태왕이다.
丁火는 己土를 生하고 己土는 金을 生하여 貪生忘剋이 되고 地支에서 卯酉冲으로 卯木이 부러져 財生官을 못하니 丁火가 약해 金을 조절하지 못하므로 壬水傷官이 用神이다. 어려서부터 총명하고 재주가 있고 싹싹하고 친절하다.

丁火가 根이 없으니 약해 빛이 되어 비춰주니 인물도 좋다. 壬水로 닦아주니 때 빼고 광내니 사치를 한다. 또한 財冲이 되어 돈을 못 모은다.

壬水用神에 水運으로 오니 해외가 되고 用神이니 항공승무원으로 해외를 많이 다닌다. 壬水大運에 丁壬合되어 결혼했다.

身旺할 때 財運 오면 사업하려 한다. 水用神이라 술장사로 甲寅·乙卯大運에 돈 벌고 寅木大運에 寅中丙火가 있으니 官殺혼잡으로 이혼하게 된다.

財冲이면 음식솜씨 없고 卯酉冲은 부부이심충(夫婦異心冲)이 되어 夫婦가 다른 마음을 먹는다. 東西冲되면 이사를 자주 하고 교통사고가 잘 나고, 팔다리 아프고, 허리 아프다. 자식 수가 적은 것은 官을 剋할까봐 그렇다.

> 年에서부터 丁 → 己 → 辛 → 壬으로 순행으로 相生되면 깨끗하다. 年부터 相生되고 運이 좋은 사주다. 時에서부터 역으로 相生되면 수심이 많다.

傷官이 用神인 자가 天干에 傷官이 투간되어 있는데 官이 투간되어 合去되거나 冲去되어 있으면 남편 능력이 없어지니 차라리 사주원국에 官이 없어야 좋다. 그러나 正印이 있을 때는 官을 보호하니 나쁘지 않다.

이 사주에서는 正印이 戊土라 日干을 埋金시키니 나쁘게 작용한다. 또한 偏印 己土가 金에 泄氣되어 힘이 없으니 丁火官을 보호하지 못하니 丁火는 壬水에게 丁壬合去된다.

丑土大運에 金의 墓地인데 天干癸水를 달고 와서 酉丑金局에 金生水로 泄氣하여 주기 때문에 入墓되지는 않고 힘은 들어도 넘어간다.

13 戌月 辛金 | 술월 신금

戌月의 辛金日主는 金旺계절이라고는 하나 戌中丁火와 戊土가 旺하니 戌中戊土에 매금(埋金)되기 때문에 火와 土가 病이고 水木이 있으면 水는 辛金을 닦아주고 木은 土를 疎土해주고 水는 木을 生해주니 旺土를 제압할 수 있다.

사주에 火土가 旺해지면 日主가 매금이 되어 탁해지고 金의 氣運을 잃는 연고이다. 자기의 본능을 잃어버린다.

원국에 庚金이 있어서 戊土를 泄氣해주면 매금을 막아주어 이때 比劫이 喜神이 된다. 壬水와 甲木이 天干에 있으면 貴命이고 土만 있고 甲木이 없으면 평인에 불과하다. 壬水가 天干에 투출되면 富해도 貴는 없다.

戌月 辛金日主는 대체적으로 壬水로 닦아야 上格이 된다. 土旺이면 甲木 用神으로 埋金되는 것을 막아야 한다. 만약 甲木이 있고 壬水가 없으면 平人에 불과하다. 癸水로 用神이 되면 부자는 되는데 고생을 해서 부자가 된다. 조건이 맞지 않아서 그렇다.

雜氣財官印綬格 │ 金忌神, 火用神, 木喜神, 水病神, 土藥神

戊子	辛卯	庚戌	丁卯	乾命
75	65	55	45	35	25	15	5	

| 壬寅 | 癸卯 | 甲辰 | 乙巳 | 丙午 | 丁未 | 戊申 | 己酉 | 大運 |

戌月 辛金日主가 金旺계절에 출생하여 戊土司令인데 완성된 金이라 旺하다.
土金에 庚金이 旺해 病이다. 丁火로 庚金을 제련하여 좋다.
丁火用神에 卯木은 가을 산에 건초가 되어 生火하니 喜神이다. 年에 用喜神이 있어 祖上의 덕이 있다. 초년운이 나쁘고 年月에 用神이 있으면 평인으로 보아라.

丁未大運에 사법고시를 보았는데 합격하고 권력기관에 입문해 잘나간다. 丙火大運에 丙火는 辛金의 正官이고 丁火는 庚金의 正官이라 陰陽으로 有氣라 좋고 原局에 庚金이 없으면 火用神으로 못 쓴다.

甲大運까지 잘나가고 辰大運부터 나빠 퇴직해 癸水大運에 用神을 冲하니 죽는다. 丁火가 무근이라 꺼진다. 午火뿌리가 있었으면 戊癸合으로 丁癸 冲은 안 하고 넘어가므로 안 죽고 丑土大運에 旺神이 入墓되어 죽는다.

雜氣財官印綬格 │ 金忌神, 土仇神, 火用神, 木喜神

辛卯	辛酉	丙戌	庚午	乾命
71	61	51	41	31	21	11	1	

| 甲午 | 癸巳 | 壬辰 | 辛卯 | 庚寅 | 己丑 | 戊子 | 丁亥 | 大運 |

戌月 辛金日主가 金旺계절에 출생해 戊土司令인데 庚辛酉金 으로 신왕한데 설기가 없다.
丙火가 午戌火局으로 火用神에 卯木장작이 있어서 잘 타는 것 같으나 卯酉冲되어 木生火가 약해 貴가 약하다. 가을에 卯木은 乾草가 되어 生火가 잘된다.

財가 필요하니 財物에 관심이 많고 사업한다. 丁亥·戊子·己丑·庚金 大運 까지 재수가 없어서 고생을 많이 한다. 寅木大運부터는 寅午戌火局되어

金을 제련할 수 있게 된다. 寅木大運 乙巳·丙午年에 돈을 많이 벌었다.

辛金大運에 丙辛合으로 用神이 合去되어 묶여 어두운 밤이 되니 나쁘다.

卯木大運에 잘나가고 壬辰·癸巳大運에 나쁘다. 運이 나쁘면 財官用神인데 財沖하면 부부싸움이나 부인이 아프거나 이혼한다. 辰土大運에는 水庫라 辰戌沖하면 불이 꺼진다.

雜氣財官印綬格 | 金用神, 土喜神, 火病神, 水藥神

戊子	辛巳	丙戌	庚寅	坤命
71	61	51	41	31	21	11	1

| 戊寅 | 己卯 | 庚辰 | 辛巳 | 壬午 | 癸未 | 甲申 | 乙酉 | 大運 |

戌月 辛金日主가 金旺계절에 출생, 辛金司令인데 寅戌火局이고 巳火가 돕고 丙火가 투출되어 도와 火가 너무 旺하다. 巳는 火가 많으면 火로 변하고 金이 많으면 金으로 변한다.

官殺과 日干을 비교하면 日干이 신약하다. 女命 사주에 官殺이 중중하면 官旺하니 남편이 건강한 사람이라서 바람피운다. 官입장에서 보면 財用神이라 여자를 좋아하여 많은 여자와 연애한다.

초년대운에 공부도 잘하고 잘나가는데 巳午未 大運에 접어들면서 운이 나빠지고 남편이 바람을 피우기 시작한다.

辛金이 약하니 남편이 보기에는 부인이 氣運 없어 보여 부부싸움이 잦다. 午火大運에 旺火가 子水를 冲하니 藥神이 깨지고, 寅午戌火局으로 丙火가 用神을 剋하니 이혼이다.

辛金大運에 직장에 다니고, 巳火大運에 庚金이 長生이라 견딜 만하다. 庚金大運에 辛金은 庚金을 싫어하나 신약하니 동지가 필요해 반긴다.

官殺이 중중한데 이혼하면 신왕해지는 運에 싱글일 때 본인이 바람난다. 자신감이 생기니 사장하고 눈 맞아 바람피웠다. 癸未年에 丙火를 剋해 직장을 그만둔다. 56세까지 運이 유효하다. 사장이 다시 불러 일하러 다닌다.

比劫이 喜神이니 언니 집에 반지하 방에서 산다. 辰上大運까지 괜찮으나 寅木大運이 오면 火局이 되니 위험하다.

假傷官格
水用神, 金喜神, 火忌神, 土病神, 濕木藥神

丁酉	辛亥	戊戌	丙申	乾命

79	69	59	49	39	29	19	9	
丙午	乙巳	甲辰	癸卯	壬寅	辛丑	庚子	己亥	大運

戌月 辛金日主가 金旺계절에 출생하여 辛金司令이며 金이 많고 土生金하니 신왕하다.

조후가 되어 있으니 억부용신(抑扶用神)으로 보아야 한다.

火는 木이 없으면 약해 戊戌土에 泄氣되어 더욱 약하다. 丁火가 根이 없고 旺金을 녹이지 못하니 木이 없어 더욱 약하다. 亥中甲木은 濕木이라 生火가 안 되고 연기가 난다.

官星과 傷官 중에 官은 강하고 傷官은 약하여, 假傷官格으로 泄氣해야 하니 亥中壬水가 用神이다. 土가 病神이고 亥中甲木 濕木은 藥神이며, 寅木은 燥木으로 寅戌火局과 木生火하니 나쁘다.

초년이 金水運으로 흘러 좋았다. 官이 忌神이라 직장생활을 못한다. 똑똑하고 사업을 해서 나름대로 돈도 벌었는데 寅木大運에 丁火가 旺해지니 나쁘고, 辛巳년 초에 巳亥冲으로 財星이 튀어나와 爭財되어 부인이 자식을 놔두고 도망갔다. 부인이 빚을 많이 남겨놓고 도망가 파산했다. 운세가 나쁘니 복구가 안 된다. 戌亥天門이 있어 四柱 보러 다닌다.

14 亥月 辛金 | 해월 신금

亥月의 辛金日主는 壬水의 祿月이니 辛金이 地支에 酉金에 根을 하고 壬水를 보면 금백수청(金白水淸)으로 貴格이 된다. 한랭한 계절이니 얼어버릴 염려가 있으니 年干에 丙火가 있어서 조후를 해야 眞格이 된다.

亥月 辛金日主가 水旺하여 물이 얼면 씻을 수가 없으므로 얼지 않도록 반드시 丙火로써 조후가 필요하다. 丙火가 없으면 丁火를 쓰는데 丁火는 약한 불이라 반드시 地支에 根을 해야만 조후로 쓸 수 있다.

壬水가 투간이 되고 丙火가 暗藏되면 小格에 불과하므로 小富에 그치고 丙火가 투출하고 壬水가 暗藏되면 小貴에 불과하다. 辛金日主는 壬水와 丙

火가 있어야 金白水淸이 되는데, 亥水 속에 甲木이 있으니 財福이 있다. 亥月은 丙火가 있어야 물이 따뜻하니 金도 온화하게 되어 천격은 면한다.

어느 日干이건 亥月은 小春이라고 한다. 亥中甲木은 목기맹동(木氣萌動 : 木의 싹이 나려는 것)이라 丙火가 있어 여광반조(餘光反照)로 넉넉하게 빛을 비추어주면 亥水 또한 반사시켜 비추니 아름답게 영화가 있게 된다.

亥月에 辛金日主는 丙火가 있으면 金白水淸이 된다. 科甲及第(행정고시나 사법고시를 의미)하는데 丙火가 없으면 안 된다. 丙火와 壬水는 冬節이라 떨어져 있어야 한다. 壬水는 富이고 丙火는 貴이다. 壬水와 丙火가 둘 다 地支에 있게 되면 총명하나 대성하지는 못한다.

壬水가 많은데 戊土로 제습하면 傷官用印格으로 저축(貯蓄)이나 노력을 해서 富를 쟁취할 수 있다. 壬水가 많은데 戊土가 없으면 水多金沈이 되어 빈천하게 되니 돈을 못 모은다.

戊土가 많고 壬水가 약하면 머리가 흐려진다. 이때 甲木이 있으면 다시 총명해지고 水木運이 올 때 발복하는데 그 나머지 운은 백사불성이다.

甲木이 많은데 戊土가 약하게 되면 공부가 안 되고 亥水傷官이 旺하므로 예술로 성공한다. 戊土가 많은데 甲木이 없으면 소토를 못해 埋金이 되어 성실성이 없는 사람이다.

亥月의 辛金日主가 天干에 壬癸水가 투간이 되고 丙火와 戊土가 없으면 평생 마음 고생한다.

金水傷官格 │ 火用神, 木喜神, 水病神, 土藥神

癸巳	辛亥	辛亥	丁卯	乾命
72	62	52	42	32	22	12	2

癸卯	甲辰	乙巳	丙午	丁未	戊申	己酉	庚戌	大運

亥月 辛金日主가 水旺계절에 출생해 戊土司令인데 극설교집(剋洩交集)이라 신약하다.
癸水가 투출하여 고생은 하나 小富는 된다. 財局을 이루고 신태약하나 추우므로 조후가

시급하다. 亥卯木局이 젖은 나무라 연기가 나도 따뜻한 섯이 급선무이니 丁火가 用神이다.

초년에 用神의 病死墓運이라 고생하고 申金大運에 水의 長生이라 이때 결혼하면 이혼이다. 金剋木하고 水의 長生이라 火가 약해진다. 결혼의 실패 원인은 日支가 空亡이고 原局에서 巳亥冲하고 있는데 申金大運에 運이 나빠 결혼하고 몇 년 못 살고 이혼했다.

亥中甲木 씨눈이 火運에 자라나니 丁未大運에 관공서에 들어가 甲木大運까지 높은 직위까지 올라간다. 巳亥冲하니 官의 뿌리가 잘려 高官으로는 못 올라간다.

年柱에 正官·偏官 중 하나만 있으면서 用神이면 높은 사람이 뒤를 봐준다. 30년간 운이 좋아 국장까지 진급해 근무하다 퇴임했다.

> 丙火大運에 官殺혼잡이라도 金水傷官은 正偏官을 混用한다.
> 官은 年柱가 吉한데 干支를 불문하고 年·月柱에 있어야 貴格이다.

▌金水傷官格 │ 水忌神, 金仇神, 火用神, 木喜神

丁酉	辛亥	癸亥	癸丑	乾命
76	66	56	46	36	26	16	6	
乙卯	丙辰	丁巳	戊午	己未	庚申	辛酉	壬戌	大運

亥月 辛金日主가 水旺계절에 출생하여 신약하다.
壬水司令이고 亥子丑方局인데 癸水 투출되어 냉하다.
癸水 2개가 투출되어 눈보라가 휘날리고 水多하여 水多金沈이

되어 戊土로 제습이 필요한데 없어서 고생하고 빌어먹는다. 丁火偏官을 癸水가 水剋火하니 官이 약해 공직으로 가기는 틀렸다.

공부는 안 되고 역마가 중중하니 놀러 다니는데 밤이 되어야 집에 들어온다. 丁火가 用神이라서 그렇다.

> 亥中甲木이 희신인데 未土大運에 亥卯未木局이 되어 이때 사업을 시작해
> 戊午·丁巳·丙火大運에 성공하나 格이 떨어지니 중소기업이다.
> 역마살이 중중이면 무역업종인데 水旺하니 냉동업으로 본다. 亥月에는
> 甲木의 長生월이니 甲木이 한 개가 있다고 보아라.

金水傷官格 │ 水忌神, 金仇神, 火用神, 木喜神

辛卯	辛丑	辛亥	丁亥	坤命
77	67	57	47	37	27	17	7
己未	戊午	丁巳	丙辰	乙卯	甲寅	癸丑	壬子	大運

亥月 辛金日主가 水旺계절에 출생하여 甲木司令인데 金水가 중중하니 한습하다.

金水傷官格에 丁火가 用神인데 根이 없어 약하다.

亥卯木局이 되어 生해주므로 丁火가 꺼질 듯하다 다시 살아난다. 초년 壬子·癸水大運에 가정이 어려워 고생하며 살고, 丑土大運에는 화류계에서 일하다가 甲寅大運에 日本人을 만나 결혼해서 산다. 생활비만 주는데 丁火가 꺼지지 않게 財를 대준다.

丙火大運에 正官 偏官혼잡이라도 金水傷官格이라 正官 偏官을 竝用한다. 남편이 본인 몰래 친정어머니한테 건물 절반을 이전해 주었다.

辰土大運에 남편이 죽고 나서 건물을 팔아 카페를 하다가 털어먹었다. 辰土大運에 丙火를 달고 왔어도 原局에 火가 약해 丁火가 濕土에 泄氣되어 약해져서 그렇다. 丙火大運에 남편이 죽기 전 변호사를 통해 재산분배를 해놓고 죽었다. 丁巳大運 이후는 운이 좋아 현재는 찜질방을 운영한다.

金水傷官格 │ 水忌神, 金仇神, 燥土用神, 火喜神

壬辰	辛未	辛亥	壬辰	坤命
75	65	55	45	35	25	15	5
癸卯	甲辰	乙巳	丙午	丁未	戊申	己酉	庚戌	大運

亥月 辛金日主가 水旺계절에 출생하여 壬水司令으로 金水傷官格으로 몹시 춥다.

亥月 壬水가 투출하여 金水傷官格으로 火를 반기는데 火가 없다. 혼자서 깨끗한 척한다.

매너가 깔끔하며 애교가 넘치고 싹싹하여 좋은데 결혼을 못한다. 주변에 남자들은 많은데 막상 결혼하려고 하면 단점만 보이니 못 간다.

亥는 財의 모태이고 日支財庫이고 亥未木局이라서 銀行을 25年간 다녔다. 丙午大運에 傷官見官이라 부모님 두 분이 다 돌아가셨다. 결혼을 했었다면 이 丙午大運에 남편이 죽는다.

原局에 官星이 있으면 官運에 좋으나, 官이 없을 때 官運에 傷官見官이라 화가 백 가지로 일어난다. 辛金이 얼었으니 따뜻한 아랫목이 그리워 戌을 끌어온다. 戌을 끌어와야 하니 집에서 개를 키운다.

물장사 계통으로 가야 하는데 大運이 火木大運으로 흐르고 乙木大運에 동대문 상가에서 옷 장사한다.

목표가 공부를 더해서 교수가 되는 것이 꿈이고 희망인데 사주에 官이 없으니 교수는 못한다.

巳火大運에 巳亥冲되어 財局이 깨지니 財物을 날린다. 남자를 만나거나 교수로 재직하거나 관계없이 재물은 깨진다. 사업하면 다 말아먹는다.

金水傷官格
金忌神, 土仇神, 木用神, 水喜神, 金病神, 火藥神

戊子	辛亥	辛亥	壬申	乾命

72	62	52	42	32	22	12	2	
乙未	戊午	丁巳	丙辰	乙卯	甲寅	癸丑	壬子	大運

亥月 辛金日主가 水旺계절에 출생해 한기가 심하다.
壬水司令인데 金水傷官格으로 조후가 필요하다.
원국에 火가 없어 물이 차다.
조후가 안 되어 추우면 차게 놔두어야 물이 도도하게 흘러간다.

亥水가 虛冲으로 巳火를 불러와야 하나, 亥水 학이 두 마리인데 子水가 있으니 미운 오리새끼가 한 마리다. 미운 오리새끼는 일을 안 한다. 그래서 巳火를 끌어올 수가 없어 비천록마격(飛天祿馬格) 파격(破格)이다.

亥中甲木이 있어 官보다 財쪽으로 간다. 食傷生財하니 오뚝이 人生으로, 財가 長生支가 있어 쓰러져도 일어난다.

丁巳日柱와 辛亥日柱는 해운만리(海運萬里) 나가보고 亥中甲木이 財物이라 무역업에 大運에서 木火대운으로 이어지니 좋은데 格用神이 순수하므로 큰돈을 벌게 된다. 用神의 長生이 2개라 한 몫을 한다.

15 子月 辛金 | 자월 신금

子月의 辛金이 한기와 냉기가 심하니 丙火가 멀리 떨어져서 조후하는 것이 급하다. 地支에 木局이 있어서 온난함을 이루고 丁火·戊土가 투출하면 殺印相生이 되어 일등 貴人이 된다. 寒水만 있고 火가 없으면 빈한한 선비에 불과하다.

子月 癸水司令이니 한습하여 엄동설한이라 癸水가 투출하는 것을 가장 싫어하는데 이유는 辛金이 얼기 때문이고 丙火를 가리기 때문이다. 丙火 와 癸水가 함께 투출되면 발전이 없다.

이때 戊土가 있어야 癸水를 흡수하고 丙火로 조후하면 온난하여 貴해지고, 壬水와 丙火가 투출하면 戊土와 癸水가 없어야 한다. 戊土는 壬水를 剋하고 癸水는 丙火를 가리므로 조후를 못하기 때문이다.

壬 辛 戊 = 土剋水하여 壬水가 辛金을 닦을 수 없다.
丙 辛 癸 = 癸水가 丙火를 가려 조후가 안 된다.

壬水가 暗藏되고 丙火가 투출하면 자수성가할 수 있다. 壬水가 旺하고 戊土가 制할 때 甲木과 丙火가 도우면 淸貴해지고 청운득로(靑雲得路)하니 장 원급제한다. 水가 많은데 戊土가 없어 제방이 안 되면 밖에서 떨고 있는 상이므로 춥고 배고프다.

壬水가 많이 있고 甲乙木이 많은데 丙火와 戊土가 없으면 財多身弱으로 반드시 빈한하다. 地支에 亥子丑方局이나 申子辰水局이면 比劫이 투출해 丙戊가 없으면 大貴格인데 金水傷官으로 이루어지면 從兒格이다. 이때는 庚辛金이 있어야 金白水淸으로 청렴하다.

天干에 壬癸水가 있고 丙戊가 투간되면 병약상제(病藥相制)로 富貴해진다. 子月에 水旺하므로 地支에 木局이고 丁戊가 있으면 殺印相生하고 木局으 로 生官하고 官이 印綬를 生하면 명진사해(名津四海)한다.

子月 辛金은 萬物이 얼어붙어 丙火로 온난하게 조후하지 않으면 안 된다. 丙火가 뿌리가 있나 없나를 살펴서 富貴의 高低를 살핀다. 金水傷官格은 官을 기뻐하니 官이 用神이므로 貴格이 된다.

金水傷官格 │ 金用神, 土喜神, 水病神, 土藥神

庚寅	辛巳	丙子	甲子	乾命
73	63	53	43	33	23	13	3
甲申	癸未	壬午	辛巳	庚辰	己卯	戊寅	丁丑	大運

子月 辛金日主가 水旺계절에 출생하여 癸水司令이다.

金水傷官格에 寒濕하나 木火가 튼튼해 조후는 되어 있고 신약하므로 時에 庚金이 巳에 長生을 하니 쇠약하지 않으니 극신약이라고 하면 안 된다. 比劫인 庚金이 用神이다. 사주를 자세히 잘 살펴보면 甲木은 寅木에 祿根을 하고 다 자란 나무라 木氣가 旺하다. 丙火는 甲木이 生助하고 巳火에 祿根하고 寅木에 長生하니 조후가 되어 있다.

丙火보다 木이 旺하다. 庚金이 劈甲生火하니 丙火가 따뜻한데 寅中丙火와 巳中丙火에 庚金이 剋傷 당하여 위태로운데, 子水가 水剋火를 하는 것보다 水가 甲木을 生하면 적게 이롭다. 그래서 水病神에 巳中戊土가 藥神이 되고 喜神이 된다.

丑土大運에는 괜찮은데 寅木大運에 木旺해지니 庚金은 絶地가 되어 財가 忌神이면 타가기식(他家寄食 : 직장생활)이라 남 밑에 직원으로 살게 된다. 己土大運에 자기가 조그마하게 해보려고 하는데 己土가 生金하여 힘이 생기니 財를 먹겠다고 하다가 卯木大運에 실패했다.

庚辰大運에 比劫大運으로 사촌형이 도와줘서 일어나기 시작해 辰土大運에 土生金하니 신왕 財旺이 된다. 辛巳大運에 좋아졌다. 巳火는 原局에 金水가 旺할 때 辛金을 달고 오면 巳가 金으로 변해 목에 힘주고 다닌다.

壬水大運에 庚金은 泄氣되니 의기소침해지는데, 辛金은 壬水를 보면 깔끔하게 멋있어지니 여자들이 좋아한다. 이때 바람을 피운다. 午火大運에는 旺支를 冲하니 나쁘다. 巳午未大運은 조후대운이라서 먹고사는 데는 괜찮으나 할 일이 없어 백수가 된다. 時에 겁재가 있으면 자식에게 돈이 많이 들어간다.

겁재가 시에서 絶이면 동생이 와서 뜯어간다. 絶·死·墓에 坐하면 형제가 일찍 죽는다. 巳火가 日支에 있어 마음은 따뜻하다. 日時는 부부금슬을 보는 곳인데 寅巳刑이 되어 싸운다. 辛金이 年에 있는 甲木에게 간다.

金水傷官格, 假從格, 從兒格
金忌神, 水用神, 土病神, 木藥神, 火調候用神

己	辛	壬	壬	乾命
亥	酉	子	子	
79	69	59	49	39	29	19	9
庚申	己未	戊午	丁巳	丙辰	乙卯	甲寅	癸丑	大運

子月 辛金日主가 水旺계절에 출생하여 壬水司令이다.

金水傷官格인데 水가 太旺하여 종아격(從兒格)에 己土가 있어 가종격(假從格)이다.

金忌神이며 水用神에 己土가 病神이 되며 木藥神이다. 火는 조후 用神이 된다. 日支 酉金이 있고 時上 己土가 있으니 土金 用神이라 말하면 틀린다.

己土는 水多土流가 되었고 酉金은 水多金沈이 되어 힘이 없으며 從兒格만 日支에 比肩이면 食傷을 生하기 때문에 從하는 법칙이 있다.

亥水는 온수가 되어 물은 흐른다. 금백수청(金白水淸)은 너무나 깔끔해서 탈이다. 대세에 의해 旺水가 用神이다. 傷官이 旺하면 財까지 빠져주어야 좋다. 印綬 比劫이 忌神이므로 日支에 濁氣가 있어 너저분하다.

甲寅·乙卯大運에 집안도 좋고 卯酉冲은 忌神을 제거하니 좋다. 丙火大運에는 傷官見官인데 겨울철에 조후를 해주니 큰 발전은 없으나 넘어갔다. 辰土大運에 旺水를 入墓시키고 酉金을 生合하였으며 戊戌年에는 旺水를 막고 土生金하니 사망했다. 옛글에 傷官用神에 印綬운에 必滅이라 했다.

金水傷官格, 假從格, 從兒格
金忌神, 水用神, 土病神, 木藥神, 火調候用神

己	辛	壬	壬	坤命
亥	酉	子	子	
72	62	52	42	32	22	12	2
甲辰	乙巳	丙午	丁未	戊申	己酉	庚戌	辛亥	大運

子月 辛金日主가 水旺계절에 출생하여 壬水司令이다.

金水傷官格인데 水가 太旺하여 종아격(從兒格)에 己土가 있어 가종격(假從格)이다.

金忌神이며 水用神에 己土가 病神이며 木藥神이다. 火는 소우용신(調候用神)이 된다. 초년부터 土金으로 大運이 진행해 되어가니 運이 없다. 金水傷官은 음기라 어두운 생활이고

木火傷官이면 양기라 밝은 생활하게 된다. 傷官太旺은 서비스가 좋은데 운이 나쁘면 타인에게 좋은 일만 하고 공이 없다.

金水傷官이 太旺하니 결벽증이 있고 無官이라 남편이 없고 運이 없으니 淫氣생활이라 서비스업이 맞고 金水는 춥고 배고프다. 金水傷官이 水가 많아 子宮이 冷해 본인은 자식을 못 낳고 남의 자식을 키운다.

이 여자가 하는 말이 남편 없이 사는 것이 좋은 팔자라고 한다. 原局이 金水傷官 喜官이라 남자 없이는 못 사는데 火가 官인데 없어서 조후가 안 되어 성생활이 불감증이라 부부간의 행복이 없다. 물이 많아 불이 꺼질까 봐 남자가 도망간다. 그러므로 이 여자는 정신적인 사랑을 원한다.

水가 많으면 외국에 가서 서방님 만나기를 원한다. 컴컴하면 지구 반대편에 가면 태양이 있기 때문에 만날 수 있다. 日支에 酉金이 忌神이라 거지와 같은 남자가 따른다.

戊土·己土大運이 나쁘다. 아기 마담인데 꿈은 압구정동이나 신사동의 큰 업소에서 여왕벌이 되는 것이 꿈이란다. 나이 많은 사람하고 살면 좋다.

金水傷官格, 三象格
水忌神, 木用神, 火喜神, 金病神, 火藥神 調候用神

辛卯	辛卯	壬子	壬子	坤命
76	66	56	46	36	26	16	6	
甲辰	乙巳	丙午	丁未	戊申	己酉	庚戌	辛亥	大運

子月 辛金日主가 水旺계절에 출생하여 癸水司令이다.
金·水·木이 이뤄지니 三象格이 되었다. 三象格은 金生水 水生木으로 相生이 잘되므로 貴格이다.

水旺계절에 水旺하니 忌神이다. 旺水를 泄氣하는 木用神에 火喜神이다. 金病神에 火藥神 겸 調候用神이다.

貴格을 놓아 좋은 사주인데 食傷이 많을 때는 신약하면 뚱뚱해지고 신왕하면 날씬하다. 比肩座下에 財星이 있을 때 남에게 돈을 꿔주면 못 받는다. 格은 貴格인데 土金 忌神운으로 가니 얼굴은 귀태가 나는데 어렵게 살아간다.

丑遙巳格 破格, 金水傷官格 | 水忌神, 火用神, 木喜神

己丑	辛丑	丙子	甲寅	乾命

74	64	54	44	34	24	14	4	
甲申	癸未	壬午	辛巳	庚辰	己卯	戊寅	丁丑	大運

子月 辛金日主가 水旺계절에 출생해 癸水司令이다.

丑土가 日時에 동시에 있으면 축요사격(丑遙巳格)인데, 이때는 官의 유무를 잘 살펴야 하는데 官이 있으면 파격이다.

月上에 丙火가 투간되어 파격이다. 외격은 높은 곳으로 올라가는 것인데 파격이라 格이 떨어지니 높은 곳에서 떨어지면 병신이 되는 것이라 불구자가 되기도 한다. 겨울 태생인 사람이 日時에 丑土나 辰土가 있게 되면 급각살(急脚殺)로 다리 불구가 되기도 한다.

외격에서 파격이 되면 正格으로 보아라. 子月 辛金日主로 金水傷官格으로 한기가 태심하니 조후용신으로 火用神에 木喜神이다.

만약에 사주원국에 用神의 뿌리가 있고 甲木을 劈甲할 수 있는 庚金이 있었더라면 파격이 되더라도 초년부터 木火大運으로 운이 좋아 사회적인 직위가 높은 국장급은 된다. 장관은 파격이라 안 된다.

사주가 파격이 되어 격조가 떨어지고 중년에 辰土大運과 辛金大運에는 나쁘니 직업에 문제가 발생한다. 庚大運은 劈甲生火하니 좋고, 辰大運은 子辰水局이 되어 나쁘고, 辛金大運은 丙辛合으로 用神을 묶어 나쁘다.

겨울에 출생하여 사주가 한습하여 丙火 官用神이 根을 못해 財生官하려 결혼을 빨리 한다. 財生官을 해야 하니 부인과 맞벌이한다.

用神 丙火가 月令을 얻지 못해 格이 떨어지니 과일 도매상을 하고 처는 간호사를 만났다. 본인은 트럭을 몰고 다니면서 과일 장사를 한다. 破格이라도 運이 좋으니 집 사고 잘산다. 財星 天乙貴人이 用神을 生해 처덕이 있는 사주다. 자식은 없는데 己丑 印星이 산액이라 아기를 못 낳는다. 日·時支가 火를 泄氣하는 忌神이라 아기를 낳을 생각을 안 한다.

巳火大運에 丙火用神이 祿을 하니 좋고, 巳酉丑金局이 된다 해도 用神의 祿이라 그냥 넘어간다. 만약에 丁火가 투간되고 用神이라면 巳火大運에 金局으로 본다. 祿이 아니라서 나쁘다. 壬午大運에는 壬水에 午火가 꺼져 오니 나쁘다.

16 丑月 辛金 | 축월 신금

丑月의 辛金은 丙火가 있으면 동절에 한기를 조후하여 좋고, 壬水가 있으면 먼지를 씻어 광택을 내면 貴格이다. 丙·壬이 없고 甲木만 있으면 의식(衣食)은 족하다. 그러나 大富·大貴는 안 되고 졸부가 많다.

이때 金과 土가 혼잡하고 丙火가 없다면 빈천한 하격이다. 丑月 辛金은 한기가 극심하여 土가 얼어 단단하니 전적으로 丙火를 취용하여 조후를 해주고 壬水로 보석을 닦아주면 좋아 丙壬이 투간되면 금마옥당귀인(金馬玉堂貴人)이라 하여 재상(宰相)감이다.

丙火와 壬水가 없으면 떠돌이·기술자·소상인·노동자로 빈천하게 사는 사람이다. 丙火가 있고 壬水가 없으면 衣食은 있고 貴는 없으며, 壬水는 있고 丙火가 없으면 빈한한 선비다.

丙火는 많고 壬水가 없고 癸水만 투간하면 丙火를 가려 곤란하게 만들어 貴格은 못 되나 火가 많아 쓸 수 있다. 癸水가 丙火를 가려 장사나 무역을 한다. 벼슬하면 구설수로 감옥에 간다.

水多하면 戊己土가 天干에 있어야 하고 丙丁火가 土를 生해주면 衣食은 풍족하여 평생 편안하게 산다. 水가 약할 때에는 戊己土가 뜨면 못 쓰는데 이때 木이 있어 소토를 해주면 되는데 中格에 해당한다. 丙火와 壬水는 떨어져 있어야 좋고 가까이 있으면 풍파가 따르니 힘들다.

▌年時上官星格 | 官殺並用, 木喜神, 水病神, 土藥神

丙申	辛亥	癸丑	丁丑	坤命
75	65	55	45	35	25	15	5
辛酉	庚申	己未	戊午	丁巳	丙辰	乙卯	甲寅	大運

丑月 辛金日主가 水旺계절에 출생하여 己土司令인데 凍土라 얼어붙었다. 日主가 癸水한테 닦이고 癸水가 天干에 있어 눈보라가 휘날린다. 戊己土가 있었으면 좋을 텐데 없다.

다른 丑月의 日主는 官殺혼잡이면 貴가 없으나, 丑月 辛金일주는 한기가 심하니 丙丁火가 투출되면 정관 편관을 함께 용신으로 쓴다. 丑月이라도 金水傷官格이라 喜官인데 官이 약하다. 癸水가 투출해 官을 剋하는 것을 가장 꺼린다. 丙丁火가 用神이고 木이 喜神이다.

官의 根이 없어 명예가 약하다. 명예는 없으나 돈은 있다. 日支에 驛馬殺이라 유학하고 官用神은 남편으로 좋은 사람을 만난다. 官殺혼잡이면 남편이 의처증이 있게 된다. 甲寅·乙卯大運에 좋고 丙辰大運에 辰은 丙火가 말려 燥土로 변한다.

> 辰土의 판단이 어려우면 세운을 빨리 파악해서 살펴야(天干을 살펴라) 한다. 巳火大運도 세운을 살펴라. 한평생 잘 살았던 사주다.

貴格 : 六陰朝陽格 | 水用神, 金喜神, 土病神, 木藥神

戊	辛	己	乙	乾 命
子	丑	丑	丑	

76	66	56	46	36	26	16	6	
辛	壬	癸	甲	乙	丙	丁	戊	大
巳	午	未	申	酉	戌	亥	子	運

丑月 辛金日主가 水旺계절에 출생해 己土司令이나 엄동설한인데 다행히 戊土가 있어 한파를 막는다. 辛日主 戊子時는 육음조양격(六陰朝陽格)이다.
육음조양격(六陰朝陽格)은 原局에 官殺이 없어야 한다. 官殺이 있으면 破格이 된다.

> 官殺이 없어 육음조양격(六陰朝陽格)으로 成格이 되었다. 無官殺에 無冲이어야 한다.

어머니 사랑이 지극해서 자식을 망치는 사주다. 印綬가 많아 財用神으로 써야 하는데 너무 약해 못 쓴다. 다음으로 假傷官으로 用神을 써야 하는데 土에 剋당해 쓸 수가 없으니 金으로 土의 氣運을 빼서 水로 통관시키는 수밖에 없으니 金水가 用神이다. 申酉大運에 크게 발복했던 사주다.

六陰朝陽格의 成格은 辛金은 유약하고 냉해서 子時면 巳火를 불러들인다.

왜 巳火냐 하면 子에서 一陽이 始生하여 巳에서 六陽이 되어 陽이 終結되어 끝이 되고, 午에서 一陰이 始生하여 亥에서 六陰이 되어 陰이 終結되기 때문이다.

巳는 陽氣가 가장 무성할 때다. 子時가 되면 해가 언제 뜨나 하고 간절히 바란다. 보이지 않는 巳字를 끌어오려고 더욱 간절히 찾는다.

原局에 巳字나 丙字가 있으면 파격이니 본인 생각은 玉堂에 入宮을 원하는데 고을에 원님 정도밖에 안 되면 열 받는다. 그래서 파격이라고 한다.

> 이 사주는 육음조양격(六陰朝陽格)이 成格되어 子字가 巳字를 불러오기 때문에 玉堂에 入宮할 수 있는 자격이 있다.

土多埋金되어 능력 발휘가 안 되어 泄氣시키는 申酉大運에 큰 벼슬을 한다. 申酉大運이 안 왔으면 별 볼일이 없다.

처가 똑똑해야 출세를 한다. 아버지 말을 잘 들어야 좋고, 어머니 말씀을 들으면 큰일 난다.

金水傷官格, 六陰朝陽格 破格
火用神, 木喜神, 水病神, 金仇神, 土藥神

戊子	辛卯	癸丑	丁丑	乾命
78	68	58	48	38	28	18	8
乙巳	丙午	丁未	戊申	己酉	庚戌	辛亥	壬子	大運

丑月 辛金日主가 水旺계절에 출생해 己土司令인데 辛金日主가 丑中辛金에 根을 하고 土가 生金하니 신강하다.
金水傷官格으로 成格되었는데 辛金日主 戊子時는 육음조양격

(六陰朝陽格)이 되나 丁火가 투간되어 파격이다.

癸水가 丁火를 剋하려 하나 戊土가 戊癸合하여 丁火가 살고 子水가 卯木을 刑하려 하나 子丑合으로 刑中逢合되어 吉格이 되었다.

> 金水傷官格은 寒濕하니 金水가 忌神이고, 喜官이라 丁火用神에 卯木이 喜神이다. 水病神에 金仇神이며 土藥神이다.
>
> 대운이 水金運으로 흘러가 빛을 보지 못하고 살아온 명조이다. 말년에 좋은 운이 와도 받아먹지 못한다.

貴格 : 金水傷官格, 財滋弱殺格
火用神, 木喜神, 水病神, 金仇神, 燥土藥神

戊子	辛亥	癸丑	丁卯	乾命
72	62	52	42	32	22	12	2

乙巳	丙午	丁未	戊申	己酉	庚戌	辛亥	壬子	大運

丑月 辛金日主가 水旺계절에 출생하여 癸水司令인데 日主는 丑中辛金에 根하고 土生金하니 신강하다.

辛金日主 戊子時는 육음조양격(六陰朝陽格)이나 丁火가 있어

破格이다. 丁火와 癸水가 丁癸冲할 때 戊土가 戊癸合으로 冲中逢合되니 病이 제거되고 亥卯木局으로 財局을 놓아 재자약살격(財滋弱殺格)이다.

이때는 외격으로 보는 것이 아니고 財官이 旺할 때에는 正格으로 본다. 財官이 用神인데 초·중년 운이 比劫, 食傷운으로 흐르니 거지가 된다.

재자약살격은 財가 허약한 官을 生한다는 뜻이다. 잘나가는 유명인사는 특수격(特殊格)에 많으니 특수격 연구를 많이 해야 한다.

女命이면 木火대운으로 가니 좋은 가문에서 자라나 부모덕을 보고 성공하는 사주이다.

偏印格, 時上一位貴格 | 金忌神, 土仇神, 火用神, 木喜神

丁酉	辛未	己丑	乙卯	乾命
79	69	59	49	39	29	19	9

辛巳	壬午	癸未	甲申	乙酉	丙戌	丁亥	戊子	大運

丑月 辛金日主가 水旺계절에 출생해 己土司令으로 己土와 酉丑金局이고 日干을 生하니 신왕이다.

겨울철에 조후도 겸해서 신왕하니 官星 火用神이고 木喜神

이다. 時上 丁火가 未中丁火와 卯未木局이 生助해 따뜻하게 해주니 마음씨가 좋다. 丑未冲은 酉丑金局과 卯未木局되어 冲中逢合으로 冲이 해소되었다. 만약에 未酉卯丑로 구성이 되면 冲中逢合이 아니고 金木相戰이다.

年干 乙木이 枯草引火인데 초년 子水大運은 나쁘고 19세 丁火大運부터 좋아 43세까지는 좋다. 酉金大運에 卯酉冲해서 실패가 많있고 甲木大運에 조금 좋아지다가 申金大運에 나쁘고 癸水大運에 사망했다.

偏印格, 時上一位貴格 ┃ 金忌神, 土仇神, 火用神, 木喜神

丁酉	辛未	己丑	乙卯	坤命
71	61	51	41	31	21	11	1
丁酉	丙申	乙未	甲午	癸巳	壬辰	辛卯	庚寅	大運

丑月 辛金日主가 水旺계절에 출생해 己土司令이고 己土와 酉丑金局으로 日干을 生하니 신왕하다.
초년 大運에 庚辛金이 乙木을 剋하니 運이 없고, 寅卯大運에 木生火가 되니 좋고, 天干과 地支大運이 相反되어 오기 때문에 마음고생은 해도 生命에는 지장이 없다.

壬辰·癸水大運에 극심한 고생을 하다가 巳火大運부터 좋아져서 丙火大運까지는 유복하고 행복했다.

六陰朝陽格 再成格, 偏印格
燥土忌神, 金用神, 濕土喜神, 火病神, 木仇神, 水藥神

戊子	辛未	己丑	乙巳	坤命
78	68	58	48	38	28	18	8
丁酉	丙申	乙未	甲午	癸巳	壬辰	辛卯	庚寅	大運

丑月 辛金日主가 水旺계절에 출생하여 癸水司令인데 土氣가 旺하여 신왕하다.
乙木은 건초라 土를 소토하지 못해 用神으로 쓸 수가 없다.
그러면 매금되기 쉬운데 巳는 巳丑金局으로 旺金이라 매금이 안 된다. 巳中丙火가 있어 육음조양격에 파격이고 巳中丙火는 旺土를 生하기 때문에 日干에게 이로운 것이 없다.

用神法에 印綬가 많으면 官이 필요 없다. 그러나 이 사주는 巳中丙火가 巳丑金局으로 변하여 財官을 못 쓰니 다시 육음조양격으로 성격되었다.

金用神에 濕土喜神이고 燥土忌神에 火病神에 木仇神, 水藥神이다. 土가 너무 旺하여 土運으로 오면 埋金되니 喜神이 될 수 없다.
辰土는 子水와 子辰合이 되어 水로 변하니 喜神작용하고, 丑土는 巳丑金局으로 변하니 나쁘지 않으나 戌土와 未土는 나쁘다.

초년 寅卯大運에 運이 없어 집안이 어렵다. 28세 水運이라 좋아 고시에 합격되었고 金水運에 좋다. 48세부터 甲午大運은 財官으로 忌神이 되니 변호사 사무실을 개업해도 運이 없어 사무실 임대료를 제대로 못 내게 되므로 午火大運에 끝이다.

雜氣財官印綬格 │ 火用神, 木喜神, 水病神, 土藥神

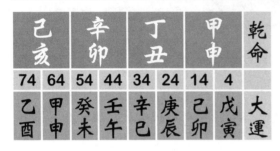

己亥	辛卯	丁丑	甲申	乾命
74	64	54	44	34	24	14	4
乙酉	甲申	癸未	壬午	辛巳	庚辰	己卯	戊寅	大運

丑月 辛金日主가 水旺계절에 출생해 己土司令인데 亥卯木局에 甲木이 투간되어 재다신약으로 比劫이 用神인 것 같으나 한기가 태심한 때이니 조후가 급선무다. 그러므로 丁火로서 얼었던 땅을 녹이므로 調候用神이고 木이 喜神이 된다.

金運에는 旺한 財의 질서를 잡아주고 劈甲生火하니 좋다. 寅卯辰 巳午未 大運은 따뜻하게 해주니 大吉해진다. 水運은 旺木을 生하여 旺木과 濕木으로 生火가 안 되어 木多火熄이 되고 水剋火하니 나쁘다.

甲木이 亥卯木局에 뿌리를 내리고 겨울이니 다 자란 旺木으로 木多火熄인데 金運에 旺木을 劈甲生火 해주니 木多火熄은 면하여 吉하다.

濕木은 金이 와야 마르고 生火가 잘되어 좋다. 이런 것을 잘 봐야 한다.
木火가 用神이니까 金運이 나쁘다고 말하면 안 된다.
地支大運의 작용은 부귀영화를 보고, 天干大運의 작용은 질서를 본다.

雜氣印綬格 │ 金用神, 土喜神, 火病神, 木仇神, 水藥神

甲午	辛巳	丁丑	甲午	乾命
75	65	55	45	35	25	15	5
乙酉	甲申	癸未	壬午	辛巳	庚辰	己卯	戊寅	大運

丑月 辛金日主가 水旺계절에 출생하여 己土司令인데 財官이 중중하여 신약하다.

丁火가 午火에 根하고 甲木이 木生火하니 辛金이 冬節이나 녹기 직전인데 巳丑金局이 되어 巳中庚金 比劫이 用神이고 丑土가 열기를 흡수하고 用神을 생조하니 喜神이 된다. 살중신경(殺重身輕)하니 比劫이 用神이다.

寅木大運에 寅午火局을 이루고 거기에 寅巳刑이라서 초년대운이 나쁘면 父母운이 나쁜데 부모가 장사를 하셨는데 丙午年에 火災로 망했다. 湯火가 중중하니 본인도 화상 때문에 흉터가 있다. 己土大運에 生金하니 어머니가 다시 장사를 하여 복구하였다.

寅卯大運에 공부하기 어렵다. 官殺이 旺하기 때문에 印綬가 火에 말라서 生金을 못하니 학업중단이다. 卯木大運에 다쳐서 겨우 구사일생으로 살아나서 庚辰大運부터 자수성가하여 壬水大運까지는 좋았다.

午大運에 목분비회(木焚飛灰)가 되어 財가 타버리니 사업이 망했고 부인이 감당을 못해 죽었다. 正財가 死運을 만나면 사별이다. 이때는 재혼을 해도 마찬가지다.

> 壬水大運은 괜찮으나, 午火大運에 달구어진 곳에 癸水大運이 오면 수소 폭탄이 터진 것처럼 수격처필멸(水擊處必滅)이 된다.

從兒格, 假從格 │ 水用神, 金喜神, 土病神, 木藥神

壬辰	辛亥	癸丑	壬戌	坤命
76	66	56	46	36	26	16	6	大運
乙巳	丙午	丁未	戊申	己酉	庚戌	辛亥	壬子	

丑月 辛金日主가 水旺계절에 출생하여 己土司令이고 丑中辛金에 根하니 신약은 아닌 것 같으나 水가 투출되고 亥子丑 方局으로 泄氣하니 신약하다.

陰日干은 旺者에 從을 잘한다.

戌中丁火는 丑戌刑으로 丁火가 튀어나오면 水剋火하니 조후가 안 되어 水로 從한다.

丑戌刑에 辰戌冲하니 辛金을 生을 못하고 물에 잠긴 土다. 土忌神을 亥中 甲木으로 소토를 위해 의상모델이다. 키가 크고 잘빠졌다.

亥水大運에 亥亥自刑이라 인기는 좋은데 돈벌이는 잘 안 된다. 庚金大運까지는 그런대로 넘어가는데 戌土大運에 늙은 남자와 결혼하게 된다. 돈 많은 老人과 살아야 한다.

> 日干이 地支에 根이 있는가를 살피고, 地支에서 印綬가 天干에 투출여부
> 로 從格과 不從格을 잘 판단해야 한다.

第九章

壬水日主論

임 수 일 주 론

【壬水의 특징】

壬水는 강하(江河)·호수(湖水)·해수(海水)·해류(海流)로서 흐르는 물이며 유랑하는 의미를 가진다. 본성품은 맑고 깨끗하므로 청수로서 의미를 가지고 있으며, 물은 五行의 의미는 지혜이므로 총명, 지식과 정보의 의미를 갖는다.

水가 왕하면 파도치고 거세게 흐르니 무법자가 되기 쉽고, 왕하면 넘치니 이탈을 의미하고, 옛것을 아는 사람이니 활인 업으로 쓴다.

혼자서는 아래로 흐르는 물, 火가 왕하면 증발이 되므로 상승하고, 甲木이 있으면 흡수되어 타고 올라가니 상승을 한다. 壬水의 성격은 냉하여 따뜻한 것을 원하여 태양을 바라보고 있고 甲木을 좋아한다.

水가 많으면 戊丙甲을 쓰는데 戊土로 比劫을 묶고 나무를 키우는 임무이다. 살고 죽는 투쟁심이 강하고 영웅의식이 강하다.

戊土를 보면 움직이고 끝없이 투쟁을 하는데 바닷물이 항상 파도가 일어 부딪침과 같다. 戊土가 없으면 제멋대로 흘러서 향방을 모르니 무법자다.

戊土 없는 申酉月에 壬水日主가 水旺하면 창녀가 많다. 己土가 있으면 탁임(濁壬) 되어 불량한 성품이 되고 여자는 창녀가 되기 쉽다.

戊土가 투간이 되면 창녀로 보면 안 된다. 戊丙甲을 보면 대부(大富) 대귀(大貴)한 명조다. 戊土는 丙甲이 뜨면 강해진다.

水의 의무는 甲木을 키우는 것, 丙火는 햇빛을 비추어 꽃을 피우게 함이 목적이다.

壬水日主는 춘하추동(春夏秋冬) 사계절에 甲丙이 나타나면 좋다. 甲丙이 있으면 아래로 흐르는 물이 나무를 타고 위로 올라가기 때문에 좋아한다.

【壬水의 특징】

壬水가 냉하기 때문에 따뜻한 것을 원한다. 壬水는 깨끗한 물로써 己土가 나오면 기토탁임(己土濁壬)으로 탁수(濁水)가 되니 절대 안 된다.

戊土가 있으면 제방의 둑이요, 그러므로 치수하는 용도로 사용한다. 丁火가 나오면 丁壬合이 되어 안 된다. 남자는 丁壬合으로 財物과 여자를 탐한다. 女子는 戊土가 없으면 甲木이 뿌리내릴 곳이 없어 자식을 못 키운다.

壬水의 물상으로는 세숫대야, 호수, 강하, 해수, 화끈한 성품, 자궁, 바람기, 깨끗한 물로 생수라서 먹을 수 있다. 壬水는 냉해서 성품이 냉정하고 까칠하다.

말수가 적고 필요한 말만 하니 얌전하다. 주위환경에 따라 잘 움직인다. 나이 들어서 생활이 편하면 의기양양하다.

여명은 자식을 낳으면 甲木이 생겼기 때문에 활달해진다. 甲木이 戊土를 헨하니 남편에게 대항할 능력이 생겼기 때문에 명랑해진다. 甲木은 己土를 보면 묶인다.

점잖은 남자(正官)와 살면 甲己合이 되니 자식이 버릇이 없어지고 壬水가 甲木을 보면 경험이 많아 아는 것이 많다. 농사짓고 있으니 항상 바쁜 사람이다.

壬水는 甲木을 보게 되면 丙火태양을 보려고 타고 올라간다. 壬水가 乙木을 보면 사랑에 빠진 격으로 꽃만 키운다.

壬水가 丙火를 보면 호수에 태양이 비추니 아름답다. 丁火를 보면 丁壬合이 되면 음란지합이니 여자와 재물을 탐한다. 食傷과 官이 있을 때만 淫亂之合이라 한다.

壬水는 戊土를 보면 제방이 되어 인격이 출중하다. 己土를 보면 쓸모없는 땅이나 수렁 또는 늪지대로 보니 쓸모없는 것이다. 淫亂合에는 여명은 食傷과 官이 있을 때만 淫亂合이라 하고, 남자는 財와 '官'이 있을 때 淫亂合이라 한다.

【壬水의 특징】

庚金을 보면 바위틈에서 물이 나와 넘친다. 자기 몸도 감당 못한다. 辛金을 보면 壬水가 보석을 닦아주니 남이 좋아한다. 그러나 본인은 냉하여 꺼린다.

壬水가 壬水를 보면 호수이다. 호수가 木을 보면 움직이고, 土를 보면 정지한다.

壬水는 戊·丙·甲을 제일 기뻐하고 좋다. 壬水가 癸水를 보면 장마라 남에게 외면 당하는 命으로 인기가 없다. 壬水가 甲木을 보면 움직이고 戊土를 보면 멈춘다.

1 寅卯辰月 壬水 | 인묘진월 임수

寅卯辰月의 壬水는 봄철에 기운을 받고 큰다. 정원·화원에 물을 주는 역할을 하며 여러 곳에서 용도가 많기 때문에 인기가 있다. 꽃은 여자라 여자 속에서 놀고 丙火를 쓰며 地支에 庚金을 수원처로 쓴다.

庚金은 나무를 솎아 내기 위해서 호미역할을 하고, 甲木이 투간되면 富하고 乙木이 투간되면 노후에 처량하다. 乙木은 꽃나무로 열매가 맺지 않기 때문이다.

寅卯辰月에는 甲丙을 用神으로 쓰는데, 싹이 나오기 때문에 壬水로 用神으로 써도 좋다. 그러나 寅卯辰月의 壬水는 바람둥이가 많다.

丁火를 보면 열기가 많고, 壬水는 희망 있는 물이라 甲丙이 있는데 己土가 있으면 甲木은 甲己合되어 도둑맞고 丙火는 甲木을 설기해서 나쁘다.

寅卯辰月에 地支에 巳酉丑金局이나 申金이 절대 있지 말아야 한다. 뿌리가 상한다. 辰月 壬水도 甲丙을 쓰는데 申子辰水局이 될 때 戊土를 쓰고 戊土가 없으면 무법자나 불량배가 되기 쉽다.

乙木이 투간되면 남자는 주변에 여자가 많고, 여자는 남자들 때문에 가정이 파괴될 우려가 있다.

2 巳午未月 壬水 | 사오미월 임수

巳午未月의 壬水는 여름철의 물로 생명수·농사용수·조후용도로 가는 곳마다 인기가 있다. 이때는 戊丙甲을 용신을 못 쓰고 庚金을 쓴다. 수원처(水源處)로 쓴다. 庚金이 지지에 뿌리가 있으면 부귀(富貴)하다.

辛金이 투출되면 타인의 덕으로 살려는 심보로 안일주의자가 많다. 사치하여 여자가 잘 따르고, 癸水가 있으면 남의 덕을 본다. 庚金이 없고 甲木만 있는 사람은 일만 많고 복이 없어 오히려 남에게 욕만 먹는다.

甲木과 丙火는 조열하기 때문에 못 쓰게 되고 水가 필요한데 辰土濕土가 있으면 좋다. 辰土가 없으면 子水가 필요하고 子水가 있을 때는 있어서 金이 있어서 子水를 生해주어야 한다.

午月은 子水와 子午沖이 되기 때문에 金이 나와서 金生水를 해야 한다. 이때는 寅卯辰(木)과 金은 떨어져 있어야 된다. 巳午未月에 壬水는 항상 어디를 가도 환영 받는 사람이다.

3 申酉戌月 壬水 | 신유술월 임수

申酉戌月 壬水는 母旺子旺으로 旺氣를 얻어 金旺 水旺이다. 이런 때 丙火의 火氣가 점점 식어가며 水氣는 旺해진다. 戊·丙·甲이 함께 투간되면 일을 안 하고 살 수 있다. 天干에 庚辛이 있으면 가을곡식에 서리 내린 격인데 丁火가 있으면 면하고 丁火가 없으면 처자식도 못 거느린다.

戊丙甲 중에 한 자만 있어도 衣食은 있다. 가을철에 壬水는 水로서 임무가 끝난 것이라 필요 없는 시기로 흘러가기만 하여 세월만 보낸다.

甲丙이 있으면 부자인데 다 자란 나무를 가지고 있으니 공짜를 좋아하고 대머리 형이 많다. 이때 戊土가 있어 제방을 막아 큰 연못을 이루어 관광지로 만들어 써야 한다.

壬水는 흘러만 가고 막지를 못하면 세월만 흘러보내는 무위도식자이다. 戊土가 없으면 地支에 寅卯辰이라도 있어야 한다. 甲丙이 좋다고 했는데 寅卯辰이 없으면 다음 해 봄여름까지 가게 되면 죽은 나무라 산 수가 없다. 뿌리가 있다면 봄·여름이 와도 사는 고목봉춘격(枯木逢春格)이다.

戊土도 없고 寅卯辰도 없으면 머리를 삭발하고 스님이 되는 수밖에 없다.

戊月은 가을철이나 火氣를 간직한 旺土이므로 壬水가 허약하나 水氣가 증발이 잘 안 되는 때이므로 할 일이 별로 없으니 쉬는 상태와 같다.

4 亥子丑月 壬水 │ 해자축월 임수

亥子丑月의 壬水는 戊丙甲을 쓴다. 亥子丑月 壬水는 겨울에 눈이 내리며 水가 旺한 季節인데 草木을 키우지 못하고 얼어 죽게 만드니 구박덩어리로 태어났으니 자수성가해야 한다.

地支에 甲木이 暗藏되어 있으면 장래 희망은 있다. 丁火가 투간되어 있으면 丁壬合되어 따뜻한 물로 인덕이 있다. 丙火가 있으면 물을 따뜻하게 조후하여 흐르게 하니 착한데, 겉은 따뜻하나 속은 차가우니 냉정하다.

天干의 木은 地支에 뿌리가 있어야 한다. 寅卯辰의 木根이 없으면 할 일이 없으니 출생 이후에 소용없는 존재다. 외로운 천덕꾸러기로 구박덩어리이다. 地支에 木根이 있으면 寅卯辰大運에 고목회춘(枯木回春)으로 번창한다. 그러므로 寅卯辰大運이 올 때까지 기다려야 한다.

亥子丑月의 壬水는 戊甲은 있고 丙火가 없으면 고달프고 어려움이 끝이 없다. 그러나 丙火가 있으면 甲木이 소생하여 결실이 되기 때문에 丙火가 있고 甲木이 뿌리가 있으면 춘하추동 사계절도 다 괜찮다.

丑月에 壬水는 얼어 있는 호수다. 얼어붙은 壬水는 戊土로 제방하여 한파를 막아야 되고 甲丙으로 따뜻하게 조후해야 좋고 地支에 午戌未 中 한 자라도 있으면 열기가 있어 온천이 되기 때문에 사람이 많이 모인다. 上格은 국회의원이 되면 좋다. 下格은 목욕탕이 적격이다.

5 寅月 壬水 │ 인월 임수

寅月의 壬水는 庚丙戊가 天干에 같이 투간하면 貴命이다. 水旺하면 戊土를 用한다. 대개 寅月에 壬水는 약水이기 때문에 庚金이 生助하면 吉하고, 丙火가 봄추위를 조후하면 길하다. 金水가 有氣하고 戊土가 있으면 用神 하나가 모든 忌神을 굴복하게 하는 것이다. 火土만 있고 金

을 만나지 못하면 평생 공허하다.

正月 壬水는 외형으로 왕양한 것 같으나 水氣가 휴수되어 필히 庚金으로 生助해야 원류부절(原流不絶)이다. 이때 戊土가 제방을 쌓아 왕양한 水를 방지하고 丙火가 있으면 봄 강에 물이 따뜻해지니 좋다. 壬水와 丙火는 떨어져 있는 것이 좋다. 壬水日主는 처를 잘 만나면 처의 내조가 좋다.

寅月의 壬日主는 比劫과 庚金이 없으면 戊土를 쓸 수 없다. 戊土가 투출하면 甲木이 있어 소토해야 길하니 水木 運이 좋다.

比劫이 없으면 戊土를 빼고 庚丙만 쓴다. 戊土가 있고 木이 없으면 庚金이 있어야 좋고, 그 다음에는 丙火가 있어야 한다.

혹 比劫이 있고 庚辛 중 한 자만 있어도 약한 것 같으나 旺하니, 이때 戊土가 있게 되면 장원급제하는 명이 되는데, 戊土가 지지에만 있으면 수재 소리를 들어도 숨은 官이라 쓸모없는 사람이다.

丙火는 조후역할을 하는데 辛金과 丙辛合이 되지 않아야 좋은 사주이다. 혹 地支에 火局이 있고 天干에 丙丁火가 투간하면 從財格이니 運을 잘못 만나면 문장은 있어도 실속이 없는 외화내빈(外華內貧)의 사람이 된다.

火土가 많으면 신태약이라 평생 동안 마음속이 허전하고 고통 속에 있고 외롭고 쓸쓸한 날이 많다.

偏財格
金用神, 濕土喜神, 燥土忌神, 火病神, 木仇神, 水藥神

甲辰	壬戌	丙寅	己酉	乾命
77	67	57	47	37	27	17	7
戊午	己未	庚申	辛酉	壬戌	癸亥	甲子	乙丑	大運

寅月 壬水日主가 木旺계절에 출생해 甲木司令으로 극설교집(剋泄交集)하니 신약하다.
丙火가 투간되고 寅戌火局이 방조(幇助)하면서 조후가 되어 있고 甲木이 泄氣하고 火土가 天干에서 剋泄하니 剋泄交集되어 從하려고 하나 酉金을 辰土가 生해주니 從은 안 되고 酉金用神이며 濕土喜神에 火忌神이며 木仇神이다. 火病神이 되고 水藥神으로 초년에 길흉이 반반이니 평범하다.

22세부터 정신을 차려서 노력하니 壬水大運에 크게 출세한다. 관직으로 진출해야 복을 받는다. 운이 金水大運으로 흘러 평생 순탄하다. 寅戌財局이라 재무국장이나 은행장은 한다. 己未大運부터 大運이 나빠진다.

> 財가 忌神인 사람은 부인이 재산을 날려버릴 가능성이 크다. 첫 번째는 財가 忌神이고, 두 번째는 辰戌冲이라서 그렇다.
>
> 壬戌大運에 진급한다. 辰土는 辰戌冲보다 用神을 生한다. 日支 戌土라 일을 싫어하는 경향이 있다.

金水가 用神이라 바둑, 낚시, 수석에 취미가 있게 된다. 壬水日主는 까다로울 때는 한없이 까다롭고 아니면 착하다. 이 사주는 겉으로는 별로인데 운이 좋아서 좋다.

食神格, 食神用印格
木忌神, 水仇神, 金用神, 土喜神

壬寅	壬申	甲寅	戊戌	坤命
77	67	57	47	37	27	17	7	
丙午	丁未	戊申	己酉	庚戌	辛亥	壬子	癸丑	大運

寅月 壬水日主가 木旺계절에 출생해 甲木司令으로 극설교집하니 신약하다.

寅中甲木이 月干에 투출하여 食神格이다. 食神格에 食神의 뿌리가 寅申冲하여 파격으로 格用神을 쓰지 못한다. 그러므로 食神用印綬格이다.

> 食神이 많아 신약이면 印綬가 用神으로, 食神格에 印綬가 用神이 된다.

戌亥가 공망이라 편관이 공망이고 寅戌火局 공협으로 午火를 끌어오니 午中己土가 正官이니 남편이고 겉으로는 청한데 속으로는 관살혼잡이다.

甲申年에 月支를 冲하고 印綬가 역마라 이사하게 된다. 세운에서 月支를 冲하면 寅戌공협이 깨지면서 午火가 사라진다. 그러면 午中己土가 사라져 남편이 해외로 나가거나 별거하게 되는 운이다.

己土大運에 正偏官혼잡으로 남자를 사귀는데 印綬를 달고 오니 교수와 사귀다가 戊子년에 공협 午火를 子午冲으로 헤어졌다. 己丑년에 다시 또 다른 남자를 사귀게 된다.

甲己合으로 食傷이 합되니 활동무대가 좁아져 직장생활이 싫증이 나고 甲己合으로 묶이게 되면 戊土偏官이 日干을 剋하게 되어 부부간에 다툼이 발생하여 남편과 별거하게 된다.

官殺혼잡운이나 食傷혼잡운이 오면 부부구설이 발생하여 별거하게 된다.

官이 약한 사주에 남편이 장사를 하거나 사업하면 망한다. 寅申冲이라 깨지는 것이니 한때는 財物을 모았다가 실패할 경우가 있다. 食神格은 머리가 좋은데 자기 생각과 다르면 곧이듣지 않는다.

食神이 偏官을 보면 애교가 있고 싹싹하고 친절하게 잘한다. 식신제살(食神制殺)하면 그렇다. 기분 나쁘면 비밀을 토해버리는 그런 기질이 있다.

이런 사주는 비위를 잘 맞추어 주면서 호응을 해주면 덕을 볼 수 있다. 日支 印綬는 늘 공부를 하고 싶은데 冲으로 중단되는 경우가 있다.

寅申冲이 日時에 있으면 다정다감하며 傷官이 旺하면 운전할 때 과속을 한다. 이유는 식상이 왕하면 관을 무시하기 때문이다.

運에서 寅巳申三刑이 오면 몸이 아프거나 관재에 걸린다. 반드시 둘 중에 하나는 걸린다.

月支 寅木은 戌과 三合하여 午火를 불러와 午中己土가 남편인데 처음은 좋으나 중년부터 日時冲은 부부별거를 하게 된다.

年支에 戌土華蓋가 있으면 고전문학을 좋아하고 戌戌 偏官은 대중이라 어디를 가나 인기가 있고 직장을 다니게 되며, 己土운에는 食神 甲木이 합으로 묶일 때 戊土偏官이 일간을 剋하니 불화가 발생한다.

현침살이 있어 병원에서 근무를 했었는데 食神이 旺하니 비뇨기과인데 食神과 印綬가 刑殺이니 남성클리닉을 하는 병원에 근무하게 된다.

병원을 그만두고 印綬가 用神이라 교수모임 단체에서 근무를 한다.

食神格 │ 水忌神, 金仇神, 火用神, 木喜神

辛丑	壬寅	丙寅	甲申	乾命
79	69	59	49	39	29	19	9
甲戌	癸酉	壬申	辛未	庚午	己巳	戊辰	丁卯	大運

寅月 壬水日主가 木旺계절에 출생해 戊土司令인데 辛金이 丑中辛金에 根을 하고 申金이 日干을 生해 신약하지 않지만 얼어 있으니 丙火가 조후용신이다.

寅木이 剋傷당하고 甲木이 절지에 앉아 丙火生助가 덜되었고 戊土司令에 전월의 丑土氣運이 남아 한기가 남아 있어 조후가 필요한 시기다.

丙火用神이 寅에 長生하여 튼튼하게 투출되었다. 用神丙火가 日干 바로 옆에 있으니 인물이 좋다. 丁卯大運까지 좋다가 戊辰·己土大運에 고생을 많이 하는데 用神을 泄氣시켜서 그렇다.

巳火大運에는 巳中에 丙火가 있어 좋고, 庚金大運에 劈甲生火하니 좋고, 午火大運까지는 잘나가고, 辛金大運에 用神이 合去되므로 피해가 많고, 未土大運에는 조금 나아지는 것 같으나 평범하게 지나간다.

申金大運에 寅申冲하므로 用神의 뿌리가 상해 절명을 했다. 이 사주는 인물은 좋으나 운이 나빠 좋지 못했다.

財多身弱格, 偏財格
火忌神, 木仇神, 水用神, 金喜神

丙午	壬寅	庚寅	丙午	乾命
78	68	58	48	38	28	18	8
戊戌	丁酉	丙申	乙未	甲午	癸巳	壬辰	辛卯	大運

寅月 壬水日主가 木旺계절에 출생하여 戊土司令이라 前月의 丑月의 氣運이 남아 寒氣未盡한데 寅午火局에 丙火가 투출되어 天地가 더워져서 從財格으로 보기 쉬우나 月上 偏印이 있어 아직 추우니 從財로 가지 않는다. 寒土司令에 陽日干이라 不從이다.

泄氣가 심하니 신약하다. 大運이 木火大運으로 가니 庚金이 녹고 壬水가 증발하게 생겼다. 집에서 컴퓨터로 그래픽디사인과 애니메이션작업으로 먹고사는데 일이 있을 때는 바쁘고, 일이 없을 때는 놀고 있다.

누이 집 지하 방에서 사는데 살기가 힘들다. 장가는 언제 갈 수 있는지 물어보는데 혼자 살라고 하였다. 財多身弱 사주로 財殺이 忌神인데 運이 나쁘면 악처를 만난다.

殺印相生格
火忌神, 木仇神, 金用神, 濕土喜神, 火病神, 水藥神

庚戌	壬寅	庚寅	丙午	乾命
78	68	58	48	38	28	18	8
戊戌	丁酉	丙申	乙未	甲午	癸巳	壬辰	辛卯	大運

寅月 壬水日主가 木旺계절에 출생, 戊土司令해 寅午戌火局이 年干에 丙火가 투출하여 財가 旺하여 食財官으로 泄氣되니 신약하나 殺印相生해 좋아졌다. 火가 四柱에 病神이고 木仇神이며 金用神에 濕土喜神이 되고 火가 用神의 病이며 水藥神이 된다.

辛金大運에 丙火를 合하여 좋고 卯木大運에 濕木이라 나쁘지 않고 壬辰大運에 공부를 잘해 서울대학교에 들어가 법학을 전공해 法官이 되었던 사주다.

癸巳大運에 巳火는 庚金의 長生이고 癸水가 巳中丙火를 끄므로 庚金과 戊土만 남으니 金으로 작용한다.

年月日까지 같은 날짜지만, 生時만 달라도 이와 같이 격조가 달라진다.

食神生財格 | 火忌神, 木仇神, 水用神, 金喜神

壬寅	壬午	壬寅	丁亥	乾命
79	69	59	49	39	29	19	9
甲巳	乙未	丙申	丁酉	戊戌	己亥	庚子	辛丑	大運

寅月 壬水日主가 木旺계절에 출생하여 甲木司令으로 食神과 財星이 旺하여 신약하다.

壬水가 亥에 祿을 하고 丁火는 午火에 祿을 하니 身旺財旺하다. 財福은 있어 형제와 동업으로 회사를 운영하는 수백억 원대 재산가이다. 壬日壬가 亥水 祿이 역마살과 지살이라 부지런하다. 丙火大運에 관재가 붙기 쉽다. 태양이 투출이 되면, 비리가 있게 되면 밝아졌으니 잘 보이므로 발각되기 쉬우므로 조심해야 한다. 투출된 財라 잘 보인다.

丁火大運에 丁火는 전구불빛이라 손전등으로 찾으면 못 찾는다. 丙火大運에 주식을 상장하게 된다. 申金大運에 寅申刑沖으로 丙火財物이 노출이 되니 군겁쟁재라 별도 법인을 만들려고 한다.

> 群劫爭財되니 형제를 멀리하려 한다. 壬水와 亥水가 있는데 午火가 있어 바다 밑에 財物이라 숨겨진 재물이 되므로 丙火가 뜨면 보인다.

만약에 이 사주가 癸卯時에 태어났으면 比肩劫이 혼잡이라 포장마차나 하게 된다. 日時는 妻家가 되는데 時支 寅木과 日支 午火가 寅午火局으로 三合을 이루니 寅木食神은 장모님이요, 寅中丙火는 처형인데 처형과 연애한 사람이다.

食神生財格, 財官雙美格
火用神, 木喜神, 水病神, 金仇神, 燥土藥神

癸卯	壬午	壬寅	壬子	坤命
75	65	55	45	35	25	15	5	
甲午	乙未	丙申	丁酉	戊戌	己亥	庚子	辛丑	大運

寅月 壬水日主가 木旺계절에 출생하여 甲木司令이며 壬水가 年支에 根하고 卯木은 泄氣를 못하고 우수 전이라 신왕하다. 食神生財格에 財用神이면 부자인데 일찍 결혼해야 된다.

왜냐하면 목표가 財라서 財를 지키는 것은 官星이기 때문에 빨리 자리를 잡기 위해서 己土大運 戊寅年 27세에 결혼을 했다. 원국에 印綬가 있었으면 이때 공부하려 한다.

庚子大運에 子水가 子午沖보다는 같은 五行부터 찾아간다. 大運 子水가 年支 子水 보고 午火를 沖하자고 하니 年支의 子水가 말하기를 月支 寅을 먼저 만나보고 가자고 하여 水生木으로 흡수되어 木生火로 가기 때문에 貪生忘沖하니 沖이 안 된다.

만약에 壬午日, 壬寅月의 순서가 壬寅日, 壬午月로 자리가 바뀌게 되면 子午沖하여 爭財가 발생하니 가정에 형제간에 재산다툼이 있게 된다.

己土大運에 己土가 正官인데 旺水를 못 막으니 남편은 무능한 사람이다. 午中己土가 寅午火局의 財局에서 투출되었으니 고향에서 능력은 없어도 남편가문이 좋아 은행 지점장 아들이다.

午火가 녹마동향 재관쌍미(祿馬同鄕 財官雙美)라 공무원이다. 남편은 벤처 회사에 다니는데 이 여자가 時支傷官이라 남편을 쥐 잡듯이 하나 財用神 이므로 시어머니에게는 꼼짝 못한다. 시집의 재산이 넉넉하니 시아버지가 집을 사줘서 분가했다.

분가는 印綬大運에 하는데 印綬는 문서이기 때문에 庚辰年은 偏印이라 가짜 문서이고 辛巳年은 진짜 문서인데 財를 달고 오므로 가격이 올라갈 것 같아 샀는데 집값이 두 배로 올랐다.

사주에 壬癸 比劫이 많아 남편은 인기가 좋아 바람피운다. 亥水大運에 사업하면 群劫爭財라 망한다. 戊戌大運에 官이 比劫을 정리하니 吉하다. 공무원이니 승진하고 戊戌은 부동산인데 寅午戌火局으로 財局을 이루어 재산상속을 받는다. 戌大運에 남편은 사업하게 된다.

食傷空亡이라 자식이 귀하다. 群劫爭財로 財物이 흩어지게 생겼으니 官이 필요해 공무원생활이 편하고 좋다. 午中己土는 투간되지 않아 좋다. 투출 되었다면 탁수가 되어 기대치에 못 미친다. 丁酉大運에 卯酉冲은 濕木이 므로 괜찮다.

丙申大運에 寅申冲하면 午火를 生하지 못하고 申子水局이 午火를 剋하니 문서 때문에 財物이 새어 나간다. 水가 많아 속이 깊고 과묵하고 얌전한 데 자식을 낳으면 목소리가 커지기 시작하는데 木生火하니 午火가 주작 (朱雀)이 되니 말이 많아진다.

6 卯月 壬水 | 묘월 임수

卯月의 壬水日主가 月支 卯木이 濕木이라 젖은 나무다. 다른 日干에 비해 습한 기운이 넘친다. 습하여 寒氣가 있으니 아직 춥다. 습해서 水旺함을 꺼려 丙火로 조후를 해야 한다.

庚辛金이 두출되어 生水하고 戊土로 제방하고 丙火가 조후하면 부귀겸전 (富貴兼全)하는 명이 된다. 金水가 없고 火土가 太旺하면 일생 질병이 많다. 火가 있고 金이 있으면 水源處가 되니 공부도 잘하고 재력도 있다. 卯木은 天乙貴人인데 酉金이 옆에서 冲하는 것을 가장 싫어한다.

傷官格 │ 水忌神, 金仇神, 火用神, 木喜神, 水病神, 土藥神

丙午	壬申	癸卯	壬申	乾命

78	68	58	48	38	28	18	8	
辛亥	庚戌	己酉	戊申	丁未	丙午	乙巳	甲辰	大運

卯月 壬水日主가 木旺계절에 출생하여 甲木司令이며 卯木이 濕木이라 旺水가 泄氣 안 되고 印星과 比劫이 중중하니 약변위강(弱變爲强)한 사주가 되었다. 卯月에는 水가 녹아서 흐르고 三水에 二金이 있고 癸水가 丙火를 가리니 水가 아주 冷濕하다. 丙午로 따뜻하게 녹여주니 마음씨가 따뜻하다. 月支 傷官이라 남에게 잘 베풀고 봉사정신이 강하다.

日支에 申金이 生水하니 지혜가 무궁무진하다. 丙午로 조후가 되었으니 마음씨가 따뜻하여 사람들이 많이 모여들어 인덕이 있다.
이 사람의 한 가지 결점은 卯木이 生火를 못해 食神生財가 잘 안 된다.

초년 大運이 火運으로 오니 좋다. 傷官이 天干에 투간되어야 머리가 좋고 공부도 잘하고 大學도 가고 하는데 傷官이 얼어 죽었다.

두뇌는 좋은데 표현력이 약하고, 공부머리는 부족하다. 木이 天干에 뜨면 박사다. 濕木이라 泄氣가 안 되니 답답하다. 기억력이 없어서 직장생활을 못한다. 傷官을 못 써 財用神이다.

사람이 온화하게 생겨 장사하면 잘된다. 낮에는 마누라가 장사하고 밤에는 자기가 장사해서 52세까지는 운이 좋아 잘산다. 申金大運에는 水가 많아지고 木을 자르고 丙火用神이 病宮이 되니 불길하고, 己酉大運에는 건강을 조심해야 한다.

水旺에 日支申金이 있으면 卯木이 冷해지고 剋당하니 표현력이 부족하여 여자에게 말을 못 건다. 時干에 丙火偏財가 있어 다른 여자에게 마음이 간다. 그러나 말을 못하고 짝사랑하니 중매결혼이다.

傷官生財格 | 水忌神, 金仇神, 火用神, 木喜神

甲辰	壬申	癸卯	丁未	乾命
74	64	54	44	34	24	14	4	
乙未	丙申	丁酉	戊戌	己亥	庚子	辛丑	壬寅	大運

卯月　壬水日主가　木旺계절에 출생하여　乙木司令이며　甲木이 투출되고　卯未木局으로　根하여 食傷이　旺하고,　申辰水局되어 癸水도　투출되어　旺하다.
신강과　신약이　문제가　아니라 旺水가　冷하니　火로써　조후가　되어야　만물을　살리기　때문에　火用神이다.

> 卯未木局에　甲木이　투출하여　호설정영(好泄精英)으로　生財하니　사주는 좋으나　運이　나쁘다.　傷官局을　이루고　있어　예체능으로　미술교사다.

大運이　亥子丑　忌神運으로　흘러　결혼을　아직　못했다.　財用神에　卯申귀문 (鬼門)이라　꿈에　여자만　보인다.

比劫大運이라　경쟁력이　떨어지니　여자와　직접　사랑을　못하면　짝사랑을 하는데　日支에　偏印과　月支食傷에　暗合이　되면서　귀문관살(鬼門關殺)이고 丁未財官과　卯未合을　하면　상상으로　짝사랑을　한다.

癸水가　丁火를　끄니　여자가　없어　엉뚱한　여자를　좋아한다.　결혼하려　하나 水運이라　불이　꺼질까　봐　안　온다.　미술학원을　하는데　학원　선생을　짝사 랑하여　두　달간　상사병에　걸렸다.

正財를　冲하여　상사병에　걸리지　않으면　여자하고　헤어진다.　甲이　辰土를 剋하니　둑이　무너진다.　물이　범람하니　比劫이　많아진다.

運이　나쁘게　흐르니　승도가　되기　쉽다.　財官이　구몰(俱沒)이　되어　함께 무너지니　종교로　간다.　運이　없어　되는　일이　없으니　역술공부를　하는데 어머니가　한숨만　쉰다.

> 年干에　用神이　있으니　先山을　팔아서　장사하려　한다.　이　사주는　미술학 원　선생을　그만두고　구멍가게나　해야　한다.　財星用神에다　丁火는　밤에 빛이　나니　밤에　하는　장사가　잘된다.

傷官格 ┃ 火用神, 木喜神, 水病神, 金仇神, 土藥神

己酉	壬辰	癸卯	丁亥	乾命

73	63	53	43	33	23	13	3	
乙未	丙申	丁酉	戊戌	己亥	庚子	辛丑	壬寅	大運

卯月 壬水日主가 木旺계절에 출생해 甲木司令인데 卯木傷官은 泄氣가 안 되므로 水旺하여 신왕하다.

亥卯木局이 生財하고 己土가 旺水를 감당하지 못한다.

傷官局이라 직장생활은 못한다. 官을 보호하려면 丁火가 火生土해줘야 하고 木生火해야 하는데 月上劫財 癸水가 丁火를 끄려고 하니 病神이 되므로 동업도 안 맞고 傷官格이니 남의 집 서비스업에 머슴이다.

43세 전까지는 고생을 많이 하고 戊戌·丁火大運에는 여유가 있어서 집도 장만하고 좋았다. 傷官生財하니 채소와 과일 도매업을 한다. 丁火大運에 동업을 하다 손해를 본다. 丁癸冲하기 때문에 동업자가 도망간다. 손재를 당하는 것은 피할 수 없으나 미리 공증을 했고 用神운이라 손해는 없다.

> 酉金大運에는 卯酉冲하면 丁火의 불이 꺼지고 己土 官이 무너진다. 즉, 卯木이 부러지면 丁火가 꺼지고, 丁火가 꺼지면 己土가 약해진다.

酉金大運에 질병이 아니면 망하니까 손 떼고 물러나 있으라고 하였더니 머리가 좋으니 미리 아들한테 인수인계를 하였다. 월세 150만 원이 들어오는 것으로 부부가 산다. 똑똑한 사람이다.

7 辰月 壬水 ┃ 진월 임수

辰月의 壬水는 辰中戊土가 사령할 때이니 甲木으로 소토해야 하고, 庚金으로 生助해야 한다. 생각하면 甲庚冲이 되어 불리할 것 같으나, 壬水日主와 金生水·水生木으로 相生하는 좋은 친구가 되므로 취용할 수가 있다. 만일 庚金이 없으면 재난이 많고, 甲木이 없으면 신액이 많다.

金이 많으면 丙火를 취용하면 길하고, 곡우 후라면 金이 吉神이다. 干支에 土가 많은데 甲庚이 없으면 종신토록 발전이 없다. 比劫도 많고 金旺하면 신왕인데 이때는 火土가 喜神이 된다.

辰月의 壬水는 戊土司令이나 水를 저축하고 분리시킨다. 물이 흐르게 하려면 甲木으로 소토시키고 이후에 庚金으로 水氣를 生하면 길한데 특히 庚金과 甲木은 떨어져 있어야 된다. 甲木이 戊土를 소토하면 食神制殺格인데, 이때 庚金이 투출해 甲木을 제압하면 도식(倒食)이 되기에 반대로 해가 된다. 그러므로 甲과 庚이 떨어져 있어야 한다.

甲木과 庚金이 서로 用神할 수 있는데 두 자 중에 한 자가 없으면 안 된다. 癸水가 있어서 甲木을 生하면 좋으나 이때 戊土가 투간되어 戊癸合되면 안 된다. 그러므로 甲木은 戊土를 소토하여 壬水를 흐르게 하면 국가에 요직이나 도지사가 될 수가 있다.

甲木이 뿌리가 있으면 사람이 준수하다. 그러므로 甲木은 필요한 것이니 甲木은 튼튼해야 된다. 만약에 甲木이 없고 七殺이 중중하면 이치에 밝지 못해 폭도가 될 수 있다. 庚金이 없으면 壬水가 泄氣가 심해 어리석다.

辰月에는 木의 여기가 生旺할 때이니 丁火가 투출하면 丁壬合木이 되어 化氣格이 되는데 木이 用神이 된다. 가종(假從)과 진종(眞從)을 구분하라. 壬水가 無根하면 길한데 地支에 四庫가 있으면 장애가 많아 甲木이 疎土를 못하면 종신토록 피해가 따른다.

봄철의 水는 약해지는 물인데 庚金이 水의 水源處가 된다. 만약 水旺하고 金이 많으면 金은 빠지고 물은 탁해진다. 丙火로 庚金을 제하고, 戊土로 제습하면 일등공신이다.

從殺格 │ 土用神, 火喜神, 木病神, 水仇神, 金藥神

甲辰	壬辰	丙辰	戊辰	乾命
75	65	55	45	35	25	15	5
甲子	癸亥	壬戌	辛酉	庚申	己未	戊午	丁巳	大運

辰月 壬水日主가 木旺계절에 출생하여 戊土司令이고 戊土가 투출되고 丙火가 辰土를 말려 土旺하고 甲木이 丙火가 있어 소토를 못한다.

甲木이 戊土를 剋해 假從殺格으로 출발하나 食財官相生이 되어 官에 기운이 집중되어 從殺格이 成格되었다. 土用神에 火喜神이고 木病神에 水仇神이며 金藥神이다.

土로 從해서 초년부터 운이 좋아 어려서 공부를 잘하고 씩씩하게 잘 큰다. 從殺하니 군인이나 관직이 좋다. 괴강살과 백호대살이 중중해 리더십이 있어 직업군인으로 진출하였다. 庚申大運에 甲木病神을 제거해주어 장군이 되었다.

辛大運에 丙火가 丙辛合去되어 食神이 殺을 剋하여 官服을 벗었다. 壬戌大運에 辰戌冲하니 몸에 질병이 생긴다. 亥大運에는 甲木이 長生을 얻어 運이 없다.

原局에 戌土가 있으면 辰戌冲되어 甲木이 疎土를 할 수 있다. 寅卯木이 있어서 甲木의 根이 있다면 食神制殺할 수 있어 일장당관(一將當關)이 되어 貴格이 된다. 그리되면 木이 用神이 된다.

原局에 戌土가 있어서 辰戌冲이 되면 甲木으로 소토가 가능하여 食神制殺格이 되어 木으로 用神할 수 있다. 地支에 寅木이 있으면 時上甲木이 根을 하여 食神制殺이 成格되어 用神이 되므로 신문기자나 의사가 많다. 食神有氣면 勝財官이라 했으니 高官이 된다. 이 사주는 土가 태과하여 食神制殺로 보면 안 된다.

魁罡格, 食神生財格
水用神, 金喜神, 土病神, 木藥神

丙午	壬辰	甲辰	丁卯	乾命
77	67	57	47	37	27	17	7	

丙申	丁酉	戊戌	己亥	庚子	辛丑	壬寅	癸卯	大運

辰月 壬水日主가 木旺계절에 출생해 戊土司令이고 食財官이 많아 剋泄되니 신약하다.
곡우 이후에 출생하여 財星이 旺한데 壬水를 甲木이 泄氣하여 丁火를 生하니 신약하다.

壬水는 辰中癸水에 뿌리가 있어 從할 수가 없다. 財가 투간이 되었어도 日干이 조금만 힘이 있으면 이길 수가 있다.

身弱이라 辰中癸水가 用神인데 金이 없어서 金生水를 못 받아 약하므로 탁수가 되어 기억력이 부족하다. 두뇌가 총명하나 돌아서면 잃어버린다. 傷官이 官을 치니 직장생활을 못하고 食神生財하니 장사를 한다.

印星이 없으니 학력이 짧다. 辛丑 庚子大運까지 돈을 벌어 집 사고 기반을 잡았다. 46세까지 돈을 벌어 집을 사놓고 己土大運에 쉬게 되고 亥水大運에 안정되고 戊戌大運에는 놀아야 한다.

움직이면 부도나거나 재산이 반쪽으로 줄어든다. 比劫이 用神일 때 官運이 오면 재산이 반쪽이 나는데 조금 손해 보는 정도가 아니다.

日刃格 │ 土用神, 火喜神, 木病神, 金藥神

庚戌	壬子	丙辰	戊申	坤命
73	63	53	43	33	23	13	3
戊申	己酉	庚戌	辛亥	壬子	癸丑	甲寅	乙卯	大運

辰月 壬水日主가 木旺계절에 출생, 乙木司令이고 신약으로 출발하나 申子辰水局으로 弱變爲强으로 신강사주가 되었다. 水多해 수취왕양(水聚汪洋)이면 화류계(花柳界) 命이다.

女命에는 大忌하니 홍등가(紅燈街)에서 밤낮으로 낭군을 만나고 이별함이 많고 자주 바뀐다. 官이 用神인데 運이 나쁘니 초년에 木剋土하고 있어 運이 없다. 그래서 어려서부터 술집에서 일했다.

사주원국이 좋기 때문에 大運이 火로 흘렀다면 大貴格이 되는데 運이 忌神운으로 흘러 미아리 술집에서 일한다. 술을 많이 마셔 위장이 나빠져 각혈을 한다. 건강이 많이 나쁘다.

運이 나빠 다른 곳으로 가려 해도 갈 곳이 없다. 戊午生 10년 연하남자와 사는데 여자 사주 日支子水와 子午冲하니 子가 長星인데 戊午生 남자의 午火는 수옥살이라 감옥살이 한다. 사주에 木이 있었으면 통관이 되므로 水生木 木生火로 탈 없이 피해 간다.

> 泄氣가 안 되는 사람은 맹꽁이다.
> 사주가 좋아도 運이 나쁘면 잘 살지 못한다.
> 사주도 좋고 大運도 좋아야 좋은 사주라고 본다.
> 運이 나쁘면 좋은 사주가 아니다.

水木食神格 ┃ 火忌神, 木仇神, 水用神, 金喜神

丙午	壬午	甲辰	壬寅	坤命

73	63	53	43	33	23	13	3	
丙申	丁酉	戊戌	己亥	庚子	辛丑	壬寅	癸卯	大運

辰月 壬水日主가 木旺계절에 출생하여 癸水司令이고 양간은 不從인데 金이 없어 애석하다. 水가 약하니 金을 원한다. 甲木이 있어 水가 흘러가는데 丙火태양이 있어 찬란히 빛이 나고 숲이 있어 경치가 아름다워 인물이 좋다.

甲木이 辰土에 뿌리를 내리고 寅木에 祿을 하므로 食神有氣하여 언변이 좋다. 사람이 싹싹하고 사교성이 좋아서 말로 먹고살아야 한다.

水木食神格으로 食神生財하니 富는 되는데 金이 없어 신약으로 변해서 大格이 못 되어 큰돈은 없다. 財多身弱의 사주가 되었다. 金이 필요하니 공부에 열심이다.

서울에 소재한 대학교 영문학 교수다. 午中己土가 남편인데 寅午火局으로 木生火 火生土하니 官星과 印綬가 있는 것이 되니 남편도 지방대학교 물리학과 교수다. 庚子 金水운으로 좋으니 지방대학교라도 좋은 쪽으로 간다. 카이스트 교수로 갔다. 子水大運에 午火를 沖한다. 원국에 子水가 없으니 바로 沖으로 간다.

원국에 子水가 없는데 운에서 子水가 오면 원국에 자기 집이 없으므로 午火와 子午沖으로 고속도로에서 교통사고가 났는데 본인은 많이 다치지 않고 다른 사람이 많이 다친다.

본인 부상이 심하지 않았던 것은 子辰水局에 의해서 직접적으로 沖보다 水剋火되기 때문이다. 用神大運이라 가볍게 넘어가지만 재물은 나간다. 일시적인 손해는 조금 있어도 보험처리해서 넘어갔다.

己土大運에 甲木食神에 合이 되면, 활동무대가 없어지니 직장에 문제가 있다. 戊戌大運에 질병이 오게 된다. 水가 약하고 火가 많으면 당뇨가 빨리 올 수 있다.

兩干不雜格 | 水忌神, 木用神, 金病神, 火藥神

辛丑	壬申	壬辰	辛亥	坤命
77	67	57	47	37	27	17	7	
庚子	己亥	戊戌	丁酉	丙申	乙未	甲午	癸巳	大運

辰月 壬水日主가 木旺계절에 출생, 乙木司令인데 申辰水局에 金水가 중중하여 신왕하다. 天干에 辛金과 壬水가 나란히 양간부잡격(兩干不雜格)이 되므로 아름답고 水旺해 머리가 좋다.

申辰水局에 壬水투간하여 水聚汪洋하니 무역회사가 좋은 직장이다. 木旺계절이니 旺水를 泄氣하는 亥中甲木을 用神으로 쓴다.

亥中甲木이 用神이고 金病神에 火藥神인데 原局에 藥神이 없어서 格이 떨어진다. 初年大運이 좋아 부유한 가정에서 태어났다. 남자는 있어도 官이 약해서 시집갈 생각을 안 한다.

여자가 신왕하고 官이 약하면 도도하다. 무역회사에서 의류수출 담당자로 근무한다. 丙丁大運은 忌神을 치니 좋다. 申酉大運에 나쁘다.

時上食神格 | 水忌神, 木用神, 金病神, 土仇神, 火藥神

甲辰	壬戌	壬辰	辛酉	坤命
77	67	57	47	37	27	17	7	
庚子	己亥	戊戌	丁酉	丙申	乙未	甲午	癸巳	大運

辰月 壬水日主가 木旺계절에 출생, 乙木司令인데 辰酉合金에 辛酉金의 水源處가 있어 신왕하다.
比劫으로 신왕하면 官을 用神으로 써야 하는데 辰戌沖으로 깨져 못 쓰고 甲木이 好泄精英하니 甲木用神이다.

甲木大運에 무용하다 그만두고 점원으로 들어갔다. 午大運에 뜻을 이루지 못하고, 남자를 만나면 자주 만났다 헤어지고 한다. 日柱의 양쪽에 刑沖이면 독수공방(獨守空房)이다.

午火大運에 食神生財되어서 財物이 들어온다고 보기 쉬우나 甲木用神의 死宮이 되어 돈을 못 번다. 用神을 12운성 위주로 보아라.

8 巳月 壬水 | 사월 임수

巳月의 壬水는 月令에 절지(絶地)가 되지만, 사주원국에 金이 있으면 金의 長生支가 되어 金生水가 되어 壬水의 완전한 절지가 아니므로 辛金·甲木·壬水를 보면 貴格이 된다.

甲木은 없고 寅木과 戊土가 있으면 寅巳刑殺이 되어 寅木도 적이 된다. 寅巳刑이 있고 申金운이 오면 교통사고를 당하거나 질병으로 수술한다. 운에서 火土를 보면 불행해진다.

巳月 壬水는 丙火의 祿月이니 水가 심히 약하여 壬水의 도움이 있어야 하며, 辛金이 水源處가 되어 壬水를 도와주면 좋으나 丙火가 투출되면 辛金과 丙辛合으로 合去되어 못 쓰게 되니 이때는 대체적으로 庚金이 用神으로 되는 것이 좋다.

봄·여름에 壬水는 그 氣가 약해질 때이니 봄철의 壬水는 庚金을 用神을 쓰고, 여름에 壬水는 比劫인 壬水로 用神으로 쓰는 것이 좋으며 다음으로 庚金과 辛金으로 生水하면서 水의 氣運을 도와야 吉命이 된다.

만약 癸水가 투간하고 金이 없으면 戊癸合으로 暗合이 되어 못 쓰고 辛金만 투출하면 丙火와 合하여 못 쓴다.

그러므로 癸水가 투출하면 甲木이 필요하고(巳中戊土를 疎土해야 癸水가 산다) 辛金이 투출하면 壬水가 투출해야 丙壬冲이 되므로 丙辛合이 不合이라 吉命이 된다.

만약에 癸水가 투출하고 甲木이 없고 寅木이 있으면 寅木은 戊土의 長生이요, 巳火는 戊土의 祿이 되어 殺星이 旺하여 빈한한 명이 되어 요절하기 쉽다.

忌神이 刑을 하면 재앙이 생기는데 관재구설이나 질병으로 고생을 하고 송사로 재판비용이나 치료비로 많이 나가니 빚지고 가난하다.

運이 좋으면 官門에 출입하는데 변동이 많다. 남의 재산관리를 한다. 증권, 은행, 긴물관리를 하면서 사는 사람이다.

여자가 이런 사주면 부자로 사는 친구 옆집으로 이사를 다니면서 심부름 해주고 얻어먹고 산다.

偏財格 | 金用神, 土喜神, 火病神, 水藥神

乙巳	壬戌	辛巳	庚午	坤命
72	62	52	42	32	22	12	2	
癸酉	甲戌	乙亥	丙子	丁丑	戊寅	己卯	庚辰	大運

巳月 壬水日主가 火旺계절에 출생하여 戊土司令인데 火土가 旺하여 신약하다.

壬水가 巳月에 絶이다. 午火가 옆에 있으니 더욱 그렇다.

다행히 庚金이 巳火에 長生이 되니 用神이다. 火는 忌神이다. 庚辰大運에 부모 밑에서 잘살았다.

己土大運에 乙木이 反冲하니 生金을 못해 12세부터 생활이 어려워 학벌이 약하다.

살아가면서 고생이 많아 식구를 덜기 위해 시집을 일찍 간다. 운이 나빠 남편감도 좋은 사람을 못 만난다.

만약 대학을 졸업했다면 시집을 안 간다. 丁火大運에 庚金用神을 火剋金하니 부모가 돌아가시지 않으면 재산이 없어진다.

丑土大運에 巳酉丑金局이 되어 형편이 좋아진다. 丑土가 官印相生되니 남편이 하는 일이 순조롭게 잘된다.

丙火大運에는 운이 별로 없지만 地支에 子水가 있어 火를 제압하니 그런대로 먹고 산다.

亥子丑大運에 한결 좋아진다. 甲戌大運부터 運이 없어 이때 終命할 가능성이 높다. 戌大運에 火의 氣勢가 旺하니 旺神 入墓되면 나쁘다.

이 여자는 印綬가 用神이라 머리회전이 빠르다. 印綬用神이면 신약해도 인내력은 있다. 먼 훗날을 기약하며 기다릴 줄 안다.

偏財格
火忌神, 木仇神, 金用神, 土喜神, 火病神, 水藥神

丙午	壬寅	辛巳	乙丑	坤命
76	66 56	46 36	26 16	6
乙丑	戊子 丁亥	丙戌 乙酉	甲申 癸未	壬午 大運

巳月 壬水日主가 火旺계절에 출생하여 丙火司令이고 丙火가 투출하고 寅午火局인데 火가 干支에 있으니 신약이다.
辛金이 巳丑金局으로 뿌리가 되어 用神이다.

壬午·癸未·甲木大運까지 운이 없어 가정형편이 어려워 공부를 못했다. 申酉大運에 집안형편이 좋아져 잘산다.

壬水日主가 乙木傷官이 丙辛合을 乙辛冲으로 막고 傷官生財하고 時上의 偏財가 있어 돈을 잘 쓴다. 印綬가 用神인 사주가 傷官이 있으면 못사는 사람들 앞에서 생색낸다.

傷官이 투출되었고 印綬가 冲하니 한번 돈 쓰고 나면 생색을 낸다. 天干은 動이고 地支는 靜이다. 항상 쓰는 것이 아니라 丙辛合되면 辛金이 무력할 때 乙木이 남으니 그때 돈을 쓴다.

甲申·乙酉大運은 甲乙木이 金에 절각(折脚 : 꺾임)되어 오니 약해 큰 문제가 없다. 丙戌大運에 旺神이 入墓되어 대들보가 무너지니 남편이 사망했다. 丁火大運에 印綬가 傷하니 살맛이 안 난다.

乙辛冲은 가까운데 丙辛合이 멀어서 간접적으로 合을 하고 있는데, 丙火大運이 오면 확실하게 合한다. 戊子大運에 用神이 死宮이 되니 죽는다.

偏官格 | 水忌神, 金仇神, 土用神, 火喜神

戊申	壬申	癸巳	丙辰	坤命
75	65 55	45 35	25 15	5
乙酉	丙戌 丁亥	戊子 己丑	庚寅 辛卯	壬辰 大運

巳月 壬水日主가 火旺계절에 출생해 丙火司令인데 申辰水局하고 癸水가 투출하고 申中庚金이 巳에 長生하니 弱變爲强으로 신왕한데 삼복생한(三伏生寒)이 되어 丙火와 戊土가 투간되어 官旺하니 用神으로 쓴다. 戊癸合으로 日干을 剋하지 못한다.

초년 壬辰·辛大運은 장마라서 가정에 우울한 날이 많았다. 卯木大運에 生火해 남자 만나 아기를 낳고 헤어졌다. 卯木은 傷官 도화라서 서비스다.

庚金大運에 남자를 알게 되었는데 運이 나쁘니 官星을 泄氣시키고 生水하니 남편이 밤낮으로 구타한다. 戊癸合하니 남편에게 애인까지 있다.

寅木大運은 用神의 長生支라 나쁘지 않으나 寅申沖을 하니 마음은 불편하다. 寅·己丑·戊大運에는 그런대로 넘어가나 子水大運에 運이 없다.

운이 나쁘면 이혼하게 되고 여러 번 시집간다. 偏官이 옆에 있으니 인물이 좋다. 比劫이 많으면 이녀동부(異女同夫)로 결국 유부남과 산다.

假從財格 ┃ 火用神, 木喜神, 水病神, 燥土藥神

甲辰	壬戌	癸巳	丙辰	乾命
79	69	59	49	39	29	19	9	大運
辛丑	庚子	己亥	戊戌	丁酉	丙申	乙未	甲午	

巳月 壬水日主가 火旺계절에 출생하여 戊土司令이고 수원처(水源處)가 없어 신약하다.
月上의 癸水는 증발해 못 쓰고 年支辰土는 丙火 때문에 저수지에 물이 마르고 時支에 辰土는 戌土와 沖해 둑이 무너져 쓸 수가 없다.

> 사주에 金이 없어 水源處가 없으니 신약한데, 甲木에게 水가 泄氣되고 生財를 하니 從財로 간다. 경희대학교 치의예과로 가는데 갈등한다.

甲午大運은 火財를 부조하니 길하고 乙未大運은 濕木이 열기에 건조되어 木生火하니 나쁘지 않다.

丙火大運에 用神大運이라 잘나가게 되고 申金大運에 申辰水局에 金生水하니 나쁜데 丙火가 火剋金하여 넘어간다.

丁火大運에 癸水를 沖去하니 좋고 酉金大運에 用神의 死宮運으로 나빠 몸이 아프게 될 염려가 있는데 丁火가 火剋金하므로 간신히 넘어간다.

巳酉金局에 辰酉合으로 나쁘다. 戊戌大運에는 病을 제거하는 藥神運이라 大吉하다.

偏財格 │ 火忌神, 水用神, 金喜神, 土病神, 木藥神

癸卯	壬戌	丁巳	癸丑	坤命

74	64	54	44	34	24	14	4	
乙丑	甲子	癸亥	壬戌	辛酉	庚申	己未	戊午	大運

巳月 壬水日主가 火旺계절에 출생하여 丙火司令인데 丁火가 투출되어 戌中丁火에 뿌리가 있어 財多身弱인데 年時天干 癸水가 투간하고 巳丑金局으로 생조하여 극신약은 면했다.

초년대운이 안 좋아서 가정형편이 나빠 좋은 학교에 못 들어간다. 庚申大運부터 운이 좋아지니 자수성가한다.

대학교를 의상디자인학과를 졸업하여 연예인 대상으로 맞춤옷 장사를 하는데 전망이 좋다. 연예인들을 꽉 잡고 있다. 24세부터 대운이 길해서 잘 나간다. 애인이 가수다. 결혼 운은 丙戌年에 결혼하게 된다.

時支 桃花와 日支華蓋 官과 合하니 연하 연예인 남자와 결혼하게 된다. 남자가 丙辰생이다. 卯木 상관 도화에 天乙貴人이니 연예인을 만난다.

9 午月 壬水 │ 오월 임수

午月 壬水日主는 午中丁火가 當令할 때이니 壬水는 약하다. 庚金이나 辛金을 얻으면 물길이 장구하여 吉하며 地支에 金水가 根을 하면 길하고 癸水로 조후도 길하다. 庚金이나 辛金이 있고 癸水가 없으면 귀명이 아니요 癸水가 있고 庚·辛金이 없으면 크게 영달할 수가 없다.

午月 壬水는 시원한 물이 필요한 시기이기 때문에 어디를 가도 인기는 있다. 午中丁火가 旺하고 壬水는 약하니 하늘에서 내리는 癸水를 취하여 用神으로 삼고 庚金이 癸水를 도와야 貴命이 된다. 午月은 午中丁火가 있어 壬水와 丁壬合하려고 할 때 癸水는 丁癸冲으로 合을 막아주니 癸水를 用神으로 쓴다.

午月에 辛金은 生水할 수는 있지만 午中丁火가 辛金을 制剋하니 손해를 본다. 그러므로 午月은 辛金보다 庚金이 수원처(水源處)가 되므로 金生水해 취용한다. 巳月은 辛金을 취용해도 되는데 午月은 庚金을 취용한다.

午月 月令에 財官이 當令하여 旺하면 癸水의 劫財로 財官을 억제시키고

印綬로서 日干을 生해야 귀명이 된다. 다만 月令에 암합되지 말아야 하고 적당한 根이 있으므로 귀명이 될 수 있다.

午月의 壬水日主는 庚金과 癸水가 투출(透出)되면 행정고시나 사법고시에 합격한다. 庚金과 壬水가 투출해도 官祿을 먹고 살 수 있다. 庚金만 있고 壬水나 癸水가 없으면 평인에 불과하고, 壬水나 癸水는 투출되어 있는데 庚金이 없으면 적수오건(滴水熬乾)되기 쉬워 많은 어려움이 따르게 되므로 장사꾼으로 전락한다. 庚金과 壬水나 癸水가 없으면 천격에 가난한 명이 되어 比劫·印綬운이 와도 발복할 수 없다.

地支에 金水가 있으면 의식은 있다. 財星이 旺하여 比劫으로 財를 制할 수 없으면 壬水가 무력하므로 설사 부모덕이 있을 지라도 의존할 수가 없고 학업이 중단된다. 地支에 火局을 이루고 전체적으로 金水가 없으면 財多身弱이 되어 부옥빈인(富屋貧人)이다. 이때는 甲乙木이 많으면 육친 간에 의지할 곳이 없어 승도지명(僧徒之命)이다.

만약 木火局勢로 종을 한다면 從兒格이나 從財格이므로 이 格은 특별한 格이다. 대체적으로 陽日干은 印綬 比劫이 미약하나마 根이 있거나 丑辰 濕土를 보면 從은 안 한다. 壬日主는 從이 잘 안 된다.

正財格 | 金用神, 濕土喜神, 火病神, 水藥神

乙巳	壬戌	戊午	癸酉	坤命
74	64	54	44	34	24	14	4
丙寅	乙丑	甲子	癸亥	壬戌	辛酉	庚申	己未	大運

午月 壬水日主가 火旺계절에 출생해 丁火司令인데 午戌火局을 이루고 戊土투출하니 火土가 旺하다.

戊土 旺土가 壬水日主를 剋하니 日主가 太弱하다. 다행히 癸水가 戊土를 양인합살(羊刃合殺)하여 貴命이다. 酉金이 하나만 있으면 午火에 剋을 당하는데 다행히 巳酉金局이므로 金生水하니 用神이 된다.

庚申·辛酉大運이 초년이 좋으므로 일이 뜻대로 잘되어 시집도 잘 간다. 亥子大運은 金을 剋하는 巳午火를 제거하는 藥운이 되어 吉하다.

午月에 壬水는 인기가 좋다. 戊土가 조열하니 壬水가 식혀주니 자기 말 한마디면 남편이 다 들어준다. 水運이 좋아 재물 복도 있다.

甲木大運은 生火하니 불길하고 子水大運에 用神이 死宮으로 들게 되니 몸이 아프고 신액이 따른다. 그때를 넘어가면 乙丑大運까지 10년간 좋고, 丙寅大運에는 寅午戌火局되어 火剋金하니 죽는다.

火旺이라 성격이 조급한 면이 있고, 印綬가 用神이니 간섭 받기 싫어하고, 잡지를 많이 보게 되고, 火旺계절에 壬水니까 시원하게 잘생겨서 공주병이 있고, 忌神이 巳戌鬼門과 원진이라 신경질적으로 부부싸움을 자주 한다. 사면에 財官이 旺하니 답답할 때 친정에 가서 많이 눈물을 흘린다.

주변에서 자신을 알아주는 사람이 없어도 時干에서 傷官이 투간되어 가끔 잘난 척하고, 巳酉金局이 되니 사는 것은 어렵지 않다. 부자가 아닌 것은 天干에 庚金이 투간되지 않아서다.

正財格
水忌神, 金仇神, 木用神, 金病神, 火藥神

辛亥	壬子	甲午	辛亥	乾命
72	62	52	42	32	22	12	2
丙戌	丁亥	戊子	己丑	庚寅	辛卯	壬辰	癸巳	大運

午月 壬水日主가 火旺계절에 출생하여 丙火司令인데 甲木이 투간되어 火가 旺한 것 같으나 壬日主가 子와 亥水에 根하고 辛金이 金生水하므로 마르지 않으니 약변위강이 되었다.

午火로 用神을 삼아야 하는데 子午沖으로 財官이 구몰(俱沒)되니 甲木이 用神이다. 用神은 튼튼해야 하는데 亥水에 長生하니 旺하다. 食傷이 用神이니 기술직이다. 초년부터 庚金大運까지 운이 없다.

卯木大運에 좋을 것 같으나 濕木이라 旺水를 泄氣 못 시키고 子卯刑으로 나쁘다. 庚金大運에는 나쁜데 甲庚沖으로 庚金이 劈甲生火한다고 말하면 안 된다. 午火가 죽어 있기 때문이다. 庚金大運에 用神食神을 剋傷하니 도식이 되니 약간 미친 짓 하여 손해를 보게 된다.

寅木大運에는 가장 운이 좋고 나머지 운은 별로다. 사업도 못하는 것은 財沖이 되었기 때문인데 財沖되면 사업하면 실패하니 하지 말아야 한다.

水旺하면 요리사나 수도 보일러 기술자다. 己土大運에 甲己合으로 묶여 나쁘고, 丑土大運에는 子丑合으로 子午沖을 풀어주니 길흉이 반반이다.

그러므로 이 사람은 자식 덕이 있다. 나무가 濕木이라 말리는 것은 午火인데 子水大運에 午火를 冲하여 불이 꺼지면 응고되므로 泄氣가 안 되어 자식 덕은 있어도 몸이 불구가 될 수 있다. 사주가 습하기 때문이다.

月令에서 根을 하고 天干에 투출된 格을 冲하거나, 旺한 節氣에 旺神을 冲剋하는 것은 재난이 중한 법이다.

貴祿格 │ 火忌神, 木仇神, 水用神, 金喜神

辛亥	壬寅	壬午	庚午	乾命
75	65	55	45	35	25	15	5

庚寅	己丑	戊子	丁亥	丙戌	乙酉	甲申	癸未	大運

午月 壬水日主가 火旺계절에 출생해 丁火司令인데 寅午火局과 午火가 도우니 신약하다.

다행히 天干에 庚金과 壬水가 투출해 時支 亥水에 根을 하면 貴祿格이 되어 財官을 감당할 만하여 格이 大格이다. 月干의 壬水는 五月에 十二運星으로 태지(胎支)가 되어 약하고, 年干 庚金은 午月에 욕지(浴地)가 되어 힘이 없다.

> 亥水가 用神이고 金喜神으로 身旺財旺하므로 좋다. 午中丁火는 財이고 己土는 官이 되어 財官이 있어 크게 된 사주다.

午月의 壬水는 시원하니 인기가 많고 인덕이 있다. 사람을 끌어오는 힘이 있다. 여름철 계곡에 물이라 사람들이 인산인해로 몰린다. 집에 손님이 많이 오고 주변에서 도와준다. 庚金이 水源處가 되어 물이 마르지 않으니 국회의원에 출마하면 당선이다.

月上 壬水는 午中丁火와 丁壬明暗合해 형제가 학교 다닐 때 대학입시에 떨어져 재수하여 도움이 안 되고 오히려 도와주어야 한다. 地支에 財局을 이루니 도와야 한다. 丙戌·丁火大運은 마음고생이 많은데 丙火大運은 丙辛合으로 넘어가나 戌土大運은 마음고생을 많이 하고 丁火大運도 丁壬合으로 넘어가고 地支大運이 좋아서 괜찮다.

> 貴祿格은 무조건 祿이 用神인데 用神을 자식으로 본다. 用神을 生助해주는 喜神을 처로 본다.

庚辛金이 함께 있으면 이혼수가 있다. 자식 좋고 辛金이 보석이니 처가 미인이다.

庚金이 첫 번째 부인인데 午가 浴地인 桃花가 되므로 아기를 못 낳거나 아기를 낳다가 사망하던가 하여 첫 부인과 못 살고 두 번째 부인 辛金은 괜찮으니 잘 산다.

從殺格 | 土用神, 火喜神, 木病神, 水仇神, 金藥神

甲辰	壬戌	丙午	壬戌	坤命
76	66	56	46	36	26	16	6	
戊戌	己亥	庚子	辛丑	壬寅	癸卯	甲辰	乙巳	大運

午月 壬水日主가 火旺계절에 출생, 丁火司令이고 午戌火局에 丙火가 투출하고 甲木이 生火 하니 火旺하여 戌土를 火生土 하여 偏官이 旺하다.

財多身弱으로 從財가 될 뻔했는데 壬水가 辰土가 있으면 종을 못하는데, 辰戌沖되어 깨져 根이 없어져 못 쓴다. 年干 壬水는 멀리 떨어져서 외국에 있어 도움이 안 된다.

戌土에 從한다. 甲木은 病이다. 초년에서부터 40세까지 운이 전혀 없다. 운이 없을 때는 시집가도 마음고생을 많이 한다. 日時支가 부부 궁인데 辰戌沖으로 부부가 이혼을 하게 된다.

壬水日主가 甲木食神이 있어 官星을 剋하니 남편가슴에 못질하는 말을 잘한다. 從殺은 나 죽었소 하고 살아야 하는데, 이 여자는 그러지 못한다.

입이 근지러워 말을 참지 못하고 남편을 깔본다. 印綬가 하나라도 있으면 자중하여 내가 이러면 안 되겠구나 하면서 참는데 인수가 없으니 막무가내다.

생각이 짧아서 남편에게 대들어 남편에게 구타를 당해가며 살지 않으면 이혼한다. 운이 없을 때 결혼하면 깡패나 건달이다.

> 日·時支 配偶者 宮에서 천라지망살(天羅地網殺)인데 沖이 되므로 남편이 교도소에 자주 드나든다.

時上正官格
水忌神, 土用神, 火喜神, 木病神, 金藥神

己酉	壬子	壬午	乙巳	坤命

73	63	53	43	33	23	13	3	
庚寅	己丑	戊子	丁亥	丙戌	乙酉	甲申	癸未	大運

午月 壬水日主가 火旺계절에 출생하여 丁火司令인데 壬水가 子水에 根을 하고 巳酉金局이 金生水하니 약변위강하다.

午月 炎天에 壬水日主가 失令하여 약하나 日支 子水가 돕고 巳酉金局이 金生水하니 三伏生寒으로 水旺하니 時上 己土正官이 午月에 祿하여 用神으로 쓰고 火가 喜神이고 木이 用神의 病이고 金이 藥神이다.

여름에 壬水라 사람이 싹싹하고 시원시원하다. 어디를 가나 인기 있다. 여름에 물이 필요하기 때문이다. 年干에 傷官이니 예체능으로 발달한다.

만약에 甲木이 있었으면 노출이 심하다. 왜냐하면 甲木에 乙木은 가지라 바람과 욕지에 앉았기 때문에 옷을 팬티만 입은 것과 같이 짧은 바지를 입고 다니면서 丁壬合으로 남자를 유혹한다.

藥神 申金大運에 안정된 생활을 하는데 印綬가 내 몸과 申子水局으로 되니 午火가 안정이 된다. 또한 木病神을 조절하니 흉하지 않다. 乙木大運에 己土 官을 치니 이혼한다. 用神이 깨져 이혼하고 갈 곳이 없어서 술집에 나간다. 돈을 모으려고 하면 子午冲으로 財冲이 되면 돈 모으기가 어렵다.

年干에 傷官이니 기분파 인생이다. 乙木傷官이 己土官을 剋해 남편마음에 못 박는 말을 잘하고 羊刃合殺(子巳暗合)하니 무게 있게 행동하고 일지에 장성이 있으니 남에게 심부름을 잘 시킨다.

丙火大運에 남자를 만나 살다가 亥水大運에 巳亥冲하고 乙木이 亥水에 生을 받아 土를 剋하면 다시 이혼한다.

---

10 未月 壬水 | 미월 임수

未 月의 壬水는 산천이 고갈이 될 때이니 干支에 金이 있어 金生水를 해야 하는데 土가 투출하여 旺하면 土多埋金되니 甲木으로 소토를 해야 길하고, 辛金이 투출하고 甲木이 暗藏되어 있거나, 甲木이 투출하고

辛金이 暗藏되어 있으면 上格은 못 된다.

甲木과 庚辛金이 둘 다 없으면 하격에 불과하다. 未月己土가 當令하니 丁火가 퇴기가 되었다. 未月의 壬水는 午月과 대동소이하다. 庚金과 壬水를 取用치 않는 것은 丁壬暗合하기 때문이다. 辛金을 수원처로 金生水하고, 癸水는 壬水를 돕고 丁壬合을 丁癸冲으로 막아준다.

未月은 己土가 當令하니 壬水의 흐름을 막는다. 그러므로 甲木으로 소토해야 하는 것이다. 癸水로 윤택함이 없으면 甲木을 키울 수 없게 되므로 癸水를 水生木 용도로 쓰는 것이다.

未月은 壬水가 혼탁하게 되기 때문에 甲木으로 소토해 줄수록 좋다. 未月 壬水가 약하므로 甲木과 辛金 그리고 壬水가 있으면 貴格이다. 그러므로 辛金과 甲木이 투간되면 부귀청고(富貴淸高)하다.

甲木이 地支에 있고, 辛金이 투출을 하면 서당선생이다. 甲木이 투출하고 辛金이 암장되면 무관으로 군인·경찰이나, 食神制殺이면 의사나 운동선수이다.

甲木과 壬水가 두 개 모두 투출하고 丁火가 있어 丁壬合해도 忠臣으로 후세에 이름이 난다. 甲이 암장되고 壬水가 투출하면 재주는 있으나 큰 벼슬은 못한다. **큰 벼슬을 하려면 食神有氣로 根이 튼튼해야 한다.**

地支에 火土가 많으면 淸貴한 사주가 되는데 그 법칙은 陽干은 陽으로 從하고 陰干은 陰으로 從하는 것이 이치라 眞從이 된다.

己土가 투간되고 壬水가 뿌리가 없고 生助가 없으면 從格이 되나 陽干은 假從格이 되는데 假從格은 下格으로 용신이 약해서 빌어먹는다.

未月은 木庫가 되어 土의 氣運을 역으로 거스른다. 속마음은 木剋土한다. 從으로 成格이 되어도 사람이 간사하고 외롭고 빈한하다. 甲乙木이 투출하여 土를 剋하면 食神制殺로 從格이 아니다. 官殺로 從을 안 한다.

사주에 印綬 比劫을 보고 運이 金水地支로 向하면 富貴하게 된다. 地支에 木局이면 泄氣가 심하니 金이 있어 日干을 生助하고 木을 剋하면 吉하다.

從格으로 成格되면 이때 金을 妻로 보고 水를 자식으로 본다. 土가 生旺하면 木으로 疏土해야 구제되고, 木이 지나치면 木을 쓸 수 없으니 金으로 조절해야 한다.

원국에 戊己土가 있으면 水의 흐름을 막아 濁水가 되니 甲木을 취용하여 旺土를 소토하면 淸貴하다.

地支에서 木局을 이루면 水의 泄氣가 심하니 金水가 用神이다. 未月의 壬水日主는 辛金과 癸水가 떠나지 말아야 하고 甲木이 투출해야 길하다.

雜氣財官印綬格
金忌神, 火用神, 木喜神, 水病神, 土藥神

庚子	壬申	癸未	庚午	乾命

76	66	56	46	36	26	16	6	
辛卯	庚寅	己丑	戊子	丁亥	丙戌	乙酉	甲申	大運

未月 壬水日主가 火旺계절에 출생하여 己土司令이고 午火가 생조하여 신약으로 출발하나 申子水局하고 天干에 金水가 투출하여 申子水局에 根하니 삼복생한(三伏生寒)이라 土보다 午火를 調候用神으로 쓰는 것이 우선이다.

水忌神이며, 金仇神에 火用神이고, 木喜神·水病神이며, 未土는 藥神이다.

三伏에 장마로 젖은 것을 午火로 말려야 한다. 午火가 用神인데 午火가 너무 멀어 약하나 未土가 合으로 끌어와 무정에서 유정으로 되었다. 초년에 길흉 반반으로 집안이 넉넉하지는 못했다.

月支가 官인데 午火와 合해서 財가 財生官되므로 공직생활을 해야 된다. 丙火大運에 경찰관으로 투신해서 丁火大運까지 재직하다가 亥水大運에 퇴직했다. 亥卯未木局이 되어 傷官이 되어 官을 剋하니 관복을 벗었다.

사업할 팔자는 못 된다. 戊土大運에 과수원을 시작했다. 子水大運에 財沖하므로 群劫爭財되니 손재가 많다. 己土大運에 탁수가 되어 별로 이득이 없다가 丑土大運에 丑未沖에 午火가 泄氣가 태심하여 사망했다.

雜氣財官格 │ 水用神, 金喜神, 土病神, 火仇神, 木藥神

丙午	壬戌	癸未	庚午	乾命
79	69	59	49	39	29	19	9	
辛卯	庚寅	己丑	戊子	丁亥	丙戌	乙酉	甲申	大運

未月 壬水日主가 火旺계절에 출생하여 丁火司令이고 丙火가 투간하고 午戌 午未로 火局을 이루어 열기가 심하다.

癸水로 燥土를 윤택하게 하고 庚金으로 金生水를 해주어야

한다. 사주가 조열하니 水가 조후용신이다.

甲申·乙酉大運에 잘 먹고 잘산다. 丙戌大運에 불바다를 이루니 되는 일이 없어 장사나 한다. 財가 忌神인데 財運이 오면 장사하면서 고생하고 丁火 大運까지 15년 동안 고생을 많이 한다.

年月柱에 用神이 있으면 父母가 뒷돈을 대준다. 亥水大運은 좋고 식료품 (水火가 있는 사람은 요식업을 꼭 한다)이나 숙박업, 요식업을 해서 庚金大運 까지 잘나간다. 寅大運에 庚金喜神의 절지가 되고, 水用神의 病支가 되어 나쁘다. 寅午戌火局이 되니 죽는다. 나이 들어 忌神運이 오면 사망한다.

丙戌·丁火大運은 정신이 없어서 바람을 못 피운다. 신약하면 比劫運에 바람피운다. 亥子丑大運에 바람피운다. 여름에 水運이 오면 시원하다.

貴祿格 │ 水用神, 金喜神, 土病神, 火仇神, 木藥神

辛亥	壬午	乙未	丙午	坤命
75	65	55	45	35	25	15	5	
丁亥	戊子	己丑	庚寅	辛卯	壬辰	癸巳	甲午	大運

未月 壬水日主가 火旺계절에 출생, 己土司令이고 사주가 조열해 가는 곳마다 인기 있고 인물이 훤하고 시원하게 보인다. 壬水가 약한데 亥水에 뿌리를 했다. 財旺에 신약이라 亥水가

用神에 辛金이 喜神이다. 亥水는 바다인데 亥水가 用神인 사람은 외국에 나가기 좋아한다. 초년에 甲午 癸巳大運에는 별로다.

壬水日主는 時에 官이 투출하던지 도화살이 있거나 用神이 되면 연하가 잘 따른다. 신약하므로 比劫 壬水大運 27세 壬申年에 미국에서 살고 있는

교포 연하남자와 결혼했다. 辛亥가 用神이라 亥水는 바다가 되고 辛金은 십자가이며 자유의 여신상이라 뉴욕에서 결혼했다.

辰土大運에 丙子年은 나쁘다. 丙辛合에 子午沖하여 배우자 궁이 흔들리고 午中己土가 忌神인데 木이 木剋土하니 싸움이 발생하여 亥水가 辰土에 入墓되니 이혼하였다.

時에 印綬가 있으면 말년에 친정엄마를 모신다. 時支 祿이 있을 때 친정에 가면 제일 먼저 만나는 사람은 比肩이 用神이라 친구들을 만나게 되는데 남자 동창을 만나고 比劫이 用神이라 동창과 연애한다.

比劫 用神인 사람은 男女를 막론하고 결혼생활에 실패한 사람이나 연애에 실패한 사람과 결혼한다. 卯木大運에 나쁘고, 庚金大運에 좋고, 寅木大運에 나쁘다. 官星이 忌神이라서 좋은 남자를 못 만난다. 土運은 나쁘다.

11 申月 壬水 │ 신월 임수

申月 壬水는 長生支가 되어 當令하므로 약하지 않다. 입추 이후 처서 이전에는 庚辛金이 있어도 좋지만 처서 이후 庚金司令이니 丁火로서 庚辛金을 조절함이 吉하다. 戊가 투출하면 범람한 물을 제방해 貴命이 된다. 戊土가 辰이나 戌에 통근하고 丁火가 午戌에 有根하면 妙格이다.

丙火는 조후역할이니 도움이 안 되고 丁火가 있어야 한다. 丁火가 地支에 暗藏하고 戊土가 투출하면 用神으로 쓸 수는 있지만, 戊土가 地支에 暗藏되고 丁火가 투출하면 土生金에 丁壬合되니 썩 좋은 명은 아니다.

申月에 壬水는 庚金司令일 때 長生이 되고 庚金의 祿地가 되고 壬水의 水源處로써 秋水通源이 되어 가을철의 물은 근원이 깊어 마르지 않는다. 申月의 壬水는 戊土가 없으면 제방을 못해 水가 범람하여 결국은 쓸 수 없는 버림받는 물이 된다.

戊土가 寅에 長生하니 寅中戊土는 쓰일 수가 있으나, 申中戊土는 病支가 되고 젖은 흙이 되어 어찌 제방을 할 수 있겠는가? 寅申巳亥에 戊土가 있지만 그러나 申金과 亥水에 戊土는 제방을 할 수 없는 갯벌과 같다.

辰·戌·寅·巳는 뿌리를 강하게 하므로 단단한 둑이 되니 旺水를 제방하는 법칙이다. 戊土는 根이 있어야 한다.

戊土와 丁火는 같이 투출해야 吉命이 된다. 戊土가 투출했는데 癸水가 나타나면 戊癸合으로 묶이게 되어 戊土의 역할을 못하게 된다.

그러므로 戊土가 旺水를 막지 못해 범람하니 성격이 비뚤어져 무책임한 사람이 되는 수가 있다.

이때 癸水를 제거하는 己土가 있어서 제거시키면 貴命이 된다. 이때는 官殺혼잡이라고 말하지 않는다.

潤下格 | 水用神, 金喜神, 土病神, 火仇神, 木藥神

庚子	壬辰	庚申	癸丑	坤命
75	65	55	45	35	25	15	5	大運

戊辰	丁卯	丙寅	乙丑	甲子	癸亥	壬戌	辛酉	大運

申月 壬水日主가 金旺계절에 출생하여 庚金司令인데 申子辰 水局이고 癸水가 투출되었고 庚金이 투출되어서 生水하니 윤하격(潤下格)으로 成格되었다. 本格에 丑辰土는 갯벌이 되어

旺水를 제방하지 못한다. 地支에 있는 濕土는 水局이 되어 괜찮다. 초년 金運은 生水되니 吉하고, 水運은 順勢가 되므로 吉하다. 木運은 旺神을 泄氣하니 좋다.

壬戌大運에는 壬水가 적셔주고 사주원국에 申金이 있어 殺印相生이 되니 넘어간다. 丁卯·戊辰大運에 旺神을 剋하니 나쁘다.

比劫으로 從格인데 戊土 官運이 오면 나쁘다. 辰土大運에는 旺神을 入墓하니 불길하다. 사주가 운이 좋아 길할 것 같으나 富는 해도 貴는 적다.

이유는 官이 忌神이라 남편을 바라보면 답답해서 속이 뒤집어진다. 官이 물을 막을 수가 없어 본인이 벌어서 집안을 이끌어야 한다.

열심히 음식장사와 물장사를 하여 집이라도 몇 채 보유하고, 자식을 유학 보내고 산다. 正官은 年支에 있고 偏官이 日支에 있어 이혼하고 재혼할 팔자이다.

偏印格 | 土用神, 火喜神, 金病神, 火藥神

戊申	壬申	庚申	癸丑	乾命
74	64	54	44	34	24	14	4

壬子	癸丑	甲寅	乙卯	丙辰	丁巳	戊午	己未	大運

申月 壬水日主가 金旺계절에 출생하여 壬水司令이나 처서 전이라 아직은 老炎이 있으므로 時上戊土가 약하지 않은 것이 되어 日主가 旺하므로 偏官을 用神으로 쓸 수가 있다.

時上에 戊土가 丑土에 根을 하나 根이 약하다. 戊土는 辰·巳·戌에 根을 해야 좋은데, 戊土가 어쩔 수 없이 丑土에 根을 하니 戊土가 金水를 감당 못해 大格은 못 되니 사주가 그릇이 작다. 偏官이 用神이면 군인이 많다.

초년 大運이 火運으로 흐르니 군대에 들어가 丙辰大運까지 진급이 되어 잘나가다 乙卯大運에 傷官이 강하게 木剋土하니 퇴임하였다. 乙卯大運에 傷官이 강해 취직은 안 된다. 傷官은 절각되어 오면 그나마 괜찮은데 根을 하고 오면 취직을 못 한다. 취직하면 영업직에 종사를 하게 된다. 운이 없으니 크게 발전이 없다. 癸水大運에는 用神을 合去하여 끝이다.

偏印格 | 金忌神, 火用神, 木喜神, 水病神, 土藥神

丙午	壬申	戊申	丁亥	乾命
74	64	54	44	34	24	14	4

庚子	辛丑	壬寅	癸卯	甲辰	乙巳	丙午	丁未	大運

申月 壬水日主가 金旺계절에 출생하여 壬水司令이고 壬水가 長生하여 도도하게 흘러가는 물이다.
日支까지 加勢해 물이 長江을 이루어 亥水는 바다까지 연결되는 금수강산의 기백을 가지고 있다.

天干에 戊土가 약하지만 제습은 한다. 戊土가 午火羊刃에 旺하나, 戊土는 午火羊刃에 거품만 많지 실세는 약하다. 金忌神으로 火用神에 木喜神이며 水病神에 土藥神이다.

6·25사변이 일어나기 전에 태어나 어려운 시기이나 運이 초년부터 좋으니 부모가 능력 있어 뒷받침을 해주니 대학에서 법학을 전공해 잘나간다.

財星의 丁己祿은 午火이니 財星이 祿을 깔고 튼튼하게 戊土를 生해주니 財官有氣라 어릴 때부터 총명하여 공부를 잘하고 27세에 사법고시에 합격하여 검사가 된다.

중년에 木運으로 喜神이니 승승장구하고 癸水大運에는 나쁠 것 같으나 戊土가 戊癸合으로 막아줘 用神이 안전하여 무난히 넘어가고 卯木大運에 亥卯木局으로 木生火하니 길하고, 壬水大運에는 丁壬合으로 合去되어서 나쁠 것 같으나 戊壬沖으로 戊土가 막아주고 寅木大運에 寅亥合木으로 약간 습해지나 寅午火局으로 生火하니 吉하다.

> 만약 사주원국 地支에 金水가 없으면 寅木大運 丙戌年에 寅午戌火局으로 用神이 너무 旺해지고, 戌土에 入墓되니 큰 화를 입는다.

偏印格 | 水用神, 金喜神, 濕土喜神, 火病神, 水藥神,

丙午	壬寅	丙申	丙辰	乾命
72	62	52	42	32	22	12	2
甲辰	癸卯	壬寅	辛丑	庚子	己亥	戊戌	丁酉	大運

申月 壬水日主가 金旺계절에 출생해 庚金司令이고 申辰水局으로 丙火가 壬水를 비추므로 찬란하고 화려하다.
추수통원(秋水通源)에 水源處가 장구한데 丙火가 壬水를 보면 좋아한다. 그러나 火旺하여 水를 증발시키니 이 점이 나쁘다.

연예인으로 그룹사운드 활동을 하면서 작곡도 한다. 부모가 부유하므로 밀어 준다.

戊戌大運에 물이 갇혀 답답하다. 이럴 때 외국에 나가고 싶어 한다. 사주원국에 寅申沖은 申辰水局과 寅午火局으로 沖中逢合으로 沖이 안 되는데 戊土大運에 辰戌沖하면 沖中逢合이 깨지므로 둑이 무너지니 홍수가 나고 이때 寅申沖하니 외국으로 나가는 동기가 된다.

27세까지 運이 없고 亥水大運부터 잘나간다. 힘이 있어야 財官을 감당할 수 있기 때문이다. 寅木大運에 寅申沖하면 人生이 끝장이다. 用神이나 喜神을 沖하면 화(禍)를 면하지 못한다.

殺印相生格, 印綬用印綬格 【司令神이 매우 중요하다】
庚金用神, 土喜神, 火病神, 木仇神, 水藥神

庚子	壬寅	戊申	丁巳	坤命

79	69	59	49	39	29	19	9	
丙辰	乙卯	甲寅	癸丑	壬子	辛亥	庚戌	己酉	大運

申月 壬水日主가 金旺계절에 출생하여 戊土司令인데 戊土가 투출되고 火生土하고 寅木이 설기하니 신약하다.

申中庚金이 투출되어 추수통원(秋水通源)으로 庚金이 金生水를 하고 戊土가 庚金을 生해 殺印相生이 되고, 壬水는 寅木이 납수(納受)를 해서 淸水가 된다. 나무가 있으면 정수(淨水)가 되므로 貴格이 된다.

식신제살(食神制殺)에 寅巳申三刑을 이뤄 질병을 치료하는 간호사가 되었고 인수용인수격(印綬用印綬格)이니 병원에서 상담원으로 일한다.

아버지가 의사인데 병원을 운영하고 있다. 본인은 연세대학교를 졸업하고 아버지 병원에서 근무한다.

印綬格은 官星을 기뻐한다. 殺印相生에 庚金이 用神이고 丁火가 病神에 木仇神이다.

戊土 七殺이 있어 조용하고, 日支에 食神이 있어도 印綬가 있어서 食神이 조절이 되니 얌전한데 여명에 日支食神은 바람피운다.

남자가 많은데 寅申沖하니 오래 못 사귀고 자주 바꾼다. 官印相生이 되면 남자한테 사랑 받는다. 그런데 마음에 드는 남자가 없다.

食神에 寅巳申三刑은 변덕이 죽 끓듯 하고, 남자와 헤어질 때 마음에 상처를 준다.

인물이 좋으면 상대에게 상처를 주고 대신에 몸은 준다. 인물이 나쁘면 자기가 상처를 받아 홧김에 중매로 결혼한다. 寅巳申三刑이라 성형수술을 했다. 무덤까지 상처를 가지고 간다.

남자 친구에게도 상처를 주게 된다. 戊土大運에 제방을 하니 물이 정체되어 이때 답답해지고, 官庫라 남자가 무더기로 몰려온다.

壬寅日柱는 꿈이 잘 맞고 명랑하고 개방적이다. 철학관에 사주를 보러 잘 다니고 사주도 배우려고 한다. 寅木은 산신령이라 그렇다.

12 酉月 壬水 | 유월 임수

酉月 壬水는 辛金司令이니 금백수청(金白水淸)이다. 추수통원(秋水通源)이 되므로 물이 마르지 않아 長流하며 물이 맑아 효자가 많다.

酉月 壬水日主가 甲木이 있으면 빼어난 格이 되므로 貴命이 되며, 戊土가 투간되면 忌神으로 작용을 하나 庚辛金이 투간되었을 경우에는 吉神이 된다. 그러나 甲木이 있는데 庚金이 오면 도식(倒食)되니 꺼린다.

金水가 旺한데 土가 없으면 文章에는 탁월하나 반드시 빈한하다. 戊土로 壬水를 制剋하면 꺼리나 甲木食神으로 戊土를 조절하는 것이 좋다.

金白水淸에 己土가 있으면 흙탕물이 되는데 이때 甲木으로 己土를 조절하고 水를 정수(淨水)시키면 깨끗해진다. 甲木이 時上에 투간하면 대단히 좋은 것이다.

戊土가 年에 있고 辛金은 月에 있고 壬日主가 時上에 甲木이 있으면 戊·辛·壬·甲 순서대로 相生되고 剋이 없으면 공명이 현달한다.

甲木用神이면 庚金을 꺼리는데 庚金이 甲木을 冲剋하면 倒食이 되므로 그래서 庚金이 甲木을 冲剋하면 평범한 사람에 불과하다.

天干에 比劫인 水가 있고 地支에 申亥가 있으면 水旺하여 水多木浮가 되니 이때는 戊土를 쓰고 財로서 官을 生하면 財滋弱殺格이 된다.

戊土가 없고 金水가 많으면 淸한 것 같으나 재주가 부족하다. 그러므로 선비에 지나지 않는다. 金水가 旺하면 財官이 약해지니 현달하기 어렵다.

金水가 많고 官은 있는데 財가 없거나, 財는 있고 官이 없으면 현달하지 못한다. 甲木이 없고 庚金을 쓰게 되면 水厄을 조심하라고 해야 한다.

印綬格 │ 金忌神, 火用神, 木喜神, 水病神, 燥土藥神

乙巳	壬申	乙酉	庚申	坤命
71	61	51	41	31	21	11	1	
乙丑	丙寅	丁卯	戊辰	己巳	庚午	辛未	壬申	大運

酉月 壬水日主가 金旺계절에 출생하여 庚金司令이며 庚金이 투출하고 巳酉金局으로 2개의 申金에 根하니 신왕하다.

月干의 乙木은 年干의 庚金과 乙庚合化金格으로 化氣가 성격

될 것 같으나 2 대 1 乙庚合은 不合이다.

地支 金局이 되어 金生水하니 從强格인 것 같은데 金生水 水生木 木生火 하니 이때 時上傷官이 巳火를 生財하여 印星을 버리고 財星을 취한다.

偏財가 用神으로 火用神에 木喜神이며 金忌神이고 水病神에 土藥神이다.

巳午未大運은 괜찮고, 丁卯·丙寅大運은 더욱 발전이 있다. 丑土大運에는 旺神入墓하고 丑土는 巳火를 泄氣하여 불길하다. 南方火運에 좋았던 것을 보면 火用神이 확실하다. 말년에도 運이 좋아져 자식도 잘 풀려 좋다.

戊辰大運에 火用神에 水가 病神이라서 病을 제거해주는 藥神이라 괜찮다. 그러나 木이 뿌리가 없어도 運에서 받쳐주니 財力은 괜찮은데 큰 貴는 없다. 土가 藥神이 되니 己土大運이 와도 괜찮다.

控貴格, 六壬趨艮格 【※蘭帶妙選格：卯木과 酉金이 有한 경우】
火用神, 木喜神, 水病神, 金仇神, 燥土藥神

壬寅	壬辰	丁酉	辛酉	乾命
76	66	56	46	36	26	16	6	
乙丑	庚寅	辛卯	壬辰	癸巳	甲午	乙未	丙申	大運

酉月 壬水日主가 金旺계절에 출생하여 辛金司令이며 辛金이 투출되어 신왕하다.

日時支에 龍虎(寅辰)가 卯木을 控挾으로 天乙貴人을 불러오니 控貴格이다.

六壬趨艮格은 壬辰日主가 寅時에 태어난 것을 말하는 것인데 無官이라야 쓴다. 控挾으로 卯木을 끌어들인다. 卯는 門이 열리고, 酉는 門을 닫는다.

卯는 일출지문(日出之門)이고, 酉는 일몰지문(日沒之門)이다. 이러한 것을 난대묘선(蘭帶妙選)이라 하는 것인데(壬辰日에 壬寅時) 난초(蘭草)가 꽃필 때 달달 떨면서 좋은 향기(香氣)를 내뿜는다.

> 壬辰日柱 壬寅時는 酉金이 없을 때 용호공천격(龍虎空天格)이요, 酉金이 있을 때 난대묘선격(蘭帶妙選格)이다. 사주에 格用法으로 龍虎空天格에 蘭帶妙選格으로 大富 大貴格이다. 生剋을 논하면 寅中丙火로 食神生財格이며, 財剋印 용도로 金을 조절하는 火가 用神이며 土藥神으로 쓴다.

偏印格 | 水忌神, 金仇神, 土用神, 火喜神, 甲寅木喜神

庚戌	壬子	己酉	壬子	乾命
72	62	52	42	32	22	12	2
丁巳	丙辰	乙卯	甲寅	癸丑	壬子	辛亥	庚戌	大運

酉月 壬水日主가 金旺계절에 출생하여 辛金司令이며 金水가 旺해 신왕하다.

旺者는 泄하는 木이 필요한데 없다. 正官을 쓰려고 하는데 己土는 탁수가 되어 관직으로 못 간다. 時支에 財庫가 있어 장사는 탁월하다.

甲寅大運부터 점점 잘되어 丙辰·丁巳大運에 크게 부자가 되었던 사주다. 이유는 甲己合으로 合去하니 吉하게 되고, 丙火大運에는 戌土財庫가 있어 財運에 戌中戊土가 득세해 吉하다. 財官이 時에 있으니 戊土가 用神이다.

印綬格 | 水忌神, 金仇神, 土用神, 火喜神

庚戌	壬申	己酉	壬辰	坤命
75	65	55	45	35	25	15	5
辛丑	壬寅	癸卯	甲辰	乙巳	丙午	丁未	戊申	大運

酉月 壬水日主가 金旺계절에 출생하여 辛金司令이며 金水가 旺하여 土官이 用神으로 써야 하는데 官이 약하다.

土官星이 用神이 되나 己土는 濁水가 되므로 못 쓰고 辰土는 申辰水局이 되어 土流가 되고 戌土가 用神인데 偏官이니 남편이 아니다.

壬水日主가 己土를 보면 濁水가 되고 남편 입장에서 보면 財多身弱이니 남편 덕이 없어 본인이 벌어야 한다. 남편이 밖에 나가면 인심 좋고 집에서는 구실을 못한다. 사주에 火가 없어 火生土를 못한다. 여자는 財星이 없으면 남편이 좋은 학교를 못 나오고 능력이 없다.

官用神이면 결혼을 빨리 하며 壬癸日主 女性은 남자 나이가 많은 사람과 결혼하기 쉬운데 결혼이 늦어지면 年下 남자가 따른다. 喜·用神이 天干에 투간이 안 되면 貴命이 못 된다. 大運이 巳午未로 喜神運으로 가니 음식점을 해서 돈을 많이 벌었다. 장사에 소질이 있는데 명예는 없고, 깍쟁이로 성격이 독하다. 己土에 탁수가 되면 인격자가 못 된다.

壬辰日柱라면 官에 비겁이 있어 남편이 바람둥이고, 壬戌日柱라면 財官이 암장되어서 본인이 바람둥이다. 己土正官은 무능해 술에 의지해 주정뱅이 아니면 병객이 되기 쉽다.

水가 많은 여명은 정력가인데 엉큼하여 戌土는 官庫라 많은 연상남자나 연하남자와 결혼을 하거나 연애하는 사주다. 正官과 印綬가 天干에 투간되어 얌전하고 젊잖아 보이나 속으로는 엉큼하여 남몰래 연애한다. 남자 하나로는 만족을 못하는 여자 사주이다.

신왕한데 戌土 財庫가 日時에 있으면 중년, 말년에 재산이 많아지는데 水를 막기 위해서 土에 속하는 부동산으로 재산을 불린다.

甲辰大運에 己土를 合去하고 지지에는 辰酉合되어 쓸모가 없다. 戌土는 申酉戌金局에 泄氣가 심해 약하다. 지방에서 부자인데 50세부터 나쁘다. 甲己合과 辰酉合으로 月柱가 완전히 기반(羈絆)이 되므로 묶인다. 戌土가 공망에 설기가 심해지니 말년에 정력이 약한 남자를 만난다.

13 戌月 壬水 | 술월 임수

戌月의 壬水는 土旺해서 甲木으로 소토해야 길하다. 가을철 壬水는 根이 된 연후에 戊丙甲을 만나면 大貴하다. 丙火와 戊土가 없으면 평인에 불과하고, 庚金은 불리하나 木多하고 土多하면 庚金이 用神이다.

甲木이 用神일 때 庚金이 있으면 丁火가 필요하다. 丁火가 없으면 庚金이 甲木用神을 剋하니 능력 없는 인간이다. 戌月 戊土는 土가 旺하니 壬水의 제방이 된다. 戌月은 水의 進氣이니 壬水의 氣가 약하다고 볼 수 없으며, 十二運星의 관대(冠帶)의 氣가 되므로 木火를 쓸 수 있게 되는 것이다.

만일 壬水가 신왕하면 甲木과 丙火와 戊土가 같이 투출하면 戊土가 當令할 때니 木生火·火生土하여 土氣가 旺한데 食神이 根을 하여서 制殺하면 貴命이 된다.

食神이 有氣하면 대단한 능력이 있는 사람이다. 食神甲木만 있고 丙火와 戊土가 없으면 吉命이 못 된다.

申酉戌月은 金旺계절로 金氣가 왕성하다. 계절을 잘 보아야 한다. 日干과 月令을 정확히 잘 보아야 한다. 戌月은 金旺계절이나 壬水의 進氣이므로 十二運星의 관대(冠帶)月의 氣가 있으므로 旺하다고 보는 것이다.

戌月에 壬水日主가 戊土가 투출되고 己土나 庚金이 투간이 되지 말아야 하고 時干~月干에 甲木이 투출하면 장원급제하여 이로공명(異路功名)을 하는데 己土와 庚金이 暗藏에 있는 것은 무방하다.

甲木이 戊土를 制殺하고 있을 때 己土가 있으면 甲己合으로 기반이 되어 맹꽁이로 불평불만이 많고, 庚金이 甲庚沖하여 도식되면 빈천한 사람으로 전락한다. 그러므로 庚金이 있으면 丁火가 있어야 하고, 己土가 있으면 乙木이 사주에 있으면 다음으로 成格한다.

水가 많으면 丙火가 根하여 戊土를 生해야 하며 寒氣를 녹여야 길하게 되는데 丙火가 약하면 生官도 못하고 조후가 안 되어 빈한하다.

戌月에 庚金이 투간되어 甲木을 剋할 때 丁火로 조절하면 병약상제(病藥相制)되어 富貴해지는데 丁火가 없어 도식을 막지 못하면 빈천지명이다.

丁火가 투출하고 甲木을 보면 食神生財格이라 貴할 수 있다. 水가 많고 丙火가 약한 자는 戊土로 用神을 쓰는데 평범한 사람에 불과하다.

> 【공식】
> 壬日主에 未月이나 戌月은 甲木으로 食神制殺하면 정치인·의사가 많다.
> 壬日主 申·酉月은 甲木으로 泄氣해라. 印·比·食이면 교수·선생이 많다.

甲木의 용도가 각각 다르다. 申月·酉月·戌月은 丙火가 꼭 있어야 한다. 水火旣濟로 찬란한 빛을 내는 것이 되기 때문에 丙火를 쓰는 것이다.

時墓格, 羊刃合殺格 │ 水用神, 金喜神, 土病神, 木藥神

								乾命
甲辰	壬午	甲戌	甲子					
73	63	53	43	33	23	13	3	
壬午	辛巳	庚辰	己卯	戊寅	丁丑	丙子	乙亥	大運

戌月 壬水日主가 金旺계절에 출생해 戊土司令으로 殺旺하고 甲木이 天干에 투출하여 殺을 制하고 日干을 泄氣하여 食神 生財하니 印比가 弱해서 신약하다.

子水와 辰土가 子辰水局하여 日干을 방조(幇助)하니 水가 用神이다. 초년 亥子大運에 좋다. 전교에서 1등을 하고 반장과 회장을 도맡아왔다. 초년 이후에는 運이 없다. 학벌이 좋으니 丁丑大運에 공무원 시험에 합격했다.

運이 나빠 말단 공무원으로 평범하게 산다. 어려서 똑똑해서 크게 될 줄 알았는데 운이 나빠 어려우니 세상에 불평불만이 많아 역술인에게 자주 간다. 庚金大運에 좋고 辰大運에 火局을 冲하니 나쁘다.

> 이 사주는 초년운에만 좋고 운이 없다. 이런 사주를 비승비속(非僧非俗) 팔자라 한다. 火庫를 冲하면 폭발한다. 甲午戌은 寅午戌火局과 같다.

偏官用官格 │ 水忌神, 金仇神, 土用神, 火喜神

								乾命
己酉	壬申	戊戌	辛酉					
74	64	54	44	34	24	14	4	
庚寅	辛卯	壬辰	癸巳	甲午	乙未	丙申	丁酉	大運

戌月 壬水日主가 金旺계절에 출생, 戊土司令이고 戊己土가 투출하나 金旺하여 신강하다. 戊土七殺이 旺한데 申酉戌에 方局인데 辛金마저 투출하여 旺한 偏官이 金에 泄氣되므로 약한데 生助하는 火가 喜神인데 없어 偏官을 돕지 못해 평민에 불과하다.

초년 대운 火運은 길한데 金運은 흉하여 길흉이 반반이다. 巳午未大運에 자수성가하여 명예도 있고 재물도 있다. 壬水大運에 官用神일 때 比劫이 오면 소신껏 살아야 한다. 절약하며 분수를 지켜야 한다.

辰土大運에는 申子辰水局과 辰戌冲으로 불길하고, 辛卯·庚寅大運도 運이 나쁘니 건강에 주의해야 한다.

羊刃合殺格
水用神, 金喜神, 土病神, 火仇神, 木藥神

辛丑	壬子	戊戌	辛未	乾命
75	65	55	45	35	25	15	5
庚寅	辛卯	壬辰	癸巳	甲午	乙未	丙申	丁酉	大運

戌月 壬水日主가 金旺계절에
출생하여 戊土司令인데 戊土가
투출하여 未土와 丑土가 힘을
돕고 있으니 七殺이 旺하므로
신약하다.

戌月에 戊土司令하고 戊土가
透出하여 七殺이 旺하니 制殺하려고 甲木을 찾아보니 없고, 殺印相生으로
化殺하려고 하는데 辛金이 埋金되어 쓸 수가 없다. 土忌神에 火仇神이고
水用神에 金喜神이며 土病神에 木藥神이다.

> 殺이 旺하면 食傷으로 制殺하든지 羊刃合殺해야 吉하다. 이때 羊刃이 用
> 神이다. 羊刃이 旺하고 七殺이 약할 때 合殺이나 制殺하면 안 되고, 殺
> 로 羊刃을 除去하거나 合去해야 된다.

丙丁大運은 火剋金에 火生土하니 運이 나쁘고 酉金大運은 酉丑金局하여
金生水하니 길하고 申金大運은 申子水局으로 用神을 生助하니 길하다.

乙木大運에는 藥神大運으로 길하고 未土大運은 丑戌未三刑으로 培土가
되어 土剋水하니 관재구설에 휘말리고 손재가 많이 따른다.

甲木大運은 藥神大運으로 대길하고 午火大運에는 用神인 子水를 子午沖
하여 부도나고 건강까지 나빠지니 고생을 많이 했다.

癸水大運에 戊癸合으로 羊刃合殺시키니 길하고 巳火大運에 巳丑金局으로
金生水하니 길하다. 巳火는 사주원국에 火가 많으면 火로 가고 金이 많으
면 金으로 간다.

壬辰大運은 用神 대운이라 좋을 것 같으나 辰土水庫를 달고 오니 善戰을
못하고 辰土大運은 子辰水局을 이루어 길한 것 같으나 用神入墓 시키니
나쁘다.

辛金大運 복구하고 庚金大運 또한 길하며 寅卯大運은 藥神大運이라 길하
므로 자식도 잘된다. 말년이 길하면 자식이 잘되고 효도한다.

偏官格
燥土忌神, 火仇神, 金用神, 濕土喜神, 火病神, 水藥神

辛丑	壬辰	戊戌	丙寅	乾命

73	63	53	43	33	23	13	3	
丙午	乙巳	甲辰	癸卯	壬寅	辛丑	庚子	己亥	大運

戌月 壬水日主가 金旺계절에 출생하여 戊土司令인데 戊土가 透出하고 寅戌火局에 火土가 旺하여 壬水는 신약하다.

戊土가 旺하면 甲木으로 疎土하는 用神이 되어야 하는데 寅木食神은 寅戌火局으로 변해서 못 쓴다. 그러므로 殺印相生으로 辛金이 用神이다. 戌中辛金이나 丑中辛金은 잡기에서 투출한 印綬는 문장력이 매우 뛰어나므로 좋다.

어려서 신동이란 말을 듣고 자랐으며, 辛丑대운에 관직에 진출, 寅木大運에는 寅午戌火局이 되어 水가 증발되고 火剋金되니 퇴직하게 된다. 癸水大運은 좋을 듯하다가 卯木大運이니 木局으로 濕土 喜神을 剋해 나쁘다.

> 만약 이 사주원국에 甲木이 투출되었다면 寅卯辰 대운에 좋았을 텐데, 애석하게 用神이 바뀌니 나쁘다. 이 사주 木運은 用神의 절지(絶地)다.

14 亥月 壬水 | 해월 임수

亥月은 壬水의 건록이 되어 水旺하고 寒冷하니 丙火로 調候用神하고 戊土로 만수(滿水)를 제방하면 貴格이다. 地支에 金이 있으면 水가 마르지 않기 때문에 묘격(妙格)이며, 만약에 甲木이 透出하여 戊土吉神을 制剋할 때는 庚金이 있어서 制木하면 藥神이 된다.

亥月 壬水는 건록에 旺하니 범람한 물을 제방하려면 戊土를 取用하는데 辰土가 日支나 時支에 있으면 旺水를 저수하고 戊土는 辰土에 根하여 旺水를 막는데 여부가 없고 성공 현달한다. 甲木이 戊土를 상하면 庚金이 있어서 甲木을 제기시키고 生水하면 사법고시나 행정고시에 합격하는데 庚金이 나타나지 않으면 제살태과(制殺太過)로 곤궁해진다.

戊土가 暗藏에 있는데 制하지 못하면 生員에 불과하다. 대체로 戊庚丙이 천간에 있으면 공명현달(功名顯達)인데 丙庚만 있고 戊土가 없으면 衣食과 학식(學識)은 있어도 출세가 어렵다.

地支에 木局이고 甲乙木이 투출되어 日干을 泄氣하여 忌神일 때 庚金이 투출하면 공명현달하고, 地支木局을 이루고 戊己土가 없을 時는 潤下格이 成格되어 金水大運에 길하고 木運에 평길하며 火大運은 흉하다.

亥月에 壬水가 戊己土가 있고 丙火가 生助하면 木火大運에 명리쌍전(名利雙全)하고 丙火가 있고 戊土가 없으면 富는 있으나 貴가 없는 사람이고 戊土가 있고 丙火가 없으면 火大運에 잠시 동안 반짝하고 빛날 뿐이다.

亥月 壬水는 丙戊를 기뻐하고 丁己를 싫어하는데 丁火는 丁壬合이 되어 土를 生할 수 없는 이치이며, 己土는 旺水를 막지 못하고 탁수를 만들기 때문이며 그러므로 丙戊만이 壬水의 旺한 것을 제방한다는 것이다.

戊土가 투출하고 丙火가 없고 地支에 寅·巳·午·辰·戌 중 한 자라도 있으면 中格은 된다. 이 중 三字가 있으면 財官이 旺한 것이므로 壬水가 좋다. 寅巳는 같이 있으면 三刑이 되어 안 된다.

時上偏財格
火用神, 木喜神, 水病神, 燥土藥神

丙午	壬子	癸亥	戊寅	乾命
77	67	57	47	37	27	17	7	
辛未	庚午	己巳	戊辰	丁卯	丙寅	乙丑	甲子	大運

亥月 壬水日主가 水旺계절에 출생해 甲木司令이고 寅亥合木이나 日支에 羊刃이 있고 亥子方合에 癸水가 透出되어 신왕하다. 戊土가 吉神인데 癸水가 戊癸合하여 나쁘다.

丙火를 찾아보니 時上에 丙火가 있으며, 寅午火局에 根하여 丙火가 調候用神이 된다. 火用神에 木喜神이고, 水病神에 土藥神이다.

地支가 子午冲하여도 丙火는 태양이니 괜찮다. 戊土 官이 친구인 癸水와 戊癸合으로 기반이면 본인은 관직에 못 간다. 그러나 癸水는 戊癸合으로

官과 합하여 친구는 고위직에 있다.

甲子大運에는 평범하게 지나간다. 子水大運은 水生木 木生火하니 나쁘지 않다. 乙木大運도 평범하게 넘어가고 丑土大運은 濕土라 좋지 않다.

丙寅大運에 부모에게 유산을 받아 사업을 시작해서 寅亥合木이 木生火로 食神生財하니 가업을 물려받는다. 한때 돈을 많이 번다. 寅午戌三合으로 子午冲을 면했다. 戊土大運까지 좋다. 水旺 사주에 財가 用神이면 여자를 좋아한다. 午火正財는 子午冲으로 깨진 바가지로 보이고 丙火는 애인인데 다른 여자는 예쁘게 보여 운이 좋으면 바람피운다.

時上偏財가 있고 日時刑冲은 부부싸움으로 본처와 해로하기 힘들다. 寅午 火局은 너무 멀어 약하다. 丙寅·丁卯大運에 돈을 벌고 辰大運에 濕運에 用神이 泄氣가 심하니 불길하고, 巳午未大運에 돈을 많이 번다. 時上 丙 火偏財는 본래 年上의 여인인데 돈이 있으면 연하를 만난다.

寅木이 없으면 火局이 안 되어 財物이 없으니 이혼하고 절로 가야 된다. 祿馬格(祿은 官, 馬는 財)이 破格이면 僧徒나 사이비교주(似而非敎主)다.

이런 사람은 기술을 빨리 배워야 한다. 부잣집의 자식이라면 머리가 돌아버린다. 이럴 때는 敎主를 빨리 만들어야 한다.

食神格
水忌神, 金仇神, 木用神, 火喜神, 金病神, 火藥神

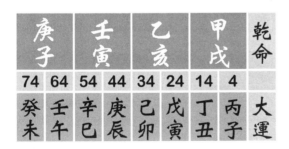

亥月 壬水日主가 水旺계절에 출생해 壬水司令인데 立冬 이후 小雪 전에 태어나 庚金이 金生水하며 子時가 羊刃이 되므로 水氣가 太旺하다.

太旺하면 泄하는 것으로 用神해야 하는데 抑하는 戊土는 甲木에 剋당하여 쓰지 못하고, 乙은 濕木이라 甲木用神에 庚金이 冲해 나쁜데 乙木이 合去하여 甲木이 泄氣를 잘한다.

庚金이 病神으로 火가 藥神이다. 水는 지혜이고, 木은 인자함을 뜻하고, 火는 예절인데 寅戌火局이라 예의 있고, 金은 의리이고 과격한데 乙庚合

되어 과격하지는 않다.

土官은 剋당하여 깨졌으니 官職으로 진출하면 업무능력이 있어도 진급이 안 된다. 泄氣를 잘하니 지혜 총명하고 食神이 문창귀인인데 문장력이라 글을 잘 쓰고, 日支 寅木에서 甲木으로 투간되니 어질고 지혜롭다. 寅戌 火局이니 결혼하고 부자가 된다. 부인이 음식솜씨가 좋다.

假傷官格에 庚辰·辛金大運은 印綬 운으로 망해서 말년에는 빈민촌에서 살게 된다. 庚金大運부터 甲木을 극해 도식(倒食)된다. 時上偏印이 있고 戌亥天門이 있어 역술 공부하였다.

巳午未大運이 오니 수입이 괜찮다. 巳火大運에 돈을 조금 벌어 고양시 일산에 땅을 조금 샀는데 도시계획에 들어가고 남은 땅에다가 3층 집을 지었는데 집값이 올랐다. 壬寅日柱가 暗藏에 食神生財하니 음식 장사하는데 부인이 자기 집에다가 숯불갈비 가게를 차렸는데 잘된다.

자식은 연세대학교와 고려대학교를 나왔는데 잘 안 된다. 왜냐하면 甲木에게 얻어맞아서다. 자식은 巳午未大運으로 오니 生을 받고 있어 그나마 음식점을 운영한다. 食傷이 年에 있으면 배가 나온다.

財는 局을 이루었나를 잘 보아라. 大富와 小富를 볼 수 있는 척도이다.

壬騎龍背格 破格, 食神格
水忌神, 金仇神, 火用神, 木喜神, 水病神, 燥土藥神

亥月 壬水日主가 水旺계절에 출생해 甲木司令인데 時上甲木이 有氣하여 食神格이다.
壬辰日柱가 辰時에 출생하여 金水가 日主를 도와 신왕하다. 日時地에 辰土가 戌土를 冲來하여 戌中戊土로 用神하는데 官用神이니 貴하다 하는 것이다. 임기용배격(壬騎龍背格)에 寅木이 많으면 富貴하다고 했는데 辰土가 冲來해 戌土와 寅戌火局으로 財生官하니 富貴하다는 것이다.

주의할 것은 虛冲으로 불러온 戌中戊土를 官으로 쓰고, 戌中丁火를 財로 쓰기 때문에, 사주원국에 戊土와 丁火가 있으면 파격(破格)이 된다.
年干에 丁火가 투출하여 전실(塡實 : 채워져 있음)되어 있으니, 이 사주는 壬騎龍背格 破格이 되었으니 正格으로 보아야 한다.

사주가 寒濕하니 조후가 時急하다. 水旺하여 水忌神에 金仇神이고 火用神에 木喜神이며 水病神에 燥土藥神이다.

초년 壬子, 癸丑大運에 忌神大運이나 原局에 木이 있어 통관이 되어 무해무덕하게 넘어간다. 年月에 用神이 있으면 조상과 부모덕이 있는데 초년運이 나쁘면 질병으로 고생하며 자란다.

財星用神이 年干에 있어 富家에서 태어나 초년운이 나빠 질병으로 고생하고 몸이 쇠약하나 부잣집이라 뒷받침이 되니 대학교는 졸업하였다. 食神이 辰土華蓋를 좌하여 국문학을 전공하였다.

丑土大運에 正官運이라 남자를 만나는데 酉金과 酉丑金局으로 忌神으로 변화하니 흉하다. 丑土大運 辛酉年에 丁辛冲에 喜神 甲木을 金剋木하니 나쁜데 火用神이 死宮이라 많이 나쁘다.

甲寅大運부터 길하여 결혼을 하는데 丙寅生 남자와 결혼하였다. 앞으로 木火大運이 길한데 原局에 辰土가 있는데 辰土 同運이 오면 동하고 旺水入墓되니 배우자의 건강이 염려가 된다.

壬辰魁罡에 甲辰白虎이니 남편이 橫死하기 쉽다. 丁巳大運부터는 運이 좋아 火用神과 土藥神이니 매우 길하다.

羊刃合殺格 | 水忌神, 金仇神, 土用神, 火喜神

壬 寅	壬 子	癸 亥	戊 戌	坤命
77	67	57	47	37	27	17	7

乙 卯	丙 辰	丁 巳	戊 午	己 未	庚 申	辛 酉	壬 戌	大運

亥月 壬水日主가 水旺계절에 출생하여 壬水司令인데 月干에 癸水가 日支 子水 羊刃에 根하여 신왕하다.

年上 戊土가 年支에 根을 하니 用神으로 쓸 만하다. 寅戌火局이 土用神을 生助하니 用神이 튼튼하여 쓸 만하다.

年柱가 用神이니 官祿이 있는 가문의 자손으로 태어났다. 초년 大運이 불길하여 가운이 기울어 고생을 많이 한다.

己未大運부터 길하여 의류사업으로 자수성가해 火土運에 吉하여 잘살게 되는데 辰大運에 旺神入墓에 用神의 根을 沖하니 凶하여 이때 사망한다.

15 子月 壬水 | 자월 임수

子月 壬水日主는 羊刃이니 壬水가 범람하여 성난 파도와 같아서 戊土로 旺水를 제방함이 시급하고 丙火로 調候함이 필요하다. 丙戊가 동시에 투출하고 地支에 根이 있으면 富貴格이다. 丙火가 있고 戊가 없거나, 戊가 있고 丙火가 없으면 호사다마라 성취하기 어렵다.

丙火가 투출하고 戊土가 地支에 暗藏되어 있으면 中格이고, 戊土가 투출하고 丙火가 暗藏해도 中格은 된다. 丙火 戊土가 地支에 暗藏이 되어 있으면 의식은 유족하며, 丙火와 戊土도 없으면 빈천하다. 己土가 있으면 천격이다. 己土는 水多土流에 己土濁壬되니 버린 자식이다. 己土가 있으면 골치 아픈 자식이 있다.

여자 사주에 己土는 남편이 무능하다. 子月 壬水는 羊刃이 되어 日主가 신太旺하나 旺者는 抑泄의 法則에서 偏官戊土를 取用하여야 羊刃合殺되어 貴命이 된다.

己土 正官은 젖은 흙으로 어찌 旺水를 제방하겠는가? 丙火는 태양이요, 子月은 寒氣가 있어 태양으로 따뜻하게 해주어야 만물이 생동할 수 있다.

己土 正官보다는 甲木 食神으로 용신으로 쓰는 것이 더 나은데 己土가 있으면 甲己合으로 묶이니 乙木이 己土를 쳐서 合을 막아야 甲木이 好泄精英 할 수 있다.

> 성격을 볼 때 술을 따른다면 羊刃은 넘치게 따르고, 正祿은 정확하게 따르고, 死는 조금 따르다가 말고, 入墓는 술은 있는데 숨긴다. 旺과 羊刃은 넘쳐흐른다.

群劫爭財格, 羊刃格
水忌神, 行運 木通關 調候用神, 金病神, 火藥神

庚	壬	庚	丙	乾
子	辰	子	午	命

78	68	58	48	38	28	18	8	
戊	丁	丙	乙	甲	癸	壬	辛	大
申	未	午	巳	辰	卯	寅	丑	運

子月 壬水日主가 水旺계절에 출생하여 壬水司令인데 庚金이 生하고 子辰水局하여 日主가 太旺하다.

사주가 한랭하니 丙火로 조후 용신을 써야 한다. 그러나 子午冲인데 木이 없어 통관이 안 되어 흠이고, 이렇게 되면 丙火보다 木用神으로 쓰는 것이 마땅하다. 行運에서 木을 用神으로 쓴다.

초년운에 父母덕이 없으나 중년 寅卯辰大運은 旺水를 木으로 泄氣하여 火를 生하니 자수성가한다. 巳午未 大運에 약한 財星이 힘을 얻어 길한 듯하나 火가 調候用神이라 말년에 調候大運이 오면 백수가 된다. 調候는 편안한 것이기 때문이다. 財運에 比劫이 많으니 群劫爭財가 되어 敗財를 한다. 午火大運 壬子年에 사망했다.

> 원국에 木이 있었다면 火大運에 좋았을 텐데, 木이 없어 大格은 못 된다. 群劫爭財되었으므로 財가 약하여 財運에 많은 比劫을 감당하지 못한다. 차라리 水運만 못하다.

戊土가 있었으면 질서가 잡혀 火運에 길한데 無官사주라 財奪이 생긴다. 未土라도 있었으면 午火運에 나쁘지 않은데 없으니 午中己土는 능력이 없다. 그래서 爭財가 된다. 月支 比劫太旺에 羊刃合勢나 冲運은 必滅이다.

羊刃格 │ 土用神, 火喜神, 木病神, 水仇神, 金藥神
土用神, 火喜神, 水忌神, 地支金仇神

庚 子	壬 申	甲 子	戊 戌	乾命
75	65	55	45	35	25	15	5

| 壬 申 | 辛 未 | 庚 午 | 己 巳 | 戊 辰 | 丁 卯 | 丙 寅 | 乙 丑 | 大運 |

子月 壬水日主가 水旺계절에 출생, 癸水司令이고 申子水局에 金生水해 水旺하니 戊土가 用神인데 甲木이 剋을 하므로 病神이고 庚金이 藥神이 된다. 乙木大運에 乙庚合하니 甲木이 戊土를 剋하여 집안 형편이 어려울 뿐만 아니라 부모가 사망한다.

丙寅大運에 戊土를 生하니 일찍 두각을 나타낸다. 丁火大運까지 성공하고 卯大運에 天干의 官을 치지 못하니 凶禍 없이 넘어가는데 답답하게 넘어간다. 戊土大運은 좋고, 辰土大運에 辰戌冲하여 제방이 무너져 나쁘다.

辰土大運 壬申年에 사망했다. 辰土大運만 잘 넘어가면 己巳·庚午大運까지 30년은 잘나가는데 애석하다.

> 年干이 己土였다면 己土가 旺水를 막을 수 없으니 甲木이 用神이 된다. 庚金이 忌神이 되고 辰土大運에 무사히 넘어간다.

총무처에 근무하다가 辰大運에 퇴직하고 天門이 官星이라 역술 공부했다.

羊刃合殺格 │ 水忌神, 金仇神, 土用神, 火喜神

庚 戌	壬 戌	壬 子	壬 子	乾命
78	68	58	48	38	28	18	8

| 庚 申 | 己 未 | 戊 午 | 丁 巳 | 丙 辰 | 乙 卯 | 甲 寅 | 癸 丑 | 大運 |

子月 壬水日主가 水旺계절에 출생하여 壬水司令이고 金水가 旺한데 日時 地支에 戌土用神으로 쓴다. 직장생활을 하다가 辰大運에 퇴직했다. 旺水入墓하고 辰戌冲이 되어 官이 깨져 직장을 그만두었다. 火土運으로 흘러 역술 공부해서 天門星인 戌土官을 잘 써먹는다. 이 사람은 자기 運命을 알기 때문에 총무처에 근무하다가

이대로 있다가 辰大運에 죽겠다 싶어서 미리 사표를 내고 나왔다.

4·19 전에 퇴직을 했기 때문에 무사히 넘어갔다. 癸丑과 辰大運만 나쁘다. 比劫이 爭官하니 진급이 잘 안 되는 것을 미리 알고 퇴직했다. 殺印相生이 잘되어 명필이다. 육임공부를 했고 水多라 영감이 발달되어 있다.

【戊土用神은 天干에 투출되었는데 喜神이 없어 큰 인물은 못 된다. 귀태는 난다.】

▌羊刃合殺格 ▎水忌神, 金仇神, 土用神, 火喜神

戊申	壬辰	戊子	庚子	坤命
78	68 58 48	38 28 18 8		
庚辰	辛巳 壬午 癸未	甲申 乙酉 丙戌 丁亥		大運

子月 壬水日主가 水旺계절에 출생, 癸水司令이나 戊土七殺이 있어 羊刃合殺格이 되었다. 水가 많아서 두뇌회전이 좋다. 食傷이 없어도 水가 중중하면 융통성이 좋다. 水가 많아서 활발하고 명랑하다. 羊刃合殺에 偏官이 用神이라 대장노릇을 한다.

申子辰水局으로 三合이니 殺印相生은 되는데 행동은 얼어 있어 맹꽁이다. 戊土用神에 火가 喜神인데 없다. 火運에 좋다. 비겁이 많으면 官이 필요한데 官이 투간되고 財星이 生官하면 官이 튼튼해 旺水를 제방을 해 연못을 이루면 사회적으로 큰 인물이 되는데 火가 없어 큰 인물이 못 된다.

얼굴은 귀태가 나는데 실제로는 능력이 없다. 財가 없으니 官을 生하지 못하고 財가 약해 돈이 없다. 밖에 나가면 羊刃合殺이라 인정은 받는다. 폼만 좋고 실속이 없다. 결혼해서 실패한 것은 官이 2개라서 그렇다.

사업가를 만나면 남자가 도망가는데 比劫이 많아 異女同夫格에 群劫爭官하기 때문이다. 결혼은 재물이 많고 체구가 큰 사람과 해야 길하다.

> 이런 사람은 戊土 산을 만나야 하니, 토목건축을 하는 사람을 만나거나,
> 부동산이 많은 사람을 만나거나, 지리산 산사 스님을 만나면 좋다.

申金大運에 時支申金과 같으니(戊寅은 山神, 戊申은 道士) 山神道士를 만나니 산다. 辰土는 지나가는 남자다. 남자가 공무원 출신인데 공무원 생활할 때 역술을 공부했다. 퇴직하고 역술을 한다. 이 여자를 만나 살게 된다.

正印과 正官이 用神인 사람은 사업하면 망한다. 남편한테 역술을 배워서 언변이 좋아 잘 본다. 格이 좋은 사람 사주는 못 본다. 山神道士를 만나서 사니 행복하단다. 火土大運으로 오니 조금 나아진다.

16 丑月 壬水 │ 축월 임수

丑月의 壬水는 大寒 전후로 나누어서 보아야 한다. 小寒부터 大寒 전까지는 上半期로 보고, 大寒 이후는 下半期로 계산해서 보아라.

上半期는 丙火를 취용하면 貴命이고 下半期는 丙火를 쓰지만 土가 旺盛한 시기라 甲木으로 疎土하면서 木生火하면 吉하고 그래서 丙甲을 쓴다. 丙甲을 쓰면 庚金과 壬水가 忌神이고 丁火는 地支에 寅巳午에 통근(通根)되어 있으면 丙火 대신 취용할 수 있다.

丑月 壬水는 왕한 후에 쇠퇴하는 뜻이 있다. 즉, 上半月은 癸水와 辛金이 司令하여 壬水가 旺하니 전적으로 丙火를 취용한다. 下半月은 己土司令하여 壬水가 쇠약하나 한기미진(寒氣未盡)하니 丙火를 取用하고 甲木이 측면에서 도와야 한다. 甲木이 소토(疎土)하고 木生火를 해주어야 한다.

丙火로 조후하면 부귀겸전(富貴兼全)한다. 그러므로 丙甲이 투간되면 과거급제(科擧及第)하여 貴해진다. 壬水가 또 있으면 水세력이 旺하니 반드시 戊土로 制濕하고, 이때 甲木이 나타나면 戊土를 剋하니 病이 되므로 庚金이 있어 주어야 藥神으로 작용하니 貴命이 된다.

丑月 壬水는 丙火가 없으면 춥고, 木은 枯木으로 生氣가 없어 고생하고 처량하다. 水多하면 戊土로 制濕해야 하고 丙火가 생조하면 부귀겸전(富貴兼全)한다. 戊土가 있고 丙火가 없으면 寒冷하기 때문에 貴하나 富는 없다. 丙火는 있고 戊土가 없으면 貴는 없으며 富만 있다.

時干에 丁火가 있으면 丁壬合으로 기반되어 자기 책임을 못하니 나쁘고, 또 月上에 丁火가 쌍으로 투간하고 옆에 癸水가 없으면 부귀겸전한다. 이 말은 妒合으로 不合이니 기반이 안 되므로 丁火 正財로 用神한다.

丑月 壬水는 반드시 천간에 2개의 丁火가 나타났을 때에 正財를 그대로 用神으로 쓴다. 이때 癸水가 없고 甲木이 丁火를 도우면서 地支에 通根을

하면 좋고, 未土·丁火·乙木이 있어도 좋다. 丑月에 地支에 金局을 이루면 壬水는 冷하여 丙丁火가 없으면 取用할 수 없으니 평생에 곤고하게 산다.

만약에 丙火투출했는데 辛金이 있으면 丙辛合으로 用神이 技能을 잃는다. 이때 부득이 丁火가 用神이 되니 丁火가 辛金을 쳐주면 丙辛合이 풀려 吉해질 수 있는데 丁火는 通根되어야 길하다. 丑月 壬水는 先 丙火, 後 丁甲이 도와야 좋다.

丑月 壬水가 水旺하고 丙火와 戊土가 있으면 총명하다. 水가 土에 흐려져 있으면 어리석고 총명하지 못하여 사람됨이 모자란다. 己土는 濁水가 되므로 어리석다. 土沖도 同一하다.

壬癸水의 冬節은 丙戊가 건재해야 하며 火運에 크게 발전한다. 金水日主는 寒氣가 심하면 대체적으로 調候用神을 쓰는 것이지 財官을 쓰는 것이 아님을 역학계 학자는 명심해야 한다.

【天干에 戊土가 투간되어 있고 丙火까지 있었다면 외교관 남편을 만나게 된다.】

寒波除濕格, 時上偏官格
水忌神, 金仇神, 土用神, 火喜神

戊申	壬午	癸丑	壬申	坤命
73	63	53	43	33	23	13	3

| 乙巳 | 丙午 | 丁未 | 戊申 | 己酉 | 庚戌 | 辛亥 | 壬子 | 大運 |

丑月 壬水日主가 水旺계절에 출생하여 癸水司令이고 年月에 壬癸水가 투출되어 있어 눈보라가 휘날려 한파가 심해 몹시 춥다. 한파제습격(寒波除濕格)으로 戊土用神이고 丙火가 喜神이면서 調候用神이다. 火土를 병용(並用)한다. 金水가 病이다.

壬子·辛亥·庚大運에 춥고 배고픈 大運이다. 戊土大運에는 運이 좋아 衣食 걱정은 없다. 춥고 배고픈 運에 자식을 가질 수 없었고, 戌大運에 가정이 안정되어 戊土大運 말에 임신하여 己土大運에 자식을 낳았다.

天干 戊己土運에 좋고, 丁未·丙午大運에도 좋다. 남편은 格이 떨어지니 남편 궁에서 申은 억바이니 화물차 운전기사다. 말년에는 개인택시라도 할 수 있다. 丙火가 있어서 格이 좋았으면(年干에 丙火) 外交官 남편이다.

印綬格 │ 木用神, 火喜神, 金病神, 濕土仇神, 火藥神

辛亥	壬寅	辛丑	辛酉	坤命

71	61	51	41	31	21	11	1	大運
乙酉	戊申	丁未	丙午	乙巳	甲辰	癸卯	壬寅	

丑月 壬水日主가 水旺계절에 출생해 己土司令인데 壬水日主가 亥水에 근을 하고 酉丑金局으로 생하고 있으니 신왕하다. 丑官은 濕土라 쓸 수가 없다. 寅中丙火는 寅木에 長生하고, 寅中甲木이 寅에 祿이며 亥에 長生하여 有情하고 泄氣하니 寅木用神에 寅亥合이라 유정하다. 寅亥合이 아니면 金剋木으로 설기가 잘 안 된다.

辛金이 病이니 丙火가 合으로 묶거나 丁火로 剋하면 좋다. 壬寅·癸卯·甲木大運까지는 좋은 運이라 재능을 발휘하고 지혜 총명하고 正印이 있어 얌전하며 자기 일을 차분하게 하는 성격이다. 집안이 넉넉하니 金이야 玉이야 하며 자란다.

甲辰土大運에 土生金하니 나쁠 것 같으나 天干 甲木이 눌러주니 괜찮다. 乙木大運은 괜찮고 巳火大運에는 巳酉丑金局을 이루어 金剋木하니 부부 금슬이 나빠진다. 乙木이 원국에 있고 다음 大運이 火運이 되어 무사히 넘어간다. 日支에 寅中丙火가 調候와 喜神이니 좋은 남편을 만난다.

丙火大運에 조후해주니 吉하고, 午火大運에 用神의 死운이라 불길할 것 같으나 오히려 조후를 해주고 印綬 病神을 剋해주니 길하다.

用神이 死운이면 질병이 발생하여 몸이 아프다. 그래도 조후를 해주니 전반적으로 吉하게 풀렸다. 丁未大運에 木庫인데 亥未木局이라 별 탈 없이 넘어갔다.

戊申大運에 寅申冲이라 넘어가기 힘들다. "육친" 丑中己土가 있어 남편이 능력을 발휘하거나 출세를 하는 것은 힘들다. "궁" 남자가 말수가 적으며 점잖고 너그럽다. 이 부부는 맞벌이로 이 일 저 일 하는데 운이 좋으니 돈은 번다.

사주를 통변할 때 六親은 능력을 보고, 宮은 福德有無를 살피는 것이다.

生時가 己酉時라면 평생 고생하는데, 이때는 用神이 土가 된다. 用神인 己土로 旺水를 막을 수 없는 것인데, 어떻게 己土로 막을 수 있느냐고 묻는다면 地支에 寅·巳·午·未 중 한 자라도 있으면 根을 하여 막는다.

丁火나 己土는 寅·巳·午·未 중 한 자만 地支에 있어야 한다. 戊土만 못 해 남편 때문에 고생을 많이 한다. 서로 답답한 것은 泄氣를 못해서다.

正官格 │ 水忌神, 土用神, 火喜神, 木病神, 金藥神

辛亥	壬申	己丑	乙巳	坤命

77	67	57	47	37	27	17	7
丁酉	丙申	乙未	甲午	癸巳	壬辰	辛卯	庚寅	大運

丑月 壬水日主가 水旺계절에 출생하여 癸水司令인데 金生水 하니 신왕하다.

己土가 투간되어 正官格으로 준법정신이 강하고 착하다.

金水가 旺하여 己土用神인데 己土에 濁水가 되니 쓸모없는 남자가 따른다. 단란주점에서 서빙을 한다.

乙木이 己土를 剋하여 運 나쁠 때 결혼하면 乙木傷官이 투출하여 正官을 剋하니 이혼한다. 辰大運에 자기가 入墓되니 모든 것이 귀찮아 단란주점에서 일한다. 뚱뚱해서 남자가 안 따른다.

甲午·乙未大運은 괜찮다. 외국 사람과 결혼하는 것이 꿈이다. 火가 喜神이니 日本 사람을 원한다.

時上偏官格 │ 水忌神, 金仇神, 土用神, 火喜神

戊申	壬申	辛丑	丙辰	坤命

73	63	53	43	33	23	13	3
癸巳	甲午	乙未	丙申	丁酉	戊戌	己亥	庚子	大運

丑月 壬水日主가 水旺계절에 출생하여 癸水司令이며 金水가 旺하여 신왕하다.

戊土 用神이다. 申辰水局으로 水旺하니 戊土로 제방한다.

戊戌大運에 결혼하고, 인물은 깔끔하고 예쁘다. 申子辰水局 중에 子가 빠져 쥐띠 在美동포와 결혼했다. 戊戌大運만 좋아 길하고, 火運도 길하나 木運은 用神을 剋하므로 나쁘다.

위 사주는 戊土가 약해서 丙火가 필요한데, 丙辛合되어 喜神으로 못 쓴다.

正官格 │ 水忌神, 金仇神, 木用神, 火喜神, 行運用神

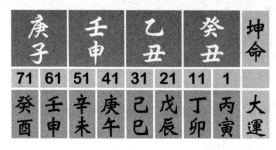

庚子	壬申	乙丑	癸丑	坤命

71	61	51	41	31	21	11	1	
癸酉	壬申	辛未	庚午	己巳	戊辰	丁卯	丙寅	大運

丑月 壬水日主가 水旺계절에 출생해 己土司令인데 金水가 太旺하여 寒濕하다.

月上 乙木이 조후가 안 되어 나쁜데 丑土 官은 얼어 能力 없는 남자라서 本人이 돈 벌어

서 녹여주고 財生官해야 하기 때문에 고생한다. 大運이 木火運으로 좋아서 南쪽 나라 外國으로 가서 살려고 한다. 行運 用神으로 木火用神을 쓴다. 일본·호주·동남아·멕시코 등이 좋다. 운이 60년 동안 좋다.

雜氣財官印綬格 │ 火用神, 木喜神, 水病神, 燥土藥神

壬寅	壬寅	癸丑	丁亥	乾命

74	64	54	44	34	24	14	4	
乙巳	丙午	丁未	戊申	己酉	庚戌	辛亥	壬子	大運

丑月 壬水日主가 水旺계절에 출생하여 己土司令인데 한기가 태심한데 壬癸亥水가 투간하여 水勢가 旺하다.

年上 丁火는 꺼져 寅中丙火가 調候用神이다. 水가 病神이니

寅中戊土가 藥神이다. 冬節에는 木火 중에 우선 火를 用神으로 잡는다.

富는 있어도 貴는 없다. 초년 庚水大運까지 가정형편이 나쁘고 질병으로 죽어가다 살아났다. 戊土大運에 자수성가하게 된다. 己土大運도 癸水를 剋하니 丁火가 살아나니 잘나간다. 돈을 모아 부동산에 많이 투자했다.

丁未大運일 때 종합건설회사 회장 겸 호텔을 운영하는 사장이다. 丁未·丙午大運이 吉한데 官弱하여 貴가 없어 군수선거에 출마하여 떨어졌다.

> 寅木은 旺水에 젖어 濕木이라 用神으로 못 쓴다. 寅木이 중중하니 寅中丙戊로 조후와 제습하기 위해 用神으로 쓰는 원리다.

申金大運에 寅申冲으로 어려움은 겪지만 金生水 水生木으로 통관되었고
二字不冲이라 괜찮다. 壬水의 특성은 江湖에 비유하는데 말이 없다. 물은
조용히 흘러가는 것을 좋아한다. 만약 庚子時라면 寅木으로 用神을 쓰게
된다. 그러면 구멍가게를 하는 정도다.

壬水日主가 子水 3개가 있으면
飛天祿馬格이 되는데 子字가
午火를 虛冲해서 불러온다. 午
中丁己가 있어 正財와 正官이 있다. 사주원국에 己土 官星이 있는 것은
파격이 되므로 크게 꺼린다. 官殺이 있으면 正格으로 보아라.

壬水日主가 辰土 3개가 있으면
壬騎龍背格이 되는데 辰字가
虛冲으로 戌土財庫를 불러온
다. 財官을 끌어오니 貴格이다. 사주원국에 官星이 있는 것은 大忌한다.

壬日主가 寅木 3개가 있으면
壬騎龍背格이 되는데 寅木이
戌土를 虛合으로 불러들인다.
이 사주는 食神이 있어 官을 剋하고 食神生財로 가니 富格이다. 사주원국
에 官星이 있으면 破格으로 大忌한다.

위 3개의 사주는 戊土나 戌土가 있으면, 特殊格에서 破格이 되니 正格
으로 보아라. 貴格이 破格이 되는 것이다.

【一 般 論】

壬日主가 丑月에 출생하면 水源處가 깊다고 하는데 물이 깊게 뿌리가 있어서
서서히 도도하게 흐른다는 뜻이다.

- 壬癸日이 水多에 金이 있으면 水多金沈이다.

- 壬日이 申酉月이면 秋水通源이라 하는데 淸貴格이다. 印綬月이라 그렇다.
  이때 戊土가 있으면 壯元及第한다. 丑月은 지저분하다.

- 壬日에 火 財星이면 음식, 食品, 의류업이다.

- 壬日에 亥子丑月이면 色難이 따른다.

- 壬日에 癸卯時는 부부해로하기 어렵다.

- 壬日에 辛丑時는 印綬에 華蓋를 坐하여 그림을 잘 그리고 글을 잘 쓴다.

- 壬日이 戌月에 辛金透出하면 文章力이 있고, 書藝家나 敎師가 많다.

- 壬日이 亥子丑月에 甲乙木이 透出하면 敎育者가 많다.

- 壬日이 月이나 時에 戌亥가 있으면 法官이 많다.

- 壬日에 庚戌時는 큰 부자가 된다.

- 壬日이 子未 怨嗔에 比劫多나 재다면 妻妾 産亡을 주의하라.

- 壬日이 庚子·壬寅·癸卯時에 태어나거나 戌이나 亥가 있으면 法官이 많다.

- 壬癸日에 水多하면 인색하다.

- 壬日이 己土官을 보면 濁水가 되어 직장이 신통치 않고, 자식이 안 풀리거나
  떠내려가니 유산을 하거나 실패를 하게 되니 나쁘다. 여자라면 첫 남자와 水多
  土流하니 이별이다.

- 壬日이 戊土를 보면 성격이 난폭하다. 그러나 癸水가 있으면 戊癸合으로 괜찮다.

- 壬水日이 신왕하면 木火大運에 발달하고 金水는 춥고 배고프다.

第十章

癸水日主論

계 수 일 주 론

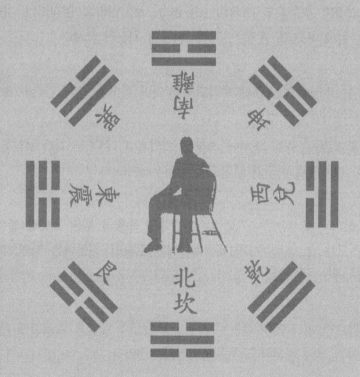

【癸水의 특징】

癸水는 陰水로 陰中에 陰이다. 丙火는 陽中에 陽이므로, 癸水와 丙火는 極陰과 極陽이라 서로 꺼린다.

丙火는 癸水가 가리는 것을 꺼리고, 癸水는 火旺하면 증발되니 꺼린다.

癸水日主는 甲木이 있고 丙火가 있는 것을 좋아한다.

癸水는 가벼우니 증발되는 모든 氣運을 상징하며, 水分이라 변화가 많아 눈물이 많고 感情 변화가 심하다. 즉, 삶 자체의 변화가 많이 따른다. 고로 눈물이 많다.

癸水가 약하면 水源處로 辛金이 필요하고, 부지런하고 명랑하다. 甲木이 없으면 젊어서는 잘 살아도, 노년에는 결실이 없으니 처량한 존재다.

癸水日主는 戊己土가 天干에 투간되지 말아야 하며 地支에 있어야 좋다.

戊土는 癸水와 합하여 癸水의 본분을 망각하고, 己土는 甲木傷官을 合去하기에 싫어한다. 그러므로 戊己가 투간되면 천덕꾸러기다.

癸水는 골짜기 물, 亥水는 기름 씨앗, 그래서 癸亥가 되면 씨앗에 물을 준다. 하늘에서 내려오는 물, 봄에는 이슬비, 여름에는 보슬비, 가을에는 서리, 겨울에는 눈이고, 평상시에는 구름으로 수증기나 안개이다.

癸水가 많으면 비가 많이 내리는 경우에 해당하여 장마로 작용하여 暴君의 性向이 있다. 癸水의 임무는 甲木과 丙火를 키우는 것이다.

甲丙이 나오면 부자이지만, 乙木과 丙火가 니오면 사치를 좋아한다. 癸水는 절대 戊土가 나오면 안 된다. 癸水는 마지막 교차점 또는 甲木으로 바뀌는 시기다.

1 寅卯辰月 癸水 ┃ 인묘진월 계수

寅卯辰月 癸水는 봄비와 희망이니 기대가 크다. 봄철에 물이 필요한 시기라 가는 곳마다 환영을 받는다. 甲丙이 用神이 되는데 辰土가 있으면 기름진 땅이라 재복은 있다.

寅卯辰月에는 地支에 巳酉丑申金이 절대 나오지 말아야 한다. 金이 있을 때 가정이 불안하니 木이 다치지 않게 하기 위해서 午火가 있어야 한다. 이유는 木의 뿌리가 상하지 않아야 하기 때문이다.

丁火가 있으면 재물이나 가정에 풍파가 따르고, 戊土가 있으면 戊癸合이 되어 癸水가 무용지물이 되기 때문에 꺼리는 것이다.

春月은 만물이 성장하는 계절이고 癸水는 만물을 키우는 의무를 가지고 있어 재능이 뛰어나 예술가의 자질을 가지고 태어난 사람이다. 또한 교육가의 자질을 가지고 있으니 남을 가르치는 것을 좋아한다. 인기가 있으니 색난이 따를 염려가 있다.

남녀 모두 인물이 좋아 남자는 여자가 따르니 호색한다. 봄 꽃밭에 필요한 물이 되므로 꽃나무에게 인기가 좋은 것처럼 여성에게 인기가 좋다.

여명 사주에 乙木이 투간된 경우 꽃나무처럼 아름다움을 가지고 있으니 남성이 많이 따른다. 甲木이 투간하면 결실을 맺는 나무나 곡식을 키우는 격으로 준수하고 길한 사주가 되는 조건을 갖추었다.

2 巳午未月 癸水 ┃ 사오미월 계수

巳午未月의 癸水는 水가 필요한 시기이니 모두에게 인기가 있어 가는 곳마다 환영을 받는다. 만물을 생육하고 조후를 위하여 꼭 필요한 존재이니 가는 곳마다 인기다.

女命은 土가 남편인데 너무 旺하여 나쁘니 이때는 甲木이 있으면 좋다. 木이 자식인데 病死墓가 되는 계절이고 土는 祿旺衰로 너무 旺하여 남편과 자식 때문에 고생한다. 인기는 좋으나 丙戊가 得令하는 시기이니 신약하면 지조가 없고 방황을 한다. 신왕하고 丙戊가 투간되면 貴格의 사주가 된다. 신약하면 지조가 없어 言行이 일치하지 않으니 믿음이 없다.

癸水가 신약하니 辛金 水源處가 있어야 하며 丙火는 떨어져 있어야 한다. 劫財인 壬水를 用神으로 쓰고 丁火는 못 쓴다.

戊土는 하절에 水를 剋하고 日干 癸水를 合去하고, 자식은 木인데 木이 하절에 지극히 약해 日干이 泄氣됨을 감당하기 힘들기 때문에 고생이다. 巳午未月 癸水는 丁火가 투간되면 단명하다.

이유는 水가 증발하기 때문에 병고가 많다. 이때는 金이 있어서 水源處가 있어야 하며, 물이 있어야 불을 끄기 때문에 壬水劫財를 쓴다. 子水는 午月만 빼놓고 地支에 申酉가 있으면 된다.

❸ 申酉戌月 癸水 | 신유술월 계수

申酉戌月의 癸水는 甲丙이 투간되면 富命이요, 甲丙이 없는 사주는 땅에 과실수를 심은 것이 없으니 거둘 것도 없어 빈한하여 무위도 식한다. 甲木과 丙火가 없는 申酉戌月은 돌밭으로 농사가 잘 안 된다.

甲丙이 있으면 열매가 무르익어 부자가 되고, 그러나 지지에 寅卯辰이 없으면 초년에 부자가 되더라도 노후에 곡식을 생산할 수가 없기 때문에 死木逢春格으로 죽은 나무에 봄이 와도 소용없는 것과 같은 것이다.

申酉戌月 午火가 있으면 좋다. 戌月의 癸水는 土旺한데 戊土가 투간되면 흉한데 丙火를 가려 회광(晦光)이 되고 癸水를 합하여 본분을 망각한다. 이때 甲木이 소토하면 길하고, 庚辛金이 癸水를 보호해야 한다.

甲木이 투간되면 결실이 있는 나무로 성공한 신분이 된다. 乙木이 투간되면 이미 다 자란 화초이므로 성공은 하더라도 노후가 걱정된다.

가을에 화려한 꽃이라도 벌과 나비가 나타나지 않으니 노후에는 인기가 없으며 외톨이가 되기 쉽다. 甲木과 丙火가 투간이 되면 대격이 형성되고 완숙한 열매가 되니 상품가치가 높아서 남들이 알아주는 인물이 된다.

壬癸水가 중중한 가을철은 기온이 차므로 눈보라가 휘날리는 상황이니 결실하기 전에 곡식이 썩거나 떨어지는 格이므로 下格이 된다. 戌月은 土 旺하니 庚辛金으로 생신하고 지지에 습기가 있으면 길하다.

戊土가 투간되면 丙火를 가리게 되고 戊癸合으로 癸水의 본분을 망각하게 되니 흉한데 甲木이 있어 소토하고 庚辛金으로 생신해야 길하다.

4 亥子丑月 癸水 | 해자축월 계수

亥子丑月의 癸水는 사주상황에 따라서 水가 旺하여 한습하면 火土를 쓰고 亥月의 甲木은 長生인데 甲木이 천간에 투출이 되면 불길하니 庚金과 丁火를 用神하는 것이다. 동절은 한기가 태심하니 丙火로 조후를 하고 地支에 寅巳午에 通根이 되어 있어야 길한 것이다.

亥子丑月 癸水는 눈보라로 태어나 인기가 없는 사람이다. 한기가 심하니 농사를 지을 수가 없어 할 일이 없다.

亥子丑月의 癸水가 庚辛金이 투간되어 火가 없으면 집안이 망하고 가는 곳마다 외면당한다. 동절에 癸水는 성질이 고약하다. 巳午未月에 출생하였어도 大運이 申酉戌과 亥子丑大運으로 흐르면 역시 성질이 고약하다. 그러므로 사주원국에 조후가 되어 있어야 최상의 사주가 된다.

癸水日主가 乙木이 투간하면 인물이 곱다. 甲丙이 있으면 초년에 고생이라도 노년에 행복하다. 寅卯辰 巳午未大運에 발복한다. 丁火가 투간되면 地支에 午戌未 中에 한 자만 있어도 좋다.

> 亥子丑月 癸水가 조후가 잘되어 있으면 봄이 올 때 해동이 빨리 된다. 大運에서 木火운이 올 때 발복이 빨리 된다는 뜻이다.

亥子丑月의 癸水는 戊土와 合이 되더라도 반기는데 본분을 잃을지라도 戊土가 없어 버림받는 경우보다는 낫다. 癸水가 戊土와 나란히 合이 되면 멀리 떨어져 투간되어 있는 것보다 나쁘지만 없는 것보다는 吉하니 동절 癸水는 戊土를 반긴다.

5 寅月 癸水 | 인월 계수

寅月의 癸水는 泄氣되는 月令이니 辛金이 있어서 水源處가 되어 주면 吉한데 辛金이 없으면 庚金이라도 取用을 한다. 초봄에는 寒氣未盡하니 丙火가 필요하다. 火土가 많고 金이 없으면 비록 壬水比劫이 있어노잔병이 많을 것이니 土가 많으면 木이 투출해서 소토해야 吉神이다.

水源處가 없으면 항상 아프다. 癸水는 하늘에서 내리는 우로(雨露 : 비와 이슬)이니 辛金이 필요하고, 庚金은 필요하지 않다. 辛金으로 金生水하고 木氣를 억제하는 것이 좋다. 辛金이 上格이라면 庚金은 中格이다. 寅月 癸水는 三陽이 진기(進氣)되는 시기이다.

癸水의 성질이 지극히 유약하므로 우로(雨露 : 비와 이슬)의 水에 비유를 한다. 辛金은 구름으로 癸水의 水源處를 이루고 다음에 丙火로 따뜻하게 해줌이 좋다. 이렇게 되면 水火旣濟로 음양화합이라 하는 것이니 만물이 발생하는 것이다. 즉, 天干에 丙과 辛金이 투간이 되면 소년급제 한다.

地支에 寅午戌火局을 이루면 辛金이 剋傷 당하니 이때 壬水가 투간되면 구조가 되어 富貴하다. 壬水가 없으면 財多身弱으로 빈곤하며 잔병치레를 면치 못한다. 財局을 이루면 印綬가 깨진다.

丙辛은 나란히 있으면 안 되고 떨어져 있어야 한다. 天干에 丙火가 있고 辛金은 없고 地支에 酉丑으로 깔려 있으면 의식은 족하다. 丙辛이 전혀 없으면 빈천하고, 辛金이 있는데 丙火가 없으면 남의 도움으로 현달하고, 丙火가 있고 辛金이 없으면 자수성가한다.

地支에 水局이면 丙火를 봄이 좋고 壬水가 보이지 않음이 의식자족한다. 丙火 財가 거듭 보이면 부귀 현달한다. 대체적으로 寅月 癸水는 辛金이 主가 되고 庚金이 다음이고 丙火가 투출해야 좋다. 그러나 庚辛金이 없고 丙火만 투출하면 조후만 있는 것이니 편안한 것이 되므로 백수가 된다. 火나 土가 많으면 잔병이 많다.

偏官格 | 火用神, 木喜神, 水病神, 土藥神

癸亥	癸卯	壬寅	壬午	乾命
75	65	55	45	35	25	15	5
庚戌	己酉	戊申	丁未	丙午	乙巳	甲辰	癸卯	大運

寅月 癸水日主가 木旺계절에 출생하여 甲木司令이고 亥卯木局이 되고 寅卯方局으로 신약으로 출발하나 兩壬兩癸가 투출하여 亥水에 뿌리를 내려 약변위강(弱變爲强)한 사주다.

약변위강 사주로 변했고 사주가 한습하니 조후가 급선무다. 旺水를 설기해야 길한데 卯木은 濕木이라 泄氣를 못하니 喜神으로 못 쓰고, 寅木으로 泄氣해서 午火를 生하니 寅午火局으로 火用神에 木喜神이다.

寅午火局을 이루어 身旺財旺하니 부자다. 財用神과 喜神이 年月에 있으니 유복한 가정에서 태어나 食神生財하니 두뇌가 총명하여 공부를 잘했다.

年月에 用神과 喜神이 있으면 유산을 받게 된다. 財가 노출이 안 돼 돈을 아껴 쓴다. 比劫이 忌神이라 남에게 돈을 안 꿔준다. 이 사주는 群劫爭財로 보면 안 된다.

傷官格이라 눈치가 8단으로 관청에 고위 공직자보다 단수가 높다. 法官을 가지고 논다. 이 사주가 여자라면 남편을 가지고 논다. 이 사주는 比劫에게 爭財를 안 당한다. 劫財가 뺏어가는 사주는 年支가 子水이고 月支가 午火면 爭財가 된다.

火大運에 발복하고, 申金大運에 寅을 寅申冲하면 불 꺼지니 재산이 줄어들고, 申은 부동산 문서인데 부동산 때문에 卯申鬼門이라 열 받는다.

傷官을 冲하니 소화가 잘 안 되고, 물이 많으니 신장이 약해 병에 걸리면 신장과 방광이 나빠 입원해야 되고 안 낫는다. 水日主가 食傷이 많으면 나이 들어 당뇨에 걸려 입원하기 쉽고 잘 안 낫는다.

癸水日主가 食傷이 旺하면 미식가가 많다. 사주에 冲破가 없고 순수하여 고생과 흠 없이 잘 살았다. 卯木이 대타가 있어 크게 손해 안 본다. 食傷이 혼잡에 투간되면 사이코 기질인데 투간이 안 되니 아니다.

傷官格 | 金忌神, 火用神, 木喜神, 金病神, 火藥神

				坤命
乙卯	癸丑	庚寅	辛亥	

78	68	58	48	38	28	18	8	
戊戌	丁酉	丙申	乙未	甲午	癸巳	壬辰	辛卯	大運

寅月 癸水日主가 木旺계절에 출생해 戊土司令인데 丑月餘氣가 만연하여 한기가 未盡하여 한습하다.
丑中辛金이 투출하여 庚金과 함께 金生水하고 亥水에 根이 있으니 약변위강이 되었다. 그러므로 寅卯木이 旺하고 乙木이 透出되니 傷官을 用神으로 쓰러 하는데 한기미진에 乙木이 얼어서 납수가 안 되어 泄氣를 못한다. 寅木도 아직 어리므로 泄氣를 잘하지 못한다. 寅中丙火가

調候用神이고 寅木이 喜神이다. 金病神에 火藥神이다.

> 우수 전에 출생하여 봄은 봄인데 金水가 한랭하니 寅中丙火에 의지한다.
> 巳午未大運에 富는 있는데 貴는 없다. 이유는 病神인 庚辛金이 天干에
> 있으면 藥神 丙火도 天干에 투출되어야 貴가 있는데, 地支에 있어 貴를
> 얻지 못한다. 이런 사람은 부지런히 돈을 벌어 집안을 일으켜야 한다.

傷官格 | 金用神, 土喜神, 火病神, 水藥神

甲寅	癸丑	丙寅	己酉	坤命
79	69	59	49	39	29	19	9
甲戌	癸酉	壬申	辛未	庚午	己巳	戊辰	丁卯	大運

寅月 癸水日主가 木旺계절에 출생하여 戊土司令이라 丑月의 餘氣가 있으나 立春에서 雨水 전이라도 月干 丙火가 두 개의 寅木에 長生하여 조후가 되어 있다.

> 寒節에 調候가 되어 있으면 格用神을 써야 하지만, 傷官格으로 凶格이라
> 신왕해야 成格되는데 신약하니 破格이다. 그러므로 抑扶用神으로 가게
> 된다. 木旺하여 신약한데 癸水日主가 酉丑金局이 金生水로 生助를 하니
> 從은 안 한다. 木忌神이라 金用神에 火가 病이고, 水가 藥神이다.

초년대운부터 나빠 어렵게 살아간다. 時上傷官은 종업원이라 남 밑에서 일해야 산다. 傷官이 太旺한 女命은 남자를 업신여기기 때문에 남자를 만나봐야 이혼과 재혼을 반복하게 된다. 庚金大運에 甲木을 制하고 水를 生하니 미용기술을 배웠다. 食傷이나 財官이 旺하면 빚을 지고 산다.

남자는 잘 붙는데 잘 떨어진다. 癸水日主는 신약한데 食傷이 旺할수록 성격이 과격하다. 신왕하면 얌전하다. 癸水日主가 신약하고 運이 나쁘면 사이코 기질이 있다. 고생하면서 미용사로 살아가는 女命이다.

巳火大運에 巳酉丑金局으로 日干을 生助하니 吉하고 庚金大運도 좋고 午火大運은 病運이라 나쁘니 잘못하면 죽는다. 印綬가 用神이라 대학교 앞에서 미용학원 강사로 있다.

傷官格 | 火用神, 木喜神, 水病神, 土藥神

丙辰	癸卯	丙寅	己未	坤命
80	70	60	50	40	30	20	10	

甲戌	癸酉	壬申	辛未	庚午	己巳	戊辰	丁卯	大運

寅月 癸水日主가 木旺계절에 출생하여 戊土司令으로 丑月 여기가 작용할 때니 입춘일은 한기가 旺하다.

寅卯辰方合이나 아직은 새싹이 트지 않아 木弱하고 丑月에 한기가 아직 남아 있어 丙火로 따뜻하게 調候해야 하니 丙火가 用神이다. 月上에 丙火가 부친인데 언변이 좋아 丙火는 주작(朱雀)이라 아나운서다.

이 사람이 財用神이라 숙명여자대학교 경영학과에 다녔는데 남자 친구도 경영학과를 다녔다. 丙火가 아버지인데 슴으로 辛金을 불러오니 엄마가 인물이 좋다.

초년부터 운이 좋아 잘산다. 壬申大運에 건강이 염려된다. 時上에 丙火가 없었으면 사망이다.

> 만약에 地支에 酉金이 있었으면 卯酉冲되어 엄마와 같이 못 산다.
> 이 사주가 甲木司令이면 從財로 간다.

傷官格 | 木忌神, 水仇神, 金用神, 土喜神

辛酉	癸卯	戊寅	乙卯	坤命
73	63	53	43	33	23	13	3	

丙戌	乙酉	甲申	癸未	壬午	辛巳	庚辰	己卯	大運

寅月 癸水日主가 木旺계절에 출생하여 甲木司令이며 四木에 泄氣되어 신약하여 木은 忌神이고 辛金이 用神이며 戊土가 喜神이다.

癸水가 신약해 끈기가 약하고 傷官이 官을 剋해 직장이 자주 바뀌고 傷官見官이니 남자를 만나면 자주 싸워 헤어지고, 辰大運에 日干이 신약한데 自庫大運이 오면 믿는 도끼에 발등 찍힌다. 比劫의 入墓大運에 관재가 걸린다. 신앙하면 덜하고, 신약하면 친구에게 의지하다가 크게 걸린다.

入墓大運이라 빚을 져서 갈 곳이 없다. 다단계사업을 해 빚졌다. 그래서 일본에 가서 술집하려고 한다. 그러나 일본에 가도 卯酉冲이라 수옥살이 되니 잡혀 온다.

결혼해 자식을 낳으면 이혼한다. 多逢傷官에 戊土 官이 있으므로 나쁘다. 傷官이 투간되면 官이 없어야 하는데 官이 떠서 막가파 기질이 있다.

癸水가 入墓하면 辛金의 生을 받을 수가 없다. 辛金大運에 정신을 차려 직장에 입사하려는데 土官이 깨져 있으니 취직을 못해 눈높이 강사이다.

卯酉冲은 卯는 東쪽이고, 酉는 西쪽이다. 그러므로 동분서주하면서 돌아다닌다. 壬午大運은 寅午火局해서 酉金치면 큰일 나는데 壬水가 있어서 그냥 넘어간다. 만약에 丙午大運이라면 아주 나쁘다.

癸巳日柱라면 財官雙美格으로 貴格이 된다. 巳火 암장에 戊庚丙이 있어 正財 正官 正印이 있어 좋아서 잘 웃는다.

日支에 天乙貴人이니 한량 기질이 있어 노래를 잘 부른다. 壬午와 癸巳만 財官雙美格이다.

癸巳日柱가 天干에 官殺이 투출하면 정통 도주다. 明暗夫集으로 도망갈 수 있는 조건은 ① 남편이 무능력할 때, ② 남편이 억압할 때, ③ 남편이 병자(病者)일 때 정통 도주한다.

日支에 역마라 밖에 나가면 자가용 타고 온 남자가 기다린다. 남편이 病弱하면 100% 정통 도주한다.

正官·正印·正財가 있으니 점잖은 척한다. 친구와는 말을 잘하고 모르는 사람은 낯을 가린다.

癸巳日柱는 추동월에 길하고 신왕하면 財官을 쓸 수가 있다.

춘하월에는 日支가 忌神이 되기 쉽다.

日支 巳火가 空亡이거나 傷官이 타주에 있으면 나쁘다.

巳火가 用神이 돼야 하니 추동월이 좋은 이유다.

남자 사주는 巳火가 用神이면 처로 인해서 치부한다.

傷官用財格 | 火用神, 木喜神, 水病神, 土藥神

丙辰	癸酉	壬寅	壬子	乾命
77	67	57	47	37	27	17	7
庚戌	己酉	戊申	丁未	丙午	乙巳	甲辰	癸卯	大運

寅月 癸水日主가 木旺계절에 출생하여 戊土司令이나 한기가 未盡하니 丙火로 調候가 급선무다.

傷官用財格으로 丙火가 寅에 長生하고 大運이 吉해 집안이 부자이다. 子辰水局에 壬水 比劫이 많아 用神을 群劫爭財하므로 집안이 좋아도 경쟁자가 많아 좋은 대학교에 못 간다.

취업도 마찬가지다. 취업해도 3일을 못 넘긴다. 癸水는 印星이 약하므로 체면을 중시하기 때문에 좋은 직장이 아니면 안 간다. 官星과 比劫이 合해 좋은 직장이 없다.

乙木大運에 火用神이라 화려한 카페를 어머니가 차려 준다. 癸酉는 酒라 술도 판다. 乙木大運에 乙木이 巳火를 달고 왔어도 水가 많은 사주면 나무가 젖어 안 타니 눈물 흘린다. 그러니 관재가 걸린다.

미성년자에게 술을 팔아서 영업정지를 먹었다. 아르바이트하는 종업원이 미성년자일 때도 성인에게 술을 팔면 불법이다.

申子辰에 寅木이 역마라 외국에 보내라고 했더니 누나가 외국에서 간호사로 있다고 한다. 甲申年에 傷官이 오면서 月支에 傷官을 寅申冲을 하면 기존에 있는 것은 깨지고 새로이 시작한다.

年月에 水旺하면 해운만리를 나가보게 되는데 甲申年에는 申子辰水局해 甲木은 浮木되니 외국에 나간다. 외국에 가면 누나하고 같이 살게 된다.

巳火大運에 사주원국에 金水가 旺하면 巳가 金으로 가고 木火가 旺하면 火로 간다. 외국에 나가야 되는데 국내에 있으면 백수가 된다.

> 사주원국에 木이 있으면 生火가 되고, 木運이 와도 生火가 되지만, 木이 없고 水旺하면 運에서 木이 와도 젖어서 濕木이 된다. 乙木은 갈 곳이 없고, 卯木이 오면 辰土와 이웃이니 옆으로 간다.

6 卯月 癸水 | 묘월 계수

卯月 癸水는 木氣가 旺해서 뿌리 없는 물로 庚金이 있어 癸水를 生해 주고 旺木을 조절해줌이 最吉하고 辛金도 차용(次用)할 수 있다. 庚 이나 辛金이 투출하고 己土와 丁火가 함께 있으면 貴命이요, 木旺한데 金 이 없으면 下格에 불과하고 재난이 많이 따른다.

卯月 癸水는 강하지도 유약하지도 않다. 乙木司令으로 癸水를 泄氣하지는 않으나 水가 약한 계절이라 오로지 庚金을 쓰며, 庚金이 없을 때 辛金을 쓸 수는 있다.

庚辛金이 함께 나와 있으면 丁火가 있어야 좋다. 이유는 辛金이 투간되면 旺金이 食神을 破하니 이를 편인도식(偏印倒食)되니 辛金을 쓰지 못하는 연고이다. 만약 庚金과 辛金이 없으면 평인에 불과하다.

庚金이나 辛金이 투간되고 地支에 酉丑이 되면 영광과 벼슬길에 오른다. 庚金은 暗藏되고 辛金만 투출이 되면 의식은 있다. 반면 庚辛金이 地支에 暗藏되면 富貴하여 高官이 될 수 있는데 총칼과 붓으로 이름을 얻는다. 辛金이 많고 天干에 己土와 丁火가 있어도 이름을 얻고 벼슬한다.

地支에 亥卯未木局을 이루면서 干에 甲乙木이 있으면 癸水가 지나치게 泄氣 당하니 從兒格이 되면 貴한데 從兒格이 안 되면 빈곤하며 잔병으로 고생인데 西方金運으로 와서 旺木을 冲剋하면 旺神충하면 木多金缺되니 不利하다.

傷官用劫格 | 水用神, 金喜神, 土病神, 木藥神

壬戌	癸巳	丁卯	甲寅	坤命

79	69	59	49	39	29	19	9	
乙未	庚申	辛酉	壬戌	癸亥	甲子	乙丑	丙寅	大運

卯月 癸水日主가 木旺계절에 출생하여 乙木司令이고 木火가 중중하여 신약하다.
干支에 三木 二火와 土가 하나 있어서 癸水日主가 太弱하다.
다행히 時上에서 壬水가 癸水 를 도와주고 巳中庚金이 生하니 庚金으로 用하고자 하나 火勢가 旺하여 用할 수 없고 比劫이 도와 壬水가 用神으로 傷官用劫格이다.

만약 이 사주가 時에 壬水가 없고, 年上에 壬水가 있었으면 木을 生하고
丁壬合으로 從兒格이 된다.
壬水는 丁火와 丁壬合을 하려는데 중간에 癸水가 있어서 合이 안 된다.
癸巳日柱와 壬午日柱는 財官雙美格인데 財官이 투간되면 破格이 된다.
이 명조는 明暗夫集으로 格이 떨어진다.

財官雙美格은 貴格이 되나 애석하게도 원국에 金喜神이 없어서 貴人의
賢妻가 못 된다. 남편은 상업하는 사람을 만난다. 印星이 없어 貴가 없으
니 格局을 잘 보아야 한다.

六十甲子 중에 財官雙美格은 壬午日柱와 癸巳日柱 두 개가 있는데 正財
와 正官을 쓰는 것이다. 財官으로 보면 財官雙美格이 일품의 貴를 누리
는데 사주에 일점 金이 출현하지 않아 평인에 불과하다. 傷官이 많아 남
편이 무능해지니 남편 덕이 없다.
食神傷官이 많은 사람은 고상한 척한다. 돈 있고 배경 있는 사람을 만나
려고 하니 바람피운다.
壬癸日主는 官이 土라서 백두노랑이니 장사하면서 돈 많은 사람을 만나
바람피운다. 巳戌怨嗔과 寅巳刑은 부부금슬이 나쁘다. 食傷이 忌神이라도
時柱가 用神이면 남편이 무능해도 자식을 잘 키우려는 의지가 강하다.

초년에 학업은 어렵고 子水大運에 독립하여 壬水大運까지 장사를 했다.
金水大運에 약水가 生을 얻어 조금은 집안이 일어나 23세에 시집을 가서
七男 二女로 9명의 자식을 두었다.

열심히 장사해서 돈 벌어 자식들을 공부시켰다. 甲子 壬水大運까지 小富
는 되나 戌土大運은 用神을 剋하여 손재가 따르나 藥神이 막아주니 간신
히 넘어간다. 사주원국에 傷官이 있는데 官運이 오면 傷官見官하니 남편
과 사이가 나빠진다.

辛酉大運부터 庚申大運까지는 큰 부자가 안 되더라도 생활이 넉넉하고
마음에 여유가 있게 된다. 月支食神이 天乙貴人이라 주변사람들에게 인심
을 잃고 싶다. 傷官格은 運이 나쁘면 성격이 나빠진다. 戌土大運만 나
쁘고 金水大運에 用神大運이라 좋았다.

食神格 | 金用神, 土喜神, 火病神, 木仇神, 水藥神

庚申	癸巳	丁卯	甲戌	坤命
76	66	56	46	36	26	16	6
己未	庚申	辛酉	壬戌	癸亥	甲子	乙丑	丙寅	大運

卯月 癸水日主가 木旺계절에 출생하여 乙木司令이고 木火가 중중하니 신약하다.

卯月 癸水는 流水다. 卯木濕木이라 아직 한습한데 巳戌이 있어 따뜻하니 성품이 온화하다.

年·月·日柱를 보면 모두가 보태주는 사람은 하나도 없고 도둑만 있다. 時에 庚金이 自坐에 根하여 用神으로 쓸 만하다.

초년이 木火 大運이라 가정환경이 열악하다. 子水大運부터 30세가 넘어 가정이 좋아진다. 약신이 들어와도 比劫運은 육체적으로 고생이 따른다. 辛酉 庚申大運이 좋아 만사가 형통되는 運이다.

시주에 用神이 있으니 자식이 공부를 잘하고 효자이다. 시주가 사랑방인데 印綬가 있으니 남편도 착한 사람이다. 형제 덕이 없는 것은 年月에 忌神이 있어서다. 比劫 印綬가 用神이라 형제걱정을 많이 한다. 오빠는 잘 살아도 동생은 어렵다.

오빠가 어른이 되면 印綬로도 보며, 동생은 食傷으로도 본다. 申中壬水가 오라버니가 된다.

兩神成象格, 傷官格
濕忌神, 寅中丙火 調候用神, 木喜神

甲寅	癸卯	癸卯	壬子	乾命
78	68	58	48	38	28	18	8
辛亥	庚戌	己酉	戊申	丁未	丙午	乙巳	甲辰	大運

卯月 癸水日主가 木旺계절에 출생해 甲木司令이며 木多하니 신약하다.

水木으로 구성되어 兩神成象格이 되었다. 사주가 한습하니 조후가 필요하여 寅中丙火가

用神이다. 年柱나 月柱에 濕木이 있으면 生火가 안 되므로 초년에 돈벌이

를 못하고, 日時柱에 濕木이 있으면 生火를 못하여 말년에 돈벌이를 못한다. 만약에 年月柱에 寅木이 있으면 生火가 가능하니 초년부터 돈벌이가 잘되고, 日時柱에 寅木이 있으면 生火가 잘되니 말년에 돈벌이를 잘한다.

月支에 卯濕木이 있어 초년에 돈벌이가 안 된다. 時柱에 甲寅木 燥木이 있으니 마른 장작이 들어오니 말년에 돈벌이를 하게 된다. 食神傷官이 많으면 직장 불만이 많아 반드시 사업하려고 한다. 乙卯時가 되었다면 모두 濕木이라 못 쓴다.

兩神成象格이 되어 용모가 좋고 食神傷官이 旺하여 상냥하며 싹싹하고 좋으나 직장 운이 나쁘다. 장모될 사람이 마음에 안 들어 하여 반대한다.

본인은 食傷이 官을 치니 직장생활이 마음에 안 든다. 傷官은 봉사정신이 강하여 여자에게 서비스를 잘하므로 여자가 맞벌이라도 하면서 살려고 한다. 巳·丙火大運에 직장을 다니는데 午火大運에 子를 冲하니 癸水는 子가 祿이라 祿은 봉급인데 깨지니 직장생활을 그만두고 개인사업하려고 한다.

丁火대운은 편재라 사업인데, 比劫이 많아 형 친구가 사업을 하는데 본인은 신약하니 코치를 받아가면서 동업한다. 戊土大運에 甲木 傷官이 傷官見官하니 관재가 발생한다. 土는 土地라 부동산문제로 官災가 발생한다. 관청에 로비로 관재가 생긴다.

> 未土大運에는 亥卯未木局이라 괜찮다. 比劫이 많아도 財星이 暗藏되면 괜찮다. 만약에 사주원국에 丙火가 투출되었다면 水가 忌神이 된다.

財星이 없으니 여자가 구박한다. 寅中丙火가 있어 공처가 기질이 있다. 丙火가 꺼질까 봐 잘한다. 형이 뭐라고 하면 부인 편을 든다. 장가가면 寅이 역마라 해외를 자주 드나드는 무역업을 하게 된다. 결혼하면 比劫이 많아 누가 부인을 뺏어갈까 봐 부인에게 잘한다.

比劫이 많은 사주가 運 나쁘면 財星 입장에서 보면 官이 많은 상황이라 부인이 바람피운다. 傷官이 장모인데 祿하여 生을 받고 있으니 배운 사람이라 잘산다. 장모가 막내인데 卯木은 장모 형제라 生火를 못하고 연기만 니니 눈물 흘리는 장모 형제다.

午火大運에 子水 祿을 剋하므로 녹봉이 날아간 格이니 직장을 그만둔다. 寅木 驛馬라 마누라가 海外에 자주 나간다. 만약에 卯時가 되면 生火를 못하기 때문에 답답하게 된다. 比劫이 많으면 여자가 과거가 있거나 학벌이 낮은 천박한 여자가 따른다.

寅中丙火가 주작이라 말을 잘하고 丙火는 寅이 長生이라 어린애 같다. 丙火 財星이 日支에 욕지가 되어 마누라가 발가벗고 잔다. 시주에서 傷官生財하니 처갓집이 잘산다.

食神格 | 火用神, 木喜神, 水病神, 金仇神, 土藥神

辛酉	癸未	癸卯	丁巳	坤命
73	63	53	43	33	23	13	3

| 辛亥 | 庚戌 | 己酉 | 戊申 | 丁未 | 丙午 | 乙巳 | 甲辰 | 大運 |

卯月 癸水日主가 木旺계절에 출생해 乙木司令하여 木氣가 旺하여 신약인데 月支가 濕木이라 泄氣가 안 되고 時柱에서 辛酉金이 金生水하고 辛金과 癸水가 투간되어 약하지 않다.

水는 흘러가는 시기로서 흘러야 하는데, 辛酉金이 卯木을 자르면 물은 흘러가지 못하지만, 火가 와서 金을 녹이면 물이 흘러간다.
즉, 辛酉金에 金水가 많아 金生水하면 사주가 냉하여 얼어 흐르지 못할 때 火가 있으면 얼음이 녹아 흐르게 된다는 뜻이다. 한습한 것은 응고가 되는 것이고, 조열한 것은 분산하는 기운이기 때문이다.

辛酉金 偏印에 의해 金剋木으로 도식이 되는 것을 방지하기 위하여 丁火 財星으로 用神을 쓴다. 日支에 偏印이 있으면서 食傷이 있으면 도식이 되니 財星으로 偏印을 조절하기 위해 돈을 억척같이 모은다.

초년 大運이 좋으니 가정형편이 좋다. 卯木식신이 현침살(懸針殺)이면서 天乙貴人이라 간호사이다. 巳火大運에는 巳酉金局에 忌神으로 변하니 갈등이 많았고, 23세 丙火大運에 취업이 되어 간호사로 활동한다. 얼굴이 예쁘장하고 성품이 명랑하고 이해심이 넓다.

戊申大運은 用神의 病운으로 나빠 이혼할 염려가 있고, 偏印의 사회성은 기획과 계획인데 忌神이라 공부를 하지 말고, 생각도 하지 말고, 계획을 잡지 마라. 계획대로 안 된다. 남자를 만나면 방긋이 웃어라. 食神이 꽃이 피니 웃으면 돈이 생긴다. 친구하고는 친하게 지낸다.

月干 癸水가 卯木을 달고 와서 日支와 卯未合局하고 卯木은 濕木이 되나 未土와 合하면 生火하니 손해 볼 듯하나 좋다. 巳中戊土는 남자인데 偏財와 동주하니 경제·경영학을 전공한 사람을 만난다.

의료기 판매 사업하는 남자를 만나 巳中戊土 正官과 결혼하면 未土偏官으로 변한다. 未土가 천역성이라 남편이 출장을 많이 간다.

현침이 중중하여 日支와 合해 의료기 사업을 한다. 卯未는 대목지토(帶木之土)라 木剋土 당하니 애인이 안 따른다.

丑遙巳格 ┃ 木忌神, 水用神, 金喜神

癸丑	癸丑	丁卯	甲寅	坤命
73	63	53	43	33	23	13	3	
己未	庚申	辛酉	壬戌	癸亥	甲子	乙丑	丙寅	大運

卯月 癸水日主가 木旺계절에 출생하여 甲木司令으로 泄氣가 되고 투간까지 되어 신약하다. 癸丑일주가 丑時가 되어 축요사격(丑遙巳格)이 된다. 日干이 身旺해야 八字가 펴진다.

초년에 고생하고 丑土大運은 축요사격(丑遙巳格)이 이루어져 巳火를 불러 들여 巳中戊土가 함께 오므로 남자가 많이 따른다.

甲木大運에 결혼해서 실패한다. 새로운 壬子生 남자를 만나면 많은 도움이 된다. 癸丑生 남자는 외국에 거주하는 남자다. 巳火驛馬라 癸丑生의 남자는 같이 뛰어야 한다. 巳火를 끌어오기 위해 맞벌이하게 된다.

庚子生은 子丑合이 되어 신왕하게 해주니 나가서 돈 버는 것을 싫어한다. 돈과 집을 다 준다. 癸丑生은 죽이 잘 맞는다. 나이 먹은 사람과 결혼하면 일일이 간섭하고 구속한다. 누구와 결혼해도 運이 좋으니 잘 살게 될 것이다.

7 辰月 癸水 | 진월 계수

辰月의 癸水는 청명 이후 곡우 전에 生하면 地支에 癸水가 暗藏되어 있으니 丙火가 투출되면 貴命이 된다. 춘·하절의 교차점이니 곡우 이전과 곡우 이후에 나눠서 봐야 한다.

곡우 이후는 辛金 甲木이 있어야 吉神이 된다. 그 이유로는 癸水 수원처(水源處)는 辛金이고, 甲木은 土가 旺한 것을 소토하는 吉神이 된다. 丙火는 그 다음에 吉神이 된다.

곡우 이전은 火氣가 강하지 않으니 丙火를 쓰면 음양화합이 된다. 곡우 이후에는 丙火를 쓴다고 하여도 辛金과 甲木으로 도와주는 것이 좋다.

곡우 이후에는 辛金과 癸水가 상함이 없으면 길명이 된다. 丁火와 己土가 있으면 丁火에 金이 傷하고 己土는 水를 막는다.

> 남자 사주에서 丙火를 生助하는 木이 없으면 안 되고, 丙火가 用神이면 用神이 자식이 되고 木이 喜神이 되는데 喜神이 妻가 된다.

辰月 癸水日主는 從化格이 되기 쉬운데 成格이 되면 영화가 따르고 假從이나 不從이면 평범하다. 天干에 戊土가 투출이 되면 日干과 戊癸合되고 火土가 중중하면 化氣格이 되는데 그때는 比肩 劫財를 보지 말아야 한다.

假化格은 성공해도 끝이 나쁘다. 眞化格으로 丙丁火가 투출하면 허리에 옥대(玉帶)를 두른다. 그러나 地支 原局에 巳申이 있으면 파격이다.

地支에 四庫가 있는데 甲木이 투출되어 傷官有氣에 傷官制殺이 되면 고위직에 오르게 되고, 甲木이 없으면 승려가 되기 쉽다. 地支에 四庫가 되면 土에 從하는 從殺格인데 甲木이 나오면 辰月에 疎土하는 것은 좋지만, 天干에 庚辛金으로 전정하는 가위가 없으면 甲木도 필요치 않다.

庚辛金이 없고 甲木만 있으면 잘 자라니 소토를 안 한다. 운에서 金運이 와서 甲木을 전정해야 한다. 甲木이 庚辛金이 없으면 병이 되고 庚辛金이 있으면 用神이 된다. 庚辛金이 있으면 필히 甲木으로 소토시켜야 한다.

甲木이 있고 地支에 木局을 이루면 從兒格으로 총명하여 빅학다식하며 부귀하다. 從兒格에 庚辛金이 있으면 파격이 되어 못 쓴다.

戊土가 투간되면 從이 되는가 안 되는가 봐라. 眞從이 되면 영화가 있고, 戊土가 투간하고 從格이 안 되면 평범한 사주에 불과하다. 地支에 辰戌丑未로 구전이 되어 있고 甲木이 있으면 부귀공명하고 甲木이 없을 때는 스님이 되거나 고생을 많이 한다.

庚辛金이 투출하면 金生水 水生木으로 甲木은 水의 生을 얻어 食傷으로 用神으로 쓸 수 있다. 庚辛金은 甲木과 떨어져 있어야 한다. 地支에 木局을 이루고 金이 없으면 傷官生財格이 되는 바 총명하고 의식이 풍족하다.

群劫爭財格
水忌神, 金仇神, 火用神, 木喜神, 水病神, 燥土藥神

癸亥	癸丑	丙辰	癸酉	乾命
74	64	54	44	34	24	14	4	

| 戊申 | 己酉 | 庚戌 | 辛亥 | 壬子 | 癸丑 | 甲寅 | 乙卯 | 大運 |

辰月 癸水日主가 木旺계절에 출생해 癸水司令이고 酉丑金局에 金水가 旺해 한습하고 군겁쟁재가 되었다.
土氣가 旺하지만 天干水氣가 二字 이상에 地支에서 水氣가 중중하여 日主가 太旺해지고 土는 갯벌에 불과하니 水를 막지 못한다.

丙火는 辰月에 五陽支로 약하지 않으니 不從이라, 丙火가 用神이다.

초년 甲寅乙卯大運에 공부를 잘하고 착하다. 水運에 群劫爭財로 백수가 된다. 比劫이 旺하니 마누라가 도망가거나 이혼할 염려가 있다. 총각이면 뚱뚱하고 못생겨 남의 손을 안 타는 여자와 결혼해야 도망가지 않는다. 比劫이 많으면 미인을 찾는다. 화류계의 여자라도 예쁜 여자라면 좋아한다.

癸丑大運에 직장을 그만두면 壬子大運에 처가 도망간다. 이 사람은 財가 用神인데 弱하니 기술을 배워 기술직으로 월급생활하는 것이 최선책이다. 그래야 그나마 살아간다. 의처증으로 아내를 의심하면 절대로 안 된다.

맞벌이로 직장생활이 길하고 저축하는 습관을 길들여야 한다. 남들에게 잘 베풀어라. 木으로 食神生財와 食神制殺하기 위해서다.

財多身弱用比格 | 火忌神, 木仇神, 水用神, 金喜神

丁巳	癸卯	丙辰	癸酉	乾命

71	61	51	41	31	21	11	1	
戊申	己酉	庚戌	辛亥	壬子	癸丑	甲寅	乙卯	大運

辰月 癸水日主가 木旺계절에 출생하여 乙木司令으로 어떻게 보면 신약 같기도 하고 신강 같기도 하다. 이럴 때는 절기 심천(節氣深淺)을 잘 보아라. 乙木司令이고 일지에 卯木이 있고 丙丁이 투간되어 木火가 旺하다.

年柱에 癸酉는 너무 멀어 日干을 生助하기가 쉽지 않아서 신약하다. 酉金을 用神으로 쓰려고 하나, 火剋金하고 地支에 있으니 財多身弱하니 財多身弱用比格으로, 天干에 있는 癸水 比肩이 用神이다.

초년 大運이 나빠 가정이 어렵고 傷官 大運이니 약간 삐뚤어진 생활을 한다. 그래서 공부를 못하니 기술 아니면 개인 사업을 해야 좋다.

21세부터 水用神운이 오니 상업이 吉하다. 年月柱에 比劫이면 과거 있는 여자를 만난다. 丑大運에 巳酉丑金局으로 巳火를 불러들이니 결혼한다.

水運으로 흐르니 먹고살 만하다. 比劫이 旺運으로 흐르면 부인이 꼼짝을 못하니 고부불화가 안 된다. 大運이 계속 좋아 말년에 유지소리를 듣는다.

자식도 호강을 하며 잘살고 戊申大運까지 좋아 장수한다. 財星이 양쪽에 있어 아는 여자는 많으나 忌神이니 마음에 드는 여자가 없다.

傷官格 | 木用神, 水喜神, 金病神, 火藥神

辛酉	癸亥	甲辰	丁酉	乾命

75	65	55	45	35	25	15	5	
丙申	丁酉	戊戌	己亥	庚子	辛丑	壬寅	癸卯	大運

辰月 癸水日主가 木旺계절에 출생하여 戊土司令인데 金水가 중중하여 한습과 동시에 신강하다. 丁火가 투출해 丙火보다 格이 떨어지나 곡우 이전에 태어나 甲木이 亥中甲木에 長生하고 木氣도 旺해 傷官生財하니 富貴한 사주다.

辰酉合金이고 時柱에 辛酉金이 旺하여 病神이면 丁火가 用神이 되어야 하는데, 뿌리가 없어 旺金을 못 녹인다. 그래서 丁火를 生助하는 甲木을 用神으로 쓰고, 水가 喜神이며, 金病神에 火가 藥神이다.

또한 辰土는 金忌神을 生하고 약水를 剋하니 仇神이라 甲木을 用神한다. 己亥大運까지 좋아 거부가 된 사주다. 亥子丑大運에 거부가 되었다.

日貴格, 傷官格 | 水用神, 金喜神, 土病神, 木藥神

甲寅	癸巳	壬辰	丙寅	乾命
80	70	60	50	40	30	20	10
庚子	己亥	戊戌	丁酉	丙申	乙未	甲午	癸巳	大運

辰月 癸水日主가 木旺계절에 출생해 乙木司令인데 淸明日에 태어나 木火가 旺해 泄氣가 심하여 신약하다.

壬水가 用神이고 金喜神이며 土病神이고 甲木이 藥神이다.

丙火가 투간되어 물이 冷하지 않게 調候하여 잘 흐르게 하니 大格이다.

癸巳大運에 平凡한 가정에서 태어나 甲木大運까지 무리가 없이 공부하고 군에 입대하여 午火大運에 고생하고 申酉大運에 사령관이 되었던 사주다. 傷官格에 유기하니 格이 커서 그렇다. 戊戌大運이 나쁘다.

日貴格, 傷官制殺格
土忌神, 火仇神, 木用神, 水喜神

丁巳	癸巳	戊辰	甲辰	乾命
77	67	57	47	37	27	17	7
丙子	乙亥	甲戌	癸酉	壬申	辛未	庚午	己巳	大運

辰月 癸水日主가 木旺계절에 출생해 癸水司令이나 淸明 이후 穀雨 전에 태어나 신약하다. 신약한데 癸水司令하여 戊土가 투간되어도 從殺格이 아니다.

甲木이 辰土에 着根하여 戊土를 疎土하니 從殺을 못한다. 甲木이 用神이고 辰中癸水가 喜神이다.

金이 있었으면 金生水 水生木해 주는데, 金이 없어 格이 떨어지고 生木도 안 된다. 甲木은 疎土만 할 뿐이다.

原局에 金이 없을 때는 大運에서 金運이 와도 못 쓴다. 壬水大運에 水만 필요하니 러시아 여자와 결혼했는데 申金大運에 이혼하고 백수가 되었다. 巳中庚金이 녹아 어머니가 정신이상이다. 癸水大運부터 형편이 풀린다. 甲午생이면 化氣格이 되는데 大運이 나쁘니 化氣格이라도 써먹지 못한다.

> 이런 사주는 빌어먹는다. 신약이라 金運에 좋을 것 같으나, 木이 用神이라 金運에 절각(折脚)되니 나쁘다.

8 巳月 癸水 | 사월 계수

巳月의 癸水日主는 火旺계절에 天地가 조열하니 辛金을 먼저 用하고, 다음으로 庚金을 쓴다.

地支에 癸水의 뿌리가 있고 생조가 있으면 貴格을 이루는 조건이 된다. 이때 丁火와 戊土가 투출하면 신약하여 흉하므로 壬癸水가 투출하면 丁火 戊土의 害로움을 구해주므로 吉神이 된다.

巳月 癸水는 辛金이 有根하여 생조하면 用神이고, 辛金이 없으면 庚金을 代用한다. 辛金이 天干에 투출하고 丁火가 보이지 않으면서 壬水가 투간하면 榮貴하고 명성을 사방에 떨친다.

그러나 丁火가 나오면 파격이 되어 빈곤하다. 그러므로 辛金이 있고 丁火가 있을 때에 壬水가 있으면 丁壬合되어 구제가 된다.

辛金이 地支에 있고 丁火가 있으면 말단 직책에 불과하고 의식주는 걱정 없다. 火土가 중중하고 辛金이 없으면 己土와 庚金이 있더라도 金生水를 못하며, 만일 庚壬이 天干에 투출되면 生水가 되어 火土의 조열한 것을 조후하니 사주가 길하며 높이 승진한다.

比肩이 없다면 사나운 살이 癸水를 말라붙게 하니 癸水가 증발하면 火旺하니 눈이 傷한다. 庚壬이 天干에 투출하면 金氣를 壬水가 泄하여 火土를 제압하니 이는 劫財와 印綬가 合同하여 적을 물리침으로써 上格의 八字라 고위직에 승진한다.

丁火가 天干에 보이면 좋지 않은데 만일 庚金은 있는데 壬水가 없고 또 丁火가 庚金을 破하지 않으면 유림의 학자가 되며 庚金과 辛金을 竝用하면 異路功名한다. 巳月의 癸水는 辛金을 쓴다.

正財格 │ 水用神, 金喜神, 土病神, 木藥神

丙辰	癸未	乙巳	壬戌	乾命
77	67	57	47	37	27	17	7	
癸丑	壬子	辛亥	庚戌	己酉	戊申	丁未	丙午	大運

巳月 癸水日主가 火旺계절에 출생하여 庚金司令이나 火土가 重重하여 신약하다.

地支에 辰中癸水가 있으며 壬水가 있으니 신약해도 從은 안한다. 壬水가 用神이고 金喜神이다. 巳中丙火가 투간되어 財多身弱으로 年干에 壬水가 用神이다. 丙午大運, 丁未大運은 나쁘다.

27세 이후에 취직하여 戊土大運에 마음고생을 많이 하고 申金大運부터 進級하고 己土大運은 乙木이 反冲하여 壬水를 剋을 못하게 하니 무사히 넘어간다. 酉金大運에 巳酉金局되어 生水하고 庚金大運도 生水하니 좋다.

戊土大運에 辰을 冲하여 癸水의 뿌리가 없어지니 직장 잃고 갈 곳이 없어 쉬게 된다. 辛亥大運에 自營業을 하면 成功한다.

> 丙火 財는 美人인데 辰中癸水가 있으니 예쁜 마누라는 바람피우니 안 맞고, 巳火에 丙火는 못생겼는데 못생긴 여자를 만나야 바람을 안 피운다.
>
> 年干에 比劫이 用神인 사람은 과거가 있는 여자를 만난다. 處女를 만나면 밖에 나가 바람피우고 온다.

중·말년에 大運이 좋으니 헤어지지 않는다. 사주에 金이 없는데 金大運에 잘된 것은 巳中庚金과 合으로 金局이 되어 金生水되니 좋다.

巳火 財에서 튀어나왔기 때문에 부인이 賢明한 여자이다. 인물은 없어도 똑똑한 여자를 얻었다. 집안에 家權이 부인에게 있다. 이 사람은 과묵한 성격이다.

時上印綬格
土忌神, 火仇神, 金用神, 濕土喜神, 火病神, 水藥神

庚申	癸未	己巳	己未	坤命
72	62	52	42	32	22	12	2
丁丑	丙子	乙亥	甲戌	癸酉	壬申	辛未	庚午	大運

巳月 癸水日主가 火旺계절에 출생하여 丙火司令이고 財官이 旺하여 신약하다.

地支 巳午未方合으로 조열하여 己土는 燥土가 되었다. 時上의 庚金이 金生水하여 淸水다.

壬申大運에 집안이 윤택해지고, 癸酉大運에 재산이 많아졌다. 甲木大運에 庚金과 相沖되나 己土가 甲木을 合으로 싸움을 말려서 충돌을 피하여 어려움 없이 넘어갔다.

戌土大運에 甲木이 剋하고 原局에 印星이 있어 殺印相生하니 그냥 넘어 간다. 乙木大運에 乙庚合하여 用神이 기반(羈絆)되니 己土가 癸水를 剋을 한다. 이때 官殺이 旺해지면 빚을 진다. 亥水大運에 吉하고, 丙子大運도 子水를 달고 와서 그냥 넘어간다.

己土 官이 燥土로 변했는데 燥土를 癸水가 潤土로 만들어서 남편을 成功 시키는 사주라 賢母良妻다. 己土가 庚金을 生해주니 殺印相生이 잘되어 좋은 사주다. 官殺이 많으니 잘생겼다. 官忌神이라 조심성이 많고, 印綬가 用神이라 더욱 그렇다. 未巳는 驛馬라 길거리를 가면 남자가 따른다.

從財格, 戊癸合火化氣格
火用神, 木喜神, 水病神, 土藥神

戊午	癸未	辛巳	乙巳	坤命
73	63	53	43	33	23	13	3
乙丑	戊子	丁亥	丙戌	乙酉	甲申	癸未	壬午	大運

巳月 癸水日主가 火旺계절에 출생하여 丙火司令이고 巳午未 方局에 戊土가 투간하고 火土가 旺하여 滴水熬乾이 되었다. 辛金은 巳午未火局에 녹았고 戊癸合火化氣格이 되어서 火에 從한다. 辛金이 病이다. 午火大運까지는 확실하게 학교에 다니다가 癸水 大運에 친구들과 나쁜 길로 갈 수가 있다. 未土大運에 술집으로 돈을 벌

러 나간다. 甲木大運에 돈은 많이 번다.

이 사주는 직업이 水를 用神으로 보고 물장사하는 화류계 종업원이라고 말하면 크게 틀린다. 직업은 그렇게 보는 것이 아니다. 이 사람은 運이 없으니 학벌도 없어서 기술을 배워야 하는데 이 여자는 기술을 배울 능력이 없다. 그리고 명색이 化氣格으로 貴格인데 남 밑에서 못 있으니 쉽게 벌려고 하여 술집 사장을 하려고 한다.

正官과 합되어 체면치레를 잘하고, 午火桃花와 未土華蓋를 깔고 있어 우아하고 화려하며 쉽게 벌려고 한다. 申金大運에는 운이 없어 백수가 된다. 印綬大運이 들어오면 편하고 분가하여 자식 낳아 살고 싶어진다.

用神하고 상반된 運이 오면 짜증나고 갈등이 생기고 運이 없을 때 가장 가까운 사람을 원망한다. 남편을 원망하고, 시집 안 가면 친구를 원망하고 싸운다. 결혼했으면 이혼하게 된다. 乙酉大運까지 고생한다.

부부금슬이 깨지는 것은 운이 나쁠 때 남편이 귀찮아지고 자식도 보기 싫다. 乙酉大運에 乙木이 酉金에 折脚되어 힘이 없다. 乙木大運은 사기 당하고 酉金大運에 亡한다. 丙戌大運은 잘산다. 亥水大運에는 끝이다.

偏財格 │ 火忌神, 水用神, 金喜神, 土病神, 木藥神

丁巳	癸丑	乙巳	丁亥	乾命
80	70	60	50	40	30	20	10	
丁酉	戊戌	己亥	庚子	辛丑	壬寅	癸卯	甲辰	大運

巳月 癸水日主가 火旺계절에 출생하여 丙火司令이고 丁火가 투간되어 신약하다.
火旺하여 적수오건(滴水熬乾)이 되려 하나 年支에 亥水는 巳亥 冲이 되고 時支에 巳와 日支에

丑이 巳丑金局이 되어 金生水가 되니 부인 덕이 있다. 財가 印綬局이 되어 日干을 生하니 대학교에서 세무회계공부를 해서 세무공무원이 되었다.

辛丑大運에 丑遙巳格이 成格이 되려 하는데 사주원국에 丁火와 巳火가 있어 破格이 되면 파면을 당한다. 庚金大運에 세무사 공부하는데 庚金이 乙木과 乙庚合으로 묶여 시험에 세 번이니 떨어져 그만두고, 己水大運에 친구 도움으로 하청 받아 일을 한다. 庚金大運에 또 부동산 중개인 자격

시험 공부를 한다.

배우자 궁과 육친이 巳丑金局으로 印綬局이 되니 부인이 교육자가 되고 財忌神이나 가정에서는 쓸모 있는 사람이다. 財가 태왕한 財多身弱이라 金水運이 와도 제대로 못 받아먹는다. 亥水大運에 時支마저 冲하면 죽게 된다. 四冲이라 나쁘다.

9 午月 癸水 | 오월 계수

午月의 癸水는 天地가 염열한 시기이니 만물이 고갈되어 金水가 더욱 필요한 시기다. 天干에 庚辛金이 癸水를 生해주면 좋다. 巳午未月은 金만으로는 火를 대적할 수가 없으니 天干에 壬癸水가 투출되면 金도 보호하고 日干도 돕고 그러므로 貴命이 된다.

만일 金水가 약하고 火土가 旺하면 조력이 부족하니 빈곤해진다. 金水가 중중하여 身旺하여 삼복생한(三伏生寒)이 되면 火土大運도 무방하다.

午月 癸水는 매우 약하여 뿌리가 없으니 반드시 庚辛金의 生助함이 필요하다. 午月은 丁火가 司令하므로 金으로 火를 대적하기 어려우니 癸水를 生할 수가 없다. 癸水를 보호하는 데는 壬水가 필요하다.

比劫이 滴水熬乾이 되므로 辛金을 水源處로 써야 된다. 그러므로 午月의 癸水는 庚辛金으로 竝用함이 좋다. 즉 庚辛金을 함께 쓰는 것이 좋다.

庚辛金이 투출하고 壬水도 함께 투출하면 이름이 나고 富貴한 命이 된다. 金이 天干에 투출되고 地支에 水局이 되면 어려서부터 총명하여 소년 급제한다. 天干에 庚辛金이 있고 地支에 水가 있으면 小富는 되는데 貴가 없다. 水가 天干에 없고 地支에 한 개가 있고 庚辛金이 있다면 한 마을에 유지소리는 듣는다.

그러기에 水가 회합되어 있으면 身旺財旺이 되기 때문에 부자는 되어도 貴는 없다. 만약 地支에 水局을 이루면 火土運도 무방하지만 신선과 같은 생활을 한다. 地支에 火局이 되고 庚辛金과 壬水가 없으면 승도지명이요, 두 개의 壬水와 庚金이 있으면 의식이 풍족하고 벼슬을 한다.

金水가 사주에 旺하고 火勢가 약하면 三伏生寒으로 火土運이 오면 즐거움이 神仙과 같다. 己土가 투간되고 甲木이 없으면 從殺格이라 大貴한다. 대개 從殺格은 破格이 안 되면 貴命이 된다.

去官留殺格 │ 土忌神, 火仇神, 木用神, 水喜神

己	癸	戊	癸	乾
未	亥	午	丑	命
71	61	51	41	31	21	11	1	
庚	辛	壬	癸	甲	乙	丙	丁	大
戌	亥	子	丑	寅	卯	辰	巳	運

午月 癸水日主가 火旺계절에 출생하여 丙火司令인데 戊·己土가 투간하고 火土가 旺하여 日主가 약한데 年干의 癸水가 戊癸合으로 거관유살(去官留殺)이 되었다.

己土가 午·丑·未에 根을 하여 日干을 剋하니 亥未木局으로 木用神이다. 20세까지 가정이 어렵고, 21세부터 乙卯大運에 制殺되니 가정형편이 풀려 장가를 간다. 水木大運으로 가니 잘산다. 日支에 吉神이 있어서 배우자도 좋고 자식도 亥未木局이 되어 있으니 효자다. 用神과 喜神 大運으로 오니 개인 사업으로 成功한다.

만약에 金이 있었으면 淸水가 되어 벼슬을 할 수 있었을 텐데 애석하게 金이 없다. 원국에 金이 있고 大運에서 金運이면 벼슬길로 간다. 印綬가 명예와 체면이니 명예로 간다.

正財格, 傷官生財格
火忌神, 水用神, 金喜神, 土病神, 木藥神

壬	癸	甲	丙	坤
戌	亥	午	戌	命
74	64	54	44	34	24	14	4	
丙	丁	戊	己	庚	辛	壬	癸	大
戌	亥	子	丑	寅	卯	辰	巳	運

午月 癸水日主가 火旺계절에 출생하여 丁火司令이고 火가 太旺하므로 적수오건(滴水熬乾)되기 직전인데 壬水가 亥水에 根을 하여 버틸 만하여 水用神이 된다.

亥水가 배우자 자리인데 사주에 金印綬가 있으면 학자나 벼슬길로 갔을 텐데 金이 없어서 그쪽으로 못 가고 傷官生財하니 사업을 하는 성실한 남편을 만나서 산다.

時上에 壬水가 日支亥水에 根을 하여 壬水와 亥水는 바다라 인천·목포·부산·포항·삼천포 등 항구도시와 인연이 많고, 또는 김포·수원·이천·부천과 같은 물과 관계가 있는 마을과 인연이 많다. 仁川에서 사업하다가 失敗하고 남편이 머리 삭발하고 승려가 되어 살고 있다. 亥水는 天門이라서 철학을 공부하고 종교에 귀의한다.

木星은 의류·직물·피혁·가구 같은 것으로 돈을 벌려고 한다. 한 가지 나쁜 것은 傷官이 生財를 하면 土運에는 괜찮은데 日干의 氣運을 泄氣시키니 자식 때문에 애를 먹는다. 甲木이 土를 막아주니 己丑·戊土大運에 자식이 효도하려는데 日干의 氣를 빼내니 어려움이 있다.

戊土大運에 合을 하려 하나 甲木이 戊土를 反冲하여 이때 봉사활동하는 것은 좋은데 돈이 많이 들어가고 손해가 많이 따르니 본전 생각이 난다. 甲木이 금전적 손해를 많이 보면 내가 이래서는 안 되겠구나 하고 정신 차린다. 자식이 子水大運에 독립한다. 子午冲은 戊土가 있어 冲을 못한다.

甲申年에 印綬 역마라 이사하게 된다. 자식 때문에 해외로 나간다. 申年에 교통사고를 조심해야 한다. 火剋金하기 때문이다. 丁亥大運에 丁火가 亥水에 절각이 되어 들어와 나쁘지 않다. 丙戌大運에 火를 입묘시켜 몸은 약해져도 괜찮다.

酉金大運에 用神의 욕지에 해당하니 나쁘다. 戊土大運에 戊癸合으로 산사에 많이 올라가고 華蓋가 旺해지니 남편이 머리를 삭발하고 사찰을 창건한다. 그럴 때 무엇인가 얻으려는 심리가 만들어진다.

戊癸合火化氣格 | 火用神, 木喜神, 水病神, 土藥神

戊午	癸卯	戊午	癸巳	坤命
75	65	55	45	35	25	15	5

丙寅	乙丑	甲子	癸亥	壬戌	辛酉	庚申	己未	大運

午月 癸水日主가 火旺계절에 출생하여 丁火司令이고 地支에 木火가 旺하고 天干에 戊癸合에 戊癸合으로 쌍합이 이루어져 戊癸合火化氣格이다.

양간부잡격도 되고 화기격도 되어 貴格으로 成格되었다. 그런데 用神의 死絶地 운으로 흘러 나쁘다.

桃花가 중중하니 풍파가 많이 따르니 어려서부터 화류계에서 종사하면서 하루 벌어 하루 먹고 산다. 官殺중중에 桃花중중인데 天乙貴人이 중중하면 인물이 귀태가 난다.

운로가 나쁘게 흐르니 사주가 좋은들 무슨 소용이랴. 合多사주 좋다마소 사랑 통에 죽어나니 晝夜長昌 迎賓混客 離別如雷(주야장창 영빈혼객 이별여뢰)와 같다. 卯木과 巳火가 天乙貴人에 午火가 財物인데 運이 나쁘니 내 것이 아니다.

사주를 여기저기서 많이 본 사람은 전생을 이야기해줘라, 혼자 살면서 눈물 흘리는 두견새라 두 번째 올 때는 한을 풀어야 한다고 하면서 덕을 쌓고 봉사활동을 하라고 한다.

이 사람이 운이 나쁠 때 무당을 자주 찾아다닌다. 원국에 戊癸合이 있어 산에 구름과 무지개로 작용하여 산기도 좋아하고 申金大運에 卯申鬼門과 戌土大運에 巳戌鬼門, 丑土大運에 丑午鬼門으로 神氣 發動하는데, 神氣가 발동할 때마다 무당을 찾아다니고 점을 보러 많이 다닌다. 戊癸合이 있고 大運에서 鬼門關殺 大運이 오면 산에 무지개라 丹青색으로 절에 기도를 하러 다닌다. 무당이 안 된 것은 사주원국에 鬼門關殺이 없기 때문이다.

┃偏財格 ┃ 金用神, 濕土喜神, 火病神, 木仇神, 水藥神

戊午	癸丑	戊午	癸未	乾命
76	66	56	46	36	26	16	6
庚戌	辛亥	壬子	癸丑	甲寅	乙卯	丙辰	丁巳	大運

午月 癸水日主가 火旺계절에 출생하여 丁火司令이고 財官이 重重하고 財旺하니 財多身弱이 되었다.

化氣格이 아닌 것은 丑中辛金이 있고 癸水가 있어 金用神이며 濕土喜神이고 火가 病神에 水가 藥神이다.

초년 忌神運에 사주에 財官이 旺하고 戊癸合에 華蓋가 重重하고 鬼門이 있으면 僧侶나 易學 상담가 또는 무속인이 되기 쉽다.

寅木大運까지 運이 없다. 절에서 易學을 배워 寅木大運에 철학관을 차렸는데 忌神大運이라 실력이 부족해 다른 곳에서 다시 배웠다.

戊癸合에 丑午鬼門關殺이 있으니 癸水大運부터 통변하면 다 맞는다. 癸丑

大運부터 돈을 벌어 壬子大運까지 좋았고, 子水大運에 子午冲하니 몸이 아프다. 辛亥·庚金大運까지 좋을 것이다.

> 日支에 丑土가 寒土와 濕土이며, 丑中辛金이 日支에 있어 從하지 않는다.

正財格 | 水忌神, 金仇神, 火用神, 木喜神

辛 酉	癸 酉	丙 午	壬 子	乾命
79	69	59	49	39	29	19	9
甲 寅	癸 丑	壬 子	辛 亥	庚 戌	己 酉	戊 申	丁 未	大運

午月 癸水日主가 火旺계절에 출생하여 丙火司令인데 丙火가 透出되어 신약한 듯하나 金水가 많아 신왕하다.

印綬와 比劫이 많아 신왕하니 참모나 해라. 오너는 못 된다.

木食傷이 없으니 융통성이 없다. 윗사람의 눈총과 간섭이 많다. 喜神이 없어 大格이 못 된다. 신왕에 食傷이 없으면서 財冲해 사업하면 亡한다.

직장생활하면 마음에 안 든다. 子午冲하여 午中己土 偏官이 깨진 탓이다. 水多하니 일을 추진할 때 발설을 안 한다.

用神이 미약하여 업무추진력이 약하니 진급이 안 된다. 아부하는 성격을 길러야 하며 남을 위해 베풀어야 성공한다.

> 無官에 印綬가 많으면 박식한데, 벼슬이 없어 능력이 부족하다. 이런 사주는 한 우물을 파야 한다. 신왕하고 財官이 약하면 僧徒之命이다.

印綬가 중중한 사람은 자격증이나 기술이 있으면 좋고 아니면 역술을 공부하여 먹고살아야 한다. 여자라면 과부팔자다.

比劫이 많은 사주는 여자한테 잘한다. 다른 남자에게 가 버릴까 봐 잘해 준다는 것이다. 여자를 사귈 줄 모르니 친구 소개로 결혼하게 된다.

財冲이 年月에 있어 부모 대에 많이 까먹는다. 年月에 用神이 있으니 그래도 유산은 받는다. 사주에 金이 많고 木이 없으니 대머리다.

⑩ 未月 癸水 │ 미월 계수

未月의 癸水는 염열한 때이니 用神法이 午月과 동일하다. 소서에서 대서 전에는 金水의 조력이 필요하고 대서 후에도 庚辛金이 길하며 丁火는 干支를 막론하고 꺼린다. 즉, 상반 월은 庚辛壬癸가 있는 것이 좋고, 하반 월은 庚辛만 있어도 좋다.

未月은 상반 월과 하반 월의 구분이 있으니 하반 월에는 申月의 進氣가 기다리고 있으니 庚金이 無氣하더라도 金氣가 生水할 수 있다. 상반 월에 庚金이 火勢에 의해서 制剋을 당하니 壬癸水가 필요하다. 未中에는 乙木 己土가 동궁되어 破가 될 것 같으나 破가 안 된다.

未中乙木이 食神制殺하니 月支가 가정이라 집안에서 큰소리친다. 그러므로 從殺이 아니기 때문에 庚辛金을 쓴다.

上半月은 庚辛金은 쇠약하고 火氣가 炎熱하기 때문에 比肩 劫財로 돕는 것이 좋으므로 比劫大運에 富貴해진다. 未月에 癸水는 從殺이 안 된다. 자체 내에서 乙木이 食神制殺을 하고 있어서다.

偏官格
土忌神, 水用神, 金喜神, 土病神, 木藥神

丙辰	癸未	辛未	己未	乾命
77	67	57	47	37	27	17	7
癸亥	甲子	乙丑	丙寅	丁卯	戊辰	己巳	庚午	大運

未月 癸水日主가 火旺계절에 출생해 己土司令인데 日干이 辰中癸水에 通根하고 辛金이 生水하니 不從이다.
염열하니 辰土가 있으니 좋다.
金水大運 오면 출세할 수 있다.

火旺계절에 丙火가 투간되어 조열하니 調候用神을 써야 한다. 火旺계절에 癸水日主라 시원하니 가는 곳마다 인기가 좋다. 土生金·金生水가 되므로 殺印相生하니 높은 사람에게 덕을 본다.

旺土七殺이 旺하니 일을 하는데 끈기가 부족하다. 水用神에 金喜神이며 土多埋金에 土剋水하니 土가 病神이고 木이 藥神이다.

초년에 火土大運으로 흉하여 가난한 가정에서 출생한다. 戊辰大運에 고생이 많고 丁火大運에 喜神을 剋하고 忌神을 生助하니 흉하다. 卯木大運에 卯未木局으로 소토하여 病神을 제거하여 대발한다.

丙火大運에 丙辛合으로 합이 풀리니 火生土하여 나쁘고 寅木大運은 火의 長生支로 무해무덕하게 넘어가고 水運에 잘나가고 戌土大運에 사망한다.

偏財格
燥土忌神, 金用神, 濕土喜神, 火病神, 水藥神

丙辰	癸酉	丁未	丁未	坤命

76	66	56	46	36	26	16	6	大運
乙卯	甲寅	癸丑	壬子	辛亥	庚戌	己酉	戊申	

未月 癸水日主가 火旺계절에 출생해 乙木司令이나 上半月이 되니 화세가 旺한데 丙丁火가 있고 地支에 未土가 있어 신약이다.

辰土濕土가 열기를 흡수해주어 좋고 酉金이 生水하니 酉金이 用神, 辰土가 喜神, 火病神에 水藥神이다. 초년부터 運이 좋아 잘나간다.

戌土大運에 辰戌冲하여 酉金이 生받지 못하니 火剋金하여 손재를 하게 된다. 건강문제·자식문제·부부문제나 부모가 사망할 염려가 있다. 亥子丑 大運에 좋다가 甲寅大運에 죽는다. 이 사주는 用神이 투간되지 않아 貴하지는 못하고 富는 한다.

偏財格 　　　　　　　　　　　　　　　【쌍둥이 형 사주】
水用神, 金喜神, 土病神, 木藥神

己未	癸酉	丁未	壬申	乾命

79	69	59	49	39	29	19	9	大運
乙卯	甲寅	癸丑	壬子	辛亥	庚戌	己酉	戊申	

未月 癸水日主가 火旺계절에 출생하여 丁火司令인데 丁火가 투출하여 열기가 가득하다.

丁火司令에 己土마저 투간되어 신약한데 年干 壬水와 丁火가 合을 하고 있으나 年支 申金과 □支의 酉金이 있어 壬水가 用神이다. 戊己大運은 나쁘나 申酉金을 달고 오므로 殺印相生으로 넘어간다. 運이 金水運으로 흘러가니 총명하고 공부를 잘했고 부모 가게를 이어받아 잘 살았던 사주이다.

偏財格 | 【쌍둥이 동생 사주】
水忌神, 金仇神, 土用神, 火喜神

未月 癸水日主가 火旺계절에 출생하여 丁火司令인데 金水가 旺하여 신왕하다.

財官이 用神인데 丁火는 壬水와 丁壬合하여 기반되어 未中 己土가 用神이고 火喜神이다.

초년부터 金水大運으로 오니 게으르고 속을 썩인다. 대운이 흉운으로 오니 자기 뜻대로 안 된다. 대운이 나쁘니 살기가 힘들다.

앞의 사주에서는 壬이 用神인데 丁壬合되어 형제가 안 풀린다. 이 사주는 比劫이 忌神으로 丁壬合하니 내 財를 뺏어가니 형제가 잘된다.

초년부터 한쪽은 좋고, 한쪽은 나쁘게 오면 한쪽이 남의 손에서 자라게 된다. 초년대운에 육친을 참고하면 印綬運이라 외가에서 자랐다고 보면 된다.

> **참고** **쌍둥이 사주 볼 때 주의할 점**
>
> ● 동일한 時間에 태어나면 他柱에 比劫을 형제로 보는데, 年月의 비겁은 형이고, 日時의 비겁은 동생이다.
> ● 時差가 있는 다른 사주가 만들어지면 다르게 본다.
> ● 또한 같은 사주인데, 原局에 比劫이 없을 때는 동생을 다음 時間으로 적용하여 간명하기 바란다.

어릴 때는 같은 모습으로 자라다가 결혼 이후 다른 모습으로 사는 것은, 배우자의 성씨와 사주도 작용하기 때문이다. 그러므로 참고하여 간명해야 한다.

偏財格 | 火用神, 木喜神, 水病神, 金仇神, 土藥神

辛酉	癸丑	丁未	壬寅	坤命

72	62	52	42	32	22	12	2	
乙亥	庚子	辛丑	壬寅	癸卯	甲辰	乙巳	丙午	大運

未月 癸水日主가 火旺계절에 출생, 丁火司令으로 신약한 것 같으나 日時支에 酉丑金局에 辛酉金이 生하고 壬水가 扶助하니 弱變爲强이다.

삼복생한(三伏生寒)으로 寒濕하니 火用神이고 木喜神이며 水病神이고 土藥神이다. 貴格사주로 보이는데 丑未冲이 있어 나쁘다. 財가 劫財와 合하고 官은 丑未冲으로 깨졌다.

언뜻 보면 身旺財旺한 것 같으나 자세히 보면 財가 丁壬合으로 쓸모가 없다. 쓸모 있는 것은 寅木밖에 없다. 寅木이 傷官이라 기술이다. 집안은 좋은데 머리가 둔재다. 왜 그런가 하면 用神이 合去되었고 藥神이 冲되어서다. 傷官이 기술인데 미용을 배웠다.

辰土大運에 결혼하고 癸水大運 戊寅年에 이혼했다. 忌神大運이라서 이혼했다. 卯木大運에는 喜神運이라 다시 결혼한다. 運이 바뀌면 헤어질까 봐 겁이 난다고 항상 조심한다.

壬寅大運에는 안 헤어진다. 壬이 오면 투합(妬合)이라 合이 풀려 用神이 살아난다. 木生火 火生土가 되니 더욱 좋다.

辛丑大運부터 運이 나빠지니 壬寅大運에 미리 벌어서 忌神大運에 그때 먹고살아야 한다.

11 申月 癸水 | 신월 계수

申月의 癸水는 입추에서 처서 전까지 庚辛金이 吉하고, 처서 이후에는 金旺하여 癸水는 着根하여 庚辛壬癸가 吉神이 될 수 없다. 丁火가 吉神이니 地支에 午戌火局 등이 있어서 通根되면 妙格으로 貴命이 된다. 천산에 丁火가 투간하고 地支에 有根하면 獨財自旺格으로 富貴兼全하는 妙格이 된다(丁火는 丙火와 다르므로 地支에 根이 튼튼해야 한다).

申月 癸水는 母는 旺하고 子는 相한 때이니 壬水에게는 生宮이나 癸水는 死宮이라 자못 申中庚金이 있어 生해준다고 하나 모친 덕은 없다.

약하다가 강하게 되므로 運이 西北으로 흘러도 死宮 運이 되지 않는다. 다만 庚金司令으로 강성함이 극도에 달해서 丁火를 用神하여 쓰는 것이 좋으니 丁火와 甲木이 天干에 투간되면 불꽃이 강렬하므로 반드시 소년 급제한다.

丁火가 있더라도 甲木은 없고 壬·癸水도 있고 庚金이 투간되어 있으면 生濫이라, 즉 生하여 넘침에 해당된다. 이때 두 개의 丁火가 있으면 吉命 이다. 金水가 많아 청랭(淸冷)하니 丁火의 조후가 없으면 청빈(淸貧)해진다.

丁火가 하나만 투간되고 午火에 根하면 독재격(獨財格)이 되었으니 집안이 金과 玉으로 가득하니 부자가 되는 동시에 貴까지 얻게 된 것은 午中己 土가 있어 財官이 同柱하기 때문이다. 申月에 癸水日主가 原局에 未土와 戌土가 함께 있으면 평범한 사람에 불과하다.

印綬格
水忌神, 金仇神, 土用神, 火喜神, 火調候用神

丙辰	癸酉	戊申	壬子	坤命
71	61	51	41	31	21	11	1	
庚子	辛丑	壬寅	癸卯	甲辰	乙巳	丙午	丁未	大運

申月 癸水日主가 金旺계절에 출생하여 戊土司令인데 戊土가 투간되고 丙辰時가 되어 신약 으로 출발하나 申子辰水局에 壬水가 투출하고 金水가 旺해 弱變爲强하다.

> 月上戊土는 時支辰土에 根하여 用神으로 쓰고, 丙火를 喜神으로 쓴다.
> 사주 전체가 한습(寒濕)하니 丙火가 조후용신(調候用神)도 된다.

旺水를 막아야 하니 戊土가 필요하다. 辰土는 丙火가 있어 말려주고 帶宮 이라 戊土의 根이 된다. 초년에 火土人運으로 吉運이니 유복한 가정에서 태어나 잘살았고 巳火大運에 나이 많은 사업가 남자와 결혼했다.

印綬格 | 火用神, 木喜神, 水病神, 土藥神

丙辰	癸卯	壬申	己未	乾命

74	64	54	44	34	24	14	4	
甲子	乙丑	丙寅	丁卯	戊辰	己巳	庚午	辛未	大運

申月 癸水日主가 金旺계절에 출생해 壬水司令이고 申辰水局이고 壬水가 투출되므로 癸水日主가 신왕하다.

己未七殺이 月支申金에 土生金으로 殺印相生이 되고 日支에 卯木이 卯未木局으로 木剋土하니 己未土로 旺水를 막지 못한다. 卯未木局으로 旺水를 泄氣하여 食神生財가 되니 丙火가 用神이다. 만약 酉月이면 卯酉冲으로 卯未木局이 안 된다.

壬水가 旺해서 丙火를 끄려고 하여 病神이고 己土가 壬水를 다른 곳으로 흐르게 하여 눈물을 머금고 藥神으로 쓴다. 己土濁壬이 되어서 나쁘게 될 것 같으나 木이 濁水를 淨水하니 淸水가 된다.

金大運에 나쁘고 火大運에 좋고 辰土大運에 申辰水局으로 比劫이 되어 奪財가 되니 돈이 나가 약간 어려우나 戊辰 藥神大運이라 넘어간다. 丁卯 丙寅大運에 잘나간다. 格이 淸해지므로 貴해진다.

印綬格, 傷官生財格
金忌神, 土仇神, 木用神, 水喜神, 金病神, 火藥神

甲寅	癸卯	戊申	丁酉	乾命

76	66	56	46	36	26	16	6	
庚子	辛丑	壬寅	癸卯	甲辰	乙巳	丙午	丁未	大運

申月 癸水日主가 金旺계절에 출생해 庚金司令이니 秋水通源으로 물이 마르지 않는다.
申月이라 印綬가 旺하여 忌神이고 官은 旺한 印綬를 生助해 仇神이다.

印綬가 많아 신왕하면 財星이 用神이 되는데, 財星이 뿌리가 약해 財星을 生助하는 傷官 甲木用神이고, 水喜神이며 金病神에 火藥神이다. 傷官生財하고 土를 쳐주는 것은 좋다. 傷官生財하니 富命이다.

寅申冲, 卯酉冲하니 甲木은 申月 金氣에 뿌리가 傷하여 약하다. 火·木·水

運에 좋다. 운세가 좋아 국가에 祿을 먹고 한평생 좋다.

> 印綬로 신왕이 된 사주는 官이 필요치 않다. 신약하면 食傷을 用神으로 못 쓴다. 이 사주는 傷官用神에 比劫이 喜神이요, 印星이 病이고, 財가 藥神이다.

印綬用印綬格,　　天干：濕土吉神, 燥土忌神
火忌神, 金用神, 濕土喜神, 火病神, 木仇神, 水藥神

丁巳	癸巳	丙申	丙午	乾命

77	67	57	47	37	27	17	7	
甲辰	癸卯	壬寅	辛丑	庚子	己亥	戊戌	丁酉	大運

申月 癸水日主가 金旺계절에 출생하여 壬水司令이고 金生水하니 신왕으로 출발하나 여섯 개의 財星이 있으니 강변위약 사주가 되었다.
火旺하여 金이 녹고 水도 증발되니 金用神에 土喜神이요, 火病神이고 水藥神이다.

戊土大運에 旺火를 泄氣시키니 무해무덕하고, 火旺한데 戊大運에 처음은 午戌火局이 되니 산천초목이 전부 화염에 휩싸인다. 나중에는 戊土대운에 旺火入墓되어 부모가 돌아가시거나 파산한다.

己土大運에 濕土가 火氣를 누르고 生金하니 좋고, 庚子·辛丑大運에 日主가 신왕해지니 돈을 많이 벌고 壬水大運까지는 좋다.

寅木大運에 寅午戌火局으로 金을 剋하고 寅申冲하여 戊申年 卯月 壬戌日에 화재로 죽었다. 用神冲에 寅巳申三刑으로 大運의 대세를 막지 못한다.

> 申月 癸水는 정력이 마르지 않아 이성관계가 복잡해진다. 불이 많아서 조열해지니 이 사람이 해결사가 된다. 결국 사주는 많은 것으로 망한다. 불이 많으면 불로, 물이 많으면 물로 망한다.

時上偏財가 있으면 여자들이 돈을 보고 접근한다. 庚子大運에 여자가 많이 따른다. 주변에 여자가 많은데 寅巳申三刑이라 사귀다 헤어졌다 힌다. 亥水大運에 巳亥冲하면 여자가 안 따른다.

印綬格　【印綬格에 官이 투간되고 食神까지 있으니 교직생활 한다】
土用神, 火喜神, 木病神, 水仇神, 金藥神

甲寅	癸未	庚申	戊子	坤命
76	66	56	46	36	26	16	6

| 壬子 | 癸丑 | 甲寅 | 乙卯 | 丙辰 | 丁巳 | 戊午 | 己未 | 大運 |

申月　癸水日主가　金旺계절에 출생해 庚金司令이고 申子水局인데 月上에 庚金이 투출해 생조하니 신왕이다.

申中庚金이 투출되어 印綬格에 喜官이라 用神을 官으로 쓴다.

土用神에 火喜神이며 木病神에 水仇神이며 金藥神이다.

甲木이 있으니 물은 정화되어 깨끗하고 戊土가 있어 경관이 좋다. 正官이 年에서 官印相生하니 집안이 좋다. 어려서 총명하고 공부를 잘한다. 戊土 用神인데 戊土大運에 傷官見官이 되나 庚金이 막아주니 넘어간다.

午火大運에 木生火 火生土로 통관시켜 40까지 運이 좋아 학교선생님으로 공직생활을 한다. 火大運에 남편이 대학교 토목건축과 교수다. 辰大運에 申子辰水局이 되고 다시 旺水가 入墓되니 죽고 싶은 심정이다.

남편이 바람둥이가 되었던 것은 日支 기준에서 보면 子水가 桃花인데 官星이 桃花를 깔고 앉아 있기 때문이다. 본인이 교편생활을 그만둔 것은 印綬가 空亡이고, 印綬가 空亡이면 언젠가는 교직생활을 그만둔다.

乙卯大運에 乙庚合하면 甲木이 戊土를 剋해 이혼하고 戊土가 用神인데 子水를 달고 있으니 밤에 山寺에 자주 올라가 기도하러 다니다 戊土를 만나는데, 山中의 官이니 승려이고 子水比劫을 달고 있으니 대처승이다.

부처님을 모시고 살려고 나이 많은 대처승과 재혼했다. 전 남편이 자식들 학비로 월급 절반을 항상 보내준다. 官印相生이 되므로 좋다. 甲寅大運에 木剋土하니 남편이 돈을 안 준다. 자식들이 다 컸기 때문이다.

癸未年에 戊癸合으로 印綬를 生하지 못한다. 甲寅大運 甲申年에 寅申冲해 食傷을 剋하니 활동이 끝난다. 甲木이 戊土用神을 剋하니 運이 끝이다. 甲申年은 食神驛馬가 되니 자식 집으로 이사한다. **食傷을 剋하면 활동을 중지하고 官을 剋해도 활동을 중지한다.** 寅申冲해 印星도사가 도망가니 공부하기 싫어진다. 寅未鬼門關殺인데 寅申冲하면 귀문관살도 사라진다.

印綬格 破格 | 水忌神, 通關 木用神, 金病神, 火藥神

壬子	癸亥	丙申	丙午	坤命
77	67	57	47	37	27	17	7
戊子	己丑	庚寅	辛卯	壬辰	癸巳	甲午	乙未	大運

申月 癸水日主가 金旺계절에 출생하여 庚金司令으로 金生水하고 水가 많으니 신강하다.

月에서 金生水하니 印綬格으로 체면을 중요하게 생각을 하는 사람인데 財剋印으로 印綬格이 깨지면 체면을 접는다. 金印綬가 화염에 녹으니 모친 덕이 없다.

印綬가 어머니 젖인데 剋傷 당해서 없어 유모 젖을 먹고 자라거나 분유를 먹고 자란다. 印綬는 이웃집인데 이웃집 아주머니 젖을 먹고 자랐다.

印綬가 剋傷 당하면 공부는 짧지만 두뇌가 좋고 생각이 많다. 하루도 편할 날이 없는데 火剋金으로 正印을 剋해 그렇다.

癸亥日柱에 子時는 丙午를 쳐다보면 밤하늘의 별빛이니 밤중에 영업을 하는 장사가 좋다.

水가 많아 水旺하니 물장사인데 桃花와 合을 하거나 日主와 午火가 暗合을 하면 午中己土가 財官이 되니 색을 파는 주점으로 미아리 텍사스촌 포주로 술과 색을 판다.

身旺財旺하고 大運이 좋으니 돈을 많이 번다. 日支에 亥中甲木이 用神이다. 日支나 時支에 傷官은 서비스가 만점인데 인사를 잘한다. 傷官 生財하니 힘든 일은 안 하고 쉽게 돈을 벌려고 한다.

火運에 印綬가 죽으니 傷官이 살아나 체면을 접고 산다. 傷官은 性器인데 色情으로 돈이 되면 무엇이든 다 한다.

天干 財는 낮에 만나는 사람이고, 地支에 財는 밤에 만나는 사람이니 밤낮으로 서방이 끊이지 않는다.

年柱에 午中己土 官은 늙은이 時支에 桃花는 年下 男子이다. 남편은 백두노랑으로 늙은이고, 애인은 年下 남자다. 土官이라 水日主는 白頭老郎인데 年柱에 있으면 100%다.

12 酉月 癸水 | 유월 계수

酉月의 癸水는 丙火와 辛金이 吉神이니 丙火와 辛金이 함께 투출하면 귀명이다. 丙火가 투출하고 辛金이 암장을 하거나, 辛金이 투출하고 丙火가 암장되면 중격이다.

만약에 火土가 旺하고 天干에 金이 있으면 金生水하여 의식은 있다. 재다 신약 사주에 유산을 받아 부자이면 밤낮으로 병원에 누워 있게 된다.

가을에 싸늘하여 丙火는 조후로 쓰고, 辛金은 生水하기 위해서 쓴다. 酉月 癸水는 辛金이 水源處가 되므로 金白水淸으로 辛金을 取用한다.

丙火가 도우면 이를 일러서 金水가 따뜻하면 인덕이 있다. 丙火와 辛金은 떨어져 있으면 吉하고 天干에 兩者가 투출하면 과거시험에 장원급제한다.

丙火가 투출하고 辛金이 암장해 있으면 급제는 하나 명성이 적다. 丙火와 辛金이 地支에만 있으면 福人은 되나 명성과 급제는 안 된다. 火剋金이 많으면 평인에 불과하다. 그래서 酉月 癸水는 辛金과 丙火를 竝用한다. 水旺하여 사주가 한습하면 인정이 없다.

辛金은 까다로운 성격인데 따뜻하면 까다롭지 않다. 庚金은 金白水淸이 안 된다. 辛金은 보석인데 쇠약하면 庚金으로 보호해야 하므로 불순물이 섞여 순도가 떨어지게 된다.

偏印格, 傷官生財格
水忌神, 火用神, 木喜神, 水病神, 燥土藥神

甲寅	癸亥	辛酉	癸丑	乾命
75	65	55	45	35	25	15	5
癸丑	甲寅	乙卯	丙辰	丁巳	戊午	己未	庚申	大運

酉月 癸水日主가 金旺계절에 출생해 辛金司令인데 辛金이 투출되고 酉丑金局에 金生水하니 신왕하다.
月上辛金이 투출해 月支酉金에 根하니 偏印格이 成格되었다.

金水가 중중하여 신왕하고 時上에 甲寅 傷官이 傷官生財格으로 癸水가 酉月에 生하여 年支丑土와 酉丑金局에 辛金과 癸亥水가 있어 身旺하므로 木으로 泄氣시켜야 한다. 寅中丙火가 있고 辛金이 투출되어 귀격이다.

사주가 寒濕하여 寅中丙火가 用神이고 木喜神이며, 水病神에 土藥神이다.

부족한 것을 찾는 것이 인지상정이라 財를 추구하는데 巳午未 여름으로 운을 만나니 잘나가게 된다. 인품이 온화하므로 마음이 너그럽고 남을 위해 자상하게 도와주며 남을 배려하는 마음이 크다.

假傷官格이고 官이 印綬로 변해 안 친다. 火運에 火生土하니 관청에서 인정받는다. 丑土 官이 약하다고 보지 마라. 운에서 生해주니 명예가 있다.

신왕한데 假傷官格은 심부름을 잘한다. 辰土大運에 生金하니 나쁘다가 癸丑大運에 끝이다. 官은 떨어져 있고 印綬旺에 傷官이 있으니 선생을 하는 것이 아니라 丙火用神이라 사업한다. 나이 들어 丙火大運에 국회의원에 출마하면 당선된다.

※假傷官格은 官을 剋하지 않고, 眞傷官格은 官을 剋한다.

潤下格, 控祿格
水用神, 金喜神, 土病神, 木藥神

癸亥	癸丑	辛酉	癸亥	坤命
71	61	51	41	31	21	11	1	
己巳	戊辰	丁卯	丙寅	乙丑	甲子	癸亥	壬戌	大運

酉月 癸水日主가 金旺계절에 출생해 辛金司令인데 水旺하니 潤下格으로 從格이다.
亥丑에서 控挾으로 子水 祿을 끌어오니 控祿格이 되어 潤下格과 控祿格으로 格이 좋다.

초년에 壬戌·癸亥大運으로 가니 富貴家門에서 태어나 金枝玉葉으로 자라 甲子大運에 멋있는 사람과 결혼을 성대하게 했는데, 이유는 控祿格인데 眞身이 들어왔기 때문이다.

潤下格은 官運을 꺼린다. 旺水를 못 막기 때문이다. 戊辰大運부터 運이 없으니 조용히 살아야 한다. 格이 중요하다.

甲子에서 丁卯大運까지 旺水가 泄氣되니 좋다. 이유는 亥中甲木으로 泄氣되어 그렇다. 甲木이 長生이라 亥中甲木 氣運이 旺하다.

그러나 時支가 亥時가 아니고 子時라면 大運에서 木運이 들어오면 도둑
이다. 이렇게 되면 水를 泄氣시키는 것이 아니고 빼앗아 가는 것이다.
사주 原局에 원래 木이 조금이라도 있어야 木運에 泄氣가 더 잘되는데,
아예 없으면 빼앗아 가는 것이다.

金白水淸格, 偏印格
金忌神, 火用神, 木喜神, 水病神, 燥土藥神

丙辰	癸酉	乙酉	乙巳	坤命

77	67	57	47	37	27	17	7	
癸巳	壬辰	辛卯	庚寅	己丑	戊子	丁亥	丙戌	大運

酉月 癸水日主가 金旺계절에 출생해 庚金司令이고 巳酉金局으로 癸水日主가 辰中癸水에 着根을 하고 金生水를 받으니 金白水淸에 신왕하다.

丙火用神이고 木喜神이며 水가 病神이며 燥土가 藥神이 된다. 戊土大運까지 그런대로 넉넉하게 살았고, 子水大運에 시집가서 巳火를 水剋火하니 시집가서 시어머니로부터 시집살이를 하고 구박을 당한다.

子水大運에 남편이 교통사고가 났다. 보험회사에 다니다가 핸드폰 장사를 하는데 잘 안 된다. 보험회사에 다닐 때 남편 앞으로 생명보험을 들어 놓아 유용하게 썼다.

己土大運에 木剋土로 反冲하니 남편이 길에서 쓰러져 보상금을 탔는데 그 보상금으로 불고기 음식점을 해볼까 한다. 庚金大運까지 나쁘고, 寅木大運에 좋다가 辛卯大運에 丙辛合에 卯酉冲하니 끝이다.

13 戌月 癸水 | 술월 계수

戌月의 癸水는 失令한 弱水이다. 辛金이 있어 生助함이 吉하고 辛金이 없으면 庚金으로 生助함이 次吉하며 또한 比劫의 방조(幇助)가 있으면 吉命이다. 土가 太旺하면 甲木으로 소토함이 吉하고 辛金과 甲木이 투출하고 癸水比劫이 暗藏되어 있어 有氣하면 吉命이다.

癸水日主가 根하여 有氣하면 木火가 투출해도 무방하다. 癸水日主는 약수 인데 庚金은 旺하므로 金이 너무 旺하면 癸水는 金多水濁이 되니 그래서 辛金이 필요하다.

> 戌月 癸水는 때를 잃어 뿌리가 없고, 戌土가 세력을 얻어 장악하고 있어 制剋됨이 너무 심해 辛金으로 水源處가 되어 生水하게 함이 필요하다.

土氣가 旺하면 殺이 旺하니 比劫인 水가 生木하여 木을 자양시켜 土를 木으로 소토해줌이 吉하다.

혹여 辛金과 甲木이 투간되고 地支에 亥子水가 있으면 입신양명을 한다. 旺水가 있어 官殺이 一官이나 一殺인 경우에 官用하니 財運에 양명한다.

財滋弱殺인데 財가 있으면 財生官으로 明官跨馬가 된다. 甲木과 辛金이 있고 癸水가 없어도 官印相生되니 君主의 총애를 받는다. 癸水와 甲木은 있고 辛金이 없으면 官印相生이 안 되도 富하나 貴는 없다.

甲木은 있고 癸水와 辛金이 없으면 평인에 불과하고, 甲木과 辛金이 없으 면 빈한하게 살게 된다.

兩干不雜, 官用官格 公務員 │ 水忌神, 土用神, 火喜神

壬戌	癸酉	壬戌	癸亥	乾命
76	66	56	46	36	26	16	6

甲寅	乙卯	丙辰	丁巳	戊午	己未	庚申	辛酉	大運

戌月 癸水日主가 金旺계절에 출생, 戌土司令으로 미약하나 酉金이 金生水하고 壬癸水가 투출되어 약변위강하다.

신왕하여 오히려 戌中戌土를 用神으로 쓰는데, 戌中丁火와 戌土가 있어서 잡기재관격으로 보기 쉽다. 己未大運에 공무원이 되었다.

> 잡기재관격(雜氣財官格)이 되려면 年支에 酉金이 있어야 하는데, 亥水가 있어 戌土에 스며들면 戌中丁火를 끄고, 亥中甲木이 戌中戌土를 剋하고 日干을 도우니, 雜氣財官格은 파격(破格)이 되고 兩干不雜格으로 본다.

陰과 陽이 어울려 있어서 진퇴가 분명하고, 강할 때는 강하고 져줄 때는 너그럽게 져주므로 패하면 승복을 한다. 兩干不雜格은 貴格으로 인물이 좋고 귀태가 난다. 국세가 순수하고 辛酉·庚申大運에는 발전이 없다가 己未大運에 행정관으로 들어간 공무원이다. 丁火大運까지 인덕이 있고 財官이 用神이니 처자도 좋다.

丁巳大運에 天干에 丁火가 있으니 巳火는 金局으로 안 간다. 그러나 巳火大運에 巳亥冲으로 퇴직해 관복을 벗는다. 丙火大運에 吉하고 辰土大運에 辰戌冲으로 用神을 冲하고 病을 도우니 흉하다. 자식 때문에 돈과 명예가 함께 나간다.

乙卯大運에 用神을 剋해 나쁘다. 亥未木局으로 木剋土하고 卯酉冲한다. 卯酉冲은 현침충(懸針冲)이라 허리가 아파서 침을 맞으러 다닌다. 火土가 부실해서 高官은 되지 못한다.

雜氣財官格 | 水忌神, 金仇神, 土用神, 火喜神

壬戌	癸酉	壬戌	癸丑	乾命
73	63	53	43	33	23	13	3	

戌月 癸水日主가 金旺계절에 출생해 丁火司令인데 壬癸水가 투간하고 酉丑金局이 生水하니 신왕하다.
丑戌刑이라 官이 깨져 관계진출은 못한다. 官刑하니 직업갈등으로 직장에 오래 못 다니고 기술계로 가야 한다.

華蓋 官을 刑하면 화려한 쪽으로 가려고 한다.

마땅한 직업을 갖기 어려우니 살길은 장사나 기술 쪽으로 가야 한다. 辛酉·庚申大運에 집안이 어려워 학력이 낮으니 고생이 많게 된다.

己未大運에 상업으로 돈을 벌었다. 官星이 깨지면 貴하지 못하고 大富도 못 된다.

比劫이 많고 官을 刑冲하면 官이 부실하니 돈만 있으면 군겁쟁재로 돈을 뜯어 간다. 官이 약해 지키는 복이 약하다. 年月柱에 官刑이라서 앞 자식 둘은 속을 썩이고 時支 戌土 官用이니 막내가 효자다.

大運 辛酉 庚申 己未 戊午 丁巳 丙辰 乙卯 甲寅

雜氣財官格 | 水用神, 金喜神, 土病神, 木藥神

甲寅	癸未	壬戌	癸卯	坤命
76	66 56	46 36	26 16	6	
庚午	己巳 戊辰	丁卯 丙寅	乙丑 甲子	癸亥	大運

戌月 癸水日主가 金旺계절에 출생해 戊土司令인데 卯未木局에 甲寅木이 泄하니 신약하다. 甲木이 있어 좋고 辛·庚金이 있어야 하는데 없어서 아쉽다. 어려서 亥子丑 水運에 吉하고

甲木大運에도 木剋土하니 괜찮고 丙寅·丁火大運에 어렵게 살게 된다.

正·偏官이 자리가 바뀌어 있어서 이별이다. 女子사주의 他柱에 正官이 있고 日支에 偏官이 있으면 本夫해로 못하고 재가하게 된다. 戌未刑이라 남편이 깨져 丑土大運에 三刑이 되니 쫓겨난다.

傷官見官하면 남편이 구타하는데 신약에 官殺혼잡이 되면 더욱 그렇다. 戊辰大運에 시름시름 아프다가 辰土大運에 用神入墓되니 죽는다.

14 亥月 癸水 | 해월 계수

亥月의 癸水는 亥中甲木이 암장에 있는데 干支에 木氣가 많으면 제습하는 戊土를 剋하게 되고 陰水가 설기되어 기운이 없으니 庚辛金이 있어서 旺木을 制剋하고 日干을 生助하면 길하다.

亥月 癸水는 한기가 旺하니 丙火가 조후를 하고 戊土로 제습해야 吉命이 된다. 金水가 旺하면 火土가 吉神이고, 火土가 太旺하면 金이 吉神이다. 亥月의 癸水는 旺한 가운데 약하게 될 수 있다. 亥中甲木이 傷官이 泄氣하니 庚金을 쓰게 되면 妙格이 되어 貴命이 된다.

庚金이 天干에 투출하여 丁火의 손상을 받지 않으면 공명을 얻을 수가 있다. 혹시 地支에 木局을 이루고 丁火가 투출하면 木이 旺하고 生火가 왕성하여 庚辛金을 剋하여 生水를 못하게 한다면 반드시 청하나 가난한 선비가 된다.

木局을 이루면 從兒格이고 木局에 丙·丁火가 보이면 從財格이 되어 이로

공명(異路功名 : 예능, 기술, 과학)한다. 地支에 子水가 있고 天干에 壬水가 투간되면 水氣가 왕성하니 戊土의 제방이 없으면 겨울 물이 너무 거세서 늙어 죽을 때까지 파란만장한 고난을 겪게 된다. 그러나 戊土가 天干에 나와 水를 제압하여 준다면 청귀(淸貴)한 벼슬을 한다.

이때 庚辛金이 있어 丁火의 조절됨을 얻게 되면 명리쌍전(名利雙全)함을 얻게 되나, 丁火를 보지 못하면 박복한 사람이다. 戊土가 없더라도 丁火가 뜨면 명리쌍전(名利雙全)하는데 丁火는 根이 없어도 亥中甲木이 있어 丁火를 生하니 괜찮다. 혹 火가 많으면 財多身弱으로 外華內貧이다.

金水가 많으면 윤하격이 성격되어 대격인데 財星에 의해 파괴되면 한날 기술자에 불과하다. 亥月의 癸水는 木이 旺하면 庚辛金이 用神이고, 金水가 旺하면 火土가 用神이며, 火土가 성하면 金이 用神이다.

亥는 核인데 丁火가 투간하면 핵무기에 뇌관을 장착한 格이다. 財多身弱한 사주가 부동산이 있으면 현금이 없고, 현금이 있으면 적막강산이 되어 고독하고 심란하다. 財物이 많으면 官이 旺해지니 병원신세를 진다.

潤下格 │ 水用神, 金喜神, 土病神, 火仇神, 木藥神

壬戌	癸酉	辛亥	壬申	坤命
71	61	51	41	31	21	11	1
癸卯	甲辰	乙巳	丙午	丁未	戊申	己酉	庚戌	大運

亥月 癸水日主가 水旺계절에 출생하여 戊土司令인데 金水가 중중하니 태왕하다.
金水가 태왕하여 地支 戊土로 제방을 못한다. 丁火가 있으면 火土가 用神인데 丁火가 없다.

從旺格, 潤下格으로 水用神이고 金喜神 戊土가 病神이고 木이 藥神이다.

官忌神이면 부부 사이가 나빠진다. 30세 전까지는 집안이 좋아 잘살았다. 초년에 庚戌, 己酉, 戊申으로 土生金이 되어 土가 泄氣되어 土剋水를 안 한다. 年·月柱에 用神과 喜神이 있으니 좋은 집안에서 출생했다. 좋은 가문과 인연이 되는 것은 日時柱가 用神과 喜神이 있기 때문이다.

申金大運에 집안이 좋은 남자와 결혼했다. 丁火大運은 소득과 이해관계를 보는데 群劫爭財에 壬水가 爭合하니 재산다툼이 생긴다. 財運이 와도 내 돈이 아니다. 戊亥天門이 空亡이 되고 운이 없어 사회생활을 못하니 절에서 살아야 한다. 아니면 길거리에서 노점상을 한다. 財官이 약하고 時에 忌神이 있으면 자식이 없다.

未土大運에 戌未刑이 되고 亥未木局이 되어 木剋土하니 이혼하고 佛敎에 귀의한다. 신왕한데 재관무의(財官無依)면 승도지명(僧徒之命)이다. 戌亥가 天門에 華蓋까지 있어 比丘尼가 되었다. 丙午大運은 午戌合하여 生官하니 나쁘고 군겁쟁재(群劫爭財)되어 나쁘다. 巳火大運에 巳亥沖하면 亥中甲木이 藥神인데 藥神이 깨져 해로움이 크니 교통사고를 당하기 쉽다.

甲·乙木大運은 木剋土하여 좋고 辰土大運에 忌神을 辰戌沖하니 좋을 것 같으나 用神이 入墓되니 끝이다. 多逢比劫에 고집이 강하고, 異女同夫라 남편이 바람피워 결국 이혼했다. 從旺格에 運이 나쁘면 답답하게 되니 돌 파구를 찾아 宗敎에 귀의한다.

時上偏財格
水忌神, 火用神, 木喜神, 水病神, 土藥神

丁巳	癸酉	癸亥	戊辰	坤命
77	67	57	47	37	27	17	7	
乙卯	丙辰	丁巳	戊午	己未	庚申	辛酉	壬戌	大運

亥月 癸水日主가 水旺계절에 출생하여 壬水司令이고 金水가 旺한데 月干癸水가 年干戊土를 戊癸合하여 기반되어 못 쓰고 時上丁火가 巳火에 착근하여 用神이 된다.

合官用財格이 되었다. 火用神을 生하는 亥中甲木이 젖어 있으니, 生火가 안 돼 大格이 못 된다. 用神이 정해지면 用神을 生하는 喜神이 튼튼해야 된다. 喜神이 없으면 大格이 못 된다.

辛酉·庚申大運은 用神이 무력하니 남편이 능력이 없어 맞벌이하면서 사이좋게 산다. 巳中戊土가 남편인데 쪼그리고 앉아 있으니 여자에게 주권이 있다. 己未大運에 官殺혼잡되고 癸己沖으로 戊癸合이 풀리므로 戊辰 白虎大殺이 살아났기 때문에 남편이 죽는다.

巳午未大運이 좋아 재혼하면 재물이 많은 남자를 만난다. 運이 좋아 능력이 있는 남자다. 辰土大運에 旺水入墓에 火가 泄氣되니 끝난다.

潤下 假傷官格 | 木用神, 水喜神, 金病神, 土仇神, 火閑神

壬	癸	辛	壬	乾
子	亥	亥	申	命

75	65	55	45	35	25	15	5	
己	戊	丁	丙	乙	甲	癸	壬	大
未	午	巳	辰	卯	寅	丑	子	運

亥月 癸水日主가 水旺계절에 출생하여 壬水司令인데 壬水가 투출되고 金生水하니 潤下格의 성격을 띠고 있다.

金水雙淸格이라 얼굴이 예쁘고 깨끗하고 마음씨도 곱다.

月日에 亥中甲木으로 好泄精英하니 假傷官格이다. 水木 大運으로 흐르니 집안이 좋고 자존심이 강하고 똑똑하다. 水가 많은 사람은 유혹에 약하다.

丙火大運은 丙辛合이 되어 그냥 넘어가는데 辰土大運에 水가 入墓되면 물이 줄어들어 甲木이 나와 木剋土하니 괜찮다. 申子辰水局하니 나쁘지 않다. 丁火大運에 군겁쟁재로 나쁘고 巳火大運에 巳亥冲하면 亥中甲木이 깨져 旺水가 泄氣가 안 되어 水火相戰이니 혈압으로 병원에 입원한다.

傷官生財格
水忌神, 金仇神, 火用神, 木喜神, 水病神, 土藥神

戊	癸	辛	壬	乾
午	酉	亥	寅	命

72	62	52	42	32	22	12	2	
己	戊	丁	丙	乙	甲	癸	壬	大
未	午	巳	辰	卯	寅	丑	子	運

亥月 癸水日主가 水旺계절에 출생하여 壬水司令인데 金水가 중중하니 신왕하다.

比劫이 旺하면 戊土官을 用神으로 써야 하는데 뿌리가 약해 用神으로 못 쓰고 寅午火局이니 旺하여 財星이 用神이다. 戊土 官이 있어 명예욕이 강하고 財局이라 사업하려는 마음이 항상 있다.

남자미용사인데 甲寅·乙卯大運까지 미용업으로 돈을 벌어 땅을 샀다. 42세부터 丙火大運인데 辛金과 丙辛合하여 묶이므로 이때부터 運이 없다.

> 火가 用神이라도 地支에서 用神이 있으면 地支로 大運이 와야 하는데, 天干으로 오면 合冲관계를 잘 보아야 한다.

미용실을 강남에다 크게 내려고 하였는데 제동이 걸렸다. 用神大運이라도 比劫이 많으면 爭財하니 동업하면 싸운다. 丙辰大運에 10년 동안 나쁘다.

丁火大運에는 회복이 된다. 辛金을 剋하고 用神이라 좋고 巳火大運에는 巳亥冲에 巳酉金局이 되어 나쁘다.

時上傷官格 | 水忌神, 金仇神, 木用神, 火喜神

甲寅	癸亥	乙亥	己亥	乾命
80	70	60	50	40	30	20	10
丁卯	戊辰	己巳	庚午	辛未	壬申	癸酉	甲戌	大運

亥月 癸水日主가 水旺계절에 출생해 壬水司令으로 신왕하고 傷官도 旺하다.

傷官重重해 변변한 직장이 없다. 比劫이 많아 己土官으로 제습을 해야 되나 뿌리가 없고

財星도 없어서 너무 약해서 못 쓰는데 더구나 傷官이 制殺太過가 되므로 하는 일마다 되는 일이 없다.

> 이 사주는 印星이 없고 制殺太過하니 직장에 들어가면 사장이 능력 없고 직장이 망하거나 마음에 들지 않아 그만두게 된다.

印綬가 根이 있고 傷官見官하면 검찰, 안기부, 경찰관, 의사인데 印綬가 없어 학력이 없으니 경비나 해야 할 팔자다. 도로 교통정리나 주차장에서 주차관리를 하는 직업이 되기 쉽다.

金白水清格 | 水忌神, 金仇神, 火用神, 木喜神

癸丑	癸酉	辛亥	丁巳	坤命
79	69	59	49	39	29	19	9
己未	戊午	丁巳	丙辰	乙卯	甲寅	癸丑	壬子	大運

亥月 癸水日主가 水旺계절에 출생해 戊土司令이나 酉丑金局이고 辛金과 癸水가 투출하여 신왕하다.

酉丑金局에 金白水清이 되고 巳火가 巳亥冲하여 꺼지므로

巳酉丑金局되니 財가 뿌리가 없어진다. 水가 중중하니 외국에 나가는데

癸丑大運에 미국인과 연애를 하였다.

巳中戊土가 官인데 水旺하고 官이 地支에 있으면서 미약하니 직장 운이 나빠 좋은 직장은 취직이 안 된다.

> 甲寅大運에 旺水를 泄氣시키니, 좋은 것은 사주원국에 亥中甲木이 있기 때문이다. 乙卯大運도 亥卯木局으로 卯酉冲 작용은 안 한다.

巳酉丑金局에 辛金이 透出하여 무서워 甲木이 못 나온다. 운에서 合으로 木이 오면 泄氣를 잘 시킨다. 군비쟁재(群比爭財)일 때 취업하려고 하면 경쟁자가 많아 떨어진다.

巳酉丑金局으로 印綬라 공부를 많이 한다. 水旺에 火가 弱하니 인터넷으로 컴퓨터 장사를 한다. 官이 역마라 외국인과 결혼해 살고 싶단다.

15 子月 癸水 │ 자월 계수

子月의 癸水는 엄동설한에 한기가 매우 심하니 丙火로 조후하여 해동함이 급선무다. 天干에 丁火가 있고 地支에 寅·午·戌·未·巳字 중에 한 자라도 있어 通根이 되고 대운이 동남으로 흘러가면 부귀하다.

戊土가 투출하면 財官이 旺해지니 이때는 辛金이 있어 生水해야 하는데 戊土가 있으면 埋金을 시키니 甲木으로 疏土해줌이 좋다. 辛金이 없으면 甲木으로 疏土가 필요 없다. 剋泄로 太弱해지기 때문이다.

財官이 왕성하면 戊土가 病이며 日干이 약해지니 辛金이 水源處가 되어 生水하고 日干 癸水는 甲木을 生助하여 戊土를 제거해야 길하다.

癸水가 子水를 보면 建祿이 되니 정직하고 품위가 있는데 丙火가 있어야 따뜻해져서 인정도 있고, 얼음이 녹아서 흘러가니 한 우물을 파는 성격이 되어 공부해도 끝까지 한다. 그러나 丙火가 없으면 물이 얼어서 흐르지 못해 반대로 사람이 둔하다.

戊土가 있으면 물을 막으니 흘러가지 못한다. 신왕할 때 戊土透出하고 甲木이 있어 제방을 剋하면 나빠지는데 辛金이 있어 甲木을 制剋하므로 辛

金이 도움이 된다. 甲木이 없을 때는 辛金은 도움이 되지 않는다.

子月 癸水는 水旺계절이니 金水가 旺하면 좋지 못해 火土가 吉神이 된다. 丙火가 있으면 얼었던 물은 해동함이 좋으니 丙火가 있으면 조후가 되어 물이 흐른다.

庚金은 劈甲生火도 하지만 金生水하니 不用하고 生水가 안 되는 辛金이 필요하다. 火가 없으면 金도 얼어서 金生水가 안 되므로 이것을 천한지동(天寒地凍)이라 한다. 子月에는 丙火가 없이 辛金만 있으면 좋지 않다.

丙火가 투출하여 해동하면 水도 따뜻하고 金도 따뜻해야 서로 생조하고 丙火와 辛金은 멀리 떨어져 있어야 길하고, 壬水는 없어야 길하며 이와 같으면 장원급제를 한다. 요즘 같으면 사시나 행시에 합격하여 고위직에 오르므로 부귀를 누리게 된다.

天干에 壬水가 투간하고 丙火가 없으면 가난하여 빈천하다. 癸水가 투출하면 먹을 것이 부족하여 빈곤한 사람으로 산에 기도하러 다닌다.

地支에 水局을 이루고 丙火가 두 개 정도 투간되어 있으면 高貴한 사람으로 세계를 일주한다. 地支에 金局인데 丙火가 없으면 또한 빈천하다.

印綬局에 癸水는 잡념이고 폭설이 되니 밖에 나갈 수 없는 格이라 그래서 地支에 印綬局이 되면 신선이 되는 것이다.

甲木 ······························	한국
丙火 癸水 ······················	영국, 캐나다, 호주, 뉴질랜드
乙木 丙火 ······················	일본, 남미, 동남아시아
戊土 ······························	중국, 몽골
庚金 ······························	미국 연방, 유럽 연합
壬水 ······························	알래스카, 구 소비에트연방 등으로 본다.

建祿格, 食神生財格
水忌神, 金仇神, 火用神, 木喜神, 水病神, 土藥神

乙卯	癸丑	丙子	己巳	乾命
79	69	59	49	39	29	19	9
戊辰	己巳	庚午	辛未	壬申	癸酉	甲戌	乙亥	大運

子月 癸水日主가 水旺계절에 출생해 癸水司令인데 巳丑金局으로 생조하니 신왕하다.
한랭한 사주인데 丙火가 年支 巳中丙火에 根하여 조후하니 물이 흘러간다. 乙卯木이 泄氣

하고 土剋水하니 신약한 듯하나 巳丑金局으로 金生水하니 약하지 않다.

水忌神에 金仇神이며 火用神이고 木喜神이며 水가 病神이고 土藥神이다. 戊土大運에 군에 입대하여 癸酉大運에 고생하다가 壬水大運에 진급되어 丙火가 빛이 나니 찬란해진다. 木이 있어 탐생망극(貪生忘剋)하는 이치다.

申金大運에 正財 巳火와 合하고 金生水하니 운이 나빠 전역한다. 財星은 사업인데 正財니까 알뜰한 사업이라 조그마한 소매업을 한다. 辛金大運에 丙辛合되면 천한지동(天寒地凍)으로 손재가 많다. 이때 부인이 움직인다.

巳丑으로 華蓋와 合하니 절에 잘 다니고 사주를 보러 잘 간다. 未土大運에 丑未冲으로 합이 풀려 卯未木局되어 다시 복구한다. 庚金大運에 乙木과 合을 하려 하나 庚金을 午火가 剋하여 힘이 약해 合을 못한다. 午火大運에 발복하고 乙巳大運은 좋은데 戊辰大運은 戊癸合으로 구름이 끼고 申子辰水局이 되니 나쁘다.

潤下格 | 水用神, 金喜神, 木相神　　　　【쌍둥이 형 사주】

癸丑	癸亥	甲子	癸亥	乾命
73	63	53	43	33	23	13	3
丙辰	丁巳	戊午	己未	庚申	辛酉	壬戌	癸亥	大運

子月 癸水日主가 水旺계절에 출생하여 壬水司令이고 亥子丑 方局에 癸水가 투출하여 水旺하니 윤하격으로 成格되었으니 水用神에 金喜神이다.
甲木은 물이 얼어서 水生木이

안 되니 水를 泄氣를 못해 用神으로 못 쓴다. 42세까지 좋다. 金水大運에 머리가 좋아 공부를 잘하고 좋은 직장생활에 고위직까지 오른다. 윤하격으로 庚申大運까지 잘나간다. 己未大運부터 丙火大運까지 나빠서 고생한다. 辰土大運에는 旺水入墓되니 나쁘다.

傷官用財格, 食神生財格 【쌍둥이 동생 사주】
水忌神, 金仇神, 火用神, 木喜神

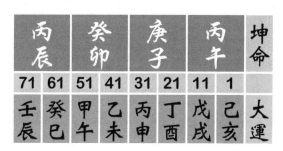

73	63	53	43	33	23	13	3	
丙辰	丁巳	戊午	己未	庚申	辛酉	壬戌	癸亥	大運

子月 癸水日主가 水旺계절에 출생해 壬水司令이고 亥子水와 天干에 癸水가 투출하니 신왕하다.

時上 甲木이 있고 寅中丙火가 있어 조후를 해주니 旺水를 甲

木이 泄氣해 傷官用財格이다. 傷官이 用神이 되거나 喜神이 되면 食神으로 用語를 쓴다. 食神生財格으로 丙火用神에 木喜神이다.

초년에 運이 없어 공부를 안 하고 못된 짓하고 집안에서 천덕꾸러기로 전락했다. 辛酉·庚申大運에는 더욱 힘들었다. 己未大運부터 運이 좋아져서 상업과 부동산으로 성공하여 말년까지 좋았다.

庚申大運에 寅木과 冲이 안 되는 이유는 寅亥合이고 原局에 水가 있어 金生水하니 탐생망충(貪生忘冲)이 되고 목다금결(木多金缺)이 되니 金이 申子辰水局으로 간다. 辰土大運에 旺水入墓가 되어 두 형제가 다 나쁘다.

建祿格
火忌神, 木仇神, 金用神, 土喜神, 火病神, 水藥神

71	61	51	41	31	21	11	1	
丙辰	癸卯	庚子	丙午	坤命				
壬辰	癸巳	甲午	乙未	丙申	丁酉	戊戌	己亥	大運

子月 癸水日主가 水旺계절에 출생, 壬水司令하여 신왕으로 출발하였으나 年支에 午火가 子午冲하여 癸水의 녹지(祿支)가 깨졌다.
전체적으로 보면 木火세력이

강하고 水金이 약하다. 庚金用神이고 辰土가 喜神이다. 年干 丙火病神에 水藥神이다. 官은 辰中戊土이다. 辰土가 土生金한 것은 좋으나 卯木이 옆에 있어 土가 약하니 능력 없는 남자가 따른다. 財生官을 해주어야 하므로 결혼하면 火生土해주어야 하니 내가 벌어서 남편을 먹여 살려야 한다.

庚金印綬가 用神이면 학교선생으로 가야 하나 官弱하고 庚金 印綬用神을 丙火가 剋하여 깨져 학원에서 컴퓨터그래픽 디자인 강사다. 丙火大運에는 고생하고 申金大運에는 잘된다. 36세부터 用神의 祿運이 오니 결혼하고 본인은 잘나가는데 남편이 사업하다 집을 날리고 申金大運에 이혼했다.

運이 좋으니 자기 일은 잘되는데 남편이 안 된다. 申子辰水局으로 用神의 뿌리가 되므로 학원을 차려서 잘된다. 돈 걱정은 안 해도 된다. 時上에 辰中癸水가 있으니 연하의 이혼한 남자와 연애한다.

癸未年에는 比肩이 官을 달고 오므로 유부남과 연애를 한다. 庚金用神은 天干으로 木火大運에 나쁘다. 乙木大運에 乙庚合하고 火剋金하는 이유다.

建祿格 │ 水忌神, 金仇神, 火用神, 木喜神

乙卯	癸卯	庚子	丙辰	乾命
76	66	56	46	36	26	16	6	
戊申	丁未	丙午	乙巳	甲辰	癸卯	壬寅	辛丑	大運

子月 癸水日主가 水旺계절에 출생해 癸水司令이고 子辰水局에 庚金이 生水하니 신왕하다. 水忌神에 金仇神이며 火用神에 木이 喜神이다.

財用神이므로 금융계 직업이 좋고 乙庚合이 되어 木生火를 못해 上格이 못 된다. 寅木大運에 丙火가 長生하니 運이 좋아 연세대학교를 졸업했다.

> 用神이 투간되어 있으면 生助하는 喜神이 있어야 上格이 되고 精神力이 강한데, 乙木은 乙庚合으로 木生火가 안 된다. 地支에 卯木이라도 있는 것이 천만다행이다.

卯木大運에 木生火하나 濕木이라 연기가 나니 고생을 하면서 득을 본다. 이 사람은 부지런하게 움직이지 않으면 다 까먹는다. 辰土大運에 用神이 泄氣되고 地支에 子辰水局을 이루고 나서 忌神이라도 入墓되면 나쁜데 年·月柱기 入墓되면 父母가 돌아가실 확률이 높다. 乙巳·丙午大運에 크게 성공하여 사업가로서 면모를 갖춘다.

丙火正財가 用神이고 日支가 喜神이니 부인 덕이 있다. 正財가 투간되어 年에 있으면 부인이 직업을 가지고 맞벌이를 한다. 부부가 맞벌이를 하는 경우는 ① 남편 보수가 적을 때, ② 사업이 부진할 때, ③ 배운 학벌이 아까울 때, ④ 집에 있으면 답답할 때 맞벌이한다.

財星이 天干에 투출이 되면 부인과 맞벌이해야 하는데 집에서 놀면 부부관계가 나빠진다. 이때 집에서 보태줄 돈이 있으면 부모의 눈치를 본다. 이런 생활을 할 때는 부모가 여유가 있어서 돈을 보태주면 부인이 참고 시부모께 잘한다. 집에서 보태줄 돈이 없으면 이때 힘들다.

年에 用神이 있으니 부모덕을 본다. 癸水大運이 운이 나쁜데 집에서 돈을 보태주면 이혼은 안 한다. 이 사람은 초년 대운이 나빠 집안 형편이 어렵기 때문에 다툼이 생겨 이때 깨질 확률이 있다. 辰大運에 子辰水局에 旺水가 入墓되니 나쁘다.

建祿格 │ 水忌神, 金仇神, 火用神, 木喜神

癸丑	癸巳	丙子	甲寅	坤命

74	64	54	44	34	24	14	4	
戊辰	己巳	庚午	辛未	壬申	癸酉	甲戌	乙亥	大運

子月 癸水日主가 水旺계절에 출생해 癸水司令인데 巳丑金局이 生助하고 癸水가 투출되어 신왕하다.

火와 木으로 조후가 되어 있어 이 사주는 평생 동안 마음고생 안 하고 日主가 신왕하고 財도 旺하니 운이 나쁘게 들어와도 그런대로 넘어간다. 마음이 넉넉하고 따뜻하다.

신왕한데 24세부터 金水運으로 오는데 조후가 되어 있으므로 傷官生財로 빠진다. 傷官이 年月에 있으면 예체능인데 日干이 祿을 하면 체면 구기는 일은 절대 안 한다. 광고회사에서 기획담당을 맡고 있는데 癸水 比劫이 丙火 財를 剋하니 월급이 적다. 운이 나빠 직장이 마음에 안 든다.

癸水大運 庚辰年에 庚金이 劈甲生火하니 결혼하려고 하는데 辰土가 旺水 入墓를 시키니 결혼은 무산되고, 辛巳年에 用神을 丙辛合去하니 돈벌이가 안 되는 운이 되므로 직장을 그만둔다. 印綬가 財星을 合去하면 공부하게 된다. 할 일이 없으니 대학원에 들어갔다.

酉金大運에 丙火用神이 死宮이 되고, 癸未年에 傷官入墓되어 활동중지가 되니 결혼을 한다. 庚午大運에 庚金은 劈甲生火하니 나쁘지 않고, 午火가 子午冲해도 寅午火局이 되니 나쁘지 않다. 壬水大運은 찬란한 빛이 나서 괜찮고, 癸水大運은 丙火를 가리니 나쁘다.

建祿格	水忌神, 金仇神, 土用神, 火喜神			

丙辰	癸亥	戊子	庚戌	乾命
79	69	59	49	39	29	19	9	

| 丙申 | 乙未 | 甲午 | 癸巳 | 壬辰 | 辛卯 | 庚寅 | 己丑 | 大運 |

子月 癸水日主가 水旺계절에 출생, 壬水司令과 子辰水局에 亥水가 방조(幇助)하고 庚金이 生助하니 신왕하다.
身旺하여 戊土가 用神인데 辰戌冲하여 戊土의 뿌리가 무너져 戊土가 약하다. 丙火가 生助해주어야 하는데 뿌리가 없어 역부족이다.

이 命은 除濕을 위해서 戊土를 用神으로 쓴다. 火生土해야 하니 丙火가 생명이다. 甲午年에 결혼해 月支를 冲하여 신혼집을 사서 분가를 했다.

丙火가 喜神이면서 주작(朱雀)이 되니 배우자로, 丙火는 태양이라 밖에서 활동하는 여자로 말을 잘하는 서비스업종의 학원 강사나 교사를 만나거나 의류나 목재가구 장사하는 年上의 여자를 만나야 길하다.

학원 강사나 학교의 교사는 大學을 졸업해야 자격이 되는데 木이 없으니 교사나 강사는 만나기 어렵다. 그래서 木生火를 해야 하기 때문에 의류나 목재가구 장사하는 여자를 만나게 된다.

寅木 傷官大運에는 寅戌火局으로 傷官生財·財生官하므로 회사에 들어가면 營業부서로 들어간다. 辛金大運에 丙辛合되어 火生土 못하면 辰戌冲해 둑이 무너지는데 이때 어려움이 많아 퇴직한다. 卯木大運은 亥卯木局으로 傷官인데 木生火하니 취직은 되는데 官星을 剋해 영업부서로 배치된다.

壬大運부터 부인은 찬란하게 빛이 나므로 잘나가는데 본인은 劫財大運이니 직장에 들어가더라도 경쟁력이 떨어지므로 취직을 해도 결재권이 약하다. 辰土大運에 子辰水局으로 비겁이 旺해지고 辰戌冲하니 官의 根이 무너져 퇴직하여 놀게 된다. 癸水大運에 태양을 가리므로 부인이 어려워지므로 쉬게 된다. 本人은 戊土가 막아주니 무해 무덕하여 일을 시작하나 比肩大運에 역마를 타고 오니 배송이나 택배업으로 전환이 된다.

巳火大運부터 발복해 丙火大運까지 잘나간다. 卯木大運 甲申年에 백화점 의류매장 매니저와 결혼했다. 財가 天干에 투간되어 있는데 財의 뿌리가 약해 코가 얇고 굽은 여자가 따른다. 財가 투간되어 처가 직업여성이다.

壬水大運은 겁재라 나누어 먹으니 돈벌이가 약하다. 辰土大運은 子辰水局도 되고 辰戌冲과 旺水入墓라 어려움이 따르니 마음고생이 많다.

16 丑月 癸水 | 축월 계수

丑月의 癸水는 한기가 극심할 때니 丙火로 해동(解凍)을 하고 戊土로 제습(除濕)해야 吉하며 地支에 金이 있으면 上格이다. 丙戊財官이 강하면 身弱이 되기 때문에 이때는 印綬가 있어야 능히 財官을 감당한다.

丙火가 있고 戊土가 없거나 戊土가 있고 丙火가 없으면 中格이요, 丙火와 戊土가 없으면서 사주가 雜亂(잡란 : 刑·冲·害·破)하면 下格이다. 地支에 火土가 暗藏하면 小格이고, 甲木이 투간되고 地支에 根이 있으면서 火가 暗藏에 있으면 의식은 넉넉하다.

丑月 癸水가 旺하면 만물이 얼어 生氣가 없으니 丙火로서 해동함이 좋다. 戊土로 제습하면 草木이 잘 자라고 水는 따뜻해지므로 인정이 후덕하고 金이나 壬水가 있으면 신왕하니 水가 흘러 木이 자라게 된다. 이는 추운 계곡에 봄이 온 것과 같아 貴가 지극하다.

壬水가 없으면 고인 물이다. 그러나 丙火는 있고 戊土가 없으면 이로공명(異路功名)하며 돈은 있으나 명예가 따르지 않는다. 戊土는 있고 丙火가 없으면 조후가 안 돼 교육자가 되어도 재물이 없는 감투라 청빈한 선생이다. 壬水가 있으면 한랭한데 丙火는 없고 戊土만 있으면 하격으로 빈한하게 산다. 財生官이 안 돼 관직으로 나가도 말단으로 돈벌이가 적다.

癸水가 있고 己土가 무리를 이루고 年干에 丁火가 나타나면 설원(雪原)에 등불을 비추듯 매우 밝으니 밤에 출생한 사람은 귀하게 된다. 낮에 출생하면 나쁘고, 丁火마저 없으면 고독하고 가난하다. 地支에 火局을 이루고 庚辛金이 투출하면 의식은 있으나 金이 없으면 빈한하게 된다.

地支에 金局을 이루고 丙火가 투출하여 地支에 뿌리가 있으면 金이 따뜻하고 水가 온수가 되어 相生하니 학자가 되어 명성을 한림원에 떨친다. 丙火가 없으면 문장력도 없다. 문장력이 있다 하더라도 실속이 없다.

地支에 木局이면 水를 너무 많이 泄氣하여 병객이 되니 天干에 庚辛金이 있으면 구제되고, 食傷은 예능인데 印綬가 없으면 예능에 소질 있어 밤낮으로 연예인이 된다고 쫓아다닌다. 印綬가 있으면 배움으로 食傷을 조절하니 교육자나 의사가 되거나 만인에게 필요한 사람이 된다.

겨울에는 丙火를 쓰고 地支에 뿌리가 있으면 좋으나, 丙火가 天干에 중중하면 태양이 여러 개가 떠 있는 것이 되므로 어찌 富貴하다고 할 수 있겠는가? 財多身弱으로 변하니 좋을 수가 없다.

丑遙巳格 破格, 偏印格
土忌神, 火仇神, 水用神, 金喜神

癸丑	癸丑	辛丑	丙辰	坤命
72	62	52	42	32	22	12	2
癸巳	甲午	乙未	丙申	丁酉	戊戌	己亥	庚子	大運

丑月 癸水日主가 水旺계절에 출생해 癸水司令인데 三丑에 年支에 辰土가 있어서 종살격(從殺格) 같으나 丑中辛金이 月干에 투출되었으니 從格은 아니다.

癸丑日 癸丑時는 丑遙巳格이 될 듯하나 丙火와 辰土가 있어 불러들일 필요가 없어져서 파격이다.

辰土가 丑月에 旺氣를 띠고 있는데, 癸水 사령하였고 丑中辛金이 떠서 약변위강이 될 것 같으나, 丙辛合되어 生水를 못하니 신약하다. 丙火와 辛金이 떨어져 있으면 신강이 된다. 신약하므로 時上癸水가 用神이다.

子水大運에 丙火가 胎宮이라 힘이 없어 合을 못하니 그러면 辛金印綬인 어머니가 자상하게 돌본다.

戊土大運은 官殺이 忌神이니 남자를 만나 결혼하면 이혼한다. 丁火大運에 돈 때문에 고생이고 酉金大運에 酉丑金局으로 金生水하여 안락하게 된다.

임신하면 유산하게 된다. 印綬가 暗藏에 쫙 깔려 있어 딸만 낳는다. 酉金大運에 酉丑金局으로 合局되어 재혼해서 딸을 낳았다.

金運에는 金剋木하니 아들을 못 낳는다. 丙火大運에는 丙辛合이 풀리니 金生水해서 집을 산다. 未土大運에 土剋水되고 丑未冲하여 癸丑年에 殺이 旺해지므로 旺者冲發해 남편이 죽고 甲午大運에 물이 줄어 몸이 아팠다.

雜氣財官印綬格
水忌神, 金仇神, 火用神, 木喜神, 水病神, 土藥神

庚申	癸亥	癸丑	丁巳	乾命
73	63	53	43	33	23	13	3	
乙巳	丙午	丁未	戊申	己酉	庚戌	辛亥	壬子	大運

丑月 癸水日主가 水旺계절에 출생하여 癸水司令이고 亥水와 巳丑金局과 庚金이 투출하여 申金에 根하여 신왕하다.
天寒地凍이라 추워 火를 찾아보니 丁火가 쇠약한 중에 巳火에 根하여 丁火用神이다.

초년에 水運으로 가니 用神을 끄고 金이 얼어 金生水 못하여 머리가 나쁘고 공부를 못한다. 두뇌가 나빠 남 밑에서 일한다.

戊土大運부터 좋아지고 己土大運에 水를 막아주니 財가 살아 사업하다 酉金大運에 巳酉丑金局되니 망하고, 戊土大運에는 신용대출을 받아서 사업하는데 고생한다.

年柱에 用神이 있고 大運에서 用神이나 喜神大運이 오면 조상 덕을 보게 된다.

丁未大運에 大發하는데 조상 덕으로 선산(先山)이 도시계획에 들어가 보상금을 받게 되어 부자가 되는데 比劫이 많아 群劫爭財하므로 형제들이 선산을 팔아먹었다고 소송이 들어온다.

丁未大運이 吉하기는 하나 丑未刑冲이라 일단 구설과 소송은 하게 된다.

그러나 運이 좋아서 이긴다. 말년까지 유지하고 잘산다.

食神制殺格 : 土忌神, 木用神, 水喜神, 金病神, 火藥神

乙卯	癸未	己丑	乙巳	坤命
74 64	54 44	34 24	14 4	
丁酉 丙申	乙未 甲午	癸巳 壬辰	辛卯 庚寅	大運

丑月 癸水日主가 水旺계절에 출생하여 己土司令인데 己土가 투출되어 신약하다.

巳火가 生助하고 未土가 幇助하니 七殺이 旺하여 剋身하니 신약하다. 巳丑金局이 日干을

生助하나 旺土와 진흙에 막혀 역부족이다.

時上食神 乙卯木이 卯未木局에 뿌리내려 七殺을 剋하니, 食神制殺格으로 木用神에 水喜神이고, 土忌神에 金病神에 火藥神이다.

庚金大運은 年干 乙木이 있어 乙庚合으로 묶어 주고 地支 寅木에 絶地가 되어 오므로 힘이 없으니 무리 없이 넘어간다.

初年大運이 길하여 좋은 가문에서 자라고 총명하여 공부를 잘했으며 大學에서는 한문을 전공하여 壬水大運에 喜神으로 한문교사로 임용되어 교육자로 활동하고 있다.

日支 偏官이 食神으로 변해 배우자 덕이 있고, 배우자는 白頭老郎을 만날 가능성이 큰데 時支에 卯木食神과 日支에 未土偏官과 三合하여 偏官이 食傷局으로 변하면 年下 남자와 결혼하게 된다.

雜氣財官印綬格 : 金忌神, 火用神, 木喜神, 水病神, 土藥神

甲寅	癸丑	辛丑	辛卯	坤命
80 70	60 50	40 30	20 10	
己酉 戊申	丁未 丙午	乙巳 甲辰	癸卯 壬寅	大運

丑月 癸水日主가 水旺계절에 출생해 己土司令이나 寒氣가 극심하니 調候가 필요하다.

寅中丙火가 用神에 木喜神이며 金忌神이고 水病神에 土藥神이 된다. 초년 壬癸大運은 甲木이

原局에 있으니 水生木·木生火되어 넘어가고 寅卯木에 泄氣되어 약하게 오므로 나쁘게 작용은 안 한다. 다만, 몸이 약하여 잔병치레는 하게 된다. 寅卯大運에 운이 좋아 부모가 윤택하니 어려움 없이 잘 자라고 머리가 좋아 공부를 잘하여 卯木大運에 교육자로 진출하여 재직하기 시작했다.

辰土大運에 남편과 갈등이 생기고 乙巳大運에 乙巳의 巳가 火로 작용이 되어야 하는데 原局에 金旺하면 巳丑金局으로 가면서 火로 작용도 하니 吉凶이 반반이다.

丙午大運부터 日支 丑土가 乾燥되니 남편도 잘나가고 잘해준다. 본인도 잘나가고 있으며 戊土大運까지는 어려움 없이 잘 살게 된다.

申金大運에 寅申冲하면 用喜神이 깨져 사망하게 된다.

이 책자는 연해자평(淵海子平), 명리정종(命理正宗), 궁통보감(窮通寶鑑), 적천수(滴天髓), 자평진전(子平眞詮) 등 五卷을 통합해서 강술했던 자료를 모아 후학들의 노고를 덜어 주고자 저술했으니 읽고 이해가 되지 않는 분이나, 직접 수강을 원하는 분께서는 저자에게 문자로 문의 바랍니다. Mobile. 010-6205-1962

송언·주자 김계림 松彦·柱字 金系林(桂林)

대원불교대학 법사과, 동국대학교 불교대학원(불교과), 동방대학원대학교(미래예측학)를 수료하였다. 동국대학교 불교학과 휴학.

사)한국불교대원회 대원불교대학 담당 상임법사, 견성포교원 상임법사, 사)대한불교법사회 총무부장 겸 상임법사, 서울불교청년회 사무국장, 동국대학교 평생교육원 미래예측 사주명리학 교수 등을 역임하였다.

현재 고려역학교육원 원장이다.

펴낸 책으로는 『주자정해 상·중·하』, 『미래예측 사주·명리학(개정판)』 등이 있다.

미래예측 사주·명리학 십간 월별 용신법

초판 1쇄 인쇄 2022년 8월 1일 | 초판 1쇄 발행 2022년 8월 11일
편저 김계림 | 펴낸이 김시열
펴낸곳 도서출판 너울북

(02832) 서울시 성북구 동소문로 67-1 성심빌딩 3층
전화 (02) 926-8361 | 팩스 (0505) 115-8361
ISBN 979-11-952324-1-3 93180 값 35,000원
http://cafc.daum.net/unjubooks (다음 카페: 도서출판 운주사)